Liebe Leserin, lieber Leser,

wir freuen uns, dass Sie sich für ein Buch der Reihe Galileo Computing entschieden haben.

Galileo Computing bietet Titel zu allen wichtigen Sprachen, Tools und Techniken der Programmierung. Die Bücher der Reihe zeigen, wie es wirklich geht und warum – immer mit Blick auf die praktische Anwendung. Galileo Computing ist Fachliteratur für Experten von Experten. Kompakt in der Darstellung und benutzerfreundlich gestaltet. Wo wir Übersetzungen in unser Programm aufnehmen, garantieren wir deren herausragenden Informationswert. Hohe Qualität der Übertragung ist selbstverständlich.

Jedes unserer Bücher will Sie überzeugen. Damit uns das immer wieder neu gelingt, sind wir auf Ihre Rückmeldung angewiesen. Bitte teilen Sie uns Ihre Meinung zu diesem Buch mit. Ihre kritischen und freundlichen Anregungen, Ihre Wünsche und Ideen werden uns weiterhelfen.

Wir freuen uns auf den Dialog mit Ihnen.

Ihr Galileo-Team

Galileo Press
Rheinaustraße 134
53225 Bonn

lektorat@galileo-press.de

William R. Vaughn

ADO 2.5

VB-Datenbankprogrammierung für Profis

Galileo Press

Die Deutsche Bibliothek – CIP-Einheitsaufnahme

Ein Titeldatensatz für diese Publikation ist bei der Deutschen Bibliothek erhältlich

ISBN 3-934358-78-0

1. Auflage 2000

Die amerikanische Originalausgabe trägt den Titel: ADO Examples and Best Practices (ISBN 1-893115-16-X, Apress™) © by Beta V. Corporation

Der Name Galileo Press geht auf den italienischen Mathematiker und Philosophen Galileo Galilei (1564–1642) zurück. Er gilt als Gründungsfigur der neuzeitlichen Wissenschaft und wurde berühmt als Verfechter des modernen, heliozentrischen Weltbilds. Legendär ist sein Ausspruch **Eppur se muove** (Und sie bewegt sich doch). Das Emblem von Galileo Press ist der Jupiter, umkreist von den vier Galileischen Monden. Galilei entdeckte die nach ihm benannten Monde 1610.

Übersetzung Lemoine International GmbH, Köln **Lektorat** Judith Stevens **Korrektorat** Gisela Deutz, Claudia Falk, Holger Schmidt, Bonn **Einbandgestaltung** Barbara Thoben, Köln **Herstellung** Iris Warkus **Satz** reemers publishing services gmbh, Krefeld **Druck und Bindung** Bercker Graphischer Betrieb, Kevelaer

Inhalt

Einleitung

Ich kann Ihnen gar nicht sagen, wie viele Leute gefragt haben, wann denn die nächste Auflage **des Hitchhiker's Guide to Visual Basic und SQL Server** geschrieben wird. Tatsächlich hat es seit dem Erscheinen des Buches so viele technologische Weiterentwicklungen gegeben, dass eine Aktualisierung des Wälzers dringend nötig ist. Seit Visual Basic 6.0 wurde ADO wenigstens acht Mal geändert, daher sind viele der Beispiele und Erläuterungen der 6. Auflage des **Guide** mittlerweile nicht mehr aktuell. Doch da Visual Basic 7.0 noch nicht fertig ist, ist es für eine Aktualisierung des **Guide** noch zu früh.

Als ich die Gelegenheit erhielt, ein Buch für APress zu schreiben, erkannte ich, dass dies eine perfekte Gelegenheit sein könnte, sich auf das Thema zu konzentrieren, bei dem es die einschneidendsten Änderungen gegeben hat – ADO. Ich könnte meine Leser mit den neuesten Features und Verfahren vertraut machen, ohne mich um das zukünftige Aussehen von Visual Basic kümmern zu müssen. Es gibt jedoch bereits eine Menge Bücher zur ADO-Programmierung. Was ich wollte, war ein Ansatz, der am ehesten auf Sie zugeschnitten ist, die Entwickler an vorderster Front. So entstand das vorliegende Buch **ADO 2.5**.

Einige von Ihnen werden bisher mit anderen Programmierschnittstellen gearbeitet haben, beispielsweise mit DAO (Data Access Objects) oder RDO (Remote Data Objects). Bei Gelegenheit werde ich Empfehlungen für den einfachsten Übergang von diesen Modellen geben, dieses Thema soll jedoch nicht erschöpfend erläutert werden. Einige von Ihnen arbeiten wahrscheinlich mit früheren Versionen von ADO und sind dabei, auf die neueste Version von ADO zu wechseln (gewollt oder ungewollt), und dieses Buch richtet sich an Sie.

Der Schwerpunkt des vorliegenden Buches liegt auf ActiveX Data Objects, Version 2.5 (ADO), es sollen jedoch die Erfahrungswerte einfließen, die von unzähligen Entwicklern, Trainern und Support-Experten gemacht und an mich weitergegeben wurden. Es sind genau diese Menschen, die den Weg für dieses Buch geebnet haben. Ich habe die letzten 14 Jahre mit Schreiben, Training und Codedokumentation verbracht, nicht aber mit dem Schreiben von Anwendungen oder mit der Anwendungsunterstützung, was ich in den ersten zwölf Jahren meiner Karriere tat. Aufgrund dessen muss ich stets eng mit Personen zusammenarbeiten, die genau dies tun. Wenn ich kann, helfe ich bei Problemen, die im wirklichen Leben auftreten, aber genauso häufig hilft mir die Entwicklergemeinde mit innovativen und erprobten Verfahren für die Verwendung der Tools. Diese Beispiele und »besten Vorgehensweisen« sind Methoden, die von Hunderten oder Tausenden der talentiertesten Entwickler in der ganzen Welt diskutiert, verbessert und eingesetzt werden. Und ja, viele dieser Ideen stammen von internationalen Entwicklern außerhalb der USA. Während einige der Ideen von Microsoft kommen, wodurch ich in gewissem Maße an die Geheimhaltung gebunden bin, stammen viele Ideen aus anderen Quellen, von Entwicklern, die sich mit dem begnügen müssen, was die Industrie bietet. Ich stehe in ständiger Kommunikation mit den Produktmanagern, Entwicklern und Produktsupportteams bei Microsoft, um auf der Grundlage Ihrer (und meiner) Anfragen die verfügbaren Tools und Schnittstellen zu verbessern.

ADO setzt da an, wo der **Guide** aufhört – beim Web. Es hat viele Diskussionen darüber gegeben, welche die beste Verwendung von ADO in ActiveX Server Pages (ASPs) sowie von Browserseiten in Visual Basic Script sei. Obwohl der Hauptschwerpunkt dieses Buches die neuen ADO 2.5-Features sind, werden an passender Stelle auch Technologien wie XML und MSXML besprochen. Auch wenn dieses Buch keine Referenz für den Programmierer ist, werden – wie im **Guide** – dennoch viele der einzelnen Objekte, Eigenschaften und Methoden angesprochen. Dem ganzen Webhype zum Trotz, bietet das vorliegende Buch eine umfassende Erläuterung zu Client/Server-, Middletier- und webbasierten ADO-Architekturen, zu Codeentwicklung und Bereitstellung sowie zu jedem dieser Themen eine spezifische Leistungsanalyse.

Das Thema Leistung zieht sich wie ein roter Faden durch das vorliegende Buch. Für mich bedeutet Leistung jedoch mehr als das Schreiben von Code mit kurzen Ausführungszeiten. Für mich bedeutet Leistung Code, der dem Entwickler die Möglichkeit zum effizienten Arbeiten gibt – das Schreiben von verschiedenen Lösungen in weniger Zeit und bei weniger Kosten, nicht jedoch unbedingt das Schreiben von mehr Codezeilen. Dies ist besonders wichtig für Entwickler, die im Team arbeiten. Sehr häufig wurden die Programme, an denen wir schreiben, ursprünglich von anderen Entwicklern entworfen und implementiert – oder wenigstens Teile dieser Programme. Dies bedeutet, dass Sie mit dem Design, den Methoden und der Dokumentation anderer Entwickler klar kommen müssen, vorausgesetzt natürlich, es ist eine Dokumentation vorhanden. Und andere wiederum müssen sich mit dem beschäftigen, was Sie schreiben. Wir sehen uns ständig der Herausforderung gegenüber, Code zu erstellen, der zum Zweck der Integration, für den Support oder das Debuggen an andere weitergegeben werden kann. Es gibt viele Methoden, um diesen Prozess zu erleichtern, leichter für Sie und leichter für diejenigen, die mit Ihrem Code arbeiten müssen.

Dieser Prozess erfordert jedoch etwas, das Sie nicht kaufen können, auch nicht bei Microsoft – Disziplin. Nein, ich spreche nicht von den Zeiten, in denen Oberlehrer mit gestärktem Kragen und Rohrstock durch die Schulzimmer schritten. Ich spreche davon, dass innerhalb der Unternehmen Standards erarbeitet und anschließend eingehalten werden müssen. Es bedeutet, dass Spezifikationen geschrieben werden, die bei der Programmierung berücksichtigt werden. Es bedeutet auch, dass Sie nicht der Versuchung unterliegen, außerhalb dieser Spezifikationen zu programmieren, weil Sie eine viel bessere Lösung kennen als die Deppen, die diese Spezifikationen aufgestellt haben. Das mag der Fall sein, aber wenn Sie es nicht schaffen, Ihre Kollegen und Manager zu einer Änderung der Spezifikationen zu bewegen, sind Sie mit dieser Einstellung allenfalls kontraproduktiv. Wenn Sie sich bei der Codeerstellung nicht an die Spezifikationen halten, kann der innovativste Code weder mit dem Code anderer Entwickler noch in zukünftigen Projekten eingesetzt werden. Disziplin bedeutet auch, seine Arroganz unter Kontrolle zu halten. Das Motto »Take it or leave it« ist gegenüber dem Endkonsumenten keine sehr produktive Haltung, dennoch ist sie in vielen Köpfen zu finden. Wenn Sie nach Codezeile bezahlt werden, können Sie diese Anregungen natürlich ignorieren. Sie sollten jedoch nicht darauf hoffen, ein zweites Mal engagiert zu werden.

Wir werden uns darüber hinaus der Verringerung des COM-Overheads, der Reduzierung von Lastzeiten in Anwendungen sowie einigen Verfahren zur besseren Nutzung von LAN, WAN und Web sowie RAM, Festplattenspeicher und anderen Systemressourcen zuwenden. Wir werden versuchen, Programme zu schreiben, die von anderen Entwicklern verstanden und unterstützt werden können, ohne dass das Barbecue am Samstagnachmittag ausfallen muss. (Das wäre dann wohl ein gegrillter SQL Server).

1 Arbeiten mit ADO

Sie lesen dieses Buch nicht wegen der Witze – das hoffe ich wenigstens. Ich hoffe, Sie lesen dieses Buch, da es Anregungen zum Schreiben effizienter ADO-Datenzugriffsanwendungen enthält. Das erste Kapitel bietet einen Überblick über einige Grundlagen – die Dinge, die für den Einsatz von ADO Voraussetzung sind. Ich setze hierbei voraus, dass Sie in den meisten Fällen wissen, was Sie tun und lasse daher die unvermeidlichen Schritt-für-Schritt-Erklärungen der Bücher für Anfänger weg. Wenn Sie nicht wissen, was ADO ist, wie das zugehörige Objektmodell aussieht oder die einzelnen Objekte zueinander in Beziehung stehen, lesen Sie den Anhang am Ende dieses Buches.

1.1 Auswahl der »richtigen« ADO-Version

Eine Herausforderung, der wir uns zu stellen haben, ist die Frage, welche die »richtige« ADO-Version ist. Da es sehr viele Versionen gibt und diese z. T. sehr unterschiedlich arbeiten, ist eine solche Entscheidung häufig nicht einfach zu treffen. In einigen Fällen haben Sie keine Wahl – Sie müssen die Version verwenden, die der Kunde installiert hat oder gerne einsetzen möchte. Wenn Sie eine Wahl haben, muss auch bedacht werden, wie zukünftige Versionen die entwickelte Software ändern (beschädigen). Machen wir zum besseren Verständnis der riesigen Auswahlmöglichkeiten einen kleinen Ausflug in die ADO-Geschichte.

Seit im Sommer '98 Visual Basic 6.0 herauskam, wurde ADO verschiedene Male umgemodelt und nahm teilweise bizarre Formen an. Zum Lieferumfang von Visual Basic 6.0 gehörte eine frühe Version von ADO 2.0, ADO wurde geändert als SQL Server 7.0 veröffentlicht wurde, als der Internet Explorer 5.0 herauskam, als Office 2000 auf den Markt gebracht wurde, und danach wurden noch mindestens zwei Aktualisierungen vorgenommen. Während einige der Änderungen von weniger großer Bedeutung waren, waren andere dies sehr wohl, und Visual Basic (Visual Studio) wurde diesen Neuerungen nicht schnell genug gerecht.

Vor ADO 2.0 gab es die so genannte Microsoft ActiveX **Recordset** Library (ADOR). Zunächst sollte ADOR eine »Lightversion« von ADO darstellen – es war keine vollständige Installation nötig, daher hinterließ die Installation weniger Spuren, es war weniger RAM erforderlich und es wurden bessere Downloadzeiten erzielt. Es stellte sich jedoch heraus, dass sich der ganze Aufwand nicht lohnte, daher wurden mit ADO 2.0 die beiden Bibliotheken zusammengeführt. Deshalb sind weitere Verweise auf die ADOR-Bibliothek sinnlos.

Microsoft vertreibt ADO als MDCA-Paket (Microsoft Data Access Components), einem 6,35 MB großen, ausführbaren Paket (**mdac_typ.exe**), das ADO, ODBC und OLE DB-Treiber und -Provider enthält. Ja, Microsoft bündelt all diese Komponenten in einem Nimm-eins-und-bekomme-alles-Paket (ob Sie nun wollen oder nicht). Das Zusammenfassen und Installieren all dieser Einzelkomponenten zahlt sich im Hinblick auf die Stabilität jedoch aus.

Die verschiedenen MDAC-Bestandteile, nicht jedoch unbedingt alle, werden über viele, viele verschiedene Anwendungen installiert – Anwendungen von Microsoft und Drittanbietern. Wenn Sie Glück haben, führen diese Anwendungen zu einer tatsächlichen »Installation« von MDAC und nicht nur zu einem bloßen Kopieren der Dateien und der Hoffnung, dass schon alles gut gehen wird (wie dies bei einigen Anwendungen der Fall zu sein scheint). Ich werde Ihnen in einem späteren Abschnitt in diesem Kapitel zeigen, wie MDAC installiert wird.

Obwohl im Herbst '99 die »golden« bzw. »general release« von MDAC herauskam (2.1.2.4202.3 [GA]), enthalten weder Visual Basic SP3, das Visual Studio Plus Pack noch das Windows 2000 Readiness Kit diese Version von MDAC. Das Visual Basic-Team hat mir gesagt, dass Visual Basic 6.0 SP4 (voraussichtliches Erscheinungsdatum Sommer 2000) eine Aktualisierung von Visual Basic 6.0 mit sich bringen soll, anhand derer die Probleme behoben werden, die durch die Schnittstellen- und Funktionsänderungen in ADO 2.1 hervorgerufen werden.

Ich lungere häufig auf verschiedenen öffentlichen und internen Listenservern herum (beispielsweise **VBDATA-L@peach.ease.lsoft.com**), wo verschiedene Fragen zu ADO diskutiert werden. Eine häufige Frage lautet: »Wird bei der Installation von Internet Explorer 5.0 ADO 2.1 installiert?« In gewisser Weise. Über den Internet Explorer 5.0 wird ADO 2.1 installiert und verwendet, die Provider und Treiber des vollständigen MDAC-Setups werden jedoch **nicht** installiert. Daher führt das Installieren von Internet Explorer 5.0 nicht wirklich zu einer (vollständigen) Installation von ADO – Sie müssen eine Verteilung und Installation des MDAC-Setups mit Ihrem ADO 2.**x**-Clientprogramm vornehmen.

1.1.1 ADO 2.5 kommt auf den Markt

Nun, da ADO 2.5 auf den Markt gekommen ist, stellt diese ADO-Version einen integralen Bestandteil von Windows 2000 dar, kann jedoch für ältere Windows-Versionen weiterhin separat von der Website **http://microsoft.com/data** heruntergeladen werden. (Zufälligerweise ist diese Site auch der beste Ort, um sich über die neuesten Versionen von ADO und MDAC zu informieren.) Die Integration von ADO in Windows fand zu dem Zweck statt, dass sich ADO nicht länger mit jeder Mondphase ändert – es ist für die Entwickler schwieriger geworden, Änderungen an ADO vorzunehmen, selbst dann, wenn dies erforderlich ist. Es sieht so aus, als ob ein ADO-Upgrade/Fix nur über eine Betriebssystemaufrüstung erfolgen kann. Dies bedeutet auch, dass die Zugpferde von Microsoft (Microsoft Office, der Internet Explorer, Visual Studio und andere) MDAC nicht so mir nichts, dir nichts ändern können – und das ist die gute Nachricht.

Warnung Versuchen Sie nicht, den Office 2000 Installer zum Entfernen von ADO einzusetzen. Dieses Vorgehen führt zu einem schwerwiegenden Fehler und dazu, dass Sie Windows 2000 neu installieren müssen.

Das eigentliche Problem all dieser Änderungen ist ein grundlegendes. Bei der Entwicklung von COM-Komponenten unterwerfen Sie sich als Entwickler einer Reihe von anerkannten Implementierungsstandards. Eine dieser Anforderungen lautet, dass zukünftige Versionen der Komponente alle vorherigen Versionen unterstützen sollten (zumindest die jeweils letzten Versionen). Obwohl also der Code, über den die veröffentlichten Schnittstellen implementiert werden, Änderungen unterliegen kann, werden die Schnittstellennamen, die Eigenschaften, Methoden, Ereignisse und die übergebenen Argumente **nicht** geändert.

Mit ADO 2.1 wurden diese Regeln gebrochen. ADO 2.0-Anwendungen stürzten ab oder zeigten ein sonderbares Verhalten, nachdem der Internet Explorer 5.0 oder Office 2000-Anwendungen installiert wurden, die eine Aktualisierung von ADO 2.0 auf ADO 2.1 durchführten. Noch schlimmer, ADO wurde in den folgenden Monaten weiter geändert. Selbst wenn sich die Schnittstellen nicht änderten, wurden Änderungen an MDAC vorgenommen. In einigen Fällen wurden durch »Verbesserungen« der ODBC-Treiber Sicherheitsbeschränkungen geändert – die dazu führten, dass für Benutzer plötzlich Sperren galten, die vorher problemlos mit Hilfe der Standardeinstellungen auf ihre Datenbanken zugreifen konnten. Obwohl ADO 2.1 und 2.5 ADO 2.0-Typbibliotheken enthalten, die älteren Anwendungen das Verwenden der alten, gewohnten Schnittstellen ermöglicht, führte das Zurückgeben von ADO 2.1-Recordsets (oder 2.5-Recordsets) anstelle des ADO 2.0-Recordsets durch einige überarbeitete (»verbesserte«) Ereignisbehandlungsroutinen zum Absturz der Anwendungen. Einige der schwerwiegendsten Fehler traten in Visual Basic selbst auf. Keines der Visual Database Tools kann mit ADO 2.1 oder höheren Versionen fehlerfrei verwendet werden. Dies führte zu einer Verstümmelung des Datenumgebungs-Designers. Zusätzlich wurden das ActiveX-Datensteuerelement, der Datenformular-Assistent und der Datenobjekt-Assistent beeinträchtigt.

Zum Zeitpunkt der Entstehung dieses Buches war noch nicht klar, was Microsoft und das MDAC-Team zur Lösung dieser Probleme unternehmen werden. Eine Umstellung auf die alte Version kommt sicherlich nicht in Frage. Ich habe versucht, das Visual Studio-Team dazu zu bewegen, eine Aufrüstung auf Visual Basic 6.0 vorzunehmen, um eine vollständige Unterstützung von ADO 2.5 zu gewährleisten – ob dieser Schritt durchgeführt wird, steht jedoch noch in den Sternen. Vielleicht werden all diese Probleme mit Visual Studio 6.0 SP4 gelöst. Mir wurde gesagt, dass mit dem Erscheinen von Visual Basic 7.0 abschließend sämtliche Schwierigkeiten beseitigt sein sollen. Bis dahin bin ich wahrscheinlich längst in Rente ...

1.2 Die neuen Features von ADO 2.5

Mit ADO 2.5 wird der eigentliche Anspruch von ADO fortgeführt – der Anspruch, **die** universelle Informationsschnittstelle bereitzustellen. Diese Version von ADO enthält nicht nur viele Bugfixes, sondern unterstützt auch zwei völlig neue Objekte, das **Stream**- und das **Record**-Objekt. Sie stoßen auf das **Record**-Objekt, sobald Sie dieses bei Verarbeitungszeit der Anweisungen versehentlich anstelle des **Recordset**-Objekts auswählen. Aber Sie werden es kennen lernen.

Anmerkung Die Beispiele in diesem Buch wurden mit Hilfe von ADO 2.5 auf einem Windows 2000- bzw. einem Windows 98-System geschrieben. Ich erwarte nicht, dass eine Kompilierung oder Ausführung mit älteren ADO-Versionen möglich ist.

1.2.1 »Record«- und »Stream«-Objekte

Mit ADO 2.5 wird das **Record**-Objekt eingeführt, das Dinge wie Verzeichnisse und Dateien in einem Dateisystem sowie Dokumente, Ordner und Nachrichten in E-Mail-Systemen repräsentieren und verwalten kann. Ein Record (Datensatz) kann auch eine Zeile in einem Recordset (einer Datensatzmenge) darstellen, sollte jedoch nicht mit dem **Recordset**-Objekt verwechselt werden, da dieses abweichende Methoden und Eigenschaften aufweist – darüber hinaus verhalten sich einige der gemeinsam genutzten Eigenschaften und Methoden unterschiedlich.

Das neue **Stream**-Objekt bietet die Mittel zum Lesen, Schreiben und Verwalten des binären Bytestreams oder Textes, aus dem sich eine Datei oder ein Nachrichtenstrom zusammensetzt. Stellen Sie sich einen Stream als eine speicherinterne Datei vor. Wie häufig mussten Sie einen Datenblock auf die Festplatte schreiben, obwohl Sie diesen eigentlich nur für eine Sekunde speichern oder lediglich an eine andere Komponente oder Schicht übergeben wollten?

1.2.2 URLs anstelle von Verbindungszeichenfolgen

In ADO 2.5 wird des Weiteren als Alternative zur Verwendung von Verbindungszeichenfolgen und Befehlstext die Verwendung von URLs (Uniform Resource Locators) zur Benennung von Datenspeicherobjekten eingeführt. URLs können sowohl mit den vorhandenen **Connection**- und **Recordset**-Objekten als auch mit den neuen **Record**- und **Stream**-Objekten eingesetzt werden.

ADO 2.5 unterstützt darüber hinaus OLE DB-Provider, die ihre eigenen URL-Schemata erkennen. Der OLE DB-Provider für die Internetveröffentlichung beispielsweise, der auf das Windows 2000-Dateisystem zugreift, erkennt das vorhandene HTTP-Schema.

1.2.3 Spezielle Felder für Dokumentquellenprovider

Mit ADO 2.5 wird eine spezielle Klasse von Providern vorgestellt, die so genannten »Dokumentquellenprovider«, die zum Verwalten von Verzeichnisordnern und Dokumenten eingesetzt werden können. Wird ein Dokument durch ein **Record**-Objekt repräsentiert, oder stellt ein **Recordset**-Objekt einen Dokumentenordner dar, werden diese Objekte durch den Quellenprovider mit einem eindeutigen Feldersatz versehen, der die Merkmale des Dokuments beschreibt. Diese Felder bilden einen Ressourcenrecord oder ein Ressourcenrecordset.

1.2.4 Neue Referenzthemen

Zur Unterstützung der **Record**- und **Stream**-Objekte wurden ADO 2.5 verschiedene neue Eigenschaften, Methoden und Ereignisse hinzugefügt. Das **Stream**-Objekt wird in Kapitel 9 besprochen. Diese neuen Eigenschaften unterstützen ADO bei der Definition von Dokumenten und Dateien. Die Methoden ermöglichen das programmatische Kopieren, Hinzufügen, Löschen und Bearbeiten von Zeichen, Dateien, Dokumenten oder anderen Datenbereichen von der Quelle zum Ziel.

1.3 Der ADO Component Checker

Sie haben also vor kurzem das neueste Visual Basic 6.0 SP3 installiert. Da Sie es erst letzte Woche erworben haben, gehen Sie davon aus, dass es die aktuellste ADO-Version umfasst, richtig? Tja, aber wissen Sie **mit Sicherheit**, welche MDAC-Version (also ADO-Version) auf Ihrem Entwicklungssystem, Ihrem Server oder dem Clientsystem installiert ist? Möchten Sie es gerne herausfinden? Nun, Yoda würde sagen: »Du wirst ... du wirst«. (Zufällig wird mit Visual Basic 6.0 SP3 eine **ältere** Version von ADO 2.1 installiert – nicht die endgültige GA-Version von ADO 2.1).

Sie haben Glück – unter dem Microsoft-Link Component Checker tool finden Sie alles zu MDAC (vielleicht sogar einiges, was Sie noch gar nicht kennen). Der Component Checker kann auf den folgenden Betriebssystemen ausgeführt werden: Microsoft Windows 98, Windows NT 4.0 und Windows 2000. Es werden ausschließlich 32-Bit- und 64-Bit-Plattformen unterstützt.

Der Component Checker ist ein Tool, das benutzerdefiniert angepasst werden kann und folgende Aufgaben ausführt:

- Ermitteln der aktuellen MDAC-Installation auf einem Computer.
- Erstellen einer Reihe von Berichten zu den Dateien, die im Zusammenhang mit der MDAC-Installation gefunden wurden.
- (Optional) Entfernen der aktuellen MDAC-Installation nach Auflistung der .dll-Konflikte und Ermitteln von Programmen, die auf eine vorhandene DLL verweisen.

Das Durchführen dieser Aufgaben ist nicht immer möglich. Nachdem eine ADO-Version installiert wurde, beispielsweise ADO 2.1, funktionieren ADO-abhängige Anwendungen nicht mehr ordnungsgemäß mit älteren ADO-Versionen (oder gar nicht mehr). Nach meinem Verständnis ist nach der Installation von ADO 2.5 eine Deinstallation **nicht mehr möglich** – ADO wird zu einem integralen Bestandteil des Betriebssystems.

Anmerkung Ich habe ADO 2.1 (GA) auf meinem neuen Visual Basic 6.0 SP3-System installiert und den Component Checker ausgeführt. Es tauchten mehr als ein Dutzend »Difugelties«[1] auf – eine Reihe fehlender Registrierungseinträge und ein ganzer Haufen Versionsfehler. Ich versuchte das Gleiche nach der Installation von ADO 2.5. Dito. Beängstigend. Sie arbeiten daran – sagen sie jedenfalls.

1.4 Installieren von ADO

Wenn Sie Visual Basic 6.0, Visual Studio 6.0, Office 2000 oder den Internet Explorer 5.0 verwenden, ist ADO bereits installiert. Auf dem System Ihres Kunden ist ADO jedoch möglicherweise nicht installiert, und die Chance, dass auf Ihrem und dem Kundensystem die gleiche Version ausgeführt wird, ist eher gering. Wenn Sie nicht kontrollieren, welche Version Ihr Kunde auf seinem System installiert hat, funktioniert Ihre ADO-Anwendung möglicherweise nicht besonders lange. Wenn der Kunde die Microsoft-Site für die Windows-Aktualisierung besucht und ein Patch oder eine neue Anwendung herunterlädt bzw. einfach nur

1. Difugelties: (althergebrachter Computerausdruck) Bug, Fehler, FUBAR (Fucked Up Beyond All Recognition/Repair).

eine Aktualisierung des Internet Explorers durchführt, kann dies zur Installation einer neueren Version von ADO führen. Daher können Sie nicht lediglich eine ältere ADO-Version (oder selbst eine aktuelle Version) auf dem Zielsystem beibehalten, selbst dann nicht, wenn Sie diese in einen gesperrten Bereich platzieren.

Gibt es Hoffnung für uns ADO- und COM-Benutzer? Nun ja, die Windows 2000-Technologie soll uns hier helfen. In der aktuellsten Version der MSDN-News (Januar/Februar 2000, **http://msdn.microsoft.com/voices/news/**) gibt es einen interessanten Artikel, der mich zu der Annahme bringt, dass über dieses Problem zumindest nachgedacht wurde. Der Artikel »The End of DLL Hell« lässt vermuten, dass die neue Technologie des Windows Installers und der Windows-Dateischutz (Windows File Protection) eine versehentliche (oder beabsichtigte) Beschädigung der DLLs verhindern. Nicht erwähnt wird, ob ADO als eine speziell geschützte System-DLL betrachtet wird. Zum jetzigen Zeitpunkt gibt es Hinweise darauf, dass dies nicht der Fall ist – dies muss vielleicht geändert werden.

Tipp Windows 9x-Benutzer: DCOM95 für Windows 95 muss **vor** der Installation von MDAC 2.0x oder 2.1x installiert werden. MDAC installiert Komponenten, die auf DLLs basieren, die von DCOM95 zur ordnungsgemäßen Registrierung installiert werden. DCOM95 ist unter Windows NT 4.0 nicht erforderlich. In einigen Fällen ist DCOM auf Windows 98-Computern nicht installiert. DCOM95 für Windows 95 steht unter **http://www.microsoft.com/com/tech/dcom.asp** für den Download zur Verfügung.

Gelegentlich möchten Sie die Installation von **mdac_typ.exe** selbst steuern. Hier ein Tipp. Probieren Sie zur Verwendung der wenig dokumentierten Funktion für eine unbeaufsichtigte Installation von MDAC auf einem Benutzercomputer diese Optionsflags aus:

```
Mdac_typ.exe /q /C:"Setup QN1"
```

Obwohl es sich nicht wirklich um eine unbeaufsichtigte Installation handelt, wird doch das gewünschte Ziel erreicht, und die Benutzer sehen, was vor sich geht (als ob es sie interessieren würde).

1.5 Bereitstellen von ADO

Das Bereitstellen von ADO auf dem Zielsystem stellt für den ADO- oder COM-Entwickler heutzutage eine sehr komplexe und problematische Aufgabe dar. Während die Analyse, der Entwurf und das Testen zu üblichen Schritten bei der Entwicklung geworden sind, wird die Problematik der Anwendungsbereitstellung häufig vernachlässigt.

Das Bereitstellen einer COM-Lösung umfasst im Allgemeinen viele Installationsaufgaben, u.a.:

- Verteilen von Dateien
- Erstellen von Registrierungseinträgen
- Erstellen von Desktopsymbolen
- Aktualisieren von Softwarekomponenten auf Clientrechnern

Der Paket- und Weitergabe-Assistent von Microsoft Visual Basic sowie viele Drittanbieterprodukte sind in der Lage, diesen Bereitstellungsprozess zu automatisieren. Dennoch nutzen viele dieser Tools nicht die Vorteile der neuesten Technologien zur Durchführung einer konzeptionell gesehen einfachen Aufgabe – der Softwareinstallation!

Diese Tools erfordern beispielsweise häufig, dass der Autor Installationsskripts zur Festlegung vordefinierter Pfade und Installationsoptionen erstellt. Das Entwickeln von Installationsskripts wird schwieriger, je komplizierter eine Lösung ist und je mehr sie von anderen Lösungen abhängt. Das Schreiben von Installationsskripts, bei denen drei Dateien kopiert werden, ist einfach, das Schreiben von Skripts für eine Lösung, bei der Dateien mit anderen Anwendungen gemeinsam genutzt werden, ist dagegen weniger einfach. Fügen Sie noch eine Logik für die Deinstallation hinzu, und die Skriptverwaltung wird unmöglich.

Installationsprogramme weisen ein weiteres Problem auf. Wie erstellen Sie eine Installationsprozedur, bei der sämtliche Unterschiede zwischen den einzelnen Clientrechnern berücksichtigt werden? Hierbei reichen die Varianten von den installierten Anwendungen über die aktivierten Betriebssystemfunktionen bis zu den Unterschieden, die während einer Installationsprozedur ermittelt werden können, und alles zusammen scheint eine unüberwindliche Aufgabe darzustellen. Wenn Skripts für Installationsprozeduren erstellt werden, muss sich der Autor vor der Installation die jeweilige Umgebung ansehen. Mit anderen Worten, Sie müssen wissen, wie das Zielsystem aussieht, was installiert ist, was nicht installiert ist und wie viele Ressourcen zur Verfügung stehen. Das Erhöhen der Informationsmenge, die von Installer und Betriebssystem gemeinsam genutzt wird, kann diese Aufgabe weniger kompliziert machen.

Das Erstellen von Installationsskripts ist schwierig, für die meisten Installationstools jedoch erforderlich. Der Visual Studio Installer vermeidet diesen Schritt und weitere der mit dem Erstellen robuster, effizienter Installationsprogramme zusammenhängende Schwierigkeiten. Bei gemeinsamer Verwendung mit der Windows Installer-Technologie scheint der Visual Studio Installer die beste Wahl für das Erstellen schneller, verwaltbarer, robuster Installationsanwendungen für Visual Studio-basierte Lösungen darzustellen.

1.5.1 Die Installer von Visual Studio und Windows

Um die in Zusammenhang mit Installationsprogrammen auftretenden Probleme zu lösen, hat Microsoft zur Bereitstellung von Anwendungen den Windows Installer eingeführt. Die Windows Installer-Technologie ist Bestandteil von Microsoft Windows 2000 und steht auch für die Betriebssysteme Microsoft Windows 95, Windows 98 und Windows NT 4.0 zur Verfügung. Eine automatische Installation findet immer dann statt, wenn Sie Office 2000 oder eine beliebige Anwendung installieren, die den Visual Studio Installer verwendet.

Der Microsoft Windows Installer ist, im Gegensatz zu den meisten anderen Entwicklungstools für Installationsprogramme, nicht skriptbasiert. Statt dessen dient der Windows Installer als Host für datengesteuerte Installationspakete. Der Windows Installer verwendet »Datenbündel«, so genannte Pakete, die Informationen zu den für eine Lösung erforderlichen Komponenten enthalten. Der Windows Installer verwendet die Paketinformationen zur Beantwortung der folgenden Fragen:

- Wie sind die Komponenten auf einem Rechner installiert?
- Welche Registrierungseinstellungen müssen erstellt oder bearbeitet werden?
- Wie lautet der Standardspeicherort der Dateien?
- Müssen Desktopsymbole erstellt werden?
- Sind weitere Informationen zur Installationszeit erforderlich?

All diese Informationen werden ermittelt, ohne dass der Entwickler auch nur eine Zeile Installationscode schreiben muss. Das interaktive, datengesteuerte Modell bietet gegenüber dem traditionellen, skriptbasierten Ansatz erhebliche Vorteile. Bei der datengesteuerten Installation werden viele der Schwierigkeiten umgangen, die bei einem skriptbasierten Installer auftreten, gleichzeitig wird die Arbeitslast für Entwickler und Betriebssupportmitarbeiter verringert.

Ich lernte diese Technologie auf der VBits im Herbst '99 kennen und war beeindruckt. Nachdem die Visual Basic-Anwendung mit dem Visual Studio Installer installiert worden war, wurden einige der MDAC-Dateien gelöscht, und die Anwendung wurde neu gestartet. Das System (in diesem Fall Windows 98) begann, die gelöschten Dateien neu zu installieren und den Fehler zu beheben. Cool.

Sie können den Visual Studio Installer aus dem Web herunterladen **(http://msdn.Microsoft.com/vstudio)** oder als Bestandteil des Visual Studio Plus Pack bzw. des Windows 2000 Readiness Kit (im Visual Studio Plus Pack enthalten) erwerben.

1.6 Weitere Hilfe zu ADO

Okay, vielleicht benötigen Sie weitere Informationen zu ADO und wissen nicht, wohin Sie sich wenden sollen. Ich würde Ihnen die Website von MSDN Online oder die MSDN-CDs empfehlen, die alle paar Monate erscheinen. Das Problem ist, dass die Informationen (sehr wahrscheinlich) zwar irgendwo stehen, sie aber auch zu finden, ist so eine Sache.

Zwei gute Referenzen zu ADO sind meine zwei Bücher **Hitchhiker's Guide to Visual Basic and SQL Server** (6th Edition, Microsoft Press, ISBN: 1-57231-848-1) und **ADO 2.0 Programmer's Reference** (Wrox Press, ISBN: 0-861001-83-5). In letzterem werden verschiedene Schlussfolgerungen über Cursor gezogen, die bestenfalls bizarr erscheinen mögen. Microsoft Press hat ebenfalls ein gutes, an ADO 2.5 orientiertes Buch von David Sceppa herausgebracht – **Programming ADO** (ISBN: 0-7356-0764-8), das ich Korrektur gelesen habe (und für das ich das Vorwort verfasst habe). Das Buch **Teach Yourself Microsoft SQL Server 7.0 in 21 Days** (Sams, ISBN: 0-672-31290-5) von Richard Waymire und Rick Sawtell stellt eine solide Referenz für SQL Server 7.0 dar. **Active Server Pages** (Wrox Press, ISBN:1-861000-72-3) ist eine Hilfe bei den webseitigen Entwicklungsthemen.

Es steht Ihnen auch eine Onlinehilfe zur Verfügung – sogar kostenlos. Mehrere Tausend Leute und ich treiben sich häufig auf einem Listenserver herum: **VBDATA@peach.ease.lsoft.com**. Hier werden haufenweise Fragen gestellt und beantwortet.

2 Einführung in ADO

Ich habe lange überlegt, ob ich dieses Kapitel schreiben soll, da ich Sie nicht mit Dingen langweilen möchte, die Sie längst kennen. Der Trainer in mir riet jedoch, vor dem Eintauchen in die verschiedenen Programmiertechniken eine solide Grundlage zu schaffen. Daher enthält dieses Kapitel einige theoretische Abschnitte, die ADO beschreiben und an geeigneter Stelle in die übergeordneten Konzepte eingliedern. Wenn Sie direkt zu den technischen Details übergehen wollen, nur zu. Der coole Teil beginnt im nächsten Kapitel. Wenn Sie aber noch ein paar Dinge zu ADO wissen möchten, lesen Sie das vorliegende Kapitel.

2.1 ADO und OLE DB

Wenn wir zum Datenzugriff über ADO kommen, möchten Sie wahrscheinlich ein bisschen mehr über die Dinge wissen, die sich im Hintergrund abspielen. Nun, wie Sie wissen (oder wissen sollten), ist ADO eine COM-Schnittstelle (Component Object Model) zu den OLE DB-Providern, und OLE DB erwartet einen Konsumentenzugriff wie über ADO. Daher ist ein **OLE DB-Konsument** formal gesehen ein Systembestandteil oder ein Anwendungscode, der eine OLE DB-Schnittstelle anspricht. Dies schließt auch die OLE DB-Komponenten selbst ein. Abbildung 2.1 zeigt die Interaktion zwischen ADO und OLE DB.

Ein Provider ist eine Softwarekomponete, die eine OLE DB-Schnittstelle offen legt. **OLE DB-Provider** können allgemein in zwei Klassen unterteilt werden, in Datenprovider und in Dienstkomponenten.

Ein **Datenprovider** ist ein OLE DB-Provider, der über Daten verfügt und diese in Tabellenform als Rowset (Zeilensatz) offen legt (wird später in diesem Kapitel definiert). Beispiele für Datenprovider sind relationale DBMSs (Data Base Management Systems), Speicher-Manager, Tabellenkalkulationsprogramme, ISAMs (Indexed Sequential Access Method) und E-Mail-Datenquellen.

Eine **Dienstkomponente** ist eine OLE DB-Komponente, die keine eigenen Daten besitzt, aber einige Dienste kapselt, indem Daten über OLE DB-Schnittstellen erzeugt und verwendet werden. Eine Dienstkomponente ist sowohl ein Konsument als auch ein Provider. Ein heterogener Abfrageprozessor ist beispielsweise eine Dienstkomponente – es müssen Daten von einer Quelle gezogen, neu strukturiert und an die anfordernde Komponente, den Konsumenten, weitergegeben werden. Angenommen, ein Konsument möchte die Tabellendaten zweier verschiedener Datenquellen zusammenführen. In seiner Rolle als Konsument ruft der Abfrageprozessor Zeilen von Rowsets ab, die in den jeweiligen Basistabellen erstellt wurden. In seiner Rolle als Provider erstellt der Abfrageprozessor ein Rowset aus diesen Zeilen und gibt diese an den Konsumenten zurück.

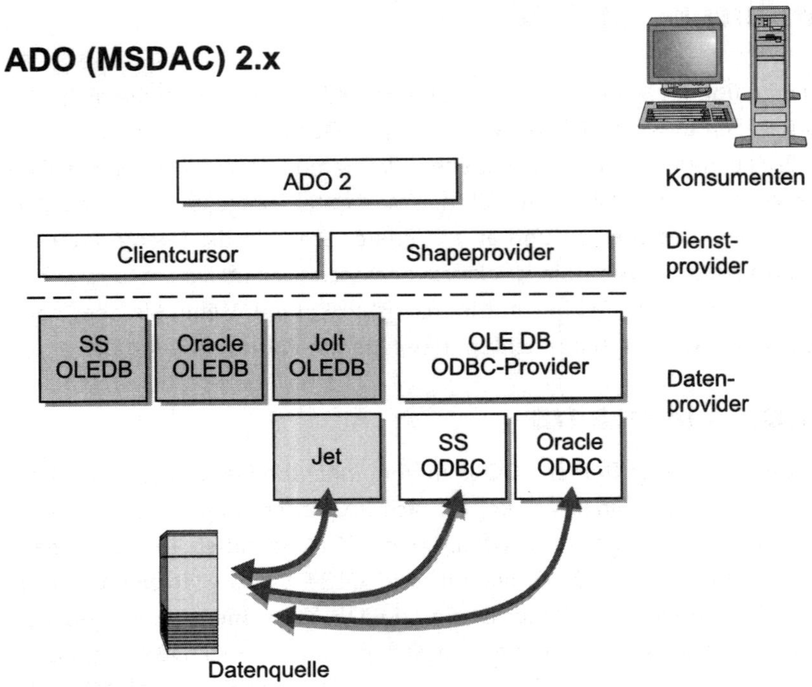

Abbildung 2.1 Verbindung zwischen ADO und OLE DB

Ein Datenbankverwaltungssystem (DBMS) ist eine Art Datenquelle, deren Aufgabe darin liegt, Informationen in anderer Form als ein OLE DB-Datenprovider zurückzugeben. In einigen Implementierungen ist ein DBMS in funktionale Bestandteile (Komponenten) gegliedert, die jeweils eine bestimmte Aufgabe übernehmen. Theoretisch besitzen DBMSs mit solchen Komponenten eine höhere Effizienz als traditionelle DBMSs, da der Konsument in der Regel nur einen Teil der Datenbankverwaltungsfunktionalität beansprucht und somit der Ressourcenoverhead geringer ist. OLE DB ermöglicht einfachen Tabellendatenprovidern das Implementieren einer dem Datenspeicher eigene Funktionalität: Auf unterster Ebene können nur die Schnittstellen verwendet werden, die Daten als Tabellen offen legen. Dies eröffnet neue Möglichkeiten bei der Entwicklung von Abfrageprozessorkomponenten, beispielsweise von SQL- oder geografischen Abfrageprozessoren. Diese können Tabelleninformationen beliebiger Provider verarbeiten, die ihre Daten über OLE DB offen legen. Zusätzlich können SQL-DBMSs ihre Funktionalität durch das Verwenden der OLE DB-Schnittstellen in einer strukturierteren Form bereitstellen.

Okay, soviel zur Theorie. Tatsache ist: ADO ist eine COM-basierte Programmierschnittstelle – wie DAO oder RDO. Anstelle von ODBC- (Open Database Connectivity) oder Jet-Treibern, die eine Verbindung zur Datenquelle herstellen, verwendet ADO OLE DB. Es zeigt sich, dass einer dieser OLE DB-Provider ODBC »spricht«, daher können Sie eine Verbindung zu einer beliebigen ODBC-Datenquelle herstellen (vorausgesetzt, Sie besitzen den richtigen ODBC-Treiber). Diese Treiber werden in der Terminologie von OLE DB »Datenprovider« genannt. Es gibt »systemeigene« OLE DB-Treiber für Jet-Datenbanken (die so genannten Jolt-Provider), mit denen sowohl auf Jet 3.x- (Access 9x) als auch auf Jet 4.0-Datenbanken (Office 2000) zugegriffen werden kann. Es gibt auch systemeigene Provider für SQL Server, Oracle und weitere, etwas obskure Datenquellen. In Abbildung 2.2 können Sie anhand des OLE DB-Dialogfeldes den zu verwendenden Provider auswählen. Dieses Dialogfeld erscheint, wenn Sie das Datenansichtfenster von Visual Basic oder ADODC (ADO Data Control) verwenden oder eine universelle ADO-Datenverbindung erstellen.

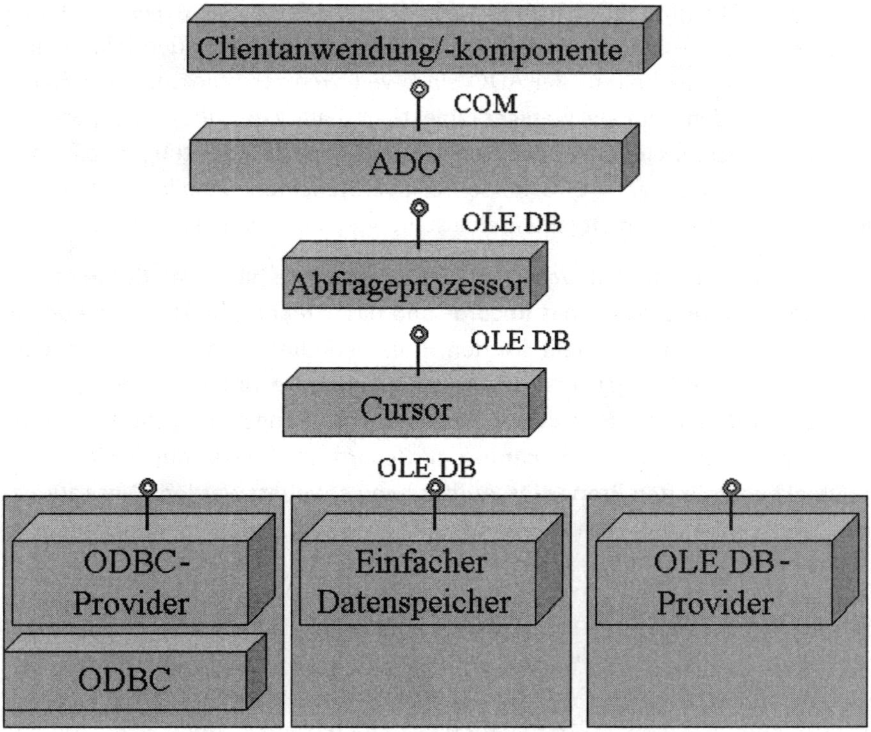

Abbildung 2.2 OLE DB-Provider, wie sie im Dialogfeld »Datenlinkeigenschaften« offen gelegt werden

ADO verwendet standardmäßig den OLE DB-Provider für ODBC – dies ist möglicherweise nicht die beste Wahl für Ihre Anwendung. Wenn Sie ein ADO-Programm codieren, gehen Sie bei der Auswahl des Providers unterschiedlich vor –

entweder übernehmen Sie die Standardeinstellung, oder Sie geben in den Eigenschaften des **Connection**-Objekts einen spezifischen Provider an. Nach der Verbindungsherstellung können Sie mit Hilfe anderer OLE DB-Provider Resultsets (Ergebnismengen), Cursor, Shapes (Formen, hierarchische Darstellungen von Daten und deren Beziehungen zu anderen Datensätzen) oder andere Datenstrukturen erstellen. Sie können mit Hilfe von ADO auch Daten von einer Schicht zu einer anderen verschieben, indem Sie Daten in das neue **Stream**-Objekt oder in einer Datei speichern. Im weiteren Verlauf des Buches wird all dies klarer werden ... oder zumindest hoffe ich das.

2.2 Das ADO-Objektmodell

Abbildung 2.3 zeigt das ADO 2.5-Objektmodell. Dieses Modell erscheint sehr viel einfacher als das DAO- oder das RDO-Modell – zumindest auf den ersten Blick. In den älteren DAO- und RDO-Technologien referenzierten Entwickler objektbasierte Eigenschaften und Methoden, um so die zugrunde liegenden relationalen Datenquellen zu bearbeiten. Bei ADO sind weit weniger objektbasierte Eigenschaften vorhanden, sehr viel weniger Objekte und nur vier Auflistungen. Sowohl das DAO- als auch das RDO-Modell erstickten förmlich an Auflistungen, die Speicher – und noch wichtiger – CPU-Ressourcen verbrauchten. Sie bildeten beim Erstellen und Zerstören von Objekten eine ständige Quelle von Speicherlecks.

Das ADO 2.5-Objektmodell weist nur fünf Basisobjekte auf – das **Connection**-, **Command**-, das **Recordset**-, das **Record**- und das **Stream**-Objekt. Diese können unabhängig voneinander erstellt werden. Dies bedeutet, dass Sie kein **Connection**- oder **Command**-Objekt erstellen müssen, um ein **Recordset**-Objekt erstellen zu können, und tatsächlich ist dieses Vorgehen häufig sogar sinnvoller. Beachten Sie, dass die **Connection**-, **Command**- und **Recordset**-Objekte durch die mit jedem Objekt verknüpften **Properties**-Auflistungen erweitert werden. Diese zusätzlichen Eigenschaften werden (in den meisten Fällen) durch den Provider generiert.

Wenn Sie eine Verbindung zu SQL Server herstellen, wird die **Properties**-Auflistung des **Connection**-Objekts mit Eigenschaften versehen, die speziell durch ausgewählte »systemeigene« oder ODBC-SQL Server-Provider offen gelegt werden. Diese offen gelegten Funktionen und Optionen sind SQL Server-spezifisch. Obwohl auch andere Provider Eigenschaften desselben Namens offen legen können, funktionieren diese vielleicht anders – wenn sie überhaupt implementiert sind. Ich rate meinen ADO-Programmierstudenten immer, einen Speicherauszug (ein Dump) der Eigenschaftenauflistung (**Properties**-Auflistung) des **Connection**-Objekts zu erstellen, bevor und nachdem eine Verbindung zum Datenprovider hergestellt wird bzw. wurde. Auf diese Weise wird ersichtlich, wie stark die Auswahl

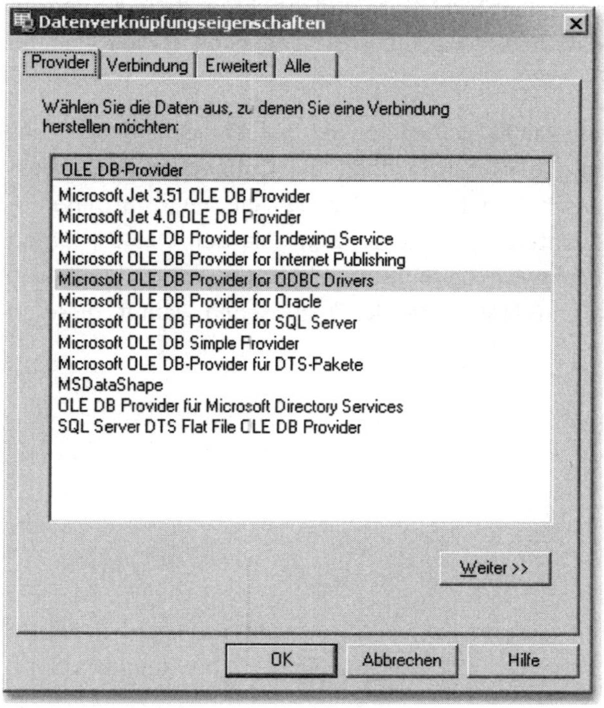

Abbildung 2.3 Das ADO 2.5-Objektmodell

des Providers sich auf die Eigenschaftenauflistung auswirkt und welche Dinge nicht von dieser Auswahl betroffen sind.

> **Tipp** In Visual Basic werden Objekte erst instanziiert, wenn sie das erste Mal referenziert werden. Wenn Sie das ADO-**Connection**-Objekt im Code ansprechen (beispielsweise durch einen Dump der **Connection.Properties**-Auflistung), werden bestimmte Eigenschaften auf ihre Standardwerte gesetzt. Um sicherzustellen, dass eine Anwendung wie erwartet funktioniert, sollten Sie zunächst **Connection.ConnectionString** setzen, damit ADO weiß, welcher Datenprovider verwendet wird.

In der Tat werden diese Eigenschaften dokumentiert – fragt sich nur, **wo**. Nach einigem Suchen fand ich heraus, dass OLEDB.CHM im Suchpfad von MSDN nicht enthalten ist. Dies lässt darauf schließen, dass die Merkmale dieser Eigenschaften genau dort beschrieben werden. Ich würde einen Link auf diese Hilfedatei einfügen. Auf meinem System wurde die Datei zusammen mit anderen MSDN-CHM-Dateien geladen, aber es gibt keine Informationen darüber, wo im System die Datei gespeichert wird – suchen Sie einfach danach. Wenn Sie die Datei nicht finden können, sollten Sie ein paar Seiten zurückblättern und die aktuellste ADO-Version unter **www.microsoft.com/data** herunterladen. In dieser Version ist die Hilfedatei enthalten.

Bevor Sie ein ADO-**Connection**-Objekt öffnen können, jedoch noch vor dem Einstellen der **ConnectionString**-Eigenschaft, enthält die **Connection.Properties**-Auflistung die folgenden Eigenschaften. Beachten Sie, dass die Mehrzahl dieser Eigenschaften keiner langen Erläuterungen bedarf, wenn Sie den OLE DB-Jargon einmal verstanden haben. Wenn Sie beispielsweise daran gewöhnt sind, eine **Default Database**-Eigenschaft in DAO oder RDO zu sehen, lautet diese in OLE DB **Initial Catalog**.

```
Password     =
Persist Security Info       =
User ID      =
Data Source   =
Window Handle          =
Location     =
Mode       =
Prompt      =  4
Connect Timeout         =   15
Extended Properties       =  DSN=LocalServer
Locale Identifier          =    1033
Initial Catalog =
OLE DB Services          =   -5
```

Nach dem Öffnen der Verbindung werden der Liste eine Menge weiterer Eigenschaften hinzugefügt (etwa drei Seiten, daher sollen diese nicht hier aufgeführt werden). Diese Eigenschaften sind etwas obskurer, aber wie gesagt, sie werden im OLE DB-SDK (Service Development Kit) dokumentiert. Das Anlegen eines Dumps der **Properties**-Auflistung werde ich zu einem späteren Zeitpunkt erläutern.

Das genaue Durchsehen der Ergebniseigenschaften nach dem Öffnen des **Connection**-Objekts kann sehr hilfreich sein. Ich denke, man könnte ein ganzes Buch über diese Eigenschaften und deren beste Verwendung schreiben. Die beste Informationsquelle für die Eigenschaften, die weder in diesem noch in den weiteren Kapiteln besprochen werden, stellt das OLE DB-SDK dar.

Berücksichtigen Sie, dass die Entwickler der OLE DB-Provider eine Menge Freiheit bei der Implementierung dieser Eigenschaften besitzen. Damit will ich sagen, dass OLE DB-Entwickler beim Erstellen eines Providers für den Zugriff auf eine Datenquelle viele der Eigenschaften nicht auf bestimmte Weise implementieren **müssen**. Während die meisten der gut definierten Eigenschaften einheitlich implementiert werden, wird den Entwicklern bei der Implementierung von weniger eindeutigen Operationen ein bisschen Trägheit nachgesehen. Freie Hand haben diese Entwickler auch bei der Implementierung von Features, die speziell für den entwickelten Datenprovider gelten.

Nachdem das ADO-**Connection**-Objekt geöffnet wurde, können Sie einen Dump der **Properties**-Auflistung erstellen, um anzuzeigen, welche zusätzlichen Lampen, Knöpfe und Befehlszeilenoptionen zur Steuerung des Datenproviders zur Verfügung stehen.

```
Dim cn As ADODB.Connection
Dim pr As Property

Private Sub Form_Load()
Set cn = New ADODB.Connection
cn.ConnectionString = "DSN=LocalServer"
For Each pr In cn.Properties
   Debug.Print pr.Name, " = ", pr.Value
Next pr
cn.Open "DSN=LocalServer", "SA", ""
For Each pr In cn.Properties
   Debug.Print pr.Name, " = ", pr.Value
Next pr
End Sub
```

3 Erstellen von ADO-Objekten

Obwohl viele von Ihnen wissen (oder zu wissen glauben), wie ADO- oder andere COM-Objekte erstellt werden, sollten wir kurz einige Grundlagen durchgehen. Ich kann dieses Thema nicht einfach übergehen, da ich zu viele seltsame Beispiele in Veröffentlichungen gesehen habe, deren technische Editoren es eigentlich besser wissen sollten. Ich spreche von der Einstellung der Verweise oder dem Schreiben von Code auf ASPs zu diesem Zweck und über einige Fehler, die viele Entwickler immer noch machen.

3.1 Instanziieren von ADO-Objekten

Okay, ich möchte zum technischen Teil des Programmierung kommen; bevor Sie die ADO-Objekte jedoch verwenden können, müssen die Objekte in Visual Basic instanziiert werden – aber das wussten Sie ja bereits. Wenn Sie in der Visual Basic-IDE (Integrated Development Environment) arbeiten, ist dieser Prozess kinderleicht. Alles, was Sie tun müssen, ist auf die ADO-Bibliothek zu verweisen – und dies ist vielleicht vor dem Starten einer Datenprojektvorlage oder vor dem Referenzieren der ADO-Datensteuerungskomponente bereits für Sie geschehen.

Wenn Sie in der Visual Basic-IDE arbeiten, können Sie eine geeignete ADO-Bibliothek über das Menü **Projekt/Verweise** auswählen. Verweisen Sie einfach auf die **Microsoft ActiveX Data Objects 2.x Library** (hierbei steht »x« für die verwendete ADO 2-Version) des in Abbildung 3.1 gezeigten Dialogfeldes. Nachdem auf die Bibliothek verwiesen wurde, untersucht Visual Basic die Typbibliotheken und füllt die Anwendungssymboltabelle. Dies bedeutet, dass Visual Basic bei der Codierung die Objekte, Eigenschaften, Methoden und (insbesondere) die aufgelisteten Argumente einfügt. Diese Funktion von Visual Basic führt zu einer erheblichen Leistungssteigerung – der Leistung bei der Codeerstellung. Mit dieser Funktion kann sichergestellt werden, dass Sie die Objektnamen richtig eingegeben haben und dass die Objekte zur Laufzeit vorhanden sind.

Tipp Wie sieht es mit der **Microsoft ActiveX Data Objects Recordset 2.1 Library** aus? Sollte dies nicht zu einer kleineren, schlankeren, leicht eingeschränkten Version von ADO 2.1 führen? Nun, es gab eine Zeit, da tat sie dies – diese Zeiten sind jedoch vorbei. Jetzt handelt es sich lediglich um eine Typbibliothek, die einen Teilsatz der ADO 2.1-Funktionalität offen legt, tatsächlich jedoch auf die gleiche MSADO15.DLL verweist, die von allen Versionen von ADO verwendet wird.

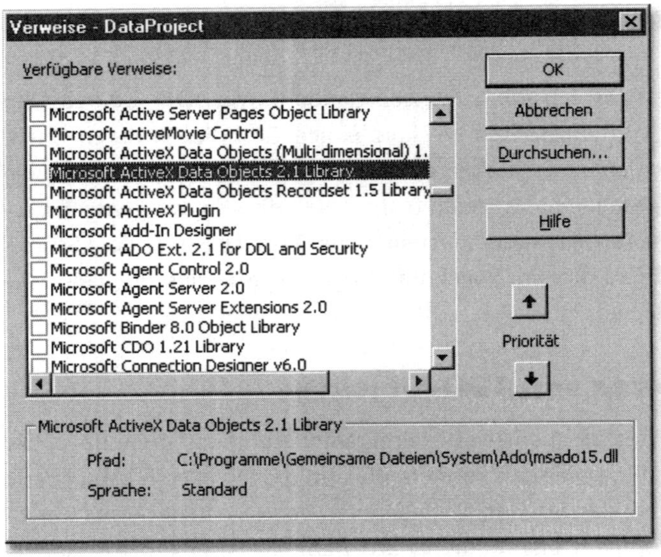

Abbildung 3.1 Das Dialogfeld »Projekt/Verweise« in der Visual Basic-IDE

Nun gut, wie also erstellen Sie diese Objekte im Code? In fast allen MSDN- und Dokumentationsbeispielen[1] wird die immer gleiche Syntax angegeben:

```
Dim cn as New ADODB.Connection            ' Dies ist die falsche Methode…
```

Wenn Sie diese Syntax verwenden, fügt Visual Basic jedem einzelnen Objektverweis einen messbaren Overhead hinzu. D. h., jedes Mal, wenn Visual Basic das Objekt **cn** anspricht, fügt der Compiler Folgendes hinzu:

```
If cn is Nothing then Set cn = New ADODB.Connection
```

Wie werden also ADO-Objekte (oder COM-Objekte) richtig deklariert und instanziiert? Unterteilen Sie die Operation einfach in zwei Schritte:

1. Deklarieren Sie die Variable nach Bedarf mit **Dim**, **Public** oder **Private**, aber verwenden Sie **nicht** den **New**-Operator.
2. Verwenden Sie eine separate **Set**-Anweisung, wenn (und nur dann, wenn!) Sie auf das neue Objekt im Code verweisen müssen. Verwenden Sie in diesem Fall den **New**-Operator, um eine neue Instanz des gewünschten Objekts zu erstellen.

1. Erwischt: Auch ich habe die Syntax *Dim xx as New yy* in früheren Versionen des Hitchhiker-Guide verwendet. Als ich jedoch bemerkte, wie sich diese Syntax auf die Leistung auswirkt, habe ich sie korrigiert. 'Tschuldigung.

Die richtige Syntax sieht folgendermaßen aus:

```
Dim cn as ADODB.Connection
...
Set cn = New ADODB.Connection
```

Wenn Sie dieser empfohlenen Codierungskonvention folgen, wird Ihre Anwendung ein wenig schneller ausgeführt, und darüber hinaus vermeiden Sie, dass von ADO bereitgestellte Features beeinträchtigt werden, wenn Sie mit mehreren gespeicherten Prozeduren für Resultsets arbeiten. Hierzu später mehr.

Tipp Meine Studenten fragen mich oft, ob Sie den ADODB-Bezeichner verwenden müssen, wenn Sie **Dim**-Anweisungen programmieren. Ich sage ihnen dann, dass es ihre eigene Entscheidung ist. Gibt es jedoch auch nur eine winzige Chance, dass der Code zum Auslösen der DAO-Bibliothek (Data Access Object) führen könnte, sollte der Bezeichner zur Vermeidung von Namenskollisionen besser eingeschlossen werden. Wenn Sie das ADODB-Präfix verwenden, stellen Sie sicher, dass später von anderen hellen Köpfen vorgenommene Änderungen keine Schäden an Ihrer perfekten Codeversion hervorrufen.

3.2 Instanziieren von ADO-Komponenten in Visual Basic Script

Viele von Ihnen verwenden wahrscheinlich ADO über Visual Basic Script, dass unter IIS (Internet Information Service) oder mit dem lokalen Browser (weniger wahrscheinlich) ausgeführt wird. In diesem Fall verwenden Sie nicht die Visual Basic-IDE zum Erstellen Ihrer Anwendungen. Daher müssen Sie die ADO-Objektinstanziierung selbst programmieren:

```
Dim cn        ' Dies wird unser ADO-Connection-Objekt.
Set cn = Server.CreateObject("ADODB.Connection")
```

Wenn Sie zum Entwickeln von ASP- (Active Server Pages) oder HTM-Seiten (Hypertext Markup) Visual InterDev (VI) verwenden, versucht VI, Sie durch das Auffüllen mit Objekten zu unterstützen, die anhand der Anweisungsverarbeitung erkannt werden – aber diese Hilfe ist bei weitem nicht so umfassend wie die Unterstützung in der Visual Basic-IDE. Darum muss Ihrem Projekt eine Einschlussdatei hinzugefügt werden, mit der die Symboltabelleneinfügung für die Webentwicklung vervollständigt wird, wie im folgenden VBScript-Code gezeigt wird. Ohne **adovbs.inc** ist der ASP-Code nicht in der Lage, bestimmte Argumente und nicht aufgelistete Optionen zu referenzieren. Naja, so ganz stimmt das nicht. Ihr Code kann Dinge wie **adCmdText** als Option für die **Recordset Open**-Methode referenzieren, eine Kompilierung oder Ausführung ist jedoch nicht möglich.

```
<!--#include File="adovbs.inc"-->
<%
Dim rs, cn
set cn = server.CreateObject ("ADODB.Connection")
Set rs = Server.CreateObject("ADODB.Recordset")
Set stm = Server.CreateObject("ADODB.Stream")
  cn.ConnectionString =  "dsn=WorkServer;uid=TestASP;pwd=Secret"
  cn.CursorLocation  = aduseclient
  cn.Open
  if err then
    BuildErrorRecord 0, err, err.Description
  Else
```

Nachdem die ASP-ADO-Objekte erstellt sind, können diese in VBScript wie im »normalen« Visual Basic referenziert werden. Beachten Sie, dass Visual InterDev oder das Visual-Notepad (der Visual Basic-Skript-Editor) bei der Programmierung die Anfangsbuchstaben von Objekt- und Eigenschaftennamen nicht automatisch in Großbuchstaben umwandelt. Daher können Sie sich nicht (immer) sicher sein, dass der eingegebene Code auch wirklich richtig ist. Vielleicht in Visual Basic 7.0 …

ADO kann in einer beliebigen Schicht eingesetzt werden – sofern dies einen Sinn ergibt. Das ADO-**Command**-Objekt stellt z. B. nicht die beste Wahl für jede Anwendung dar.

Es gab hier bei uns heftige Diskussionen darüber, ob es effizient ist, bei der Arbeit mit MTS-Komponenten (Microsoft Transaction Server) oder ASP-Seiten ein **Command**-Objekt in der mittleren Schicht zu erstellen.

Sie sollten lediglich daran denken, dass ADO-Objekte (wie alle COM-Objekte) Zeit für die Instanziierung benötigen und zusätzliche Zeit, um wieder zerstört zu werden. Da diese Erstellungs- und Zerstörungsoperationen **jedes Mal** ausgeführt werden, wenn auf das Objekt verwiesen wird (nein, MTS unterstützt immer noch keine Poolkomponenten), sollten nach Möglichkeit keine **unnötigen** ADO-Objekte erstellt werden. Ja, Sie können die ODBC-API (Application Programming Interface) verwenden, um die Zeit zu reduzieren, die zum Starten und Zerstören der Komponenten benötigt wird. Wenn Sie daran denken, ADO mit Hilfe von OLE DB direkt zu umgehen, vergessen Sie es. Sie können OLE DB von Visual Basic aus nicht einsetzen – trotz der Leistungsvorteile gegenüber ADO. Wir werden dieses Thema in den Kapiteln zur Entwicklung in der mittleren Schicht noch ausführlicher behandeln.

4 Verbindungsherstellung

Wenn Sie mit ADO Daten abrufen möchten, müssen Sie entweder die Daten selbst erstellen oder eine Verbindung zu einer Datenquelle herstellen, um die Daten herunterzuladen. In einigen Fällen (wie wir in den verschiedenen Abschnitten zur Leistung und in Kapitel 8, »Übergeben von Resultsets zwischen Schichten« noch sehen werden) können Sie Daten nicht traditioneller Datenquellen abrufen, beispielsweise von ActiveX Server Pages (ASP) oder einem XML-Datenstream. Wenn Sie jedoch von einer traditionellen Datenbank Daten abrufen, beispielsweise von SQL Server, einer Access- (Jet) oder einer Oracle-Datenbank, müssen Sie eine Verbindung verwenden – zumindest am Anfang. Dies trifft auch auf die Unmenge von ODBC- und OLE DB-Datenquellen zu, die nach der Installation von MDAC 2.x (siehe Abbildung 4.1) verfügbar sind. Sie müssen jedoch **nicht unbedingt** ein eigenes ADO-**Connection**-Objekt erstellen – in vielen Fällen wird über ADO ein solches Objekt für Sie erstellt.

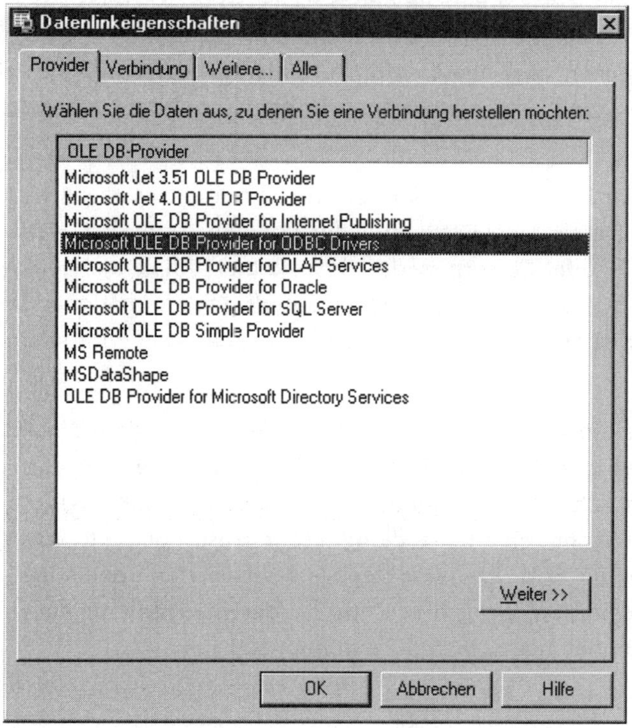

Abbildung 4.1 OLE DB-Provider

In diesem Kapitel wird erläutert, warum, wann und wie ADO-**Connection**-Objekte zur Verbindungsherstellung eingesetzt werden. Obwohl Ihnen diese Objekte im richtigen Leben nicht weiterhelfen, ermöglichen sie Ihnen doch einen Einblick in Ihre Daten. In Anbetracht der vielen Fragen, die in meinen Unterrichtsstunden zu diesem Thema gestellt werden, sowie der Zeit, die für dieses Thema aufgewendet werden muss, scheint die Verbindungsherstellung (mit einer Datenbank) für einige Leute ein etwas einschüchterndes Thema zu sein – und dies nicht nur für ADO-Anfänger. Beispielsweise scheint hinsichtlich **ConnectionString** und dessen ordnungsgemäßer (und effizienter) Verwendung ein wenig Verwirrung zu herrschen. Ich werde Ihnen im weiteren Verlauf dieses Kapitels ein paar Tipps und Tricks hierzu geben.

4.1 Das ADO-»Connection«-Objekt

Das ADO-**Connection**-Objekt ist (sprichwörtlich) Ihre Pipeline zu den Client/Server-Datenquellen. Vielleicht ist Ihnen nicht klar, dass ADO im Hintergrund häufig eines dieser Objekte erstellt, auch, wenn Sie dieses nicht ausdrücklich programmieren. Es gibt natürlich Ausnahmen (gibt es die nicht immer?), und diese werde ich in einer Minute besprechen, aber für den Moment soll es genügen, dass Sie an dem einen oder anderen Punkt üblicherweise ein **Connection**-Objekt erstellen müssen.

Ihr **Connection**-Objekt wird zum Erfassen von Eigenschaften eingesetzt, die an die zugrunde liegenden Daten- und Dienstprovider übergeben werden – beispielsweise ODBC, OLE DB oder Cursorprovider. Deshalb bietet die Dokumentation für die Provider (ODBC oder OLE DB) wichtige Grundlageninformationen zu den Vorgängen in diesen Parametern. Ich hoffe, Sie benötigen diese Informationen nicht.

Bei der Arbeit mit Webseiten wird häufig die Erstellung des **Connection**-Objekts übersprungen, statt dessen wird direkt zur **Recordset.Open**-Methode übergegangen. Das ist cool und geht schnell, erschwert aber die Fehlerbehandlung. Berücksichtigen Sie, dass die VBScript-Fehlerbehandlung fast genauso hoch entwickelt ist wie die in MBASIC 80 für CP/M[1]. Daher sollten Sie webbasierten Code mit etwas mehr Granularität ausstatten, um Fehler schon bei deren Entstehung aufzufangen. Weitere Informationen hierzu finden Sie in Kapitel 9.

1. CP/M ist das 8-Bit-Betriebssystem (8080/Z80), das ich unterstützt habe, als ich in den 80ern bei Digital Research gearbeitet habe. MBASIC-80 ist eine der frühen Versionen von Microsoft Basic.

Setzen Sie nie voraus, dass eine Verbindung geöffnet wird. Es gibt sehr viele Gründe dafür, warum eine Verbindung nicht aufgebaut wird (oder nicht aufrechterhalten werden kann). Lassen Sie uns einen kurzen Blick auf die Top Ten dieser Gründe werfen.

1. Die Datenquelle ist nicht vorhanden. Der Servername wurde falsch geschrieben oder der Server ist derzeit heruntergefahren. Dateiname oder Pfad sind falsch, oder das System, auf dem die Datei gespeichert ist, wurde heruntergefahren. Der Server wurde nachts von fanatischen Tierschützern gestohlen.
2. Das Netzwerk ist nicht in Betrieb. Hub, Router, Switch oder Domänencontroller sind nicht aktiv. Eines dieser kleinen Kästchen mit den coolen Blinklichtern wurde an jemanden ausgeliehen, der seine Weihnachtsdeko noch etwas aufpeppen wollte.
3. Das Netz ist da, der Server ist da, aber beide sind überlastet – Sie und noch irgendjemand haben alle verfügbaren Verbindungen belegt. Ihr Systemadministrator hat am Wert für die maximale Verbindungszahl herumgespielt – seine Sonderzulage ist wieder nicht genehmigt worden.
4. Sie haben nicht genügend Lizenzen, um den Server für die Verwendung durch weitere Benutzer aufzurüsten. Ihr Chef sagt, dass Sie erstens zu viel Geld für die Software ausgegeben haben und zweitens sowieso besser ein Freewaresystem eingesetzt hätten.
5. Die Verbindung wurde aufgebaut, aber Sie haben keine Berechtigung, auf die Datenbank zuzugreifen, die als anfänglicher Katalog oder Standarddatenbank angegeben ist. Sie haben gestern den Systemadministrator verärgert, weil Sie ihm vorgeworfen haben, am Wert für die maximale Verbindungszahl herumgespielt zu haben.
6. Der Server, zu dem Sie eine Verbindung herstellen möchten, versteht keine Named Pipes, nur Sockets. Sie haben vergessen, dass der Zielserver MSDE (Microsoft Data Engine) ist.
7. Der angegebene Name der Datenquelle in **ConnectionString** existiert nicht. Sie haben vergessen, diese auf jedem einzelnen System auf der Erde zu installieren, auf dem Ihre Anwendung ausgeführt wird.
8. Sie haben den falschen Provider für die Datenbank ausgewählt. Sie haben vergessen, dass der richtige Provider für eine Access 2000-Datenbank der Jolt 4.0-Provider ist. Sie haben nicht gewusst, dass der Systemadministrator alle Ihre Jet 3.5-Datenbanken in Jet 4.0-Datenbanken konvertiert hat – er ist immer noch sauer wegen der Geschichte mit der Verbindungszahl.

9. Sie haben für alle Ihre Anwendungen die Benutzer-ID des Systemadministrators verwendet – so wie es immer in allen Beispielen in allen Büchern steht – leider hat der **richtige** Systemadministrator das Kennwort geändert. Der Systemadministrator redet nicht mal mehr mit Ihnen – es gibt Anzeichen dafür, dass er nach Argentinien ausgewandert ist.
10. Die Benutzer haben STRG-ALT-ENTF gedrückt, bevor eine Zeitüberschreitung für Ihre Verbindung erfolgen konnte, da Sie die **ConnectionTimeout**-Eigenschaft auf 0 gesetzt haben. Sie hätten gerne noch länger gewartet, aber sie mussten zum Flughafen – irgendeine Reise in den Süden, um den Systemadministrator zu treffen oder so.

Ehrlich gesagt ist diese Liste nicht sehr vollständig. Die jeweilige Situation innerhalb der verschiedenen Unternehmen ist unterschiedlich und muss entsprechend gehandhabt werden. Obwohl die meisten dieser Fehler aufgefangen werden können, ist durch bessere Organisation, durch Teamwork und mehr Disziplin auf Seiten von Team, Management und – falls möglich – auch auf Seiten des Systemadministrators die Vermeidung einiger dieser Fehler im Vorfeld möglich. Dies mag ein bisschen viel verlangt erscheinen, aber wenn Sie eine stabile Anwendung erreichen möchten, müssen Sie etwas dafür tun, dass Ihre Anwendung funktionsfähig bleibt.

Ein **Connection**-Objekt repräsentiert eine eindeutige Sitzung mit einer Datenquelle. Im Falle eines Client/Server-Datenbanksystems kann es sich hierbei um eine tatsächliche Netzwerkverbindung zum Server handeln. Je nach vom Provider unterstützter Funktionalität stehen möglicherweise einige Auflistungen, Methoden oder Eigenschaften des **Connection**-Objekts nicht zur Verfügung. Wie können Sie feststellen, welche dieser Methoden, Eigenschaften usw. verfügbar sind und welche nicht? Prüfen Sie auch hierzu nach dem Öffnen des **Connection**-Objekts die **Property**-Auflistung.

Die Auflistungen, Methoden und Eigenschaften eines **Connection**-Objekts bieten Ihnen folgende Möglichkeiten:

- Konfigurieren der Verbindung vor deren Öffnung über die Eigenschaften **ConnectionString**, **ConnectionTimeout** und **Mode**. Nach dem Öffnen des **Connection**-Objekts können Sie die Eigenschaft **ConnectionString** untersuchen, um zu ermitteln, welche Optionen **tatsächlich** zum Verbindungsaufbau verwendet wurden.
- Setzen der **CursorLocation**-Eigenschaft, um den Clientcursorprovider auszulösen, der Stapelaktualisierungen unterstützt, oder um serverseitige Cursor mit Unterstützung schreibgeschützter Cursor zu verwenden.

- Festlegen der Standarddatenbank (Anfangskatalog) für die Datenbank über die **DefaultDatabase**-Eigenschaft.
- Festlegen eines OLE DB-Providers über die **Provider**-Eigenschaft. Vergessen Sie nicht, der Standardprovider ist der OLE DB-Provider für ODBC. Wenn Sie die **Property**-Auflistung einsehen, bevor die Providereigenschaft festgelegt wurde, ist diese auf **MSDASQL** eingestellt (der Name des OLE DB-Providers für ODBC).
- Verwalten von Transaktionen für die Verbindung, einschließlich verschachtelter Transaktionen, wenn diese vom Provider unterstützt werden. Hierzu werden die Methoden **IsolationLevel, BeginTrans, CommitTrans, RollbackTrans** sowie die Attributeigenschaften eingesetzt.
- Einrichten und anschließendes Trennen der physischen Verbindung zur Datenquelle mit den Methoden **Open** und **Close**. Beachten Sie, dass das **Recordset**-Objekt das **Connection**-Objekt auch eigenständig öffnen kann.
- Ausführen eines Befehls für das **Connection**-Objekt über die **Execute**-Methode.
- Ausführen eines benannten **Command**-Objekts für das **Connection**-Objekt – einschließlich der Parameterverwaltung sowie der Rückgabe eines Recordsets.
- Abrufen von Schemainformationen zur Datenbank über die **OpenSchema**-Methode.
- Prüfen der von der Datenquelle zurückgegebenen und in der **Errors**-Auflistung verzeichneten Fehler.
- Ermitteln der aktuellen ADO-Implementierungsversion mit der **Version**-Eigenschaft.

4.2 Verwenden des »Connection«-Objekts

Wie bereits gesagt, ist es nicht immer nötig, ein ADO-**Connection**-Objekt explizit zu deklarieren und zu öffnen – gelegentlich wird dieser Schritt von ADO übernommen. Die von Ihnen erstellten und mit der **Recordset Open**- oder der **Command Execute**-Methode verwendeten Verbindungszeichenfolgen werden allesamt unter Verwendung gleicher Elemente erstellt (also aufgepasst!).

4.2.1 Bereich des »Connection«-Objekts

Wenn Sie es nicht besser wüssten, würden Sie vielleicht denken, dass es cool sei, ein **Connection**-Objekt in einem Arbeitsschritt zu erstellen und es zur geeigneten Verwendung an einen weiteren Prozess zu übergeben. Dies stellt jedoch keine Option dar – und es war niemals eine. Es ist noch nie möglich gewesen, DB-Bibliotheks-, ODBC- oder OLE DB-Verbindungen zu erstellen und die Verbindungshandles oder -objekte an andere Prozesse zu übergeben – nicht einmal auf dem gleichen System. Es ist möglich, ein prozessübergreifendes Marshaling für **Recordset**-Objekte durchzuführen (selbst für **Command**-Objekte), für das **Connection**-Objekt ist dies jedoch nicht möglich.

Es gibt jedoch eine Alternative. Sie können mit Hilfe des MS REMOTE-Providers eine Remoteverbindung herstellen – es gelten jedoch einige Beschränkungen. Der MS REMOTE-Provider ermöglicht dem Client via HTTP, HTTPS oder DCOM das Erstellen eines Remoteproxys auf einem Remoteserver. Dieser Remoteproxyserver erstellt die tatsächliche Verbindung und führt die Abfragen für Sie aus. Dieser Vorgang ist vergleichbar damit, einen vertrauenswürdigen Agenten zu einer Auktion zu schicken. Der Agent berichtet Ihnen, welche Stücke zur Versteigerung angeboten werden, und Sie teilen dem Agenten Ihre Anweisungen mit. Funktioniert die Kommunikation, können Sie möglicherweise ein antikes Möbelstück erwerben – funktioniert die Kommunikation nicht, können Sie sich einen ausgestopften Elchkopf ins Wohnzimmer hängen. Aus Sicherheitsgründen sollte nach Möglichkeit die serverseitige Sicherheitsdatei MSDFMAP.INI verwendet werden.

Sie können eine Remoteverbindung beispielsweise auf die folgende Weise codieren:

```
Dim cn as adodb.connection
' Ich verwende hier nicht MSDFMAP.INI. Diese Vorgehensweise ist sehr unsicher,
folgen Sie daher nicht meinem Beispiel.
Set cn = New Connection
cn.open "Provider=MS REMOTE;Remote Server=http://MyServer;" _
   "Remote Provider=SQLOLEDB;Data Source=SS_Hoo; _
   "Initial Catalog=Pubs;User Id=sa;Password=;"
cn.execute "create table MyDBTable(id int)"
```

4.2.2 Setzen der »Provider«-Eigenschaft

Meistens ignoriere ich die **Provider**-Eigenschaft des **Connection**-Objekts – oder zumindest referenziere ich es nur dann, wenn ich eine Verbindungszeichenfolge debugge. Die **Provider**-Eigenschaft kann auf verschiedene Weise gesetzt werden, üblicherweise automatisch. Es stehen folgende Möglichkeiten zur Verfügung:

- **Keinesfalls** einen Provider benennen: Keine Referenzierung des Providers in der Verbindungszeichenfolge, kein Referenzieren der **Property**-Auflistung des **Connection**-Objekts im Code und (ganz besonders) kein Verweis auf die **Provider**-Eigenschaft selbst. In diesem Fall lautet die Standardeinstellung für die **Provider**-Eigenschaft **MSDASQL** – der OLE DB-Provider für ODBC.

- Erwähnen eines Providers in der Verbindungszeichenfolge. In diesem Fall wird die **Provider**-Eigenschaft auf die aktuelle **Version** des Providers eingestellt. Wenn die Verbindungszeichenfolge beispielsweise **Provider = SQLOLEDB** lautet, wird die **Provider**-Eigenschaft auf **SQLOLEDB.1** eingestellt.
- Festlegen der **Provider**-Eigenschaft direkt im Code

Das Ändern der **Provider**-Eigenschaft kann schwierig sein. Ich bin bereits in Situationen geraten, bei denen das Ändern dieser Einstellung nach der Providerfestlegung (durch Referenzierung der **Property**-Auflistung) durch Verwenden eines anderen **Provider**-Wertes zu Unstimmigkeiten bei ADO geführt hat.

4.2.3 Verbindungsherstellung zu systemeigenen OLE DB- und ODBC-Datenprovidern

Im Lieferumfang von MDAC 2.5 sind mindestens drei »traditionelle« relationale SQL-Datenspeicher enthalten – SQL Server, Oracle und Jet (.mdb)[2]. Bei den ersten MDAC-Versionen musste der OLE DB-Provider für ODBC-Daten eingesetzt werden, der den geeigneten ODBC-Treiber für den Zugriff auf diese Datenspeicher verwendete. Bei MDAC 2.0 gehen die Entwickler davon aus, dass die beste Lösung die Verwendung **systemeigener** OLE DB-Provider darstellt. Hierbei wird impliziert, dass der Zugriff auf die Daten schneller erfolgt und weniger Festplatten- und Arbeitsspeicher benötigt wird. Diese Denkweise geht (teilweise) darauf zurück, dass die systemeigenen Provider keine Übersetzung von ODBC auf die systemeigene Sprache der zugrunde liegenden Datenquelle erfordern. Der SQL Server-Provider ist beispielsweise für TDS geschrieben, der Oracle-Provider für OCI, der Jet-Provider ist auf die Microsoft Jet-Engine-APIs zugeschnitten.

Ich unterteile die Erläuterung in zwei Abschnitte. Zunächst soll die Verbindungsherstellung über den standardmäßigen OLE DB-Provider für ODBC, anschließend die Verbindungsherstellung über systemeigene OLE DB-Provider erläutert werden. Es gibt systemeigene Provider für SQL Server, Oracle und Jet 3.5 sowie Jet 4.0 (sowie für viele mehr).

Herstellen einer Verbindung mit einer ODBC-Verbindungszeichenfolge

Beginnen wir mit dem OLE DB-Provider für ODBC. Dieser verwendet eine Verbindungszeichenfolge, mit der Sie vielleicht schon vertraut sind. Eine der Herausforderungen, denen Sie sich als ADO-Programmierer gegenüber sehen (selbst als erfahrener Programmierer), ist, unabhängig vom ausgewählten Provider, das Erstel-

---

2. Die Liste der OLE DB-Provider meiner Visual Basic- und ADO 2.5-Version umfasst 12 Provider, einschließlich des OLE DB-Providers für ODBC. Es werden zwei Versionen des Jet-Providers bereitgestellt – einer für Jet 3.51, der andere für Jet 4.0.

len einer Verbindungszeichenfolge zum Übergeben der **ConnectionString**-Eigenschaft. Dies kann sehr einfach sein:

```
cn.ConnectionString = "DSN=MyServer"        'Setzen von ConnectionString
cn.Open , "Admin", "pw"
```

In diesem Fall übernimmt OLE DB die meisten Standardeinstellungen. Es wird der OLE DB-Provider für ODBC verwendet und der angegebene DSN (Data Source Name, Datenquellenname) geöffnet, indem die Windows-Registrierung angesprochen wird. Die Inhalte des DSN-Registrierungseintrags füllen die **Connection**-Eigenschaft für die erweiterten Eigenschaften. Die Ergebniszeichenfolge **ConnectionString** sieht (hinter den Kulissen) folgendermaßen aus:

```
Provider=MSDASQL.1;Password=pw;User ID=Admin;Connect Timeout=15;Extended
Properties="DSN=MyServer;Description=Local MSDE Server;
SERVER=(local);UID=Admin;PWD=pw;WSID=BETAV8;DATABASE=biblio";Locale
Identifier=1033
```

Nachdem die Verbindung geöffnet wurde, enthält **Connection.Properties** (erweiterte Eigenschaften) Folgendes:

```
DSN=MyServer;Description=Local MSDE
Server;SERVER=(local);UID=Admin;PWD=pw;WSID=BETAV8;DATABASE=biblio
```

Beachten Sie, wie über ADO die Benutzer-ID und das Kennwort in die Verbindungszeichenfolge eingefügt werden. Diese werden nicht über den DSN in der Registrierung gespeichert, sondern über die **Connection.Open**-Methode bereitgestellt. Sie können diese Werte in der Verbindungszeichenfolge bereitstellen und müssen sie in der **Open**-Methode nicht erneut angeben. Und nein, es gibt keine Möglichkeit, diese zu codieren, damit der Quellcode die Sicherheit des Kennworts gewährleistet.

Anmerkung Das in der **Open**-Methode verwendete Kennwort ist in den Zeichenfolgen klar erkennbar. Sie sollten bei der Übergabe dieser Objekte und Verbindungen daher vorsichtig sein.

Beachten Sie auch, dass die Verbindungszeichenfolge das Argument **Provider=MSDASQL.1** enthält. So wird OLE DB darüber informiert, dass Version 1 des OLE DB-Providers für ODBC verwendet werden soll. Das Entfernen der ».1« würde lediglich dazu führen, dass die aktuellste Providerversion dieses Namens verwendet wird. Zu diesem Zeitpunkt ist kein solcher Provider vorhanden – das heißt jedoch nicht, dass dies immer so bleibt. Beachten Sie, dass **WSID** (Name der Arbeitsstation) automatisch von ADO festgelegt wird. Sie können diesen Wert mit einer eigenen Einstellung überschreiben. Ich verwende diese Eigenschaft in Client/Server-Anwendungen zur Identifizierung einzelner Clients. Wird Ihre Verbindung jedoch in der mittleren Schicht ausgeführt, ist das Ändern des **WSID**-Arguments sinnlos – Microsoft Transaction Server nimmt diese Einstellung vor, um ein Pooling der Verbindungszeichenfolgen zu ermöglichen.

Herstellen der Verbindung mit Hilfe von systemeigenen OLE DB-Providern

Wenn Sie jedoch nicht planen, über einen ODBC-DSN (Data Source Name) eine Verbindung zu SQL Server herzustellen (was Sie wahrscheinlich nicht möchten), müssen Sie eine komplexere Verbindungszeichenfolge erstellen – zumindest eine etwas kompliziertere. Berücksichtigen Sie, dass für jeden Provider von ADO Argumente an OLE DB übergeben werden müssen. Ja, viele dieser Argumente stimmen überein, aber es gibt einige entscheidende Unterschiede.

Denken Sie daran, wenn Sie die **Property**-Auflistung des **Connection**-Objekts im Code oder der IDE »anfassen«, dass hinter den Kulissen die **Connection**-Eigenschaft für den Providernamen eingestellt wird. Obwohl dies **nicht** aus der **Property**-Auflistung ersichtlich ist, wird dieser Wert auf ODBC (MSDASQL) gesetzt. Wenn Sie also zunächst **ConnectionString** festlegen, wird die Eigenschaft für den Providernamen auf den Angaben basieren, die unter **ConnectionString** gesetzt sind. Dies bedeutet, dass nach dem ersten Einsatz der **Property**-Auflistung – selbst bei Verwendung des Lokalfensters in der Visual Basic-IDE – eine Änderung des Providernamens nicht mehr möglich ist. Wenn Sie also einen Jet- oder einen systemeigenen Oracle-Provider öffnen möchten, erhalten Sie einen ODBC-Fehler.

Tipp Sie können die Zeichenfolge »(Local)« in der ODBC-Verbindungszeichenfolge verwenden, um auf den lokalen Server zu verweisen. Diese Methode funktioniert jedoch nicht für das Datenquellenargument in einer OLE DB-Verbindungszeichenfolge.

Dateibasierte Verbindungen

Beim Zugriff auf dateibasierte Datenquellen kann die Verbindungszeichenfolge unter Verwendung des Datenquellenarguments häufig einfach auf den Pfad und den Dateinamen der Datenbankdatei verweisen. Sie können jedoch mit Hilfe des Arguments für den Dateinamen auch auf eine dateibasierte UDL oder einen DSN verweisen:

```
cn.ConnectionString = "file name=c:\biblio.udl"
```

Bei der Arbeit mit ASP (Active Server Pages) möchten Sie vielleicht sicherstellen, dass eine vollständige Dateipfadangabe erfolgt, damit die .udl-Datei außerhalb der Website und damit in Reichweite des Browsers liegt (nicht gut). Platzieren Sie in diesem Fall die .udl-Datei außerhalb des Verzeichnisses **/inetpub/**. Das Verwenden von **Server.MapPath** führt nicht zum Erfolg, da ein Verzeichnis relativ zum virtuellen Verzeichnis zurückgegeben wird, und die gemeinsamen Dateien außerhalb des virtuellen Verzeichnisses gespeichert werden sollen.

Herstellen einer Verbindung zu Jet-Datenbanken (Access)

Sehen wir uns kurz die besonderen Probleme an, die bei der Verbindungsherstellung zum systemeigenen OLE DB-Provider für Jet-Datenbanken auftauchen. Sie versuchen, eine Jet-Datenbank zu öffnen, für die Benutzerkonten eingerichtet wurden. Sie wissen, dass Sie für den Provider ein Kennwort und eine Benutzer-ID angeben müssen, aber die Anwendung erhält die folgende Meldung: »-2147217843 Start der Anwendung nicht möglich. Die Datei mit Arbeitsgruppeninformationen fehlt oder wurde durch einen anderen Benutzer exklusiv geöffnet."[3] Sie sind verwirrt, sehen in der MSDN-Hilfe nach und finden folgende Fehlererklärung: »Zur Gewährleistung der referenziellen Integrität von durch die Microsoft Jet-Datenbankengine erstellten Datenbanken muss Ihre Anwendung die Microsoft Jet-Datenbankdatei **System.mdw** einlesen. Stellen Sie sicher, dass sich die Datei an dem im **SystemDB**-Wert angegebenen Standort des Windows-Registrierungsschlüssels **\HKEY_LOCAL_MACHINE\SOFTWARE\Microsoft\Office\8.0\Access\Jet\3.5\Engines\Jet** befindet.«

Super. Microsoft erwartet, dass die Entwickler in der Registrierung herumsuchen, um sicherzustellen, dass die Datenbank mit einem Kennwort geöffnet werden kann. Und dann stellen Sie auch noch fest, dass der Registrierungseintrag in der Meldung nicht richtig ist. Sie haben Office 2000 installiert – die Fehlermeldung wurde nie aktualisiert. Seufz. Also suchen Sie in der Registrierung und finden den richtigen Eintrag (**HKEY_LOCAL_MACHINE\Software\Microsoft\Office\9.0\Access\Jet\4.0\Engines**), der jedoch auf **C:\PROGRA~1\MICROS~1\OFFICE\SYSTEM.MDW** eingestellt ist. Nochmals seufz – ein DOS-Kurzname.

Worüber sich ADO beschwert, ist die Jet-WIF-Datei (Workgroup Information File). Dies ist eine Datei, die die Jet-Engine liest, wenn die Datenbank zum ersten Mal geöffnet wird. Die WIF-Datei enthält Informationen zu den Benutzern einer Arbeitsgruppe, einschließlich der Benutzerkontennamen, Kennwörter und Gruppenmitgliedschaften. Sie müssen Jet mitteilen, wo sich diese Datei befindet, indem Sie vor dem Öffnen der Verbindung eine erweiterte Eigenschaft setzen.

---

3. Der Text der angezeigten Fehlermeldung kann je nach ADO-Version variieren. Dies gilt auch für alle folgenden Fehlermeldungen.

In Microsoft Access 95 und früheren Versionen werden Einstellungsinformationen zu den einzelnen Benutzern (angegeben im Dialogfeld **Optionen**) in der WIF-Datei gespeichert. In Microsoft Access 97 und späteren Versionen werden diese Informationen in der Windows-Registrierung gespeichert. In Microsoft Access, Version 2.0, lautet der Standardname der WIF-Datei **System.mda**. Gelegentlich wird diese Datei auch als Arbeitsgruppendatei oder Systemdatenbankdatei bezeichnet. In Microsoft Access 95 und späteren Versionen lautet der Standardname für diese Datei **System.mdw**.

Okay, all dies ist furchtbar interessant, aber wie öffnen Sie eine sichere .mdb-Datei? Nun, dank eines Entwicklers, der sich auch auf der Liste eines von mir abonnierten Dienstes befindet, habe ich herausgefunden, dass der Pfadname der Jet-Datei **System.mdw manuell** gesetzt werden muss. Sie können beispielsweise die Eigenschaft **Jet OLEDB:Systems Database** in der Verbindungszeichenfolge ansprechen:

```
"data source=C:\Databases\Secure40.mdb;" _
    & "Jet OLEDB:System Database=C:\Windows\System\System.MDW;"
```

Darüber hinaus müssen Sie die richtige Benutzer-ID und das Kennwort in den üblichen Eigenschaften für Benutzer-ID und Kennwort angeben, um eine Verbindung zu erhalten.

Tipp Sie müssen die Eigenschaft **Jet OLEDB:System Database** auf der Registerkarte **Alle** im Eigenschaftendialogfeld des Datenansichtfensters setzen, um eine Datenverknüpfung zu einer sicheren Jet-Datenbank zu erstellen. Wenn Sie dies tun, gibt die Oberfläche ein Dialogfeld aus, in dem Sie nach dem Administratorkennwort gefragt werden.

Bedenken Sie, dass das Öffnen eines Dialogfeldes nicht das ist, was bei der Verbindungsherstellung von MTS oder einer ASP-Seite aus passieren sollte. Erstens können Sie dieses Dialogfeld nicht sehen, und zweitens erscheint es, als sei die Site »eingefroren« – oder sie stürzt gleich ab.

4.2.4 Nachträgliches Öffnen von Verbindungszeichenfolgen

Nachdem das **Connection**-Objekt geöffnet wurde, kopiert ADO die providererstellte Verbindungszeichenfolge in die Eigenschaft **Connection.ConnectionString** zurück. Diese Zeichenfolge umfasst alle Argumente, die Sie in der ursprünglichen **ConnectionString** oder in der **Open**-Methode oder in beidem verwendet haben. Darüber hinaus sind auch alle Standardargumente enthalten. Es handelt sich hierbei um die Zeichenfolge, die zwischengespeichert und verglichen wird, wenn in der mittleren Schicht das Verbindungspooling eingesetzt wird.

Ist es für ADO nicht möglich zu entscheiden, wie mit einem Argument verfahren werden soll, kann es vorkommen, dass das entsprechende Argument in den Abschnitt der erweiterten Eigenschaften von **ConnectionString** eingefügt wird. Sie werden bemerken, dass die erstellte Zeichenfolge sowohl erweiterte Eigenschaften von OLE DB **als auch** von ODBC enthält und darüber hinaus noch »standardmäßige« Einstellungen, von denen nie die Rede war.

Nehmen Sie beispielsweise diese OLE DB-Verbindungszeichenfolge:

```
Provider=SQLOLEDB.1;Data Source=betav8
```

Obige Zeile führt zur Rückgabe der folgenden, nachträglich geöffneten Verbindungszeichenfolge:

```
Provider=SQLOLEDB.1;Password=pw;User ID=Admin;Data Source=betav8;Locale
Identifier=1033;Connect Timeout=20;Use Procedure for Prepare=1;Auto Trans-
late=True;Packet Size=4096;Workstation ID=BETAV8
```

Hieraus ergibt sich eine ODBC-Verbindungszeichenfolge ohne Abschnitt für die erweiterten Eigenschaften:

```
"Provider=MSDASQL;Driver={SQL Server};Server=Betav8;Database=pubs;uid=sa;pwd=;
```

Diese endet jedoch mit einem vollständig gefüllten Abschnitt für die erweiterten Eigenschaften, der die OLE DB-Äquivalente des ODBC-Arguments enthält.

```
Provider=MSDASQL.1;Password=pw;User ID=Admin;Connect Timeout=20;
Extended Properties="DRIVER=SQL Server;SERVER=Betav8 ;UID=Admin;PWD=pw;
WSID=BETAV8;DATABASE=pubs;Network=DBMSSOCN;
Address=betav8,1433";Locale Identifier=1033
```

Verwenden der Visual Database Tools zum Erstellen von Verbindungszeichenfolgen

Ehrlich gesagt, klaue (äh, leihe) ich zur Verbindungsherstellung zu anderen Datenquellen neben SQL Server mit Hilfe des OLE DB-Providers eine Verbindungszeichenfolge, die durch eines der Visual Database Tools oder ADODC (ADO Data Control) erstellt wird. Da die von ADO erzeugte Fehlermeldung eher dürftig bzw. einfach verwirrend ist, ist das Ermitteln der Verbindung, die den Fehler verursacht, häufig ziemlich frustrierend. Gehen wir den Prozess durch, der dazu führt, dass diese Verbindungzeichenfolgen von den Visual Database Tools für Sie erstellt werden.

Der Trick dabei ist, die IDE zum Erstellen der Verbindung zu verwenden und anschließend diese Verbindung zu stehlen. Hierzu stehen verschiedene Optionen zur Verfügung. Ich tendiere dazu, für diese Übung ADODC zu verwenden, da es hierbei einfacher ist, die Verbindungszeichenfolge nach deren Erstellung zu extrahieren. Beginnen wir also mit dieser Methode.

1. Starten Sie mit Hilfe der Datenvorlage ein neues Visual Basic-Projekt.
2. Ziehen Sie ein ADODC-Steuerelement von der Toolbox auf **Form1** (oder ein beliebiges anderes Formular).
3. Klicken Sie mit der rechten Maustaste auf das ADODC-Objekt, aktivieren Sie auf der Registerkarte **Allgemein** die Einstellung **Verbindungszeichenfolge verwenden**, und klicken Sie auf **Erstellen**.
4. Wählen Sie im Dialogfeld **Datenlinkeigenschaften** aus der Providerliste den geeigneten OLE DB-Provider aus (siehe Abbildung 4.1).
5. Klicken Sie auf **Weiter**. Basierend auf dem gewählten Provider müssen verschiedene Angaben zum jeweiligen Provider gemacht werden.
6. Nachdem Sie die Eigenschaften angegeben haben (beispielsweise Datei- oder Servername, Benutzer-ID, Kennwort), klicken Sie auf **Verbindung testen** (Abbildung 4.2). Durch diesen Schritt wird sichergestellt, dass die erstellte Verbindungszeichenfolge auch tatsächlich (auf dem Entwicklungssystem) funktioniert. Kann die Verbindung nicht eingerichtet werden, ist ADO nicht in der Lage, die Standarddatenbankliste zu füllen. Wenn Sie eine Verbindung erstellen können, wird die Dropdownliste **Wählen Sie die Datenbank auf dem Server aus** mit Werten versehen.

Lassen Sie uns einen Moment innehalten, denn es müssen einige Dinge berücksichtigt werden. Erstens findet über das Dialogfeld **Datenlinkeigenschaften** (siehe Abbildung 4.2) tatsächlich eine **Verbindungsherstellung** statt, und hierzu ist häufig ein gültiger Benutzername sowie ein Kennwort erforderlich. Dies bedeutet, dass die Datenquelle (Netzwerk und Server) verfügbar sein muss, dass das Konto über die Berechtigungen für den Server oder die Datenquellendatei verfügen muss, die das Tool für eine Verbindungsherstellung benötigt. Zusätzlich müssen Sie eventuell die Netzwerkbibliothek zum Erreichen des Providers einstellen – wie bei der Verbindung zu MSDE (diese **erfordert** TCP/IP). Siehe hierzu auch den Abschnitt »Verwenden der SQL Server-Clientkonfiguration« weiter unten in diesem Kapitel.

Zweitens müssen Sie daran denken, dass die in die Visual Database Tools integrierten Fehlerbehandlungsroutinen ziemlich unausgereift sind. Es scheint beispielsweise nicht klar zu sein, wie mit überlasteten Verbindungen umgegangen werden soll – es werden zum Teil etwas sinnlose Fehlermeldungen zurückgegeben.

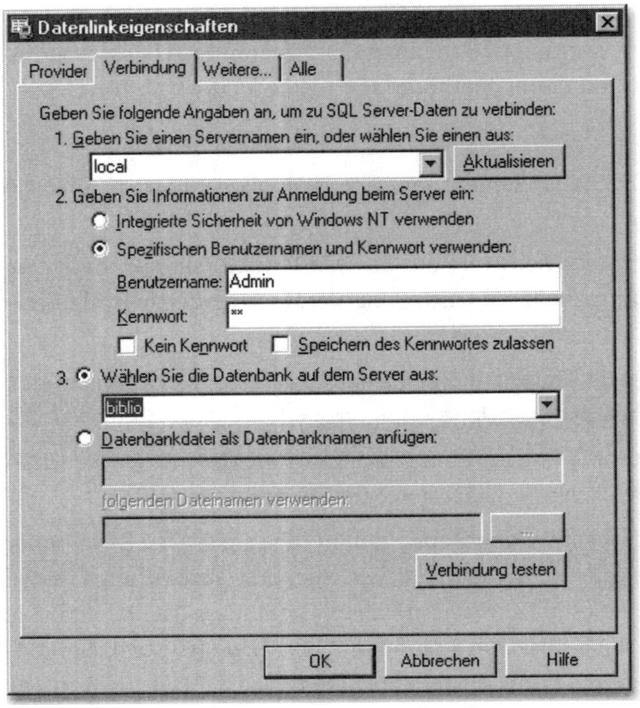

Abbildung 4.2 Verwenden des Dialogfeldes »Datenlinkeigenschaften« zum Erstellen einer Verbindungszeichenfolge

Da Visual Basic nicht alle Verbindungen wieder freigibt, die während der Experimentierphase verwendet werden, ist das Schließen und erneute Öffnen von Visual Basic einen Versuch wert. So werden Verbindungen freigegeben, die von Visual Basic selbst gehalten werden. Es reicht nicht aus, einfach die Anwendung zu stoppen.

Drittens werden der im Dialogfeld **Datenlinkeigenschaften** aufgeführte Benutzername und das Kennwort nicht in der Verbindungszeichenfolge gespeichert, es sei denn, Sie aktivieren das Kontrollkästchen **Speichern des Kennworts zulassen**. Andernfalls wird die Verbindungszeichenfolge dazu verwendet, die Verbindung einzurichten und die Liste der gültigen Datenbanken abzurufen, und wird anschließend verworfen.

Abschließend sollten Sie bedenken, dass eine erfolgreiche Verbindungsherstellung auf dem Entwicklungssystem mit eben diesen Eigenschaften noch keine Garantie dafür ist, dass auch bei der Bereitstellung Ihrer Anwendung, Komponente oder Webseite eine Verbindungsherstellung möglich ist.

Als Nächstes soll die Erstellung einer Verbindungszeichenfolge mit Hilfe der Visual Database Tools erläutert werden.

1. Klicken Sie auf **OK**, wenn Sie sich davon überzeugt haben, dass die Verbindung geöffnet wird. So kehren Sie zum gefüllten ADODC-Steuerelement zurück. Dieses Steuerelement sollte dem in Abbildung 4.3 ähneln.
2. Nun liegt eine funktionierende Verbindungszeichenfolge vor. Markieren Sie einfach die Zeichenfolge unter **Verbindungszeichenfolge verwenden**, und fügen Sie diese in Ihren Code ein.
3. Löschen Sie das ADODC-Objekt aus dem Formular.

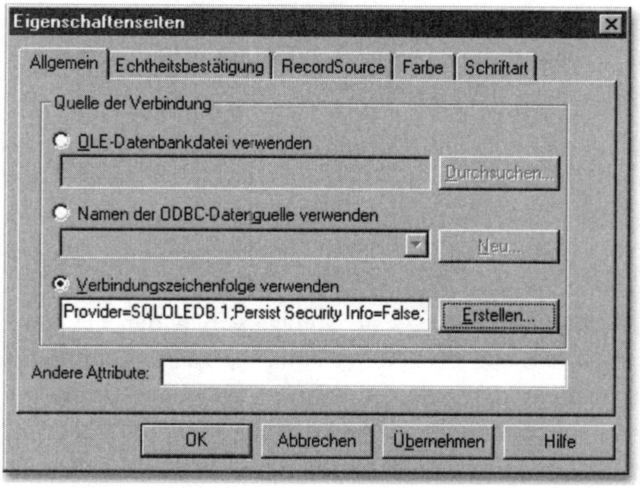

Abbildung 4.3 Die ADODC-Eigenschaftenseite nach Erstellung der Verbindungszeichenfolge

Die soeben erstellte Verbindungszeichenfolge sieht folgendermaßen aus:

```
Provider=SQLOLEDB.1;Persist Security Info=False;User ID=Admin;Initial
Catalog=biblio;Data Source=(local)
```

Hierbei handelt es sich jedoch um eine einfache Verbindungszeichenfolge. Wenn Sie mit der gleichen Methode eine Verbindungszeichenfolge für eine Jet-Datenquelle erstellen, würde diese nach dem Extrahieren aus ADODC zunächst so aussehen:

```
Provider=Microsoft.Jet.OLEDB.4.0;Data Source=C:\Program Files\Microsoft
Visual Studio\VB98\Nwind.mdb;Persist Security Info=False
```

Hm, sieht immer noch ziemlich einfach aus. Wann wird es also hässlich? Nun, wenn Sie nicht ADODC, sondern das Datenansichtfenster und den Datenumgebungs-Designer zum Erstellen der Verbindungszeichenfolge einsetzen, möchten Sie die **DataEnvironment1.Connection**-Objekteigenschaft der Verbindungsquelle (**ConnectionSource**) vielleicht so extrahieren, wie sie auf der Eigenschaftenseite der Visual Basic-IDE offen gelegt wird. Wenn Sie diese Zeichenfolge erfassen, nachdem Sie auf die gleiche Jet-Datenbank verwiesen haben, erhalten Sie eine vollständig andere Zeichenfolge:

```
Provider=Microsoft.Jet.OLEDB.4.0;Password="";User ID=Admin;Data
Source=C:\Program Files\Microsoft Visual Studio\VB98\Nwind.mdb;Mode=Share
Deny None;Extended Properties="";Locale Identifier=1033;Jet OLEDB:System
database="";Jet OLEDB:Registry Path="";Jet OLEDB:Database Password="";Jet
OLEDB:Engine Type=4;Jet OLEDB:Database Locking Mode=0;Jet OLEDB:Global Par-
tial Bulk Ops=2;Jet OLEDB:Global Bulk Transactions=1;Jet OLEDB:New Database
Password="";Jet OLEDB:Create System Database=False;Jet OLEDB:Encrypt Data-
base=False;Jet OLEDB:Don't Copy Locale on Compact=False;Jet OLEDB:Compact
Without Replica Repair=False;Jet OLEDB:SFP=False
```

Beachten Sie die Vielzahl von doppelten Anführungszeichen. Diese werden zum Angeben leerer Argumente verwendet, z.B. **Password=""**. Wenn Sie diese Notierung in einer Visual Basic-Zeichenfolge übernehmen, erhalten Sie mit Sicherheit eine Menge Fehler. Der Grund hierfür ist, dass in Visual Basic zwei doppelte Anführungszeichen als einfaches doppeltes Anführungszeichen interpretiert werden. Alles klar? Egal, wenn Sie diese Verbindungszeichenfolge verwenden möchten, müssen Sie diese durchgehen und **alle** doppelten Anführungszeichen entfernen. Was, wenn richtige, in Anführungszeichen gesetzte Parameter übergeben werden? Nun, dies sollte kein Problem sein, da die Erstellungsroutine für die Verbindungszeichenfolge im Datenumgebungs-Designer nicht versucht, leere, in Anführungszeichen stehende Zeichenfolgen für Argumente mit Parametern zu übergeben. Ein Bug? Ich denke, ja.

Sie sehen also, warum ich die ADODC-Variante bevorzuge. Es ist leichter, die Verbindungszeichenfolge zu stehlen (ähm, zu leihen).

Datenquellennamen und Microsoft-Datenverknüpfungen

In früheren Tagen von ODBC wurde das Sammeln und Speichern von Informationen zu Verbindungszeichenfolgen über registrierte DSNs (Data Source Names) erledigt. Sie können in ADO-Verbindungszeichenfolgen weiterhin auf diese DSNs verweisen – ich habe dies in einem der vorangegangenen Beispiele getan. Das Problem bei diesem Ansatz besteht darin, dass Sie zwar ohne Weiteres in der Lage sind, einen DSN auf Ihrem Entwicklungssystem zu erstellen, das Installieren eines solchen auf dem Zielsystem jedoch ein ziemlicher PIA[4] sein kann. Es gibt verschiedene Alternativen zur Verwendung registrierter DSNs:

4. PIA (Pain in the Ass, technischer Fachausdruck).

- Verwenden Sie einen »dateibasierten« ODBC-DSN, der die gleichen DSN-Informationen enthält (im .ini-Format), jedoch nicht in der Registrierung, sondern in einer Datei gespeichert wird. Vorteile: leichte Bereitstellung und Installation – kopieren Sie einfach die Datei. Probleme: langsamer erster Zugriff, leichte Zerstörung oder Änderung durch Benutzer. Interne Benutzer-IDs werden neugierigen Blicken ausgesetzt.
- Verwenden Sie eine »DSN-lose« ODBC-Verbindung. Bei diesem Ansatz wird eine Hartcodierung aller erforderlichen Parameter in der Verbindungszeichenfolge vorgenommen. Sie geben den Server, Treiber und alle weiteren ODBC-Parameter an. Vorteile: leicht zu codieren (wenn man es einmal verstanden hat) und schnell – sehr schnell. Probleme: Sie haben den Servernamen in der Anwendung oder Komponente hartcodiert – der Servername ändert sich jedoch nicht sehr häufig (oder doch?). Im Grunde handelt es sich hierbei um den Ansatz, den wir bei der Übernahme einer ADODC-generierten Verbindungszeichenfolge in unser Projekt verwendet haben.

```
cn.ConnectionString = "Provider=SQLOLEDB.1;Persist Security Info=False;" _
    & "User ID=Admin;Initial Catalog=biblio;Data Source=(local)"
cn.Open , , "pw"
```

> **Tipp** Teilen Sie Zeichenfolgen nicht mit Hilfe des Verknüpfungsoperators auf, wie ich dies im obigen Beispiel getan habe. Visual Basic stoppt so jedes Mal, um eine Zeichenfolge neu zu erstellen. Dieser Ansatz wird verwendet, um den Code zu Dokumentationszwecken etwas lesbarer zu machen, die Verarbeitung in Visual Basic erfolgt dadurch jedoch nicht unbedingt schneller.

- Verwenden Sie eine OLE DB-Microsoft-Datenverknüpfung. In diesem Fall können Sie eine Datei mit einer .udl-Erweiterung erstellen, die wie ein dateibasierter DSN an einem beliebigen Standort gespeichert werden kann. Die Datei enthält jedoch lediglich eine (Unicode-) Verbindungszeichenfolge (und nichts weiter). Diese werden in Windows 9x oder Windows NT 4.0 bzw. früheren Versionen mit Hilfe des Dateiexplorers erstellt (**Datei · Neu · Microsoft Datenlink**). Unter Windows 2000 erstellen Sie lediglich eine Textdatei und versehen diese mit einer .udl-Erweiterung. Durch das Doppelklicken auf diese neue Datei wird das so eben besprochene Datenlink-Dialogfeld geöffnet. Die Verbindungszeichenfolge wird in der .udl-Datei gespeichert, die .udl-Datei wird über einen Verweis auf Pfad und Name (Dateinamenargument in einer Verbindungszeichenfolge) geöffnet.

```
cn.ConnectionString = "File Name=c:\biblio.udl"
cn.Open
```

ADO hat sich mit Version 2.5 ein wenig verbessert, da nun alle Verweise auf DSNs und UDLs zwischengespeichert werden – auch, wenn Sie aus Dateien stammen. Darum wird auch für das Öffnen dateibasierter (und einiger registrierungsbasierter) Datenquellen beim **ersten** Mal etwas mehr Zeit benötigt.

Tipp Der Befehlsaufruf **Datei · Neu · Microsoft Datenlink** ist unter Windows 2000 nicht vorhanden. Sie können jedoch eine Datei erstellen und diese mit der .udl-Erweiterung versehen.

4.2.5 Codieren minimalistischer Verbindungszeichenfolgen

Ich sage häufig zu meinen Töchtern (George und Fred), dass weniger oft mehr ist. Für ADO-Verbindungszeichenfolgen gilt dies ebenso. Verbindungszeichenfolgen können sehr kurz sein.

```
Cn.Open "DSN=Fred"
```

Dieses Beispiel setzt voraus, dass Ihr Programm alle Standardwerte akzeptiert. In diesem Fall setzen Sie den ODBC-Provider voraus, und als DSN wird eine vertrauenswürdige Verbindung vorausgesetzt, daher benötigen Sie weder Benutzername noch Kennwort, und der Systemadministrator muss die richtige Standarddatenbank zugewiesen haben.

OLE DB-Zeichenfolgen können auch kurz sein, Sie müssen jedoch **erst** den Provider angeben, um Verwirrung bei der Zeichenfolgenanalyse zu vermeiden.

```
Cn.Open "Provider=SQLOLEDB;Data Source=MyServer;"
```

Wieder muss gewährleistet sein, dass die Standardeinstellungen akzeptiert werden. Nachfolgend einige kurze Beispielverbindungszeichenfolgen für verschiedene Datenquellen:

- Systemeigener OLE DB-Provider für SQL Server (sqloledb.dll)

  ```
  Provider=Sqloledb;Data Source=ServerXX;Initial Catalog=pubs;User
  Id=sa;Password=;
  ```

- Jet / Access 97, Version 3.51 (msjtor35.dll)

  ```
  Provider=Microsoft.Jet.OLEDB.3.51;Data Source=c:\northwind.mdb
  ```

- Jet / Access 97, Version 4.0 (msjetoledb40.dll)

  ```
  Provider=Microsoft.Jet.OLEDB.4.0;Data Source=c:\northwind.mdb
  ```

- Oracle (msdaora.dll)

  ```
  Provider=Msdaora;Data Source=Serverxx.world; User ID=scott;Password=ti-
  ger"
  ```

- Zur Verwendung einer alten ODBC-Treiberversion verwenden Sie folgende Syntax:

  ```
  "Provider=MSDASQL;Driver={SQL Server};Server=MyServer;Data-
  base=pubs;uid=sa;pwd=;"
  ```

- Für ISAM, beispielsweise Excel:

  ```
  "Provider=MSDASQL;Driver={Microsoft Excel Driver (*.xls)}; DBQ=D:\inet-
  pub\wwwroot\testXL\pubs.xls;"
  ```

- MSDataShape (msadds.dll)

  ```
  "Provider=MSDataShape;Data Provider=SQL Oledb;Data Source=ServerXX;
  Initial Catalog=pubs;User Id=sa;".
  ```

- MS Remote (msdarem.dll) – Sie können dreischichtige, parametrisierte Hierarchien verwenden, indem Sie MSDataShape und MS Remote miteinander kombinieren.

  ```
  "Provider=MSDataShape;Data Provider=MS Remote;Remote
  Provider=sqloledb;Remote Server=http://your_IIS_server;Data
  Source=ServerXX;Initial Catalog=pubs;User Id=sa;"
  ```

Erstellen einer neuen Jet-Datenbank

In einigen Fällen möchten Sie vielleicht eine Speicherung in einer Microsoft Jet-Datenbank vornehmen. Mit ADO kann dies umgesetzt werden, es muss jedoch auf eine andere Objektbibliothek verwiesen werden. Wählen Sie die Option **Microsoft ADO Ext. 2.1 (or 2.5) for DDL and Security**, und verwenden Sie die folgende Syntax:

```
Dim cat as ADOX.Catalog
Set Cat = New ADOX.Catalog
Cat.Create "Provider=Microsoft.Jet.OLEDB.4.0;Data Source=c:\MyNewDB.mdb"
```

Konvertieren von ODBC- in OLE DB-Verbindungszeichenfolgen

Als die OLE DB-Experten mit der Definition der Argumente begannen, die durch den Verbindungszeichenfolgenparser erkannt werden sollen, sollte der Konvertierungsvorgang nicht **zu einfach** sein, daher wurden mehrere der Argumente neu definiert – in Tabelle 4.1 werden einige aufgelistet.

ODBC	OLE DB
`UID=;PWD=;`	`User ID=, Password=`
`Database=`	`Initial Catalog=`
`Trusted_Connection=Yes`	`Integrated Security=SSPI;`
`Server`	`Data Source`

Tabelle 4.1 Verbindungszeichenfolgenargumente für ODBC- und OLE DB-Provider

Verbindungszeichenfolgenargumente für den SQL Server-Provider (SQLOLEDB)

Obwohl in der Visual Studio-Dokumentation die anfänglichen Eigenschaften für den SQLOLEDB-Provider aufgeführt werden, sind einige der Eigenschaftenbeschreibungen falsch. Es ist wichtig, dass nun eine SQL Server 7.0-Verbindungszeichenfolge erstellt werden kann, die alle Parameter enthält, die beim Erstellen eines registrierten DSNs angegeben werden können. In früheren Versionen von ODBC war dies unmöglich – viele der Argumente waren für die registrierungsbasierten DSNs reserviert. In Tabelle 4.2 werden die SQL Server-Providereigenschaften und deren Zweck beschrieben.

Eigenschaft	Beschreibung
`"Data Source"`	Der SQL Server, zu dem eine Verbindung hergestellt werden soll.
`"Initial Catalog"`	Die standardmäßige SQL Server-Datenbank.
`"Integrated Security"`	Eine Zeichenfolge, die den Namen des Authentifizierungsdienstes enthält. Dieser kann auf »SSPI« (Secured Support Provider Interface) oder auf »« gesetzt werden, um die integrierte Windows NT-Sicherheit zu verwenden.
`"Locale Identifier"`	SQLOLEDB validiert die Ländereinstellungs-ID und gibt einen Fehler zurück, wenn diese nicht unterstützt wird oder nicht auf dem Clientcomputer installiert ist.
`"Password"`	Das Kennwort, das einer SQL Server-Anmeldung zugeordnet ist. Diese Eigenschaft wird verwendet, wenn der SQL Server-Authentifizierungsmodus für den autorisierten Zugriff auf eine SQL Server-Datenbank ausgewählt wurde.
`"Persist Security Info"`	SQLOLEDB speichert die Authentifizierungswerte, falls angefordert, einschließlich eines Kennwortimages. Es wird keine Verschlüsselung bereitgestellt.

Tabelle 4.2 Verbindungszeichenfolgenargumente für den SQL Server-Provider (SQLOLEDB)

Eigenschaft	Beschreibung
"Prompt"	SQLOLEDB unterstützt alle Eingabeaufforderungsmodi für die Datenquelleninitialisierung. SQLOLEDB verwendet den Wert 4 (keine Eingabeaufforderung) als Standardeinstellung für die Eigenschaft. Die vier möglichen Werte sind: (1): Benutzer immer zur Eingabe von Initialisierungsinformationen auffordern. (2): Benutzer nur auffordern, wenn weitere Informationen erforderlich sind. (3): Benutzer nur auffordern, wenn weitere Informationen erforderlich sind. Dem Benutzer nicht ermöglichen, optionale Informationen einzugeben. (4): Keine Eingabeaufforderung an den Benutzer. Zurückgeben eines auffangbaren Fehlers an die Anwendung, wenn Benutzername und Kennwort nicht validiert werden können.
"User ID"	Ein SQL Server-Anmeldekonto. Diese Eigenschaft wird verwendet, wenn der SQL Server-Authentifizierungsmodus für den autorisierten Zugriff auf eine SQL Server-Datenbank ausgewählt wurde.
"Window Handle"	Ein Fensterhandle von der aufrufenden Anwendung. Ein gültiges Fensterhandle ist für das Initialisierungs-Dialogfeld erforderlich, das angezeigt wird, wenn die Eingabeaufforderung nach Initialisierungseigenschaften erlaubt ist.
"Connect Timeout"	SQLOLEDB gibt einen Initialisierungsfehler zurück, wenn eine Verbindung zum SQL Server nicht innerhalb der angegebenen Zeit (in Sekunden) aufgebaut werden kann. Der minimale Wert liegt etwa bei zehn Sekunden.

Tabelle 4.2 Verbindungszeichenfolgenargumente für den SQL Server-Provider (SQLOLEDB)

Die in Tabelle 4.3 gezeigten Eigenschaften sind erweiterte Eigenschaften, die durch den systemeigenen OLE DB-SQL Server-Provider (SQLOLEDB) definiert werden. Diese werden in der Auflistung der Verbindungseigenschaften offen gelegt und sind les- und schreibbar.

Erweiterte Eigenschaft	Beschreibung
"Application Name"	Der Name der Clientanwendung.
"Auto Translate"	Falls diese Eigenschaft den Wert **True** aufweist, führt SQLOLEDB beim Abrufen oder Senden von Zeichenfolgen von oder an SQL Server eine OEM/ANSI-Zeichenkonvertierung durch. Bei Einstellung des Wertes **False** wird keine Konvertierung vorgenommen.
"Current Languge" (Beachten Sie die falsche Schreibweise.)	Ein SQL Server-Sprachenname. Gibt die Sprache an, die für die Systemmeldungsauswahl und die Formatierung verwendet wird. Die Sprache muss auf dem SQL-Server installiert sein, ansonsten schlägt die Initialisierung fehl.

Tabelle 4.3 Erweiterte ODBC-Eigenschaftsargumente für SQL Server 7.0

Erweiterte Eigenschaft	Beschreibung
"Network Address"	Die über die Eigenschaft angegebene Netzwerkadresse von SQL Server. Diese wird für IPX- und NetBIOS-Protokolle verwendet. Siehe auch Artikel Q175472 in der MSDN-Hilfe. Es kommt auch vor, dass der Servername, gefolgt von einer Anschlussadresse, für TCP/IP (BetaV9.1433) verwendet wird.
"Network Library"	Der Name der Netzwerkbibliothek (DLL), die zur Kommunikation mit SQL Server eingesetzt wird. Der Name sollte weder den Pfad noch die .dll-Dateierweiterung aufweisen. Die Standardeinstellung wird bei der SQL Server-Clientkonfiguration bereitgestellt.
"Packet Size"	Die Größe eines Netzwerkpakets in Byte. Der Wert für die Paketgröße muss zwischen 512 und 32.797 liegen. Der Standardwert lautet 4.096.
"Use Procedure for Prepare"	Definiert die Verwendung von temporär gespeicherten SQL Server-Prozeduren: 0: Bei der Vorbereitung eines Befehls wird keine temporär gespeicherte Prozedur erstellt. 1: Standardwert. Bei der Vorbereitung eines Befehls wird eine temporär gespeicherte Prozedur erstellt. Die temporär gespeicherten Prozeduren werden gelöscht, wenn die Sitzung wieder freigegeben wird. 2: Bei der Vorbereitung eines Befehls wird eine temporär gespeicherte Prozedur erstellt. Die Prozedur wird gelöscht, wenn der Befehl nicht vorbereitet oder wenn ein neuer Befehl für das Befehlsobjekt angegeben wird bzw., wenn alle Anwendungsverweise auf den Befehl freigegeben werden.
"Workstation ID"	Eine Zeichenfolge zur Identifizierung der Arbeitsstation.
"Initial File Name"	Diese Eigenschaft ist für eine zukünftige Verwendung mit SQL Server 7.0-Datenbankdateien vorgesehen.

Tabelle 4.3 Erweiterte ODBC-Eigenschaftsargumente für SQL Server 7.0

Verwenden der SQL Server-Clientkonfiguration

In Fällen, in denen der Server nicht weiß, wie eine Named Pipe geöffnet oder erstellt werden soll oder Sie einen Server im Web referenzieren müssen, rufen Sie die SQL Server-Clientkonfiguration auf (siehe Abbildung 4.4), um ODBC anzuweisen, einen anderen Netzwerktreiber für den Zugriff auf den speziellen Server zu verwenden. Dies ist eine Anforderung für den Zugriff auf MSDE-Versionen (Microsoft Database Engine) von SQL Server 7.0, die unter Windows 9x ausgeführt werden. Das Betriebssystem weiß in diesem Fall nicht, wie mit Named Pipes umzugehen ist (der Standardnetzwerkschnittstelle). Ehrlich gesagt ist das TCP/IP-Protokoll schneller als Named Pipes, leichter zu installieren und zuverlässiger. Sie können jedoch keine domänenverwaltete Sicherheit ohne Named Pipes einrichten.

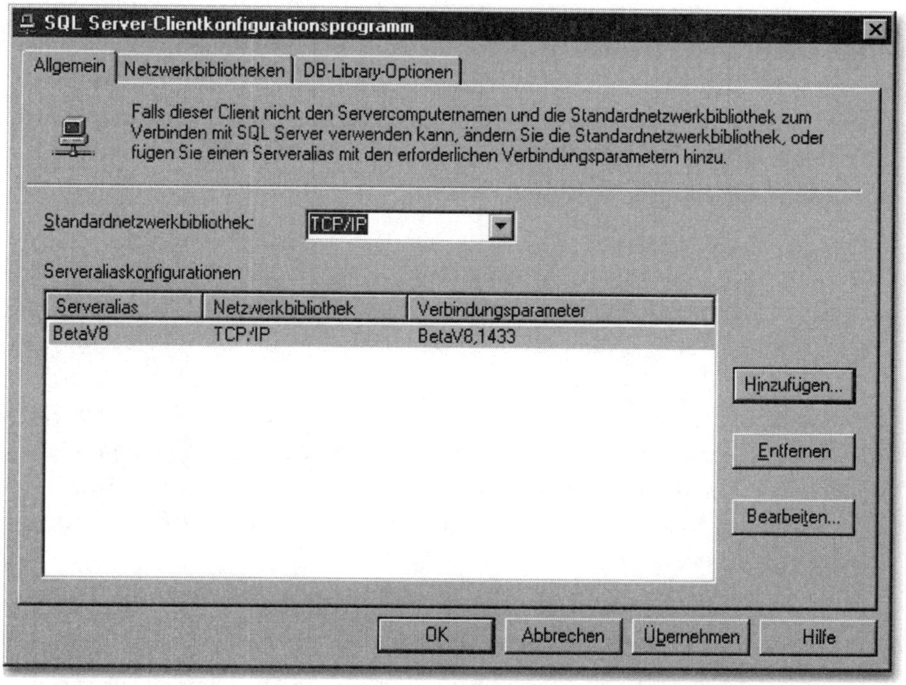

Abbildung 4.4 Verwenden der SQL Server 7.0-Clientkonfiguration zur Auswahl eines alternativen Protokolls

Führen Sie zum Starten dieses Dienstprogramms einfach **Start • Microsoft SQL Server • Clientkonfiguration** aus. Geben Sie den Namen des betreffenden Servers ein, und wählen Sie die geeignete Netzwerkschnittstelle aus der Optionenliste auf der linken Seite aus.

Es gibt eine weitere Möglichkeit, das Verwenden von TCP/IP (oder anderer Protokolle) anstelle des Standardwertes (Named Pipes) zu erzwingen: Fügen Sie Ihrer Verbindungszeichenfolge ein Netzwerkargument (network=) hinzu. Durch die folgende Verbindungszeichenfolge wird beispielsweise die Verwendung von TCP/IP erzwungen:

```
Network=dbmssocn;
```

4.2.6 Setzen der »CursorLocation«-Eigenschaft

Standardmäßig wird durch ADO **kein** Cursor zur Handhabung der Rowsets[5] erstellt, die das Ergebnis von Abfragen darstellen, daher spielt die **CursorLocation**-Eigenschaft keine besonders große Rolle.

5. Ein Rowset ist eine Menge von Zeilen, die die in der SELECT-Anweisung angegebenen Spalten enthält und die Mitgliedschaftsanforderungen der WHERE-Klausel einer Abfrage erfüllt.

ADO setzt die **CursorLocation**-Eigenschaft standardmäßig auf serverseitige Cursor (**adUseServer**). Dies bedeutet, dass bei Verwendung der Bibliotheksfunktionen clientseitiger Cursor zunächst ein Wechsel auf clientseitige Cursor (**adUseClient**) erfolgen muss. In den Kapiteln zum Recordset wird die Auswirkung dieser Auswahl näher erläutert. Es stellt sich heraus, dass Sie nach Bedarf zwischen den **CursorLocation**-Einstellungen wechseln können.

> **Tipp** Wenn Sie Probleme mit schwerfälligen Abfragen haben, die an den Server gesendet wurden (belegt durch den SQL Server Profiler oder die Ablaufverfolgungsroutinen Ihres Datenproviders), versuchen Sie, die **CursorLocation**-Eigenschaft zu ändern. Die Datenprovider weisen, basierend auf dem Ort der Cursorerstellung, unterschiedliche Ansätze beim Datenzugriff auf, selbst in Fällen, in denen cursorlose Resultsets verwendet werden. Die Probleme mit der **Prepared**-Eigenschaft beispielsweise, die in Kapitel 5 besprochen werden, können gemildert werden, indem die **CursorLocation**-Eigenschaft auf **adUseClient** geändert wird.

Verwenden client- oder serverseitiger Cursor

Ich bin schon häufig gefragt worden, welche denn die »besseren« Cursor seien, die client- oder die serverseitigen Cursor. Ich sage üblicherweise: »Keine der beiden.« Wenn Sie Cursor verwenden **müssen**, muss berücksichtigt werden, wie (und wo) Ressourcen am besten eingesetzt werden. Serverseitige Cursor erzeugen das Rowset an einem temporären Speicherort auf dem Server, daher verbrauchen diese Cursor serverseitige CPU- und Festplattenressourcen. Sie müssen das Rowset noch auf den Client übertragen, daher besteht von diesem Gesichtspunkt aus kein großer Unterschied zur clientseitigen Implementierung. Clientseitige Cursor weisen ADO an, die Schlüsselgruppe oder das statische Rowset im Client-RAM oder im Festplattenspeicher zu erstellen. In der mittleren Schicht kann es sich bei diesen Ressourcen möglicherweise um die gleichen Ressourcen handeln, die vom lokalen Server verwendet werden.

Können signifikante Unterschiede in der Leistung ermittelt werden, wenn ein Cursortyp den anderen überlagert? Ich bezweifle dies. Es ist sehr viel Arbeit in die clientseitige Cursortechnologie gesteckt worden – und darauf ist das MDAC-Team sehr stolz. Ein Zeugnis hiervon ist der (relativ) neue Shapeprovider. Viele Microsoft-Entwickler sind davon überzeugt, dass die clientseitigen Cursor auf jeden Fall vorzuziehen sind, dass sie die meisten Funktionen und die höchste Leistung bieten. Ich lasse Sie selbst entscheiden. Sehen wir uns eine Reihe von Methoden an, die nur mit serverseitigen Cursorn implementiert werden können, und andere, die nur mit clientseitigen Cursorn funktionieren.

Anmerkung Ich habe in einer Reihe von Büchern einen Hinweis auf die Verwendung der CREATE CURSOR TSQL-Syntax gefunden. Hiermit sind keine »richtigen« serverseitigen Cursor gemeint. Der Grund hierfür ist, dass die TSQL-Cursor durch den ADO-Provider generiert werden – einschließlich serverseitiger Cursor, falls erforderlich. Obwohl Sie mit dieser Methode eigene serverseitige Cursor codieren und verwalten können, kann diese Technik viel Ärger hervorrufen.

4.2.7 Setzen der Eigenschaften für die Zeitüberschreitung

ADO legt sowohl **ConnectionTimeout**- als auch **CommandTimeout**-Eigenschaften offen. Dies ist toll, aber haben Sie jemals bemerkt, dass einige dieser Zeitüberschreitungseinstellungen nicht richtig zu funktionieren scheinen? Vielleicht deswegen, weil niemand sie richtig versteht.

- **ConnectionTimeout** startet, wenn eine LAN-Verbindung mit dem Datenbankserver aufgebaut wird und endet, wenn der Datenquellenprovider eine Verbindung erstellt. Dies bedeutet, dass die Netzwerkkomponente **nicht** Teil der Zeitmessung ist. Aufgrund dieser Tatsache erfolgt eine Zeitüberschreitung auch über die Einstellung für die Netzwerkzeitüberschreitung, wenn Ihr Ehepartner mal wieder mit dem Staubsauger das Netzwerkkabel gekappt hat. Leider gibt es allerdings keine solche Einstellung. Die Netzwerkkartentreiber handhaben Zeitüberschreitungen auf eigene Art – es gibt keine Möglichkeit zu steuern, wie lange eine Karte auf ein Paket wartet, das niemals ankommt. Das MDAC-Team möchte einen OLE DB-verwalteten Thread für die Zeitüberschreitung von Operationen hinzufügen, der auf den Zeitüberschreitungseinstellungen basiert.
- **CommandTimeout** startet, wenn der Datenbankserver den Befehl akzeptiert hat, und endet, wenn der Datenbankserver den ersten Eintrag zurückgibt. Sind Server oder Netzwerk beschäftigt (oder antworten gar nicht), kann mit dieser Einstellung die Steuerung nicht zurückerlangt werden.

Beide Eigenschafteneinstellungen hängen von der Netzwerkzeitüberschreitung ab – keine der ADO-Zeitüberschreitungseigenschaften nimmt Rücksicht darauf, wie viel Zeit ADO und die Provider der niedrigen Ebene zum Verbindungsaufbau zur LAN-Hardware benötigen. Da die NIC-Treiber (Network Interface Card) der niedrigen Ebene einen synchronen Netzwerk-API-Aufruf ausführen, und da dieser Aufruf nicht zurückgegeben wird bis die Zeitspanne für die Netzwerkzeitüberschreitung abgelaufen ist, wird der ADO-Zeitüberschreitungscode so lange blockiert, bis das Netzwerk antwortet – falls es antwortet.

Falls das Netzwerk arbeitet, können die meisten Verbindungen in weniger als fünf Sekunden hergestellt werden. Das Einstellen der **ConnectionTimeout**-Eigenschaft auf einen Wert, der viel höher als 15 Sekunden liegt, ist unsinnig – und führt dazu, dass beim Client (beim Benutzer) eine Zeitüberschreitung auftritt. Das heißt, falls Ihre Clientanwendung den Benutzer zu lange auf eine Operation warten lässt, verliert dieser vielleicht die Geduld und drückt STRG+ALT+ENTF.

Anmerkung Für eine Verbindung erstellte **Command**- und **Recordset**-Objekte erben die **CommandTimeout**-Eigenschaft des **Connection**-Objekts. Während dieser Wert in einem **Command**-Objekt zurückgesetzt werden kann, ist dies in einem Recordset nicht möglich – die **Connection**-Einstellung (oder **Command**) muss übernommen werden.

4.2.8 Aufforderung zur Eingabe von Benutzer-ID und Kennwort

Nicht sämtliche ADO-Verbindungen werden durch menschliche Wesen initiiert. Nein, damit will ich nicht sagen, dass einige von Ihnen zur Gattung der Steine, Tiere, Pflanzen oder Außerirdischen gehören – auch, wenn dies vom Verhalten her gelegentlich zutreffen würde. (Reden wir gar nicht erst von dem Kartoffelkopf, mit dem ich letzte Woche zu tun hatte.) Was ich sagen möchte ist, dass einige Verbindungen über Komponenten gestartet werden, die keine Ahnung davon haben, welcher »Benutzer« die Operation anfordert. Eine Komponente der mittleren Schicht beispielsweise stellt lediglich eine Verbindung zur Datenquelle her und fordert Daten an. Diese Anmeldung erfolgt nicht als »Fred« oder anhand einer anderen spezifischen Benutzer-ID, die an einen Benutzer gekoppelt ist. Sofern nicht die Systemadministratoranmeldung verwendet wird (was eine böse Sache ist), verwendet die Komponente eine private Benutzer-ID und ein Kennwort, das speziell für diese und ähnliche Komponenten erstellt worden ist.

Einige von Ihnen möchten vielleicht dennoch eine Benutzer-ID und ein Kennwort abfragen und dieses an die ADO-Verbindung übergeben, um Zugriff auf das Datenbankverwaltungssystem zu erhalten (DBMS). Meiner Meinung nach ist dieser Ansatz nicht länger erforderlich und stellt in den meisten Fällen keine gute Lösung dar. Das Problem, das hier gelöst werden soll, ist die Benutzervalidierung – sollten Sie dem aktuellen (menschlichen) Benutzer Zugriff auf die Datenbank gewähren. Es gibt für dieses Problem verschiedene Ansätze – nachfolgend drei Vorschläge:

- Verwenden Sie die Windows-Netzwerksicherheit zur Validierung der Benutzer. Dies setzt voraus, dass der angemeldete Benutzer und der Benutzer, der das geschützte Programm (mit Benutzervalidierung) verwendet, ein und dieselbe Person sind. Auf diese Weise können sie die Windows-Anmeldenamen als Benutzer-ID verwenden, wenn eine Verbindung geöffnet wird. Gleichzeitig wird diese Benutzer-ID jedoch durch das Netzwerkprotokoll gegenüber dem Server offen gelegt – was bei TCP/IP nicht der Fall ist. Dieser Ansatz setzt ebenfalls voraus, dass die Benutzer entweder in Gruppen organisiert sind, die der Server erkennt, oder dass sich die Benutzer als Einzelpersonen anmelden. Die administrative Seite dieses Ansatzes kann relativ kompliziert sein.

- Beschränken Sie den Zugriff auf die Datenbank so, dass die Endbenutzer die DBMS-Tabellen, Sichtenregeln, Trigger, Abfragen usw. weder anzeigen noch bearbeiten können. In diesem Fall kann nur über bestimmte (vielleicht geheime) Kombinationen aus Benutzer-ID und Kennwort auf ausgewählte Prozeduren zur Durchführung von Abfragen und Aktualisierungen zugegriffen werden. Dies ist mein bevorzugter Ansatz, der jedoch immer noch einen gewissen Validierungsmechanismus erfordert.
- Richten Sie eine zweite Sicherheitsschicht ein. Dieser Ansatz wird häufig benötigt, wenn die Benutzer sich mit spezifischen Rollen anmelden. Nachdem sich ein Benutzer anhand einer anwendungsverwalteten ID angemeldet hat, meldet sich die Anwendung selbst, oder eine zugrunde liegende Datenzugriffskomponente, mit einer geheimen Benutzer-ID sowie einem Kennwort an. Auf diese Weise erhalten Sie bei der Benutzerverwaltung mehr Steuerungsmöglichkeiten. Sie können beispielsweise den Datenbankzugriff eines Benutzers nach Tageszeit, Anzahl der Zugriffsversuche, Anzahl der derzeit angemeldeten Benutzer, Jobfunktion oder der Anzahl der Beine einschränken.

Eingabedialogfelder

Unabhängig von der gewählten Art der Benutzervalidierung möchten Sie gültige Kombinationen aus Benutzer-IDs und Kennwort selbst erfassen – diese Aufgabe sollte nicht über den Datenprovider erfolgen. Es soll also **nicht** über ODBC oder OLE DB ein Dialogfeld angezeigt werden (wie dargestellt in Abbildung 4.5), in dem Daten zu Benutzer-ID und Kennwort (sowie Datenbank, Datenquelle oder Server) abgefragt und an die **Connection Open**-Methode übergeben werden. Wird ein solches Dialogfeld geöffnet, erhält der Benutzer die Gelegenheit, eine Kombination aus Benutzer-ID und Kennwort zu erraten oder eine andere Datenbank auszuwählen – und dann so lange weiter zu raten, bis er richtig liegt. Nicht so gut.

ADO steuert dieses Verhalten über die **Prompt**-Eigenschaft des **Connection**-Objekts. Glücklicherweise ist das Standardverhalten keine Eingabeaufforderung (**no prompt**), und ADO wird angewiesen, einen auffangbaren Fehler zu erzeugen. Die Entwickler der Visual Database Tools dagegen waren jedoch aus Gründen, denen ich nicht zustimme, der Meinung, dass die Standardeinstellung **prompt always** lauten sollte, d.h., es erfolgt stets eine Eingabeaufforderung. Wenn Sie also den Datenumgebungs-Designer zum Öffnen einer Verbindung einsetzen, muss die **Prompt**-Eigenschaft außer Kraft gesetzt werden.

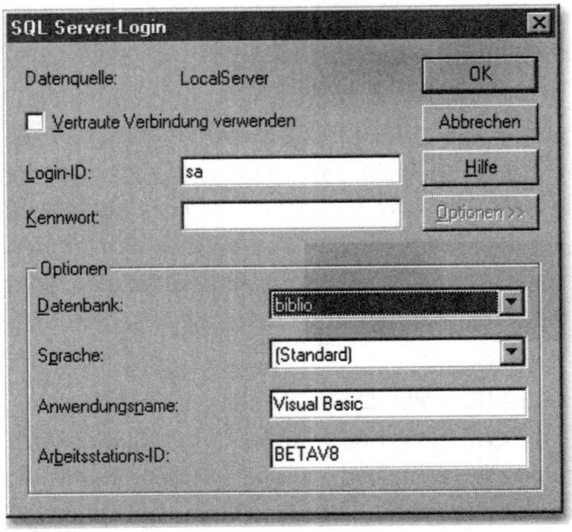

Abbildung 4.5 Die Ebene der Eingabeaufforderung sollte so eingerichtet werden, dass derartige Dialogfelder nicht angezeigt werden.

Dies können Sie mit Hilfe des Eigenschaftenfensters von Visual Basic und durch Auswahl des **DataEnvironment Connection**-Objekts erreichen. Stellen Sie sich lediglich darauf ein, dass Sie sich hierbei etwa sechs Mal bei der Datenbank anmelden müssen. Beachten Sie, dass der Datenumgebungs-Designer sowohl das Laufzeit- als auch das Entwurfszeitverhalten von Eingabeaufforderungen unterstützt.

Vertrauenswürdige Verbindungen

Sowohl die ODBC- als auch die OLE DB-Provider unterstützen die domänenverwaltete Sicherheit. Dies bedeutet, dass der Windows-Anmeldename sowie das Kennwort erfasst und als Aliasbenutzer-ID und -kennwort an den Datenprovider übergeben werden können. Dies setzt voraus, dass der Windows-Anmeldename des Benutzers verwendet werden kann, da es sich um eine Person handelt, die für den Datenbankzugriff über Ihre Anwendung als vertrauenswürdig eingestuft wurde. Dieser Ansatz wird in ausschließlichen TCP/IP-Konfigurationen wie MSDE bzw. dort, wo es sich bei dem »Benutzer« tatsächlich um eine Komponente der mittleren Schicht handelt, nicht unterstützt, da diese Komponenten nicht am Netzwerk angemeldet sind.

In ODBC können Sie der Verbindungszeichenfolge die Zeile **Trusted_Connection=Yes** hinzufügen und so angeben, dass die NT-Authentifizierung (domänenverwaltet oder integriert) verwendet werden soll. Alle weiteren Benutzer-ID- und Kennworteinträge in der Verbindungszeichenfolge und alle weiteren Einträge, die anhand der **Open**-Anweisung übergeben werden, werden ignoriert. Das Standardverhalten für einen ODBC-Provider lautet **Trusted_Connection=No.** Diese

Einstellung ermöglicht die Authentifizierung im gemischten Modus, d.h. es wird – je nach Situation – entweder die SQL Server- **oder** die NT-Authentifizierung verwendet.

Das Verwenden der integrierten Sicherheit (NT-Domänenauthentifizierung) mit ADO ist in der Regel sicherer als die Verwendung der SQL Server-Authentifizierung. Dies liegt daran, dass bei der clientgesteuerten Sicherheit (bei der Menschen involviert sind) Entwickler Benutzer-IDs und Kennwörter (gegen allen Rat) letztlich oft auf Festplatte speichern, entweder im Code oder in einer UDL- oder DSN-Datei. Jeder, der diese Dateien durchsieht, könnte das Kennwort erraten. Unglücklicherweise führt uns die Art und Weise, mit der unsere Tools und Dienste entwickelt werden, häufig in genau diese Falle. Es ist beispielsweise unmöglich, die integrierte Sicherheit zu verwenden, wenn ADO prozessintern mit IIS eingesetzt wird, da IIS unter dem lokalen Systemkonto ausgeführt wird und keine Autorisierung für das Netzwerk besitzt. Wenn Sie Ihre Anwendungen prozessextern ausführen, kann die integrierte Sicherheit genutzt werden, die Leistung der IIS-Implementierung ist so jedoch in vielen Szenarien unzureichend. Es gibt immer Probleme bei der Einrichtung von Laufzeitvariablen, die Benutzer-IDs und Kennwörter enthalten, ich möchte jedoch wetten, dass sich viele Entwickler nicht an die empfohlenen Vorgehensweisen halten.

OLE DB unterstützt ein ähnliches Sicherheitsschema, verwendet jedoch ein anderes Argument in der Verbindungszeichenfolge – **Integrated Security=SSPI** entspricht der Zeile **Trusted_Connection=Yes** von ODBC.

Ich habe eine Anwendung geschrieben, um die von ADO zurückgegebenen Fehler zu testen und zu protokollieren, die bei der Durchführung verschiedener Operationen auftreten, einschließlich der Verwaltung von Benutzer-IDs und Kennwörtern[6]. Ich begann mit einfachen Problemen hinsichtlich der Verbindungsberechtigungen und fand etwas Erstaunliches heraus. Nachdem die Anwendung mit Hilfe von ODBC-DSN und gültiger Kombination aus Benutzer-ID und Kennwort (nicht notwendigerweise **SA**) eine Verbindung hergestellt hatte, brauchte ich bei der erneuten Anmeldung an dieselbe Datenquelle keine Benutzer-ID und kein Kennwort mehr anzugeben. Wenn ich eine falsche Benutzer-ID oder ein falsches Kennwort eingab, schlug die Verbindungsherstellung über ADO fehl, wenn ich jedoch einfach die **Open**-Methode ohne Benutzer-ID und Kennwort verwendete, konnte die Verbindung wieder aufgebaut werden. Es stellte sich heraus, dass anstelle der fehlenden Benutzer-ID und des Kennwortes einfach mein Windows-Anmeldename verwendet wurde.

6. Diese Anwendung finden Sie auf der Begleit-CD-ROM zu diesem Buch. Suchen Sie einfach nach **ConnErrTrap.exe**.

Verwenden der Systemadministratoranmeldung als Benutzer-ID

Viele der auftretenden Sicherheitsprobleme werden verdeckt, wenn Sie **SA** (Systemadministrator) als Benutzer-ID für den Zugriff auf SQL Server verwenden. Da das Systemadministratorkonto Rechte für den Zugriff auf sämtliche Serverressourcen besitzt, ist mit diesem Konto praktisch alles möglich – einschließlich des Löschens der gesamten Datenbank auf einen Schlag. Das Preisgeben des Systemadministratorkennwortes stellt eine schwerwiegende Sicherheitsverletzung dar. Ohne dieses Kennwort könnten »gewöhnliche« Benutzer leicht daran gehindert werden, größeren Schaden anzurichten. Wenn Sie also schreiben, sprechen, unterrichten oder codieren, sollten Sie immer daran denken und darauf hinweisen, dass das Systemadministratorkennwort nicht als Benutzer-ID verwendet werden sollte.

4.2.9 Auswahl der Standarddatenbank

Wenn Sie eine Verbindung zu einem Datenbankverwaltungssystem herstellen, das mehrere Datenbanken unterstützt, beispielsweise SQL Server, wird Ihre Benutzer-ID mit einer der Datenbanken des Systems verknüpft. Wenn Ihr Systemadministrator auf Draht ist, wird die Standarddatenbank auf die Arbeitsdatenbank geändert, die Sie am wahrscheinlichsten verwenden und für die Sie die nötigen Zugriffsberechtigungen besitzen. Falls nicht, kann die Standarddatenbank leicht die Masterdatenbank sein – die Systemdatenbank, für die Sie keine Rechte besitzen (sollten). Da Sie sich nicht mit der Benutzer-ID **SA** angemeldet haben, sollte die Standarddatenbank für die Verbindung nicht eingestellt werden müssen. Denken Sie daran, falls nicht anders angegeben, werden Ihre SELECT-Anweisungen und Abfragen für die Standarddatenbank durchgeführt.

Tipp Wenn Sie den gefürchteten **ConnectionWrite("GetOverLappedResult")**-Fehler erhalten, sollten Sie versuchen, die Netzwerkprotokolle zu ändern. Alles mit Ausnahme von Named Pipes scheint zu funktionieren, aber **multiprotocol** und TCP/IP scheinen in dieser Situation am besten geeignet zu sein – besonders, wenn sowohl Client als auch Server zur Verwendung von TCP/IP-Sockets konfiguriert wurden. In den meisten Fällen stellt TCP/IP im Hinblick auf Geschwindigkeit, Stabilität und Verwaltungsaufwand die beste Wahl dar.

Zur Auswahl einer neuen Standarddatenbank vor dem Öffnen der Verbindung fügen Sie der Verbindungszeichenfolge einfach ein weiteres Argument hinzu. Zum Ändern der Standarddatenbank in »Fred« fügen Sie einer ODBC-Verbindungszeichenfolge beispielsweise **Database=Fred** und einer systemeigenen OLE DB-Verbindungszeichenfolge **Initial Catalog=Fred** hinzu.

Nach dem Verbindungsaufbau kann die Standarddatenbank geändert werden, hierbei ist jedoch Vorsicht geboten. Sie können ADO nicht erlauben, während dieses Prozesses ein weiteres **Connection**-Objekt zu erzeugen. In dieser Hinsicht scheint ADO 2.5 bessere Manieren aufzuweisen als ADO 2.1. Wenn Sie mit Hilfe des TSQL-Befehls **Use <db>** versuchen, die Standarddatenbank von SQL Server zu ändern, und Sie verwenden die **Execute**-Methode des Command-Objekts zur Abfrageausführung, erstellt ADO zur Abfrageausführung **vielleicht** eine weitere Verbindung – insbesondere jedoch dann, wenn die aktuelle Verbindung durch eine andere Operation belegt wird.

Es ist sicherer, ADO mitzuteilen, dass Sie diese Änderung vornehmen – setzen Sie lediglich die **Current Catalog**-Eigenschaft (ODBC- oder OLE DB-Verbindungen) auf die neue Datenbank. ADO sendet eine **USE <db>**-Abfrage an die aktuelle Verbindung, jedoch nur dann, wenn derzeit keine noch ausstehenden Ergebnisse vorhanden sind. Anschließend wird für die ausgeführten Abfragen die neue Standarddatenbank verwendet. Wenn die weiteren Datenbankstatuseinstellungen nicht von Bedeutung sind, könnten Sie natürlich auch einfach die Verbindung schließen und erneut öffnen. Da es sich wahrscheinlich um eine im Pool befindliche Verbindung handelt, stellt dies keine erhebliche Leistungseinbuße dar.

Der folgende Code veranschaulicht eine typische **Open**-Methode, bei der anschließend ein Dump der Standarddatenbank (aktueller Katalog) erstellt wird, um zu zeigen, dass diese im Verlauf der Verbindungsöffnung durch den Server geändert wurde. Im Anschluss daran wird eine erneute Änderung mit Hilfe der **Property**-Auflistung des **Connection**-Objekts vorgenommen.

```
cn.Open "dsn=LocalServer;", "admin", "pw"    ' Anmeldung an der durch den
Systemadministrator definierten Standarddatenbank
Debug.Print cn.Properties("Current Catalog")    ' Ermitteln der Standard-
datenbank
cn.Properties("Current Catalog") = "adoclass"    ' Änderung der Standard-
datenbank in beliebigen Wert…
rs.Open "select ID from justinadoclass", cn    ' Jetzt kann eine Objektrefe-
renzierung in der neuen Datenbank erfolgen
```

Tipp Wenn Sie bei der Verbindungsherstellung mit einem OLE DB-Provider für ODBC (Standard) einen **Create File**-Fehler erhalten, kann dies auch einfach nur heißen, dass ADO den angegebenen Server nicht finden konnte. Sie haben doch einen angegeben, oder? Und der Server ist auch betriebsbereit, oder?

Verwalten des Verbindungsstatus

Das »Standard«-Attribut einer Datenbank ist eine der Statuseigenschaften für die Datenbankverbindung, die auf dem Server und (in geringem Umfang) in der **Property**-Auflistung des **Connection**-Objekts verwaltet wird. Diese Eigenschafteneinstellungen werden solange gespeichert, wie die Netzwerkverbindung zum Server aufrechterhalten wird. Erstellt ADO eine weitere Verbindung für Sie, werden dieser Verbindung keine Eigenschaften vererbt, die nach der Verbindungsöffnung vorgenommen werden. Dies rührt daher, dass die Verbindung aus der bereits erstellten **ConnectString**-Eigenschaft erstellt wird – selbst dann, wenn Sie die **Command**-Objekteigenschaften, z. B. **Current Catalog**, geändert haben. Findet jedoch über Microsoft Transaction Server ein Verbindungspooling für die erstellte und geschlossene Verbindung statt, erben andere Benutzer den auf dem Server verwalteten Status (da die physische Datenbankverbindung nie geschlossen wird).

Dieses Verhalten kann auch auf einem normalen Client/Server-System auftreten, da das Verbindungspooling nicht auf Microsoft Transaction Server beschränkt ist – es wird praktisch **überall** implementiert, es sei denn, sie deaktivieren es. Sie sollten die Auswirkungen einer Statusänderung auf dem Server besonders in den Situationen einschätzen können, in denen die Verbindung durch einen Poolingmechanismus wieder verwendet wird – auch bei Ihrem eigenen. Die Standarddatenbank ist nicht die einzige Eigenschaft, die auf Ihrem System ein Chaos anrichten kann. Bei jeder Verwendung der SET-Anweisung in TSQL wird der Datenbankstatus geändert. Da ADO jedoch nichts von dieser Änderung weiß, kann es sich dieser Änderung nicht entziehen – selbst dann nicht, wenn es hierfür konzipiert wäre (ist es aber nicht). Wenn Sie beispielsweise SET NOCOUNT ON **außerhalb einer gespeicherten Prozedur** einsetzen, wird die Änderung in der Verbindung gespeichert, bis diese geschlossen wird. Verwenden Sie eine SET-Anweisung in einer gespeicherten Prozedur, wird der Status nach Beendigung der gespeicherten Prozedur zurückgesetzt. Wenn Sie eine temporäre Tabelle oder einen temporären Cursor erstellen, werden diese ebenfalls als Teil des Datenbankstatus beibehalten. Jede Anwendung oder Komponente, die diese Verbindung erbt, erhält sämtliche Statusänderungen und weiß dabei nicht, welche Änderungen am ursprünglichen Status vorgenommen wurden.

Was geschieht also, wenn Ihr Entwicklungsteam beginnt, am Status herumzubasteln? Nun, da die Verbindung nicht mit anderen Komponenten oder Anwendungen gemeinsam genutzt wird, die abweichende Verbindungszeichenfolgen verwenden, kann dieses Problem in Grenzen gehalten werden. Wenn jedoch Verbindungen gemeinsam von unterschiedlichen Komponenten verwendet werden sollen (ein wünschenswertes Ziel), ist weitaus größere Vorsicht geboten. Die Symptome einer Statusbeschädigung sind Komponenten, die meistens funktionieren, jedoch in unregelmäßigen Abständen ausfallen – beispielsweise nach bestimmten Operationen, die gerade durchgeführt wurden – nicht jedoch immer. Hässlich.

4.2.10 Verwenden des Datenansichtfensters zum Erstellen von Verbindungen

Das Datenansichtfenster der Visual Basic 6.0-IDE wurde zum Erfassen von Verbindungszeichenfolgen für ADO-Provider sowie zum Offenlegen des Datenbankschemas konzipiert, das angezeigt und bearbeitet werden soll. Nachdem eine Datenverknüpfung zu einem der mit zusätzlichen Funktionen ausgestatteten ADO-Provider hergestellt wurde, sehen Sie (wenigstens) eine Liste mit Tabellen und (vielleicht) Datenbankdiagramme, Sichten und gespeicherte Prozeduren, wie dargestellt in Abbildung 4.6.

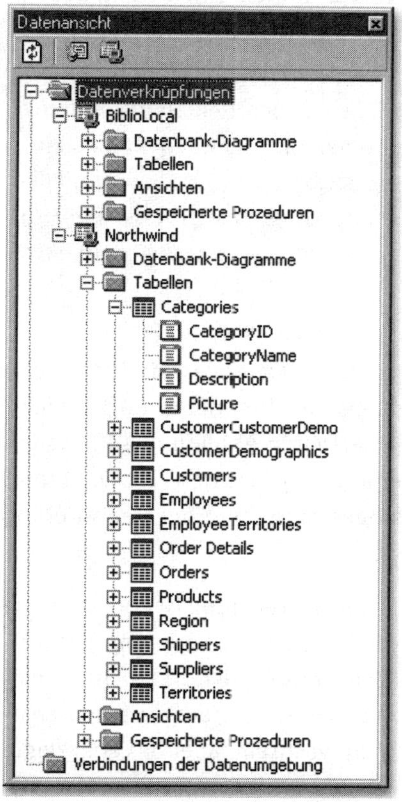

Abbildung 4.6 Das Datenansichtfenster von Visual Basic 6.0

Nicht alle Provider sind in der Lage, mit dem Datenansichtfenster zu arbeiten – oder wenigstens nicht vollständig. Ist eine Zusammenarbeit möglich, sollten alle Funktionen des Datenansichtfensters zur Verfügung stehen. Einzelne Tabellen können geöffnet werden, um Daten oder Schemata zu untersuchen und zu ändern – unter Verwendung einer interaktiven, grafischen Oberfläche. Wenn Sie Änderungen an der Tabelle vornehmen, wird die entsprechende SQL Server-Abfrage über das Datenansichtfenster an das Backend gesendet. Dies heißt, dass Sie Änderungen an »Livedatenbanken« vornehmen können – ob dies Sinn ergibt oder nicht. Darüber hinaus steht Ihnen die Möglichkeit offen, das SQL-Befehlsskript zu speichern, das anschließend an Ihren Systemadministrator weitergeleitet wird (wenn dieser noch mit Ihnen spricht, obwohl Sie das letzte Mal die Datenbank ohne seine Erlaubnis geändert haben).

An weiteren Informationen zum Datenansichtfenster interessiert? Mein Buch **The Hitchhiker's Guide to Visual Basic and SQL Server** enthält einen ausführlichen Abschnitt zu diesen Tools.

IMHO # IMHO = In My Humble Opinion (Meiner bescheidenen Meinung nach)Visual Basic versucht, das Verbinden mit einer ADO-Datenquelle so einfach wie möglich zu machen. Schade nur, dass die Codeentwickler nur das Nötigste miteinander besprochen haben. Meiner Meinung nach gibt es einen zu großen Unterschied zwischen dem, was implementiert wurde, und dem, was hätte implementiert werden können/sollen.

Nun denn, Sie verfügen jetzt über eine eingerichtete Datenverknüpfung. Beim nächsten Start von Visual Basic 6.0 wird diese Datenverknüpfung im Datenansichtfenster zur Verwendung angezeigt (wie dargestellt in Abbildung 4.7). Haben Sie erwartet, dass die Microsoft-Datenlinks hier angezeigt werden? Ich ja. Stimmt aber nicht. Die hier erstellten Datenverknüpfungen werden in der Registrierung gespeichert – die Microsoft-Datenverknüpfungen nicht.

Das Verwenden der Datenverknüpfungen zur Schemaverwaltung ist cool, aber Sie können auch die Verbindungszeichenfolge aus der Datenverknüpfung zur Verwendung im eigenen Code extrahieren. Unglücklicherweise ist dies nicht so einfach wie die Verwendung von ADODC. Sie können versuchen, auf die Eigenschaftenseite einer ausgewählten Datenverknüpfung zu wechseln, aber das angezeigte Dialogfeld **zeigt** lediglich die Verbindungszeichenfolge – das Kopieren in die Zwischenablage ist nicht möglich. Sie könnten natürlich zu Papier und Feder greifen und die wichtigsten Abschnitte niederschreiben, aber das wäre vielleicht etwas umständlich.

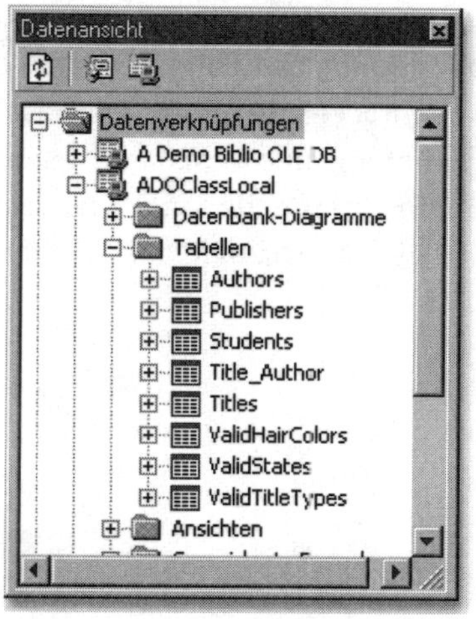

Abbildung 4.7 Das Datenansichtfenster von Visual Basic 6.0 mit den (soeben) durch VB6 generierten Datenverknüpfungen

Wie also kommen Sie an die bereits getestete Verbindungszeichenfolge? Nun, mit dem Datenumgebungs-Designer. Die Datenverknüpfungen werden (programmiertechnisch gesehen) erst dann sichtbar, wenn Sie eines der Elemente (Tabelle, Sicht, gespeicherte Prozedur, Datenbankdiagramm) über das Fenster des Datenumgebungs-Designers ziehen. (Abbildung 4.8 zeigt eine gespeicherte Prozedur, die aus dem Datenansichtfenster gezogen wurde.)

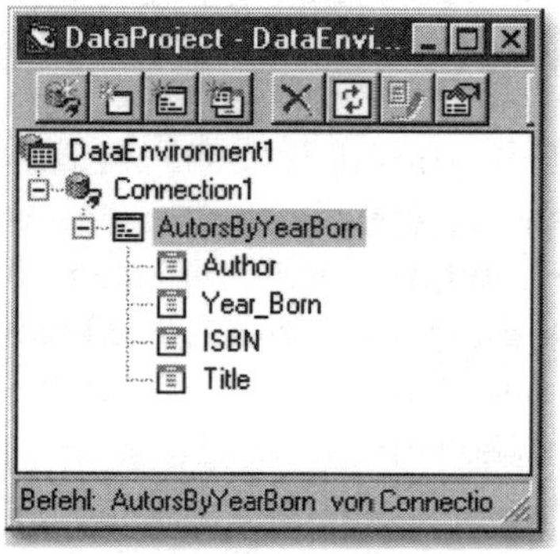

Abbildung 4.8 Der Datenumgebungs-Designer mit einer gespeicherten Prozedur, die mit der Drag&Drop-Methode aus dem Datenansichtfenster verschoben wurde

Versuchen Sie dies:

1. Starten Sie anhand der Datenvorlage ein neues Visual Basic-Projekt. Auf diese Weise wird Ihrem Projekt ein ADO 2.0-Verweis, ein Datenumgebungs-Designer und ein Datenberichts-Designer hinzugefügt. Sie können den Datenberichts-Designer entfernen, falls dieser nicht benötigt wird.

2. Richten Sie eine Datenverknüpfung zu Ihrer bevorzugten Datenquelle ein (Abbildung 4.9). Ich stelle in diesem Fall eine Verbindung zur Biblio-Testdatenbank auf meinem lokalen (MSDE) SQL-Server her. Klicken Sie einfach auf das Symbol zum Hinzufügen einer neuen Datenverknüpfung, und geben Sie in den Dialogfeldern (wie zuvor besprochen) die benötigten Informationen an. Ja, das Datenansichtfenster verwendet die gleichen OLE DB-Dialogfelder. (Siehe Abbildung 4.1.)

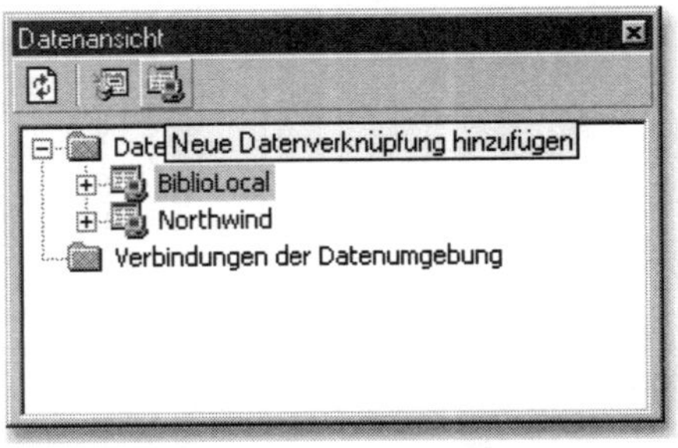

Abbildung 4.9 Verwenden des Datenansichtfensters zum Erstellen einer neuen Datenverknüpfung

3. Wenn Sie alle OLE DB-Providereigenschaften angegeben haben, klicken Sie auf OK und benennen die neue Datenverknüpfung. Verwenden Sie einen intuitiven Namen. »Datenlink1« wäre nicht aussagekräftig genug.
4. Klicken Sie auf das Tabellensymbol unter der neuen Datenverknüpfung, um die sichtbaren Tabellen zu erweitern. Sind keine Tabellen sichtbar, ist möglicherweise eine Zusammenarbeit zwischen Provider und Datenansichtfenster nicht möglich, oder Sie haben keine Berechtigung, Tabellen niedriger Ebene anzuzeigen. Die Tabellen werden jedoch häufig auch dann angezeigt, wenn Sie eigentlich keine Berechtigung für diesen Zugriff haben. Auf die Zugriffsverletzungen aufgrund fehlender Berechtigungen werden Sie erst zur Laufzeit aufmerksam gemacht. Wenn Sie nicht der Besitzer der Tabellen sind, sind Sie nicht in der Lage, diese mit Hilfe der Visual Database Tools zu ändern.
5. Doppelklicken Sie im Projektfenster auf den Datenumgebungs-Designer, um ein neues Datenumgebungs-Designerfenster zu öffnen.
6. Wählen Sie eine der Tabellen aus, und ziehen Sie sie auf das Fenster des Datenumgebungs-Designers. Zu diesem Zeitpunkt erstellen der Datenumgebungs-Designer und ADO basierend auf der Verbindungszeichenfolge für die Datenverknüpfung ein neues **Connection**-Objekt (**Verbindung2**) sowie ein ADO-**Command**-Objekt, das als eine Methode eines **DataEnvironment**-Objekts gekapselt ist.

7. Klicken Sie zum Extrahieren der Verbindungszeichenfolge für **Verbindung2** einfach auf das zugehörige Symbol im Datenumgebungs-Designer, drücken Sie F4, um die Eigenschaftenseite von Visual Basic zu öffnen, und kopieren Sie die Eigenschaft **ConnectionSource** in die Zwischenablage – und anschließend in Ihren Anwendungscode.
8. Denken Sie daran, jegliche mehrfach aufgeführten doppelten Anführungszeichen zu entfernen, bevor Sie die Zeichenfolge in Visual Basic einsetzen.

Verwenden des Datenumgebungs-Designers

Nachdem Sie nun einen Datenumgebungs-Designer in Ihrem Visual Basic-Projekt eingerichtet haben, wie kann dieser am besten in einem Visual Basic-Programm eingesetzt werden? Unglücklicherweise gibt es eine Reihe von Dingen, die den effizienten Einsatz des Datenumgebungs-Designers erschweren. Sicher, Sie können mit Hilfe des Designers Anwendungen erstellen, aber es gibt einfach zu viele Berichte über mysteriöse Probleme und enttäuschte Manager. Aufgrund dieser negativen Berichte ist der Datenumgebungs-Designer auch von meiner Liste der »empfohlenen Vorgehensweisen« verschwunden. Verstehen Sie mich nicht falsch – es gibt einige gute Features des Datenumgebungs-Designers, die für einen Ausgleich sorgen, aber es gibt auch eine Reihe von Problemen, die die Verwendung des Designers zu einer Herausforderung machen, hat man erst einmal den ersten Schritt getan. Sehen Sie die Skispitzen dort drüben aus dem Schnee schauen? Das ist Jim. Er hat versucht, den Datenumgebungs-Designer jenseits des **double-diamond**-Bereichs[7] der Datenumgebung einzusetzen.

Ein Verständnis der Funktionsweise des Datenumgebungs-Designers kann Sie auf den Boden der Tatsachen zurückholen. Erstens sollten Sie daran denken, dass der Datenumgebungs-Designer (wie viele andere Tools auch) eine einfache Möglichkeit zum Offenlegen von ADO gegenüber dem Entwickler darstellt, nur, dass der Datenumgebungs-Designer dieses Ziel mit einer anderen Laufzeitengine erreicht. Der Visual Basic-Designer (im Gegensatz zu einem Assistenten) erstellt also keinen Quellcode, an dem Sie herumbasteln können. Die DSR-Datei enthält binäre Anweisungen, mit denen beschrieben wird, wie die **DataEnvironment**-Laufzeitengine das **Connection**-, das **Command**- und die hierarchischen **Shape**-Objekte erstellen soll. Dies bedeutet, dass Sie nicht in der Lage sind, **DataEnvironment**-Objekteigenschaften im Code zu ändern – zumindest nicht in größerem Umfang. Ich habe verschiedenen Leute gesehen, die versucht haben, die Verbindungszeichenfolge oder die **Command**-Eigenschaften zu ändern, nur um festzustellen, dass das System verrückt gespielt hat.

7. Anm. d. Übers.: Im Amerikanischen wird mit »double-diamond« auch eine Skipiste mit hohem Schwierigkeitsgrad bezeichnet.

4.2.11 Verwenden von Datenquellensteuerelementen

Nach dem Feedback, das ich im Verlaufe der Jahre erhalten habe, wenden sich immer mehr Entwickler von den Datenquellensteuerelementen wie ADO (ADODC), DAO (Data) und RDO-Datensteuerelementen (RDC) ab. Es ist nicht so, dass kein Platz mehr für diese Steuerelemente wäre, aber als damit begonnen wurde, Anwendungen zur Handhabung immer kniffligerer Situationen zu entwickeln, kam man zu dem Schluss, dass diese Steuerelemente im Weg sind. Da diese Steuerelemente versuchen, viele Operationen »für uns« im Hintergrund auszuführen, werden gleichzeitig die Steuerungsmöglichkeiten des Entwicklers eingeschränkt. Es wird ohnehin schon sehr viel Code geschrieben – da ist das »Herumschreiben« um die Fehler und Features dieser intelligenten Steuerelemente nicht auch noch nötig.

4.2.12 Ausführungsmethoden für Verbindungsabfragen

So, jetzt sind wir soweit, einige Abfragen für das **Connection**-Objekt auszuführen. Nein, Sie brauchen kein **Command**-Objekt zu erstellen, aber wenn durch die Abfrage ein Rowset zurückgegeben wird, ist das Erstellen eines Recordsets erforderlich. Nähere Informationen hierzu finden Sie im Kapitel 6, »Recordsetstrategien«.

Angenommen, Sie haben die Verbindung zur Ausführung einer Abfrage bzw. Aktionsabfrage geöffnet. Hierzu stehen nach dem Verbindungsaufbau verschiedene Möglichkeiten zur Verfügung.

- Verwenden Sie die **Execute**-Methode des **Connection**-Objekts zum Ausführen einer Abfragezeichenfolge. Auf diese Weise werden Zeilen in ein Recordset zurückgegeben, dass zuvor erstellt wurde.
- Verwenden Sie die **Execute**-Methode des **Connection**-Objekts zum Ausführen einer Aktionsabfrage, bei der keine Zeilen zurückgegeben werden.
- Führen Sie ein benanntes ADO-**Command**-Objekt für das **Connection**-Objekt aus. In diesem Fall werden die **Command**-Argumente und ein zuvor erstelltes Recordset übergeben.
- Führen Sie eine gespeicherte Prozedur aus, indem Sie diese einfach als Methode des **Connection**-Objekts verwenden. ADO akzeptiert das gespeicherte Prozedurargument als Methodenargument und akzeptiert hierbei ein benanntes **Recordset**-Objekt als letztes Argument. (Cool.) Wir diskutieren den Einsatz (und die Auswirkung) dieser Methode in Kapitel 6, »Recordsetstrategien«.

Da wir das **Command**-Objekt bisher noch nicht besprochen haben, werden wir auch die Erläuterung der **Command**-Objektausführung verschieben, aber sehen wir uns die Fähigkeit des **Connection**-Objekts an, SQL-Anweisungen und Verwaltungsabfragen auszuführen oder die Zeilen einer Tabelle an ein Recordset auszugeben.

Die grundlegende Syntax der **Execute**-Methode des **Connection**-Objekts erfordert Folgendes:

- **Command text** – Bei diesem Argument kann es sich um eine Zeichenfolge handeln, die eine SQL-Anweisung, einen Tabellennamen, den Namen einer gespeicherten Prozedur, eine URL oder Text enthält, der für den Datenprovider Sinn ergibt.
- Optional können Sie eine **Long**-Variable bereitstellen, um die Anzahl der Zeilen abzurufen, die von der Abfrage betroffen sind – vorausgesetzt, der Provider gibt ein Resultset zurück.
- Ebenfalls optional ist die Übergabe einiger weniger Parameter, die ADO dabei unterstützen, die Ausführungsart der Abfrage festzulegen. Grundsätzlich wird mit diesen Parametern das Befehlstextargument beschrieben und ADO wird darüber informiert, wie die Abfrage verarbeitet werden soll. Diese Parameter werden in Kapitel 5, »ADO-Befehlsstrategien« besprochen.

Eine typische **Execution**-Methodenauslösung könnte beispielsweise so aussehen:

```
Set rs = cn.Execute("select City, State from publishers",,adCmdText)
```

Oder für Aktionsabfragen:

```
cn.Execute("truncate table framis",, adExecuteNoRecords)
```

Da ADO das **Recordset**-Objekt für Sie erstellt, handelt es sich immer um ein schreibgeschütztes, vorwärts gerichtetes, cursorloses Resultset.

> **Tipp** Wenn Sie ein **Recordset**-Objekt mit mehr Funktionalität benötigen, erstellen Sie ein **Recordset**-Objekt mit den gewünschten Eigenschafteneinstellungen und verwenden Sie die **Open**-Methode des **Recordset**-Objets zum Ausführen der Abfrage sowie zum Zurückgeben des gewünschten Cursortyps. Sie können mit der **Command**-Methode auch eigene **Recordset**-Objekte verwenden – dieses Thema wird ausführlich in Kapitel 5, »ADO-Befehlsstrategien«, besprochen.

4.2.13 Verbindungspooling

In ODBC wurde vor einiger Zeit das Verbindungspooling implementiert, und OLE DB folgte diesem Beispiel zur Zeit von ADO 2.1. Diese Funktion wurde implementiert, um den Durchsatz von Microsoft Transaction Server und IIS-verwalteten Servern zu erhöhen. Hierbei werden die durch Komponenten der mittleren Schicht und Webseiten erstellten Verbindungen nicht geschlossen, sondern durch das Verbindungspooling als wieder verwendbar markiert. Versucht eine andere

Anwendung, eine Verbindung mit einer Verbindungszeichenfolge zu öffnen, die mit einer bereits geöffneten Verbindung übereinstimmt (exakt übereinstimmt – Byte für Byte), wird das Verbindungshandle einfach an den neuen »Benutzer« übergeben. Das Verbindungspooling ist standardmäßig aktiviert. Wenn Sie nicht mit dem Verbindungspooling arbeiten möchten, ändern Sie den **CPTimeout**-Wert in der Registrierung auf 0 (**HKEY_LOCAL_MACHINE\Software\ODBC\ODBCINST.INI\SQL Server**) – oder entfernen Sie den Eintrag.

ADO verwendet standardmäßig das **Sitzungspooling** von OLE DB, um über einen Pool Verbindungen zur Datenbank zu verfügen. In einigen Fällen ziehen Sie vielleicht das ODBC-Verbindungspooling dem OLE DB-Sitzungspooling vor.

Zur Aktivierung des OLE DB-Sitzungspoolings in einer Desktopanwendung müssen Sie sicherstellen, dass in der Visual Basic-Anwendung auf globaler Ebene ein Verweis auf ein **Connection**-Objekt erhalten bleibt. Mit anderen Worten, Microsoft erwartet, dass für alle Anwendungen, die über einen Pool verfügen möchten, immer eine Verbindung offen gehalten wird. Durch das Offenhalten einer Verbindung wird ein Verweis auf die **IDataInitialize**-Schnittstelle unterhalten – die OLE DB-Dienstkomponente, in der das Sitzungspooling stattfindet. In MTS und ASP dagegen ist dies nicht erforderlich. Diese Umgebungen gehen Hand in Hand mit dem ODBC-Verbindungspooling und dem OLE DB-Sitzungspooling, ohne dass Sie ständig durch brennende Reifen springen müssen (wenigstens die meiste Zeit). Microsoft empfiehlt die Verwendung des Sitzungspoolings, sofern keine Bugs oder andere Probleme vorliegen, die Sie hiervon abhalten. Weitere Informationen zum »freien Sitzungspooling« finden Sie in der MSDN-Dokumentation und in der entsprechenden Website – es stehen verschiedene Artikel zu diesem Thema bereit.

Umschalten auf das Verbindungspooling in ODBC

Zur Aktivierung des ODBC-Verbindungspoolings von einer Visual Basic/ADO-Anwendung aus, erwartet Microsoft von Ihnen, dass Sie durch ein paar brennende Reifen springen – mit an den Füßen festgebundenen Steinen. Hier die zwei erforderlichen Schritte:

1. Wenn Sie über den ODBC-Administrator 3.5 oder höher verfügen, öffnen Sie über die Systemsteuerung den ODBC-Datenquellen-Administrator, wie dargestellt in Abbildung 4.10. Wählen Sie die Registerkarte **Verbindungs-Pooling**. Suchen Sie in der Liste nach dem verwendeten Treiber und doppelklicken Sie auf diesen. Aktivieren Sie die Option **Verbindungen zu diesem Treiber zusammenlegen**, und geben Sie im darunter angezeigten Feld einen Zeitüberschreitungswert ein.

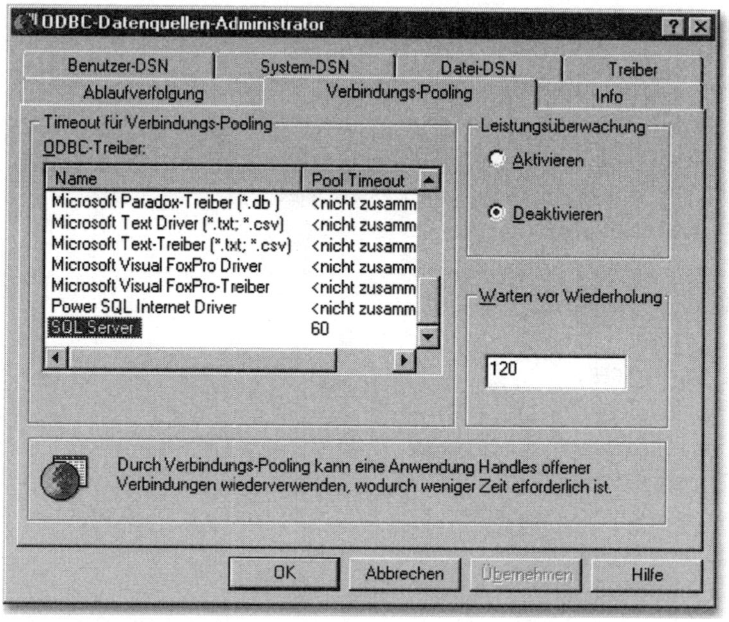

Abbildung 4.10 Verwenden des ODBC-Datenquellen-Administrators zur Auswahl der Verbindungspoolingoptionen

2. Fügen Sie in Ihrer Anwendung **SQLSetEnvAttr** einen ODBC-API-Funktionsaufruf mit den geeigneten Optionen zur Aktivierung des ODBC-Verbindungspoolings für den Prozess hinzu. Ja, ich sagte ODBC-API-Funktionsaufruf. Seufz. Diese Funktion sollte nur einmal pro Prozess aufgerufen werden und muss vor dem Ausführen von ADO-Code aufgerufen werden. Wenn Sie nicht mit der ODBC-API vertraut sind, können Sie alles darüber im **Guide** lesen und/oder sich das folgende Beispiel ansehen.

Hinweis Dieser Code wurde einem Artikel der Microsoft-Knowledgebase (Q237844) entnommen. Ich habe den Code in eine Klasse und auf die CD gepackt, dort finden Sie ihn also auch. Beachten Sie außerdem, dass dieser Code nicht aufgerufen werden muss, wenn Sie Ihre Verbindungen innerhalb von MTS oder ASP öffnen – diese Komponenten kümmern sich selbst darum.

Dieser Code führt dazu, dass **SQLSetEnvAttr** die ODBC-API verwendet.
Viel Glück!

```
Dim rc As Integer
Const SQL_ATTR_CONNECTION_POOLING = 201
Const SQL_CP_ONE_PER_DRIVER = 1
Const SQL_IS_INTEGER = -6
```

```
Const SQL_CP_OFF = 0
Private Declare Function SQLSetEnvAttr Lib "odbc32.dll" ( _
                 ByVal EnvironmentHandle As Long, _
                 ByVal EnvAttribute As Long, _
                 ByVal ValuePtr As Long, _
                 ByVal StringLength As Long) As Integer
Public Function TurnOffPooling() As Integer
    TurnOffPooling = SQLSetEnvAttr(0&, _
            SQL_ATTR_CONNECTION_POOLING, _
            SQL_CP_OFF, _
            SQL_IS_INTEGER)
End Function
Public Function TurnOnPooling() As Integer
   TurnOnPooling = SQLSetEnvAttr(0&, _
            SQL_ATTR_CONNECTION_POOLING, _
            SQL_CP_ONE_PER_DRIVER, _
            SQL_IS_INTEGER)
   If rc <> 0 Then
      Debug.Print "SQLSetEnvAttr Error " & rc
   End If
End Function
```

Wenn Sie wirklich **SQLSetEnvAttr** verwenden möchten, lesen Sie auf jeden Fall Seite 943 der **ODBC 3.0 Programmer's Reference, Volume 2** (Microsoft Press), in der die Details des API-Aufrufs und dessen Auswirkungen auf Ihr System und alle anderen besprochen wird. Sie sind offiziell gewarnt worden.

Ändern der Verbindungspoolingoptionen in OLE DB

Für OLE DB kann das Verbindungspooling dauerhaft deaktiviert werden. (Ich empfehle Ihnen, nicht an der Registrierung herumzuspielen, denn wie eine vor dem Spiegel an sich selbst durchgeführte Gehirnoperation, birgt auch dieses Vorgehen gewisse Risiken. In dem Moment, in dem Sie glauben, dass alles perfekt ist, stürzt Ihre Tochter herein und stößt bei der Makeup-Überprüfung an Ihren Ellbogen.) In diesem Fall müssen Sie die Provider-GUID ermitteln (suchen Sie in der Registrierung nach dem Namen). Der Providereintrag für SQLOLEDB befindet sich beispielsweise unter **HKEY_LOCAL_MACHINE\Software\CLASSES\CLSID**\{0C7FF 16C-38E3-11d0-97AB-00C04FC2AD98}. Merken Sie sich unbedingt die GUID – nur so können Sie Ihre computerbesessenen Freunde in der Kneipe beeindrucken. Nachdem Sie die GUID ermittelt haben, können Sie (unbesorgt?) den zugehörigen **OLEDB_SERVICES-Schlüssel** unter Verwendung der Werte in Tabelle 4.4 ändern.

Dienst	Wert
Alle Dienste (Standardeinstellung)	0xffffffff
Alle Dienste mit Ausnahme von Pooling und AutoEnlistment	0xfffffffc
Alle Dienste mit Ausnahme von Client Cursor	0xfffffffb
Alle Dienste mit Ausnahme von Pooling, AutoEnlistment und Cursor	0xfffffff0
Keine Dienste	0x00000000

Tabelle 4.4 Registrierungseinstellungen für OLEDB_SERVICES

Ich weiß nicht, wie Sie sich beim Ändern der Registrierung fühlen, mir ist jedenfalls nicht wohl dabei. Es wird so nicht nur Ihr Code beeinflusst, sondern der aller anderen Entwickler auch. Eine empfohlene Vorgehensweise lautet daher, die Verbindungszeichenfolge einfach so zu ergänzen, dass das **OLE DB Service**-Argument auf eine der in Tabelle 4.5 gezeigten Optionen gesetzt wird.

Dienst	Wert
Alle Dienste (Standardeinstellung)	`"OLE DB Services = -1;"`
Alle Dienste mit Ausnahme von Pooling und AutoEnlistment	`"OLE DB Services = -4;"`
Alle Dienste mit Ausnahme von Client Cursor	`"OLE DB Services = -5;"`
Alle Dienste mit Ausnahme von Pooling, AutoEnlistment und Cursor	`"OLE DB Services = -7;"`
Keine Dienste	`"OLE DB Services = 0;"`

Tabelle 4.5 OLE DB Services-Argumente für die Verbindungszeichenfolge

Nähere Informationen zum Verbindungs- und Sitzungspooling finden Sie in der MSDN-Dokumentation. Die folgenden Artikel aus der Knowledgebase könnten ebenfalls von Interesse sein: Q189410, Q237844, Q169470 und einer der besten: Q176056 »INFO: ADO/ASP Scalability FAQ«. Siehe **http://www.msdn.microsoft.com**. Nein, nicht alle diese Artikel sind auf der/den MSDN-CD(s) enthalten.

Warnung Wenn ADO es für nötig hält, wird zur Ausführung einer Abfrage möglicherweise ein neues **Connection**-Objekt erstellt. Hierbei erstellt ADO unbemerkt einen neuen Transaktionsbereich und eine Datenbankverbindung, die nach Beendigung der Operation wieder geschlossen wird.

Ablaufverfolgung für verwaiste Verbindungen beim Verbindungspooling

Ich habe bereits viele Ratschläge dazu gehört, wie man beim Verbindungspooling herausfindet, ob die Verbindungen erneut gebraucht, missbraucht oder gar nicht gebraucht und sich selbst überlassen werden. Ich denke, die folgende Liste, die ich in meiner Mailbox gefunden habe, ist wahrscheinlich eine der besten zu diesem Thema:

1. Verwenden Sie den SQL Server 7.0 Profiler (dargestellt in Abbildung 4.11) um zu überprüfen, ob Ihre Verbindungen stets erstellt, aber nie erneut verwendet werden. Sie sollten in der Lage sein, dies mit Hilfe der Spalten **Verbindungs-ID** und **SPID** zu prüfen.

Abbildung 4.11 Verwenden des SQL Server Profiler zum Verfolgen von TSQL-Abfragen

2. Prüfen Sie, ob für diese Verbindungen nach 60 Sekunden eine Zeitüberschreitung erfolgt, oder ob sie aktiv bleiben, aber nie wieder verwendet werden. Werden die Verbindungen nicht wieder verwendet, weisen jedoch nach 60 Sekunden eine Zeitüberschreitung auf, kann es sein, dass durch das Sitzungspooling keine ordnungsgemäße Wiederverwendung der Verbindungen stattfindet.
3. Versuchen Sie als Nächstes zu prüfen, ob alle Verbindungen nur einmalig verwendet werden oder ob nur einige ungenutzt bleiben (und ob deren Anzahl steigt). Mehren sich diese Verbindungen und findet keine Zeitüberschreitung statt, haben wir es wahrscheinlich mit einer nicht ordnungsgemäß veröffentlichten Schnittstelle zu tun, daher werden die Verbindungen nicht in den Pool zurückgegeben.

4. Bleiben nur einige Verbindungen ungenutzt, steigt aber deren Anzahl, schauen Sie nach, ob die Verbindungen an eine bestimmte Aktivität gebunden werden können. Verwenden Sie **dbcc inputbuffer(spid)** im Query Analyzer zur Anzeige der letzten Aktivität für die betreffende Verbindung.
5. Prüfen Sie, ob Transaktionsoperationen durchgeführt wurden. Sehen Sie nach, ob einige Seiten **@transaction=required**-Tags aufweisen und andere nicht.
6. Prüfen Sie, ob die Authentifizierung der ASP-Seiten **Anonymous**, **Basic** oder **NTLM** lautet. Die Einstellungen **Basic** und **NTLM** können dazu führen, dass Verbindungen auf Pro-Benutzer-Basis erstellt werden, wodurch die Vorteile des Sitzungspoolings nicht genutzt werden. In einem System mit mehreren Prozeduren kann dies zu einer schnellen Anhäufung von Verbindungen führen.
7. Fügen Sie Ihrer Verbindungszeichenfolge den Wert **Use Procedure for Prepare=0** hinzu, und prüfen Sie, ob sich die Situation bessert. Auf diese Weise wird der Provider daran gehindert, während der Abfrageausführung temporär gespeicherte Prozeduren zu erstellen.
8. Zum Schluss steht natürlich noch ein Möglichkeit zur Verfügung – versuchen Sie, das Sitzungspooling zu deaktivieren.

Das Sitzungspooling kann auf verschiedene Weisen deaktiviert werden. Aber die obige Liste scheint Sinn zu ergeben. Berücksichtigen Sie, dass mit ADO 2.1 oder späteren Service Packs von ADO 2.1 alle ODBC-Treiber standardmäßig in das Sitzungspooling einbezogen werden, wenn der OLE DB-Provider für ODBC verwendet wird (MSDASQL). (Wenn Sie einen ODBC-Treiber von ADO verwenden, verwenden Sie MSDASQL.) Innerhalb einer Benutzeranwendung bedeutet dies, dass bei mindestens einer geöffneten Verbindung alle folgenden Verbindungen **automatisch** im Pool platziert werden, selbst dann, wenn das ODBC-Verbindungspooling im ODBC-Administrator für diesen Treiber **deaktiviert** wurde. Werden Verbindungen im Pool platziert, bleiben Sie auch nach dem Schließen für hartcodierte 60 Sekunden geöffnet.

Sie können zur Deaktivierung des Poolings Folgendes ausprobieren:

- Stellen Sie sicher , dass das ODBC-Verbindungspooling für den ODBC-Treiber deaktiviert wurde. Sie können dies im ODBC-Administrator auf der Registerkarte **Verbindungs-Pooling** (siehe Abbildung 4.10) prüfen – neben dem Treibernamen sollte der Eintrag **<nicht zusammengelegt>** angezeigt werden. Ist dies nicht der Fall, doppelklicken Sie im Listenfeld auf den betreffenden Treiber (den verwendeten Treiber) und deaktivieren Sie ihn.
- Fügen Sie allen Verbindungszeichenfolgen den Wert **OLE DB Services =2** hinzu, um das Sitzungspooling für ADO zu deaktivieren. Weitere Informationen zu den Einstellungen für **OLE DB Services** in ADO finden Sie im MSDN-White-

paper »Pooling in the Microsoft Data Access Components«. Eine typische Verbindungszeichenfolge könnte so aussehen:

```
conn.open "DSN=MyDB2DataSource;UID=Me;PWD=My;OLE DB Services=-2;"
```

Die Regel, dass eine dauerhafte Verbindung pro Satz eindeutiger Benutzeranmeldeinformationen vorhanden sein muss, gilt **nur**, wenn Ihre Anwendung **nicht** unter IIS (4.0) oder MTS (2.0) ausgeführt wird. IIS **und** MTS verwalten den Pool (wenigstens so lange, bis eine Zeitüberschreitung für die Verbindung eintritt oder diese nicht länger wieder verwendet wird). Außerhalb dieser zwei Umgebungen wird der Pool (an OLE DB-Ressourcen) aufgelöst, wenn die letzte Verbindung in Ihrer Anwendung, die den eindeutigen Satz Benutzeranmeldeinformationen zur Erstellung des Pools enthält, geschlossen wird. In MTS und IIS wird ein dauerhafter Pool eingerichtet.

Das Speichern von Verbindungen kann ein PIA darstellen – besonders dann, wenn Sie Ihre Anwendung entwerfen und nicht wissen, dass dies wichtig ist. Denken Sie jedoch daran, dass beim ODBC-Verbindungspooling Verbindungen durcheinander gebracht werden, unabhängig von Authentifizierung und zugrunde liegendem Quelltreiber/Datenspeicher. Wenn Ihre Anwendung eine Verbindung anfordert, wird sie während der Suche nach einer passenden Verbindungszeichenfolge im Pool blockiert. Das Sitzungspooling dagegen wurde so optimiert, dass eine solche Blockierung nicht auftritt. Der einzige Pool, der nach einer geöffneten Verbindung durchsucht wird, ist der Pool, der mit der Benutzerauthentifizierung übereinstimmt (falls vorhanden). Beim Sitzungspooling treten weniger Sperrprobleme für einen vorhandenen Pool auf, d.h. Sie sollten Ihre Verbindung sehr viel schneller zurückerhalten. OLE DB verwaltet (je nach Anzahl der Prozessoren im Computer) ebenfalls Pool**sätze,** um freie Verbindungen so schnell wie möglich aufzufinden.

4.2.14 Asynchrones Öffnen einer Verbindung

In einer traditionellen Client/Server-Anwendung öffne ich das **Connection**-Objekt oft (üblicherweise) asynchron. Ja, ich werte dies als empfohlene Vorgehensweise, da die einem Benutzer zur Verfügung stehende Zeit besser genutzt wird. In meinen Anwendungen werden die Formulare schneller gezeichnet und nein, ich aktiviere die Steuerelemente auf dem Formular nicht, die Zugriff auf die Verbindung benötigen – nicht, bevor die Verbindung geöffnet ist.

Der Visual Basic-Code zur asynchronen Verbindungsherstellung ist einfach – fügen Sie der **Open**-Methode lediglich die **adAsyncConnect**-Option hinzu.

```
cn.Open "dsn=localserver", "admin", "pw", adAsyncConnect
```

Anmerkung Nicht alle Provider unterstützen asynchrone Operationen, und es sind keine zusätzlichen Eigenschaften im **Connection**-Objekt vorhanden, mit denen geprüft werden kann, ob asynchrone Verbindungen erstellt oder asynchrone Abfragen ausgeführt werden können.

Bei der asynchronen Verbindungsherstellung beginnt ADO mit dem Prozess des Verbindungsaufbaus, während der Clientthread andere Aufgaben erledigt, beispielsweise das Abschließen von **Form_Load**. Während der Verbindungsherstellung wird die **State**-Eigenschaft des **Connection**-Objekts auf **adStateConnecting** gesetzt.

Nachdem die Verbindungsherstellung über ADO abgeschlossen wurde, erfolgreich oder nicht, löst ADO das **ConnectComplete**-Ereignis aus und deaktiviert das **adStateConnecting**-Bit in der **State**-Eigenschaft des **Connection**-Objekts. Gibt die Ereignisbehandlungsroutine ein **Error**-Objekt zurück, dass auf **Nothing** gesetzt wurde, war die Verbindungsherstellung erfolgreich. Ist ein Fehler aufgetreten, sind nähere Informationen in der **Error**-Auflistung des **Connection**-Objekts enthalten. Zusammen mit einem Zeiger auf das **Error**-Objekt erhalten Sie (ohne Aufpreis) ein **Status**-Objekt, das ebenfalls einen Bericht darüber bereitstellt, ob die Operation erfolgreich war oder nicht. Eine Prüfung des Status nach **adStatusOK** erledigt dies.

Muss also eine Ereignisbehandlungsroutine erstellt werden, um zu prüfen, ob die Verbindungsoperation abgeschlossen wurde? Nein, Sie können einfach die **State**-Eigenschaft prüfen und warten, bis das **adStateOpen**-Bit aktiviert wird (und das **adStateConnecting**-Bit deaktiviert wird).

4.2.15 Prüfen, ob die Verbindung noch steht

Möchten Sie wissen, ob die Verbindung noch geöffnet ist? Nun, es gibt keine Eigenschaften für das **Connection**-Objekt, die sich ändern, wenn die Verbindung verloren geht. Und Sie können auch nicht einfach nur die **State**-Eigenschaft prüfen, da ADO keine eigene Abfrage oder Prüfung durchführt. Eventuell haben Sie das Bedürfnis, diese Prüfung selbst durchzuführen. Versuchen Sie, eine Abfrage geringen Umfangs zu senden, beispielsweise SELECT 1. Diese Abfrage erfordert etwa 3 Pakete und ist relativ effizient. Funktioniert die Abfrage, ist die Verbindung weiterhin geöffnet. Nicht, dass die Verbindung auch dann offen ist, wenn Sie sie benötigen, aber wenigstens findet keine Zeitüberschreitung für weitere »n« Sekunden statt.

4.3 Verwalten von Transaktionen

ADO kann eine Transaktionsverwaltung für Sie durchführen – diese Verwaltung findet auf Verbindungsebene statt, wobei vorausgesetzt wird, dass der Datenprovider Transaktionen unterstützt. Unterstützt Ihr Provider Transaktionen, ist die Eigenschaft **Connection.Properties(»Transaction DLL«)** vorhanden. Unterstützt der Provider keine Transaktionen, lösen Sie beim Verweisen auf diese Eigenschaft einen auffangbaren Fehler aus. Ich denke, dies ist ein untrügliches Zeichen dafür, dass keine Unterstützung gegeben ist.

Wir nehmen also an, dass Ihr Provider Transaktionen unterstützt. Sie können neue Transaktionen mit der **BeginTrans**-Methode des **Connection**-Objekts starten, eine Transaktion mit **CommitTrans** übergeben und mit **RollbackTrans** Transaktionen rückgängig machen. Nach Aufrufen der **BeginTrans**-Methode werden Änderungen nicht länger sofort durch den Provider übernommen, sondern erst dann, wenn **CommitTrans** oder **RollbackTrans** zum Beenden der Transaktion aufgerufen werden.

Rufen Sie sich den Geltungsbereich von Transaktionen ins Gedächtnis. Wenn Sie für eine Verbindung mehrere Abfragen ausführen, werden sämtliche Operationen im Geltungsbereich einer Transaktion ausgeführt. Öffnen Sie (oder ADO) eine zusätzliche Verbindung, bleibt der zugehörige Transaktionsbereich von anderen Transaktionen für weitere Verbindungen unberührt.

Bei Providern, die verschachtelte Transaktionen unterstützen, wird durch das Aufrufen der **BeginTrans**-Methode innerhalb einer geöffneten Transaktion eine neue, geschachtelte Transaktion gestartet. Der Rückgabewert gibt den Grad der Verschachtelung an. Der Wert 1 gibt an, dass eine Transaktion der obersten Ebene geöffnet wurde (d.h., die Transaktion ist nicht innerhalb anderer Transaktionen verschachtelt), der Wert 2 deutet darauf hin, dass Sie eine Transaktion zweiter Ebene geöffnet haben (eine Transaktion, die sich innerhalb einer Transaktion erster Ebene befindet) usw. Das Aufrufen von **CommitTrans** oder **RollbackTrans** wirkt sich nur auf die zuletzt geöffnete Transaktion aus; Sie müssen die aktuelle Transaktion schließen oder rückgängig machen, bevor Sie eine Transaktion höherer Ebene auflösen können.

In Abhängigkeit der **Attributes**-Eigenschaft des **Connection**-Objekts wird durch die Methoden **CommitTrans** oder **RollbackTrans** möglicherweise automatisch eine neue Transaktion gestartet. Ist die **Attributes**-Eigenschaft auf **adXactCommitRetaining** gesetzt, startet der Provider nach einem **CommitTrans**-Aufruf automatisch eine neue Transaktion. Ist die **Attributes**-Eigenschaft hingegen auf **adXactAbortRetaining** gesetzt, startet der Provider nach einem **RollbackTrans**-Aufruf automatisch eine neue Transaktion.

4.3.1 Ereignisse für das »Connection«-Objekt

ADO 2.0 implementiert einen umfassenden Ereignissatz. Dies brachte ADO im Konkurrenzkampf mit RDO, mit dem der erste (wenn auch eingeschränkte) Ereignissatz für den Datenzugriff implementiert worden war, wieder nach vorn. Unglücklicherweise wurden diese Ereignisbehandlungsroutinen in ADO 2.1 neu definiert – das ist die schlechte Nachricht, wenn Sie bisher die ADO 2.0-Ereignisse verwendet haben. Die gute Nachricht ist, dass in ADO 2.5 keine erneute Überarbeitung stattgefunden hat. Grundsätzlich geben die neuen Ereignisbehandlungsroutinen ein Recordset im ADO 2.1-Format zurück (und das gleiche Format wurde auch in ADO 2.5 verwendet). Dieses zerschoss die Ereignisbehandlungsroutinen in vorhandenen ADO 2.0-Anwendungen, die ein Recordset im 2.0-Format erwarteten. Zur Beseitigung dieses Problems müssen Sie vorhandene ADO 2.0-Ereignisbehandlungsroutinen umcodieren, nachdem Sie Ihren Projektverweis auf ADO 2.1 oder 2.5 eingestellt haben. Diese Aufgabe sollte nicht mehr als ein Ausschneiden und Einfügen umfassen.

Tipp Beim Debuggen von Ereignisbehandlungsroutinen sollten Sie daran denken, dass Visual Basic dazu neigt, Ereignisse zu »verlieren«. Dies bedeutet, dass gelegentlich Ereignisse ausgelöst werden, wenn der Code an einem Haltepunkt oder Dialogfeld gestoppt wird (beispielsweise **MsgBox**). Falls diese Situation eintreten sollte, können die Ereignisse verworfen werden. Ein Bug? Ein Bug.

In einigen Fällen stellt das Ausschneiden und Einfügen der Ereignisbehandlungsroutinen in die neuen Musteranweisungen jedoch keine Option dar. Angenommen, Ihr Code verwendet ADODC, den Datenformular-Assistent oder eines der Visual Database Tools wie etwa den Datenumgebungs-Designer, und Sie setzen Ihren Projektverweis auf ADO 2.1 oder 2.5. In diesem Fall müssen drastischere Korrekturmaßnahmen getroffen werden, da sämtliche dieser Tools speziell für die (alleinige) Unterstützung von ADO 2.0-**Recordset**-Objekten geschrieben wurden. Zur Beseitigung dieses Problems müssen Sie Ihren Quellcode bearbeiten. Hierbei muss an jeder Stelle, an der Ihre Ereignisbehandlungsroutine (die beispielsweise durch den Datenumgebungs-Designer generiert wird) auf den zugehörigen **prototype** der Ereignisbehandlungsroutine trifft, der Code – ausdrücklich – auf das ADO 2.0-Recordset verweisen. Beachten Sie z. B., wie ich in der folgenden **prototype**-Anweisung für die Ereignisbehandlungsroutine das **ADODB.Recordset** durch das **ADODB.Recordset20** ersetzt habe:

```
Private Sub Connection1_WillExecute(Source As String, _
    CursorType As ADODB.CursorTypeEnum, _
    LockType As ADODB.LockTypeEnum, Options As Long, _
```

```
    adStatus As ADODB.EventStatusEnum, _
    ByVal pCommand As ADODB.Command, ByVal pRecordset As ADODB.Recordset20, _
    ByVal pConnection As ADODB.Connection)
End Sub
```

Die ADO 2.1- und 2.5-Typbibliotheken umfassen sowohl Definitionen für die älteren als auch für die neueren **Recordset**-Objekte. Denken Sie jedoch daran, dass die neueren Recordset 2.1-Eigenschaften, -Methoden und -Optionen in der 2.0-Version des Recordsets nicht zur Verfügung stehen.

Wenn Sie Ereignisbehandlungsroutinen für ein ADO-Objekt offen legen möchten, müssen Sie die Objekte mit dem Operanden **WithEvents** deklarieren. Der folgende Code beispielsweise weist Visual Basic an, sämtliche ADODB-Verbindungsereignisse für die weiteren Objekte und Ereignisse im Codefenster einzuschließen.

Gehen wir ein Codebeispiel durch, mit dem die Verwendung verschiedener dieser Ereignisse veranschaulicht wird:

```
Option Explicit
Dim WithEvents cn As ADODB.Connection
Dim er As ADODB.Error
Dim strMsg As String
```

Dieser erste Abschnitt richtet das **cn**-Objekt (**Connection**-Objekt) mit Hilfe der **WithEvents**-Syntax zur Offenlegung der Ereignisbehandlungsroutinen ein.

```
Private Sub Form_Load()
    Set cn = New Connection
    cn.Open "dsn=localserver", "admin", "pw", adAsyncConnect
End Sub
```

Das **Form_Load**-Ereignis richtet das **Connection**-Objekt ein und weist ADO an, mit dem Öffnen der Verbindung zu beginnen. Wir gelangen zu **End Sub**, d.h. das anfängliche Formular wird gezeichnet. Die **Command**-Schaltfläche ist weiterhin deaktiviert – wenn wir diese also später nicht aktivieren, ist eine Ausführung der Abfrage unmöglich.

```
Private Sub cn_ConnectComplete(ByVal pError As ADODB.Error, _
    adStatus As ADODB.EventStatusEnum, ByVal pConnection As ADODB.Connection)
    If adStatus = adStatusOK Then
        cmdTestPrint.Enabled = True
        MsgBox strMsg, vbInformation, "Connect Complete"
    Else
        MsgBox "Could not connect." & pError.Description
    End If
```

```
    strMsg = ""
End Sub
```

Die Verbindungsherstellung wird beendet, und das Ereignis **ConnectComplete** wird ausgelöst. Wir prüfen, ob die Verbindung erfolgreich hergestellt wurde. Ist dies der Fall **(adStatus = adStatusOK)**, aktivieren wir das **Command**-Schaltflächensteuerelement. Andernfalls zeigen wir ein **MsgBox**-Dialogfeld an und unternehmen nichts.

```
Private Sub cmdTestPrint_Click()
    cn.Execute "Execute TestPrint 'Dies ist eine Testmeldung'" , , adCmdText
End Sub
```

Jetzt kann die gespeicherte Prozedur getestet werden. In diesem Fall werden verschiedene TSQL-**Print**-Anweisungen ausgeführt. Sie landen in der **Errors**-Auflistung des **Connection**-Objekts. Wir hätten diese Anweisung auch asynchron ausführen können, aber hierzu bestand keine Notwendigkeit.

```
Private Sub cn_ExecuteComplete(ByVal RecordsAffected As Long, ByVal pError As
ADODB.Error, adStatus As ADODB.EventStatusEnum, ByVal pCommand As ADODB.Com-
mand, ByVal pRecordset As ADODB.Recordset, ByVal pConnection As ADODB.Connec-
tion)
    DumpErrors
    MsgBox strMsg, vbInformation, "Execute Complete"
    strMsg = ""
End Sub
```

Nach Beendigung der Abfrage wird das **ExecuteComplete**-Ereignis ausgelöst, wie für **alle** Operationen dieser Verbindung (**pConnection**). Beachten Sie, dass hier ein **Command**-Objekt offen gelegt wird, obwohl es nicht ausdrücklich erstellt wurde. Außerdem ist ein Zeiger auf ein Recordset vorhanden, dessen **State**-Eigenschaft den Wert **adStateExecuting** aufweist.

```
Private Sub cn_InfoMessage(ByVal pError As ADODB.Error,  _
    adStatus As ADODB.EventStatusEnum, ByVal pConnection As ADODB.Connection)
    strMsg = "Info message: " & pError.Description
    DumpErrors
End Sub
```

Beim Öffnen des **Connection**-Objekts wird das **InfoMessage**-Ereignis ausgelöst, um uns mitzuteilen, dass die Standarddatenbank auf **Biblio** geändert wurde – das geschah jedoch zweimal. Warum? BHOM[8]. An diesem Punkt sollte keine weitere Verbindung geöffnet werden.

8. BHOM: ein alter Ausdruck. »Beats the hell out of me« oder »weiß nicht«.

Der folgende Code erstellt ein Dump der **Errors**-Auflistung in einer einzelnen Zeichenfolge, die zum Debuggen der Operation eingesetzt werden kann – keine Zeichenfolge, die einem Benutzer angezeigt werden könnte.

```
Sub DumpErrors()
    For Each er In cn.Errors
        strMsg = strMsg & "Errors:" & er.Description & vbCrLf
    Next er
End Sub
```

4.3.2 Sind Ereignisse in der mittleren Schicht sinnvoll?

Einige Entwickler haben den Sinn und den praktischen Nutzen hinterfragt, den das Implementieren asynchroner Operationen in der mittleren Schicht mit sich bringt. Sicher, es ist möglich. Die Ereignisbehandlungsroutinen für Komponenten der mittleren Schicht können Ihre Anwendung via DCOM benachrichtigen, wenn Sie möchten, aber dieser Ansatz impliziert eine Statusverwaltung in der mittleren Schicht – keineswegs eine empfohlene Vorgehensweise. Es ist also möglich, Sie sollten es aber nicht versuchen. Es macht Ihre Anwendungen komplizierter als nötig und öffnet unregelmäßigen Abstürzen die Tür.

4.3.3 Das »InfoMessage«-Ereignis

Einige Provider, beispielsweise SQL Server, geben so genannte Informationsmeldungen zurück, wenn bestimmte Operationen auf dem Server stattfinden. Wenn sich z.B. die aktuelle Datenbank ändert, informiert SQL Server Sie über diese Operation, indem eine Nachricht an den Provider gesendet wird. Der Provider verwirft die Nachricht, sofern keine **InfoMessage**-Ereignisbehandlungsroutine vorhanden ist. In den meisten Fällen sind diese Nachrichten unwichtig.

4.3.4 Fehlerbehandlung

Herauszufinden, was bei der Verbindungsherstellung schiefgegangen sein könnte, kann eine große Herausforderung darstellen. Die meisten Fehler scheinen unter drei Fehlernummern zu fallen, mit jeweils abweichenden Beschreibungen. Ja, dies bedeutet, dass Sie die Zeichenfolgen nach wichtigen Informationen durchsuchen und entsprechend reagieren müssen. Die empfohlenen Vorgehensweisen diktieren, dass Sie diese Meldungen nicht einfach an die Endbenutzer weiterleiten. Von den Endbenutzern darf am wenigstens erwartet werden, dass sie in der Lage sind, das Problem zu lösen.

- **Error.Number – 2147467259 (0x80004005)** wird bei verbindungsbezogenen Fehlern ausgelöst. Hierzu zählen falsche Protokolle, fehlende (oder falsch geschriebene) Server(namen), Netzwerkberechtigungsprobleme – praktisch alles, was ADO daran hindert, eine Verbindung zum Remoteserver herzustellen. Die Beschreibung enthält häufig (aber nicht immer) nützliche Informationen zur Fehlerursache.
- **Error.Number – 2147217843 (0x80040E4D)** wird bei anmeldungsbezogenen Fehlern ausgelöst. Sie haben vielleicht die richtige Benutzer-ID, aber den falschen Server angegeben und erhalten diesen Fehler, wenn es sich bei dem genannten Server um einen Arbeitsserver handelt.
- **Error.Number – 2147221020 (0x800401E4)** wird ausgelöst, wenn die Syntax der Verbindungszeichenfolge Fehler aufweist. Dieser Fehler ist eher selten und sollte nach dem Debuggen einer Anwendung nicht mehr auftreten. Wird der Fehler bei einer kompilierten Anwendung ausgegeben, sind DSN oder UDL wahrscheinlich fehlerhaft.

> **Tipp** Lassen Sie nicht den Benutzer Ihr Programm debuggen. Fangen Sie Fehler auf, und ermitteln Sie die Fehlerursachen.

Die zurückgegebene Fehlerbeschreibung (**Error.Description**) weist als Präfix den Quellstack des Fehlers auf. Jede Schicht, die eine Fehlerbehandlung durchführt, fügt der Beschreibungszeichenfolge einen zusätzlichen, in Klammern eingeschlossenen Ausdruck hinzu. Daher kann die Fehlermeldung folgendermaßen aussehen:

```
[Microsoft][ODBC SQL Server Driver][SQL Server]Login failed for user 'Fred'.
```

> **Tipp** Wenn Sie **ConnectionWrite(GetOverlappedResult)**-Fehler erhalten, sollten Sie auf TCP/IP wechseln (weg von den Named Pipes).

5 ADO-Befehlsstrategien

Wenn wir zu Kapitel 6 kommen, in dem es vor allem um Recordsets geht, werden wir viele verschiedene Methoden zur Abfrageausführung besprechen – von denen viele die Verwendung des **Command**-Objekts erfordern. Der einzig wichtige Fall, in dem das **Command**-Objekt erforderlich ist, ist der, wenn Parameter erfasst werden müssen, die von gespeicherten Prozeduren **zurückgegeben** werden. ADO ist sehr leistungsstark, wenn es um die Handhabung gespeicherter Prozeduren geht. Wenn Sie keine OUTPUT-Parameter zurückgeben und sich keine Gedanken über den Rückgabestatus von gespeicherten Prozeduren machen müssen, dann muss kein **Command**-Objekt erstellt werden.

Es gibt jedoch viele Vorteile bei der Verwendung von **Command**-Objekten. Im vorliegenden Kapitel werden wir untersuchen, wie das **Command**-Objekt der neuen SQL Server- und MDAC-Technologie zur effizienteren Ausführung sämtlicher Arten von Abfragen verhilft. Dies bedeutet, dass bei der Ausführung von Aktionsabfragen oder Abfragen, bei denen Rowsets zurückgegeben werden, das Einrichten eines **Command**-Objekts zur besseren Verwaltung der Abfrage und der zugehörigen Parameter beitragen kann. Nach der Erstellung eines **Command**-Objekts müssen Sie sich nicht länger um das Setzen von einfachen Anführungszeichen um Zeichenfolgen oder darum kümmern, wie eingebettete Apostrophe gehandhabt werden. Es ist also nicht erforderlich, alle irischen Nachnamen aus Ihrer Datenbank zu entfernen – beispielsweise O'Malley oder O'Brien. In diesem Kapitel wird außerdem erläutert, wie Sie ermitteln können, was bei einer Abfrage geschieht. Ein großer Teil dieses Kapitels befasst sich mit den SQL Server Profiler-Protokollen, mit denen genau aufgezeigt wird, zu welch unnatürlichen Handlungen SQL Server genötigt wird.

Bei der Ausführung einer SQL-Abfrage stellt das ADO-**Command**-Objekt häufig das geeignetste Objekt dar. Wie wir sehen werden, ist es aber nicht **immer** die beste Wahl. Glücklicherweise gibt es – aufgrund der Flexibilität von ADO – Alternativen, zu denen wir noch in Kapitel 6 kommen, wenn das **Recordset**-Objekt besprochen wird. Eine Sache, die Sie vielleicht noch nicht wissen (da »unterdokumentiert«): Alle ADO-**Command**-Objekte erscheinen als Methoden der verknüpften **Connection**-Objekte. Diese innovative Technik (naja, sie haben sie von RDO geklaut) ermöglicht Ihnen das Codieren des **Command**-Objekts nach Name, gefolgt von den zugehörigen Parametern, gefolgt vom Recordset mit dem Rowset. Cool. Mit diesem Thema werden wir uns später beschäftigen.

5.1 Das Innenleben des »Command«-Objekts

Der größte Vorteil des **Command**-Objekts ist seine Leistung. Es macht nicht nur die Abfrageausführung effizienter, es bringt auch **Sie** dazu, effizienter zu arbeiten. Bei Verwendung des **Command**-Objekts kann der Zeitaufwand für das Programmieren, Debuggen, Testen und Bereitstellen komplexer, parameterbasierter Abfragen erheblich reduziert werden – das Ausführen von gespeicherten Prozeduren mit Hilfe von Abfragen eingeschlossen. Beim Zugriff über SQL Server 7.0 wurden beispielsweise die ODBC- und OLE DB-Provider so verbessert, dass auf die neue gespeicherte Systemprozedur **sp_executesql** zugegriffen werden kann. Zu diesem Thema steht in der Onlinedokumentation von SQL Server[1] eine Menge Material zur Verfügung, das an dieser Stelle nur kurz zusammengefasst wird.

Im Grunde wird das **Command**-Objekt über das **CommandType**-Argument gesteuert, das ADO anweist, wie Ihre Abfrage an den Datenprovider übertragen werden soll. Angenommen, Sie möchten eine parameterbasierte Ad-hoc-Abfrage[2] ausführen:

```
Select author, au_id, year_born from authors where year_born = ?
```

Sie haben dort einen Parametermarker (?) platziert, wo ADO den Parameter einfügen soll, daher kann die Abfrage von ADO ausgeführt werden. Für diese Abfrage erstellt ADO eine SQL-Anweisung, die folgendermaßen aussieht:

```
sp_executesql N'Select author, au_id, year_born from authors where year_born
= @P1', N'@P1 int', 1947
```
[3]

Die gespeicherte Systemprozedur **sp_executesql** wurde erstmals in Microsoft SQL Server 7.0 vorgestellt. Die MDAC-Entwickler möchten, dass wir diese Prozedur anstelle der EXECUTE-Anweisung zur Ausführung einer Abfragezeichenfolge verwenden. Die Unterstützung der Parametersubstitution macht die Prozedur **sp_executesql** nicht nur vielseitiger als EXECUTE, sondern auch effizienter, da Ausführungspläne generiert werden, die von SQL Server wieder verwendet werden können.

---

1. Onlinedokumentation: Der Satz Hilfethemen sowie die Beispiele, die zum Lieferumfang von SQL Server gehören – anstelle einer gedruckten Dokumentation. Ein Großteil der Informationen (wenn nicht sogar alle) stehen auch über ein MSDN-Abonnement oder online zur Verfügung.
2. Eine Ad-hoc-Abfrage ist einfach eine hartcodierte SQL-Abfrage oder -Aktion. Das Verwenden dieser Abfragen ist keine gute Idee, wenn Sie statt dessen eine gespeicherte Prozedur einsetzen können, aber viele Entwickler verlassen sich auf diese Abfragen, zumindest anfänglich.
3. Beachten Sie das »N«-Präfix im generierten Code (N'Select au...). Dieses N (in Großbuchstaben) gibt an, dass die folgende Zeichenfolge im Unicode-Format vorliegt. Unicode-Daten werden mit 2 Byte pro Zeichen gespeichert, im Gegensatz zu Zeichendaten, bei denen 1 Byte pro Zeichen gespeichert wird. Weitere Informationen finden Sie über den Index der SQL Server-Onlinedokumentation unter dem Stichwort »Konstanten«.

ADO und der SQL Server-Datenprovider haben eine weitere (proprietäre) Schnittstelle zur Handhabung serverseitiger Cursor implementiert. Diese werden als gespeicherte **sp_cursor**-Prozeduren auf Systemebene implementiert, die verschiedene weitere Datenoperationen öffnen, schließen und ausführen. Bei Verwendung der standardmäßigen serverseitigen **CursorLocation**-Einstellung werden Sie feststellen, dass viele Abfragen mit Hilfe dieser gespeicherten Prozeduren ausgeführt werden.

Tipp Bei der Arbeit mit SQL Server ist es wichtig, dass Sie den Profiler (oder die Ablaufverfolgung von SQL Server 6.5) aktivieren und aktiviert lassen, während Sie Ihren Code bearbeiten. Auf diese Weise erhalten Sie genaue Informationen darüber, was an SQL Server gesendet wird. Deaktivieren Sie den Profiler, wenn Sie mit der Codeleistung zufrieden sind.

5.1.1 Substituieren von Parameterwerten

Die gespeicherten Prozeduren **sp_executesql** und **sp_cursor** unterstützen die Substitution von Parameterwerten für beliebige in der Transact-SQL-Zeichenfolge spezifizierte Parameter – im Gegensatz zur (veralteten) TSQL-EXECUTE-Anweisung. Die durch **sp_executesql** generierten Transact-SQL-Zeichenfolgen sind den ursprünglichen SQL-Abfragen ähnlicher als die über die EXECUTE-Anweisung generierten Zeichenfolgen, daher stehen die Chancen besser, dass der Abfrageoptimierer von SQL Server übereinstimmende Transact-SQL-Anweisungen von **sp_executesql** aus den Ausführungsplänen zuvor ausgeführter Anweisungen ermittelt. Auf diese Weise müssen sehr viel weniger neue Ausführungspläne für die Ausführung der einzelnen Parameterabfragen kompiliert werden. Das ist gut.

Bei Verwendung der TSQL-EXECUTE-Anweisung müssen sämtliche Parameterwerte in Zeichen oder Unicode-Zeichen konvertiert und in die Transact-SQL-Zeichenfolge integriert werden, wie im folgenden Codebeispiel gezeigt wird:

```
DECLARE @IntVariable INT
DECLARE @SQLString NVARCHAR(500)
/* Erstellen und Ausführen einer Zeichenfolge mit einem Parameterwert. */
SET @IntVariable = 35
SET @SQLString = N'SELECT * FROM pubs.dbo.employee WHERE job_lvl = ' +
CAST(@IntVariable AS NVARCHAR(10))
EXEC(@SQLString)
/* Erstellen und Ausführen einer Zeichenfolge mit einem zweiten Parameter-
wert. */
SET @IntVariable = 201
SET @SQLString = N'SELECT * FROM pubs.dbo.employee WHERE job_lvl = ' +
```

```
CAST(@IntVariable AS NVARCHAR(10))
EXEC(@SQLString)
```

Wird die Anweisung wiederholt ausgeführt, muss bei jeder Ausführung eine komplett neue Transact-SQL-Zeichenfolge erstellt werden, selbst dann, wenn sich die bereitgestellten Parameterwerte nur geringfügig unterscheiden. Dies führt in verschiedener Hinsicht zu einem zusätzlichen Overhead:

- Die Fähigkeit des Abfrageoptimierers von SQL Server, die neue Transact-SQL-Zeichenfolge mit einem vorhandenen Ausführungsplan abzugleichen, wird durch beständig geänderte Parameterwerte im Text der Zeichenfolge behindert, besonders bei komplexen Transact-SQL-Anweisungen.
- Bei jeder Ausführung muss die gesamte Zeichenfolge neu erstellt werden.
- Es muss für die Parameterwerte (sofern es sich nicht um Zeichenwerte oder Unicode-Werte handelt) bei jeder Ausführung ein Typecast in ein Zeichen- oder Unicode-Format vorgenommen werden.

Im Gegensatz dazu unterstützt **sp_executesql** die von der Transact-SQL-Zeichenfolge unabhängige Festlegung von Parameterwerten:

```
DECLARE @IntVariable INT
DECLARE @SQLString NVARCHAR(500)
DECLARE @ParmDefinition NVARCHAR(500)
/* Einmaliges Erstellen der SQL-Zeichenfolge. */
SET @SQLString =N'SELECT * FROM pubs.dbo.employee WHERE job_lvl = @level'
/* Einmaliges Angeben des Parameterformats. */
SET @ParmDefinition = N'@level tinyint'
/* Ausführen der Zeichenfolge mit dem ersten Parameterwert. */
SET @IntVariable = 35
EXECUTE sp_executesql @SQLString, @ParmDefinition,@level = @IntVariable
/* Ausführen der gleichen Zeichenfolge mit dem zweiten Parameterwert. */
SET @IntVariable = 32
EXECUTE sp_executesql @SQLString, @ParmDefinition,@level = @IntVariable
```

Durch dieses **sp_executesql**-Beispiel wird nicht nur das gleiche Ziel erreicht wie durch das zuvor dargestellte TSQL-EXECUTE-Beispiel, darüber hinaus bietet diese Methode folgende Vorteile:

- Da der tatsächliche Text der Transact-SQL-Anweisung sich zwischen den Ausführungen nicht ändert, sollte der Abfrageoptimierer in der Lage sein, die Transact-SQL-Anweisung der zweiten Ausführung mit dem Ausführungsplan der ersten Ausführung abzugleichen. Die zweite Anweisung muss daher von SQL Server nicht kompiliert werden.

- Die Transact-SQL-Zeichenfolge wird nur einmalig erstellt.
- Der **integer**-Parameter wird im systemeigenen Format angegeben.
- Eine Konvertierung in Unicode ist nicht erforderlich.

Anmerkung Die Objektnamen in der Anweisung müssen vollqualifiziert sein, damit SQL Server den Ausführungsplan wieder verwenden kann.

5.1.2 Wiederverwenden von Ausführungsplänen

In früheren Versionen von SQL Server bestand die einzige Möglichkeit zur Wiederverwendung von Ausführungsplänen darin, die Transact-SQL-Anweisungen als gespeicherte Prozedur zu definieren und die gespeicherte Prozedur anschließend über eine Anwendung auszuführen. Die Prozedur **sp_executesql** kann anstelle von gespeicherten Prozeduren eingesetzt werden, wenn eine Transact-SQL-Anweisung mehrfach ausgeführt wird – besonders dann, wenn lediglich die an die Transact-SQL-Anweisung übergebenen Parameterwerte anders lauten. Da die Transact-SQL-Anweisungen selbst konstant sind und sich nur die Parameterwerte ändern, kann der Abfrageoptimierer von SQL Server den Ausführungsplan der ersten Ausführung wahrscheinlich wieder verwenden. Vorhandene, in SQL Server 7.0 portierte ODBC-Anwendungen profitieren von den Leistungsvorteilen, ohne dass eine Umarbeitung erforderlich ist. Weitere Informationen finden Sie in der SQL Server-Onlinedokumentation unter dem Stichwort »Using Statement Parameters«.

Der Microsoft OLE DB-Provider für SQL Server verwendet **sp_executesql** auch zur direkten Ausführung von Anweisungen ohne feste Parameter. Anwendungen, die OLE DB oder ADO einsetzen, nutzen die Vorteile von **sp_executesql**, ohne dass sie umgeschrieben werden müssen.

Für die Ausführung von Ad-hoc-Abfragen, die keine Parameter bzw. lediglich Verweise auf parameterlose gespeicherte Prozeduren aufweisen, setzt das ADO-**Command**-Objekt die Prozedur **sp_executesql** nicht ein.

5.2 Erstellen von »Command«-Objekten

Das Erstellen eines **Command**-Objekts erfordert etwas Zeit – sowohl CPU- als auch Entwicklungszeit. Betrachten Sie jedoch die Alternativen. In früheren Tagen war das Erstellen einer Abfrage wesentlich schwieriger als heute, da ADO zur Verfügung steht. Okay, keine »Ich habe noch Lochkartenmaschinen ohne Bänder bedient ...« -Geschichten, aber der Code zum Erstellen des **Command**-Objekts ist sehr viel einfacher zu generieren, zu verstehen und zu unterstützen als dies mit der

ODBC-API oder gar RDO (Remote Data Objects) je zu hoffen gewagt werden konnte. Mittlerweile gibt es sogar Assistenten für diese Aufgaben, kann es da noch einfacher werden?[4]

Tipp Wenn Sie ein **Command**-Objekt erstellen, sollte dies nur **einmal** geschehen. Erstellen Sie so viele Objekte wie Sie möchten, aber erstellen Sie keine Objekte, um anschließend – je nach Anforderung – deren Eigenschaften zu ändern (die Parameter natürlich ausgeschlossen). In früheren Versionen führte ADO zusätzliche Serverabfragen aus, um zu ermitteln, wie eine Abfrage ausgeführt werden soll. Meine Tests haben gezeigt, dass dies in ADO 2.5 nicht länger der Fall ist – jedenfalls nicht immer. Die gesamte Setupphase scheint vollständig auf dem Client durchgeführt zu werden. Derartiger Overhead muss nicht mehr als einmal toleriert werden.

Wie also erstellen Sie ein **Command**-Objekt? Ganz einfach:

1. Deklarieren Sie Ihre **Command**-Objekte in einem Bereich, der für alle Routinen sichtbar ist, die auf die Objekte zugreifen müssen. Erstellen Sie daher bei der Entwicklung von Client/Server-Anwendungen das **Command**-Objekt auf Modul- oder Formularebene. In der mittleren Schicht (Microsoft Transaction Server/COM+) muss bei der Erstellung eines **Command**-Objekts in der Methodenprozedur so verfahren werden. Der Grund hierfür ist, dass **Command**-Objekte apartmentübergreifend von verschiedenen Elementen gemeinsam genutzt werden können, und das Verwenden von globalen oder Klassenbereichsvariablen in Microsoft Transaction Server funktioniert einfach nicht besonders gut – um es dezent auszudrücken.
2. Benennen Sie Ihr **Command**-Objekt so, dass es als Methode des **Connection**-Objekts ausgeführt werden kann. Obwohl dieser Schritt optional ist, hilft Ihnen dies zu einem späteren Zeitpunkt. Verwenden Sie zur Benennung des **Command**-Objekts eine Zeichenfolge.
3. Stellen Sie die **CommandText**-Eigenschaft auf die SQL-Anweisung in der Abfrage, auf eine gespeicherte Prozedur, Tabelle oder Sicht ein. ADO liegt mit seinen Vorschlägen leider meistens falsch.
4. Setzen Sie die **CommandType**-Eigenschaft so, dass die Art und Weise widergespiegelt wird, mit der die **CommandText**-Zeichenfolge behandelt wird. Stan-

4. Ich habe gemeinsam mit den Developer Days-Leuten (jährlich stattfindende Microsoft-Entwicklerkonferenz) einen Assistenten optimiert, der auf der diesjährigen Konferenz übergeben wurde. Dieser Assistent generiert »korrekten« Quellcode für das Erstellen von **Command**-Objekten und der **Properties**-Auflistung, ohne dass Sie einen Finger rühren müssen – fast keinen jedenfalls. Den Assistenten finden Sie auf der Begleit-CD.

dardmäßig setzt ADO diese Eigenschaft auf **adCmdUnknown**, lassen Sie den Wert also besser nicht von ADO festlegen.

5. Stellen Sie die **ActiveConnection**-Eigenschaft so ein, dass auf das geeignete ADO-**Connection**-Objekt verwiesen wird. Sie können die **Parameters.Refresh**-Methode bzw. die Abfrage vorher nicht ausführen. Nach dem Setzen der Eigenschaft wird der benannte Befehl zu einer Methode der angegebenen Verbindung.
6. Erwartet die Abfrage einen oder mehrere Parameter, müssen Sie entscheiden, ob Sie die **Refresh**-Methode zum Erstellen der **Parameters**-Auflistung durch ADO verwenden oder ob Sie diese selbst erstellen, indem Sie **Parameters.Append** oder **Command.CreateParameter** einsetzen.

5.2.1 Festlegen der ADO-Befehlseigenschaften

Das Festlegen der ADO-Eigenschaften hat viel damit zu tun, die Erwartungen von ADO zu kennen. Wenn Sie eine Zahl angeben müssen, sollten Sie sicherstellen, dass sich diese im gültigen Bereich befindet. Vermeiden Sie figurative Konstanten – verwenden Sie statt dessen durch die Typbibliothek definierte Konstanten. So ist der Code besser lesbar und später einfacher zu verwalten. Wenn Sie eine Eigenschaft einer **TextBox** oder eines anderen Steuerelements festlegen, müssen Sie daran denken, die richtige Eigenschaft explizit zu referenzieren. Verlassen Sie sich nicht darauf, dass die Standardeigenschaften funktionieren – manchmal tun sie dies, oft genug aber auch nicht. Wenn Sie beispielsweise einen Befehlsparameter festlegen, sollten Sie folgendermaßen vorgehen:

```
Cmd(eParm.NameWanted) = txtNameWanted.Text
```

Dieser Code beruht auf der Definition eines **Enum**- und eines **TextBox**-Steuerelements. Das Auslassen des **.Text**-Eigenschaftenbezeichners kann, sagen wir, ungeahnte Folgen haben. Sagen Sie bloß nicht, ich hätte Sie nicht gewarnt.

Die »Name«-Eigenschaft

Wenn Sie die (coole) Technik »**Command**-Objekt als **Connection**-Methode« zum Ausführen des **Command**-Objekts verwenden möchten, **müssen** Sie dieses benennen. Dies stellt in jedem Fall eine gute Idee dar. Bei der Ausführung von gespeicherten Prozeduren **muss** der Name des Objekts mit der gespeicherten Prozedur übereinstimmen. Andernfalls können Sie Ihr **Command**-Objekt auch nach exotischen Pflanzen benennen, wenn Ihnen danach ist. Denken Sie nur daran, den Namen frühzeitig festzulegen – vor dem Einstellen der **ActiveConnection**-Eigenschaft. Und vergessen Sie nicht, eine **String**-Konstante oder Variable zum Benennen des Befehls zu verwenden.

Tipp Wenn Sie statt einer **String**-Konstante oder einer deklarierten Variablen einen nicht angeführten Wert übergeben, setzt Visual Basic voraus, dass es sich um den Namen einer **Variant**-Variablen handelt, die zur Laufzeit einen Wert erhält, sofern Sie nicht **Option Explicit** aktiviert haben (was Sie tun sollten). In diesem Fall erhalten Sie zur Kompilierungszeit eine Warnung, dass die Variable nicht definiert ist.

Die »CommandText«-Eigenschaft

Diese Eigenschaft teilt ADO und dem Datenprovider mit, was getan werden muss. Es kann die Frage sein, die Sie stellen möchten, es kann sich einfach um den Namen einer Tabelle, einer gespeicherten Prozedur oder sogar um eine URL handeln, an der sich die gesuchten Daten befinden.

Üblicherweise ist **CommandText** eine SQL-Anweisung, z.B. eine SELECT-Anweisung, aber es kann sich ebenso um einen anderen Typ Befehlsanweisung handeln, der durch den Provider erkannt wird, etwa ein gespeicherter Prozeduraufruf. Denken Sie daran, SQL in dem SQL-Dialekt zu programmieren, den der Datenprovider versteht. Wenn Sie also eine Verbindung zu Oracle herstellen, können (sollten) Sie Oracle-SQL-Erweiterungen verwenden, genauso wie Sie TSQL-Erweiterungen einsetzen, wenn Sie SQL Server-Abfragen durchführen.

Je nach **CommandType**-Eigenschafteneinstellung verändert ADO möglicherweise die **CommandText**-Eigenschaft. Sie können die **CommandText**-Eigenschaft jederzeit lesen, um den tatsächlichen Befehlstext anzuzeigen, den ADO während der Ausführung verwendet.

Sie können auch die **CommandText**-Eigenschaft verwenden, um eine relative URL einzustellen oder zurückzugeben, die eine Ressource bezeichnet, beispielsweise eine Datei oder ein Verzeichnis. Die Ressource wird relativ zu einem Standort angegeben, der explizit durch eine absolute URL oder implizit durch ein geöffnetes **Connection**-Objekt spezifiziert wird.

»CommandText« und Skalierbarkeit Aber warten Sie. Da eine Menge der Probleme im Hinblick auf die Skalierbarkeit durch die **CommandText**-Eigenschaft verursacht wird, sollten wir uns kurz diesem Thema zuwenden. Vergessen Sie nicht, dass die in der **CommandText**-Eigenschaft angegebene Abfrage lediglich eine Anforderung von Diensten des Datenproviders darstellt. Es liegt in der Verantwortlichkeit des Providers, die physischen E/A-Operationen zum Ausführen dieser Anforderung durchzuführen, unabhängig davon, wie falsch sie erscheinen mögen.

Angenommen, Sie rufen bei der Pizzeria »La Toskana« in Siegen an und bestellen tausend Dönerpizzen und zweimal Pizza vegetarisch (Sie möchten den Sportfreunden Siegen und deren Fans eine Freude machen). Der Manager würde Sie sicher zurückrufen, um den Rahmen Ihrer Kreditkarte, Ihre Vertrauenswürdigkeit und Ihren geistigen Zustand zu prüfen, bevor er die Bestellung bearbeitet. Ein ADO-Datenprovider ruft nicht zurück und fragt, ob Sie ihn auf den Arm nehmen wollen; wenn Sie tausend oder zehntausend oder zehn Millionen Zeilen einer Datenbank anfordern. Er beginnt einfach damit, die Daten abzurufen und sie an Sie weiterzuleiten. Bei deren Empfang fängt ADO pflichtbewusst an, die Daten im RAM zwischenzuspeichern und anschließend auf die Festplatte zu spoolen – bis RAM und Festplatte überlaufen und die Daten hinten aus dem Computer fallen. Nein, ADO hat keine **Hab' Nachsicht mit mir, ich bin etwas dumm**-Eigenschaft – es wird vorausgesetzt, dass Sie wissen, was Sie tun.

Intelligente Abfragenerstellung oder Erstellen intelligenter Abfragen

Nach der Verbindungsherstellung muss die Anfrage an die Datenbankengine übermittelt werden. Dies bedeutet, dass Sie eine Abfrage senden müssen – üblicherweise eine SELECT-Anweisung zur Rückgabe von Zeilen oder eine Aktionsabfrage zur Datenänderung. Die Gesamtleistung kann durch unzureichend entworfene Abfragen stärker beeinflusst werden als durch alle weiteren Leistungsfaktoren zusammen. Mit anderen Worten, wenn Sie die Datenbankengine anweisen, eine Aufgabe auszuführen, die fünf, fünfzig oder fünfzigtausend Sekunden dauert, kann nichts auf der Welt die Clientseite der Abfrage dazu bringen, dass die Zeilen auch nur eine Sekunde eher angezeigt werden. Darüber hinaus kann es bei unzulänglich entworfenen Parallelzugriffen zu Dauersperren kommen, die Ihre Anwendung für immer daran hindern, auch nur eine Zeile zurückzugeben.

Es gibt vielfältige Informationen und Hinweise zum Entwerfen effizienter Abfragen, die im Wesentlichen auf die folgenden Richtlinien reduziert werden können:

- Rufen Sie **nur** die Spalten[5] (Felder) ab, die Sie benötigen, nicht mehr. Verwenden Sie daher niemals SELECT *, auch dann nicht, wenn Sie alle (derzeit definierten) Spalten abrufen möchten. Über SELECT * werden möglicherweise Spalten abgerufen, deren Abruf sehr aufwendig ist bzw. die für die auszuführende Aufgabe irrelevant sind. Darüber hinaus kann bei SELECT * die Reihenfolge der Spaltenrückgabe **nicht** garantiert werden. Wenn also ein ambitionierter Systemadministrator die Tabellenspalten nach dem Alphabet sortiert oder einfach eine neue Spalte in die Tabelle einfügt, kann SELECT * eine Anwendung töten (technischer Fachausdruck).

5. Okay, ich sollte für relationale Datenbanken den Begriff »Zeilen und Spalten« verwenden. Die ISAM-Welt verwendet die Begriffe »Datensätze und Felder«. Die Microsoft-Leute, die ADO geschrieben haben, mögen offensichtlich die ISAM-Begriffe, daher Datensätze und Felder. Seufz.

Ein Aspekt ist die Leistung des **Entwicklers**. Wie effizient arbeitet der Programmierer an einer Anwendung, wie viele Fehler entstehen, und wie viele Missverständnisse treten bei der Kommunikation mit anderen Entwicklern auf? SELECT * scheint dieses Problem anzugehen, indem der Server angewiesen wird, einfach alle Spalten eines Resultsets zurückzugeben. Wenn der Anwendung jedoch kein Code zur automatischen Anpassung an Änderungen im zugrunde liegenden Schema hinzugefügt wird, wird die Produktivität der Entwickler nicht gesteigert. Im Gegenteil – Sie bürden denjenigen mehr Arbeit auf, die nach einer Schemaänderung die Fehlerursachen ermitteln müssen.

- Rufen Sie **nur** die Zeilen (Datensätze) ab, die Sie benötigen, nicht mehr. Skalierbare Anwendungen rufen in einem Arbeitsschritt eine ausreichende Zeilenmenge ab. Der Begriff »ausreichend« wird hierbei über Ihren Entwurf definiert, da ebenfalls Kosten entstehen, wenn der Server für einen weiteren Datenabruf erneut kontaktiert werden muss. Mit Ihrem Code muss die nötige Balance zwischen erneuten Abrufvorgängen und dem Anzeigen nicht benötigter Zeilen gefunden werden. Das Abrufen zu vieler Zeilen erhöht außerdem die Menge der Sperren, die durch die Datenbank ausgegeben werden. Dies kann die Skalierbarkeit einer Anwendung angreifen und das Risiko von Deadlocks erhöhen. Verwechseln Sie interaktive, durch den Menschen gesteuerte Anwendungen nicht mit Berichtsanwendungen, die häufig mit weitaus größeren Zeilenmengen arbeiten müssen.
- Entwerfen Sie nur Cursor in einer Anwendung, wenn dies unbedingt erforderlich ist. Bei der Erstellung skalierbarer Anwendungen mit Hilfe von komplexen Abfragen und gespeicherten Prozeduren werden Sie feststellen, dass ADO keine leistungsfähigen Cursor für generierte Rowsets erstellen kann. Die **cursorlosen** Resultsets (Standardverhalten von ADO) haben sich als schneller erstell- und abrufbar erwiesen. Beachten Sie, dass es bei der Arbeit mit ausgefeilten Tabellenbeziehungen in den wenigstens Fällen genügt, einer Basistabelle eine Zeile hinzuzufügen. In vielen Fällen müssen zunächst einer Fremdschlüsseltabelle Zeilen hinzugefügt werden. Dies impliziert, dass einfache Cursoraktualisierungen nicht funktionieren und Sie sich auf gespeicherte Prozeduren oder clientintensivere, transaktionsgesteuerte Operationen verlassen müssen.
- Ziehen Sie für den Datenabruf das Verwenden von **Return Status**-, OUTPUT- oder INPUT-OUTPUT-Parametern anstelle von Recordsets (Cursorn) in Erwägung. Diese sind erheblich schneller als über ADO erstellte Recordsets, die eine einzelne Datenzeile zurückgeben.
- Wenn Sie einen Cursor erstellen **müssen**, erstellen Sie einen rollbaren Cursor **nur** dann, wenn dies absolut erforderlich ist. Rollbare Cursor wirken sich dramatisch auf die Leistung aus, da ADO zusätzlichen Code zum Erstellen von Cur-

sorschlüsselgruppen oder statischen Rowsets im Speicher ausführen muss. Während der Overhead Ihre Anwendung dazu zwingt, einen beträchtlichen einmaligen Zeitverlust bei der Recordseterstellung hinzunehmen, verschlimmert sich die Situation bei Verwendung dynamischer Cursor insofern weiter, da ADO gezwungen ist, beim Durchlaufen der Seiten die Datenbank wiederholt abzufragen.

- Wenn Sie pessimistische Sperren verwenden, sollten Sie im Hinblick auf die Größe des abgerufenen Rowsets vorsichtig sein, da alle Zeilen in einem Rowset (und vielleicht die Seiten, auf denen diese gespeichert werden) so lange gesperrt bleiben, wie der Cursor geöffnet ist – nicht lediglich während der Bearbeitung einer Zeile. Verwenden Sie pessimistische Sperren nur dann, wenn Sie die Nebenwirkungen der Sperren gründlich untersucht haben.
- Lassen Sie beim anfänglichen Abrufen von Zeilen vom Server nicht den **Benutzer** entscheiden, wann (und ob) das gesamte Rowset abgerufen wird. Vermeiden Sie es, die erste Zeile abzurufen und anzuzeigen und dem Benutzer die Möglichkeit zu geben, per Knopfdruck den nächsten Satz Zeilen anzuzeigen. Erarbeiten Sie Strategien, bei denen alle Zeilen in einem Arbeitsschritt abgerufen werden. Ziehen Sie beispielsweise eine Trennung des Recordsets oder das Verwenden der Methoden **GetRows**[6] oder **GetString** in Betracht. Das Verzögern beim Auffüllen führt auch zu einer Verzögerung bei der Aufhebung von Zeilensperren. Obwohl sich dies nicht negativ auf **Ihre** Anwendung auswirkt, blockieren Sie doch andere Anwendungen, die auf dieselben Datenseiten zugreifen möchten. Als allgemeine Regel zur Erreichung höherer Skalierbarkeit sollten Sperren auf Daten, die dem Benutzer angezeigt werden, vermieden werden.
- Führen Sie keine hartcodierten Abfragen aus, wenn Sie eine gespeicherte Prozedur ausführen können. Durch das Vorkompilieren des Abfragecodes in einer gespeicherten Prozedur können Wartezeiten aufgrund von Servervalidierung, Kompilierung und Erstellung eines Ausführungsplans vermieden werden.
- Setzen Sie bei der Ausführung von Ad-hoc-Abfragen (die immer ausgeführt werden, wenn Sie die **CommandText**-Eigenschaft des **Command**-Objekts auf eine Zeichenfolge einstellen, die nicht den Namen einer gespeicherten Prozedur enthält) den Wert der **Prepared**-Eigenschaft nicht auf **True**. Diese Eigenschaft ist meiner Meinung nach nicht funktionsfähig.
- Berücksichtigen Sie die Auswirkungen Ihrer Anwendung auf den Server und andere Benutzer – beschränken Sie sich nicht darauf, mit einer Abfrage lediglich **Ihre** Clientanwendung oder Komponente schneller zu machen. Gelegentlich

6. **GetRows** ist vielleicht keine so gute Idee. Diese Methode erzeugt beim Erstellen der Ausgabestruktur für das **Variant**-Array relativ viel Overhead.

können Sie Clientoperationen durchführen, die zwar zu einer starken Beschleunigung der lokalen Anwendung, gleichzeitig jedoch zu Sperren für andere Benutzer führen oder in anderer Form die Skalierbarkeit beeinträchtigen. Skalierbarkeit und Leistung gehen nicht immer Hand in Hand, besonders dann nicht, wenn viele Benutzer beteiligt sind.

- Überwachen Sie die Auswirkung Ihrer Anwendung auf den Server. Verwenden Sie den SQL Profiler zum Anzeigen der Operationen niedriger Ebene, deren Ausführung über den Code beim Server angefordert wird (siehe Abbildung 4.11). Versuchen Sie, erneute Serverabfragen und die Menge der zurückgegebenen (sinnvollen) Daten auszugleichen. Der Profiler und andere Diagnosetools, die später näher betrachtet werden sollen, zeigen klar, welche Auswirkung Ihre Programme auf das System und auf einander haben – wenn Sie wissen, wie die Dumps interpretiert werden müssen.

Einige dieser Strategien tragen zur Verkürzung der Clientantwortzeiten bei, andere machen das gesamte System schneller. Daher unterstützen einige dieser Vorschläge Sie bei der Erstellung von Anwendungen, durch die die Systemressourcen effektiver genutzt werden – Ressourcen, um die alle Clients konkurrieren. So werden alle Ihre Anwendungen schneller, weisen kürzere Antwortzeiten auf und unterliegen einem weniger großen Risiko, durch das Warten auf Ressourcen gesperrt zu werden.

Leistung – Öffnen eines »Command«-Objekts Wie ich bereits zu einem früheren Zeitpunkt erwähnt habe, kann bei mehrfacher Abfragenausführung durch das Erstellen eines **Command**-Objekts zur Abfrageverwaltung Ausführungs- und Programmierzeit gespart werden – besonders dann, wenn die Abfrage Parameter erfordert. In der mittleren Schicht und auf Webseiten ist es jedoch nicht unüblich, einelementige Abfragen auszuführen und den Vorgang zu beenden – die Erstellung eines **Command**-Objekts zur Leistungsverbesserung ist daher nicht erforderlich. Tatsache ist, dass sich möglicherweise sogar Vorteile hinsichtlich der Leistung ergeben, wenn Sie **kein Command**-Objekt im Code erstellen – insbesondere dann, wenn Sie mit Visual Basic Script auf ASP-Seiten (ActiveX Server Pages) programmieren, wobei jede Visual Basic-Zeile einzeln interpretiert wird. Wenn die Ausführung für SQL Server erfolgt, werden Abfragen, die einen zuvor zwischengespeicherten Ausführungsplan wieder verwenden können, nicht erneut kompiliert.

Berücksichtigen Sie außerdem, wie die **Command**-Objekte Sie bei der Parameterverwaltung unterstützen. Gelegentlich ist es erforderlich, Rückgabewerte oder OUTPUT-Parameter zu erfassen und Sie haben einfach keine andere Wahl. Und da die meisten Abfragen parametergesteuert sind, kann durch das Verwenden von **Command**-Objekten zur einfachen Parameterverwaltung außerdem die Anzahl der ausgeführten Visual Basic-Codezeilen verringert werden.

Die »CommandType«-Eigenschaft

Wenn Sie ADO nicht mitteilen, **wie** Ihr Befehl interpretiert und verarbeitet werden soll, übernimmt diese Entscheidung die ADO-eigene Logik. Es ist besser (viel besser), die **CommandType**-Eigenschaft zu setzen, bevor durch ADO ein Vorschlag dazu gemacht wird, wie die Abfrage interpretiert werden sollte. Auf diese Weise wird bei der internen Verarbeitung (beträchtliche) Zeit eingespart. Eine weitere Leistungsverbesserung kann durch Verwendung der **adExecuteNoRecords**-Option mit **adCmdText** oder **adCmdStoredProc** erzielt werden. Auf diese Weise wird ADO mitgeteilt, dass durch die Abfrage kein Rowset zurückgegeben wird, und daher die Erstellung eines Cursors nicht erforderlich ist.

Der Dokumentation kann entnommen werden, dass bei Festlegung des Wertes **adCmdUnknown** (Standardwert) für die **CommandType**-Eigenschaft eine Leistungsbeeinträchtigung eintreten kann, da ADO Aufrufe an den Provider durchführen muss, um zu ermitteln, ob es sich bei der **CommandType**-Eigenschaft um eine SQL-Anweisung, eine gespeicherte Prozedur oder einen Tabellennamen handelt. Der SQL Profiler gibt keinen Hinweis auf diese DDL-Anforderungen, bei einigen Providern kann dies jedoch erforderlich sein. Stimmt die **CommandType**-Eigenschaft nicht mit dem Befehlstyp in der **CommandText**-Eigenschaft überein, tritt beim Aufrufen der **Execute**-Methode ein Fehler auf. In Tabelle 5.1 werden die gültigen Einstellungen für die **CommandType**-Eigenschaft aufgeführt.

CommandType	Beschreibung
`adCmdUnspecified`	Befehl gibt Abfragetyp nicht an.
`adCmdText`	Wertet Befehlstext als SQL-Befehl oder SQL-**Call**-Anweisung[1] aus.
`adCmdTable`	Wertet Befehlstext als Tabellennamen aus. ADO führt bei Verwendung dieser Option SELECT * FROM <table> aus. Sie sollten genau wissen, wie sich diese Methode auf die Skalierbarkeit auswirkt.
`adCmdStoredProc`	Wertet Befehlstext als den Namen einer gespeicherten Prozedur aus.
`adCmdUnknown`	Standardwert. Gibt an, dass der Befehlstyp der **CommandText**-Eigenschaft nicht bekannt ist. Auf diese Weise wird die Entscheidung von ADO getroffen, bzw. ADO weiß auch anschließend nicht, um welchen Befehlstyp es sich handelt.
`adCmdFile`	Wertet Befehlstext als Dateiname eines dateibasierten Recordsets aus.
`adCmdTableDirect`	Wertet Befehlstext als Name einer Tabelle aus, bei der sämtliche Spalten zurückgegeben werden. Diese Option ist nur für Jet 4.0-Datenbanken und -Provider verfügbar.

Tabelle 5.1 Gültige Einstellungen für die »CommandType«-Eigenschaft

1. Es ist nicht länger erforderlich, gespeicherte Prozeduren anhand der in RDO eingesetzten **Call**-Syntax aufzurufen.

Voreinstellen von Ausführungsoptionen Bei der Erstellung eines **Command**-Objekts kann es sinnvoll sein, eine oder mehrere der Optionen im Vorfeld zu definieren, die sich darauf auswirken, wie ADO die Abfrage ausführt. Sie könnten beispielsweise eine asynchrone Ausführung anfordern, indem Sie **adAsyncExecute** oder eine Option verwenden, mit der angegeben wird, dass über den Befehl keine Zeilen zurückgegeben werden, z.B. **adExecuteNoRecords**. Unglücklicherweise lässt ADO Sie diese Optionen nicht beim Festlegen des Befehlstyps setzen. Laut Dokumentation ist dies möglich, Sie erhalten bei diesem Versuch jedoch einen 3001-Laufzeitfehler. Sie müssen diese Optionen an die **Execute**-Methode übergeben, bis dies behoben ist.

Die »ActiveConnection«-Eigenschaft

Wenn Sie Ihr **Command**-Objekt für einen bestimmten Datenprovider ausführen möchten (und die meisten von Ihnen möchten genau das), müssen Sie die **ActiveConnection**-Eigenschaft so einstellen, dass Sie auf ein **Connection**-Objekt an der Datenquelle verweist. Der Versuch, einen Befehl auszuführen oder selbst die **Parameters.Refresh**-Methode ohne gültige **ActiveConnection**-Eigenschafteneinstellung zu verwenden, führt – wie Sie sich denken können – zu einem auffangbaren Fehler.

> **Tipp** Nachdem Sie die **ActiveConnection**-Eigenschaft gesetzt haben, wird die **Name**-Eigenschaft des **Command**-Objekts eingefroren. Wenn Sie den Befehl nach Name referenzieren möchten, legen Sie die **Name**-Eigenschaft vor der **ActiveConnection**-Eigenschaft fest.

Vor dem Öffnen der Verbindung enthält die ActiveConnection-Eigenschaft eine »Definition« der Verbindung, und diese Definition ist eine einfache Verbindungszeichenfolge. Dies bedeutet, dass Sie die **ActiveConnection**-Eigenschaft mit Hilfe der gleichen Zeichenfolge festlegen können, die Sie für die **ConnectionString**-Eigenschaft des **Connection**-Objekts verwenden. Nachdem die Verbindung geöffnet wurde, enthält **ActiveConnection** einen gültigen Verweis auf das **Connection**-Objekt. Wenn Sie einen Befehl für eine Reihe von Verbindungen ausführen möchten, können Sie die ActiveConnection-Eigenschaft auf **Nothing** festlegen und später für andere **Connection**-Objekte einstellen.

Sie müssen die **ActiveConnection**-Eigenschaft festlegen, bevor Sie versuchen, die Methode **Parameters.Refresh** zu verwenden. Wenn Sie zum Erstellen der **Parameters**-Auflistung die **Parameters.Refresh**-Methode einsetzen und die **ActiveConnection**-Eigenschaft auf **Nothing** einstellen, löscht ADO die **Parameters**-Auflistung (aus irgendwelchen Gründen). Das Ändern der **ActiveConnection**-Eigenschaft wirkt sich jedoch nicht auf die **Parameters**-Auflistung aus, wenn Sie die Erstellung im Code vornehmen. Durch das Schließen des **Connection**-Objekts wird die **ActiveConnection**-Eigenschaft für jedes mit der Verbindung verknüpfte **Command**-Objekt auf **Nothing** gesetzt (wie gemein). Das Festlegen der ActiveConnection-Eigenschaft auf ein geschlossenes **Connection**-Objekt erzeugt einen Fehler (puuhh).

Die (so genannte) »Prepared«-Eigenschaft

Theoretisch wurde die **Prepared**-Eigenschaft entworfen, um durch eine Vorkompilierung von Ad-hoc-Abfragen den Arbeitsaufwand auf dem Server zu verringern, da nachfolgende Ausführungen anstelle einer erneuten Kompilierung für jede Abfrageausführung temporär gespeicherte Prozeduren verwenden. Dies ist jedoch bei der ADO-Implementierung **nicht** der Fall – lesen Sie weiter.

Da vor einigen Jahren ODBC eingeführt wurde, hat es verschiedene Verbesserungen an SQL Server gegeben – es können nun (im Cache) vorhandene, bereits kompilierte Abfragepläne wieder verwendet werden. Wenn Sie also eine Abfrage von (oder über) ADO ausführen, erstellt SQL Server Abfragepläne, speichert diese im Prozedurcache und führt sie aus. Ist die Abfrage abgeschlossen, markiert SQL Server den Abfrageplan für das mögliche Verwerfen, behält ihn aber so lange wie möglich im Cache bei. Muss eine identische (oder nahezu identische) Abfrage verarbeitet werden, was bei Systemen mit mehreren Clients durchaus möglich ist, setzt SQL Server den zwischengespeicherten Plan einfach erneut ein. Durch diese Technik wird nicht nur eine Menge Zeit gespart, sondern gleichzeitig auch die Skalierbarkeit erheblich verbessert. Tatsächlich wird SQL Server mit steigender Benutzerzahl **schneller** – vorausgesetzt, diese Benutzer führen mit gleichen Abfragesätzen ähnliche Aufgaben aus.

ADO und die zugehörigen ODBC- und OLE DB-Datenprovider kennen diese Strategie, und in den meisten Fällen nutzen Sie diese Funktion durch Einsatz von **sp_executesql**. Dies führt jedoch im Hinblick auf die **Prepared**-Eigenschaft zu einer Zwickmühle. Diese Eigenschaft besteht darauf, temporär gespeicherte Prozeduren zu erstellen, der Datenprovider besteht darauf **sp_executesql** zu verwenden. Das Ergebnis? Chaos. Dieses Thema wird weiter unten in diesem Kapitel im Rahmen der Befehlsausführung näher besprochen.

Meine Empfehlung für die **Prepared**-Eigenschaft: vergessen Sie sie – wenigstens für SQL Server. Bei anderen Providern sollten Sie eine Ablaufverfolgung einrichten, um einen genauen Überblick darüber zu behalten, was vorgeht – welche Operationen beim Server angefordert werden.

Die »CommandTimeout«-Eigenschaft

Die **CommandTimeout**-Eigenschaft gibt an, wie lange (in Sekunden) auf die Ausführung eines Befehls gewartet werden soll, bevor der Vorgang abgebrochen und ein Fehler erzeugt wird. Wie Sie wissen, startet **CommandTimeout**, wenn der Datenbankserver den Befehl akzeptiert hat, und endet, wenn der Datenbankserver den ersten Eintrag zurückgibt. Sind Server oder Netzwerk beschäftigt (oder antworten gar nicht), kann mit dieser Einstellung die Steuerung nicht zurückerlangt werden.

Es ist wichtig, diesen Wert auf einer realitätsnahen Basis festzulegen. Wenn Sie (nach wiederholtem Testen unter Spitzenbelastung) wissen, dass die Ausführung einer Abfrage längere Zeit in Anspruch nimmt, sollten Sie einen entsprechenden Wert für **CommandTimeout** einstellen – und einen gewissen Puffer mit einplanen. Denken Sie daran, dass der Server oder das Netzwerk zu einer Verzögerung beitragen können, wenn eine Lastenänderung eintritt oder die Datenbank weiteren Speicherplatz oder andere Ressourcen zuweisen muss. Der 30 Sekunden-Standardwert ist möglicherweise nicht ausreichend. Setzen Sie den Wert jedoch niemals auf 0, denn so wird die Zeitüberschreitung deaktiviert. Sie möchten doch nicht, dass Ihre Anwendung erstarrt, weil Sie auf eine Abfrage wartet, die nie zu Ende geht.

Zweimal diese Woche schon musste ich Benutzern bei der Behebung von Zeitüberschreitungsfehlern helfen. In beiden Fällen stellte sich heraus, dass eine Erhöhung des Wertes für die Zeitüberschreitung das Problem nicht löste. Zeitüberschreitungen werden durch die Unfähigkeit des Datenproviders verursacht, die angeforderte Operation in der vorgegebenen Zeit (in Sekunden) abzuschließen. Obwohl es zahlreiche Ursachen für einen nicht rechtzeitigen Abschluss einer Operation gibt, ist die häufigste Ursache jedoch eine Sperre. Hierbei richtet eine Anwendung eine Sperre für eine Seite, Zeile oder Tabelle ein, sodass andere Anwendungen (oder selbst Teile derselben Anwendung) nicht auf die Daten zugreifen können. Sämtliche Komponenten, die auf die Daten zugreifen möchten, müssen warten, bis die Sperren aufgehoben werden. In einem optimierten System dauert dieser Vorgang im Schnitt einige Sekunden. Hebt die sperrende Anwendung die eingerichteten Sperren nicht wieder auf (weil sie vielleicht darauf wartet, dass eine andere Sperre aufgehoben wird), werden die Anwendungen, die ebenfalls auf den Datenzugriff warten, für immer blockiert. Bevor Sie jetzt jedoch bei der Ermittlung des Schuldigen in die Ferne schweifen, sollten Sie sich einfach eingestehen, dass es meistens Ihre Anwendung ist, die die Sperre eingerichtet hat. Wenn Sie beispielsweise ein aktualisierbares Recordset öffnen und versuchen, die Datenbank mit Hilfe einer UPDATE-Aktionsabfrage zu aktualisieren, werden Sie verstehen, was ich meine.

In RDO (und bei der ODBC-API) stand eine weitere Option zur Verfügung, die bei der Konvertierung in ADO verloren ging – erneuter Versuch bei Zeitüberschreitung. Wenn Sie hierbei nach einer Zeitüberschreitung für einen Befehl weiterhin warten wollten, konnten Sie einfach ein Flag an die Ereignisbehandlungsroutine zurückgeben und weiter warten. Diese Funktion ist in ADO nicht implementiert. Warum nicht? Keine Ahnung.

Anmerkung Die ADO-Einstellungen für die Zeitüberschreitung sind unabhängig von der Zeitüberschreitung des Netzwerks. Da die NIC-Treiber (Network Interface Card) der niedrigen Ebene einen synchronen Netzwerk-API-Aufruf ausführen, und da dieser Aufruf nicht zurückgegeben wird bis die Zeitspanne für die Netzwerkzeitüberschreitung abgelaufen ist, wird der ADO-Zeitüberschreitungscode blockiert.

5.2.2 Handhabung parameterbasierter Abfragen

Die meisten der ausgeführten Abfragen erfordern mindestens einen Parameter zur Steuerung des erstellten Rowsets. Diese Parameter werden üblicherweise auf die WHERE-Klausel einer Abfrage angewendet, können jedoch auch in anderer Form eingesetzt werden. Wenn Sie eine parameterbasierte Abfrage erstellen, müssen Sie die Abfrageparameter beschreiben und die Laufzeitwerte bereitstellen, aber es ist **nicht** erforderlich, ein **Command**-Objekt zu verwenden – nicht, sofern Sie es mit dem Rückgabestatus einer gespeicherten Prozedur oder mit Ausgabeparametern zu tun haben. Sie können zum Übergeben der Eingabeparameter andere Methoden einsetzen, und diese werden im Folgenden beschrieben. Grundsätzlich stehen bei der Erstellung parameterbasierter Abfragen verschiedene Ansätze zur Verfügung:

- Erstellen eines **Command**-Objekts im Code, durch das eine leere ADO-**Parameters**-Auflistung offen gelegt wird. Bei diesem Ansatz kann die **Parameters**-Auflistung unter Verwendung der **Refresh**-Methode oder durch das Erstellen einzelner Parameter generiert werden.
- Erstellen einer SQL-Anweisung, bei der die Parameter in der Abfragezeichenfolge enthalten sind. Bei diesem Ansatz können Sie eine **sp_executesql**-Abfrage erstellen, statt diese von ADO erstellen zu lassen.
- Über die Visual Database Tools (einschließlich des Datenumgebungs-Designers), können ebenfalls parameterbasierte SQL-Anweisungen erstellt und als auf dem Datenumgebungs-Designer basierende **Command**-Objekte offen gelegt werden. Dieses Vorgehen wird umfassend im **Hitchhiker's Guide to Visual Basic and SQL Server** erläutert. In diesem Buch konzentrieren wir uns auf die ADO-Programmierung.

- Verwenden Sie das im Lieferumfang dieses Buches enthaltene Visual Basic-Add-In[7], mit dem der Code zum Erstellen von **Command**-Objekten generiert wird.

Parameterverwaltung durch ADO-»Command«-Objekte

Wenn Sie zur Verwaltung Ihrer Parameter die ADO-**Parameters**-Auflistung verwenden, liegt es in der Verantwortlichkeit von ADO, diese Parameter im richtigen Format und an der richtigen Stelle in die Abfrage einzufügen. ADO ist auch verantwortlich für die Handhabung von zusätzlichen, »umgebenden« Anführungszeichen. Wenn beispielsweise der Parameter Zeichenfolgen durch einfache Anführungszeichen kennzeichnet (was meistens der Fall ist), werden diese über ADO automatisch »verdoppelt« (ein einfaches Anführungszeichen wird durch zwei einfache Anführungszeichen ersetzt). Auf diese Weise geht die Abfrage nicht sofort flöten, wenn Sie das erste Mal mit einem irischen Nachnamen zu tun haben, beispielsweise O'Mally oder O'Brien.

Bei der Arbeit mit **Command**-Objekten liegt es, sofern Sie nicht die **Refresh**-Methode verwenden, in Ihrer Verantwortlichkeit, die Parameter richtig zu beschreiben. Dies bedeutet, dass Sie beim Erstellen der **Parameters**-Auflistung die Parameter nacheinander erstellen müssen, und zwar in der Reihenfolge, in der sie der Datenprovider erwartet. Nein, ADO und die zugehörigen Datenprovider unterstützen keine »benannten« Parameter, daher **müssen** diese in der richtigen Reihenfolge angegeben werden. Zu wissen, wie Datentyp, Größe, Genauigkeit, Skalierung und Schuhgröße des Parameters angegeben werden müssen, liegt ebenfalls in Ihrer Verantwortung. Wenn Sie etwas falsch machen, wird ein Fehler erzeugt. Wenn Sie eine falsche Reihenfolge verwenden, wer weiß, was passiert ...

Es können verschiedene Techniken angeführt werden, mit denen parameterbasierte Abfragen effizienter und leichter zu erstellen sind. Letzten Endes werden wahrscheinlich all Ihre Produktionsanwendungen auf parameterbasierten Abfragen beruhen, da so nicht nur die Leistung (sowohl des Systems als auch der Entwickler) verbessert, sondern auch die Entwicklung komponentenbasierter Entwürfe vereinfacht wird.

> **Tipp** Nein, Sie **müssen** kein **Command**-Objekt erstellen, um eine parameterbasierte Abfrage zu erstellen. Wenn Sie jedoch an den Stellen, an denen es sinnvoll ist, die Vorteile von **sp_executesql** nicht nutzen, könnten Sie von der Leistung Ihrer Abfrage enttäuscht sein.

7. Dieses Visual Basic-Add-In wird MSDN-Abonnenten auch zur Verfügung gestellt – dies sollte bis zur Veröffentlichung dieses Buches jedenfalls so sein.

Erstellen der »Parameters«-Auflistung

In der **Parameters**-Auflistung des ADO-**Command**-Objekts ist für jeden Geschmack etwas dabei: **gazinta**- (Eingabe), **gazouta**- (Ausgabe) und **gazinta-gazouta**-Parameter (Eingabe-Ausgabe, bidirektional). Denken Sie daran, Eingabeparameter können auf Ad-hoc-Abfragen und auf gespeicherte Prozeduren angewendet werden. Der Trick ist, herauszufinden, wie und wann die **Parameters**-Auflistung des **Command**-Objekts im Code erstellt werden muss. Hierbei gibt es (wie gesagt) zwei Ansätze:

- Verwenden Sie die **Command.Parameters.Refresh**-Methode, um basierend auf dem angegebenen Befehlstext über ADO und die zugehörigen Provider die **Parameters**-Auflistung erstellen zu lassen.
- Eigenes Erstellen der **Command.Parameters**-Auflistung – Parameter für Parameter, basierend auf Ihrem Verständnis der Parameterdefinition.

Beide Methoden weisen Vorteile und Nachteile im Hinblick auf die Entwickler- und Anwendungsleistung auf. Meiner Meinung nach sollten beide Methoden nach Möglichkeit in der mittleren Schicht eingesetzt werden. Warum? Nun, Sie müssen berücksichtigen, dass die Zeit für die Ausführung von zusätzlichem Code zur Erstellung des **Command**-Objekts und der geeigneten **Parameter**-Objekte (einzeln und nacheinander) eigentlich vergeudet wird. Der Code muss immer dann erneut ausgeführt werden, wenn auf die ASP verwiesen oder die MTS-Komponente ausgeführt wird. Ja, das **Command**-Objekt trägt zu einer einfacheren Codierung bei. Wenn Sie nach einer einfachen Lösung suchen, die eine gewisse Skalierbarkeit aufweist, dann lesen Sie weiter.

Verwenden der »Refresh«-Methode Die **Command.Parameters.Refresh**-Methode scheint sämtliche Arbeit für Sie zu erledigen – die **Parameters**-Auflistung des **Command**-Objekts wird in einer einzelnen Codezeile erstellt. Das ist gut und schlecht. Es ist gut, da Sie sich nicht darum zu kümmern brauchen, wie ADO die **Parameter**-Objekte erstellt (in den meisten Fällen klappt alles). Schlecht ist, dass ADO und die Provider eine erneute Serveranfrage ausführen, um die Vorgehensweise zu ermitteln, und dies kann Kosten verursachen (wie bereits ausgeführt wurde). Da es sich hierbei um eine einmalige Leistungsbeeinträchtigung der Anwendung im frühen Stadium handeln kann, sind die Auswirkungen vielleicht nicht besonders groß.

Denken Sie daran, die **ActiveConnection**-Eigenschaft festzulegen, **bevor** Sie versuchen, die **Refresh**-Methode zu verwenden – ADO benötigt eine gültige Verbindung zur Datenbank, um die Parameter zu generieren.

Tipp Tatsächlich müssen Sie nicht einmal die **Refresh**-Methode verwenden, wenn Sie nicht möchten. Das Verwenden dieser Methode kann sogar dazu führen, dass ADO eine **weitere zusätzliche** Serveranfrage ausführt. Wenn Sie versuchen, das erste Mal eine Eigenschaft einer nicht initialisierten **Command.Parameters**-Auflistung zu lesen, wird die Parameterauflistung über ADO erstellt – so als hätten Sie die **Refresh**-Methode ausgeführt.

Nach Ausführen der **Parameters.Refresh**-Methode müssen einige der **Parameter**-Objekte vielleicht noch überarbeitet werden. Wenn Ihre gespeicherte Prozedur beispielsweise OUTPUT-Parameter erwartet, weist der Provider ADO häufig an, die **Parameter.Direction**-Eigenschaft auf **adParamInputOutput** statt auf **adParamOutput** zu setzen. Dies ist keine Katastrophe, da Sie beim Aufrufen der gespeicherten Prozedur einfach leere, Null- oder Standardwerte bereitstellen können.

Ein (gewisser) Vorteil bei Verwendung der **Parameters.Refresh**-Methode besteht darin, dass sich bei einer Änderung von Anzahl, Position oder Datentyp der Parameter Ihre Anwendung automatisch an die neuen Parameteranforderungen anpassen kann. Wenn es sich hierbei jedoch um wesentliche Änderungen handelt, kommt es leicht vor, dass über den Code falsche Parameterwerte übergeben werden. Ihr Code referenziert **Parameter**-Objekte nach Position – **nicht** nach Name. Angenommen, der Datentyp von Parameter vier ändert sich von **SmallInteger** in **Integer** – keine große Sache. Wenn Sie jedoch eine Änderung von **VarChar** in **VarBinary** vornehmen, sieht das schon ganz anders aus.

Erstellen der »Parameters«-Auflistung im Code Die zweite Vorgehensweise weist ebenfalls Vor- und Nachteile auf. Zur Erstellung der **Parameters**-Auflistung im Code müssen Sie die von ADO und der aufgerufenen Prozedur erwartete Erstellungsweise des **Parameter**-Objekts kennen. Dies impliziert des Weiteren, dass Sie ADO gut genug kennen, um eine Codierung des **Parameter**-Objekts selbst vornehmen zu können **und** dass Sie wissen, dass die Definitionen der Parameter **keinen** Änderungen unterliegen.

Bereits die Auswahl des geeigneten Datentyps für jedes Objekt kann schwierig sein – und zur Erstellung der **Parameter**-Objekte gehört häufig noch mehr, was die Sache kompliziert macht. Aus diesem Grund lasse ich diese Aufgabe häufig durch den Datenumgebungs-Designer oder durch die **Parameters.Refresh**-Methode erledigen. Obwohl der Datenumgebungs-Designer bei der Erstellung der Parameterauflistung die gleichen Fehler begeht wie ADO, muss der Entwickler bei dieser Methode jedoch weniger raten. Zur Ausnutzung der vordefinierten **Parameters**-Auflistung erstelle ich mit dem Datenumgebungs-Designer ein **DataEnvironment**-Objekt und kopiere die generierten Einstellungen für jede **Parameter**-Eigenschaft in meinen Code – besonders die einzelnen Datentypen für die Paramterobjekte.

Nachteile der »Refresh«-Methode Betrachten wir nun, wie ADO bei Verwendung der **Refresh**-Methode vorgeht – besonders in Zusammenhang mit der so genannten **Prepared**-Eigenschaft. In der Dokumentation werden einige wichtige Punkte nicht erwähnt. Im folgenden Beispiel wurde die **Refresh**-Methode zum Erstellen der **Parameters**-Auflistung eingesetzt:

```
With cmd
    .Name = "GetTitles"
    .Prepared = False
    .CommandType = adCmdText
    .ActiveConnection = cn
    .CommandText = "Select title from titles " _
        & "where title like ? " _
        & "and year_published between ? and ?"
    .Parameters.Refresh      ' Erstellen der Parameters-Auflistung durch ADO
zulassen
```

Gemäß SQL Server 7.0 Profiler wird bei Ausführung der **Refresh**-Methode der Provider (in diesem Fall SQL Server) angewiesen, die folgenden zwei Abfragen auszuführen (zwei zusätzliche Anforderungen):

```
SET FMTONLY ON select  title, year_published, year_published from  titles SET
FMTONLY OFF
declare @P1 int
set @P1=NULL
sp_prepare @P1 output, N'@P1 varchar(255),@P2 smallint,@P3 smallint',
N'Select title from titles where title like @P1 and year_published between @P2
and @P3', 1 select @P1
```

Bei Ausführung der Anwendung geschieht Folgendes:

```
cmd(eParms.TitleWanted) = "Hitch%"
cmd(eParms.YearHigh) = 1950
cmd(eParms.YearLow) = 1999
Set rs = New Recordset
rs.Open cmd
```

Der Profiler informiert Sie darüber, dass der SQL Server-Datenprovider die temporär gespeicherte Prozedur **sp_unprepare** (1) zerstört. ADO und der SQL Server-Provider fahren anschließend damit fort, unter Verwendung von **sp_executesql** die Abfrage auszuführen:

```
sp_unprepare
sp_executesql N'Select title from titles where title like @P1 and
year_published between @P2 and @P3', N'@P1 varchar(255),@P2 smallint,@P3
smallint', 'Hitch%', 1999, 1950
```

Jede nachfolgende Ausführung des **Command**-Objekts, unabhängig von der Syntax, führt zu einem Aufruf von **sp_executesql** mit den neuen Parametern:

```
sp_executesql N'Select title from titles where title like @P1 and
year_published between @P2 and @P3', N'@P1 varchar(255),@P2 smallint,@P3
smallint', 'Any%', 1999, 1950
```

Okay, dies ist nicht weiter schlimm (nur eine unnötige Zerstörung und Neuerstellung), was geschieht jedoch, wenn **Prepare** auf **True** gesetzt wird? Dieses Vorgehen scheint ADO und den SQL Server-Datenprovider zu verwirren. Genau wie im vorherigen Fall (in dem **Prepare** auf **False** gesetzt wurde), werden die DDL-Abfragen bei Verwendung der **Refresh**-Methode zur Erstellung der temporär gespeicherten Prozedur (**sp_prepare**) verwendet. Eigentlich hat sich nichts geändert. Wenn Sie jedoch die Vorgehensweise »**Command**-Objekt als **Connection**-Methode« einsetzen, verwendet ADO die vorhandene temporär gespeicherte Prozedur, zerstört diese jedoch bei **jeder nachfolgenden** Ausführung und erstellt sie anschließend neu.

Erstellen der »Parameters«-Auflistung im Code

Was geschieht, wenn Sie die Parameter selbst im Code erstellen – ohne die **Refresh**-Methode zu verwenden? Nun, wenn Sie **Prepared=True** einstellen, geht ADO wie zuvor beschrieben vor, statt jedoch die temporär gespeicherte Prozedur bei Ausführung der **Refresh**-Methode anhand von **sp_prepare** zu erstellen, wird diese nun bei erstmaliger Ausführung des Befehls ausgeführt. Darüber hinaus verwendet ADO die temporär gespeicherte Prozedur wieder, bis die Technik »**Command**-Objekt als **Connection**-Methode« eingesetzt wird, und ADO zu seinen alten schlechten Gewohnheiten zurückkehrt.

Wenn Sie jedoch die **Parameters**-Auflistung im Code erstellen und die **Prepared**-Eigenschaft **nicht** auf **True** setzen (der Standardwert lautet **False**), weiß ADO, wie vorzugehen ist – zur Abfrageausführung werden **sp_executesql**-Anweisungen erstellt. Wenigstens das weiß es. Keine zusätzlichen Abfragen zur Einrichtung der temporär gespeicherten Prozeduren, nur um diese wieder zu zerstören. Es werden lediglich die Abfragen ausgeführt.

```
sp_executesql N'Select title from titles where title like @P1 and
year_published between @P2 and @P3', N'@P1 varchar(20),@P2 int,@P3 int',
'Hitch%', 1999, 1950
```

```
sp_executesql N'Select title from titles where title like @P1 and
year_published between @P2 and @P3', N'@P1 varchar(20),@P2 int,@P3 int',
'Any%', 1999, 1950
sp_executesql N'Select title from titles where title like @P1 and
year_published between @P2 and @P3', N'@P1 varchar(20),@P2 int,@P3 int',
'Hitch%', 1940, 1999
```

Das SQL Server-Team kennt diesen Bug der **Prepared**-Eigenschaft, und obwohl dieses Problem mit SQL Server 7.0 Service Pack 2 (bisher) noch nicht vollständig gelöst wurde, ist eine Besserung jedoch in Sicht. Nach dem Installieren von SP2 tritt das fehlerhafte Verhalten nur dann auf, wenn Sie die Vorgehensweise »**Command**-Objekt als **Connection**-Methode« verwenden. Obwohl ich diese Methode aufgrund ihrer Einfachheit und Flexibilität schätze, würde ich sie bis zur vollständigen Beseitigung des Bugs nur mit Vorsicht einsetzen.

Dieser Bug verhindert, dass die Verwendung der **Refresh**-Methode zu den empfohlenen Vorgehensweisen gezählt werden kann, besonders in Verbindung mit der Einstellung **True** für die **Prepared**-Eigenschaft. Wenn Sie die **Parameters**-Auflistung im Code erstellen, begeht ADO diese Fehler nicht.

Wie können also (bis zur Beseitigung des Bugs durch Microsoft) diese Probleme verhindert werden?

- Setzen Sie die **Prepared**-Eigenschaft nicht auf **True**. So wird die Sache nur schlimmer.
- Erstellen Sie die **Parameters**-Auflistung für Ad-hoc-Abfragen im Code.
- Verwenden Sie für **adCmdtext**-Befehle nicht die **Refresh**-Methode. Auf diese Weise verwendet ADO für Abfragen die **sp_execute**-Strategie. Da SQL Server hinsichtlich dieses Aspekts anscheinend optimiert wurde, sollte sich dies nicht negativ auf die Leistung auswirken, im Gegenteil.
- Seien Sie bei Verwendung des **Command**-Objekts als **Connection**-Methode vorsichtig.
- Achten Sie auf den Profiler, um zu ermitteln, ob durch die Abfragen zusätzliche **sp_unprepare**- und **sp_prepare**-Operationen generiert werden.
- Ziehen Sie die im Kapitel über Recordsets erläuterte Technik der Verwendung von gespeicherten Prozeduren als **Connection**-Objekt in Betracht, oder verwenden Sie Strategien, bei denen keine **Command**-Objekt eingesetzt wird.

Die »Parameter.Direction«-Eigenschaft Über die **Direction**-Eigenschaft des **Parameter**-Objekts wird ADO mitgeteilt, wie und wann Daten für diesen Parameter zu erwarten sind. Der Standardwert für diese Eigenschaft lautet **adParamInput**, aber wie in Abbildung 5.1 dargestellt wird, stehen verschiedene Alternativen zur Verfügung:

- **adParamReturnValue**: Falls deklariert, ist der Rückgabewertparameter der erste der **Parameters**-Auflistung. Dieser wird zum Empfang der Rückgabestatusganzzahl der gespeicherten Prozedur eingesetzt.
- **adParamInput** (Standardeinstellung): Der Parameter wird der Abfrage zur Laufzeit übergeben.
- **adParamInputOutput**: Der Parameter wird der Abfrage zur Laufzeit übergeben, derselbe Parameter wird zum Empfang eines Wertes von der gespeicherten Prozedur verwendet.
- **adParamOutput**: Der Parameter wird zum Empfang eines Wertes von der gespeicherten Prozedur verwendet.
- **adParamUnknown**: Wenn ADO oder Sie nicht ermitteln können, wie ein Parameter gehandhabt werden soll, wird dieser **unknown**-Wert eingesetzt.

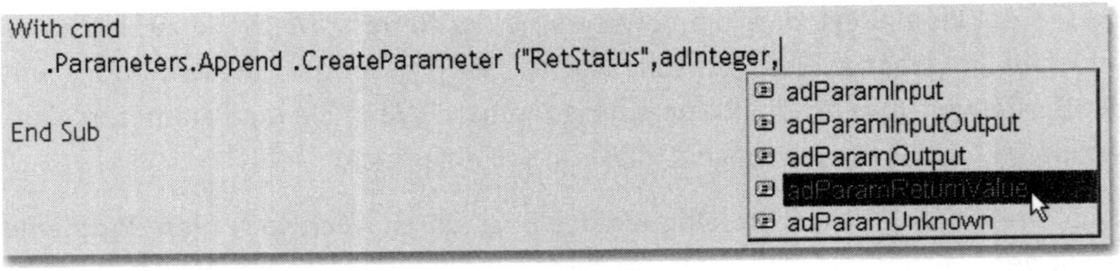

Abbildung 5.1 Auflistungskonstanten der »Direction«-Eigenschaft

Das erste **Parameter**-Objekt in der Parameterauflistung ist ein besonderes. Es kann entweder den Rückgabestatus einer gespeicherten Prozedur oder den ersten Parameter enthalten. Nur das erste **Parameter**-Objekt in der **Properties**-Auflistung kann auf **adParamReturnValue** gesetzt werden. Diese Position ist gespeicherten Prozeduren vorbehalten, die einen **integer**-Statuswert zurückgeben (ja, es ist immer ein **integer**-Wert). Wenn Sie keine gespeicherte Prozedur, sondern eine einfache Parameterabfrage ausführen, kann das erste Argument als **adParamInput** definiert werden. Bei gespeicherten Prozeduren kann der Rückgabestatus ignoriert werden, indem die erste (Ordinalzahl 0) **Direction**-Eigenschaft des **Parameter**-Objekts auf eine andere Richtungskonstante eingestellt wird.

> **Warnung** Im Lokal-Fenster von Visual Basic wird die **Parameters**-Auflistung verweisbasiert angezeigt. **cmd.Parameters(0)** wird daher als **Parameters(1)** aufgeführt. Großartig.

Die »Parameter.Type«-Eigenschaft Beim Arbeiten in der Visual Basic-IDE kann Ihnen über die Funktion zur Anweisungsvervollständigung eine Liste der wählbaren gültigen Datentypen angezeigt werden. Der Trick besteht darin, den richtigen auszuwählen. Die anderen Trainer, Supportmitarbeiter und ich erhalten ziemlich häufig Fragen zur **Type**-Eigenschaft des **Parameter**-Objekts, mit dem der zugehörige Datentyp beschrieben wird. Abbildung 5.2 zeigt, wie diese Abfrage der VB-IDE erfolgt, es steht jedoch eine Vielzahl von Datentypen zur Auswahl. Die einfachste Methode zur Ermittlung des richtigen Datentyps ist die Verwendung von ADO – zumindest anfänglich. Verwenden Sie hierbei die **Refresh**-Methode zum Auffüllen der **Parameters**-Auflistung, und untersuchen Sie die **Type**-Eigenschafteneinstellungen für jeden Parameter. Prüfen Sie hierbei auch die Einstellungen für **Size**, **Precision** und **NumericScale**. Es gibt eine Methode, die noch einfacher ist und keinen Code erfordert. Verwenden Sie das Datenansichtsfenster zum Aufrufen einer Tabelle, die ein Feld enthält, auf deren Datentyp ADO zugreifen soll. Klicken Sie mit der rechten Maustaste auf das betreffende Feld, und wie durch Magie erscheint die richtige Auflistungskonstante für den ADO-Datentyp.

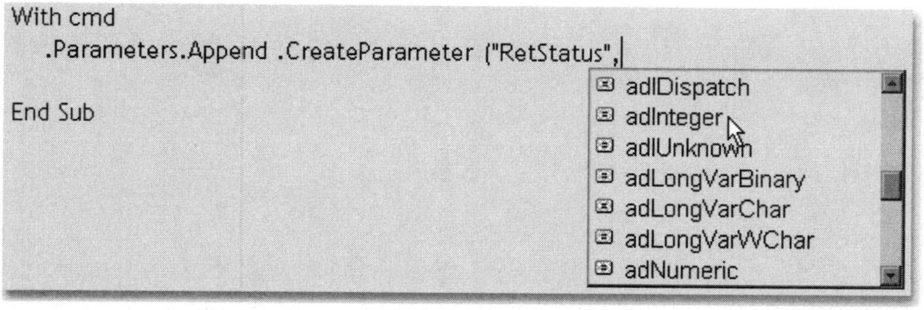

Abbildung 5.2 VB-IDE mit einer Liste möglicher ADO-Datentypen

In Tabelle 5.2 werden sämtliche SQL Server-Datentypen sowie einige Datentypen aufgeführt, die besondere Aufmerksamkeit erfordern. Beachten Sie den Datentyp **datetime** – yip, dieser muss als **adDBTimeStamp**[8] übergeben werden. Der Code zum Generieren dieser Tabelle ist auf der Begleit-CD enthalten und kann für Ihren eigenen Datenprovider ausgeführt werden.

SQL Server-Datentyp	ADO-»Parameter Type«-Eigenschaft	Genauigkeit (Precision)	Größe (Size)
(RÜCKGABEWERT)	adInteger	10	0
Varchar	adVarChar		(Ihre Wahl)
Char	adVarChar		(Ihre Wahl)
Int	adInteger	10	0

Tabelle 5.2 SQL Server-Datentyp und geeignete Auflistungskonstanten für den ADO-Datentyp

8. Der Grund für die Verwendung des **TimeStamp**-Datentyps anstelle eines anderen (**adDateTime** o. ä.) ist so unbedeutend, dass er hier nicht erwähnt werden soll.

SQL Server-Datentyp	ADO-»Parameter Type«-Eigenschaft	Genauigkeit (Precision)	Größe (Size)
Smallint	adSmallInt	5	0
Tinyint	adUnsignedTinyInt	3	0
Datetime	adDBTimeStamp		0
Smalldatetime	adDBTimeStamp		0
Bit	adBoolean		0
Text	adVarChar		2.147.483.647
Image	adVarBinary		2.147.483.647
Binary	adVarBinary		1
Varbinary	adVarBinary		1
Decimal	adNumeric	18	0
Smallmoney	adCurrency	10	0
Money	adCurrency	19	0
Numeric	adNumeric	18	0
Real	adSingle	7	0
Float	adDouble	15	0
Nchar	adVarWChar		1
Ntext	adVarWChar		1.073.741.823
Nvarchar	adVarWChar		1

Tabelle 5.2 SQL Server-Datentyp und geeignete Auflistungskonstanten für den ADO-Datentyp

Die »Parameter.Size«-Eigenschaft Verwenden Sie die **Size**-Eigenschaft zur Ermittlung der maximalen Größe von Werten, die aus der **Value**-Eigenschaft eines **Parameter**-Objekts gelesen oder in dieses geschrieben werden. Überschreitet die Parametergröße diesen Höchstwert, wird ein auffangbarer Fehler erzeugt.

Ja, einige Datentypen erfordern keine Einstellung der **Size**-Eigenschaft. Sie **müssen** die Eigenschaft für die **Char**- und **VarChar**-Felder setzen, da hier die Größe variieren kann. ADO und der Datenprovider gaben die in Tabelle 5.2 gezeigten standardmäßigen **Size**-Eigenschaften zurück (mit Ausnahme für **Char** und **VarChar**). Beachten Sie, dass die (maximale) Größe für **NText** (Unicode-Text) die Hälfte des äquivalenten ANSI-Textdatentyps beträgt.

Die Eigenschaften »Parameter.Precision« und »Parameter.NumericScale« Die **Precision**- und **NumericScale**-Eigenschaften werden zur Beschreibung der Zahlen eingesetzt, die Dezimalpunkte oder variierende Genauigkeitsgrade aufweisen. Für Bruchzahlen sollte mit Hilfe der **NumericScale**-Eigenschaft festgelegt werden, wie viele Stellen nach dem Dezimalkomma zur Darstellung der Werte verwendet werden. Die **Precision**-Eigenschaft wird dazu eingesetzt, die maximale Anzahl der Stellen anzugeben, die für eine Zahl gespeichert werden – Ganzzahl oder Fließkomma. Diese Eigenschaften müssen im Code gesetzt werden, da Sie durch die **CreateParameter**-Methode nicht unterstützt werden.

Erstellen der »Parameter«-Objekte mit »CreateParameter« Sie können einzelne **Parameter**-Objekte erstellen und diese anhand der **Append**-Methode der **Parameters**-Auflistung hinzufügen.

```
Dim Pr as Parameter
Set Pr = New Parameter
With Pr
    .Name = "P1"
    .Type = adVarChar
    .Direction = adParmInput
    .Size = 30
    .Value = "Fred graduates in 2000"
End With
Cmd.Append Pr
```

Wenn Sie nach Zeile berechnen, ist dieser der beste Ansatz – es ist jedoch sehr viel einfacher, all dies mit einer einzigen Codezeile auszudrücken:

```
.Parameters.Append .CreateParameter("P1", adVarChar, adParamInput, 30, _
"Fred graduates in 2000")
```

Durch die **CreateParameter**-Methode wird das gesamte **Parameter**-Objekt in einem einzigen Schritt erstellt. Hierbei werden zwar die Eigenschaften **NumericScale** oder **Precision nicht** eingeschlossen, die anderen wichtigen Eigenschaften jedoch schon – einschließlich **Value**. Da diese Methode Sie an alle wichtigen Eigenschaften erinnert, indem jede einzelne bei der Eingabe in der Visual Basic-IDE abgefragt wird, kann diese Technik als empfohlene Vorgehensweise eingestuft werden.

Entwerfen eigener Parameterabfragen

Nein, Sie müssen zum Ausführen einer Parameterabfrage oder zur Ausführung von Abfragen ohne Parameter nicht unbedingt die **Parameters**-Auflistung verwenden. Sie können beispielsweise eine Abfrage in einer Zeichenfolge erstellen und diese der **Source**-Eigenschaft eines Recordsets oder der **CommandText**-Eigenschaft eines **Command**-Objekts übergeben. Sie können darüber hinaus eine beliebige gespeicherte Prozedur als Methode des **Connection**-Objekts ausführen. Die Parameter der gespeicherten Prozedur werden einfach als Methodenargumente[9] übergeben. Verfügt die Abfrage über Parameter, können Sie die Parameter in der WHERE-Klausel miteinander verketten. Gibt die gespeicherte Prozedur ein Recordset zurück, übergeben Sie dieses als letztes Argument, wie nachfolgend gezeigt wird:

```
Set Rs = New Recordset
Cn.MySP "My parm1", 2, "O'Malley", RS
```

In diesem Beispiel wird ein Parameterabfrage ohne (offensichtliche) Verwendung des **Command**-Objekts ausgeführt – die **Source**-Eigenschaft des **Recordset**-Objekts wird lediglich auf eine erstellte SELECT-Anweisung eingestellt. Tatsächlich wird im Hintergrund von ADO ein **Command**-Objekt zur Verwaltung der Abfrage erstellt.

```
Set rs = New Recordset
With rs
   SQL = "Select title, Year_Published from titles " _
      & "where title like '" & txtParm1 & "'" _
      & "and year_published between " & txtParm2 & " and " & txtParm3
   .ActiveConnection = cn
   .Source = SQL
   .CursorType = adOpenStatic
   .LockType = adLockOptimistic
   .Open Options:=adCmdText
End With
```

Der Datenprovider wird, je nach Erstellungsort des Cursors, sehr unterschiedlich verwaltet. Wird vor dem Öffnen einer Verbindung ein clientseitiger Cursor ausgewählt, lauten die zwei einzigen SQL-Anweisungen, die zum Server gesendet werden, folgendermaßen:

```
SET NO_BROWSETABLE ON
Select title, Year_Published from titles where title like 'Hitch%'and
year_published between 1900 and 1999
```

9. Das Verfahren der gespeicherten Prozedur als **Connection**-Methode wird in Kapitel 6 besprochen.

Benötigt der clientseitige Cursor Zeilen, ruft ADO diese einfach aus den lokal zwischengespeicherten Daten ab, die über die einzige SELECT-Anweisung geladen werden.

Werden jedoch serverseitige Cursor verwendet, weist ADO den Datenprovider an, einen serververwalteten Cursor zu erstellen. Werden Zeilen benötigt, führt der Provider eine weitere Abfrage zum Zeilenabruf vom Cursor aus.

```
sp_cursoropen @P1 output, N'Select title, Year_Published from titles where
title like ''Hitch%''and year_published between 1900 and 1999', @P3 output,
@P4 output, @P5 output select @P1, @P3, @P4, @P5
sp_cursorfetch 531488860, 16, 1, 2048
sp_cursorfetch 531488860, 16, 1, 1
sp_cursorclose 531488860
```

Beachten Sie, dass der Provider Abfragen zur Ausführung von gespeicherten Prozeduren übermittelt, die möglicherweise in der Onlinedokumentation nicht dokumentiert werden – dies rührt daher, dass keine Dokumentation vorhanden ist. Die mit **sp_cursor...** beginnenden gespeicherten Prozeduren werden durch die Routinen installiert, mit denen die ODBC- und OLE DB-Datenzugriffsprovider eingerichtet werden. Deren Quelle ist verschlüsselt, daher können Sie nicht sehen, welche magischen Dinge der Provider hinter den Kulissen vollführt, um Ihren Cursor zu implementieren. Wenn ich die Erlaubnis dazu erhalte, werde ich diese neuen gespeicherten Prozeduren dokumentieren und die Ergebnisse veröffentlichen.

Harte Brocken bei der Parametrisierung Während Konstanten leicht in die WHERE-Klausel einer SQL-Abfrage eingefügt werden können, ist das Parametrisieren anderer Bestandteile einer Abfrage nicht immer so einfach. Wenn Sie nicht die zuvor genannte Verkettungstechnik verwenden, erfordert das Ändern von Tabellen, Feldern oder Verknüpfungssyntax die Erstellung eines besonderen Typs Abfrage, die bei jeder Ausführung kompiliert wird. Dies ist jedoch ein TSQL-Thema für ein weiteres Buch.

Festlegen von Parameterwerten

Gelegentlich möchten Sie vielleicht dem einen oder anderen Parameter einer Abfrage eine Konstante oder eine Variable übergeben. Die **Value**-Eigenschaft dient der Datenübergabe von und zur Prozedur – in Abhängigkeit von der Einstellung für die **Direction**-Eigenschaft. Bevor also das **Command**-Objekt ausgeführt wird, müssen Sie die **Value**-Eigenschaft für alle Eingabeparameter setzen, deren Standardwert **nicht** in der gespeicherten Prozedur definiert ist. Dies bedeutet, dass Sie einen Laufzeitparameterwert für alle Ad-hoc-Abfragenparameter angeben müssen.

Tipp: Ich werde noch erläutern, wie Standardwerte in Eigenschaften verwendet und gesetzt werden. Siehe hierzu den Abschnitt »Verwenden der **Execute**-Methode für ein **Command**-Objekt« weiter unten in diesem Kapitel.

Beachten Sie, dass bei der ersten Erstellung des **Command**-Objekts eine anfängliche **Value**-Eigenschafteneinstellung gesetzt werden kann. Dieser Wert ist jedoch bei der Erstellung des **Command**-Objekts nicht schreibgeschützt, daher handelt es sich nicht um einen richtigen Standardwert. Ist der Wert eingestellt, verwendet ADO diesen Wert, wenn vor der Befehlsausführung kein anderer spezifischer Wert angegeben wird.

Beim Schreiben von gespeicherten Prozeduren können Sie ebenfalls Standardwerte angeben. Im folgenden Beispiel wird z.B. die Codierung einer gespeicherten SQL Server-Prozedur veranschaulicht, deren erstes Argument eine Standardeinstellung aufweist. Wenn also der gespeicherten Prozedur kein Parameter übergeben wird, wird der Standardwert verwendet.

```
Create Procedure DefaultValues
    (@InputParm VarChar(20) = 'Fred', @InputParm2 integer)
As
    SELECT @InputParm Stuff
    return @InputParm2
```

Die **Value**-Eigenschaft des **Command**-Objekts kann nach Name referenziert werden. ADO benennt die **Parameter**-Objekte für Sie als Param1, Param2 usw. Bedenken Sie jedoch, dass die Referenzierung eines Auflistungsobjekts nach Name mehr Zeit beansprucht als eine Referenzierung nach Ordnungszahl, wie als Nächstes gezeigt wird. Sie können bei der (empfohlenen) Erstellung eigener **Parameter**-Auflistungen die **Parameter**-Objekte ebenfalls benennen.

```
Set cmd = New Command
With cmd
    .ActiveConnection = cn
    .CommandText = "DefaultValues"
    .CommandType = adCmdStoredProc
    .Parameters.Refresh
    Set rs = .Execute
    Debug.Print .Parameters(0)  ' Rückgabestatus
    Debug.Print .Parameters(1)  ' Eingabeparameter (Standardwert?)
End With
```

Was geschieht, wenn der Wert falsch ist? ADO verfügt über eine recht brutale Methode zur Handhabung von Verstößen gegen die Feldeinschränkungen. Okay, ich bin vielleicht etwas empfindlich, aber wenn Sie eine 22-Byte-Zeichenfolge einem Feld oder Parameter zuordnen, das Sie als **VarChar(20)** beschrieben haben, gibt ADO einen auffangbaren Fehler aus. Ich hatte erwartet, dass ADO die Zeichenfolge einfach abschneidet, aber ich denke, dies ist besser – Sie werden darüber informiert, dass eine Feldeinschränkung verletzt wurde. Es bedeutet auch, dass Sie Ihre Routinen zur Parametervalidierung überarbeiten müssen. Das gleiche passiert, wenn Sie ein ungültiges Datum, beispielsweise den 30. Februar 2000, oder einen ungültigen **integer**-Wert übergeben (einen zu kleinen oder zu großen Wert, oder einen Wert mit Dezimalkomponente).

Nein, Sie brauchen keine Werte für Parameter von gespeicherten Prozeduren anzugeben, für die Standardwerte definiert wurden. Dies bedeutet, dass Sie vielleicht keine Parameter angeben müssen. Wenn Sie keinen Wert darauf legen, Rückgabestatus oder Ausgabeparameter zu erfassen, brauchen Sie überhaupt kein **Command**-Objekt zu codieren – führen Sie die gespeicherte Prozedur lediglich unabhängig vom **Connection**-Objekt aus:

```
Cn.spAllDefaultValues
```

Die **Parameters.Item(n) Value**-Eigenschaft ist die Standardeigenschaft für das **Command**-Objekt. Zur Referenzierung einzelner Parameterwerte können Sie daher folgendermaßen vorgehen:

```
MyCommand(3) = "George has a baby"         ' Notes-Parameter
```

Anstelle von:

```
MyCommand.Parameters.Item(3).Value = "George has a baby"    ' Notes-Parameter
```

Wir werden die effiziente Referenzierung von COM-Objekten später noch besprechen, für den Moment soll die Erwähnung genügen, dass über Zeichenfolgen referenzierte Parameter zwar einfacher zu lesen sind, jedoch im Vergleich zu über Zahlen referenzierte Parameter nahezu doppelt soviel Zeit in Anspruch nehmen. Dies bedeutet, dass **keine** der beiden Methoden zu empfehlen ist, wenn das Hauptziel in einer guten Laufzeitleistung besteht:

```
MyCommand("Notes") = "George has a baby"     ' Notes-Parameter
MyCommand!Notes = "George has a baby"     ' Notes-Parameter
```

Wie also erreichen Sie gute Lesbarkeit für den Menschen? Ein Ansatz ist die Verwendung von Parameteraufzählungen. Wenn Sie also folgende **Enum** definieren:

```
Enum eParms
    ReturnStatus
    PName
    PGrade
    Notes
End Enum
```

können Sie auf einzelne **Value**-Eigenschaften ausgewählter **Parameter**-Objekte verweisen, wie nachfolgend gezeigt wird:

```
MyCommand(eParms.Notes) = "It's a boy!"  ' Ja, ADO kümmert sich um die zusätzlichen Apostrophe
```

Das Verweisen auf **Field**- und **Parameter**-Objekt durch **Enum** oder Ordnungszahlen (mit Kommentaren) ist eine weitere empfohlene Vorgehensweise, da so Lesbarkeit und Leistung verbessert werden.

Wenn Sie die erforderlichen Parameterwerte nicht angeben, wird dies von ADO durch einen auffangbaren Fehler angezeigt. Ich habe beispielsweise einen der drei erforderlichen Parameter für eine Ad-hoc-Abfrage angegeben und den folgenden Fehler (**Err.Description**) erhalten:

```
[Microsoft][ODBC SQL Server Driver][SQL Server]Prepared statement '(@P1
varchar(255),@P2 smallint,@P3 smallint)Select title from ti' expects parameter
@P2, which was not supplied.
```

Meine Abfrage sah folgendermaßen aus:

```
"Select title from titles where title like ? and year_published between ? and ?"
```

Jetzt verstehen Sie vielleicht, warum einige Entwickler wahrscheinlich genauso verwirrt wären wie ADO. Nun, da ich für die Abfrage **Prepared = True** eingestellt hatte, war diese **Prepared**-Anweisungssyntax nicht ganz unerwartet. Um etwas Verwirrung zu stiften, kürzte ich die Fehlerbehandlungsroutine (im Datenprovider) der Abfrage etwas (schnitt sie kurz nach der **From**-Klausel ab). Zur Vorbereitung der Abfrage erstellte ADO eine temporär gespeicherte Prozedur für die Abfrageausführung – die SQL für die Abfrage spiegelt sich in der Fehlermeldung wider. Ergibt das einen Sinn? Ich hoffe doch.

Abrufen von Parameterwerten

Der Rückgabestatus einer gespeicherten Prozedur sowie die Parameter, die als Eingabe- (**adParamOutput**) oder Eingabe/Ausgabe-Parameter (**adParamInputOutput**) markiert sind, stehen zur Verfügung, jedoch erst **nachdem** sie vom Datenprovider gesendet wurden. Dies bedeutet, dass sie erst sichtbar sind, wenn das Recordset EOF (End of File) erreicht, es sei denn, das Protokoll der unteren Ebene gibt diese früher zurück (dies ist üblicherweise nicht der Fall). Denken Sie daran – der Rückgabestatus ist immer der erste (0) Parameter in der **Parameters**-Auflistung – wenn Sie diesen abrufen.

```
MyRetStatus = cmd(0)            ' Parameter für den Rückgabestatus
```

Handhabung von OUTPUT-Parametern ADO scheint nicht zu wissen, wie gute OUTPUT-Parameterabfragen erstellt werden. Da ADO nicht wirklich raten kann, wie die Parameter im Code verwendet werden[10], geht ADO davon aus, dass es sich bei einfachen OUTPUT-Parametern tatsächlich um INPUT-OUTPUT-Parameter handelt. Aufgrund dieser Tatsache müssen Sie für jeden OUTPUT-Parameter die **Direction**-Eigenschaft in **adParamOutput** ändern. Da Sie Ihre **Parameters**-Auflistung mit Hilfe von Code neu erstellen, sollte dies kein Problem darstellen. Sie könnten natürlich auch die gespeicherte Prozedur umschreiben, um anstelle von OUTPUT-Parametern SELECT-Rowsets zu übergeben ...

Sie werden feststellen, dass leicht Fehler entstehen, da die Dokumentation für das Einrichten der **Parameters**-Auflistung etwas zu wünschen übrig lässt. Nicht nur dies, stellen Sie sich vor, der Datenbankadministrator ändert die betreffende Prozedur, um einem anderen Entwickler die Arbeit zu erleichtern. Wenn Sie den Datentyp für ein bestimmtes Prozedurargument hartcodiert haben und dieses sich in der Datenbank ändert, müssen Sie eine Neucodierung, -kompilierung und eine erneute Bereitstellung vornehmen[11]. Vergessen Sie nicht, dem Systemadministrator die Reifen zu zerstechen, bevor Sie vom Parkplatz fahren.

Parameterbasierte Ad-hoc-Abfragen

Sie müssen weder gespeicherte Prozeduren noch ADO-**Command**-Objekte erstellen, um parameterbasierte Abfragen auszuführen. Stattdessen können Sie eine SQL-Abfrage erstellen, die Fragezeichen (?) als Parametermarken enthält. Diese können von ADO für Sie verarbeitet werden – wenn Sie die Parameter im Code richtig beschreiben. Auf diese Weise sparen Sie Programmierzeit.

Obwohl ADO eine **prototype-Parameters**-Auflistung für Sie erstellen kann, müssen Sie zur Vervollständigung des Prozesses Code hinzufügen. Wenn Sie beispielsweise die Parameter im Code selbst verwalten, müssen Sie weiterhin sicherstellen, dass keiner der zeichenfolgenbasierten Parameter einfache Anführungszeichen enthält (das zusätzliche SQL-Anführungszeichen). Sie müssen außerdem die **ActiveConnection**-Eigenschaft einstellen, bevor ADO die **Parameters**-Auflistung für Sie erstellen kann – ja, Sie haben es bereits geahnt, ADO muss die Datenbank abfragen, um die **prototype-Parameters**-Auflistung zu erstellen. Nachdem Sie die **ActiveConnection**-Eigenschaft gesetzt haben, müssen Sie für jedes **Parameter**-Objekt in der **Parameters**-Auflistung erforderliche Werte für **Type** (Datentyp), **Direction** (der Standardwert lautet **adParamUnknown**), **Precision**, **NumericScale** und **Attributes** festlegen.

10.Sofern Sie nicht für einen kleinen Aufpreis das Addin zum Lesen der Programmierergedanken erworben haben.

11.Wenn Ihre Datenbank in regelmäßigen Abständen neu definiert wird, ist die **Parameters.Refresh**-Methode vorzuziehen.

Automatisches Generieren von Code für die »Parameters«-Auflistung

Sie können zur einfacheren Erzeugung von geeignetem Code für parameterbasierte, gespeicherte Prozeduren ein neues Visual Basic-Addin einsetzen. Dieser Code verbreitete sich nach den Developer Days 1999 in der Entwicklergemeinde. Obwohl durch dieses Addin Ihr Code nicht automatisch an sich ändernde Prozedurparameter angepasst wird, ist es (fast) nicht mehr erforderlich, die Erstellungsweise der **Parameters**-Auflistung im Code vorherzusagen. Durch einfache Angabe der Informationen, die zur Verbindungsherstellung mit der Datenbank erforderlich sind, sowie durch Identifikation der zu referenzierenden gespeicherten Prozedur kann das Addin den benötigten Code zum Erstellen der **Parameters**-Auflistung des **Command**-Objekts für Sie schreiben. Ja, Sie müssen weiterhin sicherstellen, dass die OUTPUT-Parameter im Code richtig codiert sind, aber der Rest funktioniert automatisch. Dieses Addin steht ebenfalls auf der Begleit-CD zur Verfügung.

Tipp Bei der Arbeit mit Active Server Pages (und Visual Basic Script) müssen der zusätzliche Aufwand, der beim Kompilieren des Quellcodes zum Erstellen der **Parameters**-Auflistung entsteht, und die Kosten für das Verwenden der **Refresh**-Methode gegeneinander abgewogen werden. Es kann sich herausstellen, dass die zusätzlichen Serveranforderungen weniger Kosten verursachen als das Kompilieren und Ausführen von vierzig Codezeilen zum Erstellen einer umfangreichen **Parameters**-Auflistung.

5.2.3 Codieren von »Command«-Objekten für gespeicherte Oracle-Prozeduren

Ich glaube, im Zusammenhang mit der Verwendung von **Command**-Objekten zur Ausführung von gespeicherten SQL Server-Prozeduren habe ich jetzt alles gesagt. Wir haben Eingabe-, Ausgabe, Eingabe/Ausgabe-Parameter sowie Parameter für den Rückgabestatus besprochen. Im Kapitel zu den Recordsets werden die Resultsets beschrieben, die durch gespeicherte Prozeduren generiert werden. Mit anderen Worten, dem ist nichts mehr hinzuzufügen – wenigstens nicht hier!

Es gibt jedoch eine Reihe von Problemen, die beim Aufrufen von gespeicherten Oracle-Prozeduren auftreten. Es gibt verschiedene Knowledgebase-Artikel zur Verbindungsherstellung zu Oracle-Datenbanken, und der folgende Abschnitt ist eine Aktualisierung von einem der nützlichsten dieser Artikel.

Zunächst müssen Sie sich die aktuellsten Oracle-ODBC- oder OLE DB-Treiber besorgen. In diesem Bereich hat sich eine Menge getan, daher sollten Sie die Verbesserungen und Bugfixes nutzen, die die aktuellsten Versionen bieten. Ohne diese Treiber ist es unmöglich, Recordsets von gespeicherten Oracle-Prozeduren abzurufen.

Oracle-Entwickler wissen, dass Sie Visual Basic oder Visual Studio nicht ohne Weiteres mit einem Oracle-System einsetzen können, es sind weiterhin die proprietären Treiber erforderlich. Diese werden separat auf dem Client installiert. Da ich kein Oracle-Experte bin, werde ich diese Installation hier nicht erläutern.

Mit der Veröffentlichung des Microsoft ODBC-Treibers für Oracle 2.0 und höher können nun Resultsets von gespeicherten Oracle-Prozeduren abgerufen werden. Durch das Erstellen von gespeicherten Oracle-Prozeduren, die Parameter vom Typ TABLE zurückgeben, können Sie Zeilen- und Spaltendaten zurückgeben, die als Resultset bearbeitet und angezeigt werden können. Der Knowledgebase-Artikel Q174679 verwendet das Beispiel in der Hilfedatei für den Microsoft ODBC-Treiber für Oracle v2.0 und zeigt, wie dieses Beispiel in Visual Basic umgesetzt wird.

Anmerkung Die anhand von gespeicherten Oracle-Prozeduren über den Microsoft ODBC-Treiber für Oracle 2.0 und 2.5 erstellten Resultsets sind READ ONLY und STATIC. Zum Abrufen eines Resultsets muss ein Oracle-Paket erstellt werden.

5.3 Verwalten von »Command«-Objekten

Wie Sie wissen, umfasst die Erstellung und Ausführung von **Command**-Objekten vier Phasen:

1. Erstellen des **Command**-Objekts und Erstellen der **Parameters**-Auflistung.
2. Setzen der **Value**-Eigenschaft für jeden Eingabeparameter.
3. Ausführen der Abfrage.
4. Verarbeiten der Ergebnisse.

Phase 1 sollte nur **einmal** durchlaufen werden. Die verbleibenden Phasen können auf Bedarfsbasis später in der Anwendung ausgeführt werden. Wenn Sie eine Client/Server-Anwendung überarbeiten, in der die erste Phase wiederholt durchlaufen wird, gehen Sie erneut zur Quelle und codieren Sie den Initialisierungsprozess als eine einmalige Ereignisprozedur. Dies ist ebenfalls eine empfohlene Vorgehensweise. Unglücklicherweise muss das **Command**-Objekt im Code für die mittlere Schicht (und ASP) jedes Mal erstellt werden. Denken Sie jedoch daran, dass **Command**-Objekte **nicht** erforderlich sind, es sei denn, Sie führen Abfragen aus, die OUTPUT- oder Rückgabestatuswerte der Abfrage zurückgeben.

5.3.1 Ausführen und erneutes Ausführen von »Command«-Objekten

Nach Erstellung des **Command**-Objekts auf dem Client ist der aufwendige Teil erledigt. In Kapitel 4 wurden verschiedene Möglichkeiten zur Abfrageausführung besprochen, daher ist all dies nicht neu für Sie. Die **Command**-Abfrage kann auf verschiedene Weise ausgeführt werden:

- Verwenden der **Execute**-Methode für das erstellte **Command**-Objekt.
- Verwenden des **Command**-Objekts als Methode des **Connection**-Objekts.
- Referenzieren des Befehls mit der **Execute**-Methode für das **Connection**-Objekt.
- Referenzieren des Befehls mit der **Open**-Methode für das **Recordset**-Objekt. Diese Vorgehensweise wird in Kapitel 6 besprochen, dessen Schwerpunkt die Erstellung von Recordsets darstellt.

Sehen wir uns diese Techniken im Einzelnen an. Einer der Hauptunterschiede besteht in der Art und Weise, in der das Recordset erstellt wird (wird dieses vorzeitig oder unter Verwendung des Standardwertes erstellt?) und in der Art, mit der die Parameter an das **Command**-Objekt übergeben werden (müssen diese Parameter für Parameter angegeben werden oder können sie als Methodenargumente übergeben werden?).

Verwenden der »Execute«-Methode für ein »Command«-Objekt

Eine der einfachsten und unflexibelsten Methoden stellt das einfache »Ausführen« des **Command**-Objekts dar. Bei diesem Ansatz wird ADO angewiesen, das **Command**-Objekt wie derzeit gefüllt auszuführen und (optional) ein neues **Recordset**-Objekt zum Empfangen des Rowsets zu erstellen. Die Verwendung der **Execute**-Methode für ein **Command**-Objekts ähnelt grundsätzlich der Verwendung für ein **Connection**-Objekt (wie in Kapitel 4 besprochen).

Das folgende Codebeispiel veranschaulicht die Verwendung der **Execute**-Methode. (Wir werden dieses **Command**-Objekt für die verbleibenden Beispiele zur Befehlsausführung verwenden.) Der grundlegende Unterschied besteht darin, dass ADO bei Verwendung der **Execute**-Methode ein »jungfräuliches« Recordset erstellt, dass zur Handhabung des Rowsets auf **ReadOnly/ForwardOnly** gesetzt wird. Wenn Sie die Vorgehensweise »**Command**-Objekt als **Connection**-Methode« verwenden, können Sie im Voraus ein eigenes Recordset erstellen. Obwohl mit dem standardmäßig über die **Execute**-Methode erstellten Recordsets Zeilen effizient abgerufen werden können, dürfen Sie bei dieser Vorgehensweise keine Aktualisierbarkeit erwarten.

```
Set cmd = New Command
With cmd
    .Name = "GetTitles"
    .ActiveConnection = cn
    .CommandText = "Select title from titles " _
       & "where title like ? " _
       & "and year_published between ? and ?"
    .Parameters.Append CreateParameter("TitleWanted", adVarChar, adParamInput, 20)
    .Parameters.Append CreateParameter("YearLow", adInteger, adParamInput,, 1940)
    .Parameters.Append CreateParameter("YearHigh", adInteger, adParamInput)
    .Prepared = False
End With
```

Handhabung von Standardparameterwerten Beachten Sie, dass im vorgenannten Beispiel der zweite Parameter in der **Parameters**-Auflistung auf den Wert (1940) eingestellt wurde. Hierdurch wird ADO angewiesen, den Parameter nach der Verwendung des **Command**-Objekts auf diesen Wert zurückzusetzen. Nach der Ausführung eines **Command**-Objekts setzt ADO sämtliche Parameterwerte (**Parameter.Value**) auf die anfänglichen Einstellungen zurück. Im Falle des ersten und dritten Parameters wird der Wert auf »leer« zurückgesetzt.

Jetzt, nachdem **Command** eingerichtet wurde, können wir eine Ausführung vornehmen. Die folgende Zeile könnte weiterhelfen.

```
cmd.Execute
```

Dieser Code ignoriert den Wert für die betroffenen Zeilen – es wird für diese Abfrage sowieso nichts zurückgegeben – und akzeptiert die vorhandenen Parameterwerteinstellungen. Uups, da diese nicht gesetzt waren, erhalten wir einen auffangbaren Fehler. Wir sollten zunächst die Parameterwerte setzen:

```
cmd(0) = "Hitch%"
cmd(1) = 1940
cmd(2) = 1990
cmd.Execute
```

Jetzt funktioniert die **Execute**-Methode prima. Nach Befehlsausführung werden die Parameter auf ihren anfänglichen Status zurückgesetzt – leer, 1940 und leer.

Übergeben von Argumenten mit »Variant«-Arrays Eine weitere Möglichkeit bei der Übergabe von Eingabeparametern stellt die Verwendung von **Variant**-Arrays dar. Dieser Ansatz ist ziemlich cool. Und noch besser, wenn Sie eines der Elemente nicht angeben, übermittelt ADO diesen Parameter nicht – es wird davon ausgegangen, dass der Provider den Standardwert einfügt. Ist kein Standardwert gesetzt, wird entweder in der aufgerufenen gespeicherten Prozedur oder in der anfänglichen **Parameters**-Auflistung über ADO ein auffangbarer Fehler ausgegeben: »-2147217900 Falsche Syntax im Bereich des Schlüsselwortes 'DEFAULT'.«

```
vParms = Array("Hitch%", 1940, 1990)
cmd.Execute lRA, vParms
```

Lassen Sie uns eine andere Variante ausprobieren:

```
cmd.Execute lRA, Array("Hitch%", 1940, 1990)
```

Bei dieser Vorgehensweise wird die Erstellung eines separaten **Variant**-Arrays umgangen und einfach die neue Visual Basic-Funktion **Array** verwendet. In diesem Fall lassen wir die Verwendung der vorhandenen Einstellung für den zweiten Parameter **(cmd(1))** zu, da dieser einen Standardwert aufweist. Bei dieser Variante können jedoch die OUTPUT-Parameter nicht aus dem Array ausgelesen werden.

Wenn Sie eine Aktionsabfrage ausführen, ist es gut zu wissen, wie viele Zeilen betroffen sind. Kann Ihnen der Provider diese Information zur Verfügung stellen, wird der Wert als erstes Argument in der **Long**-Variable übergeben, **RecordsetsAffected**. Die Anzahl der Records im Rowset wird nicht zurückgegeben. Diese wird an die Routinen in der **IRA**-Variable übergeben.

Einstellen zusätzlicher Optionen zur Ausführungszeit Bei der Definition des **Command**-Objekts wurde die **CommandType**-Eigenschaft angegeben, daher sollte diese nicht erneut angegeben werden müssen, wenn ein **Command**-Objekt ausgeführt wird, möglich ist es jedoch. Es gibt weitere interessante Optionen, die bei Verwendung der **Execute**-Methode zur Verfügung stehen. Hierzu zählen Optionen, die ADO u.a. mitteilen, dass Sie keine Zeilen erwarten, dass eine asynchrone Ausführung erfolgen soll usw., wie gezeigt in Tabelle 5.3.

Konstante	Beschreibung
adAsyncExecute	Gibt an, dass der Befehl asynchron ausgeführt werden sollte. Auf diese Weise erfolgt eine sofortige Rückgabe der Steuerung an die Anwendung oder Komponente (sobald die ersten **CacheSize**-Zeilen abgerufen wurden), um Ihren Thread für andere Aufgaben freizugeben. Es macht nicht viel Sinn, diese Option für die mittlere Schicht einzusetzen, kann bei Client/Server-Systemen jedoch zu einer merklichen Leistungssteigerung führen.

Tabelle 5.3 »CommandType«-Optionen

Konstante	Beschreibung
`adAsyncFetch`	Weist ADO an, die nach dem anfänglichen Abrufen der in CacheSize festgelegten Zeilenmenge verbleibenden Zeilen asynchron abzurufen. Ist diese Option eingestellt, setzt ADO den Zeilenabruf fort, sodass die Auffüllung des Rowsets schneller erfolgt. Dies ist wichtig für das Gesamtsystem und die Anwendung, da Zeilen nach dem anfänglichen Cache schneller verfügbar sind. Der asynchrone Abruf wird in Kapitel 6 besprochen.
`adAsyncFetchNonBlocking`	Verhindert, dass der Hauptthread während des Abrufs blockiert wird. Wurde die angeforderte Zeile nicht abgerufen, findet eine automatische Verschiebung von der aktuellen Zeile zum Ende des Resultsets statt (EOF, End of File).
`adExecuteNoRecords`	Gibt an, dass der Befehlstext einen Befehl oder eine gespeicherte Prozedur bezeichnet, mit dem/der **keine** Zeilen zurückgegeben werden (beispielsweise ein Befehl, durch den lediglich Daten eingefügt werden). Werden Zeilen abgerufen, werden sie verworfen und nicht zurückgegeben. Diese Option wird stets mit den **CommandType**-Optionen von adCmdText oder adCmdStoredProc kombiniert. Diese Option hindert ADO daran, ein Recordset-Objekt zu erstellen, wenn dies nicht erforderlich ist.

Tabelle 5.3 »CommandType«-Optionen

Durch Verwenden des richtigen Optionensatzes unterstützen Sie nicht nur ADO dabei, eine möglichst effiziente Abfrageausführung vorzunehmen, sondern sorgen auch dafür, dass der Zeilenabruf möglichst effizient durchgeführt wird. Sie müssen möglicherweise verschiedene Optionen »zusammenfügen«, wie das folgende Codebeispiel zeigt:

```
cn.Execute("MyUpdateSP", , adCmdStoredProcedure + adExecuteNoRecords)
```

Nach (erfolgreichem oder erfolglosem) Ausführen des **Command**-Objekts wird ein **ExecuteComplete**-Ereignis ausgelöst.

Ausführen eines »Command«-Objekts als »Connection«-Methode

Da wir auch über die **Entwicklerleistung** sprechen, sollte die Vorgehensweise »**Command**-Objekt als **Connection**-Methode« erläutert werden. Bei dieser Technik wird ein benanntes **Command**-Objekt als Methode des verknüpften ADO-**Connection**-Objekts eingesetzt. Hierbei kann nach Benennung eines **Command**-Objekts (durch Setzen der zugehörigen **Name**-Eigenschaft) und Einstellen von **ActiveConnection** auf ein **Connection**-Objekt zur Ausführung die folgende Syntax verwendet werden:

```
Private Sub cmdRunQuery_Click()
   cnMyConnection.GetAuthors txtYearWanted.Text, rs
       ' Parameter,  Recordset
   ProcessResults(rs)
End Sub
```

In diesem Fall wird das **Command**-Objekt namens »GetAuthors« ausgeführt. Beachten Sie, dass die Eingabeparameter als Argumente der Methode übergeben werden. Das letzte Argument wird als Verweis auf ein instanziiertes **Recordset**-Objekt übergeben. Dieser Verweis enthält das Rowset, wenn ADO die Abfrageausführung beendet hat.

> **Tipp** Aus Gründen der Funktionsweise von COM[12] **müssen** Sie bei Einsatz dieser Technik alle Objektquellenparameter vollständig angeben. Dies bedeutet, dass Sie nicht einfach **txtYearWanted** übergeben können, dass sich auf die standardmäßige **Text**-Eigenschaft des referenzierten Steuerelements **TextBox** beziehen sollte. Stattdessen müssen Sie **txtYearWanted.Text** übergeben. Dieses Vorgehen verhindert merkwürdige Verhaltensweisen, beispielsweise die Übergabe seltsamer Parameter an den Datenprovider.

Die Technik »**Command-**Objekt als **Connection**-Methode« ist darüber hinaus sehr einfach zu codieren und bietet exzellente Leistungsergebnisse. In diesem Fall arbeiten Sie mit einem zuvor erstellen **Recordset**-Objekt, das mit korrektem **CursorType**, **LockType** und weiteren sinnvollen Eigenschaften konfiguriert wurde. Im Gegensatz zur **Execute**-Methode des **Command**-Objekts (diese wird als nächste besprochen), wird die Erstellung des **Recordset**-Objekts beschrieben.[12]

> **Warnung** Es gibt einen bisher nicht behobenen Bug, der sich bei Verwendung dieser Technik negativ auswirkt. Weitere Informationen finden Sie im Abschnitt »Nachteile der **Refresh**-Methode« weiter oben in diesem Kapitel.

Verwenden der »Execute«-Methode des »Command«-Objekts

Die **Execute**-Methode des **Command**-Objekts ist im Vergleich zu anderen Techniken weit weniger flexibel. Darüber hinaus hat diese Vorgehensweise einige, naja, interessante Nebeneffekte, derer Sie sich vielleicht nicht bewusst sind. Es gibt zwei Formen der **Execute**-Methode:

12.Alle Parameter werden in einer DISPARAMS-Struktur reiner **variant**-Werte gespeichert, Steuerelementverweise sind jedoch gültige **variant**-Werte, daher übergibt Visual Basic einfach diese – und ADO erstickt.

- Für ein **Connection**-Objekt: In diesem Fall geben Sie ein **Source**-Argument an, das Angeben eines **Command**-Objekts ist jedoch – im Vergleich zur **Open**-Methode des **Recordset**-Objekts – nicht möglich (dieses wird in Kapitel 6 besprochen). Sie müssen die SQL-Abfrage als SQL-Anweisung, Tabellenname, URL oder Name einer gespeicherten Prozedur übergeben. Sie müssen im **Options**-Argument außerdem einen geeigneten **CommandType** übergeben – oder ADO diese Entscheidung überlassen. Sie sollten jedoch immer den **CommandType** angeben, um ADO daran zu hindern, die Art der übermittelten Abfrage zu »raten«.
- Für ein **Command**-Objekt: In diesem Fall ist das Quellargument, wie alle weiteren zur Abfrageausführung benötigten Argumente, im **Command**-Objekt enthalten. Hierzu zählt auch **CommandType**. Erneut erstelllt ADO das Recordset für Sie, daher müssen die standardmäßigen Recordseteigenschaften festgelegt werden – schreibgeschützt (RO, Read-Only), vorwärts (FO, Forward-Only).

In beiden Fällen muss zur Rückgabe eines Rowsets das Recordset erfasst werden, dass von der **Execute**-Methode zurückgegeben wird. Beachten Sie, dass die **Execute**-Methode immer ein Recordset mit Standardeinstellungen (RO, FO) für Sie erstellt. Beispiel:

```
Set rs = cmd.Execute
```

Wenn Sie kein Recordset benötigen, verwenden Sie alternativ diese Syntax:

```
cmd.Execute
```

Hierbei gibt es einen interessanten Nebeneffekt. In einigen Fällen, und besonders bei der Erstellung eines Recordsets mit Hilfe der **Execute**-Methode eines **Connection**-Objekts, öffnet ADO eine **zusätzliche** Verbindung zur Abfrageausführung, die nach deren Ausführung wieder geschlossen wird. Dies gilt besonders für das erneute Verwenden der **Execute**-Methode vor dem Auffüllen des ursprünglichen Recordsets.

Tatsächlich wird dieses Verhalten durch die Reihenfolge der Operationen hervorgerufen. Wenn Sie beispielsweise **cmd.ActiveConnection** auf **cn** setzen und die **cmd.Execute**-Methode gefolgt von **cn.Execute** einsetzen, öffnet ADO keine neue Verbindung. Wenn Sie jedoch die **cn.Execute**-Methode gefolgt von der **cmd.Execute**-Methode ausführen, erstellt ADO zur Befehlsausführung eine weitere Verbindung.

5.3.2 Ablaufverfolgung für Server und Datenprovider

Wenn Sie zur Abfrageausführung ADO einsetzen, erfüllt der Server pflichtbewusst die Anweisungen von ADO und Datenprovider. Wie effizient diese Anweisungen jedoch ausgeführt werden, und wie sich die Anweisungen auf die Skalierbarkeit auswirken, ist ein wichtiger Punkt. Die Werte für **CursorLocation** (clientseitiger oder serverseitiger Cursor), **CursorType**, **LockType** und selbst die verwendete Syntax können sich darauf auswirken, welche Art Abfrage an das Backend gesendet wird. Da nur SQL Server genügend Informationen zur Ablaufverfolgung bereitstellt, um tatsächlich ermitteln zu können, was an den Server übermittelt wird, werde ich zur Veranschaulichung eine Reihe von Konfigurationen verwenden, damit Sie den geeignetsten Abfragetyp für Ihre Anwendung oder Komponente auswählen können. Sie sollten zumindest verstehen, welche Faktoren Einfluss auf die an SQL Server gesendeten Befehle nehmen.

> **Anmerkung** Ja, Sie können auch ein Dump der ODBC-Protokolle erstellen, um sich ein grobes Bild davon zu machen, welche Anweisungen von der oberen ODBC-Schicht an den Treiber übermittelt werden. Es ist jedoch nicht wirklich eine Möglichkeit, zu zeigen, wie der Datentreiber den ODBC-Aufruf implementiert. Diese Aufgabe kann über den SQL Server Profiler (oder SQLTrace) ausgeführt werden. Hierbei kann die Funktionsweise des OLE DB-Providers »hinter den Kulissen« nicht aufgezeigt werden.

Wir werden die verschiedenen Möglichkeiten einzeln durchgehen. Zunächst sehen wir uns serverseitige Cursor mit den standardmäßigen Recordseteinstellungen an, RO/FO (Read-Only, Forward-Only). Diese werden in Tabelle 5.4 aufgeführt. Tabelle 5.5 listet die serverseitigen Cursor mit Schlüsselgruppen- bzw. optimistischen Cursorn auf. Beachten Sie den auffallenden Unterschied bei der Anzahl der zusätzlichen Serverabrufe und der Komplexität der Abfragen, die der Server verarbeiten muss, um im Grunde das gleiche **Command**-Objekt (abgesehen von einer abweichenden Syntax zur Unterstützung des jeweiligen Cursortyps) auszuführen.

Befehlssyntax	**Erzeugte Abfrage**
`Cn.GetTitlesByYear`	GetTitlesByYear 'Hitch%', 1900, 1999
`rs.Open cmd`	**sp_executesql** N'Select Top 50 title, ISBN, Year_Published from titles where title like @P1 and year_published between @P2 and @P3', N'@P1 varchar(20),@P2 int,@P3 int', 'Hitch%', 1900, 1999
`rs.Open strSQL`	Select Top 50 title, ISBN, Year_Published from titles where title like 'Hitch%' and year_published between 1900 and 1999
`Cn.GetTitles`	Sp_executesql N'Select Top 50 title, ISBN, ...
`Set rs = cmd.Execute...`[13]	Sp_executesql N'Select Top 50 title, ISBN, ...

Tabelle 5.4 Serverseitige RO/FO-Cursor

13. Das Verwenden der Command.Execute-Methode ist nur sinnvoll mit FO/RO, da das Recordset bei jeder Auslösung durch ADO erstellt wird.

Befehlssyntax	Erzeugte Abfrage
`Cn.GetTitlesByYear`	`declare @P1 int declare @P3 int declare @P4 int declare @P5 int set @P1=NULL set @P3=102401 set @P4=311300 set @P5=NULL exec sp_cursoropen @P1 output, N'Select Top 50 title, ISBN, Year_Published from titles where title like @P1 and year_published between @P2 and @P3', @P3 output, @P4 output, @P5 output, N'@P1 varchar(20),@P2 int,@P3 int', 'Hitch%', 1900, 1999 select @P1, @P3, @P4, @P5`
`rs.Open cmd`	`Sp_cursoropen … sp_cursorfetch … (mehrfach)`
`rs.Open strSQL`	`Sp_cursoropen…sp_cursorfetch (mehrfach)`
`Cn.GetTitles` [14]	`sp_cursoropen … (mehrfach)` `sp_cursorfetch … (mehrfach)`

Tabelle 5.5 Serverseitige Schlüsselgruppen- bzw. optimistische Cursor

Clientseitige Cursor sind weitaus unflexibler. In diesem Fall wird nur der Cursortyp **Static** unterstützt, und Aktualisierbarkeit ist nur gegeben, wenn Sie als **LockType** die Einstellung **adLockBatchOptimistic** wählen. Nein, ich erwarte nicht, dass Sie diese Tabellen ganz genau studieren. Ich erwarte, dass Sie diese Tests selbst durchführen. Der Quellcode zur Einrichtung dieser Tests befindet sich auf der Begleit-CD. Sie finden ihn im Verzeichnis **\sample application\Command objects**. In Tabelle 5.6 werden clientseitige statische/optimistische Cursor gezeigt, Tabelle 5.7 enthält clientseitige, optimistische statische bzw. Stapelaktualisierungscursor.

Befehlssyntax	Erzeugte Abfrage
`rs.Open cmd`	`sp_executesql…`
`cmd.Execute`	`sp_executesql …`
`Cn.GetTitlesByYear`	`GetTitlesByYear 'Hitch%', 1900, 1999`
`Cn.GetTitles`	`sp_executesql…`
`rs.Open strSQL`	`Select Top 50 title, ISBN, Year_Published from …`

Tabelle 5.6 Clientseitige statische/optimistische Cursor

Befehlssyntax	Erzeugte Abfrage
`rs.Open cmd`	`sp_executesql…`
`cmd.Execute`	`sp_executesql …`

Tabelle 5.7 Clientseitige, optimistische statische bzw. Stapelaktualisierungscursor

14. Es gibt kontroverse Meinungen zu dieser Technik. Die ADO-Leute arbeiten noch daran.

Befehlssyntax	Erzeugte Abfrage
Cn.GetTitlesByYear	GetTitlesByYear 'Hitch%', 1900, 1999
Cn.GetTitles	sp_executesql...
rs.Open strSQL	Select Top 50 title, ISBN, Year_Published from ...

Tabelle 5.7 Clientseitige, optimistische statische bzw. Stapelaktualisierungscursor

Wie Sie sehen können, gibt es verschiedene Ansätze für den SQL Server-Datenprovider, wenn im Namen von ADO Abfragen ausgeführt werden. ADO scheint jedoch ziemlich vorhersehbar zu sein, unabhängig von der Cursoreinstellung. Wenn Sie clientseitige Cursor verwenden und mit Hilfe der **Recordset Open**-Methode eine Ad-hoc-Abfrage oder eine gespeicherte Prozedur ausführen, nimmt ADO einfach die SQL und »gibt sie durch«, d.h., es wird nicht der Versuch unternommen, eine der **sp_cursor**-Funktionen des Systems zu nutzen oder gar die **sp_executesql**-Funktion zu verwenden. Dies ist nicht unbedingt falsch. SQL Server weiß, wie Abfragepläne für Ad-hoc-Abfragen gespeichert werden, und die Abfragepläne für SQL Server sind bereits kompiliert.

Das Aufrufen gespeicherter Prozeduren scheint weitaus effizienter zu sein als die Verwendung von Ad-hoc-Abfragen oder **Command**-Objekten. Wenn Sie bei FO/RO bleiben, übergibt ADO lediglich die Auslösung der gespeicherten Prozedur an den Server und verwaltet hierbei sogar die Parameter. Wenn Sie einen aktualisierbaren Cursor anfordern, versieht ADO den gespeicherten Prozeduraufruf mit **sp_cursoropen**, um das Scrolling (rollbare Cursor) und Aktualisierbarkeit handhaben zu können.

5.3.3 Ermitteln des Befehlsstatus

Die **State**-Eigenschaft des **Command**-Objekts ist erst dann wirklich interessant, wenn Sie eine Abfrage asynchron ausführen. Wenn Sie also ein **Command**-Objekt mit Hilfe einer der zuvor besprochenen Methoden ausführen, kann über die **State**-Eigenschaft angezeigt werden, ob die Abfrage ausgeführt wurde oder nicht. Solange ADO damit beschäftigt ist, das **Command**-Objekt auszuführen, wird das Ausführungsbit (**adStateExecuting**) der **State**-Eigenschaft (4) aktiviert und das Bit **adStateOpen** ist deaktiviert. Ja, Sie können mit Hilfe des **adStateExecuting**-Bits darauf warten, dass eine asynchrone Operation abgeschlossen wird. Ich würde in diesem Fall jedoch das **ExecuteComplete**-Ereignis vorziehen. Der Einsatz eines Ereignisses beansprucht im Vergleich zur Abfrage weniger CPU-Ressourcen, besonders im Vergleich zur Schleifenabfrage. Diese ähnelt einem kleinen Kind, das auf dem Weg zur Großmutter auf dem Rücksitz Ihres Autos herumzappelt und (alle zwei Minuten) fragt: »Sind wir schon da, Papi?«

5.3.4 Die »Cancel«-Methode

Sie haben also die Ausführung Ihres **Command**-Objekts mit der Option **adAsyncExecute** gestartet und so die Steuerung Ihres Threads zurückgegeben, damit der Benutzer in der Wartezeit mit einem Fortschrittsbalken oder Ages of Empire II unterhalten werden kann. Wenn der Benutzer sich dafür entscheidet, dass er nicht länger warten möchte, können Sie die Abfrageverarbeitung mit Hilfe der **Cancel**-Methode abbrechen – Sie können es zumindest versuchen. Gelegentlich ähnelt dies dem Versuch, einen Zug 15 Meter vor einem Bahnübergang zu stoppen.

> **Anmerkung** Die **Cancel**-Methode kann auch auf das **Connection**-Objekt angewendet werden, um eine asynchrone Öffnungsoperation zu stoppen, aber dies ist weniger oft erforderlich – die meisten Verbindungen werden aufgebaut, bevor der Benutzer auch nur zwinkern kann, und wenn die Verbindungsherstellung länger dauert, liegt dies üblicherweise an einer Netzwerkverzögerung, die sowieso nicht verhindert werden kann.

Sie erhalten einen auffangbaren Fehler, wenn die Operation nicht unterbrochen werden kann, vergleichbar mit dem Versuch, eine Operation abzubrechen, die nicht asynchron gestartet wurde.

Beachten Sie, dass es möglicherweise keine sichere Methode ist, eine derzeit ausgeführte Operation abzubrechen – besonders dann nicht, wenn Änderungen an der Datenbank vorgenommen werden. SQL Server und andere Provider machen bereits vorgenommene Änderungen nicht (unbedingt) wieder rückgängig, sofern im Vorfeld keine Transaktion gestartet wurde.

5.3.5 Plan B für ADO-»Command«-Objekte

Plan B für benannte ADO-**Command**-Objekte umfasst gespeicherte Prozeduren. Dies bedeutet Folgendes: Wenn Sie kein **Command**-Objekt erstellen und neben dem **Connection**-Objekt auf ein benanntes Objekt verweisen (wie hier):

```
cnOLEDB.TestQuery txtParm, rs
```

geht ADO davon aus, dass es sich bei **TestQuery** um eine gespeicherte Prozedur handelt. Ist dies nicht der Fall, erhalten Sie einen Fehler mit einer Beschwerde, dass die gespeicherte Prozedur **TestQuery** nicht gefunden werden konnte. Das gleiche geschieht, wenn Sie **adCmdText** als **Command.CommandType**-Eigenschaft verwenden und einen einzelnen Objektnamen übermitteln.

Dies bedeutet, dass Sie eine beliebige gespeicherte Prozedur (Parameter usw.) mit Hilfe der folgenden Syntax ausführen (vorausgesetzt, **GetTitles** ist eine gespeicherte Prozedur):

```
Cn.GetTitles "1980", rsMyRecordset
```

Das Problem bei der Verwendung von gespeicherten Prozeduren als **Connection**-Methode besteht darin, dass die OUTPUT-Parameter nicht gehandhabt werden können. Wenn also die gespeicherte Prozedur über OUTPUT-Parameter verfügt, werden diese bei Einsatz dieser Technik nicht an Sie zurückgegeben – es wurde kein **Command**-Objekt zur Behandlung dieser erstellt. Sie können die gespeicherte Prozedur ausführen, aber Sie müssen Platzhalter für jeden OUTPUT-Parameter übergeben, da ADO die Richtung der Ausgabeparameter (**OUTPUT Parameter.Direction**) standardmäßig auf INPUT/OUTPUT (**adParamInputOutput**) setzt. Nach Ausführung der Abfrage steht kein **Command**-Objekt zum Abrufen der Rückgabeparameter zur Verfügung.

5.3.6 Tipps und Warnungen zum »Command«-Objekt

Bei der Arbeit mit dem **Command**-Objekt zur Entwicklung von Beispiel- und Testcode stieß ich auf verschiedene Tipps. Eine Zusammenfassung dieser Tipps und Vorgehensweisen führe ich nachfolgend auf. Ich habe hier auch einige Vorschläge mit einbezogen, die von meinen Studenten und den Personen stammen, mit denen ich per E-Mail kommuniziere.

- Wenn Sie versuchen, eine gespeicherte Prozedur auszuführen, und die beschriebenen Parameter stimmen nicht mit den Erwartungen von SQL Server überein, kann alles Mögliche passieren, einschließlich der Anzeige des folgenden Fehlers: »-2147418113 Unerwarteter Fehler«.
- Wenn Sie die **CommandType**-Eigenschaft auf **adCmdStoredProc** setzen und statt einer gespeicherten Prozedur eine Tabelle referenzieren, wird der folgende auffangbare Fehler erzeugt: »-2147217900 – Die Anforderung der Prozedur 'Publishers' schlug fehl, da 'Publishers' ein Tabellenobjekt ist«. Es wird klar, dass ADO Sie beobachtet. Dem Profiler konnte nicht entnommen werden, dass zusätzliche Serverabfragen ausgeführt wurden, obwohl diese tatsächlich stattgefunden haben. Diese Informationen wurden jedoch möglicherweise zwischengespeichert.

Wenn das an die **Command**-Objektparameter übergebene Argument nicht den Datentypanforderungen entspricht (**string**, **number**, **integer**, **date**, **currency** usw.), wird durch den Code Fehler 3421 ausgelöst: »Die Anwendung verwendet für die aktuelle Operation einen Wert vom falschen Typ«. Wer schreibt eigentlich diese Fehlermeldungen?

- Wird der **CommandType**-Wert **adCmdUnknown** beibehalten und enthält die Abfrage eine SELECT-Anweisung, wird der Befehlstyp über ADO ermittelt und auf **adCmdText** gesetzt.
- Lautet der **CommandType**-Wert **adCmdTable**, führt jeder Eintrag im Befehlstext, bei dem es sich nicht um einen Tabellennamen handelt, zum folgenden Syntaxfehler: »-2147217900 Falsche Syntax im Bereich des Schlüsselwortes

'select'«. Der ODBC-Provider dagegen spürt keine falschen Tabellennamen auf. Ich habe mit Hilfe von **adCmdTable** und dem Befehlstext »Fred« ein **Command**-Objekt erstellt, und als ADO »SELECT * FROM FRED« übermittelte, erfolgte keine Beschwerde durch ADO. Der OLE DB-Provider dagegen gab den folgenden Fehler zurück: »-2147217865 Ungültiger Objektname 'fred'«. Interessant.

Anmerkung Vom OLE DB-Provider zurückgegebene Fehlermeldungen werden ohne Angabe zur fehlererzeugenden Schicht zurückgegeben. Die ODBC-Meldungen werden folgendermaßen angezeigt:

```
[Microsoft][ODBC SQL Server Driver][SQL Server] Ungültiger Objektname
'fred'.
```

5.3.7 Ereignisbehandlung für »Connection«-Objekte

Dies ist einfach – für das **Command**-Objekt werden keine Ereignisse offen gelegt. Sie müssen zur Behandlung von Ereignissen im Zusammenhang mit dem **Command**-Objekt das **Connection**- oder **Recordset**-Objekt heranziehen. Wenn Sie ein **Command**-Objekt asynchron ausführen, können Sie das **WillExecute**- oder **ExecuteComplete**-Ereignis für das verknüpfte **Connection**-Objekt dazu verwenden, die Ausführungsbeendigung zu ermitteln oder die **State**-Eigenschaft des **Command**-Objekts abzufragen.

5.4 Überlegungen hinsichtlich der Leistung: Sinnvoller Einsatz von »Command«-Objekten

Eines der häufigsten Leistungsprobleme mit **Command**-Objekten besteht in der Instanziierung (Erstellung), Ausführung und Zerstörung der Objekte mit einem einzigen **Command_Click**-Ereignis, über eine Komponente der mittleren Schicht oder auf einer Webseite. Dies ist ein Problem, da in diesen Fällen die Kosten für die Objekteinrichtung nicht nur einmalig, sondern bei jeder Befehlsausführung anfallen. Da Sie nicht erwarten können, eine Anwendung oder Komponente so zu skalieren, dass **Command**-Objekte praktisch herumliegen und auf potenzielle Abnehmer warten, müssen diese bei Bedarf erstellt werden. Obwohl es sicherlich Fälle gibt, in denen ein **Command**-Objekt erstellt werden muss, möchten Sie im Allgemeinen Ressourcen nur dann zur Objektinstanziierung und -vorbereitung einsetzen, wenn dies erforderlich ist. In der mittleren Schicht (Microsoft Transaction Server oder ASP) haben Sie hierbei allerdings oft keine Wahl. Daher sollten Sie in solchen Situationen Ihre Abfragestrategie genau überdenken und ermitteln, ob es tatsächlich nötig ist, ein **Command**-Objekt immer dann zu erstellen/zu verwenden/zu zerstören, wenn die Methode oder die ASP-Seite referenziert werden – insbesondere dann, wenn günstigere Alternativen verfügbar sind. Obwohl mit

Hilfe von **Command**-Objekten Prozedurparameter einfacher verwaltet werden können, wiegt der zusätzliche Overhead bei deren Erstellung die bessere Leistung möglicherweise nicht auf.

Wir gingen immer davon aus, dass der fundamentale Zweck des **Command**-Objekts in der Unterstützung von ADO bei der Erstellung temporär gespeicherter Prozeduren zum schnelleren Ausführen von Abfragen liegt. Es hat sich jedoch gezeigt, dass ADO den Zweck dieses Ansatzes der Erstellung und Ausführung temporär gespeicherter Prozeduren dahingehend geändert hat, SQL Server und andere Provider bei der effizienteren Handhabung wiederholter Ad-hoc-Abfrageauslösungen zu unterstützen.

Die **Execute**-Methode des **Command**-Objekts erstellt darüber hinaus das **Recordset**-Objekt für Sie. Daher können Sie **LockType**, **CursorType**, **CacheSize**, **MaxRecords** oder weitere interessante (aber leistungsbeeinträchtigende) Recordseteigenschaften nicht im Voraus festlegen – Sie müssen sich mit den Standardeinstellungen zufrieden geben. Das standardmäßige Recordset ist ein schreibgeschütztes (RO), vorwärts gerichtetes (FO), sehr effizientes Resultset mit **CacheSize=1** (cursorlos), dessen Verhalten einer Hochleistungsanwendung nahe kommt. Wenn Sie jedoch das **Options**-Argument für die **Execute**-Methode codieren, können Sie ADO mitteilen, dass mit der Abfrage keine Zeilen zurückgegeben werden (wie gleich gezeigt wird), und dies führt zu einer verbesserten Leistung.

```
Set rs = cmd.Execute(Options:=adExecuteNoRecords)
```

Jegliche Informationen, die Sie ADO hinsichtlich der Verarbeitung des Inhalts der **CommandText**-Eigenschaft mitteilen können, tragen zu einer Leistungssteigerung bei. Wie bei der **Open**-Methode des **Recordset**-Objekts, das in Kapitel 6 behandelt wird, müssen Sie ADO mitteilen, ob es sich um den Namen einer gespeicherten Prozedur, um eine Tabelle, eine Datei oder um eine wahlfreie SQL handelt. Nein, **adCmdTableDirect** ist für die meisten Provider nicht zulässig. Der standardmäßige Wert für **CommandType** lautet **adCmdUnknown** – bei dieser Einstellung »rät« ADO, und dies beansprucht Zeit.

In vielen Fällen kann die Leistung durch das Vermeiden von zusätzlichen Serverabfragen durch den Client gesteigert werden. Wenn Sie beispielsweise eine Reihe zueinander in Beziehung stehender Operationen in einer einzelnen Abfrage zusammenfassen, können Sie den System- und Backendoverhead verringern. Es unterstützen jedoch nicht alle Provider Mehrfachoperationen – SQL Server bietet diese Unterstützung, Jet/Access nicht. Ich verwende diese Vorgehensweise, um Masseneinfügevorgänge oder eine Reihe von in einer Transaktion gebundenen Befehle auszuführen. Sie müssen hierbei mit den komplexeren Resultsets umgehen können, die bei Einsatz dieser Technik von ADO erzeugt werden. Aber das ist nicht schwer.

6 Recordsetstrategien

Tut mir leid, dass ich so lange gebraucht habe, um auf diesen Punkt zu kommen, aber jetzt sind wir endlich soweit, dass wir uns mit Daten und Resultsets befassen können. Bis jetzt haben wir nur eine Menge an Hintergrundinformationen aufgearbeitet, und es liegt noch ein langer Weg vor uns, daher sollten wir langsam loslegen.

Das **Recordset**-Objekt ist die Schnittstelle, die ADO zum Offenlegen von Rowsets verwendet. Nicht alle Resultsets umfassen auch Rowsets, daher ist in Ihrer Abfrage möglicherweise gar kein Rowset enthalten. Die Erstellung von **Recordset**-Objekten ist aufwendig. Wenn Sie die Wahl haben, weisen Sie ADO daher besser nicht an, eines zu erstellen. Wenn Sie jedoch die Rowsetkomponente Ihrer Abfrage verwalten müssen, ist das ADO-**Recordset**-Objekt das leistungsstärkste Objekt, das ADO einem Datenzugriffsproblem entgegenzusetzen hat.

Die Erläuterung des Recordsets verteilt sich über mehrere Kapitel. In diesem Kapitel wird beschrieben, wie, wann und warum ein Recordset erstellt wird. Dieses Kapitel führt Sie durch die Erstellung des ADO-**Recordset**-Objekts und bietet außerdem einige Tipps zur effizienten Verwendung der Datenquelle. Zusätzlich werden das Auffüllen von Recordsets mit Daten, die Navigation und die Aktualisierung von Recordsets besprochen sowie der Versuch unternommen, die allgemeine Verwirrung über Sperrvorgänge, sowohl auf Seiten- als auch auf Zeilenebene, zu beseitigen. In Kapitel 7 wenden wir uns dann der Bearbeitung des Recordsets zu. Dort liegt der Schwerpunkt auf dem Binden, Sortieren, Filtern und Suchen des Rowsets. In Kapitel 8 wird das Marshaling von Recordsets behandelt. Damit ist nicht das Anordnen der Recordsets in sauberen Reihen gemeint, sondern deren Verschiebung von einer Schicht zur anderen.

Die Technik, die Sie zum Erstellen des **Recordset**-Objekts verwenden, kann wesentliche Auswirkungen auf die Leistung und die Skalierbarkeit der Anwendung oder Komponente haben, und zwar unabhängig davon, ob sie auf einem Windows-Desktop oder auf einem IIS-Server im Datenzentrum ausgeführt wird. Wie im Kapitel über ADO-**Command**-Objekte bereits besprochen wurde, kann sich die Syntax zum Ausführen der Abfrage auch erheblich darauf auswirken, was auf dem Server ausgeführt wird und was zurückgegeben wird.

6.1 Einführung in Recordsets

Wenn ADO in Ihrer Abfrage ausgeführt wird, werden die geeigneten Zeilen über ein **Recordset**-Objekt zurückgegeben.[1] Sie müssen jedoch nicht unbedingt ein Recordset erstellen, um Informationen abzurufen. Sie können auch eine Abfrage erstellen, die eine Ergebnismenge in Form von Ausgabeparametern oder einfach als Ganzzahl zurückgibt, die den Wiedergabestatus einer gespeicherten Prozedur widerspiegelt. Ausgabeparameterinformationen werden alle im **Command**-Objekt, nicht im Recordset zurückgegeben. Wichtig ist, dass ADO (und RDO, DAO und die ODBC-API) grundsätzlich Resultsets als »Antwort« auf Ihre Abfrage (Ihre Frage an den Datenprovider) zurückgibt. Resultsets werden unabhängig davon erzeugt, ob Ihre Abfrage eine SELECT-Anweisung enthält.

Wenn die SQL-Anweisung lediglich eine UPDATE SQL-Anweisung ausführt, wird ein Resultset, jedoch kein »Rowset« zurückgegeben. Das UPDATE-Resultset enthält einfach die Anzahl der betroffenen Zeilen. Wenn Ihre Abfrage jedoch eine SELECT-Anweisung ausführt, die Zeilen aus der Datenquelle abruft, enthält das Resultset ein Rowset. Auch wenn dieses Rowset möglicherweise keine Zeilen umfasst, sind darin auf jeden Fall die DDL-Schemainformationen (Data Description Language) aus der bzw. den referenzierten Tabelle(n) enthalten. Findet ADO ein Rowset im Resultset vor, wird zu dessen Verwaltung ein **Recordset**-Objekt generiert, selbst wenn keine Zeilen vorhanden sind.

Beispielsweise können Sie folgende Routine codieren, um das Schema einer ausgewählten Tabelle abzurufen. (Jawohl, dies ist einer der seltenen Fälle, in denen SELECT * akzeptabel ist.)

```
rs.Open "select * from titles where 1=0", cn
Debug.Print rs.State, adStateOpen, rs.EOF
For Each fld In rs.Fields
   Debug.Print fld.Name, fld.Type, fld.DefinedSize
Next fld
```

Im Gegensatz zu allen Behauptungen der MSDN-Dokumentation handelt es sich bei einem Recordset nicht einfach um einen »Cursor«. Ein Recordset ist ein COM-Objekt, das entweder in Ihrem Code definiert ist oder durch eine ADO-Methode erzeugt wurde und das möglicherweise ein Rowset und einige DDL-Informationen über den Ursprung der Daten enthält. Diese Schemabeschreibung gibt an, woher die Daten stammen (die Abfrage-, Tabellen- und Feldnamen), und enthält eine Reihe weiterer Eigenschaften zur Beschreibung der Daten. Die Menge der zurückgegebenen Zeilen (das Rowset) kann in Form eines Cursors zurückgegeben werden. Hierbei handelt es sich um einen Mechanismus, der zur logischen (und physischen) Änderung der Zeilen eingesetzt wird. Der standardmäßig implementierte Mechanismus zur Rückgabe des Rowsets ist jedoch ein »cursorloses« Resultset, da es weder Scrolling (rollbare Cursor) noch Aktualisierbarkeit unterstützt. Ein **Recordset**-Objekt kann demnach weit mehr als nur einen »Cursor« zurückgeben.

1. Geeignete Zellen sind Zellen, die aus der oder den Datenbanktabelle(n) zurückgegeben werden und die den Bedingungen entsprechen, die in der SELECT-Anweisung und der zugehörigen WHERE-Klausel festgelegt sind.

6.1.1 Inhalt eines Resultsets

Im Buch werden immer wieder einige Begriffe verwendet, die möglicherweise einer Erklärung bedürfen. Ich bin zwar dafür bekannt, dass ich Begriffe ab und zu erfinde, diese Begriffe stammen jedoch (zum größten Teil) aus den Handbüchern, die ich vor vielen Jahren bei der Arbeit mit Mainframedatenbanken gelesen habe.

Wenn Sie eine Abfrage für einen relationalen Datenbankprovider ausführen, sendet dieser als Antwort ein **Resultset**[2] zurück. Ein Resultset kann Folgendes enthalten:

- 0 bis 1 Rowset. Hierbei handelt es sich um Mengen von Zeilen, die durch eine SELECT-Anweisung in der Abfrage zurückgegeben werden.
- 0 bis 1 **RowsAffected**-Wert (Anzahl betroffener Zeilen). Dies wird durch eine Aktionsabfrage, z. B. eine INSERT-, DELETE- oder UPDATE SQL-Anweisung, zurückgegeben.

Wenn Sie eine gespeicherte Prozedur ausführen, kann das Resultset auch mehrere Resultsets zurückgeben, die neben einem Rowset oder **RowsAffected**-Werten auch Folgendes enthalten können:

- 0 bis 1 Wiedergabestatuswert. Hierbei handelt es sich um die Ganzzahl, die bei Ausführen der RETURN TSQL-Anweisung zurückgegeben wird.
- 0 bis **n** OUTPUT-Parameter. Die Höchstzahl für diese Parameter liegt bei ungefähr 1000.
- 0 bis **n** COMPUTE- oder COMPUTE BY-Rowsets und Gesamtsummen von Aggregatberechnungen
- 0 bis **n** PRINT-Meldungen
- 0 bis 1 RAISERROR-Meldung und Fehlercode

Je nach der in der Abfrage enthaltenen Logik kann ein Resultset einfach aus einem einzelnen Rowset bestehen oder sehr komplex sein und viele verschiedene Strukturen umfassen.

6.1.2 Entwicklungsstrategien

Die erste Frage, die Sie zum jetzigen Zeitpunkt stellen sollten, lautet »Muss man überhaupt ein Recordset erstellen?« Die Antwort lautet kurz und knapp: »Vielleicht«. Recordsets werden **nur** benötigt, wenn die Antwort auf Ihre Anfrage in Form eines Rowsets erfolgen muss. Wenn ich Ihnen die Frage »Wie viele Badezimmer hat Ihr Haus?« stellen würde, bekäme ich von Ihnen keine detaillierte

2. Resultset: Aus diesem Grund haben wir das RDO-Objekt, das Resultsets verarbeitet, als **Resultset**-Objekt bezeichnet.

Liste mit den genauen Ortsangaben und der Farbe der darin herumhängenden Handtücher – es sei denn, Sie hätten Ambitionen zum Innendekorateur. Sie würden wahrscheinlich antworten: »Zwei«.

Dasselbe Prinzip gilt, wenn der Server nach Informationen gefragt wird. Sie müssen die Antwort auf SQL-Fragen nicht immer in Form von Zeilen zurückgeben lassen. In Fällen, in denen die Abfrage durch einen booleschen Wert (wahr oder falsch), eine Zahl (2), eine Zeichenfolge (»kein«) oder sogar eine Reihe von Werten beantwortet werden kann, haben Sie die Möglichkeit, diese über OUTPUT-Parameter oder eine Vielzahl anderer Techniken an die Anwendung oder Komponente zurückzugeben, besonders dann, wenn Sie über eine zwischengeschaltete mittlere Schicht mit der Datenbank kommunizieren. Behalten Sie jedoch im Hinterkopf, dass der Recordsetmechanismus relativ aufwendig zu erstellen und zu verwalten ist. Seine Verwendung sollte daher gegen die beanspruchten Ressourcen abgewägt werden.

Die Erstellung von Recordsets ist nicht so schwierig. Zu oft erlebt man jedoch Abfragen, die völlig gesunde Systeme in die Knie zwingen. Nein, normalerweise wird dieser Umstand nicht nur durch eine Abfrage hervorgerufen. Den größten Schaden richten in der Regel ein Dutzend schlecht geschriebener Abfragen an, die zu oft ausgeführt werden. Auch wenn (richtigerweise) großer Wert auf die Recordset eigenschaften **CursorType** und **LockType** gelegt wird, gebührt der Eigenschaft **Source** größere Aufmerksamkeit.

Im Grunde handelt es sich bei der Eigenschaft oder dem Argument **Source** der Methode **Recordset Open** um die »Frage«, die Sie vom Datenprovider beantworten lassen möchten. Hierbei kann es sich um den Namen einer Tabelle, einer gespeicherten Prozedur oder einer SQL-Abfrage handeln. Die Erstellung dieser Abfrage kann eine Herausforderung darstellen. Denken Sie daran, dass jeder Provider einen eigenen SQL-Dialekt erfordert – vergleichbar mit einem Bayern, der sich mit einem Preußen unterhalten möchte. Auch wenn sie dieselbe Sprache sprechen, können zuweilen beleidigende Missverständnisse aufkommen.

Mit Visual Basic wird versucht, die Erstellung syntaktisch korrekter (Syntactically Correct, SC)[3] SQL-Abfragen einfacher zu gestalten. Meine Experimente erbrachten jedoch einige frustrierende Resultate, die ich an dieser Stelle lieber für mich behalten möchte. Um es kurz zu fassen: Es scheint, dass das, was die Visual Database Tools für eine effiziente Jet-Abfrage halten, nicht mit dem übereinstimmt, was Access für dieselbe Abfrage derselben Datenbank erstellen würde. Ich für meinen Teil ziehe den Access-Ansatz vor. Auf der anderen Seite scheinen die von

3. SC-Abfragen dienen dazu, die zarten Gefühle des Abfrageprozessors nicht zu verletzen (er ist ja so empfindlich), ebenso wie politisch korrekte Anmerkungen verhindern sollen, dass der Leser sich beleidigt fühlt.

den Visual Database Tools erstellten Abfragen für SQL Server in Ordnung zu sein. Sie sind nicht nur syntaktisch korrekt, sie halten sich sogar an die neue ANSI JOIN-Syntax. Ich würde Ihnen empfehlen, den Abfragegenerator mit vier Teilfenstern auszuprobieren (Abbildung 6.1). Dieses interaktive GUI-Tool ermöglicht Ihnen das Ziehen von Tabellen aus dem Datenansichtsfenster, das Auswählen von Spalten, Kriterien und anderen Filtern sowie die Anzeige der generierten SQL-Sprache und der Zeilen, die durch die Abfrage zurückgegeben werden.

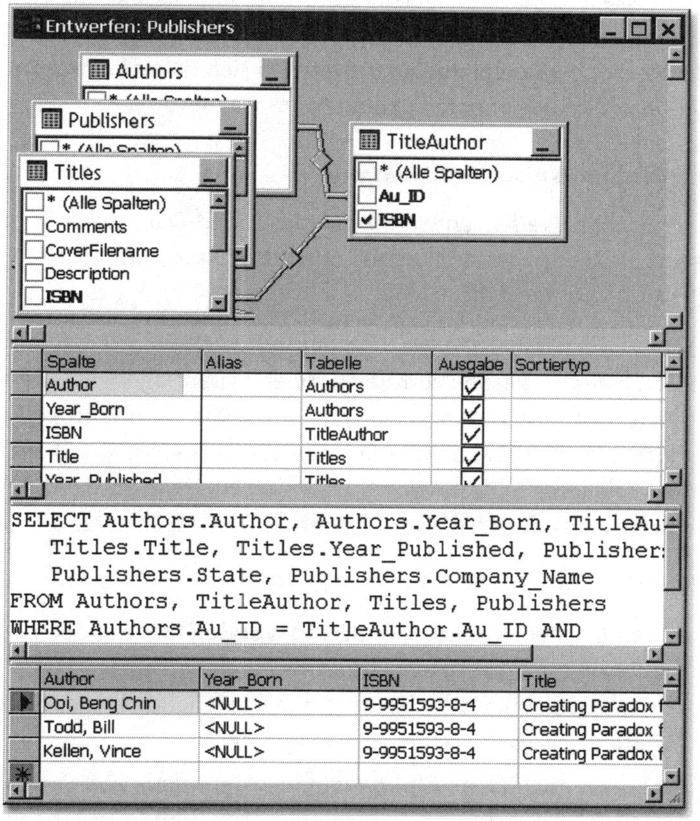

Abbildung 6.1 VDT-Abfrage-Designer

Diese generierte SQL-Sprache können Sie in einer Ad-hoc-Abfrage oder in der AS-Klausel einer gespeicherten Prozedur erneut verwenden. Bei diesen Abfragen können Parameter eingesetzt werden. Fügen Sie hierzu einfach (an den entsprechenden Stellen in der WHERE-Klausel) eine Parametermarke »?« in die Abfrage ein. Auch wenn der Datenumgebungs-Designer für die Ausführung der Abfrage ein Datenbankumgebungs-Designer-Objekt erstellen kann, halten mich die damit verbundenen Probleme davon ab, ihn für hochwertige Entwicklung zu empfehlen.

Sie können auch das Abfrageentwurfsfenster von Microsoft Access zum Drag&Drop von SQL-Abfragen verwenden. Sobald die Abfrage wunschgemäß eingerichtet ist, kopieren Sie die Abfrage einfach aus dem SQL-Fenster. Ich würde mich bei der Erstellung dieser Abfragen nicht auf die Visual Database Tools verlassen, da sie nicht die optimale SC SQL-Sprache einsetzen, sondern anstelle der ANSI JOIN-Syntax allgemeine Verknüpfungen verwenden.

Die Möglichkeit zum Codieren einer SC-Abfrage ist jedoch noch nicht der vollständige Weg zu einer skalierbaren Hochleistungsanwendung. In diesem Fall kommt es nicht immer darauf an, **wie** man es sagt, sondern **was** man sagt. Der Abfrageprozessor ist nicht besonders empfindlich, Sie müssen sich daher keine Sorgen machen, dass Sie seine Gefühle verletzen könnten.

Arbeiten mit der »Biblio«-Beispieldatenbank

Alle Beispiele in diesem Buch greifen entweder auf die **Biblio**-Datenbank von SQL Server 7.0 oder auf die beiden Jet 4.0-Datenbanken zu. Diese Datenbanken werden auf der Begleit-CD bereitgestellt.

Die **Biblio**-Datenbank wurde mit Hilfe der neuen gespeicherten Prozedur **sp_detach_db** von SQL Server 7.0 gespeichert und auf den Datenträger geschrieben, wodurch die Steuerung der MDF- und LDF-Dateien (Daten- und Protokolldateien) freigegeben wird. Damit diese beiden Dateien verwendet werden können, müssen sie erneut mit Ihrer SQL Server 7.0-Datenbank verknüpft werden. Leider gibt es keine Oracle-, Jet- oder DB2-Version der **Biblio**-Beispieldaten.

So gehen Sie vor, um diese Dateien erneut zu verknüpfen:

1. Kopieren Sie die beiden Dateien (**workdata.mdf** und **worklog.ldf**) von der CD in ein geeignetes Verzeichnis auf Ihrer Festplatte. Diese beiden Dateien befinden sich auf der CD im Verzeichnis **\Databases**. (Im nachstehenden Codebeispiel wird **C:\ADO\Databases** als Zielverzeichnis eingesetzt.)
2. Stellen Sie sicher, dass sich noch keine **Biblio**-Datenbank auf dem SQL-Server befindet. Ist dies jedoch der Fall, müssen Sie die vorhandene **Biblio**-Datenbank umbenennen (empfohlene Variante) oder löschen oder die neue Version umbenennen (nicht empfehlenswert).
3. Führen Sie die SQL-Anweisung zum Verknüpfen der Datenbankdateien mit dem Server aus, und installieren Sie auf diese Weise die **Biblio**-Datenbank. Diese SQL-Anweisung ist in der Datei **attachbiblio.sql** enthalten:

```
sp_attach_db biblio ,'C:\ADO\Databases\workdata.mdf',
C:\ADO\Databases\worklog1.ldf'
```

Sobald die Datenbank installiert ist, werden Sie feststellen, dass sie nur eine Benutzer-ID bietet, nämlich **Admin** mit dem Kennwort **pw**. Sie können sich auch selbst als Benutzer hinzufügen (empfohlen); in diesem Fall müssen Sie jedoch auch die **Biblio**-Datenbankberechtigungen konfigurieren, die Ihnen den Zugriff auf die Datenbank ermöglichen. Außerdem bietet es sich an, die Beispielanwendungen so zu bearbeiten, dass Ihre Benutzer-ID verwendet wird. Nein, es empfiehlt sich nicht, die Benutzer-ID **SA** einzusetzen. Die CD enthält auch ein SQL-Skript, das vom Query Analyzer oder von ISQL zum Erteilen sämtlicher Berechtigungen an Ihre neue Benutzer-ID verwendet werden kann. Melden Sie sich am Query Analyzer an, wählen Sie die Zieldatenbank aus (**Biblio**), und führen Sie mit der neuen Benutzer-ID die folgende gespeicherte Prozedur aus.

```
sp_GrantAllPermissionsTo <Ihre Benutzer-ID>
```

6.2 Erstellen von »Recordset«-Objekten

Abhängig von der Technik, die Sie zum Ausführen der Abfrage wählen, erstellt ADO entweder ein standardmäßiges **Recordset**-Objekt für Sie oder erwartet, dass Sie bereits vor Ausführen der Abfrage eines erstellt und parat haben. Offen gesagt bevorzuge ich letztere Variante, da das Erstellen eines eigenen Recordsets die meiste Flexibilität bei der Verwaltung des Rowsets (sobald es eintrifft) gewährleistet. Da jedoch das standardmäßige ADO-Recordset extrem effizient ist, kann man es auch ohne großen Aufwand von ADO erstellen lassen. Das standardmäßige **Recordset**-Objekt wird RO/FO (Read-Only/Forward-Only) eingerichtet, und die zugehörige Eigenschaft **CacheSize** ist auf 1 gesetzt. Auf diese Weise wird ein cursorloses Resultset (Firehoseresultset) generiert, um das von der Abfrage zurückgegebene Rowset aufzunehmen.

Bevor wir beginnen, die Vorzüge cursorloser Resultsets zu besprechen, wenden wir uns den Techniken zu, die zum Deklarieren des Recordsets verwendet werden. Eigentlich ist das Ganze ziemlich einfach:

```
Dim rsArchive As ADODB.Recordset
```

Etwas später dann im Code (kurz bevor Sie das Recordset benötigen):

```
set rs = New ADODB.Recordset
```

Die scheinbar einfachere Variante ist nicht empfehlenswert:

```
Dim rs As New ADODB.Recordset
```

Wenn Sie die Syntax **Dim xx as New yyy** verwenden, wird Sie zwar nicht direkt der Zorn Gottes treffen, Sie müssen jedoch Leistungseinbußen hinnehmen, und zwar bei **jedem** Verweis auf das **Recordset**-Objekt. Außerdem werden Sie feststellen, dass die **NextRecordset**-Methode nicht mehr **Nothing** zurückgibt, wenn keine weiteren Resultsets vorhanden sind. Dies wurde jedoch schon in Kapitel 2 behandelt.

6.2.1 Funktionsweise des »Field«-Objekts

Ein Recordset enthält von einem bis zu (fast) jeder beliebigen Anzahl **Field**-Objekte – eines für jede Spalte in der Zeile. Die Antwort auf Ihre Frage (Ihre Abfrage) ist im **Field**-Objekt gespeichert, genauer gesagt, in der **Value**-Eigenschaft des **Field**-Objekts. An dieser Stelle werden auch neue oder geänderte Daten abgelegt, die an den Datenprovider zurückübertragen werden sollen. Im Grunde genommen entspricht das **Field**-Objekt dem Begriff »Spalte« in Bezug auf relationale Datenbanken, in denen Zeilen aus einer oder mehreren Spalten bestehen, so wie **Recordset**-Objekte sich aus einem oder mehreren **Field**-Objekten zusammensetzen.

Das **Field**-Objekt selbst beschreibt die Größe, den Ursprung, die Genauigkeit, die numerische Skalierung, die Quelltabelle und die Spalte der Daten und enthält eine ganze Reihe von Bitflags, die in der Eigenschaft **Attributes** gespeichert werden. Diese Bitflags sind alle schreibgeschützt, sofern Sie zur Erstellung des **Field**-Objekts nicht die **Recordset Append**-Methode verwenden. Tabelle 6.1 zeigt die aufgelisteten Werte für die Eigenschaft **Attributes**. Die übrigen Eigenschaften des **Field**-Objekts werden im weiteren Verlauf dieses Kapitels besprochen.

Auflistung der »Attributes«-Eigenschaften	Bit	Beschreibung
`adFldCacheDeferred`	0x1000	Weist darauf hin, dass der Provider Feldwerte zwischenspeichert und dass nachfolgende Lesevorgänge aus dem Cache erfolgen.
`adFldFixed`	0x10	Weist darauf hin, dass das Feld Daten festgelegter Länge enthält.
`adFldIsChapter`	0x2000	Bedeutet, dass das Feld einen Kapitelwert enthält, der ein bestimmtes untergeordnetes Recordset angibt, das mit diesem übergeordneten Feld in Bezug steht. Normalerweise werden Kapitelfelder beim Einsatz von Datenshaping oder Filtern verwendet.
`adFldIsCollection`	0x40000	Weist darauf hin, dass im Feld angegeben ist, dass es sich bei der durch den Datensatz dargestellten Ressource um eine Auflistung anderer Ressourcen handelt, beispielsweise um einen Ordner, und nicht um eine einfache Ressource wie z. B. eine Textdatei.

Tabelle 6.1 Auflistungen der »Attributes«-Eigenschaft des »Field«-Objekts

Auflistung der »Attributes«-Eigenschaften	Bit	Beschreibung
adFldIsDefaultStream	0x20000	Zeigt an, dass das Feld den standardmäßigen Stream für die durch den Datensatz dargestellte Ressource enthält. Der Standardstream kann beispielsweise der HTML-Inhalt eines Stammordners in einer Website sein, der automatisch angezeigt wird, wenn die Stamm-URL angegeben wird.
adFldIsNullable	0x20	Weist darauf hin, dass das Feld Nullwerte akzeptiert.
adFldIsRowURL	0x10000	Weist darauf hin, dass das Feld die URL-Adresse enthält, die die von dem Datensatz dargestellte Ressource aus dem Datenspeicher benennt.
adFldKeyColumn	0x8000	Weist darauf hin, dass es sich bei dem Feld um den primären Schlüssel des zugrunde liegenden Rowsets handelt. Kann außerdem ein Hinweis darauf sein, dass das Feld Bestandteil eines zusammengesetzten primären Schlüssels ist.
adFldLong	0x80	Zeigt an, dass es sich bei dem Feld um ein langes binäres Feld handelt. Weist außerdem darauf hin, dass Sie die Methoden **AppendChunk** und **GetChunk** verwenden können.
adFldMayBeNull	0x40	Weist darauf hin, dass Sie Nullwerte aus dem Feld lesen können.
adFldMayDefer	0x2	Zeigt an, dass das Feld verzögert wird, das heißt, die Feldwerte werden nicht mit dem gesamten Datensatz aus der Datenquelle abgerufen, sondern erst, wenn Sie explizit darauf zugreifen.
adFldNegativeScale	0x4000	Weist darauf hin, dass das Feld einen numerischen Wert aus einer Spalte darstellt, die negative Skalenwerte unterstützt. Die Skala wird durch die Eigenschaft **NumericScale** festgelegt.
adFldRowID	0x100	Zeigt an, dass das Feld einen dauerhaften Zeilenbezeichner enthält, der nicht geändert werden kann und der keine andere Aufgabe erfüllt, als die Zeile zu kennzeichnen (beispielsweise eine Datensatznummer, ein eindeutiger Bezeichner usw.).
adFldRowVersion	0x200	Zeigt an, dass das Feld eine Art Zeit- oder Datumsstempel enthält, anhand dessen Aktualisierungen verfolgt werden können.
adFldUnknownUpdatable	0x8	Zeigt an, dass der Provider nicht feststellen kann, ob Sie das Feld bearbeiten können.

Tabelle 6.1 Auflistungen der »Attributes«-Eigenschaft des »Field«-Objekts

Auflistung der »Attributes«-Eigenschaften	Bit	Beschreibung
adFldUnspecified	-1	Weist darauf hin, dass der Provider die Feldattribute nicht angibt.
adFldUpdatable	0x4	Zeigt an, dass Sie das Feld bearbeiten können.

Tabelle 6.1 Auflistungen der »Attributes«-Eigenschaft des »Field«-Objekts

Tipp ADO hat einen der primären Gründe für das Erstellen von Ansichten nicht richtig begriffen – den Schutz der Datenbank. Das heißt, wir erstellen eine Ansicht mit Berechtigungen, die einer Teilmenge der zugrunde liegenden Tabellen erteilt werden. Wenn Sie jedoch clientseitige Cursor verwenden, umgeht ADO die Ansicht und versucht direkt auf die Roottabellen zuzugreifen, wenn Sie die Daten aktualisieren möchten. Der Grund hierfür liegt darin, dass ADO, wenn es die Metadaten zum Durchführen eines UPDATE-, DELETE- oder INSERT-Vorgangs erstellt, keine Ahnung hat, dass es eigentlich auf eine Ansicht zugreift. Wenn also der Zeitpunkt gekommen ist, zu dem die Aktionsabfrage durchgeführt werden soll, kennt ADO das Ziel genau – die Roottabelle.

6.3 Arbeiten mit »Recordset«-Objekten

Sobald das **Recordset**-Objekt erstellt wurde, können Sie mit der Einstellung der entsprechenden Eigenschaften und der Ausführung der Methoden beginnen. Solange das **Recordset**-Objekt noch nicht geöffnet wurde, können Sie weiterhin Änderungen an seinen Eigenschaften vornehmen. Sie haben sogar die Möglichkeit, Ihre eigene **Fields**-Auflistung zu erstellen und so die Datenstruktur selbst zu beschreiben. Sobald die **Execute**- oder **Open**-Methode jedoch das von Ihnen entworfene Recordset erstmals geöffnet bzw. das Recordset für Sie erstellt hat (mit der **Execute**-Methode), werden alle Eigenschaften des Recordsets mit Ausnahme von **Value** festgesetzt, sodass Sie keine Codeänderungen mehr vornehmen können. Ein wichtiger Punkt hierbei ist, dass die **Execute**-Methode ein brandneues Recordset unter Verwendung der standardmäßigen Recordsetkonfiguration selbst erstellt. Auch wenn viele Designstrategien den Standardcursor effektiv nutzen, gibt es Fälle, in denen Sie die Basiskonfiguration ändern müssen. Dies ist beispielsweise dann der Fall, wenn Sie die **Open**-Methode oder eine der anderen (im weiteren Verlauf beschriebenen) Methoden verwenden müssen, die ein vorhandenes Recordset wiederverwerten, um die gewünschte Recordsetfunktionsweise zu definieren.

Betrachten Sie nun die Recordseteigenschaften und -methoden, die am besten folgendermaßen nach Funktionen gruppiert werden:

- Abfrageverwaltung – Angabe und Ausführung der Abfrage für einen bestimmten Datenprovider
- Cursorverwaltung – Angabe des Recordsetcursors vor der Ausführung und dessen Bearbeitung nach Rückgabe des Rowsets
- Verwaltung der aktuellen Zeile – Zugriff auf das Rowset und Änderung, Speicherung und Verschiebung des Zeigers für die aktuelle Zeile
- Aktualisierungsverwaltung – Durchführung der Änderungen am Rowset des **Recordset**-Objekts
- Parallelzugriffsverwaltung – Auswirkungen des Cursors auf Versuche konkurrierender Benutzer, auf die Daten zuzugreifen und sie zu aktualisieren
- Transaktionsverwaltung – Initialisieren und Übergeben oder Rückgängigmachen von Transaktionen von der Anwendung aus oder Bearbeiten von Transaktionen, die an einem anderen Standort verwaltet werden
- Statusverwaltung – Informationsweise durch ADO zum Status des Recordsets
- Recordsetpersistenz – Speichern des Recordsets in einer Datei oder einem Stream bzw. Laden des Recordsets nach dem Speichern

6.3.1 Erstellen effizienter »Recordset«-Objekte

Viel zu oft verlangt man beim Erstellen von Recordsets mehr, als man braucht. Das standardmäßige ADO-Recordset ist sehr effizient, sodass Sie mit Hilfe von ADO eine Hochleistungsanwendung oder -komponente erstellen können. Jede gewählte Option, die von dieser Standardeinstellung abweicht, kostet Zeit und Ressourcen.

Wenn Sie beispielsweise einen rollbaren Schlüsselgruppencursor oder einen statischen oder dynamischen Cursor verlangen, muss ADO mehr Zeit in die Vorbereitung von Schlüsselgruppen und in die Mechanismen zum Durchlaufen des Resultsets investieren. Alle »komplexen« gebundenen Steuerelemente sind bereits in der Lage, ein Resultset zu durchlaufen, und Sie müssen keine Bindung mit ihnen herstellen, um diese Funktionalität zu erhalten. ADO aufzufordern, ein aktualisierbares Resultset für eine komplexe oder auf gespeicherten Prozeduren basierende Abfrage zu erstellen (oder dies zumindest zu versuchen), ist reine Zeitverschwendung – es ist schlicht nicht möglich. Und allzu oft möchte der SA nicht, dass Sie direkte Änderungen an den zugrunde liegenden Tabellen vornehmen. Diese Änderungen sind für gespeicherte Prozeduren reserviert, die Anwendungslogik ausführen können, sichere Daten sorgfältig behüten und referenzielle Integrität erhalten.

6.3.2 Verwenden der Methode »Recordset Open«

Die ADO-Methode **Recordset Open** ist wahrscheinlich die flexibelste aller ADO-Methoden. Sie öffnet eine Verbindung (wenn Sie anstelle eines Verweises auf ein **Connection**-Objekt eine gültige Verbindungszeichenfolge angeben), und sie führt eine beliebige Quellzeichenfolge aus, sei es der Name einer Tabelle (sehr ineffizient) oder eine komplexe parameterbezogene Abfrage. Sie können sogar Parameterabfragen mit der **Open**-Methode ausführen. Ein Beispiel lautet folgendermaßen:

```
Set rs = New Recordset
rs.Open "Select title, Year_Published from titles " _
       & "where title like '" & txtParm1 & "'" _
        & "and year_published between " & txtParm2 & " and "  _
           & txtParm3, cn, , , adCmdText
Set MSHFlexGrid1.Recordset = rs
```

In diesem Beispiel wurden Parameter in der Abfragezeichenfolge verkettet, die für das Argument **Source** der **Open**-Methode angegeben wird.

In Kapitel 5 habe ich bereits erwähnt, dass das Argument **Source** der **Open**-Methode alle Elemente enthalten kann, die für die Eigenschaft **CommandText** des **Command**-Objekts gültig sind:

- Eine SQL-Abfrage – wie im vorhergehenden Codebeispiel gezeigt. Hierbei handelt es sich normalerweise um eine SELECT-SQL-Abfrage (mit Zeilenrückgabe).
- Den Namen einer Tabelle. Dieser wird von ADO in eine Abfrage SELECT * FROM <Tabelle> umgewandelt.
- Den Namen einer gespeicherten Prozedur, vorausgesetzt, dass die gespeicherte Prozedur keine Eingabe- oder Ausgabeparameter verwendet.
- Den Namen einer Datei, die eine Struktur enthält, die in ein Recordset konvertiert werden kann, beispielsweise eine XML-, ADTG- oder Streamdatei.
- Eine URL-Adresse, die auf eine Seite verweist, die ein Recordset erstellen und zurückgeben kann.

Standardmäßig geht ADO einen langen Weg, um eine effiziente Strategie zum Abrufen der Zeilen auszuwählen. Das Standard-**Recordset**-Objekt wird als schreibgeschütztes (Read-Only, RO), vorwärts gerichtetes (Forward Only, FO), cursorloses Resultset erstellt.

Die **Open**-Methode geht davon aus, dass das Recordset bereits instanziiert wurde und zur Verwendung bereit ist. Bevor Sie also die **Open**-Methode einsetzen, können Sie die Recordseteigenschaften **LockType**, **CursorType**, **MaxRecords**, **Cache-**

Size und andere entsprechende Eigenschaften einstellen, um den Vorgang zu optimieren:

```
Set rs = New Recordset
SQL = "Select title, Year_Published from titles where title like 'Hitch%' "
rs.ActiveConnection = cn
rs.Source = SQL
rs.CursorType = adOpenStatic
rs.LockType = adLockOptimistic
rs.Open Options:=adCmdText
rs.Open SQL, cn, Options:=adCmdText
```

Tipp Bevor Sie die Methode **Recordset Open** aufrufen, stellen Sie sicher, dass ADO und das Recordset nicht mit der Verwaltung der Ergebnisse einer vorherigen Abfrage belegt sind, auch wenn diese kein Rowset zurückgibt. Wenn Sie beispielsweise die **Open**-Methode unter Verwendung einer INSERT-Anweisung als **Source**-Argument ausführen und unmittelbar danach einen weiteren **Open**-Vorgang starten, ist ADO noch immer mit der Bearbeitung des ersten Recordsets beschäftigt und lässt keine weiteren Vorgänge zu. Es ist jedenfalls nicht sinnvoll, die **Open**-Methode zu verwenden, **sofern Sie kein Rowset zurückerhalten möchten.** Wenn die Abfrage kein Rowset zurückgibt, verwenden Sie einfach die **Execute**-Methode.

Wenn Sie lediglich den Sperrtyp oder den Cursortyp ändern möchten, können Sie diese Eigenschaftseinstellungen als Argumente für die **Open**-Methode des **Recordset**-Objekts angeben. Im folgenden Beispiel werden das Einstellen der **Recordset**-Objekteigenschaften und das Verwenden der **Open**-Methode verdeutlicht. **Source**, **CursorType**, **LockType** und **CommandType** (Optionen) können jedoch alle als Argumente für die **Open**-Methode festgelegt werden, daher ist das Einstellen einzelner Eigenschaften auf diese Weise nicht besonders effizient.

```
Set rs = New Recordset
SQL = "Select title, Year_Published from titles where title like 'Hitch%' "
rs.Open SQL, cn, adOpenStatic, adLockOptimistic, adCmdText
```

Wenn Sie ein ADO-**Command**-Objekt (als **cmd** deklariert) erstellen und einfach ein Recordset basierend auf der Abfrage erstellen möchten, die in den Objekteigenschaften angegeben ist, führen Sie lediglich Folgendes aus:

```
rs.Open cmd
```

Tipp Die Verwendung der **Open**-Methode des **Recordset**-Objekts besitzt eine Nebenwirkung: Hinter den Kulissen wird ein ADO-**Command**-Objekt erstellt, um die Abfrage über die **Recordset**-Objekteigenschaften und -optionen zu verwalten, die Sie im Code angeben, bevor die **Open**-Methode des **Recordset**-Objekts verwendet wird. Meiner Meinung nach wird demnach keine COM-Effizienz erzielt, indem Sie vermeiden, ein ADO-**Command**-Objekt zu erstellen – es wird ohnehin erstellt.

Wenn Sie die **Open**-Methode des **Recordset**-Objekts verwenden, stellen Sie sicher, dass das letzte Argument (**Options**) so eingestellt wird, dass es dem Befehlstyp im **Source**-Argument entspricht. Wählen Sie eine der aufgeführten **CommandType**-Optionen aus. Wenn Sie beispielsweise eine gespeicherte Prozedur ausführen, verwenden Sie

```
rs.Open MySPNoParms, cn, adOpenStatic, , adCmdStoredProc
```

Vielleicht bietet es sich an, benannte Argumente einzusetzen, um Probleme im Zusammenhang mit dem Zählen von Kommata um 3:00 Uhr morgens zu vermeiden:

```
rs.Open MySPNoParms, cn, adOpenStatic, Options:=adCmdStoredProc
```

Anmerkung Benannte Argumente können nicht zusammen mit Visual Basic Script verwendet werden (wie in ASP). Zumindest nicht bis ADO 2.6. Bis SQL Server 2000 und ADO 2.6 müssen Sie wohl bei den Kommata bleiben und sie sorgfältig zählen.

Durch Angabe des Befehlstyps im **Options**-Argument muss der Provider (oder Server) nicht mehr herausfinden, was Sie im **Source**-Argument angeben. Dieser einfache Zusatz bewirkt einen bemerkenswerten Unterschied in der Leistung der Abfrage. ADO ist leider nicht heuristisch veranlagt. Es merkt sich nicht, dass sich die Abfrage bei den letzten 200 Malen, die sie ausgeführt wurde, schließlich als gespeicherte Prozedur oder als Tabellenverweis entpuppt hat. ADO durchläuft noch immer die einzelnen Schritte, um herauszufinden, was Sie eigentlich erreichen möchten. Es empfiehlt sich also, dem ADO-Abfrageprozessor einen kleinen Hinweis zu geben.

Anmerkung Wenn die Abfrage eine Ihrer Tabellen nicht erkennt, Sie jedoch genau wissen, dass die Abfrage funktioniert, haben Sie möglicherweise vergessen, den Anfangskatalog (die Standarddatenbank) einzustellen. Wenn der SA nicht den richtigen Standardwert festgelegt hat, wird möglicherweise auf die MASTER-Datenbank verwiesen. Sie müssen ihn also entweder selbst über **ConnectionString** einstellen oder Ihrem SA ein Dutzend Rosen schicken, damit er den Fehler korrigiert.

Sie können auch Parameterabfragen mit der **Open**-Methode ausführen. Dazu müssen Sie lediglich eine Abfrage erstellen, die die nötigen Parameter enthält (auf die eine oder andere Weise). So sparen Sie scheinbar etwas Zeit, da Sie kein **Command**-Objekt erstellen müssen. In diesem Fall müssen Sie allerdings die umgebenden Anführungszeichen selbst verwalten, und ADO erstellt im Hintergrund ohnehin ein **Command**-Objekt. Probieren Sie beispielsweise diese Abfrage aus:

```
strS = "Select Author from authors where year_born = " & txtYearWanted
rs.Open strS, cn, Options:=adCmdText
```

Untersuchen Sie nun das **Lokalfenster** der Visual Basic-IDE. Beachten Sie, dass die Eigenschaft **rs.ActiveCommand** eingestellt ist, die zur Verwaltung der Abfrage auf ein erstelltes ADO-**Command**-Objekt verweist. Das Lokalfenster bietet sich zur Fehlerbehebung der Abfrage an, da die Optionen angezeigt werden, die ADO für das erstellte **Command**-Objekt eingestellt hat.

Zugriff auf das Jet-Objekt »Table«

Wenn man eine Jet-basierte Datenbank erstellt (.mdb), neigt man häufig dazu, das Jet-Objekt **Table** zu verwenden. Dieser Ansatz ermöglicht Jet den Zugriff auf eine Basistabelle mit einem der vordefinierten Jet-Tabellenindizes. Da Jet das Abrufen von Zeilen mit Hilfe dieser Technik besonders gut beherrscht, ist es schade, dass diese Technologie erst mit ADO 2.1 verfügbar wurde. Der Nachteil dieses Ansatzes besteht darin, dass es unter SQL Server keinen entsprechenden Vorgang gibt. Das bedeutet, dass es wahrscheinlich ratsam wäre, einen anderen Ansatz zu finden, wenn Sie planen, irgendwann auf SQL Server aufzurüsten.

Das **Table**-Objekt kann nur verwendet werden, wenn Sie sowohl eine Jet 4.0-Datenbank als auch den OLE DB-Jolt 4.0-Datenprovider einsetzen. Sobald Sie diese Grundvoraussetzungen erfüllen, ist der Zugriff auf die Basistabellen über einen ausgewählten Index ziemlich einfach. Erstellen Sie zunächst ein neues **Recordset**-Objekt für die Jet 4.0-MDB-Datei mit Hilfe der neuen ADO 2.1-Version des Jolt-Providers. In diesem Fall müssen Sie einen serverseitigen Cursor erstellen, den Jet für Sie verwaltet. Die **Source**-Eigenschaft zeigt auf die Tabelle. Verwenden Sie die

Recordset Open-Methode mit dem Optionsflag **adCmdTableDirect**. Zu diesem Zeitpunkt können Sie auf einen der Tabellenindizes zeigen. Jedes Mal, wenn Sie die **Seek**-Methode verwenden, wird das Recordset auf die erste Zeile neu positioniert, die dem **Seek**-Argument entspricht.

Im folgenden Beispiel wird der Indexname über ein **TextBox**-Steuerelement angegeben.

```
Dim cn As Connection
Dim rs As Recordset
Private Sub Form_Load()
Set cn = New Connection
cn.Open "Provider=Microsoft.Jet.OLEDB.4.0;Data Source=C:\My Documents\Beta V
Corporation\Articles\ODBC API\Jet Direct\New40.mdb;"

Set rs = New Recordset

With rs
    .CursorLocation = adUseServer
    .ActiveConnection = cn
    .Source = "Customers"
    .CursorType = adOpenKeyset
    .LockType = adLockOptimistic
    .Open Options:=adCmdTableDirect
End With

End Sub
Private Sub SeekButton_Click()
Dim intAP As Integer
With rs
    .Index = txtPK.Text
    .Seek txtSearch.Text
End With
intAP = rs.AbsolutePosition
If intAP > 1 Then
    With MSHFlexGrid1
        Set .Recordset = rs
        .Row = intAP
        .RowSel = intAP + 1
        .Col = 0
        .ColSel = .Cols - 1
    End With
```

```
Else
   MsgBox "No hits"
End If
End Sub
```

Tipp Wenn die **Recordset Index**-Eigenschaft nicht offen gelegt zu sein scheint, denken Sie daran, dass Sie den Visual Basic-Projektverweis auf ADO 2.1 oder später einstellen müssen.

Erstellen und Öffnen von Recordsets im Arbeitsspeicher

Mit ADO wurde ein für DAO- oder RDO-Entwickler völlig neues Konzept eingeführt: die Möglichkeit, ein Recordset vollständig im Arbeitsspeicher zu erstellen. Das bedeutet, dass Sie ein beinahe voll funktionsfähiges **Recordset**-Objekt erstellen, die Felder auffüllen und Datensätze nach Bedarf hinzufügen, ändern und löschen können, ohne eine Datenbank verwenden zu müssen. Sie können ein **Recordset**-Objekt auch aus einer Datenbank erstellen, anschließend die Verbindung mit **ActiveConnection** trennen (indem Sie diese auf **Nothing** einstellen) und das Objekt so lange wie nötig im Speicher behalten.

Außerdem können Sie dieses Recordset auf einem Datenträger, in einem Stream oder in XML- oder binärem ADTG-Format speichern. Lesen Sie hierzu Kapitel 8, in dem das Marshaling von Recordsets von einer Schicht zu einer anderen beschrieben wird.

Das folgende Beispiel zeigt die Erstellung eines Recordsets im Arbeitsspeicher. Die Anwendung wurde entwickelt, um Mausereignisse zu erfassen, die an Formular1 stattfinden, und diese in einem Recordset aufzuzeichnen. Wenn ein Benutzer auf dem Formular auf eine **Stopp**-Schaltfläche klickt, wird das Recordset in einer Datei gespeichert – sowohl in ADTG- als auch XML-Format.

```
Private Sub Form_Load()
Set rs = New Recordset
rs.Fields.Append "Time", adDBTimeStamp, , adFldRowID + adFldKeyColumn
rs.Fields.Append "Delta", adInteger
rs.Fields.Append "Button", adInteger
rs.Fields.Append "Shift", adInteger
rs.Fields.Append "X", adSingle
rs.Fields.Append "Y", adSingle
rs.Open
ts = GetTickCount
bolDoor = True
```

```
varFields = Array("Time", "Delta", "Button", "Shift", "X", "Y")
End Sub
```

Der nächste Codeabschnitt zeigt zwei Techniken zum Hinzufügen von Zeilen zum Recordset unter Verwendung zweier Varianten der **AddNew**-Methode. Bei der ersten Technik werden zwei **Variant**-Arrays an die **AddNew**-Methode weitergegeben. Beim ersten Argument handelt es sich um ein **Variant**-Array, das lediglich die Feldnamen der Spalten enthält, deren Daten hinzugefügt werden sollen. Das zweite Argument ist ein weiteres **Variant**-Array mit den Werten, die mit den einzelnen Feldnamen im ersten Array verknüpft sind. Im folgenden Codebeispiel gibt ADO folgende Meldung zurück, wenn ein falscher Wert an die **Value**-Eigenschaft des **Field**-Objekts weitergeleitet wird: »-2147217887 Operation mit mehreren Schritten erzeugte Fehler. Prüfen Sie sämtliche Statuswerte.« In diesem Fall muss die **Status**-Eigenschaft der einzelnen Felder geprüft werden, um das fehlerhafte Feld zu ermitteln, und dies zu codieren kann sehr aufwendig sein. Gelegentlich kam diese Fehlermeldung in der Beispielanwendung vor, als ich versucht habe, einem als **single** deklarierten Feld einen Zeichenfolgenwert zuzuweisen.

Die zweite Technik übernimmt dieselbe Funktion und wird auch im folgenden Code gezeigt, ist jedoch als Kommentar gekennzeichnet. Dieser Ansatz ist etwas traditioneller und verlangt nicht, dass COM die Namen der Felder »nachschlagen« muss. Die neuesten Tests zeigen jedoch, dass dieser Ansatz langsamer ist als die Arraytechnik. Darüber hinaus ist auch die Überprüfung der **Value**-Eigenschaft für jedes einzelne Feld einfacher – zumindest treten die Fehler auf, wenn auf das Feld verwiesen wird.[4]

```
Private Sub Form_MouseMove(Button As Integer, Shift As Integer, X As Single,
Y As Single)
If optStart And bolDoor Then
   bolDoor = False
   ' Erste Technik: Verwendung von Variant-Arrays.
rs.AddNew varFields, Array(Now, GetTickCount - ts, Button, Shift, X, Y)
'   ' Zweite Technik: Verwendung von Verweisen von Feld zu Feld
 '   rs(rsFld.Time) = Now
'    rs(rsFld.Delta) = GetTickCount - ts
'    rs(rsFld.Button) = Button
'    rs(rsFld.Shift) = Shift
'    rs(rsFld.X) = X
'    rs(rsFld.Y) = Y
   rs.Update
```

4. Dieses Beispiel befindet sich im Verzeichnis **..\Samples\Recordset Objects\Memory Based Recordsets**.

```
    i = i + 1
    txtEvents = i
    DoEvents
    bolDoor = True
End If
End Sub
```

Ein erheblicher Unterschied zwischen DAO, RDO und ADO besteht darin, wie ADO ausstehende Änderungen verarbeitet. Sowohl in DAO als auch in RDO müssen Sie nach einer **AddNew**-oder **Field**-Änderung die **Update**-Methode verwenden, da Ihre Änderungen ansonsten verloren gehen, sobald Sie zu einer anderen Zeile wechseln. Bei ADO werden die Änderungen **gespeichert**, wenn Sie zu einer anderen Zeile wechseln, einen weiteren **AddNew**-Vorgang starten oder das Recordset schließen – und natürlich auch, wenn Sie **Update** oder **UpdateBatch** ausführen. Durch den folgenden Code werden der **ValidStates**-Tabelle beispielsweise zwei Zeilen hinzugefügt.

```
Option Explicit
Dim cn As Connection
Dim cmd As Command
Dim rs As Recordset
Dim varStateFlds As Variant
Private Sub Form_Load()
Set cn = New Connection
cn.Open "dsn=localserver", "admin", "pw"
varStateFlds = Array("State", "StateCode")
Set cmd = New Command
Set rs = New Recordset

rs.Open "ValidStates", cn, adOpenStatic, adLockOptimistic, adCmdTable

rs.AddNew varStateFlds, Array("Unknown", "UK")
rs.AddNew varStateFlds, Array("Not Specified", "NS")
rs.Close

End Sub
```

Sobald die Daten erfasst wurden, wird das Recordset in zwei separaten Dateien auf einem Datenträger gespeichert, jedoch nur, um einen Umstand zu verdeutlichen. Das ADG-Dateiformat ist weniger als halb so groß wie die entsprechende XML-Datei. Beachten Sie, dass die **Save**-Methode eine vorhandene Datei nicht verarbeiten kann; Sie müssen daher die **Kill**-Funktion verwenden, um eine eventuell vorhandene Datei zu entfernen.

```
Private Sub optStop_Click()
On Error Resume Next
Kill "c:\MouseDroppings.adg"
Kill "c:\MouseDroppings.xml"
On Error GoTo 0
rs.Save "c:\MouseDroppings.adg", adPersistADTG
rs.Save "c:\MouseDroppings.xml", adPersistXML
End Sub
```

Was wäre, wenn Sie eine eigenständige Version eines Recordsets erstellen möchten, diese jedoch eine Datenstruktur kopieren soll, die von einem Datenprovider stammt – beispielsweise eine Datenbank? Sie können das Recordset noch immer über eine SELECT-Anweisung öffnen, die das gewünschte Schema, jedoch keine Zeilen zurückgibt. Verwenden Sie einfach eine WHERE-Klausel, die keine Zeilen zurückgibt:

```
SELECT ... WHERE 1=0
```

Sobald dieses leere Recordset geöffnet ist, können Sie die Verbindung lösen, indem Sie die **ActiveConnection**-Eigenschaft auf **Nothing** einstellen, und es anschließend wie jedes andere Recordset verwenden[5]. Damit dies funktioniert, müssen Sie **adUseClient** für **CursorLocation** angeben.

Verwenden von »Command«-Objekten mit der »Recordset Open«-Methode

Erinnern Sie sich an meine Behauptung, dass die **Open**-Methode eine der flexibelsten ADO-Methoden darstellt? Sie kann auch ein vorher erstelltes **Command**-Objekt als **Source**-Argument akzeptieren. In diesem Fall übernimmt ADO **Connection** und **CommandText** des **Command**-Objekts und verwendet die Eigenschaften des Recordsets zum Erstellen des Cursors. Denken Sie nur daran, die **Command**-Parameter einzustellen, bevor Sie die **Open**-Methode verwenden. Die Eigenschaften **CursorType** und **LockType** können auch als Argumente für die **Open**-Methode eingesetzt werden. Beachten Sie jedoch, dass **Connection** und **CommandType** über das **Command**-Objekt eingestellt werden – ADO lässt nicht zu, dass Sie sie durch **Open**-Argumente außer Kraft setzen.

5. Eigentlich ist es schneller, der **ActiveConnection**-Eigenschaft **Nothing** zuzuweisen, anstatt diese über **Set** einzustellen.

```
cmd(0) = txtYearWanted
cmd.Parameters(0).Value = txtYearWanted
Set rs = New Recordset
rs.CursorLocation = adUseServer
rs.Open cmd, , adOpenKeyset, adLockOptimistic
```

Einstellen der Verbindung in der »Open«-Methode

Die **Open**-Methode kann nicht nur das **Source**-Argument (die Abfrage) im Vorübergehen einstellen, sie kann auch die Verbindung festlegen. Das **ActiveConnection**-Argument der **Open**-Methode kann folgendermaßen eingestellt werden:

- Auf ein gültiges **Connection**-Objekt
- Auf eine gültige **Connection**-Zeichenfolge

Vorausgesetzt, dass die Verbindung an anderer Stelle festgelegt ist, müssen Sie das **ActiveConnection**-Argument nicht einstellen, wie z. B. im Verweis des **Source**-Arguments auf ein **Command**-Objekt. Wenn Sie ein **Command**-Objekt als **Source**-Argument der **Open**-Methode angeben, können Sie die **ActiveConnection** des **Command**-Objekts mit dem **ActiveConnection**-Argument der **Open**-Methode überschreiben.

Dies bedeutet, dass man das vorhergehende Beispiel für die **Recordset Open**-Methode in einer Zeile zusammenfassen kann:

```
rs.Open "select title from titles where title like 'Hi%'", "dsn=localserver",
Options:=adCmdText
```

Dieser Ansatz verursacht keine ernsthaften Probleme. Er erstellt das standardmäßige FO/RO-Recordset für die vertraute ODBC-Verbindung **localserver**.

6.3.3 Einstellen weiterer »Recordset«-Eigenschaften vor Verwenden der »Open«-Methode

Wenn Sie das standardmäßige Recordset nicht übernehmen möchten, müssen Sie einige Eigenschaften mit Hilfe von Argumenten der **Open**-Methode oder durch Einstellen von Eigenschaften vor dem Ausführen der **Open**-Methode festlegen. Über diese Eigenschaften wird gesteuert, wie, wo und wann Cursor erstellt werden, wie ADO den Parallelzugriff verarbeitet, wie die Datenbindung gehandhabt wird und wie viele Daten abgerufen werden.

Die Eigenschaft »Source«

Die auszuführende SQL-Abfrage kann in der Eigenschaft **Source** abgelegt werden, bevor Sie die **Open**-Methode verwenden, oder ist anschließend dort enthalten. Das heißt, wenn Sie eine Abfrage mit Hilfe der **Recordset.Open**-Methode ausführen und die SQL angeben, die als Methodenargument ausgeführt werden soll, wird die **Source**-Eigenschaft von ADO aus dem Methodenargument gefüllt. Da Sie mit einem Recordset arbeiten, geht ADO davon aus, dass die Abfrage ein Rowset zurückgibt, das als ADO-**Recordset**-Objekt offen gelegt wird. Die Verwendung von Aktionsabfragebefehlen in der **Source**-Eigenschaft (oder im **Source**-Argument der **Open**-Methode) ist daher nicht sinnvoll.

Für ADO spielt es keine Rolle, was Sie in **Source** ablegen. Die darin enthaltenen Daten werden lediglich als zu verarbeitende Zeichenfolge an den Datenprovider weitergeleitet. Der Datenprovider hält die Abfragesyntax möglicherweise für ungültig oder kann sie aus einer Vielzahl von Gründen nicht erwartungsgemäß ausführen.

Wir geben ADO einen Hinweis auf den Inhalt des **Source**-Arguments, indem wir die **CommandType**-Eigenschaft einstellen oder das **Options**-Argument in der **Open**-Methode verwenden. Auf diese Weise kann ADO feststellen, ob es sich beim **Source**-Argument um einen SQL-Befehl (**adCmdText**), den Namen einer Tabelle (**adCmdTable**), den Namen einer gespeicherten Prozedur (**adCmdStoredProc**) oder einen Brief an Ihre Mutter handelt (**adCmdUnknown**). Die Skalierbarkeit oder Geschwindigkeit der Anwendung oder Komponente wird durch keine Eigenschaft mehr beeinflusst als durch **Source**. Es ist daher von großer Wichtigkeit, dass Sie die effizienteste Abfrage verwenden. Diese Eigenschaft taucht in diesem Buch immer wieder auf; weitere Informationen finden Sie im Abschnitt »Entwicklungsstrategien« weiter oben in diesem Kapitel.

Dies ist ein einfaches Beispiel für die Codierung der **Recordset Open**-Methode mit Hilfe einer voreingestellten **Source**-Eigenschaft.

```
With rs
    .CursorLocation = adUseClient
    .Source = "select author, title from titles t, title_author ta, authors a
        where a.au_id=ta.au_id and t.isbn=ta.isbn order by t.type"
    .Open , cn, adOpenStatic, adLockOptimistic, Options:=adcmdText
End With
```

Tipp Wenn die Abfrage oder der Code auf Tabellen- oder Feldnamen mit Leerzeichen verweisen muss, schließen Sie die Namen in Klammern ein.

```
rs.Open "Select [long field name] from [long table name] ", cn
Debug.Print rs(0).Name
Do Until rs.EOF
   Debug.Print rs("long field name")
        ' Nein, diese Technik gefällt mir nicht
   rs.MoveNext
Loop
```

Die Eigenschaft »CursorLocation«

Die **CursorLocation**-Eigenschaft wurde in Kapitel 4 erläutert, in dem **Connection**-Objekte besprochen wurden (weitere Informationen hierzu finden Sie im Abschnitt »Setzen der **CursorLocation**-Eigenschaft«). Jedes erstellte Recordset übernimmt die **CursorLocation**-Eigenschaft von dem damit verknüpften **Command**-Objekt, und Sie können Änderungen vornehmen, sobald die Verbindung geöffnet ist. Wenn die **Recordset Open**-Methode jedoch eine **neue** Verbindung öffnet und dabei ein neues **Connection**-Objekt erstellt, wird die **CursorLocation**-Eigenschaft des neuen **Connection**-Objekts über die Eigenschaft **Recordset CursorLocation** eingestellt. Macht das Sinn?

Die Eigenschaft »CursorType«

Die **CursorType**-Eigenschaft teilt ADO mit, wie die an das Recordset zurückgegebenen Zeilen verwaltet und aktualisiert werden. Das standardmäßige Recordset ist ein cursorloses (RO/FO) Resultset. Wenn Sie also möchten, dass ADO Aktualisierungen, Parallelzugriff und rollbare Cursor verwaltet, müssen Sie einen entsprechenden **CursorType** auswählen.

ADO besitzt in Bezug auf den Typ und die Komplexität von Cursorn, die die Provider erstellen können, eine Reihe von Einschränkungen, je nachdem, wo die Cursor erstellt werden. Clientseitige Cursor (**CursorLocation** ist auf **adUseClient** eingestellt) unterstützen beispielsweise nur statische Cursor (**adOpenStatic**), unabhängig von der Einstellung von **CursorType**. Wenn Sie den **CursorType** auf einen nicht unterstützten Wert setzen, wird statt dessen gemäß der ADO-Spezifikation der nächstliegende unterstützte **CursorType** eingesetzt – ADO ändert die **CursorType**-Eigenschaft auf den Cursortyp, der vom Provider unterstützt wird.[6] Wenn ein Provider also den angeforderten Cursortyp nicht unterstützt, gibt der Provider einen ähnlichen Typ zurück, der unterstützt wird. Wird ein anderer Cursortyp zurückgegeben, ändert sich die **CursorType**-Eigenschaft vorübergehend in den **tat-**

6. Ich habe unter Verwendung der ODBC-Provider, der systemeigenen SQL Server-Provider und der systemeigenen Jet 4.0-Provider ein Programm zum Erstellen sämtlicher Cursortypen geschrieben. Das Programm und eine aus den Ergebnissen erstellte Tabelle stehen auf der CD und im Anhang zur Verfügung.

sächlich verwendeten Cursortyp, sobald das **Recordset**-Objekt geöffnet ist. Nachdem Sie das Recordset geschlossen haben, wird die **CursorType**-Eigenschaft auf die ursprüngliche Einstellung zurückgesetzt. Finden Sie das verwirrend?

Woher wissen Sie nun, was von Ihrem Provider unterstützt wird? Ganz einfach: Verwenden Sie die **Supports**-Methode, um festzustellen, ob der Provider bestimmte Funktionen mit dem zurückgegebenen Cursor unterstützen kann. Für jeden der in der folgenden Liste aufgeführten Cursortypen, die vom Provider unterstützt werden sollen, muss die **Supports**-Methode **True** für alle Konstanten der **Supports**-Methode zurückgeben, die dahinter aufgelistet sind:

- **adOpenKeyset: adBookmark, adHoldRecords, adMovePrevious, adResync**
- **adOpenDynamic: adMovePrevious**
- **adOpenStatic: adBookmark, adHoldRecords, adMovePrevious, adResync**
- **adOpenForwardOnly:** keine

Anmerkung Auch wenn **Supports(adUpdateBatch)** für dynamische und Vorwärtscursor (Forward Only, FO) **True** lauten kann, sollten Sie entweder einen Schlüsselgruppencursor oder einen statischen Cursor für Stapelaktualisierungen verwenden. Stellen Sie die **LockType**-Eigenschaft auf **adLockBatchOptimistic** und die **CursorLocation**-Eigenschaft auf **adUseClient** ein, um den Cursordienst für OLE DB zu aktivieren, der für Stapelaktualisierungen erforderlich ist.

Worin besteht also der Unterschied zwischen den einzelnen Cursortypen? Sehen wir uns die einzelnen Typen nacheinander an.

adOpenForwardOnly Der **adOpenForwardOnly**-Cursor ist der standardmäßige **CursorType**. Bei einem FO-Cursor werden Datenbankzeilen seriell aus der Datenquelle abgerufen, also eine nach der anderen (auf Providerebene jedoch in **CacheSize**-Gruppen). Wie bei einem statischen Cursor werden die eigentlichen Datenzeilen abgerufen, bei einem FO-Cursor (Vorwärtscursor) können Sie den Zeiger für die aktuelle Zeile jedoch ausschließlich in Vorwärtsrichtung (daher »Forward-Only«, FO) und immer nur zeilenweise neu positionieren. Einige Provider führen die Abfrage einfach erneut aus und fangen von vorn an, wenn Sie versuchen, den Cursor auf die erste Zeile zu positionieren. Sie können die **GetRows**- oder die **GetString**-Methode für FO-Cursor verwenden, um alle Zeilen in einem einzigen Vorgang abzurufen.

Die Mitgliedschaft von FO-Cursorn ist festgelegt. Das heißt, dass Zeilen, die der Datenbank nach Erstellung des Cache hinzugefügt werden, nicht als Recordsetmitglieder zurückgegeben werden. Änderungen (Hinzufügungen, Aktualisierungen und Löschvorgänge), die nach dem Füllen des Cursors mit Daten an der Datenbank vorgenommen werden, spiegeln sich in der Mitgliedschaft nicht wider. Änderungen, die vom Client an dem Recordset vorgenommen werden, wirken sich auf die lokal zwischengespeicherte Mitgliedschaft aus und können, je nach der Aktualisierbarkeit des Recordsets, in der Datenbank abgelegt werden.

FO-Cursor werden von clientseitigen Cursorprovidern nicht unterstützt.

adOpenStatic Für **adOpenStatic**-Cursor kopiert ADO, wie bei FO-Cursorn, Datenbankdatensätze in **CacheSize**-Gruppen in den clientseitigen Speicher für statische Cursor. Statische Cursor sind jedoch vollständig rollbar. Das heißt, sobald das Recordset geöffnet ist, können Sie eine beliebige **Move**-Methode verwenden, um den Zeiger für den aktuellen Datensatz auf eine beliebige Zeile im Resultset zu richten.

Der statische Cursor ist der **einzige** Cursortyp, der von clientseitigen Cursorprovidern unterstützt wird. Er wird auch von serverseitigen Providern unterstützt.

adOpenKeyset Die Option **adOpenKeyset** erstellt einen Schlüsselgruppencursor. In diesem Fall kopiert ADO nur genügend Schlüsselinformationen in den Cursor, sodass ADO, basierend auf einer aus dem Schlüssel generierten WHERE-Klausel, bestimmte Datensätze abrufen kann. Schlüsselgruppencursor sind vollständig rollbar und aktualisierbar. Die meisten serverseitigen Provider unterstützen Schlüsselgruppencursor.

Anmerkung Sybase-Treiber unterstützen keine Schlüsselgruppen- oder dynamische Cursor, sondern nur statische Cursor.

adOpenDynamic Die Option **adOpenDynamic** generiert dynamische Cursor, die Schlüsselgruppencursorn in ihrer Funktion sehr ähnlich sind, mit Ausnahme der dynamischen Mitgliedschaft, die nachfolgend beschrieben wird. Sie sind vollständig rollbar, unterstützen jedoch nicht die Positionierung von Lesezeichen. Diese Art des Cursors wird für komplexere Resultsets nicht unterstützt. Eine Verknüpfung von drei Tabellen hat beispielsweise die Erstellung eines dynamischen Cursors verhindert.

Wenn Sie einen dynamischen Cursor sortieren möchten, muss dies mit einem vorhandenen Index geschehen. Der Datenprovider kann mit einem fliegenden Sortiervorgang keine neue Reihenfolge erstellen, da er TempDB in einer eher undynamischen Weise verwendet.

Untersuchen von Recordseteigenschaften nach dem Öffnen

Wenn Sie eine Recordseteigenschaft einstellen und die **Open**-Methode verwenden, gibt ADO diese Eigenschaften als Parameter für Lowlevel-OLE DB-Aufrufe an die Datenprovider weiter. Der Provider ist jedoch möglicherweise nicht in der Lage, die angeforderte Option zu implementieren. In diesem Fall (der ziemlich häufig vorkommt) beschwert sich der Provider normalerweise nicht (sofern er keinen schlechten Tag hatte), sondern setzt statt dessen eine unterstützte Alternative ein. Diese »Korrekturen« werden auf die Recordseteigenschaften angewendet, nachdem die **Open**-Methode das Recordset zurückgegeben hat. Wenn Sie wissen möchten, was implementiert wurde, prüfen Sie die Eigenschaft, nachdem das Recordset geöffnet wurde.

Wenn Sie beispielsweise einen dynamischen **CursorType (adOpenDynamic)** verlangen und der Provider diesen Cursortyp nicht implementieren kann (was häufig der Fall ist), wird statt dessen ein Schlüsselgruppencursor eingesetzt. In diesem Fall wird die **CursorType**-Eigenschaft des **Recordset**-Objekts nach dem Öffnen auf **adOpenKeyset** eingestellt. Nein, in diesem Fall wird nicht automatisch ein auffangbarer Fehler erzeugt. Wenn Sie jedoch vor dem Öffnen des Cursors den **CursorType** in der **Recordset-Eigenschaft** einstellen, öffnet ADO den Cursor, der je nach Möglichkeiten des Providers geöffnet werden kann, und setzt die **Recordset CursorType**-Eigenschaft wieder auf den ursprünglichen Wert zurück, sobald das Recordset wieder geschlossen wird.

6.3.4 Verwenden der »Supports«-Methode

Es gibt eine Reihe von Möglichkeiten festzustellen, wie ADO das Recordset erstellt hat, das Sie über die Recordseteigenschaften oder die Argumente der **Open**-Methode angefordert haben:

- Prüfen Sie die einzelnen Recordseteigenschaften nach dem Öffnen des Recordsets.
- Prüfen Sie die **Properties**-Auflistung des Recordsets. Auf diese Eigenschaften wird (nur) über ihre Namen verwiesen. Die Anzahl der Eigenschaften und ihre Namen ändern sich von Provider zu Provider. Die interessantesten **Property**-Objekte werden an den Stellen behandelt, an denen sie relevant sind.
- Verwenden Sie die **Recordset Supports**-Methode. In diesem Fall stellt ADO eine Reihe klar definierter Auflistungen bereit, die der Provider als boolesche Werte zurückgibt. Beispielsweise können Sie den Provider fragen, ob das Recordset Aktualisierbarkeit oder Rollbarkeit unterstützt.

Die **Supports**-Methode akzeptiert die in Tabelle 6.2 und in Tabelle 6.3 gezeigten Auflistungen von ADO-Cursoroptionen. Anhand der ersten Auflistungsreihe, Tabelle 6.2, können Sie feststellen, wie das Recordset Änderungen verarbeitet. Beispielsweise können Sie erkennen, ob das Recordset aktualisierbar ist (**adAddNew** oder **adUpdate**) oder optimistische Stapelaktualisierungen unterstützt (**adUpdateBatch**).

Konstante	Wert	Beschreibung
adAddNew	0x1000400	Unterstützt die **AddNew**-Methode zum Hinzufügen neuer Datensätze.
adUpdate	0x1008000	Unterstützt die **Update**-Methode zum Bearbeiten vorhandener Daten.
adDelete	0x1000800	Unterstützt die **Delete**-Methode zum Löschen von Datensätzen.
adUpdateBatch	0x10000	Unterstützt die Stapelaktualisierung (Methoden **UpdateBatch** und **CancelBatch**) zum Übertragen von Änderungsgruppen an den Provider.
adResync	0x20000	Unterstützt die **Resync**-Methode zum Aktualisieren des Cursors mit den Daten, die in der zugrunde liegenden Datenbank sichtbar sind.
adHoldRecords	0x100	Lädt weitere Datensätze oder ändert die nächste Position, ohne alle ausstehenden Änderungen durchzuführen.
adNotify	0x40000	Weist darauf hin, dass der zugrunde liegende Datenprovider Benachrichtigungen unterstützt (wodurch festgelegt wird, ob Recordsetereignisse unterstützt werden).

Tabelle 6.2 Ermitteln der vom Provider unterstützten Funktionen zur Datenbearbeitung mit Hilfe von Konstanten der »Supports«-Methode.

Die nächste Auflistung, Tabelle 6.3, zeigt die unterstützten Rollbarkeitsfunktionen (Scrolling) und Funktionen zur Neupositionierung.

Konstante	Wert	Beschreibung
adApproxPosition	0x4000	Unterstützt die Eigenschaften **AbsolutePosition** und **AbsolutePage**.
adBookmark	0x2000	Unterstützt die **Bookmark**-Eigenschaft für den Zugriff auf bestimmte Datensätze.
adFind	0x80000	Unterstützt die **Find**-Methode zum Auffinden einer Zeile in einem Recordset.

Tabelle 6.3 Ermitteln der vom Provider unterstützten Scrollingfunktionen und Funktionen zur Positionierung mit Hilfe von Konstanten der »Supports«-Methode.

Konstante	Wert	Beschreibung
adIndex	0x100000	Unterstützt die **Index**-Eigenschaft zum Benennen eines Indexes.
adMovePrevious	0x200	Unterstützt die Methoden **MoveFirst** und **MovePrevious** und die Methoden **Move** oder **GetRows** zum Rückwärtsverschieben der aktuellen Datensatzposition, ohne dass Lesezeichen erforderlich sind.
adSeek	0x200000	Unterstützt die **Seek**-Methode zum Auffinden einer Zeile in einem Recordset.

Tabelle 6.3 Ermitteln der vom Provider unterstützten Scrollingfunktionen und Funktionen zur Positionierung mit Hilfe von Konstanten der »Supports«-Methode.

Auf den nächsten Seiten werden verschiedene Verwendungsweisen der **Supports**-Methode beschrieben.

6.3.5 Verwenden der Methode »Recordset Clone«

Wenn Sie eine separate Kopie des Recordsets beibehalten möchten, können Sie die **Clone**-Methode verwenden. Diese Technik wird verwendet, um mehrere doppelte **Recordset**-Objekte zu erstellen, und eignet sich besonders, wenn Sie in einer vorhandenen Datensatzgruppe mehrere aktuelle Datensätze verwalten möchten. Die Verwendung der **Clone**-Methode ist effizienter als das Erstellen und Öffnen eines neuen **Recordset**-Objekts mit derselben Definition wie das Original. Der aktuelle Datensatz eines neu erstellten »Klons« wird auf den ersten Datensatz eingestellt.

Änderungen, die Sie an einem **Recordset**-Objekt vornehmen, werden unabhängig vom Cursortyp in sämtlichen Klonen widergespiegelt. Nachdem Sie jedoch am Originalrecordset **Requery** ausgeführt haben, werden die Klone nicht mehr länger mit dem Original synchronisiert. Durch Schließen des Originalrecordsets werden nicht die Kopien geschlossen; ebenso wenig wird das Original oder eine der anderen Kopien geschlossen, wenn Sie eine Kopie schließen.

Sie können nur ein Recordset klonen, das Lesezeichen unterstützt. (Informationen hierzu finden Sie im vorhergehenden Thema »Verwenden der **Supports**-Methode«.) Lesezeichenwerte sind austauschbar, d.h., ein Lesezeichenverweis von einem **Recordset**-Objekt bezieht sich auf denselben Datensatz in jeder einzelnen Kopie.

6.3.6 Verwenden der Methode »Recordset Close«

Die **Close**-Methode wird zum Freigeben des Resultsets des **Recordset**-Objekts verwendet. Auf diese Weise wird das Objekt nicht zerstört, alle ausstehenden Abrufvorgänge werden jedoch gelöscht, die möglicherweise noch verarbeitet werden. Das Recordset kann nicht geschlossen werden, wenn noch Aktualisierungsvorgänge ausstehen. Verwenden Sie in diesem Fall die **Cancel**- oder **CancelUpdate**-Methode, um diese zu löschen, bevor Sie versuchen, die **Close**-Methode einzusetzen. Außerdem können Sie die **Close**-Methode nicht verwenden, wenn das Recordset bereits geschlossen ist oder wenn das Recordset auf **Nothing** gesetzt ist. Durch Schließen des Recordsets wird die **State**-Eigenschaft von **adStateOpen** in **adStateClosed** geändert.

Tipp Wenn Sie versuchen, die Rückgabestatusganzzahl oder die OUTPUT-Parameter aus einer gespeicherten Prozedur abzurufen, müssen Sie die **Close**-Methode verwenden, bevor Sie versuchen, auf das **Command**-Objekt zu verweisen.

6.3.7 Verwalten der Cursormitgliedschaft

Jedes Mal, wenn Sie eine Abfrage mit einer SELECT-Anweisung ausführen, weiß ADO, dass Sie ein Recordset zur Verwaltung des vom Provider zurückgegebenen Rowsets benötigen werden. Denken Sie daran, dass die Standardkonfiguration ein cursorloses Recordset (RO/FO, CacheSize=1) ist. Jede Schicht der Schnittstelle für den Datenzugriff verarbeitet Firehose-Recordsets auf andere Art. Sie umgehen praktisch alle Routinen, die zum Bereitstellen von Aktualisierbarkeit, Rollbarkeit und Caching erforderlich sind. Wenn Sie hingegen einen echten Cursor zur Unterstützung von Rollbarkeit, Aktualisierbarkeit oder Caching erstellen möchten, löst ADO eine Reihe von Routinen aus, um diese Funktionen zu erfüllen.

Erhält der Datenprovider eine SELECT-Abfrage zur Ausführung, sucht er basierend auf der WHERE-Klausel der Abfrage nach geeigneten Zeilen. Wenn Sie einen Cursor für eine Tabelle erstellen, sind alle derzeit in der Tabelle vorhandenen Zeilen als Mitglieder geeignet. Während geeignete Zeilen gesucht werden, werden diese rechtzeitig über eine Sperre eingefroren, um Änderungen durch Aktualisierungen zu vermeiden, bevor die Zeile auf den Client kopiert wird. Das bedeutet, dass eine ganze Tabelle gesperrt werden kann, während deren Zeilen in **CacheSize**-Gruppen abgerufen werden. In neueren Versionen von SQL Server und Jet kann der Abfrageprozessor einzelne Zeilen anstelle der gesamten Seite sperren, in der die Zeile gespeichert ist. Mit der Anzahl der betroffenen Zeilen steigt auch die Wahrscheinlichkeit, dass der Abfrageoptimierer Sperren auf eine höhere Granularität heraufsetzt – bis zu dem Punkt, an dem die gesamte Tabelle gesperrt ist.

Während der Client durch Auffüllen des Cursors oder des Resultsets Zeilen akzeptiert, werden die Freigabesperren nach und nach aufgehoben. Die letzten Sperren werden erst dann aufgehoben, wenn die letzte geeignete Zeile an den Client gesendet wird. Eine Verzögerung der Rowsetauffüllung kann andere Datenbankvorgänge beeinträchtigen. Auch wenn andere Clients für die Freigabe gesperrte Zeilen abrufen können, kann kein Client Zeilen verändern, während die Freigabesperren die Zeile, Seite oder Tabelle blockieren. Diese Clients sind für die durch **CommandTimeout** angegebene Anzahl von Sekunden blockiert und warten darauf, dass die Sperren freigegeben werden.

Während der Server das Resultset durchläuft und nach geeigneten Zeilen sucht, fügt der Abfrageprozessor der Resultset-Mitgliedsliste gefundene Zeilen hinzu. Wenn der Datenbank nach Beginn dieses Vorgangs eine geeignete Zeile hinzugefügt wird, der Server die für die Zeile vorgesehene Stelle in der Resultsetreihenfolge jedoch bereits passiert hat, wird diese Zeile nicht als Mitglied aufgenommen. Wird der Datenbank allerdings eine Zeile zu einem Zeitpunkt hinzugefügt, zu dem sie ihren entsprechenden Platz noch rechtzeitig einnehmen kann, wird diese dem Recordset hinzugefügt.

Sobald der Vorgang zum Auffinden der geeigneten Zeilen abgeschlossen ist, wird die Mitgliedschaft für statische und Schlüsselgruppencursor eingefroren. Das bedeutet, dass Zeilen, die von anderen Benutzern der **Datenbank** hinzugefügt oder daraus gelöscht werden, in der festgesetzten Cursormitgliedschaft nicht berücksichtigt werden. Änderungen an Ihrem Recordset werden im Recordsetcache Ihres Clients und, falls Sie nicht den Stapelverarbeitungsmodus verwenden, in der Datenbank gespeichert. Anderen eingefrorenen Cursorn werden diese Änderungen jedoch nicht angezeigt, nicht einmal anderen Recordsets auf Ihrem eigenen Client. Das hat zur Folge, dass ein Benutzer, der einen Cursor mit denselben Zeilen geöffnet und mit Daten gefüllt (eingefroren) hat, Ihre Änderungen erst dann bemerkt, wenn er erneut auf die jeweilige Zeile verweist. Da statische Cursor nicht erneut Informationen vom Server abrufen, um die aktuellsten Daten zu erhalten, werden Ihre Änderungen überhaupt nicht berücksichtigt.

Anmerkung Alle clientseitigen Cursor sind statisch. Sie müssen serverseitige Cursor einsetzen, damit die Provider Schlüsselgruppen-, FO- oder dynamische Cursor implementieren.

Zeilen werden in **CacheSize**-Gruppen abgerufen. Daher sind zwischengespeicherte Zeilen möglicherweise nicht immer mit der Mitgliedschaft in einer sich häufig ändernden Datenbank auf demselben Stand. Das heißt, einige im Cache enthaltene Zeilen wurden in der Datenbank vielleicht schon gelöscht, andere Zeilen könnten hingegen fehlen, da sie erst nach dem Öffnen des Cursors hinzugefügt wurden.

Für dynamische Cursor wird die Recordsetmitgliedschaft nie eingefroren, da die Abfrage jedes Mal erneut ausgeführt wird, wenn eine neue **CacheSize**-Gruppe von Zeilen benötigt wird. Aus diesem Grund ist es sehr aufwendig, dynamische Cursor zu implementieren und zu verwalten.

IMHO Meiner Ansicht nach sind Cursor grundsätzlich **böse**. Sie verursachen mehr Probleme als jede einzelne Funktion von ADO (oder DAO und RDO in dieser Hinsicht). Im Allgemeinen ist dies der Fall, weil Cursor falsch erstellt werden: mit zu vielen Zeilen oder mit Optionen, die die Skalierbarkeit und Leistung des Systems nur herabsetzen.

Reihenfolge der Recordsetzeilen

Ich habe einmal einen interessanten Kommentar zu einer Liste vernommen, dem ich die Erkenntnis verdanke, dass einige Leute die Reihenfolge nicht kennen, in der Zeilen an den Client zurückgegeben werden. Denken Sie daran, dass das DBMS neue Zeilen in der Reihenfolge in einer Tabelle aufnimmt, in der sie verfasst werden, sofern Sie keinen gruppierten Index für die Tabelle definiert haben. Wenn der Zeitpunkt zur Rückgabe der Zeilen gekommen ist, werden Recordsetzeilen in der Reihenfolge zurückgegeben, in der sie in der Tabelle gespeichert sind – sofern Sie das Resultset nicht explizit über eine ORDER BY-Klausel sortieren.

Wenn Sie das DBMS zum Erstellen eines gruppierten Indexes aufgefordert haben, wird die physische Reihenfolge in der DBMS-Tabelle von diesem Index bestimmt. Ein »gewöhnlicher« (ungruppierter) Index hat jedoch keinen Einfluss auf die Speicherung der Zeilen in der Tabelle – lediglich auf deren Abruf. Beim Erstellen eines Abfrageplans, anhand dessen Zeilen Ihren Abfragen gemäß abgerufen werden, könnte der Abfrageoptimierer (eventuell) einen der Indizes zum Abrufen der Zeilen verwenden, sofern dies sinnvoll erscheint. Wenn Sie beispielsweise zu viele Zeilen abrufen, könnte den Abfrageoptimierer möglicherweise die Erkenntnis treffen, dass es aufwendiger ist, die Tabellen anhand der Indizes zu durchlaufen, als die Zeilen einfach aus der Tabelle herauszuziehen. Wenn Sie nur auf eine indizierte Tabelle zugreifen, sollte die Reihenfolge auf diesem Index bzw. auf dem gruppierten Index basieren, sofern Sie einen solchen festgelegt haben. Das Abrufen von Zeilen basierend auf einer Verknüpfung (ohne eine ORDER BY-Klausel) kann zur Folge haben, dass Zeilen in scheinbar zufälliger Reihenfolge zurückgegeben werden.

Wenn Sie dem Recordset Zeilen hinzufügen, werden die Zeilen der Mitgliedschaft hinzugefügt und erscheinen am **Ende** des Recordsets – nicht unbedingt an der Stelle, an der die Zeilen in sortierter Reihenfolge zu erwarten wären. Dies ist unabhängig von gruppierten oder gewöhnlichen Indizes der Fall. Sobald Sie das Recordset aktualisieren (die Abfrage erneut ausführen), werden die neu hinzugefügten Zeilen in der richtigen Reihenfolge angezeigt.

Verwalten der Cachegröße für Recordsets

Wenn ADO auszieht, um Daten vom Provider zu erbitten, kommt es erst zurück, wenn sein Körbchen voll ist oder wenn die Daten alle auf einmal abgeholt werden können. Die Größe dieses »Körbchens« können Sie ändern, indem Sie die **CacheSize**-Eigenschaft bearbeiten. Über diesen Wert wird festgelegt, wie viele Zeilen im Cachepuffer des Arbeitsspeichers verwaltet werden sollen. Das heißt, die Provider rufen **CacheSize**-Zeilen aus der Datenquelle in den Arbeitsspeicher ab, bevor sie zu ADO und zu Ihrem Programm zurückkehren. Auf diese Weise gewinnen ADO und der Datenprovider an Effizienz.

Beachten Sie jedoch, dass die standardmäßige ADO-Einstellung für **CacheSize** auf 1 gesetzt ist. Diese Einstellung scheint der effizienten Datenübertragung eher entgegenzuwirken. Aufgrund der Eigenschaften des Firehosecursors (FO/RO/CacheSize=1) spielt die **CacheSize**-Einstellung jedoch beim Abrufvorgang keine Rolle, da der Datenprovider die ADO-Schemata zur Cursorverwaltung umgeht, die die Vorteile der Cacheverwaltung nutzen.

> **Tipp** Die Anwendung wird blockiert (eingefroren), während die ersten **CacheSize**-Zeilen abgerufen werden, selbst dann, wenn die Ausführung asynchron verläuft. Wenn der Server einen beträchtlichen Zeitraum für das Auffüllen des Cache in Anspruch nimmt, sollten Sie eine kleinere **CacheSize**-Einstellung und asynchrone Abfragen in Betracht ziehen, damit die Anwendung nicht blockiert wird.

Während Sie den Zeiger für die aktuelle Zeile durch das **Recordset**-Objekt verschieben, gibt der Provider die Daten aus dem lokalen Speicherpuffer zurück. Sobald Sie den letzten Datensatz im Speichercache passiert haben, lädt der Provider die nächsten **CacheSize**-Datensätze aus der Datenquelle in den Cache. Wenn weniger Datensätze abzurufen sind, als durch **CacheSize** angegeben wird, gibt der Provider die restlichen Datensätze zurück. Beachten Sie, dass der Provider möglicherweise Zeilen erneut vom Server abrufen muss (je nachdem, ob Sie clientseitige oder serverseitige Cursor verwenden), wenn Sie den Cursor auf Zeilen positionieren, die zwar zuvor abgerufen wurden, jedoch nicht länger im Cache gespeichert sind.

Der **CacheSize**-Wert kann zu Lebzeiten des **Recordset**-Objekts angepasst werden, der Wert betrifft jedoch nur die Anzahl der Datensätze im Cache für nachfolgende Abrufvorgänge aus der Datenquelle. Durch Ändern von **CacheSize** wird der aktuelle Inhalt des Cache nicht beeinflusst.

Datensätze, die aus dem Cache abgerufen werden, spiegeln gleichzeitige Änderungen an den Quelldaten nicht wider, die durch andere Benutzer vorgenommen wurden. Somit erfahren Sie erst, dass ein anderer Benutzer in der Datenbank eine zwischengespeicherte Zeile gelöscht hat, wenn Sie versuchen, diese Zeile aus der Quelltabelle zu aktualisieren. Verwenden Sie die **Resync**-Methode, um eine Aktualisierung sämtlicher zwischengespeicherter Daten zu erzwingen.

Optimieren von »CacheSize« In den Listen, die ich regelmäßig überwache (sowohl intern als auch extern bei Microsoft), gab es eine Reihe von Fragen in Bezug auf die Art und Weise, wie aus der Datenbank abgerufene Zeilen von ADO zwischengespeichert werden. Bei der Erstellung eines clientseitigen Cursors (nicht bei der Standardeinstellung) legt ADO so viele Zeilen im Cache ab, wie das Clientsystem aufnehmen kann. Sobald der Cache voll ist, wird der Überlauf auf den Datenträger geschrieben. Bei Verwendung clientseitiger Cursor bedeutet das, dass ADO nach dem Ausschöpfen des zugeordneten RAM sämtlichen verfügbaren Speicherplatz auf dem Laufwerk auffüllt, auf das über die Umgebungsvariable \TEMP zugegriffen wird.

Wenn Sie genügend Zeilen abrufen, um Ihre Festplatte zu füllen, haben Sie offen gesagt schon einen ziemlich dicken Fehler begangen. Die Anpassung der **CacheSize**-Eigenschaft hat hierauf keinen Einfluss, weil ADO die **Recordset CacheSize**-Eigenschaft zum Ermitteln der Zeilenanzahl verwendet, die vom Datenprovider abgerufen und zwischengespeichert werden soll. Solange der derzeit angeforderte Zeilenzeiger sich innerhalb des Bereichs zwischengespeicherter Zeilen befindet, geben ADO und der Provider nur Daten aus dem Cache zurück. Wenn Sie sich außerhalb des Bereichs zwischengespeicherter Zeilen bewegen, wird der Cache freigegeben und die nächsten **CacheSize**-Zeilen werden abgerufen. Welcher **CacheSize**-Wert empfiehlt sich also für Ihre Anwendung?

Leider gibt es keinen optimalen **CacheSize**-Wert, der für alle Anwendungen ideal wäre. Sie sollten die Anwendung mit verschiedenen **CacheSize**-Werten testen und denjenigen verwenden, der die beste Leistung bietet. Die Verwendung eines geringen **CacheSize**-Werts verbessert die Leistung erheblich für das Abrufen von Daten aus einem Oracle-Datenspeicher. Viele ADO-Gurus empfehlen, **CacheSize** in der Standardeinstellung zu belassen: eins.

Tipp Mit Hilfe der **Resync**-Methode können Sie den Cache entleeren und aktualisieren.

Setzen der »MaxRecords«-Eigenschaft

Wenn Sie Zeilen abrufen, sollte die WHERE-Klausel Ihrer Abfrage den Abfragebereich auf eine überschaubare Zahl einschränken. Man kann jedoch nicht immer absehen, wie viele Zeilen zurückgegeben werden. Die ADO-Eigenschaft **MaxRecords** kann eine wichtige Rolle bei der Einschränkung der Größe von Resultsets sowie des zum Abrufen erforderlichen Zeitraums einnehmen. **MaxRecords** fordert ADO lediglich auf, keine weiteren Zeilen abzurufen, sobald **n** Zeilen vorliegen. Möglicherweise entsprechen noch mehr Zeilen der SELECT-Anweisung, es werden jedoch nicht mehr als die durch **MaxRecords** festgelegte Anzahl vom Datenprovider abgerufen. In manchen Fällen leitet ADO den **MaxRecords**-Wert einfach an den Provider weiter, sodass die Anzahl der abzurufenden Werte begrenzt wird. Wenn Sie beispielsweise **MaxRecords** auf einen Wert ungleich null setzen (z. B. 10), wird der Abfrage folgende Anweisung hinzugefügt (zumindest, wenn Sie den SQL Server-Datenprovider verwenden):

```
SET ROWCOUNT 10
```

Anmerkung Die Jet-Provider erkennen die Eigenschaft **MaxRecords** nicht. Das MDAC-Team empfiehlt, der SELECT-Anweisung eine TOP-Klausel hinzuzufügen, um die Anzahl zurückgegebener Zeilen zu beschränken.

Verwenden zwischengespeicherter Datenseiten

ADO verwaltet nicht nur die physische Übertragung von Datenzeilen vom Provider zum Clientdatencache, es kann auch den Cache in **logische** Gruppen unterteilen – in Seiten. Sie legen die Größe der logischen Seiten fest, indem Sie die **Recordset PageSize**-Eigenschaft einstellen. Die **PageCount**-Eigenschaft gibt anschließend die Anzahl der Seiten im Recordset zurück. Sie errechnet sich durch Teilen der Zeilenanzahl durch **PageSize**. Wenn der Provider die **PageSize**-Eigenschaft nicht unterstützt, gibt ADO für **PageSize** -1 zurück.

Sobald Sie **PageSize** eingerichtet haben, können Sie die **AbsolutePage**-Eigenschaft verwenden (1-basiert), um den Zeiger für die aktuelle Zeile auf eine bestimmte Gruppe von Zeilen zu positionieren – **n** Seiten im Resultset. Cool? Naja, fast.

Was wir **eigentlich** benötigen ist eine Verwaltungsmöglichkeit logischer Seiten, die tiefer im Abfrageerstellungsvorgang stattfindet. Die aktuelle Implementierung logischer Seiten geht davon aus, dass der Cursor (böse) so groß ist (doppelt böse), dass der Client ihn in logischen Gruppen abrufen wird. Damit diese Technologie funktioniert, muss das Recordset also groß genug sein, um in Seiten aufgeteilt zu werden. Das bedeutet, dass der Abfrageprozessor auf dem Server dieses große Resultset erstellt und damit begonnen hat, es an den Client zu senden. Ein besserer Ansatz besteht meiner Meinung nach darin, den Abfrageprozessor des Servers nach der »**n**-ten« Seite geeigneter Datenzeilen suchen zu lassen. Vielleicht in einer späteren Version von SQL Server.

Verwenden der »Resync«-Methode

Nehmen Sie an, Sie haben soeben Ihr Recordset erweitert oder aktualisiert, oder Sie möchten lediglich sicherstellen, dass die Daten im Recordset die aktuellsten Informationen für die aktuelle Zeile enthalten. Vielleicht stellen Sie auch fest, dass die Datensätze, die aus dem Cache abgerufen werden, gleichzeitige Änderungen an den Quelldaten nicht widerspiegeln, die durch andere Benutzer vorgenommen wurden. Verwenden Sie die **Resync**-Methode, um eine Aktualisierung sämtlicher zwischengespeicherter Daten zu erzwingen. Die **Resync**-Methode ist außerdem nützlich, wenn Sie einen statischen oder einen FO-Cursor verwenden, Änderungen in der zugrunde liegenden Datenbank jedoch anzeigen möchten. (Bei Schlüsselgruppencursorn ruft ADO aktuelle Informationen aus der Datenbank oder aus dem Cache erneut ab, wenn Sie den Cursor auf bestimmte Zeilen im Resultset setzen. Statische und FO-Cursor bemühen sich nicht um eine Synchronisierung mit der Datenbank.)

Im Gegensatz zur **Requery**-Methode führt die **Resync**-Methode den dem **Recordset**-Objekt zugrunde liegenden Befehl nicht erneut aus. Neue Datensätze in der zugrunde liegenden Datenbank werden nicht angezeigt, sodass die Recordsetmitgliedschaft sich nicht ändert. Wenn der Versuch zur erneuten Synchronisierung wegen eines Konflikts mit den zugrunde liegenden Daten fehlschlägt (z. B., weil ein Datensatz von einem anderen Benutzer gelöscht wurde), gibt der Provider Warnungen an die **Errors**-Auflistung aus, und ein Laufzeitfehler tritt auf. Verwenden Sie die **Filter**-Eigenschaft (**adFilterConflictingRecords**) und die **Status**-Eigenschaft zum Auffinden von Datensätzen mit Konflikten. **Resync** steht nur für aktualisierbare (nicht schreibgeschützte) **Recordset**-Objekte mit clientseitigen Cursorn zur Verfügung.

Anmerkung Die Unterstützung für die **Resync**-Methode auf serverseitigen Cursorn wurde nach ADO 1.5 aufgegeben. **Resync** ist nur für clientseitige Server unter ADO 2.0 und höher verfügbar.

Wenn die dynamischen Eigenschaften **Unique Table** und **Resync Command** eingestellt sind und das Recordset das Ergebnis einer JOIN-Operation für mehrere Tabellen darstellt, führt die **Resync**-Methode den durch die **Resync Command**-Eigenschaft angegebenen Befehl nur für die Tabelle aus, die in der **Unique Table**-Eigenschaft genannt wird. Tabelle 6.4 zeigt, wie Sie die Funktionsweise der **Resync**-Methode mit Hilfe der optionalen Argumente ändern können.

Konstante	Beschreibung
`adResyncAllValues`	Standardwert. Überschreibt clientseitige **Value**-Eigenschaftsdaten, und ausstehende Aktualisierungen werden abgebrochen.
`adResyncUnderlyingValues`	Überschreibt clientseitige **Value**-Eigenschaftsdaten nicht, und ausstehende Aktualisierungen werden nicht abgebrochen.

Tabelle 6.4 Optionale Argumente der »Resync«-Methode

6.3.8 Verwalten der aktuellen Zeile

Wenn Sie eine Abfrage ausführen, die ein Rowset zurückgibt, erstellt ADO zu dessen Verwaltung ein Recordset – selbst dann, wenn es keine geeigneten Zeilen gibt. Das heißt, eine SELECT-Anweisung gibt möglicherweise keine geeigneten Zeilen zurück, ADO erstellt aber dennoch ein Recordset zur Verwaltung des Rowsets. Es gibt jedoch eine Reihe von Situationen, die für ADO spezifisch sind und die Sie kennen sollten. Viele der Statuseigenschaften von ADO können beispielsweise **nur dann** getestet werden, wenn das Recordset Zeilen enthält und wenn der Zeiger für die aktuelle Zeile eine dieser Zeilen anspricht.

Die folgende Routine versucht einfach festzustellen, ob derzeit ein Bearbeitungsvorgang stattfindet. Da beim Starten der Routine nicht garantiert sein kann, dass ein gültiges Recordset vorhanden ist, müssen wir eine Reihe von Hürden überwinden, bevor wir die **EditMode**-Eigenschaft testen können. In DAO oder RDO war dies einfacher.

Zuerst testen wir, ob das **Recordset**-Objekt überhaupt existiert, indem wir es auf **Nothing** testen. Beachten Sie, dass diese Syntax nicht funktioniert, wenn Sie die Variable des **Recordset**-Objekts (rs) mit Hilfe der Technik **Dim rs as New Recordset** deklariert haben.

```
Private Sub cmdSearch_Click()
If rs Is Nothing Then
```

Da wir nun wissen, dass das Recordset existiert, testen wir als Nächstes die **State**-Eigenschaft, um sicherzustellen, dass das Recordset geöffnet ist – die **EOF**- oder **BOF**-Eigenschaften können nur getestet werden, wenn das Recordset vorhanden und geöffnet ist. Beachten Sie an dieser Stelle die Verwendung positiver anstelle von zweifach verneinter Logik. Das ist für müde Augen viel weniger anstrengend.

```
ElseIf rs.State = adStateOpen Then
    If rs.EOF Or rs.BOF Then
```

Okay, jetzt wissen wir, dass das **Recordset**-Objekt existiert, dass es geöffnet ist und dass es sich nicht am Ende oder am Beginn der Datei befindet (EOF und BOF). Nun können wir die **EditMode**-Eigenschaft testen. Puh!

```
ElseIf rs.EditMode = adEditInProgress Then ...
```

Bei der Arbeit mit **Recordset**-Objekten müssen Sie darauf vorbereitet sein, gelegentlich auf ein leeres Rowset und andere »Aktuelle Zeile nicht gültig«-Situationen zu treffen. Das bedeutet, dass eine **Recordset**-Objektvariable möglicherweise auf Folgendes verweist:

- Ein Recordset, das auf **Nothing** gesetzt ist
- Ein geschlossenes Recordset – die **State**-Eigenschaft lautet **adStateClosed**
- Ein geöffnetes Recordset, die aktuelle Zeile liegt jedoch außerhalb der Datenzeilen (sowohl BOF als auch EOF)
- Eine gelöschte Zeile – Sie oder ein anderer Benutzer haben die Zeile entfernt

Es obliegt nun Ihrem Code, den Zeiger für die aktuelle Zeile (Current Row Pointer, CRP) zu verwalten; mit ADO ist das ziemlich einfach. Sie können den CRP mit Hilfe einer der folgenden Techniken verschieben:

- Verwenden Sie die **Move**-Methoden **MoveNext** und **MovePrevious**, um eine Zeile vorwärts oder rückwärts zu springen, bzw. **MoveLast** und **MoveFirst**, um den CRP auf die letzte oder erste Zeile des Recordsets zu verschieben. Außerdem gibt es eine **Move**-Methode zum Vorwärts- und Rückwärtsspringen über **n** Zeilen.

Tipp Wenn der Cursor sich am Anfang der Datei befindet (BOF), verursacht die Verwendung von **MovePrevious** einen auffangbaren Fehler, ebenso die Verwendung von **MoveNext**, wenn EOF zutrifft. Wenn Sie Benutzern die Navigation durch ein Recordset erlauben, stellen Sie sicher, dass die Fehlerbehandlungen so codiert sind, dass Fehler im Zusammenhang mit der Navigation außerhalb des Recordsetbereichs vermieden werden.

- Verwenden Sie die **BookMark**-Eigenschaft, um einen CRP zu speichern und später zurückzusetzen.
- Verwenden Sie die **AbsolutePosition**-Eigenschaft, um zur **n**-ten Zeile des **gefüllten** Recordsets zu springen – gilt nur für clientseitige Cursor.

- Fügen Sie dem Recordset mit Hilfe der **AddNew**-Methode eine neue Zeile hinzu. Auf diese Weise wird der CRP auf die letzte Zeile im Recordset verschoben. Die Zeile wird der Zieltabelle in der entsprechenden Reihenfolge hinzugefügt, die durch die Datenquellenindizes festgelegt ist.
- Verwenden Sie die **CancelUpdate**-Methode, nachdem Sie **AddNew** eingesetzt haben. Auf diese Weise wird der CRP auf die CRP-Einstellung verschoben, die vor dem **AddNew**-Vorgang galt. Wenn der CRP sich beispielsweise auf Zeile 10 von 15 befindet und Sie eine neue Zeile hinzufügen, wird der CRP auf Zeile 16 (auf die neue Zeile) verschoben. Durch **CancelUpdate** wird der CRP wieder auf Zeile 10 zurückgesetzt.

6.3.9 Verwalten von Einfügevorgängen für das Recordset

Das Hinzufügen von Zeilen zu einem vorhandenen Recordset impliziert, dass diese neuen Zeilen beim Speichern des Recordsets fester Bestandteil des vorhandenen Datenspeichers werden. Dies bedeutet möglicherweise, dass ADO die Zeile in eine bestimmte Tabelle schreibt oder einfach einem speicherresidenten Recordset hinzufügt, das in einer Datei, in XML, in einem binären Stream oder einem anderen Datenspeicher gespeichert ist. ADO aktualisiert oder erweitert immer nur jeweils eine Tabelle. Ist die Abfrage Ergebnis einer Verknüpfung, müssen Sie daher vorsichtig sein, welche Spalten Sie ändern, wie Sie neue Zeilen erstellen und wie ADO diese Änderungen auf Datenproviderseite verarbeitet.

Damit ADO Ihrem Cursor eine neue Zeile hinzufügt, verwenden Sie einfach die **AddNew**-Methode des Recordsets. Diese Methode erstellt ein »leeres« Recordset (bei dem die **Value**-Eigenschaften nicht eingestellt sind). Anschließend können Sie die einzelnen **Field**-Werte nacheinander ansprechen. Ein anderer (schnellerer) Ansatz besteht darin, die neuen **Field**-Werte in einem **Variant**-Array weiterzuleiten, der auf die **Field**-Werte angewendet wird. ADO unterscheidet sich von DAO und RDO in Bezug auf die Methoden **AddNew** und **Update**. In diesen älteren Technologien musste die **Update**-Methode zum Speichern der neuen Zeile oder anderer Änderungen verwendet werden – wenn Sie den Cursor aus der Zeile verschoben haben, gingen die Änderungen verloren. Für ADO gilt ein völlig anderer Ansatz: Sie müssen die Änderungen explizit abbrechen, wenn ADO die neuen oder geänderten Zeilen nicht im Recordset und in der Datenbank speichern soll. Wenn Sie den CPR auf eine andere Zeile verschieben oder das Recordset schließen, erzielen Sie dieselbe Wirkung wie bei Verwendung der **Update**-Methode. Wenn ein Benutzer also seine Meinung ändert, müssen Sie die **Cancel**- oder **CancelBatch**-Methode verwenden, um die Änderungen an der aktuellen Zeile oder alle am Stapel vorgenommenen Änderungen rückgängig zu machen.

Das folgende Beispiel zeigt den Einsatz dieser **Variant**-Arraytechnik. Natürlich können Sie nacheinander auf die einzelnen **Recordset Field**-Objekte verweisen, um die **Value**-Eigenschaften zu füllen, die **Variant**-Arraytechnik ist jedoch unglaublich einfach – und die Softwareingenieure versichern mir außerdem, dass sie schneller ist.

```
Option Explicit
Dim cn As Connection
Dim cmd As Command
Dim rs As Recordset
Dim varFields As Variant
Dim varValues As Variant

Private Sub Form_Load()
On Error GoTo FLEH
Set cn = New Connection
cn.Open "dsn=localserver", "admin", "pw"
```

Im folgenden Code öffnen wir das Recordset mit der einfachen Absicht, Zeilen hinzuzufügen. Wir rufen daher nur die DDL-Informationen und keine Zeilen ab.

```
Set rs = New Recordset
rs.Open "Select Title,type,price,pubid, ISBN from titles where 1=0", _
   cn, adOpenKeyset, adLockOptimistic, adCmdText
```

Im nachfolgend gezeigten Code werden die beiden **Variant**-Arrays ausgefüllt, die zum Angeben der Feldnamen und Werte verwendet werden. Sparen Sie sich das Setzen von Anführungszeichen um die Zahlen – Visual Basic und ADO zwingen diese den richtigen Datentypen auf, wenn die Werte in die Argumente verschoben werden, die an den Datenprovider gesendet werden. Diese Argumente werden von ADO zum Erstellen einer Anweisung zur Cursoraktualisierung verwendet. ADO setzt für diesen Vorgang keine erstellte INSERT-Anweisung ein, es verwendet statt dessen die gespeicherte ADO-Systemprozedur **sp_cursor**.

```
varFields = Array("Title", "type", "price", "pubid", "ISBN")
varValues = Array("New title", "MI", 90.99, 90, "bogus")
```

So, nun kann die erste neue Zeile hinzugefügt werden. An dieser Stelle erhalten wir eventuell eine Fehlermeldung (vor der Aktualisierung), falls ein Konflikt mit dem Primärschlüssel besteht oder falls die **Field**-Werte den Einschränkungen der **Field**-Eigenschaft nicht entsprechen.

```
rs.AddNew varFields, varValues
rs.Update
```

Als Nächstes fügen wir mit Hilfe derselben Technik zwei weitere Zeilen hinzu, versuchen jedoch ADO mit falsch formatierten Werten zu überlisten. ADO weist diesen nächsten **AddNew**-Vorgang zurück, da es sich beim Preis nicht um eine Zahl handelt.

```
varValues = Array("Another New title", "MI", "bad", 90, "bogus2")
rs.AddNew varFields, varValues
rs.Update
```

Auch die nächste Zeile wird zurückgewiesen; die Spalte **Type** ist in der Datenbank durch einen Fremdschlüssel eingeschränkt. Sie muss mit einem der bekannten **ValidTitleTypes**-Tabelleneinträge übereinstimmen – tut sie aber nicht.

```
varValues = Array("A third New title", "XX", "-86", 90, "bogus3")
rs.AddNew varFields, varValues
rs.Update
rs.Close
```

Als Nächstes wird das Durcheinander, das wir in der **Titles**-Tabelle angerichtet haben, wieder behoben, indem alle unsinnigen ISBN-Zeilen gelöscht werden. Wir können sicherstellen, dass hierdurch nur die einzige Zeile, die tatsächlich funktioniert hat, betroffen ist, indem wir den gesamten Vorgang in eine Transaktion hüllen. Wir hätten die gesamte Gruppe von **AddNew**-Vorgängen in eine Transaktion verpacken können, das hätte jedoch die Anzeige im Profiler durcheinander gebracht – falls Sie überhaupt hingesehen haben.

```
cn.BeginTrans
cn.Execute "Delete titles where ISBN like 'bogus%'", intRecordsAffected
If intRecordsAffected > 3 Then
   cn.RollbackTrans
   MsgBox "Nope, something went wrong with the delete!"
Else
   cn.CommitTrans
End If
rs.Close
Quit:
   Exit Sub
FLEH:
   Debug.Print Err.Number, Err.Description
   Select Case Err
      Case -2147217873 ' Violation of PRIMARY KEY constraint 'aaaaaTitles_PK'.
      Cannot insert duplicate key in object 'Titles'.
         ' or ... [Microsoft][ODBC SQL Server Driver][SQL Server]INSERT
```

```
        statement conflicted with COLUMN FOREIGN KEY constraint
        'FK_Titles_ValidTitleTypes'. The conflict occurred in database
        'biblio', table 'ValidTitleTypes', column 'Type'.
        MsgBox "Can't insert a duplicate row into titles table "_
        & or invalid title type. "
        & Mid(Err.Description, InStrRev(Err.Description, "]") + 1)

        rs.CancelUpdate
        Resume Next
      Case -2147352571 'Type mismatch.
        MsgBox "Field type(s) not correct."
        rs.CancelUpdate
        Resume Next
      Case 3219, 3704: Resume Next
      Case Else
        Stop
        Resume
    End Select
End Sub
```

Anmerkung Beachten Sie, dass der zurückgegebene **Error.Number**-Wert für eine Primärschlüsselverletzung (wenn ein Datensatz doppelt vorhanden ist) mit dem für einen falschen Primär-/Fremdschlüssel übereinstimmt. Sie müssen die Zeichenfolge analysieren, um herauszufinden, was passiert ist. Denken Sie daran, dass diese Fehlermeldungen ins Französische, Deutsche, Spanische und eine Reihe anderer Sprachen übersetzt sind. Dies mag ein Problem für diejenigen darstellen, die eine Anwendung erstellen möchten, die auf einer Reihe übersetzter ADO-Plattformen ausgeführt werden soll.

Arbeiten mit vom System generierten Primärschlüsseln

Das Hinzufügen von Zeilen zu einem Recordset ist beinahe so leicht wie das Aktualisieren vorhandener Zeilen. In diesem Fall können die Konflikte entstehen, da andere Clients Zeilen mit demselben Primärschlüssel (Primary Key, PK) hinzugefügt haben. Dieser Umstand kann durch vom System generierte Primärschlüssel leicht vermieden werden. In SQL Server, Jet und Oracle stehen hierzu entsprechende Möglichkeiten bereit, etwa durch Verwendung von Spalten, die als **Identity**, **AutoNumber** usw. bezeichnet sind. Weitere Informationen zu den **Identity**-Spalten in SQL Server finden Sie in MSDN im Abschnitt über automatische Nummerierung und Identifikationsspalten.

Es gibt einige empfohlene Vorgehensweisen zum Hinzufügen von Datensätzen, die Sie bei der Verarbeitung von vom System generierten Primärschlüsseln beachten müssen. Zunächst müssen Sie entscheiden, ob die generierten Schlüssel für einen einzelnen Server oder für eine unbestimmte Anzahl von Servern eindeutig sein müssen. Falls Letzteres der Fall ist, müssen Sie die Tabellenspalte so definieren, dass ein global eindeutiger Bezeichner (Globally Unique Identifier, GUID) anstelle einer Ganzzahl verwendet wird. Auf diese Weise wird gewährleistet, dass der Schlüssel eindeutig ist, unabhängig davon, wo oder wann er erstellt wurde. Das Tolle an der GUID-Technologie ist, dass GUIDs zu ihrem Ursprung zurückverfolgt werden können – bei gewöhnlichen Ganzzahl-IDs ist dies nicht möglich.

Sobald Sie eine Strategie zur eindeutigen Zeilenbezeichnung gefunden haben, müssen Sie sich überlegen, wie dieser neue vom System generierte Primärschlüssel abgerufen wird, nachdem neue Zeilen hinzugefügt wurden. Wenn Sie Recordsetcursor verwenden, sollten Sie den Einsatz der **Resync**-Methode zum Ermitteln des neuesten Identitätswerts für die neue Zeile in Betracht ziehen. ADO kann diese Aufgabe automatisch durchführen, wenn Sie in der **Update Resync**-Eigenschaft die richtigen Argumente einstellen. Beachten Sie, das neue Zeilen immer am Ende des Recordsets hinzugefügt werden, unabhängig von ihrer richtigen Reihenfolge in der Recordsetmitgliedschaft. Die Verwendung der **Resync**-Methode beeinflusst nicht die Reihenfolge der Zeilen in der Datenbank oder im Recordset.

Wenn Sie eine gespeicherte SQL Server-Prozedur für den INSERT-Vorgang verwenden, kann die Prozedur den neuen Identitätswert über die globale Variable @@IDENTITY zurückgeben, vorausgesetzt, dass keine andere INSERT-Anweisung den Wert zurücksetzt. Denken Sie daran, dass die Funktion TSQL RETURN nur eine Ganzzahl und keine GUID zurückgeben kann, daher müssen Sie einen OUTPUT-Parameter zum Zurückgeben des neuesten GUID-Wertes verwenden.

Dieser Ansatz birgt jedoch auch Gefahren. Wenn die gespeicherte Prozedur die referenzielle Integrität durch Hinzufügen von Zeilen zu anderen Tabellen gewährleistet, wird der @@IDENTITY-Wert durch jeden Vorgang zurückgesetzt, der einer Tabelle **mit** oder **ohne Identity**-Spalte eine Zeile hinzufügt. Nehmen Sie beispielsweise an, dass die gespeicherte Prozedur über eine TSQL INSERT-Anweisung Tabelle1 eine Zeile hinzufügt. Der INSERT-Trigger für Tabelle1 fügt möglicherweise wiederum Tabelle2 eine Zeile hinzu, die ebenfalls über einen vom System generierten Identitätswert verfügt. Dieser zweite Identitätswert wird auf den aktuellen @@IDENTITY-Wert angewendet. Wenn die zweite Tabelle keine Identitätsspalte besäße, würde SQL Server @@IDENTITY auf Null setzen.

Tipp Eines der Probleme hierbei besteht darin, dass ADO die neue Zeile in der Datenbank nicht finden kann, da sie so lange nicht über ihren Primärschlüssel verfügt, bis der Cursor erneut erstellt wird. Das heißt, wenn Sie eine Zeile hinzufügen und das System den Primärschlüssel erstellt, wird dieser in der Datenbanktabelle, jedoch nicht im Cursor aufgezeichnet. Der Grund hierfür ist, dass ADO zum Hinzufügen der Zeile einfach eine INSERT-Anweisung verwendet und dass es keinen integrierten Mechanismus zum Zurückgeben des Primärschlüssels der neuen Zeile gibt.

Das Problem liegt darin, dass Sie in der Lage sein müssen, auf dem Client auf neu hinzugefügte Zeilen zu verweisen (z.B. neue Kunden oder neue Auftragspositionen), ohne zunächst die Datenbank vollständig neu abzufragen, was immer eine Möglichkeit darstellt. Das heißt, die neu hinzugefügten Zeilen werden auf dem Server vollständig gefüllt, einschließlich der neuen Primärschlüsselwerte. In den wilden Sechzigern, als meine Haare noch länger und meine Taschen leerer waren, bin ich als Vertreter von Tür zu Tür gegangen, um Electrolux-Staubsauger zu verkaufen. Auch wenn ich nur einen einzigen verkauft habe (an meine Mutter), habe ich einige sehr nette Leute getroffen, die sich ein solches Gerät einfach nicht leisten konnten, und ich habe es nicht über das Herz gebracht, ihnen dennoch einen Staubsauger aufzuschwatzen. Aber ich schweife vom Thema ab. Beim Verkauf dieser Geräte habe ich ein vorgedrucktes mehrteiliges Verkaufsbuch geführt. Jede Seite des Buches war nummeriert, und kein anderer Verkäufer hatte dieselbe Nummernfolge (damals gab es noch keine Verkaufsteams am PC). Wenn der Verkauf abgeschlossen war, erhielt der Kunde eine Kopie des Formulars, und der Durchschlag wurde zum Ausfüllen an die Verkaufsstelle weitergeleitet. Alle weiteren Vorgänge wurden anhand der eindeutigen Kundennummer durchgeführt. Sicherlich haben Sie in Ihrer Firma ähnliche Formulare für Spesenkonten oder andere Bürovorgänge verwendet.

Okay, wo liegt jetzt der Zusammenhang mit dem Problem? Nun, wie wäre es, wenn man für die Anwendungen demselben Prinzip folgen würde? Wenn die Anwendung zum Verwalten von Kunden, Aufträgen und Auftragspositionen im Voraus leere Kundendatensätze nebst leeren Datensätzen für Aufträge und Auftragspositionen erstellen würde? Wenn dann der Zeitpunkt kommt, zu dem ein neuer Kunde »hinzugefügt« werden soll, müssten Sie nur einen der vorhandenen Kundendatensätze aktualisieren, die der Anwendung zugeordnet sind, und dasselbe auch für die Aufträge und Auftragspositionen durchführen. Der Nachteil hierbei liegt darin, dass die Datenbank durch leere Datensätze ausgedehnt wird. Das muss jedoch kein Problem darstellen, wenn Sie VarChar-Datentypen verwenden, die zunächst klein sind und dann durch neue Datenzeilen erweitert werden können. Außerdem müssten Sie sich um Konflikte keine Gedanken machen. Die leeren Kundendatensätze gehören bereits zu Ihrer Anwendung, und keine andere Anwendung besitzt die Berechtigung, sie zu ändern – zumindest so lange nicht, bis sie erstmals gefüllt werden. Wenn die leeren Datensätze zur Neige gehen, führen Sie einfach eine Prozedur aus, die einen neuen Satz zurückgibt. Außerdem können Sie ein Statusfeld verwenden, das anzeigt, ob der Kundendatensatz leer ist oder nicht.

6.3.10 Verwalten von Recordsetaktualisierungen

Es scheint immer eine Reihe von Möglichkeiten zu geben, seine Ziele zu verwirklichen. Manche sind schneller, einige einfacher, andere illegal. Der Einsatz von ADO zum Aktualisieren der Datenbank bildet da keine Ausnahme – auch wenn einige Ansätze vielleicht ein bisschen albern wirken, die meisten sind nicht illegal (außer in einigen Teilen von Cleveland). Sie besitzen (zumindest) folgende Optionen:

- Erstellen eines aktualisierbaren Cursors anhand einer der gültigen **LockType**-Einstellungen
- Erstellen einer gespeicherten Prozedur zum Durchführen von Aktualisierungen an einer oder mehreren Tabellen
- Codieren eines **Command**-Objekts, das eine **Update**-Anweisung ausführt
- Hartcodieren einer SQL-Anweisung, die eine **Update**-Anweisung ausführt

Sie können zwar nicht immer sämtliche dieser Optionen verwenden, normalerweise stehen jedoch mehrere zur Auswahl. Es scheint allerdings ein bisschen schwierig, gleichzeitig zwei oder mehr Techniken einzusetzen. Stellen Sie sich beispielsweise vor, Sie verwenden einen aktualisierbaren Cursor zum Abrufen einer Zeile und versuchen zum Durchführen der Aktualisierung eine gespeicherte Prozedur oder eine UPDATE-Anweisung zu benutzen. Sie werden feststellen, dass das Recordset Ihren eigenen UPDATE-Vorgang blockieren kann.

Zur Verdeutlichung einiger Aktualisierungstechniken habe ich ein etwas längeres Beispielprogramm geschrieben. Sie finden es unter **...Recordset Objects\Updating\Handling Errors**. Sehen wir uns einige Teile des Codes an; einige Konzepte wurden zwar noch nicht behandelt, aber es werden auch einige interessante Punkte aufgebracht, die im weiteren Verlauf dieses Kapitels erläutert werden.

Detaillierte Erläuterung des Beispiels für eine Aktualisierungsanwendung

Die Beispielanwendung verdeutlicht eine **grundlegende** Fehlerbehandlung beim Aktualisierungsvorgang und ermöglicht Ihnen die Simulation mehrerer Benutzer, sodass deutlich wird, wie deren Interaktion Aktualisierungen entweder blockiert oder zulässt. Sobald die Anwendung gestartet wurde, wird die Verbindung über

Form_Load geöffnet und die gültige ISBN-Liste aufgefüllt. Zu diesem Zeitpunkt müssen Sie eine ISBN-Nummer aus der Dropdownliste **ISBN Wanted** auswählen und auf **Fetch** klicken. Die Zeile, die der ausgewählten ISBN entspricht, wird im Rahmen **Fetch** angezeigt. Nach einigen Sekunden wird ein Hintergrundereignis ausgelöst, das mit Hilfe der **Resync**-Methode den Datenbankstatus der Zeile abruft, um die von anderen Benutzern vorgenommenen Änderungen anzuzeigen. Wenn eine andere Instanz der Anwendung (oder auch eine entsprechende andere Anwendung) die Zeile ändert, meldet der niedrigere, zugrunde liegende Rahmen diese Aktivität. Die Anwendung stellt fest, ob eine Zeile geändert wurde, indem sie das Feld **TimeStamp** untersucht. Der Vergleich von Spalten des Typs **TimeStamp** hat sich als etwas schwieriger herausgestellt, als ich dachte.

Über die Optionsschaltflächen können Sie die **CursorLocation** (Server oder Client) und den **LockType** (optimistisch oder pessimistisch) auswählen. Wenn Sie die pessimistische Sperre wählen, stellt die Anwendung eine Laufleiste bereit, anhand derer Sie die Wartezeit angeben können, bis die Anwendung die bearbeitete Zeile freigibt. Dieser Vorgang erfolgt über eine Überwachungszeitgeberroutine, die bei Ausführen des Abrufs aktiviert wird. Eine Verlaufsleiste zeigt an, wie viel Zeit Ihnen zum Abschließen der Änderung verbleibt.

Wenn Sie an der Zeile im **Fetch**-Datenrahmen eine Änderung vorgenommen haben, müssen Sie entweder auf die Schaltfläche **Update** oder auf die Schaltfläche **Cursor Update** klicken – oder auch auf **Abandon Change**. Diese Schaltflächen erfüllen folgende Funktionen:

- **Update** – führt ein ADO-**Command**-Objekt aus, um eine Aktualisierung an der abgerufenen Zeile durchzuführen. Diese Routine bricht die ausstehende Aktualisierung ab, schließt das aktualisierbare Recordset und führt die UPDATE-Anweisung über das **Command**-Objekt aus. Wenn Sie das aktualisierbare Recordset nicht schließen, kann der **Update**-Befehl (im pessimistischen Modus) die Zeile nicht aktualisieren. (Technisch gesehen handelt es sich um zwei separate Transaktionen, da sie auf separaten Verbindungen stattfinden; die UPDATE-Anweisung des **Command**-Objekts muss also warten, bis der Cursor die Sperren freigibt.)
- **Cursor Update** – verwendet einfach die **Recordset Update**-Methode.
- **Abandon Change** – macht die Änderung an der Zeile rückgängig und gibt die abgerufene Zeile im pessimistischen Modus frei.

Sehen wir uns den Code an. Beachten Sie zunächst, dass die **TimeStamp**-Spalten als **Variant**-Werte verwaltet werden. Ich habe sowohl Bytearrays als auch **Variant**-Werte ausprobiert und mich auf Variant-Werte festgelegt, beide funktionieren jedoch gleich gut.

```
Dim varTimeStamp As Variant
Dim varTimeStampDB As Variant
```

Das Ereignis **Form_Load** richtet zwei **Command**-Objekte sowie eine Reihe von **Recordset**-Objekten ein, die später verwendet werden. Beim ersten, der als Nächstes gezeigt wird, handelt es sich um eine einfache Parameterabfrage, die, basierend auf einer bestimmten ISBN-Nummer, eine einzelne Zeile aus der Tabelle **Titles** zurückgibt.[7]

```
...
With cmdSelect
    .Name = "TitleByISBN"
    .CommandText = "Select Title, Year_Published, ISBN, TimeStamp" _
         & " from Newtitles where ISBN = ?"
    .CommandType = adCmdText
    .Parameters.Append .CreateParameter("ISBNWanted", adVarChar, adParamInput, 20)
End With
```

Das zweite **Command**-Objekt wird verwendet, um eine eigenständige UPDATE-Anweisung zu übermitteln, wobei die **Field**-Werte der aktuellen Zeile als Parameter eingesetzt werden.

```
With cmdUpdate
    .Name = "UpdateTitle"
    .CommandText = "Update NewTitles set Title = ?, Year_Published = ? " _
       & " Where ISBN =? and TimeStamp = ?"
    .CommandType = adCmdText
    .CommandTimeout = 5         ' Nicht zu lange warten...
    .Parameters.Append .CreateParameter("NewTitle", adVarChar, adParamInput, 255)
    .Parameters.Append .CreateParameter("Year", adSmallInt, adParamInput)
    .Parameters.Append .CreateParameter("ISBNWanted", adVarChar, adParamInput, 20)
    .Parameters.Append .CreateParameter("TimeStamp", adVarBinary, adParamInput, 8)
End With
```

Die Routine zum Öffnen der Datenbankverbindung wird außerhalb des Formularladevorgangs verarbeitet, um der Anwendung eine Gelegenheit zu geben, zwischen clientseitigen und serverseitigen Cursorn zu wechseln. Diese Routine, die als Nächstes gezeigt wird, belegt außerdem die ISBN-Dropdownliste mit Daten. Den vollständigen Code für diese Routine finden Sie im Beispiel auf der CD.

7. Bei ISBN-Nummern (International Standard Book Number) handelt es sich um eindeutige Nummern, die blockweise an Verleger vergeben werden, die wiederum ihren Büchern, CDs und anderen Publikationen einzelne Nummern zuordnen.

```
Private Sub cmdOpenDB_Click()

cn.CursorLocation = intOptCursorLoc
cn.Open "provider=sqloledb;data source=(local);default catalog=biblio",
"Admin", "pw"

cmdSelect.ActiveConnection = cn
cmdUpdate.ActiveConnection = cn
```

Wenn der Benutzer auf die Schaltfläche **Fetch** klickt, führt die folgende Routine das **Command**-Objekt **TitlesByISBN** aus, basierend auf der ISBN-Zeile, die aus der Dropdownliste gültiger ISBN-Nummern ausgewählt wurde. Die **State**-Eigenschaft wird verwendet, um festzustellen, ob Bearbeitungsvorgänge ausstehen, die bei einer erneuten Ausführung der Abfrage verloren gingen.

```
Private Sub cmdFetch_Click()
tmrResync.Enabled = False

If rs.State = adStateOpen Then
   If rs.EditMode = adEditInProgress Then
      i = MsgBox("Do you want to abandon your changes? Click OK to fetch a new
      record.", _
      vbOKCancel, "Edit in progress...")
      If i = vbCancel Then GoTo Quit
   End If
   rs.CancelUpdate
   rs.Close
End If
```

Wenn **LockType** auf pessimistisch eingestellt ist, können wir eine Zeile nicht einfach abrufen und darauf sitzen bleiben, da die Anwendung einen Überwachungszeitgeber startet, der die Zeile in **n** Sekunden wieder freigibt.

```
If intOptLockType = adLockPessimistic Then
   tmrWatchDog.Enabled = True
   lblUpdateWarning.Caption = "Warning... you have less than " & sldDelay.Value _
       & " seconds to complete the change"
   Else
      tmrWatchDog.Enabled = False
      lblUpdateWarning.Caption = ""
End If
```

In jedem Fall wird der Abrufbefehl ausgeführt und die Zeile in die **TextBox**-Steuerelemente übertragen.[8]

```
Set rs = New Recordset
rs.LockType = intOptLockType
rs.CursorType = adOpenStatic
cn.TitleByISBN cmbISBN.Text, rs
ShowRsRow (Rows)
```

Wenn der Benutzer einen der Feldwerte ändert, die in den **TextBox**-Steuerelementen gezeigt werden, wird das **Validate**-Ereignis ausgelöst (wenn der Fokus verloren geht). Diese Routine, die als Nächstes gezeigt wird, stellt eine einfache Überprüfung auf clientseitiger Feldebene dar. Der Schwerpunkt liegt hierbei auf die Spalte **Year_Published**. Der Client prüft lediglich, ob es sich bei dem Wert um eine Zahl handelt und ob diese zwischen 1900 und dem aktuellen Jahr liegt. Beachten Sie, dass die Datenbankregel für diese Datenbanktabellenspalte keine Werte außerhalb von 1930 und 2000 festlegt.

Anmerkung Die Tatsache, dass dieser Datumsbereich in der Clientanwendung hartcodiert wurde, macht möglicherweise einige der erfahreneren Entwickler ein wenig nervös. Verständlich. Dies ist genau die Art von Problem, die uns dazu bewogen hat, uns mit dem Wechsel zum Jahr 2000 auseinander zu setzen. Meiner Meinung nach gehören Geschäftsregeln wie diese in zentrale Routinen auf dem Server, wo sie leicht an wechselnde Trends und Anforderungen angepasst werden können. Das bedeutet jedoch, dass die Clientanwendungen die Daten nicht richtig überprüfen können, bevor diese in die Datenfelder gepackt werden. Die Lösung wäre wohl ein datengesteuerter Generator und Filter für Geschäftsregeln, der bei jedem Start auf dem Client erstellt wird. Über dieses Thema habe ich ausführlich im **Hitchhiker's Guide to Visual Basic and SQL Server** geschrieben, und ich werde mich darüber später noch in einem oder zwei Whitepapers auslassen, sobald ich mich von Microsoft zurückgezogen habe.

Um zu testen, wie ADO auf Regelverletzungen reagiert, versuchen Sie, den Jahreswert auf 1928 einzustellen, der zwar für den Clientcode gültig, für die serverseitige Regel jedoch unzulässig ist. Wenn Sie diesen Test einrichten und anschließend auf die Schaltfläche **Update** klicken, gibt der Server einen Fehler an ADO zurück. Beachten Sie, dass bei Verwendung der **Update**-Methode eine **andere**

8. Eigentlich verwendet diese Anwendung anstelle eines **TextBox**-Steuerelements ein benutzerdefiniertes Steuerelement, das ich selbst erstellt habe – eine Mischung aus **Label** und **TextBox**. Richtig. Die Quelle für dieses Steuerelement ist ebenfalls auf der CD enthalten.

Fehlermeldungs**nummer** zurückgegeben wird als bei Verwendung des **Update**-Befehls. Beide geben dieselbe Fehlerbeschreibung zurück, die die Regel und die Spalte angibt, die den Fehler verursacht haben.

```
Private Sub ltbText_Validate(Index As Integer, Cancel As Boolean)
    Select Case Index
        Case enuTB.ISBN
            ' Keine Änderungen am Primärschlüssel zulassen...
            Exit Sub
        Case enuTB.Title
            rs(enuTB.Title) = ltbText(Index).Text
        Case enuTB.Year      ' Beachten Sie, dass diese Kriterien NICHT mit den
Kriterien der DB-Regeln übereinstimmen
            With ltbText(enuTB.Year)
                If IsNumeric(.Text) Then
                    If .Text >= 1900 And .Text <= Format(Now, "YYYY") Then
                        Else: MsgBox "Invalid year"
```

Die Aktualisierungsroutine wird aufgerufen, wenn Sie auf eine der Aktualisierungsschaltflächen klicken. Sie aktualisiert die Zeile entweder durch Verwendung eines direkten UPDATE-Befehls oder einfach durch Verwendung der **Update**-Methode für das Recordset.

Die erste Routine (Case 0) führt das ADO-**Command**-Objekt aus, das zum Ausführen der UPDATE SQL-Anweisung eingerichtet wurde. In diesem Fall müssen wir die Zeile freigeben, die vom Recordsetcursor besetzt ist, da andernfalls die UPDATE-Anweisung nicht erfolgreich ausgeführt werden kann – zumindest nicht bei Verwendung pessimistischer Cursor. Für optimistische Cursor ist diese Maßnahme nicht unbedingt erforderlich. Da diese Technik den automatischen **Resync**-Vorgang nicht unterstützt, führen wir die Abfrage der einzelnen Zeile erneut durch.

```
Private Sub cmdUpdateButton_Click(Index As Integer)
On Error GoTo cmdUEH
Select Case Index
    Case 0              ' Update-Befehl
        rs.CancelUpdate      ' Das rs besetzt die Zeile
        rs.Close
        cmdUpdate.Execute intRecsAffected, Array(ltbText(enuTB.Title).Text, _
                ltbText(enuTB.Year).Text, _
                ltbText(enuTB.ISBN).Text, _
                varTimeStamp), adExecuteNoRecords
        '  Aktualisierung erfolgreich...
        cmdFetch = True         ' Zeile erneut abrufen (einschließlich TimeStamp)
```

Die zweite Routine (Case 1) aktualisiert lediglich das Recordset anhand der **Update**-Methode. Wenn das **Recordset**-Objekt die **Resync**-Methode unterstützt, aktivieren wir es vor der Aktualisierung. Diese Vorgehensweise erspart uns später zusätzliche Arbeit beim Abrufen der Zeilen.

```
Case 1              ' Recordset Update-Methode
   If rs.Supports(adResync)
   Then rs.Properties("Update Resync") = adResyn-cUpdates
   rs.Update
   ShowRsRow (Rows)
```

...

Die Fehlerbehandlungsroutine beim Aktualisierungsvorgang ist so programmiert, dass sie eine Reihe grundlegender Möglichkeiten abdeckt. Ein Fehler zum optimistischen Parallelzugriff wird zurückgegeben, wenn ein anderer Benutzer die Zeile über eine andere Anwendung oder eine andere Instanz derselben Anwendung geändert hat.

Der Zeitüberschreitungsfehler tritt auf, wenn ein anderer Benutzer die Zeile besetzt hält. Der **CommandTimeout**-Wert wird auf fünf Sekunden gesetzt, sodass dieser Fehler relativ schnell eintritt – für das Backend vielleicht etwas zu schnell, um noch mehrere Treffer in derselben Zeile aufzulösen, d. h., zu aktualisieren oder auszuwählen.

Die beiden Arten von Fehlernummern (**Err.Number**) werden zurückgegeben, wenn die serverseitigen Regeln verletzt werden. Sie möchten diese Fehlerbehandlungsroutine vollständig mit anderen ähnlichen Bedingungen in Ihrer eigenen Datenbank füllen. Beispielsweise möchten Sie beim Hinzufügen von Zeilen Verletzungen des Primärschlüssels oder des Primär- und Fremdschlüssels auffangen.

```
cmdUEH:
   Debug.Print Err, Err.Description
   Select Case Err
      Case -2147217864 ' Prüfung des optimistischen Parallelzugriffs fehlge
      schlagen. Die Zeile wurde außerhalb dieses Cursors bearbeitet.
         MsgBox "Some other user has changed the record since you initially
         fetched it. The values stored in the database can be seen below."
         rs.CancelUpdate
         Resume Quit
      Case -2147217871 '       Zeitüberschreitung abgelaufen
         MsgBox "Some other user has the record locked.
         Update did not take place.",
         vbCritical, "Update timeout."
```

```
      Resume Quit
   Case -2147217900, -2147467259 ' Eine Spalteneinfügung oder -aktualisie-
   rung verursacht einen Konflikt mit einer Regel, die von einer vorherigen
   CREATE RULE-Anweisung aufgestellt wurde.
      MsgBox Err.Description, vbCritical, "Update failed--rule violation"
      Resume Quit
   Case 3704      ' Ungültiger rs-Status... Vorgang beenden
      Resume Quit
```

Beachten Sie den nachfolgenden Debuggingcode. Ich verwende diese Technik, um die Ausführung der Anwendung zu stoppen, während sie bearbeitet wird, sodass auf einfache Weise neue Fehlernummern und die entsprechenden Auflösungen eingefügt werden können. Diese Behandlungsroutine sollten Sie nicht in der Produktionsanwendung belassen.

```
      Case Else
         Stop
         Resume
   End Select
...
```

Wenn der Benutzer die Aktualisierung abbrechen und die Zeile wieder freigeben möchte, wird dies über folgende Routine an ADO weitergeleitet, indem die **CancelUpdate**-Methode ausgeführt wird.

```
Private Sub cmdCancelUpdate_Click()
If rs.State = adStateOpen Then
   rs.CancelUpdate
   rs.Close
   ShowRsRow (Clear)
End If
cmdCancelUpdate.Enabled = False
End Sub
```

Die nächste Routine wird alle fünf Sekunden ausgeführt, um die serverseitigen Werte erneut abzurufen.[9] Wenn wir clientseitige Cursor verwenden, können wir hierzu einfach die **Resync**-Methode einsetzen. Die serverseitigen Werte werden in der **UnderlyingValue**-Eigenschaft des **Field**-Objekts zurückgegeben. Wenn wir serverseitige Cursor wählen (CursorLocation = adUseServer), müssen wir eine neue Abfrage mit einem anderen, separaten **Recordset**-Objekt ausführen.

9. Mit »serverseitig« sind eigentlich die in der Datenbank gespeicherten Werte gemeint, wo auch immer diese gespeichert ist – auf einem Server am anderen Ende des Gebäudes oder in einer Datenbankdatei auf Ihrem System.

```
Private Sub tmrResync_Timer()
If cn.CursorLocation = adUseClient Then ' Clientseitige Cursor verwenden
    Resync
    cmdFetch.Enabled = False
    rs.Resync adAffectCurrent, adResyncUnderlyingValues     ' Einfügen neuer
    zugrunde liegender Werte
    With rs
        If .EOF Then
            lblError.Caption = "The ISBN you are working with has been deleted by
            another user. (or ISBN has changed)"
            Beep
        Else
            ltbTextDB(enuTB.Title).Text = .Fields(enuTB.Title).UnderlyingValue
            ltbTextDB(enuTB.Year).Text = .Fields(enuTB.Year).UnderlyingValue
            ltbTextDB(enuTB.ISBN).Text = .Fields(enuTB.ISBN).UnderlyingValue
            varTimeStampDB = .Fields(enuTB.TimeStamp).UnderlyingValue
```

Die Routine vergleicht außerdem die serverseitige **TimeStamp**-Spalte mit dem anfangs abgerufenen **TimeStamp**-Wert, wie nachfolgend gezeigt. Stimmen diese nicht überein, unterscheidet sich die Datenbankzeile (in irgendeiner Form) von der clientseitigen Version.

```
            If IsEmpty(varTimeStamp) Then
                ElseIf (CStr(varTimeStamp) = CStr(varTimeStampDB)) = False Then
                  lblError.Caption = "The ISBN you are working with has been changed..."
                    Beep
                End If
        End If
    End With
```

Bei Verwendung serverseitiger Cursor müssen wir ein separates, eigenständiges Recordset ausführen. Dieses Recordset ist FO/RO, um minimale Auswirkungen und optimale Leistung zu erzielen.

```
Else                ' Serverseitige Cursor erfordern manuelle Neuabfrage.
    If intOptLockType = adLockPessimistic Then
    Else
        cmdFetch.Enabled = False
        If rsDB.State = adStateOpen Then rsDB.Close
        cn.TitleByISBN rs(enuTB.ISBN), rsDB
        With rsDB
            If .EOF Then
              lblError.Caption = "The ISBN you are working with has been deleted by ...."
```

```
            Beep
        Else
            ltbTextDB(enuTB.Title).Text = .Fields(enuTB.Title)
            ltbTextDB(enuTB.Year).Text = .Fields(enuTB.Year)
            ltbTextDB(enuTB.ISBN).Text = .Fields(enuTB.ISBN)
            varTimeStampDB = .Fields(enuTB.TimeStamp)
            If IsEmpty(varTimeStamp) Then
               ElseIf (CStr(varTimeStamp) = CStr(varTimeStampDB)) = False
Then
                  lblError.Caption = "The ISBN you are working with has been
                  changed...."
                  Beep
...
```

Bei Verwendung pessimistischer Sperren darf der Benutzer nicht auf der Zeile »hocken bleiben«. Sobald die Zeile abgerufen ist, verbleiben nur **n** Sekunden, um diese zu ändern oder den Abrufvorgang abzubrechen. Wenn der Benutzer länger wartet, wird die Zeile durch den Überwachungszeitgeber freigegeben, wie im folgenden Code ersichtlich ist.

```
Private Sub tmrWatchDog_Timer()
Static intCount As Integer
Exit Sub
intCount = intCount + 1
If intCount > intWatchDogDelay Then
   lblUpdateWarning.Caption = "You have waited too long to change this record."
   "Changes discarded."
   Beep
   cmdCancelUpdate = True
   lblError.Caption = "Record released."
...
```

Anmerkung Diese Anwendung ruft eine einzelne Zeile ab und sperrt diese entweder über eine optimistische oder eine pessimistische Sperre. Bei Verwendung von optimistischen Sperren dürfen andere Benutzer die Zeile abrufen und aktualisieren; bei pessimistischen Sperren werden andere Benutzer am Zugriff auf die Zeile (und auf alle anderen Zeilen im Cache) gehindert, solange der Cursor geöffnet ist. Darum dürfen Sie dem Benutzer nicht gestatten herumzutrödeln, während er sich überlegt, was er eigentlich ändern möchte.

Grundlegendes zu aktualisierungsbezogenen Eigenschaften

Wenn ADO Aktualisierungen für Sie verwalten soll, müssen Sie die richtigen Eigenschaftseinstellungen wählen. Viele Kombinationen aus **CursorLocation**, **CursorType** und **LockType** bieten keine aktualisierbaren Recordsets. Selbst solche, die möglicherweise auf RO herabgesetzt werden, wenn die Abfrage zu komplex ist – wenn ADO nicht feststellen kann, wie bestimmte Zeilen im zu ändernden Resultset oder in der Quelltabelle angesprochen werden können. Sehen Sie sich das Diagramm im Anhang an, in dem sämtliche Kombinationen für SQL Server (sowohl ODBC- als auch OLE DB-Provider) und Jet-Datenbanken aufgeführt sind. Das Programm, das dieses Diagramm generiert, befindet sich auf der CD, sodass Sie die Anwendung für Ihren eigenen Datenprovider ausführen können.

ADO leistet in Bezug auf die Aktualisierungsverwaltung möglicherweise mehr als Sie erwarten. DAO, RDO und ADO unterscheiden sich (zumindest) in einer Hinsicht erheblich. Wenn Sie einen **Field**-Wert in einem ADO-Recordset ändern, werden die Änderungen in einem temporären Puffer gespeichert und nicht in die Datenbank geschrieben. Soviel wissen Sie bereits. Wenn Sie jedoch in ADO den Zeiger für die aktuelle Zeile in eine neue Zeile verschieben (ohne die **Update**- oder **UpdateBatch**-Methode zu verwenden), speichert ADO diese geänderte Zeile im Sofortmodus[10] in der Datenbank oder übergibt die Zeile im Stapelverarbeitungsmodus an das gespeicherte Recordset. Das heißt, dass Sie einen Aktualisierungsvorgang auslösen, sobald Sie **MoveNext**, **MoveFirst**, eine beliebige andere **Move**-Methode oder eine beliebige andere Methode verwenden, die die aktuelle Zeilenposition des Cursors ändert. Die Aktualisierung erfolgt auch, wenn Sie das Recordset schließen.

Wenn Sie eine am Recordset vorgenommene Änderung rückgängig machen möchten, können Sie die **Cancel**- oder **CancelUpdate**-Methode verwenden, die die Änderungen zurücksetzt – vorausgesetzt, sie wurden noch nicht in der Datenbank abgelegt.

Wenn Sie die **Update**-Methode ausführen, verschiebt ADO die aktuellen Recordset-Änderungen aus einem temporären Puffer in das Recordset selbst. Ist die **LockType**-Eigenschaft auf optimistische oder pessimistische Sperren eingestellt, übermittelt ADO einen Befehl an den Datenprovider, die Änderung in der Datenbank zu speichern. Wenn **LockType** auf **adLockBatchOptimistic** gesetzt ist, nimmt ADO keine weiteren Aktionen vor; die Datenbank bleibt unverändert. Wenn bei Verwendung der **Update**-Methode keine Änderungen ausstehen, tritt ein auffangbarer Fehler auf. Durch Ausführen der **UpdateBatch**-Methode im

10. Bei der Aktualisierung mit ADO verwenden Sie entweder die optimistische Stapelaktualisierung, die Datenbankaktualisierungen aufschiebt, bis Sie **UpdateBatch** ausführen, oder den »Sofortmodus«, der Änderungen an der Datenbank unmittelbar nach Ausführung speichert.

Sofort- oder im Stapelverarbeitungsmodus werden sämtliche Änderungen am Recordset in die Datenbank übertragen.

Aktualisieren neu eingefügter Zeilen Wenn Sie eine neue Zeile einfügen, kann ADO diese zunächst nicht finden, um Änderungen vorzunehmen oder die Zeile zu löschen, sofern die Eigenschaft **Change Inserted Rows** nicht auf **True** gesetzt ist. Ist dies nicht der Fall, gibt ADO die Meldung aus, dass die Cursorposition für die aktuelle Zeile verloren gegangen ist.

Sperrtyp ADO verwendet sehr viel Zeit darauf zu ermitteln, wie das Recordset aktualisiert werden soll. Möglicherweise sendet es sogar zusätzliche DDL-Abfragen, um weitere Informationen über die in die Abfrage einbezogenen Tabellen zu sammeln. Durch Einstellen der **LockType**-Eigenschaft können Sie die Vorgehensweise von ADO beim Aktualisiervorgang festlegen. Standardmäßig ist dieser Wert auf **adLockReadOnly** gesetzt; diese Einstellung hindert ADO daran, sich um die Aktualisierung des Recordsets zu kümmern. Das bedeutet nicht, dass Sie keine UPDATE-, DELETE- oder INSERT-Anweisungen selbst erstellen können, um Änderungen auszuführen oder um zu diesem Zweck eine gespeicherte Prozedur aufzurufen – diese Techniken sind in der Regel effizienter, als ADO die erforderlichen Overheadmechanismen zur Aktualisierungsverwaltung erstellen zu lassen.

Nicht alle ADO-Provider unterstützen sämtliche Sperrtypen. Wenn Sie einen **LockType** verlangen, den der Provider nicht unterstützt, wechselt dieser zu einem Typ, der unterstützt wird. Um zu ermitteln, ob der Provider bestimmte Aktualisierungsdienste bieten kann, prüfen Sie die **Supports**-Methode auf **True**-Einstellungen für **adUpdate** und **adUpdateBatch**. Sie werden feststellen, dass pessimistische Sperren (**adLockPessimistic**) vom clientseitigen ADO-Datenprovider nicht unterstützt werden.

ADO unterstützt drei Sperrstrategien – vier, wenn Sie **adLockReadOnly** mitzählen:

- **adLockBatchOptimistic**: Dieser Sperrtyp ist nur auf dem clientseitigen Provider verfügbar. Er ermöglicht verzögerte oder Stapelaktualisierungen.
- **adLockOptimistic**: Dieser Sperrtyp weist ADO an, einen aktualisierbaren Cursor zu erstellen (nach Möglichkeit) und die Aktualisierungen ohne dauerhafte Sperren zu verarbeiten.
- **adLockPessimistic**: Diese Option weist ADO an, einen aktualisierbaren Cursor zu erstellen und die aktuellen **CacheSize**-Zeilen zu sperren, während die Änderungen vorgenommen werden.

Alle drei Sperrstrategien besitzen für die Verwaltung der Datenaktualisierung sehr unterschiedliche Ansätze.

Optimistische Stapelaktualisierungen Bei Verwendung clientseitiger Cursor (**CursorLocation** ist auf **adUseClient** gesetzt), müssen Sie **LockType** auf **adLockBatchOptimistic** einstellen, wenn ADO Aktualisierungen für den Cursor verwalten soll. In diesem Fall erstellt ADO ein Recordset und speichert alle Änderungen, die Sie am Recordset selbst vornehmen, sendet diese Änderungen jedoch nicht an die Datenbank. Wenn Sie zum Ablegen der Änderungen in der Datenbank bereit sind, sammelt ADO sämtliche gespeicherten Änderungen zusammen und überträgt sie als Block an den Datenprovider.

Dieser Ansatz zur ADO-Verwaltung von Recordsetaktualisierungen wurde erstmals in RDO eingeführt (Remote Data Objects). In ADO wurde er erweitert und bietet nun die Kernfunktionalität für »nicht verbundene« oder »getrennte« Recordsets. Stellen Sie sich Folgendes vor: Nehmen Sie an, Sie öffnen ein Recordset im optimistischen Stapelmodus unter Verwendung des clientseitigen Cursorproviders. Anschließend können Sie das Recordset von der Verbindung trennen, indem Sie **ActiveConnection** auf **Nothing** einstellen. Zu diesem Zeitpunkt ist das **Recordset**-Objekt vollständig gefüllt und fungiert als eigenständiges Objekt. Sie können es in einer Datei oder in einem XML-Stream speichern und an eine andere Schicht weiterleiten. Außerdem können Sie das Recordset, unabhängig davon, wohin es versendet wurde, über normale **AddNew/Update**-, **Delete**- oder **Change/Update**-Strategien aktualisieren (diese werden zu einem späteren Zeitpunkt erläutert). Sobald Sie **ActiveConnection** erneut in einer gültigen Verbindung verknüpft haben, kann die **UpdateBatch**-Methode zum Ablegen aller Änderungen verwendet werden, die an der Datenbank vorgenommen werden. Cool? Finde ich schon.

Tatsache ist, dass die **Update**-Methode ihre Funktionsweise ändert, je nachdem, ob Sie die Technik nicht verbundener Recordsets verwenden oder nicht. Das bedeutet, wenn Sie im Stapelverarbeitungsmodus mit optimistischen Sperren eine Änderung am Recordset vornehmen und dabei die **Update**-Methode verwenden, werden die Änderungen im Recordset aufgezeichnet, jedoch **nicht** an die Datenbank gesendet. Diese Änderungen werden einfach ein Bestandteil der Recordset-Struktur. Wenn Sie schließlich die **UpdateBatch**-Methode für das Recordset verwenden, trägt ADO alle Änderungsanforderungen zusammen und wendet sie auf die Quelltabellen an.

> **Tipp** In ADO 2.5 stellt das **Field**-Objekt auch eine neue **Status**-Eigenschaft bereit. Diese wird nicht dazu verwendet, den Aktualisierungsstatus feldweise anzuzeigen. Sie wird vielmehr bei der Arbeit mit dem neuen **Record**-Objekt genutzt.

Aktualisieren mit optimistischen Sperren Die **LockType**-Einstellung **adLockOptimistic** stellt ADOs gängigste Aktualisierungsstrategie dar. Diesen **LockType** können Sie sowohl bei serverseitigen als auch bei clientseitigen Cursorn verwenden.

Wenn die **Update**-Methode ausgeführt wird, erstellen ADO und der Datenprovider normalerweise eine geeignete UPDATE-, INSERT- oder DELETE-SQL-Anweisung und übermitteln diese zur Verarbeitung an das Datenmodul.

Anmerkung Um die Funktionsweise dieser Cursor genau nachvollziehen zu können, habe ich eine einfache Anwendung geschrieben, die die Einstellung der Eigenschaften **CursorLocation**, **LockType** und **CursorType** sowie einer Vielzahl von Abfrage- und Aktualisierungsoptionen ermöglicht. Suchen Sie auf der CD nach **..\Sample Applications\Recordset\Updating**.

Der von ADO eingesetzte Aktualisierungstyp hängt vom Typ des Vorgangs ab, der zum Abrufen der Zeilen verwendet wird. Erinnern Sie sich noch an die in Kapitel 5 besprochenen Techniken, als Befehlsstrategien erörtert wurden? Wenn beispielsweise die **Recordset Open**-Methode zum Ausführen eines **Command**-Objekts eingesetzt wird, nutzt ADO die (eigene) Systemprozedur **sp_cursor** zum Abrufen der Zeilen. In diesem Fall verwendet ADO die gespeicherte Prozedur **sp_cursor** auch zum Durchführen von Änderungen. Als ich das Feld **Year_Published** des Recordsets aktualisiert habe (die übrigen habe ich nicht angerührt), wurde von ADO der folgende **sp_cursor**-Aufruf an SQL Server übermittelt:

```
sp_cursor 531914844, 33, 1, N'titles', 1994
```

Als ich zwei Spalten geändert habe, wurden beide über denselben Mechanismus aktualisiert. Beachten Sie, dass über eine Nummer auf den Cursor verwiesen wird, der Zweck der übrigen Parameter ist jedoch nicht wirklich eindeutig.[11]

```
sp_cursor 531914844, 33, 1, N'titles', 'High Integrity Compilation : A Case
Study (New)', 1999
```

Gehen Sie die in Tabelle 6.5 aufgeführten Abfragetypen erneut durch, und sehen Sie sich an, welche Mechanismen zum Aktualisieren der Zeilen verwendet werden – beginnend bei der serverseitigen **CursorLocation**-Eigenschaft. Ich habe **LockType** auf **adLockOptimistic** und **CursorType** auf **adOpenKeyset** eingestellt.

Befehlssyntax	Generierte Aktualisierungsabfrage
`Cn.GetTitles`	`sp_cursor 532619356, 33, 1, N'titles', 1901`
`rs.Open cmd`	`sp_cursor 544628828, 33, 1, N'titles', 1901`

Tabelle 6.5 Aktualisierungsabfragen: serverseitige optimistische Sperren

11. Die **sp_cursor**-Funktionen sind Microsoft-Eigentum, und Microsoft veröffentlicht deren Funktionsweise nur ungern, da sie nicht für den direkten Zugriff vonseiten der Entwicklergemeinde bestimmt sind. Ich werde versuchen, dieses Problem zu lösen und in den kommenden Monaten ein separates Whitepaper dazu zu veröffentlichen – ein weiteres Projekt für den Ruhestand.

Befehlssyntax	Generierte Aktualisierungsabfrage
rs.Open strSQL	sp_cursor 532643932, 33, 1, N'titles', 1901
cmd.Execute	sp_cursor 544751708, 33, 1, N'titles', 1901
Cn.GetTitlesByYear	(Nicht aktualisierbar)

Tabelle 6.5 Aktualisierungsabfragen: serverseitige optimistische Sperren

Beachten Sie, dass die generierten Abfragen im Grunde genommen identisch sind, unabhängig von der Technik, die zunächst zum Abrufen der Daten verwendet wird. Wechseln wir nun zu den clientseitigen Cursorn und dem Sperrtyp **adLock-BatchOptimistic**, die in Tabelle 6.6 aufgeführt sind. In diesem Fall müssen wir den statischen **CursorType** verwenden, da dieser als einziger von den clientseitigen Cursorn unterstützt wird.

Befehlssyntax	Generierte Aktualisierungsabfrage
Cn.GetTitles	sp_cursor 532619356, 33, 1, N'titles', 1901
rs.Open cmd	sp_cursor 544628828, 33, 1, N'titles', 1901
rs.Open strSQL	sp_cursor 532643932, 33, 1, N'titles', 1901
cmd.Execute	sp_cursor 544751708, 33, 1, N'titles', 1901
Cn.GetTitlesByYear	sp_cursor 544751708, 33, 1, N'titles', 1901

Tabelle 6.6 Aktualisierungsabfragen: clientseitige optimistische Stapelsperren

Beachten Sie, dass die gespeicherte Prozedurabfrage aktualisierbar ist, wenn der Zugriff über den clientseitigen Provider optimistischer Stapelcursor erfolgt. Dies war beim Zugriff über den serverseitigen Provider nicht der Fall.

Ich habe außerdem versucht, mehrere Änderungen mit Hilfe des Recordsets für optimistische Stapelverarbeitung vorzunehmen, und habe einfach (im Hintergrund) **MoveNext** zum Auslösen der **Update**-Methode verwendet. Als schließlich **UpdateBatch** ausgeführt wurde, hat ADO das folgende Skript an den Server übermittelt. Dieses wurde als einzelne TSQL-Abfrage gesendet.

```
sp_executesql N'UPDATE "biblio".."titles" SET "Year_Published"=@P1 WHERE
"ISBN"=@P2 AND "Year_Published"=@P3;
UPDATE "biblio".."titles" SET "Year_Published"=@P4 WHERE "ISBN"=@P5 AND
"Year_Published"=@P6;
UPDATE "biblio".."titles" SET "Year_Published"=@P7 WHERE "ISBN"=@P8 AND
"Year_Published"=@P9', N'@P1 smallint,@P2 varchar(13),@P3 smallint,@P4
smallint,@P5 varchar(13),@P6 smallint,@P7 smallint,@P8 varchar(13),@P9
```

```
smallint', 1901, '0-1338103-9-9', 1900, 1991, '0-2015983-0-2', 1995, 1992,
'0-4448922-4-9', 1991
```

Die Syntax, die ADO zum Erstellen dieser Abfrage verwendet hat, wird durch die Eigenschaft **Update Criteria** festgelegt, die in Kürze im Abschnitt »Erstellen einer **UPDATE WHERE**-Klausel« behandelt wird.

Aktualisieren mit pessimistischen Sperren Als ich gerade mit dem Schreiben dieses Abschnitts begonnen hatte, kam jemand in meinen Raum und dachte, ich schreibe ein Buch über eine positive mentale Einstellung. Ich habe ihr versichert, dass das nicht der Fall sei. Pessimistische Sperren sind nicht das Gegenteil von optimistischen Sperren – sie sind nur anders. Die Auswahl muss nach sorgfältiger Erwägung der Auswirkungen auf andere Benutzer und auf die Systemskalierbarkeit getroffen werden. Viel zu viele Entwickler wählen pessimistische Sperren, ohne wirklich zu wissen, wie sie funktionieren und wie sie das System beeinflussen. Aufgrund dieses Problems erzähle ich meinen Studenten, dass sie vor deren Verwendung eine Bescheinigung von ihrer Mutter einholen müssen. Irgendwann einmal werde ich eine solche in meinem Briefkasten finden.

Während die optimistische Parallelzugriffssteuerung auf der Annahme beruht, dass Ressourcenkonflikte zwischen mehreren Benutzern unwahrscheinlich (jedoch nicht unmöglich) sind und dass Transaktionen ohne Sperrung von Ressourcen ausgeführt werden, versuchen pessimistische Sperren Ressourcen nach Bedarf zu blockieren und die Sperren für die Dauer einer Transaktion zu erhalten.

Nur einige serverseitige **CursorLocation**-Datenprovider unterstützen pessimistische Sperren – SQL Server-Provider beispielsweise. Wenn die Anwendung die **Recordset LockType**-Eigenschaft auf **adLockPessimistic** einstellt, versucht der Datenprovider, die zugrunde liegenden Datenbankzeilen zu **sperren**, während diese in das Cursorresultset gelesen werden. Wenn der Cursor innerhalb einer Transaktion geöffnet wird, bleiben die Aktualisierungssperren erhalten, bis die Transaktion übergeben oder rückgängig gemacht wird. Wird der Cursor allerdings außerhalb einer Transaktion geöffnet, wird die Sperre aufgegeben, sobald die nächste Zeile abgerufen wird. Ein Cursor sollte daher immer innerhalb einer Transaktion geöffnet werden, wenn eine umfassende pessimistische Parallelzugriffssteuerung erforderlich ist.

Beachten Sie, dass eine Aktualisierungssperre alle übrigen Aufgaben daran hindert, eine Aktualisierungssperre oder eine exklusive Sperre für die gesperrte Zeile (Seite oder Tabelle) zu erhalten, sodass keine andere Aufgabe die Zeile aktualisieren kann. Eine Aktualisierungssperre blockiert jedoch keine Freigabesperre, d.h., andere Aufgaben können die Zeile nach wie vor **lesen**, sofern die zweite Aufgabe nicht auch einen Lesevorgang mit einer Aktualisierungssperre anfordert.

Tipp SQL Server unterstützt »Sperrhinweise«, die den Server anweisen, die Sperren auf bestimmte Weise zu verwalten. Diese Hinweise können mit leichten Einschränkungen auch mit ADO verwendet werden.

Für verschiedene Provider verfügbare Cursor und Sperrtypen Der **Hitchhiker's Guide to Visual Basic and SQL Server** enthält eine ausführliche Tabelle mit verschiedenen Kombinationen aus Datenquellen und Sperrtypen, die zeigt, durch welche Optionen aktualisierbare RDO-Resultset-Objekte erzielt wurden. Um eine äquivalente und viel umfassendere Tabelle für dieses Buch zu erstellen, habe ich eine neue Beispielanwendung geschrieben, und die Ergebnisse sind in Anhang I, »Supports Analysis«, aufgeführt.

Dieser Anhang zeigt deutlich, wie die **Supports**-Methode wichtige Informationen über die vom Provider implementierbaren Funktionen zurückgibt. Beispielsweise können Sie feststellen, dass der clientseitige Provider nur statische Cursor implementieren kann. Beachten Sie, dass der Provider, wenn die Anwendung einen nicht unterstützten **CursorType** oder **LockType** anfordert, zu einer Implementierung wechselt, die er unterstützen kann.

Erstellen einer UPDATE WHERE-Klausel

Um eine bestimmte Zeile für den Abruf- oder Aktualisiervorgang eindeutig zu kennzeichnen, muss ADO eine WHERE-Klausel erstellen können, die eine – und nur eine – Zeile bezeichnet. Wenn ADO bestimmte Zeilen nicht ermitteln kann, wird der LockType des Cursors auf schreibgeschützt zurückgestuft, und Sie müssen von ihren eigenen Möglichkeiten zum Ändern der Datenbank Gebrauch machen. Sie verfügen bei der Erstellung der WHERE-Klausel über umfassende Steuerungsmöglichkeiten, und es ist durchaus sinnvoll, die Standardfunktion zu ändern, um dem Schema der Basistabellen zu entsprechen.

Außerdem muss ADO feststellen, ob die Zeile seit dem letzten Abrufvorgang bearbeitet wurde. Wenn Sie **CursorLocation** auf **adUseClient** und die **LockType**-Eigenschaft auf **adLockBatchOptimistic** setzen, fügt ADO der WHERE-Klausel zusätzliche Kriterien hinzu, um ursprüngliche clientseitige Spalten oder Zeitstempelwerte (vor den Änderungen) mit den serverseitigen Werten zu vergleichen. Wenn beim Aktualisierungsversuch die Spalten nicht übereinstimmen, schlägt der Aktualisierungsprozess fehl.

Die Recordseteigenschaft **Update Criteria** wird verwendet, um ADO anzuweisen, auf welche Weise die seit dem letzten Abrufvorgang vorgenommenen Änderungen an den Daten ermittelt werden sollen. Sie können wählen, ob ADO die bestimmte Zeile über Kombinationen aus dem Primärschlüssel, einem Zeitstempel oder dem Primärschlüssel und ausgewählten Spalten identifizieren soll. Wenn die Spaltenwerte oder der Zeitstempelwert sich seit dem ersten Datenabruf geändert haben, schlägt der Aktualisierungsvorgang fehl, da der Datenprovider keine entsprechende Zeile finden kann.

Ist die Eigenschaft **Update Criteria** beispielsweise auf **adCriteriaTimeStamp** gesetzt, generiert ADO eine UPDATE-Anweisung, die einfach testet, ob die angegebene Datenbankzeile, basierend auf dem Primärschlüssel (ID), denselben Zeitstempelwert enthält wie beim ersten Abruf (angegebenes Argument @P3). Wenn diese Zeile gefunden wird und die Zeitstempelwerte unverändert vorliegen, wird die Zeile aktualisiert. Andernfalls wird ein Fehler an ADO zurückgegeben. Eine typische UPDATE-Anweisung sieht folgendermaßen aus:

```
UPDATE "biblio".."students"
SET "FirstName"=@P1
WHERE "ID"=@P2 AND "timestamp"=@P3
```

Wenn die Zeile gelöscht wurde, kann der Primärschlüssel nicht ermittelt werden und der UPDATE-Vorgang schlägt fehl. Wird die Zeile gefunden, die geprüften Spalten stimmen jedoch nicht überein, kann ADO die aktuellen Datenbankdatenwerte für Sie abrufen. Auf diese Weise können Sie entscheiden, ob die aktuellen Werte in der Tabelle anstelle der Werte eingesetzt werden können, die der Benutzer verwenden möchte. Wenn Sie die Eigenschaft **Update Resync** in den dynamischen Eigenschaften des **Recordset**-Objekts auf **adResyncConflicts** einstellen, ruft ADO die Datenwerte für Sie ab. Schlägt die Aktualisierung fehl, weil jemand anders die Daten geändert hat, werden die aktuellsten und tollsten Daten in der Eigenschaft **UnderlyingValue** für jedes **Field**-Objekt im Recordset angezeigt. Die **OriginalValue**-Eigenschaft wird mit den Datenwerten gefüllt, die vor den Clientänderungen gültig waren.

Zwei Warnungen: Erstens, ich habe dies noch nicht im Zusammenhang mit Löschvorgängen getestet, d.h., wenn eine Aktualisierung fehlschlägt, weil die Zeile gelöscht wurde, wenn ein Löschvorgang fehlschlägt, weil die Zeile geändert wurde, oder wenn ein Löschvorgang fehlschlägt, weil die Zeile bereits gelöscht ist.

Und zweitens verwendet ADO die neu abgerufenen Daten in den WHERE-Klauseln beim nächsten Versuch, diese Zeile zu aktualisieren. Warum soll das jetzt eine Warnung sein? Viele verwenden möglicherweise ungünstigen Fehlerbehandlungscode und versuchen, dieselbe Zeile erneut zu aktualisieren, ohne zu bemerken, dass sie die von einem anderen Benutzer durchgeführten Änderungen dabei überschreiben könnten – nämlich die Änderungen, die den Konflikt überhaupt erst herbeigeführt haben.

Denken Sie daran, dass Sie die **CursorLocation**-Eigenschaft so einstellen müssen, dass Clientcursor verwendet werden (**adUseClient**), wenn Sie möchten, dass ADO die Aktualisierungen mit Hilfe der **Update Criteria**-Eigenschaft verwaltet. Das bedeutet auch, dass Sie statische Cursor verwenden werden. Die **Update Criteria**-Eigenschaft kann **vor** dem **Open**-Vorgang in ADO 2.0 oder jederzeit in ADO 2.1 eingestellt werden. Gültige Einstellungen für die **Update Criteria**-Eigenschaften lauten:

- **adCriteriaUpdCols**: (Standard) Diese Einstellung erstellt eine UPDATE WHERE-Klausel, die die Primärschlüssel sowie (nur) diejenigen **Field**-Objekte einbezieht, deren Werte durch Ihren Code geändert oder zurückgesetzt wurden. Dieser Ansatz geht davon aus, dass es Ihnen egal ist, wenn andere Tabellenspalten geändert werden, während Sie das Recordset bearbeiten. Wenn Sie also ein Feld nicht in die WHERE-Klausel einschließen möchten, rühren Sie es nicht an – setzen Sie es noch nicht einmal auf denselben Wert zurück, da dieser Vorgang als Änderung betrachtet wird.

```
UPDATE "biblio".."students"
SET "FirstName"=@P1
WHERE "ID"=@P2 AND "FirstName"=@P3
```

- **adCriteriaAllCols**: In diesem Fall umfasst die WHERE-Klausel **alle** Felder des Recordsets (einschließlich aller Zeitstempel), unabhängig davon, ob sie verändert wurden oder nicht.

```
UPDATE "biblio".."students"
SET "FirstName"=@P1
WHERE "ID"=@P2 AND "FirstName"=@P3 AND "LastName"=@P4 AND "timestamp"=@P5
```

- **adCriteriaKey**: Diese Option weist ADO an, die WHERE-Klausel ausschließlich auf Grundlage des Primärschlüssels zu erstellen. Bei dieser Option werden Änderungen in den serverseitigen Spalten ignoriert und nur die Zeile aktualisiert, falls sie in der Tabelle noch immer vorhanden ist. Beachten Sie, dass diese Tabelle ein Zeitstempelfeld besitzt, das ebenfalls ignoriert wird.

```
UPDATE "biblio".."students"
SET "FirstName"=@P1
WHERE "ID"=@P2
```

- **adCriteriaTimeStamp**: Diese Option weist ADO an, die WHERE-Klausel auf Grundlage des Primärschlüssels und der **TimeStamp**-Spalte zu erstellen. Ist keine **TimeStamp**-Spalte vorhanden, setzt ADO die Option **adCriteriaCols** ein. Oh, Verzeihung. Die Eigenschaftseinstellung **adCriteriaCols** gibt es leider gar nicht. Dies ist ein Fehler in der Dokumentation zum OLE DB-SDK. Die Einstellung heißt eigentlich **adCriteriaAllCols**.

Anmerkung Bei Angabe von **adCriteriaTimeStamp** kann tatsächlich die Option **adCriteriaAllCols** zum Ausführen der Aktualisierung verwendet werden, wenn die Tabelle kein gültiges **TimeStamp**-Feld umfasst. Das **TimeStamp**-Feld muss außerdem nicht im Recordset selbst enthalten sein.

Tipp Aus irgendeinem Grund wird bei standardmäßigen MSDN-Suchvorgängen eine Menge nützlicher, detaillierter Informationen über ADO außer Acht gelassen. Diese sind jedoch in der Datei OLEDB.CHM des OLE DB-SDK zu finden.

Option der »Update«-Methode

Die **Update**-Methode wird zum Ablegen von Änderungen entweder in der Datenbank (Sofortmodus) oder in dem im Speicher befindlichen Recordset (Stapelverarbeitungsmodus) verwendet. Wie in diesem Kapitel bereits ausgeführt wurde, können Sie bei Betrachtung der **AddNew**-Methode zwischen zwei Ansätzen zum Ändern der **Field.Value**-Eigenschaften in der **Recordset**-Zeile wählen. Sie können ausgewählte **Field**-Objekte nacheinander ansprechen und bearbeiten oder ein Array von Feldnamen und neuen Feldwerten angeben, um den Datensatz zu ändern. Denken Sie daran, dass Sie nur diejenigen Felder ändern sollten, deren Werte sich geändert haben, um die Aktualisierung einfach zu halten. Das »Zurückändern« der **Value**-Eigenschaft des **Field**-Objekts auf die ursprüngliche Einstellung kann den Aktualisierungsprozess verlangsamen.

Der folgende Code aktualisiert beispielsweise die aktuelle **Recordset**-Zeile, indem die Spalten **Title** und **Year_Published** geändert werden. Das Array aus Feldnamen muss keine Spalten enthalten, die nicht geändert wurden. Das anfängliche Array aus Feldnamen kann außerdem früh in der Anwendung erstellt und nach Bedarf zu einem späteren Zeitpunkt in der Anwendung wieder verwendet werden.

```
rs.Update Array("Title", "Year_Published"), Array("New Title's Title", 1990)
```

Diese **Update**-Anweisung hat ADO zum Ausführen der folgenden Abfrage veranlasst – beachten Sie, wie ADO das einfache Anführungszeichen im neuen Titel verdoppelt hat:

```
sp_executesql N'UPDATE "biblio".."titles" SET
"title"=@P1,"year_published"=@P2 WHERE "title"=@P3 AND "year_published"=@P4
AND "ISBN"=@P5', N'@P1 varchar(255),@P2 smallint,@P3 varchar(255),@P4
smallint,@P5 varchar(20)', 'New Title''s Title', 1990, 'High Integrity Compi-
lation : A Case Study (New)', 1901, '0-1338103-9-9'
```

Sie können in der **Update**-Anweisung auch auf ein einzelnes Feld verweisen. Der folgende Code könnte im **Validate**-Ereignis berücksichtigt werden, wenn die Eingabedaten die Musterung passieren.

```
rs.Update "Price", txtBoxPrice.Text
```

Tipp Es ist nicht ratsam, den Primärschlüssel zu aktualisieren. In diesem Fall wäre ADO nicht in der Lage, den Datensatz für nachfolgende Vorgänge ausfindig zu machen. Genauer betrachtet, bedeutet eine Änderung des Primärschlüssels einen Löschvorgang mit anschließendem Einfügevorgang.

Durchführen von Aktualisierungen komplexer Abfragen

Genau wie beim Erstellen clientseitiger Cursor für eine einzelne Tabelle, kann bei Erstellung clientseitiger Cursor aus mehreren Basistabellen (z.B. in einer Verknüpfungsoperation) der Cursor über die vom ADO-Cursordienst durchgeführte Datenbearbeitung mit jeder referenzierten Basistabelle konsistent gehalten werden, während das Resultset generiert wird. ADO kann eine explizite Steuerung der Aktualisierung bereitstellen, um zu gewährleisten, dass auf die Basistabellen angewendete Aktualisierungen die Einschränkungen der referenziellen Integrität – d.h. das Verhältnis zwischen Primär- und Fremdschlüsseln – beachten.

Wenn die ADO-Eigenschaft **Unique Table** eingestellt wird, wird der ADO-Modus **Row Fix-up** implementiert. Der Primärschlüssel der Tabelle, die durch **Unique Table** gekennzeichnet ist, wird zum Primärschlüssel des gesamten Cursors, und die Spalten mit den Primärschlüsseln aller Basistabellen werden schreibgeschützt. Aktualisierungs- und Einfügevorgänge werden auf Spalten der **Unique Table** beschränkt. Die **Unique Table**-Eigenschaft muss eingestellt sein, damit **Row Fix-up** stattfinden kann.

Wenn Sie eine komplexe Abfrage ausführen, ist das **Recordset**-Objekt häufig das Ergebnis einer JOIN-Operation, die für mehrere Basistabellen ausgeführt wurde. Die betroffenen Zeilen sind vom **AffectRecords**-Parameter der **Resync**-Methode abhängig. Die standardmäßige **Resync**-Methode wird ausgeführt, wenn die Eigenschaften **Unique Table** und **Resync Command** nicht eingestellt sind.

Bei der Befehlszeichenfolge der **Resync Command**-Eigenschaft handelt es sich um einen mit Parametern versehenen Befehl oder eine gespeicherte Prozedur, der bzw. die die aktualisierte Zeile eindeutig kennzeichnet und eine einzelne Zeile zurückgibt, die in Anzahl und Reihenfolge der Spalten der zu aktualisierenden Zeile entspricht. Die Befehlszeichenfolge enthält einen Parameter für jede Primärschlüsselspalte in der **Unique Table** – andernfalls wird ein Laufzeitfehler zurückgegeben. Die Parameter werden automatisch mit den Primärschlüsselwerten aus der Zeile gefüllt, die aktualisiert werden soll.

Wenn Sie über die **CursorLocation**-Eigenschaft **adUseServer** (Standard) eine Abfrage ausführen, fordert ADO einfach das Backend auf, den Cursor über die bereits erwähnten gespeicherten Systemprozeduren zu erstellen und zusammen mit sämtlichen Aktualisierungsaspekten zu verwalten.

Fehlerbehandlung beim Aktualisierungsvorgang Was geschieht, wenn die Aktualisierung nicht durchgeführt werden kann? Wenn beispielsweise ein anderer Prozess eine Zeile oder Seite gesperrt hat, ist die Anwendung blockiert, bis die Zeile von allen Sperren befreit ist. Wenn an der Datenbank umfangreiche Aktivitäten durchgeführt werden, kann der SQL-Server zusätzliche Freigabesperren verhindern, damit Ihr UPDATE-, INSERT- oder DELETE-Vorgang nicht ewig warten muss. Wenn diese Sperren jedoch nicht innerhalb der durch **CommandTimeout** angegebenen Anzahl von Sekunden freigegeben werden können, gibt die **Update**-Methode einen auffangbaren Fehler aus und meldet die Zeitüberschreitung – nicht die Tatsache, dass ein anderer Benutzer die Zeile gesperrt hat. Wenn die Aktualisierung fehlschlägt, weil ein anderer Benutzer die Zeile seit dem letzten Lesevorgang geändert hat, werden Fehler auf herkömmlichere Weise gehandhabt.

Optionen der »UpdateBatch«-Methode

Bei der Arbeit mit **Optimistic Batch**-Cursorn werden Datenbankaktualisierungen verzögert, bis Sie die **UpdateBatch**-Methode verwenden. Wenn Sie zum Zurückspeichern von Änderungen in die Datenbank bereit sind, stellen Sie sicher, dass die Verbindung erneut hergestellt wird (falls Sie sie getrennt hatten).

Zum Ablegen der Änderungen stehen einige Optionen zur Verfügung. Die **UpdateBatch**-Methode akzeptiert ein Argument, das angibt, wie der Aktualisierungsvorgang durchgeführt werden soll. Diese Optionen werden in Tabelle 6.7 aufgeführt.

»UpdateBatch«-Argument	Beschreibung
`adAffectAll`	(Standard) Betrifft alle Datensätze im Recordset.
`adAffectAllChapters`	Betrifft Datensätze in allen Kapiteln des Recordsets.
`adAffectCurrent`	Betrifft nur den aktuellen Datensatz.
`adAffectGroup`	Betrifft nur Datensätze, die der aktuellen Einstellung entsprechen. Sie müssen die **Filter**-Eigenschaft auf eine der gültigen vordefinierten Konstanten setzen, um diese Option verwenden zu können.

Tabelle 6.7 »UpdateBatch«-Argumente

Tipp Die **adAffectAll**-Auflistung ist »verborgen«. Visual Basic-Anweisungsverarbeitung zeigt sie nicht an, bis Sie verborgene Elemente ausdrücklich im Objektkatalog einblenden.

Wenn der Versuch zum Ändern der Tabellen in der Datenbank wegen eines Konflikts mit den zugrunde liegenden Daten fehlschlägt (z. B., weil ein Datensatz bereits von einem anderen Benutzer gelöscht wurde), gibt der Provider **Warnungen** an die **Errors**-Auflistung aus, und ein Laufzeitfehler tritt auf. Verwenden Sie die **Filter**-Eigenschaft (**adFilterAffectedRecords**) und die **Status**-Eigenschaft zum Auffinden von Datensätzen mit Konflikten.

Wenn die dynamischen Eigenschaften **Unique Table** und **Update Resync** gesetzt sind und das Recordset das Ergebnis einer JOIN-Operation für mehrere Tabellen darstellt, wird die Ausführung der **UpdateBatch**-Methode implizit von der **Resync**-Methode gefolgt. Das bedeutet, dass ADO die Datenbankzeile automatisch erneut abfragt, um die aktuellen Werte, einschließlich des neuen **TimeStamp**-Wertes, festzustellen. Anhand dieser Werte können Sie entscheiden, wie Sie auf die fehlgeschlagene Aktualisierung reagieren.

Bedenken Sie, dass Sie drei Kopien der Dateneinstellung für jedes **Recordset Field**-Objekt besitzen:

- Den zuerst vom Provider eingelesenen Wert. Die ursprünglichen Datenwerte werden in der **OriginalValue**-Eigenschaft des **Field**-Objekts verwaltet.
- Den vom Client eingestellten Wert. Aktuelle Datenwerte werden in der **Value**-Eigenschaft des **Field**-Objekts verwaltet.
- Den Wert, der von einem anderen Client eingestellt und in der Datenbank gespeichert wurde. Aktuelle Datenwerte werden in der **UnderlyingValue**-Eigenschaft des **Field**-Objekts verwaltet.

Die Anwendung muss einen dieser Werte entweder willkürlich auswählen, anhand von Geschäftsregeln eine Wahl treffen oder im Notfall den Benutzer in die Wahl einbeziehen. Diese letzte Möglichkeit ist in Bezug auf die Skalierbarkeit oft die aufwendigste, vor allem, wenn Transaktionen ausstehen oder pessimistische Sperren vorliegen. Wird der Benutzer einbezogen, ändert sich die Datenbank möglicherweise, bevor eine Entscheidung getroffen werden kann – vor allem dann, wenn der Benutzer vorzeitig in die Flitterwochen auf die Bahamas entschwindet.

Sobald jemand bzw. der Code beschlossen hat, welche Datenversion übernommen werden soll, gibt es mehrere Möglichkeiten, die Änderungen vorzunehmen:

- Um die in der Datenbank befindlichen Daten zu übernehmen, müssen Sie keine weitere Aktualisierung übermitteln, sollten jedoch die Datenbank erneut abfragen, um die Änderungen anzeigen zu lassen. Dies kann automatisch auf die weiter oben beschriebene Weise oder durch erneutes Ausführen der Abfrage erfolgen.
- Um Ihre Änderungen zu erzwingen, übermitteln Sie einfach die **Update**-Anweisung erneut. ADO erstellt die WHERE-Klausel anhand der neu aktualisierten Werte. Sie riskieren jedoch wiederum, dass ein anderer Benutzer die Daten ändert, sei es in der Zeit seit dem letzten Aktualisierungsversuch oder nach der erfolgreichen Durchführung Ihrer Änderungen.
- Um Ihre Änderungen mit etwas mehr Nachdruck durchzusetzen, könnten Sie eine Änderung der **Update Criteria**-Eigenschaft in Betracht ziehen, um die Aktualisierungsstrategie zu ändern. Das heißt, anstatt ADO eine WHERE-Klausel erstellen zu lassen, die bestimmte bekannte Werte oder einen bestimmten Zeitstempel erfordert, können Sie die Zeile einfach anhand des Primärschlüssels aktualisieren.
- Um die von einem anderen Benutzer durchgeführten Änderungen wieder rückgängig zu machen, können Sie eine UPDATE-Anweisung aus den **OriginalValue**-Eigenschaftseinstellungen erstellen und übermitteln.

Mit Hilfe dieser Optionen können Sie Änderungen an einer bestimmten Basistabelle in einem Recordset steuern, das durch eine JOIN-Operation für mehrere Basistabellen entstanden ist.

Recordsetstatus Wenn bei der Ausführung der **Update**-Methode Fehler auftreten, können Sie die **Status**-Eigenschaft des **Recordset**-Objekts prüfen, um die Fehlerquelle zu ermitteln. Um nur Zeilen anzuzeigen, die nicht aktualisiert werden konnten, stellen Sie die **Filter**-Eigenschaft auf **adFilterAffectedRecords** ein. Sehen Sie sich die einzelnen Zeilen im Recordset an. Wenn keine Zeilen aufgeführt sind, ist die Stapelaktualisierung erfolgreich verlaufen. Andernfalls können Sie anhand der Konstanten in Tabelle 6.8 feststellen, warum die Aktualisierung fehlgeschlagen ist oder welche Operation durchgeführt wurde. Übrigens handelt es sich bei diesen Konstanten um Biteinstellungen, sodass ADO bei der Filterung mehrere Statuswerte gleichzeitig setzen kann.

Konstante	Wert	Beschreibung
adRecOK	0	Datensatz wurde erfolgreich aktualisiert.
adRecNew	0x1	Datensatz ist neu.
adRecModified	0x2	Datensatz wurde geändert.

Tabelle 6.8 Statuskonstanten des Recordsets

Konstante	Wert	Beschreibung
adRecDeleted	0x4	Datensatz wurde erfolgreich gelöscht.
adRecUnmodified	0x8	Datensatz wurde nicht geändert.
adRecInvalid	0x10	Datensatz wurde nicht gespeichert: Lesezeichen ist ungültig.
adRecMultipleChanges	0x40	Datensatz wurde nicht gespeichert: Mehrere Datensätze sind betroffen.
adRecPendingChanges	0x80	Datensatz wurde nicht gespeichert: verweist auf einen ausstehenden Einfügevorgang.
adRecCanceled	0x100	Datensatz wurde nicht gespeichert: Vorgang wurde abgebrochen.
adRecCantRelease	0x400	Neuer Datensatz wurde nicht gespeichert: vorhandener Datensatz ist gesperrt.
adRecConcurrencyViolation	0x800	Datensatz wurde nicht gespeichert: Optimistischer Parallelzugriff wird verwendet.
adRecIntegrityViolation	0x1000	Datensatz wurde nicht gespeichert: Integritätseinschränkungen wurden verletzt.
adRecMaxChangesExceeded	0x2000	Datensatz wurde nicht gespeichert: zu viele ausstehende Änderungen.
adRecObjectOpen	0x4000	Datensatz wurde nicht gespeichert: Konflikt mit einem geöffneten Speicherobjekt.
adRecOutOfMemory	0x8000	Datensatz wurde nicht gespeichert: nicht genügend Arbeitsspeicher.
adRecPermissionDenied	0x10000	Datensatz wurde nicht gespeichert: nicht genügend Benutzerberechtigungen.
adRecSchemaViolation	0x20000	Datensatz wurde nicht gespeichert: Datenbankstruktur wird verletzt.
adRecDBDeleted	0x40000	Vorhandener Datensatz wurde bereits gelöscht.

Tabelle 6.8 Statuskonstanten des Recordsets

Herausfiltern der fehlgeschlagenen Zeilen Aha, Sie möchten also nicht jede einzelne Recordsetzeile aufsuchen, um festzustellen, welche Zeilen nicht aktualisiert werden konnten. Das müssen Sie auch nicht. Sie haben die Möglichkeit, die **Filter**-Eigenschaft des **Recordset**-Objekts zu verwenden, um Zeilen auszublenden, die den Filterkriterien nicht entsprechen. Keine Sorge, die Zeilen werden nicht aus dem Recordset entfernt, wenn Sie einen Filter setzen, sie werden lediglich ausgeblendet. Die **Filter**-Eigenschaft kann sowohl für clientseitige als auch für serverseitige Cursor eingestellt werden. Die Filterkonstanten sind in Tabelle 6.9 aufgeführt.

Filterkonstante	Zeigt folgende Datensätze an:
AdFilterAffectedRecords	Betroffen durch den letzten Delete-, Resync-, UpdateBatch- oder CancelBatch-Aufruf.
AdFilterConflictingRecords	Bei der letzten Stapelaktualisierung fehlgeschlagen.
adFilterFetchedRecords	Im aktuellen Cache befindlich – also das Ergebnis des letzten Aufrufs zum Abrufen von Datensätzen aus der Datenbank.
adFilterPendingRecords	Geändert, jedoch noch nicht zum Server gesendet. Nur Stapelaktualisierungsmodus.
adFilterNone	Alle Datensätze im Recordset – hebt den Filter auf.

Tabelle 6.9 Filterauflistungen für die Unterstützung von Recordsetaktualisierungen

Bei erstmaligem Einsatz der **UpdateBatch**-Methode kann die **Filter**-Eigenschaft verwendet werden, um nur diejenigen Zeilen anzuzeigen, die Probleme bei der Aktualisierung verursacht haben. Sobald Sie jedoch die **Filter**-Eigenschaft auf **adFilterNone** setzen, um sämtliche Datensätze anzuzeigen, können Sie die »betroffenen« Zeilen nicht erneut anzeigen lassen – die Statusinformationen wurden gelöscht.

Die **Filter**-Eigenschaft kann in der mittleren Schicht eine wichtige Rolle spielen, wenn es um die Entscheidung geht, wie Konflikte bei der Aktualisierung verwaltet werden sollen. Dabei müssen allerdings einige Punkte beachtet werden. Wenn Sie aus einem Geschäftsobjekt ein separates Recordset erstellen, Änderungen an diesem nicht verbundenen Recordset vornehmen, das geänderte Recordset an das Geschäftsobjekt zurücksenden und obendrein noch die gelöschten Datensätze anzeigen lassen möchten, müssen Sie die **MarshalOptions**-Eigenschaft des **Recordset**-Objekts auf **adMarshalAll** setzen. Ist die **MarshalOptions**-Eigenschaft auf **adMarshalModifiedOnly** gesetzt, werden nur neue und bearbeitete Zeilen, jedoch nicht die gelöschten Zeilen angezeigt.

Hier sehen Sie ein Microsoft Transaction Server-Geschäftsobjekt, das die Zeilen für das Recordset abruft, die Verbindung trennt und das Recordset anschließend an den Client zurückgibt.

```
Function GetRS(TitleWanted as String) As Recordset
    Dim conn As Connection
    Dim rs As Recordset
    Set conn = New Connection
    Set rs = New Recordset
    conn.Open "provider=sqloledb;data source=(local);initial catalog=pubs;",
"Admin", "pw"
    rs.CursorLocation = adUseClient
```

```
    rs.Open "select Tc1, Tc2, Tc3 from TestTable" , _
        conn, adOpenKeyset, adLockBatchOptimistic
    Set GetRS = rs
    rs.ActiveConnection = Nothing
    Set rs = Nothing
    conn.Close
End Function
```

Die folgende Routine akzeptiert das Recordset als vom Client geändert und legt die Änderungen in der Datenbank ab.

```
Function ProcessUpdates(rs As Recordset) As String
    Dim strReturn As String
    rs.Filter = adFilterPendingRecords
    strReturn = "Rows changed = " & rs.RecordCount & vbCrLf
    While Not rs.EOF
        If rs.Status = adRecDeleted Then
            strReturn = strReturn _
            & "That row deleted, OriginalValues " & vbCrLf _
            & rs(0).OriginalValue & vbTab _
            & rs(1).OriginalValue &
                vbTab _
                & rs(2).OriginalValue & vbTab _
                & rs(3).OriginalValue & vbCrLf _
        Else
            strReturn = strReturn _
            & "That row changed, OriginalValues " & vbCrLf _
            & rs(0).OriginalValue & vbTab _
            & rs(1).OriginalValue &
                vbTab & rs(2).OriginalValue & vbTab _
                & rs(3).OriginalValue & vbCrLf _
            & "Here are the new values: " & vbCrLf _
            & rs(0).Value & vbTab & rs(1).Value & _
                & rs(2).Value & vbTab & rs(3).Value & vbCrLf
            End If
        rs.MoveNext
    Wend
ProcessUpdates = strReturn
End Function
```

Der folgende Code ist der Clientcode. Zwei Zeilen werden geändert, eine gelöscht und eine hinzugefügt.

```
Sub main()
    Dim rs As Recordset
    Dim obj As Object
    Set obj = CreateObject("RowsChanged.CheckStatus")
    Set rs = obj.GetRS("Data")
    Debug.Print "Rows in recordset before changes = " & rs.RecordCount
    rs.MoveFirst
    rs.Update Array(77,88,"Fred")
    rs.MoveNext
    rs.Delete
    rs.MoveNext
    rs.update Array(7,8,"George")
    rs.AddNew Array(100, 200,"New Row Added"
    rs.MoveNext
    Debug.Print "Rows in recordset after changes = " & rs.RecordCount
    rs.MarshalOptions = adMarshalModifiedOnly
    Debug.Print obj.ProcessUpdates(rs)
End Sub
```

Nachfolgend sehen Sie die Rückgabezeichenfolge von **ProcessUpdates**, wenn **MarshalOptions** auf **adMarshalModifiedOnly** eingestellt ist.

```
Rows in Recordset before changes = 6
Rows in Recordset after changes = 6
Rows changed = 4
That row changed, OriginalValue
1  1  1  One
Here are the new values:
1  77  88  Fred
That row deleted, OriginalValue
2  2  2  Two
That row changed, OriginalValue
3  3  3  Three
Here are the new values:
3  7  8  George
That row changed, OriginalValue
Here are the new values:
   100 200 New row added
```

Unterstützen von ADO bei der Aktualisierung

Um ADO zu unterweisen, welche benannte Tabelle aktualisiert (hinzugefügt, geändert oder gelöscht) werden soll, gibt der Datenprovider die Namen des Quelldatenbesitzers, der Datenbank und der Tabelle an, sobald die Abfrage ausgeführt wird. Wenn diese nicht ermittelt werden können, ist es unwahrscheinlich, dass ADO eine gültige Update-Anweisung erstellen kann. Um diese abfrageunabhängigen Informationen zu speichern, werden der clientseitigen **Recordset Properties**-Auflistung mehrere Eigenschaften hinzugefügt. Folgende Eigenschaften können im Code festgelegt werden, um im Fall von Unklarheiten eine Entscheidung über die zu aktualisierenden Komponenten zu treffen:

- **Unique Catalog** gibt den Katalog oder den Namen der Datenbank an, in der die Tabelle enthalten ist.
- **Unique Schema** gibt das Schema oder den Namen des Tabellenbesitzers an.
- **Unique Table** gibt den Namen der Basistabelle an, anhand derer Aktualisierungen, Einfügevorgänge und Löschvorgänge gestattet werden. Dieser Wert basiert auf den bereits festgelegten Einstellungen von Katalog und Schema (Benutzer).

Umfasst die SELECT-Anweisung Daten aus vielen Tabellen und entscheidet ADO, dass ein aktualisierbares Recordset erstellt werden kann, enthält jedes Feld im Recordset die Quelldatenbank und -tabelle.

Die Eigenschaft »Update Resync« – Dynamisch (ADO)

Möchten Sie sich die Mühe ersparen, einen weiteren Abruf zum Ermitteln des aktuellen Inhalts der Datenbanktabellen zu codieren, die in Ihrem erfolgreichen oder fehlgeschlagenen Aktualisierungsvorgang berücksichtigt wurden? Falls ja, können Sie die **Update Resync**-Eigenschaft auf einen der folgenden Werte setzen. Die **Update Resync**-Eigenschaft ist jedoch nur dann verfügbar, wenn die dynamische Eigenschaft **Unique Table** bereits eingestellt wurde. **Update Resync** weist ADO an, im Anschluss an die **UpdateBatch**-Methode automatisch einen **Resync**-Methodenaufruf auszuführen. Die Einstellungen in Tabelle 6.10 legen den Umfang der Operation fest:

Auflistungen der Eigenschaft »Update Resync«	Beschreibung
`adResyncAll`	Ruft Resync für jede Zeile mit ausstehenden Änderungen auf.

Tabelle 6.10 Auflistungen der Eigenschaft »Update ResyncTabelle«

Auflistungen der Eigenschaft »Update Resync«	Beschreibung
adResyncAutoIncrement	(Standardwert.) Versucht den neuen Identitätswert für Spalten zu laden, die automatisch erhöht oder von der Datenquelle generiert werden, beispielsweise Microsoft Jet-**AutoNumber**-Felder oder Microsoft SQL Server-**Identity**-Spalten.
adResyncConflicts	Ruft **Resync** für alle Zeilen auf, in denen der Aktualisier- oder Löschvorgang aufgrund eines Parallelzugriffskonflikts fehlgeschlagen ist.
adResyncInserts	Ruft Resync für alle erfolgreich eingefügten Zeilen auf. Die Werte von Primärschlüsselspalten werden jedoch nicht neu synchronisiert. Stattdessen wird der Inhalt neu eingefügter Zeilen anhand der vorhandenen Primärschlüsselwerte synchronisiert.[12]
adResyncNone	Ruft Resync nicht auf.
adResyncUpdates	Ruft Resync für alle erfolgreich aktualisierten Zeilen auf.

Tabelle 6.10 Auflistungen der Eigenschaft »Update ResyncTabelle«

Die folgenden Konstanten können kombiniert verwendet werden:

- **adResyncAutoIncrement** und **adResyncConflicts**
- **adResyncAutoIncrement** und **adResyncInserts**
- **adResyncAll**, **adResyncUpdates**, **adResyncInserts** und **adResyncConflicts**

6.3.11 Übermitteln und Verwalten mehrerer Operationen

Wenn Sie mit mehreren leistungsfähigen Backends arbeiten, entsteht häufig der Bedarf, mehrere Operationen gleichzeitig auszuführen. Bei diesen Operationen kann es sich um SELECT-Vorgänge, Aktionsabfragen oder beliebige Kombinationen handeln. Nicht alle Provider unterstützen Mehrfachoperationen. Der Jet-Provider kann beispielsweise nicht mehr als jeweils eine Operation annehmen, SQL Server, Oracle und andere sind dazu jedoch in der Lage. Es ist zwar nicht ungewöhnlich, mehrere SELECT-, INSERT-, DELETE-, UPDATE- oder andere TSQL-Anweisungen gebündelt (in so genannten Skripts) zu übermitteln, wahrscheinlicher ist jedoch, dass es sich bei diesen Mehrfachoperationen um das Ergebnis ausgeführter gespeicherter Prozeduren handelt.

12. Wenn der Primärschlüsselwert sich geändert hat, ruft **Resync** den Inhalt der jeweiligen Zeile nicht ab. Zur automatischen Erhöhung von Primärschlüsselwerten rufen Sie zunächst **UpdateBatch** zusammen mit **adResyncAutoIncrement** auf, um den von der Datenquelle generierten Primärschlüsselwert abzurufen.

Im Regelbuch von ADO steht nicht geschrieben, dass Sie mehrere Aktions- oder SELECT-Abfragen nicht in einer einzigen **CommandText**-Eigenschaft oder **Source**-Argumentzeichenfolge übermitteln dürfen, solange Sie dabei richtig vorgehen. Die Einschränkung liegt auf Seiten des Providers. Das heißt, wenn der Provider mehrere Operationen unterstützt, können Sie zwei, zwölf oder zwölfhundert SQL-Operationen zusammenfassen. Die Obergrenze wird dabei durch die Größe des Befehlspuffers Ihres Providers gebildet.

Die Erstellung dieser Befehlsskripts ist einfach. Sie müssen hierzu lediglich die Befehle in einer einzigen Zeichenfolge verketten und die Zeichenfolge genau wie jede andere SQL-Abfrage oder -Aktion verwenden. Stellen Sie sicher, dass zwischen den Operatoren die »Freiflächen« erhalten bleiben. Wenn Sie also zwei Zeichenfolgen verketten, die durch eine Leerstelle voneinander getrennt werden sollen, schließen Sie das vorausgehende (oder nachfolgende) Leerzeichen in den Verkettungsausdruck ein. Wenn Sie diesen Vorgang aus Leistungsgründen durchführen, sollten Sie allerdings nicht den Verkettungsoperator von Visual Basic (&) verwenden. Der Einsatz der MID$-Funktion ist schneller, was ich im nächsten Codebeispiel demonstrieren werde.

Tipp Beim Erstellen der Abfragezeichenfolge sollten Sie binäre Nullwerte in der Zeichenfolge unbedingt vermeiden. Andernfalls führt ADO den Vorgang bis zum Nullwert aus und beendet ihn dann.

Nachdem Sie den Befehl ausgeführt und ADO die Steuerung an die Anwendung zurückgegeben hat, können Sie beginnen, die zurückgegebenen generierten Rowsets und Resultsets zu analysieren. Im Allgemeinen geben alle Befehle, die zur Verarbeitung an das Backend gesendet werden, ein Resultset zurück. Nicht alle Resultsets enthalten Rowsets, und Sie müssen nicht alle Rowsets und noch nicht einmal alle von ADO generierten Resultsets verarbeiten. Sie können das Recordset einfach schließen, auf **Nothing** setzen und vergessen.

Der folgende Code zeigt eine Reihe von Techniken, die Ihnen möglicherweise nützlich sein könnten. Zunächst wird ein TSQL-Befehl **Create Table** erstellt, der eine neue Testtabelle **Sales** anfertigen soll. Beachten Sie die Verwendung von Zeichenfolgen **festgelegter Länge** anstelle normaler Zeichenfolgen mit variabler Länge.

```
...
Dim strSQL As String * 32767      ' Etwa 32K RAM
Const strINSERT As String = " INSERT INTO Sales (SalesRegion,SalesAmount,
ISBN) VALUES ("
...
```

Als Nächstes werden wir die **Execute**-Methode zum Ausführen zweier TSQL-Befehle als Skript einsetzen. Der erste prüft die Existenz der Tabelle, die erstellt werden soll. Ist sie bereits vorhanden, wird sie vom Backend gelöscht. Der nächste Befehl erstellt die Tabelle. Dieser Schritt zeigt die Verwendung eines Batches oder Skripts zum Anfertigen einer neuen Tabelle **Sales**. Beachten Sie, dass diese Abfrage eigentlich zweiteilig ist. Im ersten Teil wird die Existenz der Tabelle geprüft und gegebenenfalls ein **Drop Table**-Vorgang ausgeführt, und im zweiten Teil wird eine neue Tabelle **Sales** erstellt.

```
cn.Execute "if exists(select * from sysobjects where type = 'U' and name = 
'Sales')" _
    & "  begin drop table sales end " _
    & " CREATE TABLE Sales (SaleID INT IDENTITY(100,1) , " _
    & " SalesRegion CHAR(2), " _
    & " SalesAmount smallmoney," _
    & " ISBN VarChar(20)" _
    & " CONSTRAINT ID_PK PRIMARY KEY (SaleID) )"
```

Der nächste Codeabschnitt füllt die Abfragezeichenfolge festgelegter Länge mit 200 INSERT-Anweisungen, die jeweils eine Zufalls-ISBN-Nummer und andere nach dem Zufallsprinzip generierte Werte enthalten. Beachten Sie die Verwendung der MID$-Funktion anstelle des Visual Basic-Verkettungsoperators. Durch diesen Ansatz wird die Leistung erheblich gesteigert – dies wird später im Detail erläutert. Die MID$-Zeilen fügen die Einfügewerte in die Zielabfragezeichenfolge ein (anstatt sie zu verketten). Ich habe die Verkettungsoperation (eine einzige Codezeile) ebenfalls aufgeführt, um deren Verwendung zu demonstrieren. Beachten Sie außerdem, dass die Zeichenfolge festgelegter Länge auf Leerzeichen initialisiert wird. Auf diese Weise wird die Möglichkeit ausgeschlossen, dass durch eine Fehlzuordnung der MID$-Einfügungen ein verwaistes Nullbyte zurückbleibt.

```
strSQL = String(intLenstrSQL, " ")
For i = 1 To 200
    intRegion = Int(Rnd(1) * 9)
    strCurAmount = Format((Rnd(1) * 100), "####.##")
    intRnd = Rnd(1) * 99
    strISBN = "'" & vaISBNs(0, intRnd) & strInsertEnd
'   ' einfache, aber langsame VB-Verkettung ist als Kommentar gekennzeichnet
'    strW = strW & strINSERT & intRegion & "," & strCurAmount & "," & strISBN
    strWork = String(intLenStrWork, ",")
    Mid$(strWork, 1, Len(intRegion)) = intRegion
    intTLen = Len(intRegion) + 1
    Mid$(strWork, intTLen, Len(strCurAmount)) = strCurAmount
```

```
    intTLen = intTLen + Len(strCurAmount) + 1
    Mid$(strWork, intTLen, Len(strISBN)) = strISBN
    intTLen = intTLen + Len(strISBN)
    Mid$(strSQL, intLenSQL, intLenInsert) = strINSERT
    intLenSQL = intLenSQL + intLenInsert
    Mid$(strSQL, intLenSQL, intTLen - 1) = Left$(strWork, intTLen - 1)
    intLenSQL = intLenSQL + intTLen
```

Wenn Sie die Abfrage zeilenweise ausführen möchten, können Sie diese nächsten drei Zeilen als Kommentar kennzeichnen.

```
'    cn.Execute Left$(strSQL, intLenSQL)
'    intLenSQL = 1
'    strSQL = ""
Next i
```

Sobald die Zeichenfolge mit den 200 INSERT-Anweisungen gefüllt wurde, können wir sie ausführen. Dazu stellen wir lediglich die Zeichenfolgenlänge ein und geben das Skript (strSQL) an die **Recordset Open**-Methode weiter. ADO leitet die Zeichenfolge zur Ausführung direkt an den Server weiter. Sehen Sie doch mal im Profiler nach!

```
intLenSQL = intLenSQL - 1
rs.Open Left$(strSQL, intLenSQL), cn, Options:=adCmdText
```

Die einzelnen INSERT-Anweisungen geben Resultsets zurück, die wir samt und sonders in einer Schleife durchlaufen können. ADO legt jedoch nicht den **Records Affected**-Rückgabewert aus den INSERT-Anweisungen offen, sodass der folgende Teil des Beispiels eigentlich vergebene Liebesmüh ist. Wenn Sie jedoch die SELECT-Anweisungen in gespeicherte Prozeduren eingebettet hätten, könnten Sie diese Routine zum Durchlaufen dieser Rowsets und Ausgabeparameter verwenden. Wahrscheinlich wäre es sinnvoll, der Abfrage eine **Set NOCOUNT ON**-Anweisung hinzuzufügen, um den durch die INSERT-Resultsets erzeugten Overhead vollständig zu beseitigen.

```
i = 0
Do Until rs Is Nothing
   For Each er In cn.Errors
      Debug.Print "Recordset"; i, er, er.Description
   Next er
   Set rs = rs.NextRecordset
   i = i + 1
Loop
Debug.Print i; " Recordsets found"
```

Anmerkung Dieses Beispiel sowie praktisch alle übrigen Beispiele in diesem Buch stehen auf der beiliegenden CD bereit. Um dieses Beispiel zu finden, suchen Sie nach **Sample Application\Recordset Objects\Multiple Operations**.

Erstellen von SQL-Anweisungen ohne Verkettungsoperator

Da Visual Basic in Bezug auf die Verkettung von Zeichenfolgen gnadenlos schwerfällig ist, sollte die Verwendung des Verkettungsoperators (&) nach Möglichkeit vermieden werden. Sich des &-Operators vollständig zu enthalten, ist jedoch hart. Eine Reihe von Kliniken hier in Redmond sind auf die Behandlung von &-Abhängigen spezialisiert, jedoch nur mit eingeschränktem Erfolg. Ich bin mir bewusst, dass auch ich auf dem Podium gelegentlich der Anziehungskraft von & erliege, beschränke mich jedoch auf eines pro Demo.

Ich empfehle außerdem, die Verwendung »selbst gedrehter« SQL-Abfragen aufgrund des &-Aufkommens zu vermeiden. Wenn Ihre SQL einfach durch das Einsetzen von Parametern in eine SQL-WHERE-Klausel entsteht, können Sie mit Hilfe der folgenden Techniken 30 Prozent der Einrichtungszeit für die Abfrage einsparen. Da es sich um einen Vorgang handelt, der bei jeder einzelnen Ausführung der Abfrage durchgeführt wird, können sich diese 30 Prozent in erheblichem Umfang vervielfachen.

Bei Verwendung dieser Technik werden **Sie** sicherstellen müssen, dass die Parameters keine einfachen Anführungszeichen enthalten – ADO übernimmt diese Aufgabe nicht. Ziehen Sie die neue **Replace**-Funktion von Visual Basic in Betracht, um einfache Anführungszeichen aufzufinden. Ersetzen Sie jedes einzelne durch zwei einfache Anführungszeichen.

```
strParm = Replace(strParm, " ' ", " ' ' ")
```

Um beim Erstellen eigener SQL-Anweisungen die beste Leistung zu erzielen, sollten Sie zum Einfügen der Parameter die **Mid**-Funktion anstelle der &-Verkettung verwenden. Dies ist einfach, wenn die Länge der Parameter feststeht, beispielsweise bei der Eingabe von Zahlen, und selbst dann machbar, wenn Sie Argumente variabler Länge angeben.

Im folgenden Codebeispiel werden mehrere herkömmliche Techniken zur Argumentverwaltung mit dem effizienteren Ansatz der **Mid**-Funktion verglichen. In diesem Fall richten wir die Abfrage vorzeitig ein, ähnlich wie bei der Erstellung von **Command**-Objekten. Ich plane, diesen Ansatz in der mittleren Schicht einzusetzen, in der die Erstellungszeit für die Abfrage essenziell ist und **Command**-Objekte nicht gern verwendet werden (sofern keine **Rückgabeparameter** vom Provider verwaltet werden sollen).

Im ersten Codeabschnitt wird die &-Technik genutzt, die ich (und viele Andere) jahrelang als die Möglichkeit zum Einfügen von Parametern in SQL-WHERE-Klauseln gepredigt habe:

```
SQL = "SELECT Name, Address "
    SQL = SQL & "FROM Authors "
    SQL = SQL & "WHERE Name like '" & txtParameter & "' ;"
```

Leider kostet diese Technik viel verlorene Zeit, da Visual Basic Arbeitsspeicher zuordnet und mehrmals erneut zuordnet, um die Zeichenfolgen zu verarbeiten.

Durch die **Mid**-Technik erübrigt sich der Bedarf an &-Verkettungen, da im Voraus die Stelle festgelegt wird, an der der Parameter eingefügt wird. Sie verwendet außerdem Zeichenfolgen **feststehender Länge** anstelle der normalen Zeichenfolgendeklaration mit variabler Länge, um die SQL-Abfrage zu verwalten. Sobald dieser erste Schritt abgeschlossen ist, können wir leicht auf die jeweiligen Bytes in der Abfrage verweisen, die sich bei jeder Ausführung ändern sollen. Diese Technik ist etwa 30 Prozent schneller als das vorhergehende Beispiel.

```
'  Einrichten der Operation. Dies geschieht einmal früh in der Anwendung
' Beachten Sie, dass flSQL als Zeichenfolge feststehender Länge deklariert
wird...
Dim flSQL as String * 128
flSQL = "SELECT Name, Address FROM Authors WHERE Name like '"
j = InStrRev(flSQL, "'") + 1      ' Suchen des letzten einfachen Anführungszeichens
k = Len(txtParameter) + 1         ' Berechnen der Parameterlänge
'  Einfügen der Parameter. Dies erfolgt unmittelbar vor Ausführung
   Mid(flSQL, j) = txtParameter     ' Einfügen des Parameters in die Abfrage
   Mid(flSQL, j, k) = "';"         ' Schließen des umgebenden Anführungszeichens
```

Die Herabsetzung der Anzahl von &-Operationen kann zum Verbessern der Leistung beitragen. Sie sparen etwa 10 Prozent allein dadurch ein, dass Sie eine Visual Basic-Konstante für die SELECT-Anweisung in der Präambel verwenden.

```
SQL = strSQL & "WHERE Name like '" & txtParameter & "' ;"
```

Denken Sie daran, dass das Zeilenendezeichen den Code für das **menschliche** Auge vielleicht lesbarer gestaltet, jedoch die Leistung jedes Mal um etwa 5 Prozent herabsetzt, wenn es eine in Anführungszeichen gesetzte Zeichenfolge zerlegt, die zur Laufzeit neu zusammengefügt werden muss. Nein, der Compiler verkettet diese Zeichenfolgen nicht vorher, um später Zeit zu sparen.

```
SQL = "SELECT Name, Address " _
    & "FROM Authors " _
    & "WHERE Name like '" & txtParameter & "' ;"
```

6.3.12 Abbrechen, Rückgängigmachen und Rollback

Hoppla, Sie haben das Recordset geändert und möchten diese Änderungen nicht in die Datenbank übernehmen? Ganz ruhig. ADO stellt für diesen Fall einige Optionen bereit, aus denen Sie auswählen können. Sie haben die Möglichkeit, nur die Änderungen am aktuellen Datensatz oder sämtliche bisher am Recordset vorgenommenen Änderungen rückgängig zu machen. Prinzipiell besitzen Sie folgende Möglichkeiten:

- Zum Rückgängigmachen ausschließlich derjenigen Änderungen, die Sie am aktuellen Datensatz durchgeführt haben, verwenden Sie die **CancelUpdate**-Methode mit der Option **adAffectCurrent**.
- Zum Rückgängigmachen sämtlicher Änderungen an einem Recordset seit der Übergabe der letzten Änderungen verwenden Sie die **CancelUpdate**-Methode mit der Option **adAffectAll** (Standardeinstellung). Sobald Sie **Update** (oder **UpdateBatch**) verwendet haben, sind die Änderungen nicht mehr rückgängig zu machen.
- Zum Rückgängigmachen ausschließlich derjenigen Änderungen, die an Zeilen im aktuellen Teilsatz des Recordsets (basierend auf den Filterkriterien) vorgenommen wurden, verwenden Sie die **CancelUpdate**-Methode mit der Option **adAffectGroup**.
- Zum Rückgängigmachen einer ganzen Reihe von Änderungen, die Sie seit der Ausführung von **BeginTrans** durchgeführt haben, können Sie die **RollbackTrans**-Methode des **Connection**-Objekts einsetzen. Sobald Sie jedoch **CommitTrans** verwendet haben, kann für die Änderungen kein Rollback mehr durchgeführt werden – sofern Sie keine verschachtelten Transaktionen verwenden.

Nach dem Ausführen der **CancelBatch**-Methode ist ADO möglicherweise nicht mehr in der Lage, den aktuellen Datensatz im Recordset zu ermitteln. Daher ist es ratsam, den Zeiger für die aktuelle Zeile nach der Verwendung von **CancelBatch** auf eine bestimmte Position zu zwingen. Beispielsweise könnten Sie die **MoveLast**-Methode einsetzen, um zur letzten gültigen Zeile im Recordset zu springen. Wenn Sie durch den Einsatz der **CancelUpdate**-Methode eine neue Zeile hinzufügen, wird der Zeiger für die aktuelle Zeile auf die Zeile positioniert, die vor dem Aufruf von **AddNew** die aktuelle Zeile war.

Wenn der Versuch zum Abbrechen der ausstehenden Aktualisierungen wegen eines Konflikts mit den zugrunde liegenden Daten fehlschlägt (z. B., weil ein Datensatz von einem anderen Benutzer gelöscht wurde), gibt der Provider Warnungen an die **Errors**-Auflistung aus, unterbricht jedoch nicht das Programm. Ein Laufzeitfehler tritt nur dann auf, wenn Konflikte bei allen angeforderten Datensätzen vorliegen. Verwenden Sie die **Filter**-Eigenschaft (**adFilterAffectedRecords**) und die **Status**-Eigenschaft zum Auffinden von Datensätzen mit Konflikten.

6.3.13 Verwenden der Methode »Recordset Save«

Nehmen wir nun die **Save**-Methode des **Recordset**-Objekts ein wenig genauer unter die Lupe. Jedes geöffnete Recordset kann gespeichert werden, nicht nur solche, die im Arbeitsspeicher erstellt werden. Sobald ein Recordset gespeichert ist, kann es durch einen Verweis auf den Dateinamen in der **Open**-Methode erneut geöffnet werden.

Das folgende Beispiel öffnet ein Recordset über den Dateinamen, der durch das Steuerelement **CommonDialog** angegeben wird. Beachten Sie, dass die **Open**-Methode den Dateinamen als **Source**-Argument, nicht als **Connection**-Argument einsetzt. Es ist zwar möglich, ein **Connection**-Objekt zu erstellen und die **Connection**-Zeichenfolge auf **»File Name=« & .Filename«** einzustellen, die einfache **Open**-Methode erwartet jedoch folgende Syntax:

```
With CommonDialog1
    .ShowOpen
    Set rs = New Recordset
    rs.Open .FileName
    Debug.Print rs.RecordCount
End With
```

Wenn die **Filter**-Eigenschaft für das Recordset aktiviert ist, werden nur die Zeilen gespeichert, die den Filterkriterien entsprechen. (Die **Filter**-Eigenschaft wird im nächsten Kapitel behandelt.) Wenn das Recordset hierarchisch aufgebaut ist, werden das aktuelle untergeordnete Recordset und die darunter liegenden Elemente gespeichert, das übergeordnete Recordset jedoch nicht. Sind die Füllvorgänge der Recordset-Mitgliedschaft noch nicht abgeschlossen, ist die **Save**-Methode so lange blockiert, bis die asynchrone Auffüllung beendet wird. Auf diese Weise wird sichergestellt, dass alle Mitgliedzeilen einbezogen werden.

> **Anmerkung** Ein interessanter Aspekt ist, dass bei Verwendung serverseitiger Cursor (**adUseServer**) die **Save**-Methode alle Zeilen für die Anweisung speichert, unabhängig von der **MaxRecords**-Einstellung, die für das Recordset festgelegt wurde.

Sobald das Recordset für eine Datei geöffnet wird, speichert die **Save**-Methode das Recordset standardmäßig wieder in derselben Datei. Wenn Sie das Recordset unter einem anderen Dateinamen speichern, bleibt die ursprüngliche Datei geöffnet. Während das Recordset geöffnet ist, besitzen andere Benutzer nur Lesezugriff auf die Datei.

Nach Verwendung der **Save**-Methode wird der Zeiger für die aktuelle Zeile auf die erste Zeile des Recordsets positioniert. Zu diesem Zeitpunkt können Sie die Arbeit am Recordset fortsetzen; es bleibt so lange geöffnet, bis Sie die **Close**-Methode verwenden oder das Recordset auf **Nothing** einstellen.

Wenn Sie die **Save**-Methode auf einer Internet Explorer-Webseite einsetzen möchten, denken Sie daran, dass die **Save**-Methode aus Sicherheitsgründen nur in Zonen mit niedrigen und benutzerdefinierten Sicherheitseinstellungen zulässig ist. Eine detailliertere Erläuterung zur Sicherheit finden Sie im Whitepaper **Security Issues in the Microsoft Internet Explorer** unter **http://www.microsoft.com/data/techmat.htm**.

7 Bearbeiten des Recordsets

In Kapitel 6 wurde besprochen, wie, wann und warum ein Recordset erstellt wird. Nachdem Sie sich dafür entschieden haben, zur Handhabung des über die Abfrage erzeugten Rowsets ein Recordset zu erstellen, möchten Sie dieses auch bearbeiten. Vielleicht denken Sie darüber nach, eine Bindung an datenfähige Steuerelemente vorzunehmen (wovon ich Ihnen abrate) und eine Sortierung, Filterung sowie Suchläufe nach Zeilen im Rowset durchzuführen (was ich Ihnen empfehle). Als Sie etwas mehr als sieben Megabyte für ADO hergegeben haben, haben Sie das meiste davon in ausgefeilte Routinen zur Recordsetverwaltung investiert. Wenn Sie wissen, wie Sie diese Routinen effizient und effektiv einsetzen, ist dies schon ein großer Schritt auf dem Weg zu einer erfolgreichen Anwendung.

7.1 Binden von Daten an das Recordset

Ich bin kein Fan der Datenbindung. Meiner bescheidenen Meinung nach ist der Aufwand für das Codieren und Verwalten datengebundener Steuerelemente höher als die gewonnenen Vorteile. Ja, die Datenbindung und die Fähigkeit von Visual Basic zur Verwaltung derselben wurden in Visual Basic 6.0 verbessert. Aber es gibt dennoch nur wenige Gründe, diese einzusetzen. Obwohl die datengebundenen (und die nicht datengebundenen) Steuerelemente verbessert wurden, haben sich die Probleme hinsichtlich Verbindungsherstellung und Verwaltung von Resultsets nicht gebessert. Zum Auffüllen einer Tabelle mit Zeilen eines Recordsets benötigen Sie beispielsweise keine Datenbindung – die **Recordset**-Eigenschaft des **MSHFlexGrid**-Objekts kann auf ein beliebiges Recordset eingestellt werden. Ja, gebundene Steuerelemente können Datensätze basierend auf den Änderungen im Steuerelement automatisch aktualisieren. Mit einer Codezeile in einem **Grid Click**-Ereignis erzielen Sie jedoch die gleichen Ergebnisse. Wie wir sehen werden, kann das Auffangen von Fehlern zu einer Beeinträchtigung von Produktionsanwendungen führen.

Früher oder später werden Sie feststellen, dass bei der Arbeit mit leistungsstärkeren Anwendungen weiterhin Routinen zur Validierung der Steuerelementzellen codiert werden müssen, bevor diese an das Recordset übergeben werden – ganz zu schweigen von den Fehlerbehandlungsroutinen, die unabhängig von dieser Technik benötigt werden. Darüber hinaus scheint der Ansatz gebundener Steuerelemente am besten für kleinere, tabellenbasierte Systeme und nicht für prozedurbasierte Systeme geeignet, bei denen der Zugriff auf die Basistabellen entweder beschränkt oder gänzlich verboten ist. Ich werde auf dieses Thema nicht lange eingehen. Es gibt viele Bücher und Dokumentationen, in denen entsprechende Informationen bereitstehen. Die Datenbindung stellt in meinen Augen keine der empfohlenen Vorgehensweisen dar.

7.2 Methoden für den Datenabruf

Einige der Codelösungen für den Datenzugriff, die ich in den letzten 25 Jahren gesehen habe, waren recht ansprechend – andere waren recht hässlich ('tschuldigung). Wir benötigen jedoch Verfahren, die (zumindest auf den ersten Blick) gute Mittel zum schnellen Auffüllen und Laden von **Recordset**-Objekten darstellen. Das zeilenweise Abrufen von Recordsetdaten scheint beispielsweise sehr kostenintensiv und unnötig zu sein. Das Laden von Zeilen in ein **Variant**-Array oder eine Zeichenfolge mit Trennzeichen kann jedoch ebenfalls kostenintensiv sein. Für die Datenübergabe von einer Schicht zu einer anderen kann das **Variant**-Array sogar besonders hohe Kosten verursachen. Wir werden dieses Thema in Kapitel 8 ausführlich besprechen, berücksichtigen Sie jedoch, dass **Variant**-Arrays ihre Daten in mit Nullen aufgefüllten Unicode-Datenstrukturen übertragen. Für das Verschieben dieser gigantischen Arrays zwischen zwei Schichten wird erheblich mehr Zeit (fast dreimal so lange) benötigt als für Recordsets.

Eine Abrufoperation kann in zwei Vorgänge unterteilt werden. (Es sind wahrscheinlich drei, aber der dritte fällt mir nicht ein.) Zunächst wird das Auffüllen der zutreffenden Zeilen (nach Mitgliedschaftskriterien) abgeschlossen. Auf diese Weise werden Freigabesperren auf dem Server wieder aufgehoben. Dies ist gut – gut für skalierbare Anwendungen und für andere Clients, die darauf warten, Aktualisierungen für die Zeilen und Seiten (und evtl. Tabellen) durchzuführen, die durch Sie gesperrt wurden. Als Nächstes wird das Recordset in einem Steuerelement, in einer Datei, einem Stream oder einem benannten Speicherbereich »abgeladen«. Dies ist zum Anzeigen, Transportieren oder Speichern des Recordsets oft erforderlich. Häufig, jedoch nicht immer. Gelegentlich können die Daten für eine Änderung im Recordset verbleiben. Anschließend werden entweder das ganze Recordset oder nur die Änderungen an eine andere Schicht gesendet.

Grundsätzlich stehen für das Auffüllen und Entladen von Recordsets vielerlei Methoden zur Verfügung.

- Verwenden Sie die **MoveNext**-Methode, bis sich der Wert für EOF in **True** ändert oder verwenden Sie die **MoveLast**-Methode. Obwohl mit diesen Verfahren das Recordset nicht entladen wird, wird doch der Auffüllvorgang abgeschlossen.
- Verwenden Sie die **GetRows**- oder **GetString**-Methode. Über diese Methoden wird in einer einzigen Operation das Entladen und Auffüllen vorgenommen.

- Weisen Sie das Recordset einem komplexen[1] gebundenen Steuerelement zu. Während des Bildlaufs wird über das Steuerelement der Auffüllvorgang abgeschlossen.
- Weisen Sie das Recordset einem intelligenten, ungebundenen Steuerelement zu, beispielsweise **MSHFlexGrid**.
- Lassen Sie den Auffüllvorgang automatisch von ADO durchführen.
- Weisen Sie der **ActiveConnection**-Eigenschaft den Wert **Nothing** zu. ADO stellt sicher, dass der Auffüllvorgang für das Recordset abgeschlossen ist, bevor die Verbindung getrennt wird.

Denken Sie daran, dass ADO eine automatische Auffüllung vornimmt, wenn Sie dies nicht verhindern. Sobald der erste Zeilensatz empfangen und die Steuerung an Ihre Anwendung zurückgegeben wurde (unabhängig davon, ob die Ausführung asynchron erfolgt oder nicht), fährt ADO hinter den Kulissen und unter Verwendung des eigenen Threads mit dem Auffüllen des Recordsets fort.

Anmerkung Das Auffüllen von Recordsets sollte kein Problem darstellen, solange Sie nicht mehr als ein paar **CacheSize**-Zeilen (ein paar Hundert) abrufen. Geht die Anzahl der abgerufenen Zeilen über diesen Wert hinaus, sollten Sie sich über Mitgliedschaftsfüllvorgänge zum Aufheben von serverseitigen Freigabesperren, zum auf dem Client belegten Speicher sowie dazu Gedanken machen, ob Ihren Kunden die Geduld mit Ihnen und Ihrer Anwendung ausgeht.

ADO beginnt damit, vorab einen Satz Zeilen zu laden (und versucht, den Auffüllprozess abzuschließen), bevor die Steuerung an den Client zurückgegeben wird. Standardmäßig enthält dieser anfängliche Satz 50 Zeilen. Sie können die Anzahl der Datensätze im ersten Abruf durch Festlegen der **Initial Fetch Size**-Eigenschaft in der **Properties**-Auflistung des ADO-Recordsets steuern.

7.2.1 Anzeigen von Zeilen mit dem »MSHFlexGrid«-Steuerelement

Eine der einfachsten und schnellsten Methoden, dem Benutzer die **Recordset**-Werte anzuzeigen, besteht in der Verwendung der **Recordset**-Eigenschaft des **MSHFlexGrid**-Steuerelements. Ich verwende diesen Ansatz nun schon länger, und er scheint immer prima zu funktionieren – eine Situation ausgenommen.

1. Komplexe gebundene Steuerelemente übernehmen die Handhabung mehrerer Recordsetzeilen. Bei einem **Grid**-Steuerelement handelt es sich beispielsweise um ein komplexes gebundenes Steuerelement. Einfache gebundene Steuerelemente werden einzelne Zeilen gehandhabt, ein Beispiel hierfür ist das **TextBox**-Steuerelement.

Bei Verwendung serverseitiger Cursor können Sie nämlich die **EOF**-Eigenschaft[2] (genau wie fast sämtliche weiteren Eigenschaften) des **Recordset**-Objekts vor der Zuweisung des Recordsets zur Tabelle nicht prüfen. Wenn Sie dies tun, erhalten Sie einen 30023-Fehler von der Tabelle. (Seufz.) Ich habe einen Fehlerbericht zu diesem Bug eingereicht, aber die ADO-Crew wird diesen nicht beheben. Sie müssen auf clientseitige Cursor ausweichen – oder Sie lassen die Finger von der **EOF**-Eigenschaft.

Sobald die Daten in der Tabelle angezeigt werden, wie dargestellt in Abbildung 7.1, werden Sie feststellen, dass zwar die Überschriften für Sie eingefügt werden, dass jedoch die Spaltenbreiten von Ihnen den Recordsetdaten entsprechend angepasst werden müssen. Zur Berichtigung durchlaufe ich üblicherweise die Tabelle bei deren erster Verwendung und nehme eine Zuweisung geeigneter Breitenwerte vor. Nachdem Sie die **ColWidth**-Eigenschaft für jede Spalte festgelegt haben, hat das Einstellen der **Recordset**-Eigenschaft keine weiteren Auswirkungen auf die Einstellungen für die Spaltenbreite. Ich verwende die **TextWidth**-Funktion von Visual Basic zur Rückgabe der richtigen Anzahl Twips für die **ColWidth**-Eigenschaft. Diese Funktion akzeptiert eine Zeichenfolge, deren Breitenwert in Twips übersetzt wird. Ich verwende eine Zeichenfolge variabler Länge aus M-Zeichen, da das M-Zeichen eine maximale Breite aufweist, und bei der Verwendung von proportionalen Schriftarten kann dies einen großen Unterschied ausmachen. Wenn Sie beispielsweise eine Zeichenfolge aus Punkten oder Leerzeichen verwenden, würde die Anzahl Twips sehr viel niedriger liegen. Durch Verwenden einer Zeichenfolge aus M-Zeichen können Sie leichter einschätzen, wie viele Twips in jedem Feld für eine bestimmte Zeichenanzahl benötigt werden.

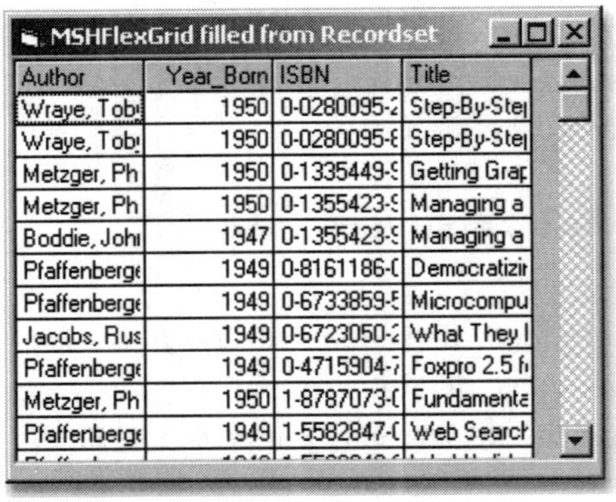

Abbildung 7.1 Einstellen von »MSHFlexGrid1.Recordset« auf Ihr Recordset, um das Rowset anzuzeigen

2. David Sceppa und Rick Nasci haben sich eine Zeit lang dafür eingesetzt, dass dieser Bug behoben wird. Die ADO-Leute schickten als Reaktion eine lange Abhandlung darüber, dass sich diese Eigentümlichkeit aus dem Entwurf ergibt.

Die **Choose**-Funktion im folgenden Beispiel gibt, basierend auf jedem Feld im Recordset, eine geeignete Anzahl M-Zeichen zurück.

```
i = 0
With MSHFlexGrid1
   .Row = 0
   For Each fld In rs.Fields
      .ColWidth(i) = TextWidth(String(Choose(i + 1, 12, 7, 10, 7, 80), "M"))
      i = i + 1
   Next fld
End With
```

7.2.2 Anzeigen von Zeilen mit Hilfe des Sofortfensters

Eine weitere Möglichkeit zur Anzeige der Recordsetdaten während des Debuggens der Anwendung besteht darin, ein Dump der Zeilen im Direktfenster zu erstellen, wie dargestellt in Abbildung 7.2.

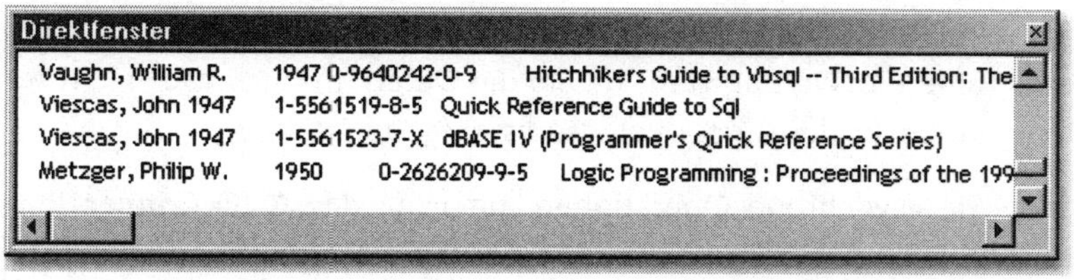

Abbildung 7.2 Verwenden Sie »Debug.Print« zum Anzeigen der Recordsetfeldnamen und -werte im Direktfenster

Ich habe zum Anzeigen der Feldnamen, gefolgt von einzelnen Zeilenwerten, die folgende Routine eingesetzt. Obwohl diese recht intuitiv verwendet werden kann, ist ein Dump des Recordsets beim Debuggen häufig hilfreich.

```
For Each fld In rs.Fields
   Debug.Print fld.Name,
Next fld
Debug.Print
Do Until rs.EOF
   For Each fld In rs.Fields
      Debug.Print fld.Value,
   Next fld
   Debug.Print
   rs.MoveNext
Loop
```

7.2.3 Asynchroner Datenabruf

Wenn Sie die **adAsyncFetch**-Option als **Options**-Argument für die **Open**-Methode einsetzen, fährt ADO nach dem asynchronen Abruf des anfänglichen Zeilensatzes hinter den Kulissen damit fort, Zeilen abzurufen. Dieses Merkmal wurde mit ADO 2.5 implementiert, obwohl es seit einiger Zeit bereits ein akzeptables **Options**-Argument gab. Wenn Sie jedoch die **MoveLast**-Methode für einen rollbaren Cursor ausführen, deaktivieren Sie die asynchrone Operation – Ihr Code wird blockiert, während ADO pflichtbewusst das Rowset abruft.

IMHO Die **Move**-Methoden (sämtliche) sollten eine Option zur Unterstützung asynchroner Operationen aufweisen, damit um jeden Preis eine Blockierung vermieden wird. Vielleicht irgendwann einmal.

Es ist offensichtlich, dass serverseitige Cursor nicht für asynchrone Recordsets entwickelt wurden – besonders nicht für **adAsyncFetchNonBlocking** und **adAsyncFetch**. Dennoch funktionieren serverseitige Cursor (d.h. sie geben den Client für andere Aufgaben frei) mit **adAsyncExecute** und einem statischen Cursor. Es findet jedoch weiterhin eine Blockierung statt, da Sie die Daten im Recordset nicht referenzieren können, bevor der Cursor vollständig aufgefüllt wurde.

In ADO können Sie asynchrone Operationen mit Hilfe des ADO-**Connection**- oder **Command**-Objekts durchführen. Zur Aktivierung dieser Option verwenden Sie eine der folgenden Aufzählungen mit der **Open**- oder **Execute**-Methode:

- **adAsyncExecute** erstellt einen zweiten Thread und beginnt damit, den Befehl in diesem Thread auszuführen. Sobald der Provider den Befehl ausgeführt hat, informiert ADO Ihren Code darüber, dass die Abfrageausführung abgeschlossen ist (hierzu wird ein Ereignis ausgelöst).
- **adAsyncFetch** sorgt bei Verwendung clientseitiger Cursor dafür, dass die Ergebnisse in einem zweiten Thread im Hintergrund abgerufen werden, nachdem der Befehl ausgeführt wurde. Sobald das gesamte Resultset abgerufen wurde, wird eine Benachrichtigung gesendet (es wird ein Ereignis ausgelöst).

Diese Ereignisbehandlungsroutinen werden aktiviert, wenn Sie die ADO-**Connection**- und **Recordset**-Variablen mit Hilfe der **WithEvents**-Option deklarieren, wie im nachstehenden Code gezeigt wird.

```
Dim WithEvents Cn as ADODB.Connection
Dim WithEvents Rs as ADODB.Recordset
```

Nach dem Deklarieren des **Connection**- und **Recordset**-Objekts mit Hilfe von **WithEvents** fügt Visual Basic die Objekte in die zugehörige IDE-Dropdownliste ein (siehe Abbildung 7.3) und legt die Prototypen für die Ereignisbehandlungsroutinen offen. Diese asynchronen Operationen lösen nach Beendigung der asynchronen Operation für das **Connection**-Objekt das **ConnectComplete**- und das **ExecuteComplete**-Ereignis aus.

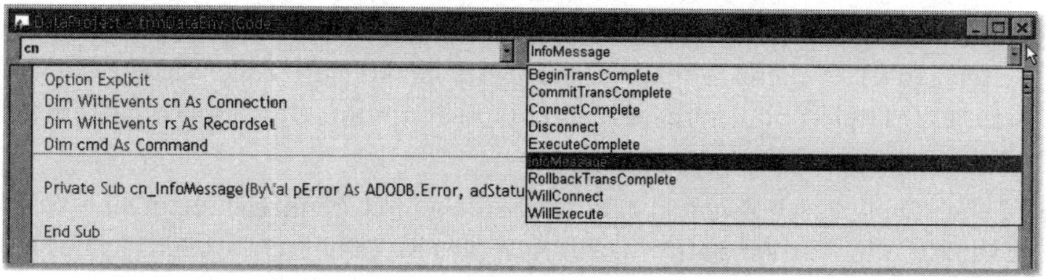

Abbildung 7.3 Die in der Visual Basic-IDE offen gelegten Recordsetereignisse

Wenn Sie Ereignisse des **Recordset**-Objekts anfordern, werden über asynchrone Operationen die folgenden Ereignisse ausgelöst:

- **FetchProgress**: Diese Methode wird während längerer asynchroner Operationen in regelmäßigen Abständen aufgerufen, um darüber zu informieren, wie viele Zeilen bereits in das Recordset abgerufen wurden.
- **FetchComplete**: Diese Methode wird aufgerufen, nachdem sämtliche Datensätze einer zeitaufwendigen, asynchronen Operation in das Recordset abgerufen wurden.

Wenn Sie keine Ereignisbehandlungsroutinen eingerichtet haben, verwenden Sie die **State**-Eigenschaft, um das Ende einer asynchronen Operation anzuzeigen – aktivieren Sie die **adStateExecuting**- und **adStateFetching**-Bitflags der **State**-Eigenschaft um festzulegen, ob die asynchrone Operation noch ausgeführt wird.

7.2.4 »Do Until RS.EOF«-Schleifen

Nur wenige Programme verwenden **Do Until**- oder **Do While**-Schleifen zum Abrufen und Entladen der Datenzeilen, bis **RS.EOF** auf **True** gesetzt wird. Dies ist keine der sieben Computertodsünden (ein Thema für sich), aber es zählt zur Top Twenty. Gelegentlich haben Sie keine andere Wahl, aber machen Sie sich klar, was in der Schleife geschieht.

- Verschieben Sie die erste Zeile in einen Satz Steuerelemente auf dem Formular und warten Sie darauf, dass der Benutzer auf **Weiter** drückt, damit **MoveNext** ausgeführt werden kann? Dies ist keine gute Idee – wenigstens solange nicht, bis Sie den Auffüllvorgang abgeschlossen haben. Führen Sie, falls möglich, nach dem Öffnen des Recordsets zunächst eine **MoveLast**- und anschließend eine

MoveFirst-Operation[3] aus. Auf diese Weise wird der Auffüllvorgang abgeschlossen. Scheint dieser Vorgang zu viel Zeit zu beanspruchen, haben Sie zu viele Zeilen abgerufen.

- Prüfen Sie jede Zeile auf einen bestimmten Wert, und führen Sie für ausgewählte (oder sämtliche) Zeilen eine Aktualisierungsoperation durch? Auch dies stellt keine gute Idee dar, wenn die Ausführung für SQL Server, Oracle oder ein intelligentes Backend erfolgt. Diese Systeme können Zeilensätze sehr viel schneller filtern und verarbeiten als ein Client. Informieren Sie sich ggf. erneut über gespeicherte Prozeduren.
- Geben Sie lediglich Zeilen in eine Zeichenfolge mit Trennzeichen, in eine XML-Struktur oder ein **Variant**-Array zurück? Dies ist Zeitverschwendung, da es integrierte Funktionen gibt, die diese Aufgabe für Sie erledigen können.
- Geben Sie das Recordset Zeile für Zeile in einem **Grid**-Steuerelement zurück? Auch dies ist überflüssig, da das **MSHFlexGrid**-Steuerelement und viele weitere Drittanbietersteuerelemente Recordseteigenschaften unterstützen, die für das **Recordset**-Objekt eingestellt werden können. Selbst wenn keine Unterstützung einer Recordseteigenschaft gegeben ist, wird möglicherweise eine **Clip**-Eigenschaft unterstützt, mit der eine Zeichenfolge mit Trennzeichen akzeptiert wird. Eine solche wird über die **GetString**-Methode erstellt (nachfolgend beschrieben).

7.2.5 Abrufen von Recordsets mit »GetRows« und »GetString«

ADO unterstützt zwei Methoden zum Entladen der Inhalte (komplett oder teilweise) des Recordsets in ein **Variant**-Array oder eine Zeichenfolge mit Trennzeichen. Als ich damit begann, RDO zu verwenden (RDO unterstützt eine ähnliche Funktionalität), fand ich diese Methoden ziemlich cool – schnell, leicht und leistungsstark. Nachdem ich jedoch die Auswirkungen der Methoden und deren Implementierung kennen lernte, war der Lack schnell ab.

GetRows extrahiert einige oder alle der Recordsetzeilen und sendet diese an ein **Variant**-Array. Der folgende Code verwendet die Standardeinstellungen zum Abrufen des gesamten Recordsets.

```
vaArray = rs.GetRows
```

Auf beinahe die gleiche Weise extrahiert die **GetString**-Methode einige oder sämtliche Recordsetzeilen, hierbei wird jedoch eine »Pseudozeichenfolge« mit Trennzeichen erstellt. Ich sage Pseudo, weil meiner Meinung nach zu einer Zeichenfolge mit Trennzeichen auch Anführungszeichen zum Einschließen der Zei-

3. Wenn Ihr Code nach dem Öffnen des Recordsets zuerst eine **MoveFirst**-Operation ausführt, lösen Sie möglicherweise eine unnötige weitere Abfrageausführung aus.

chenfolgenelemente gehören. Bei Verwendung der **GetString**-Methode werden die Zeichenfolgen jedoch nicht in Anführungszeichen eingeschlossen, diese werden lediglich durch das Feldtrennzeichen voneinander abgetrennt (beispielsweise Tabulatoren oder Kommata). Dies erschwert die Handhabung der Zeichenfolge nach deren Empfang. Sie werden zum Beispiel Schwierigkeiten damit haben, ordnungsgemäße Zeichenfolgen mit Trennzeichen aus Feldern zu erstellen, die Anführungszeichen enthalten. Sie können die in Feldern und Datensätzen verwendeten Trennzeichen festlegen; wenn Sie die Zeichenfolge mit Trennzeichen jedoch einem Steuerelement mit Unterstützung der **Clip**-Eigenschaft übergeben, kann die Syntax beibehalten werden – die Standardeinstellungen funktionieren.

```
strDelimited = rs.GetString
```

In RDO mussten Sie eine sehr große Zahl angeben (weit über der Anzahl der erwarteten Zeilen), damit über die **GetRows**- und **GetClipString**-Methode sämtliche Zeilen des Recordsets abgerufen wurden. ADO extrahiert standardmäßig alle Zeilen. Sie können in einem Arbeitsschritt einige wenige Zeilen abrufen, wenn Sie eine der beiden Methoden mit dem **Rows**-Argument verwenden. Es ist jedoch nur mit Hilfe der **GetRows**-Methode und dem **Start**-Argument möglich, eine Startposition im Recordset anzugeben.

Hier einige weitere Beispiele. Zunächst erstellen wir ein Recordset mit drei Feldern. Anschließend bewegen wir uns fünf Zeilen nach unten und erstellen ein Lesezeichen. Dann kehren wir an den Anfang des Recordsets zurück.

```
rs.Open "select title, year_published, ISBN from titles where title like 'H%'", cn
rs.Move 5
vaBookmark = rs.Bookmark
rs.MoveFirst
```

Im nächsten Codeabschnitt werden alle Felder ab Zeile 100 in das Array extrahiert. Wenn Sie den Wert -1 für das **Rows**-Argument einsetzen, ruft ADO – beginnend beim aktuellen Datensatzzeiger – sämtliche verbleibenden Zeilen ab.

```
vaArray = rs.GetRows
rs.MoveFirst
```

Im nächsten Fall beginnen wir an der ersten Recordsetzeile und rufen zehn Zeilen ab, dieses Mal jedoch nur die **Title**-Felder.

```
vaArray = rs.GetRows(10, , "title")
rs.MoveFirst
```

Das **Start**-Argument ist keine Zahl für die Startzeile, kann ADO jedoch anweisen, an verschiedenen Positionen im Recordset zu starten – vorausgesetzt, das Recordset unterstützt Lesezeichen. Das **Start**-Argument kann neben dem üblichen **Bookmark**-Wert die folgenden Werte annehmen:

- **adBookmarkCurrent** – Start am aktuellen Datensatz.
- **adBookmarkFirst** – Start am ersten Datensatz.
- **adBookmarkLast** – Start am letzten Datensatz, es wird also nur ein Datensatz zurückgegeben.
- **Ein Lesezeichen** – Neupositionierung an einem zuvor gespeicherten Lesezeichen.

Im nächsten Codebeispiel extrahieren wir, beginnend an der Zeile mit Lesezeichen (Zeile 5), fünf Zeilen und geben hierbei nur das **Year_Published**-Feld zurück.

```
vaArray = rs.GetRows(5, vaBookmark, "Year_Published")
rs.MoveFirst
```

In der folgenden Zeile extrahieren wir die **ISBN**- und **Title**-Felder aller Zeilen.

```
vaArray = rs.GetRows(Fields:=Array("ISBN", "Title"))
```

Zur Neupositionierung des CRPs (Current Row Pointer) am Anfang des Recordsets habe ich vor dem Zeilenabruf die **MoveFirst**-Methode verwendet. Dieser Schritt ist jedoch nicht erforderlich und wenn das Recordset mit der Eigenschaft FO (Forward-Only) geöffnet wird, sind Sie hierzu auch nicht in der Lage – wenigstens nicht, ohne die Abfrage erneut auszuführen.

Über **GetRows** werden weder Zeilen aus dem Recordset »entfernt« noch wird die Methode durch die **Sort**-Eigenschaft beeinflusst. Sie **wird** jedoch beeinflusst von der aktuellen **Filter**-Einstellung. Das heißt, wenn Sie die **Filter**-Eigenschaft vor Verwendung von **GetRows** (oder **GetString**) einstellen, erhalten Sie nur die Recordsetzeilen, die den Filterkriterien entsprechen.

7.2.6 Verwenden der »RecordCount«-Eigenschaft

Wenn Sie wissen möchten, wie viele Datensätze den Kriterien der WHERE-Abfrageklausel entsprechen, können Sie die **RecordCount**-Eigenschaft prüfen. **RecordCount** ist jedoch **weder** für das standardmäßige Recordset (RO/FO) **noch** für FO-Cursor implementiert – es wird stets -1 zurückgegeben. Wenn **RecordCount** für einen rollbaren Cursor nicht zu funktionieren scheint, können Sie versuchen, mit **MoveLast** das Auffüllen zu erzwingen. Stellen Sie sich jedoch auf eine Wartezeit ein, während alle Zeilen abgerufen werden. Wie Sie wissen, können Sie mit Hilfe der **GetRows**-Methode auch die Grenzen des erstellten **Variant**-Arrays untersuchen, um eine gültige Zeilenzahl zurückzugeben.

Tipp In einigen Fällen führt ADO die **MoveLast**-Methode zum vollständigen Auffüllen des Cursors aus, wenn Sie die **RecordCount**-Eigenschaft referenzieren. Dies bedeutet, dass beim Öffnen des Lokalfensters die **RecordCount**-Eigenschaft referenziert wird und ADO möglicherweise die **MoveLast**-Methode ausführt. Wenn Sie beim Auffüllen des Recordsets keine langen Wartezeiten wünschen, sollten Sie die **RecordCount**-Eigenschaft nicht prüfen.

Das Wechseln auf einen rollbaren Cursor zum Erhalt des **RecordCount**-Wertes ist nicht sinnvoll, da ADO durch die Verwaltung des Scrollings ein erheblicher Overhead aufgebürdet wird. Auf der anderen Seite empfehlen einige Entwickler, der Abfrage ein SELECT COUNT(*) hinzuzufügen, um die Anzahl der betroffenen Zeilen zurückzugeben. Dies verdoppelt jedoch die Arbeitslast des Servers für die Abfrageausführung – es muss zunächst die Zeilenzahl ermittelt werden, anschließend werden die Zeilen abgerufen. COUNT(*) stellt darüber hinaus nicht immer eine genaues Verfahren dar, da sich die Zeilenzahl zwischen den Abfragen ändern kann. Wenn Sie die zwei Abfragen in eine Transaktion einschließen (die COUNT(*)- und die Zeilenabfrage), verhindern Sie so, dass während des Abrufs Änderungen an der Datenbank vorgenommen werden. Hierbei entstehen jedoch zusätzliche Skalierbarkeitsprobleme. Wenn Sie für **CursorLocation** den Wert **adUseClient** einsetzen, erstellt ADO einen statischen Cursor, der die **RecordCount**-Eigenschaft problemlos unterstützt.

Wenn Sie **Return @@ROWCOUNT** verwenden oder **@@ROWCOUNT** im Rückgabestatus- oder OUTPUT-Parameter zurückgeben, erfordert dies, dass der Cursor aufgefüllt wird, bevor die Parameter zurückgegeben werden. Das heißt, ADO muss die letzte Zeile des Servers gelesen haben. Befinden sich nicht viele Zeilen im Cursor (50 oder weniger), hat ADO den Auffüllvorgang abgeschlossen, wenn Sie die Steuerung zurückerhalten, und Sie können auf die OUTPUT-Parameter oder den Rückgabestatus (ein **Integer**-Wert) zugreifen. Wenn jedoch mehr Zeilen zurückgegeben werden müssen (wenn die **CacheSize** überschritten wird), müssen Sie vor dem Zugreifen auf die OUTPUT-Parameter oder den Rückgabestatus das Beenden des Auffüllvorgangs abwarten. In jedem Fall sollten Sie daran denken, dass bei einigen Providern der Rückgabestatus und die OUTPUT-Parameter erst verfügbar sind, nachdem das Recordset geschlossen wurde. Dies stellt eine weitere Hürde bei Verwendung dieser Strategie dar.

Tipp Bei der Verwendung von **ForwardOnly**-Cursorn kann ADO eine Zählung der angezeigten Datensätze vornehmen, dies jedoch nur, wenn die **CacheSize**-Eigenschaft auf einen Wert eingestellt wird, der höher liegt als 1. Wenn Sie sich vorwärts durch das Recordset bewegen, wird durch **RecordCount** der aktuelle Zählerstand reflektiert. Wenn Sie das Ende des Recordsets erreichen, stimmt dieser Wert mit der Anzahl der abgerufenen Zeilen überein.

7.2.7 Arbeiten mit »Variant«-Arrays

Nachfolgend werden einige Tipps für diejenigen unter Ihnen bereitgestellt, die keine Kenntnisse im Umgang mit **Variant**-Arrays besitzen. Als Erstes kann die **UBound**-Funktion sehr nützlich sein. Mit dieser Funktion wird die Dimensionierung des Arrays zurückgegeben, denken Sie jedoch daran, dass **Variant**-Arrays nach Spalte und Zeile indiziert werden, nicht nach Zeile und Spalte. Wenn Sie mit Hilfe der **UBound**-Funktion ermitteln, wie viele Zeilen und Spalten über den **GetRows**-Methodenaufruf zurückgegeben wurden, verwenden Sie die folgende Syntax:

```
lngRowsInArray = UBbound(vaArray,2)
intColumnsInArray = UBound(vaArray,1)
```

Nachdem die Dimensionierung des **Variant**-Arrays bekannt ist, können die Daten extrahiert werden:

```
Sub DumpRows(lrs As Variant)
Dim i As Integer, j As Integer
For i = 0 To UBound(lrs, 2)
   For j = 0 To UBound(lrs, 1)
      Debug.Print lrs(j, i),            ' Beachten Sie Spalten, Zeilen
   Next j
   Debug.Print
Next i
Debug.Print String(25, "-")
```

Wenn Sie sich nicht sicher sind, wie die Arrayelemente nummeriert werden, können Sie hierzu einfach das Lokalfenster in der Visual Basic-IDE prüfen – es erstellt ein Dump des gesamten Arrays für Sie, wie dargestellt in Abbildung 7.4. Beachten Sie, wie die Arraygrenzen dargestellt werden. In der Abbildung sind drei Spalten (0, 1 und 2) und eine Zeile (0-basiert) vorhanden.

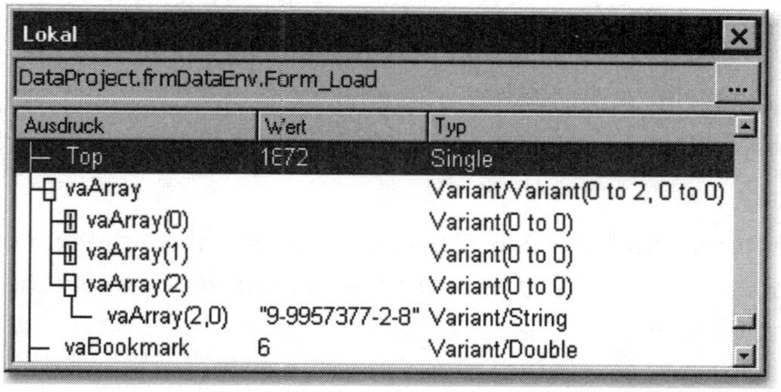

Abbildung 7.4 Untersuchen des »Variant«-Arrays von »GetRows« im Lokalfenster

Bei Einsatz dieser Technik müssen Sie daran denken, dass das Ausführen von **GetRows** für ein leeres Recordset zu einem auffangbaren Fehler führt.

```
3021
ADODB.Recordset
Entweder gilt für BOF oder EOF der Wert True, oder der aktuelle Datensatz
wurde gelöscht. Angeforderte Operation erfordert aktuellen Datensatz.
```

In diesen Fällen sollte der **Variant**-Variablen der Wert **Empty** zugewiesen werden. Wenn Sie also Daten in einem **Variant**-Array erwarten, sollten Sie prüfen, ob dieses leer (**Empty**) ist, bevor Sie auf die Arrayelemente verweisen.

7.3 Sortieren, Filtern und Auffinden

Die Inhalte eines geöffneten Recordsets können bearbeitet werden. Wenn Sie beispielsweise ein Tabellensteuerelement auffüllen und die Zeilen bearbeiten möchten, stehen folgende Möglichkeiten zur Verfügung:

- Setzen Sie die **Sort**-Eigenschaft auf einen der Feldnamen im Recordset, um die Zeilen entweder in aufsteigender oder absteigender Reihenfolge zu sortieren.
- Setzen Sie die **Filter**-Eigenschaft auf eine gültige Kriterienzeichenfolge, um alle Zeilen auszublenden, die nicht die Kriterien erfüllen.
- Führen Sie die **Find**-Methode aus, um basierend auf einer Kriterienzeilenfolge Zeilen aufzufinden.

Zur Unterstützung der **Sort**- und **Filter**-Eigenschaften sowie der **Find**-Methode habe ich ein kleines Beispielprogramm geschrieben. Der vollständige Quellcode befindet sich auf der Begleit-CD. Wir werden den Code im Folgenden unter die Lupe nehmen und hierbei wichtige Stellen kommentieren.

Vorher möchte ich jedoch noch darauf hinweisen, dass auf dem Server eine recht einfache Filterung und Suche durchgeführt werden kann. Das heißt, Sie können das Problem effizienter und eleganter lösen, wenn Sie die Zeilen dort belassen, wo sie sind – in der Datenbank. Eine Massenübergabe von Zeilen an den Client zur Bearbeitung kann sehr kostenintensiv sein. Dennoch können diese clientseitigen Verfahren die Abhängigkeit vom Server beim Sortieren, Filtern und Auffinden von Zeilen erheblich verringern, wenn das Recordset erstellt und an den Client übermittelt wurde.

Sehen wir uns nun Schritt für Schritt die Beispielanwendung an. Zunächst werden die Variablen eingerichtet. Beachten Sie, dass einige Lesezeichen zur Orientierung im Recordset eingesetzt werden.

```
Option Explicit
Dim cn As Connection
Dim cmd As Command
Dim rs As Recordset
Dim i As Integer
Dim intWidth As Integer
Dim varBookMarkStart As Variant
Dim varBookmarkTop As Variant
```

Als Nächstes öffnen wir die Verbindung und führen eine Abfrage zum Zurückgeben ausgewählter Spalten des Datenproviders aus. Beachten Sie, dass dieser Prozess durch das Sortieren der Daten vor deren Empfang unterstützt wird. Im Beispiel wird **ActiveConnection** auf **Nothing** gesetzt, diese Einstellung ist jedoch nicht zwingend erforderlich. Dieser Wert ist geeignet, wenn Sie sich einige Zeit mit dem Recordset beschäftigen möchten. Wir schließen die Verbindung, da wir diese nicht mehr benötigen. Ich habe etwas mehr Code verwendet, um die Tabelle einen Tick repräsentativer zu gestalten, aber Sie können dies mit der CD auch nachvollziehen.

```
...
rs.Open "SELECT Name, City, State, Zip, " _
   & " (SELECT COUNT(*) From titles WHERE titles.pubid = publishers.pubID) AS
Titles " _
   & " From Publishers Where zip Is Not Null ORDER BY Name", cn
rs.ActiveConnection = Nothing
cn.Close
varBookMarkStart = rs.Bookmark          ' Position der ersten Zeile speichern
varBookmarkTop = rs.Bookmark
Set MSHFlexGrid1.Recordset = rs  ' Übergeben des anfänglichen Recordsets
...
```

Wenn der Benutzer auf eine der Tabellenüberschriften klickt, ermitteln wir die betreffende Spalte und prüfen, ob der Benutzer bereits einmal auf diese Spalte geklickt hat, um diese zu sortieren. Ist dies der Fall, nehmen wir an, dass der Benutzer nun eine umgekehrte Sortierung wünscht – absteigend oder aufsteigend. Andernfalls setzen wird die **Sort**-Eigenschaft des **Recordset**-Objekts auf den ausgewählten Feldnamen.

```
Private Sub MSHFlexGrid1_Click()
Dim strCol As String
With MSHFlexGrid1
   If .Row > 1 Then Exit Sub            ' Kümmern Sie sich nur um Klicks auf die
Überschriften
   strCol = rs.Fields(.ColSel).Name
   Select Case rs.Sort
      Case "", strCol & " DESC"
         rs.Sort = strCol
      Case strCol
         rs.Sort = strCol & " DESC"
      Case Else
         rs.Sort = strCol
   End Select
   Set .Recordset = rs
End With
End Sub
```

Das in Abbildung 7.5 gezeigte Formular weist einige **TextBox**-Steuerelemente zum Erfassen der Filter- und Suchkriterien sowie eine Reihe von Befehlsschaltflächen (**Command**) zum Starten der Filter- und Suchroutinen auf.

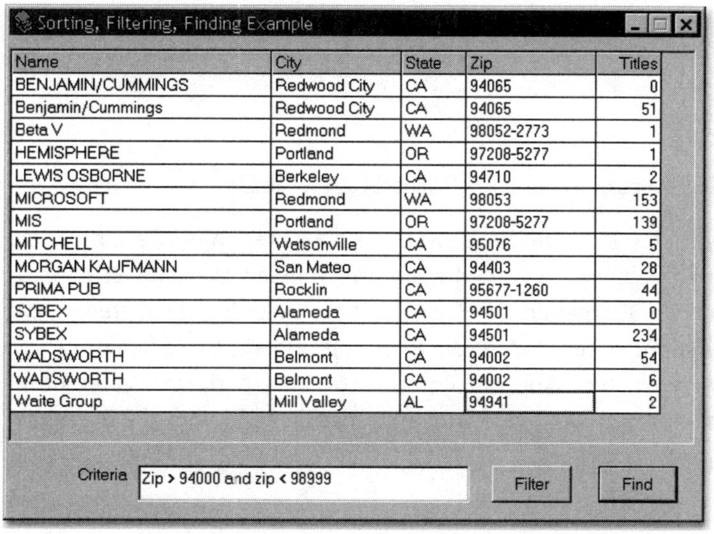

Abbildung 7.5 Beispielschnittstelle zum Sortieren, Filtern und Suchen

Der folgende Code wird ausgeführt, sobald Sie auf die Befehlsschaltfläche **Filter** klicken. Es werden lediglich die im Textfeld angegebenen Filterkriterien an die **Filter**-Eigenschaft übergeben.

```
Private Sub cmdFilter_Click()
On Error GoTo cmdFEH
rs.Filter = txtFilterCriteria.Text
' Beachten Sie, dass txtFilterCriteria allein nicht funktioniert
Set MSHFlexGrid1.Recordset = rs
```

Sobald der Benutzer auf **Filter** klickt, wird die Kriterienzeichenfolge auf die **Filter**-Eigenschaft angewendet, wie im folgenden Codesegment veranschaulicht wird. Wenn die Tabelle auf das gefilterte Recordset eingestellt wird, werden nur Zeilen angezeigt, die den Filterkriterien entsprechen. Die übrigen Zeilen befinden sich weiterhin im Recordset – sie werden lediglich ausgeblendet.

Tipp Sie können die **Filter**-Eigenschaft eines **TextBox**-Steuerelements nicht ohne vollständige Angabe der **Text**-Eigenschaft einstellen. Das heißt, Sie müssen **Rs.Filter = txt.Filter.Text** codieren. Wenn Sie den Eigenschaftenbezeichner **.Text** nicht angeben, weiß ADO nicht, wie die Eigenschaft verwendet werden soll.

```
Private Sub cmdFind_Click()
On Error GoTo cmdFEH
rs.Find txtFindCriteria.Text, 1, adSearchForward, varBookMarkStart
If rs.EOF Then
    MsgBox "Record not found"
    varBookMarkStart = varBookmarkTop
    rs.MoveFirst
    Exit Sub
End If
varBookMarkStart = rs.Bookmark           ' Neue Startposition
```

Zum Auffinden spezieller Zeilen im Recordset, die die Kriterien erfüllen, muss die **Find**-Methode eingesetzt werden. In diesem Fall müssen verschiedene Argumente an die Methode übergeben werden. Mit diesen werden die Kriterien, die Anzahl der zu überspringenden Zeilen, die Richtung und ein Lesezeichen für die Startposition angegeben. Ich habe die Routine so codiert, dass das Recordset durchsucht wird bis für EOF der Wert **True** gilt, anschließend wird die Suche am Anfang des Recordsets fortgesetzt.

Tipp Wie die **Filter**-Eigenschaft kann auch die **Find**-Eigenschaft nicht auf die Standardeigenschaft eines **TextBox**-Steuerelements eingestellt werden. Die **Text**-Eigenschaft muss vollständig angegeben werden, andernfalls weiß ADO nicht, wie vorzugehen ist.

Treffen die Kriterien auf keinen der Datensätze zu, wird das Recordset hinter den gültigen Zeilen platziert, und EOF wird auf den Wert **True** gesetzt. Andernfalls wird der aktuelle Zeilenzeiger auf die erste kriterienerfüllende Zeile gesetzt. In diesem Beispiel verwendete ich die **AbsolutePosition**-Eigenschaft zur Übergabe der aktuellen Zeilennummer an die **Row**-Eigenschaft des **MSHFlexGrid**-Steuerelements. Anschließend wird das Lesezeichen für die Startposition zurückgesetzt, damit weitere Suchläufe an der »gefundenen« Zeile + 1 beginnen. Beachten Sie, dass alle Suchläufe eine Zeile hinter der durch das Lesezeichen markierten Startposition beginnen. Das anfängliche Lesezeichen verweist auf die erste Recordsetzeile.

7.3.1 Erstellen von Filterzeichenfolgen

Es scheinen verschiedene Schwierigkeiten aufzutreten, wenn der ADO-Zeichenfolgenparser die **Filter**-Kriterienzeichenfolgen (und **Find**-) handhaben soll. Obwohl diese Probleme mit ADO 2.6 behoben werden, können Ihnen diese bei älteren Systemen oder auf Systemen ohne ADO 2.6 einigen Kummer bereiten. Wenn Sie Probleme mit eingebetteten Anführungszeichen (einfach oder doppelt), Rautenzeichen (#) oder Ausrufezeichen (!) haben, sind Sie vielleicht auf den Bug gestoßen.

Anmerkung Zum Einschließen einfacher Anführungszeichen (') im Filterwert sollten Sie versuchen, zur Darstellung einfacher Anführungszeichen zwei einfache Anführungszeichen zu verwenden. Zur Filterung von 'O'Malley' sollte die Kriterienzeilenfolge beispielsweise 'O''Malley' lauten. Zum Einschluss einfacher Anführungszeichen am Anfang und Ende des Filterwertes muss die Zeichenfolge von Rautenzeichen (#) umschlossen werden. Zur Filterung von '1' sollte die Kriterienzeilenfolge beispielsweise '#'1'#' lauten. ADO weist bezüglich des Zeichenfolgenparsers verschiedene Bugs auf. Seien Sie also nicht überrascht, wenn verschiedene Kombinationen eingebetteter einfacher Anführungszeichen, doppelter Anführungszeichen, Kommata und Rautenzeichen zu einer Verwirrung auf Seiten von ADO führen.

Es gibt keine Prioritäten für AND- und OR-Operatoren in Kriterienzeichenfolgen, Boolesche Klauseln können in Klammern gruppiert werden. Es ist jedoch **nicht möglich**, durch OR verbundene Klauseln zu gruppieren und die Gruppe mit Hilfe von AND mit einer anderen Gruppe zu verknüpfen, wie nachfolgend gezeigt:

```
(LastName = 'Smith' OR LastName = 'Jones') AND FirstName = 'John'
```

Stattdessen würden Sie den folgenden Filter erstellen:

```
(LastName = 'Smith' AND FirstName = 'John') OR (LastName = 'Jones' AND
FirstName = 'John')
```

ADO verwendet als Platzhalterzeichen entweder ein Sternchen (*) **oder** das Prozentsymbol (%). In einem LIKE-Ausdruck können Sie am Anfang und Ende des Ausdrucks (**LastName Like '*mit*'**) oder nur am Ende des Musters verwenden (**LastName Like 'Smit*'**). In einem regulären Ausdruck kann das Platzhalterzeichen jedoch nur am Ende des Ausdrucks verwendet werden.

7.4 Trennen von Recordsets

Eine beliebte und sehr leistungsfähige Funktion von ADO ist dessen Fähigkeit, Recordsets von der übergeordneten Verbindung zu trennen. Nachdem ein Recordset von der zugehörigen Verbindung getrennt wurde, kann es zur Bearbeitung an eine andere ADO-fähige Schicht übergeben werden. Sie können einen Bildlauf durch die Zeilen durchführen, neue Zeilen hinzufügen oder Zeilen löschen und aktualisieren. Sämtliche dieser Änderungen werden im **Recordset**-Objekt selbst vorgenommen. Sie können das Recordset mit Hilfe der **Save**-Methode lokal speichern (wie bereits besprochen) oder es zur Verarbeitung an eine andere Schicht weiterleiten.

Es gibt einige Anforderungen, die zur Trennung des Recordsets von der Verbindung erfüllt werden müssen.

- Setzen Sie die **CursorLocation**-Eigenschaft des **Connection**-Objekts auf **adUseClient**. Diese Funktionalität wird durch die clientseitige Cursorbibliothek implementiert.
- Öffnen Sie das Recordset, und setzen Sie hierbei **LockType** auf **adLockBatchOptimistic**.
- Weisen Sie der **ActiveConnection**-Eigenschaft den Wert **Nothing** zu.

Das ist alles. Wenn die Änderungen an die Datenbank übergeben werden können, weisen Sie dem Recordset erneut ein gültiges **Connection**-Objekt zu und verwenden die **UpdateBatch**-Methode zum Übernehmen der Änderungen.

7.5 RO-Recordsets und RW-Recordsets im Vergleich

Es wurde lange diskutiert, ob mit ADO Recordsets erstellt werden sollten, die über einen ADO-Mechanismus (mehr oder weniger) direkt aktualisiert werden können. Hier ist die Frage: Sollten Sie einen Cursor erstellen, der weiß, wie Änderungen an den zugrunde liegenden Daten vorgenommen werden? Im weiteren Verlauf dieses Kapitels wird dieses Thema noch weiter erläutert, am Ende des Kapitels werde ich Ihnen jedoch empfehlen, tendenziell RO-Recordsets (Read-Only) zu erstellen und die zugehörigen Aktualisierungsoperationen selbst im Code zu verwalten. Selbst wenn Sie lediglich die reinen Datenmengen vergleichen, die beim Abruf eines RO-Recordsets im Vergleich zu einem RW-Recordset (Read-Write) übergeben werden, wird deutlich, warum diese Empfehlung so häufig ausgesprochen wird. Verwenden Sie die **Recordset.Save**-Methode, um jedes Recordset in einer Datei zu speichern und die Größen zu vergleichen.

7.6 Arbeiten mit »Field«-Objekten

Field-Objekte werden üblicherweise automatisch definiert. Wenn Sie beispielsweise ein Recordset über einen Datenprovider erstellen, liegt es in der Verantwortung des Providers, die **Field**-Eigenschaften festzulegen, einschließlich Name, Datentyp, Größe und aller weiteren Eigenschaften, z.B. Status und Attribute. Sie können die meisten dieser Eigenschaften auch selbst definieren, indem Sie ein speicherinternes Recordset erstellen (wie besprochen im Abschnitt »Erstellen und Öffnen von Recordsets im Arbeitsspeicher« in Kapitel 6).

In jedem Fall kann nach dem Öffnen des Recordsets nur die **Value**-Eigenschaft des **Field**-Objekts geändert werden, und dies nur unter Aufsicht von ADO. Sie können versuchen, die **Value**-Eigenschaft des **Field**-Objekts mit Hilfe der neuen Methoden **AddNew** oder **Update** zu ändern, die Feldnamen und **Value**-Einstellungen akzeptieren, oder Sie sprechen die **Value**-Eigenschaft direkt im Code an. Wenn Sie jedoch versuchen, einen nicht zulässigen Wert für die **Value**-Eigenschaft festzulegen, wird von ADO ein auffangbarer Fehler erzeugt. Häufig handelt es sich bei diesem Fehler um »-2147217887 Operation mit mehreren Schritten erzeugte Fehler. Prüfen Sie sämtliche Statuswerte.« In meinem Fall lautete der Statuswert jedoch 0, daher war dies keine große Hilfe.

Anmerkung Der Fehler in meinem Programm wurde durch ADO generiert, als ich versuchte, ein **adVarChar**-Feld auf "She said, ""Hi there!"" " zu setzen. Offensichtlich führte das eingebette Ausrufezeichen zu einer Verwirrung von ADO – die eingeschlossenen Anführungszeichen oder Komata dagegen waren kein Problem. Interessant.

Es ist keine gute Idee, den **Value**-Eigenschaftenwert des **Field**-Objekts willkürlich zu ändern. Ändern Sie also den Wert nicht, wenn er sich nicht geändert hat. Das Einstellen der **Value**-Eigenschaft auf einen Wert, der mit dem vorhandenen Wert übereinstimmt, ist in den Augen von ADO weiterhin eine Änderung. Auf diese Weise wird zusätzlicher Overhead erzeugt, da ADO versucht, die geänderten Felder in die WHERE-Klausel der UPDATE-Anweisungen einzuschließen.

Die weiteren Feldeigenschaften wurden bei der Beschreibung der **Parameters**-Auflistung des ADO-**Command**-Objekts (in Kapitel 5) besprochen:

- **ActualSize** und **DefinedSize**: Ein **Field**-Objekt mit einer **adVarChar**-Typendeklaration und einer maximalen Länge von 50 Zeichen gibt einen **DefinedSize**-Eigenschaftenwert von 50 zurück. Der zurückgegebene **ActualSize**-Eigenschaftenwert bezeichnet jedoch die Länge der im Feld für den aktuellen Datensatz gespeicherten Daten.
- **Name**: Der Name, der zum Referenzieren der Felder in der Datenbank verwendet wird. Hierbei handelt es sich um die **menschliche** Schnittstelle zum **Field**-Objekt, nicht um die Computerschnittstelle.
- **Type**: Der Datentyp der **Value**-Eigenschaft. Die hier verwendeten Typen werden gesetzt, wenn die Tabelle zum ersten Mal definiert oder durch den Datenquellenprovider abgerufen wird. Siehe hierzu auch die Erläuterung der **Type**-Eigenschaft in Kapitel 5.
- **DataFormat**: Diese Eigenschaft ist ein Objekt, mit dem angegeben wird, wie die Felder formatiert werden, wenn Sie über ein datengebundenes Steuerelement angezeigt werden. Dieses Thema wird von der MSDN-Dokumentation recht stiefmütterlich behandelt, wird aber in einem späteren Abschnitt in diesem Kapitel noch besprochen.
- **Precision** und **NumericScale**: Diese Eigenschaften werden zur Beschreibung der Zahlen eingesetzt, die Dezimalpunkte oder variierende Genauigkeitsgrade aufweisen. Für Bruchzahlen sollte mit Hilfe der **NumericScale**-Eigenschaft festgelegt werden, wie viele Stellen nach dem Dezimalkomma zur Darstellung der Werte verwendet werden. Die **Precision**-Eigenschaft wird dazu eingesetzt, die maximale Anzahl der Stellen anzugeben, die für eine Zahl gespeichert werden – Ganzzahl oder Fließkomma.
- **OriginalValue:** Diese Eigenschaft gibt den Status des **Field**-Objekts vor dem Durchführen der Änderungen an.
- **UnderlyingValue:** Diese Eigenschaft gibt den Status des **Field**-Objekts in der Datenbank nach einer Resynchronisierung an. Es handelt sich um den Wert, den ein anderer Benutzer der Spalte in der Quelltabelle zugeordnet hat.

- **Value:** Hierbei handelt es sich um die einzige **Field**-Objekteigenschaft, die geändert werden kann. Diese Eigenschaft enthält den anfänglich aus der Datenquelle ausgelesenen Wert. In Abhängigkeit von den durch andere Eigenschaften festgelegten Beschränkungen kann dieser Wert auf ein zulässiges Zeichen oder einen binären Status eingestellt werden.
- **Properties:** Eine Auflistung providerspezifischer Eigenschaften, mit denen die Fähigkeiten oder besondere Attribute des **Field**-Objekts genauer definiert werden.
- **Status:** Diese Eigenschaft ist für das **Field**-Objekt des Recordsets uninteressant, da lediglich ein Wert zurückgegeben wird, **adFieldOK**. Diese Eigenschaft hat für das ADO-**Recordset**-Objekt größere Bedeutung.

7.6.1 Die mysteriöse »DataFormat«-Eigenschaft

Die **DataFormat**-Eigenschaft scheint durch einige Lücken geschlüpft zu sein – zumindest in gewissem Maße. Obwohl als Eigenschaft in den ADO-Typbibliotheken aufgelistet, wird diese Tatsache in der MSDN-Dokumentation nicht erwähnt. Vielleicht wurde dieser Missstand bereits beseitigt, wenn Sie dieses Buch lesen – vielleicht aber auch nicht.

Die **DataFormat**-Eigenschaft ähnelt der **DataFormat**-Eigenschaft für einfache gebundene Steuerelemente, beispielsweise Textfeldern. Wenn Sie die **DataFormat**-Eigenschaft für ein Feld auf **Currency** einstellen und die **Value**-Eigenschaft des **Recordset**-Objekts prüfen, erhalten Sie eine Zeichenfolge, die als Währung formatiert ist.

Beachten Sie, dass im folgenden Beispielcode das Feld **UnitPrice** nach Verwenden der **DataFormat**-Eigenschaft den Wert in Währungsform anzeigt. Wenn Sie Steuerelemente an das Recordset binden, werden die Einstellungen der **DataFormat**-Eigenschaft nicht auf **Field**-Objekte angewendet. Ich vermute, dies rührt daher, dass die gebundenen Steuerelemente nicht über die **Value**-Eigenschaft auf die Feldinhalte zugreifen. Zum Verwenden des **StdDataFormat**-Objekts benötigen Sie einen Verweis auf die **Microsoft Data Formatting Object Library**. (Ein Dankeschön an David Sceppa für diese Information.)

```
Dim cn As ADODB.Connection
Dim rs As ADODB.Recordset
Dim strConn As String, strSQL As String
Dim objDataFormat As StdFormat.StdDataFormat
strConn = "Provider=SQLOLEDB;Data Source=Myserver;Initial Catalog=Northwind;"
strSQL = "SELECT UnitPrice FROM Products Where Category = 'Seafood'"
Set cn = New ADODB.Connection
```

```
cn.CursorLocation = adUseClient
cn.Open strConn, "Admin", "pw"
Set rs = New ADODB.Recordset
rs.Open strSQL, cn, adOpenStatic, adLockReadOnly, adCmdText
MsgBox "Unformatted: " & rs(0)    ' UnitPrice

Set objDataFormat = New StdFormat.StdDataFormat
objDataFormat.Type = fmtCustom
objDataFormat.Format = "Currency"
Set rs.Fields("UnitPrice").DataFormat = objDataFormat
MsgBox "Formatted as currency: " & rs!UnitPrice
rs.Close
cn.Close
```

7.6.2 »Field«-Objektmethoden – Die Gebrüder Chunk

Es sind lediglich zwei **Field**-Methoden verfügbar: **GetChunk** und **AppendChunk**. Diese zwei Methoden werden zur Bearbeitung von BLOB-Feldern (Binary Large Objects) eingesetzt. Bevor ich jedoch zur Funktionsweise dieser Methoden komme, möchte ich Sie davon überzeugen, diese Methoden **nicht** zu verwenden. Meiner Meinung nach gehören BLOBs nicht wirklich in die Datenbank. Ja, einige Entwickler haben mir von erfolgreichen BLOB-Spaltenimplementierungen berichtet, aber allzu häufig war dies das Ergebnis vieler, vieler Stunden, Wochen oder Monate komplexer Entwicklung.

Berücksichtigen Sie, was bei der Definition einer BLOB-Spalte geschieht, beispielsweise TEXT oder IMAGE in SQL Server oder MEMO oder OLE OBJECT in Jet. Die Datenbankengine setzt einen gesonderten Zeiger in die Spalte, um auf einen Datenbereich zu verweisen, in dem die binären Informationen gespeichert werden. Die Datenbank wächst bei der Definition einer BLOB-Spalte nicht nennenswert an. Wenn Sie jedoch ein BLOB zur Speicherung an die Datenbank übergeben, muss die DB-Engine Speicher für die temporäre Speicherung zuweisen (und damit andere Datenzeilen aus dem Cache verschieben), Festplattenspeicher für die Speicherung zuweisen (und somit die Datenbank vergrößern) und CPU-Ressourcen zur Verarbeitung des BLOBs belegen (und damit andere Operationen verlangsamen). Die ADO- und Lowlevelschnittstellen, die für den Transport der Daten zur Datenbank eingesetzt werden, sind außerdem gezwungen, das BLOB in Blöcke (Chunks) oder kleinere Bestandteile zu zerlegen, um den für den Transportmechanismus geltenden Beschränkungen gerecht zu werden. Jedes dieser Pakete wird Byte für Byte zur Speicherung an den Server gesendet.

Bei der Sicherung der Datenbank werden die enthaltenen BLOBs mit einbezogen (was zu einem langsameren Sicherungsvorgang und einer Belegung von mehr Medien führt), selbst dann, wenn die BLOBs schreibgeschützt sind. Und dies ist häufig der Fall. Angestelltenfotos ändern sich beispielsweise nicht sehr oft – wenn überhaupt. Archivierte Dokumente, Pläne und Karten ändern sich ebenfalls nur selten. Selbst Dokumentvorlagen und Formulare sind statisch, solange keine Eingaben vorgenommen werden. In Bearbeitung befindliche Textdokumente oder Grafikdateien sind ebenfalls BLOBs und können sich häufig ändern. Ohne ein speziell angepasstes Abrufsystem kann mit diesen jedoch nur schwer gearbeitet werden, wenn sie in einer Datenbankspalte gespeichert sind. Ja, Sie können ein eigenes Abrufsystem schreiben, wenn Ihnen danach ist. Ein solches liegt jedoch vielleicht schon vor.

Zum Abrufen einer BLOB-Spalte wird der gleiche Prozess verwendet, der zum Speichern eingesetzt wird, lediglich umgekehrt. Sie schreiben eine Abfrage, die eine BLOB-Spalte im Recordset einschließt, die DB-Engine sucht (u.a.) nach dieser Zeile, und das BLOB wird temporär im Datencache der DB-Engine gespeichert. Andere Zeilen werden aus dem Cache verschoben, zusammen mit Prozeduren und weiteren, vor kurzem verworfenen Daten und Abfrageplänen, die theoretisch für eine Wiederverwendung geeignet sind. Das BLOB wird erneut in Blöcke zerlegt und an den Client gesendet, wo es in den lokalen RAM geschrieben wird und bei einem Überlauf auch in den **\TEMP**-Bereich der Clientfestplatte. Anschließend werden die Daten über den Code mit Hilfe der **GetChunk**-Methode in einen weiteren lokalen Speicherbereich abgerufen.

Dort angekommen, müssen Sie entscheiden, was mit dem BLOB geschehen soll. Wenn Sie ein Foto abrufen, können Sie versuchen, dieses mit dem **Picture**- oder **Image**-Steuerelement von Visual Basic oder einem Grafiksteuerelement eines Drittanbieters anzuzeigen. Nahezu sämtliche dieser Steuerelemente können Grafiken handhaben, die aus **Dateien** stammen, nicht jedoch Speichervariablen, daher muss das BLOB in den meisten Fällen in eine temporäre Datei geschrieben werden und über die Visual Basic-Funktion **LoadPicture** angezeigt werden. Handelt es sich bei dem BLOB um ein Dokument, beispielsweise um eine Word-Datei mit der Erweiterung .doc, müssen Sie auch die Speichervariable in einer Datei speichern und Word anweisen, die Datei zu öffnen. Edward (mein technischer Editor) hat mir jedoch gesagt, dass auch die Inhalte eines **PropertyBag**-Elements an den **LoadPicture**-Befehl übergeben werden können. Ein Beispiel hierzu finden Sie nachstehend.

Wenn wir Dateien lesen, um BLOBs zu speichern und anschließend Dateien schreiben, um die BLOBs nach deren Empfang zu verwalten, warum belassen wir die BLOBs dann nicht in den Dateien? Sie können weiterhin den Dateipfad in der

Datenbank speichern, und dies ist sinnvoll. Wenn Sie die Zeile abrufen, erhalten Sie den Pfad. Microsoft Word, Ihr Programm zur Grafikbearbeitung oder die **LoadPicture**-Funktion können diesen Pfad direkt verwenden und so das Dokument, die Grafik oder das Foto abrufen – vielleicht von einem Client-CD-ROM-Laufwerk oder einem serverseitigem CD-Wechsler. Dieses Verfahren erleichtert die Systemwartung (Sicherungen können schneller ausgeführt werden und sind weniger umfangreich), und Dateien, für die Lese- und Schreibvorgänge durchgeführt werden, können (müssen) separat gesichert werden, da sie nicht länger Bestandteil der Datenbank sind.

SQL Server 7.0 hat den Prozess der BLOB-Speicherung in der Datenbank etwas effizienter gemacht. Dennoch werden auch in SQL Server BLOB-Daten weiterhin ähnlich wie alle anderen Datentypen gehandhabt, denn es wird zugelassen, dass ein einziges, 200 MB großes BLOB den mit Daten und Prozeduren gefüllten Cache leert. Meiner bescheidenen Meinung nach können Dokumente, die unter Verwendung von SQL durchsucht und abgerufen werden, besser mit Hilfe von Index Server gespeichert werden. Weitere Informationen finden Sie unter **http://www.microsoft.com/NTServer/web/techdetails/overview/IndexServer.asp**.

Abrufen von BLOBs mit ADO

Tatsächlich ist nicht immer die Verwendung der **Chunk**-Methode zum Abrufen oder Speichern von BLOBs erforderlich. Einige ADO-Provider sind relativ geschickt in der Handhabung von BLOBs, ohne dass hierzu besonderer Code benötigt wird. Tatsächlich war ich bei Verwendung des OLE DB-Providers für SQL Server in der Lage, mit nur ein paar Codezeilen Fotos aus der Datenbank abzurufen. Ihr Aufwand kann jedoch variieren.

Im folgenden Codebeispiel wird die **vbiChunk**-Variable als **Byte**-Array definiert. Wenn Sie **Byte**-Arrays verwenden, versucht Visual Basic nicht, die ANSI-Daten in Unicode zu konvertieren, was bei binären Dateien ein Problem darstellen kann. Da die **LoadPicture**-Methode nur Daten aus Dateien akzeptiert, müssen wir die BLOB-Daten zunächst in einer Datei speichern. Aus diesem Grund schreiben wir das **Byte**-Array in eine binäre Datei und setzen die **LoadPicture**-Funktion für diese Datei ein.

```
vbiChunk = rs.Fields(enFields.Cover)
Put #1, , vbiChunk
imgFromGetChunk.Picture = LoadPicture(strTempName)
```

oder

```
pb.Contents = rs.Fields(enFields.Cover)
img.Picture = pb.Readproperty("img")
```

ADO informiert Sie darüber, wenn Sie die **Chunk**-Methode verwenden **können** (nicht dann, wenn es sinnvoll wäre, diese einzusetzen – diese Entscheidung liegt bei Ihnen). Wenn der Wert für das **adFldLong**-Bit in der **Attributes**-Eigenschaft des **Field**-Objekts **True** lautet, können Sie für dieses Feld die **GetChunk**-Methode einsetzen. Ich persönlich würde es jedoch vorziehen, die oben gezeigte Syntax zu verwenden, wenn ich mir dadurch Ärger ersparen kann.

Die **GetChunk**-Alternative ähnelt dem nachfolgend gezeigten Code. In diesem Beispiel wird veranschaulicht, wie die gewünschte Zeile über die Abfrage abgerufen wird (es wird nur eine Zeile abgerufen), wie die temporäre Datei erstellt und wie **GetChunk** dazu verwendet wird, in einem Schritt auf 8.192 Bytechunks zuzugreifen. (Dieses Beispiel finden Sie auf der Begleit-CD unter **Samples\Recordset Objects\BLOB Sample**.)

```
strTempName = "C:\temp\" & fso.GetTempName
Open strTempName For Binary As #1
If rs.State = adStateOpen Then rs.Close
cn.GetCoverByISBN cmbISBNs.Text, rs
```

Nachdem das Recordset mit obigem Code geöffnet wurde, durchlaufen wir mit nachstehendem Code die **GetChunk**-Methode und rufen einen Teil der binären Bits ab. Hierbei wird bei jedem Durchlauf der nächste Bitsatz abgerufen. Wenn der zurückgegebene Block kleiner ist als die ausgewählte **Chunk**-Größe, haben Sie das Ende des Recordsets erreicht.

```
Do
   vbiTemp = rs.Fields(enFields.Cover).GetChunk(intChunkSize)
   Put #1, , vbiTemp
Loop Until UBound(vbiTemp) < intChunkSize - 1
imgFromGetChunk.Picture = LoadPicture(strTempName)
'
```

Weist die Recordsetspalte kein BLOB auf, gibt die **GetChunk**-Methode eine Null zurück. Über den vorstehenden Code wird diese Prüfung nicht vorgenommen, dies sollte jedoch geschehen.

Tipp Visual Basic kann einen eindeutigen temporären Dateinamen für Sie erstellen, damit Sie sich keine Gedanken darüber machen müssen, ob Namenskollisionen mit bereits vorhandenen Dateien verursacht werden. Der Trick besteht darin herauszufinden, dass die Microsoft Scripting-Laufzeitbibliothek diese **FileSystemObject**-Funktion enthält.

Dies Beispiel führt zu einem weiteren wichtigen Punkt. Bei der Arbeit mit BLOBs ist es äußerst wichtig, **nur** den Datensatz abzurufen, der das BLOB enthält. Rufen Sie nicht Hunderte von Zeilen in einem Arbeitsschritt ab, es sei denn, Sie nehmen eine lange Wartezeit und einen Systemabsturz gerne in Kauf.

Anmerkung Wenn Sie mit Hilfe von Access ein Foto in einer Jet-Datenbank speichern, wird dieses mit einem benutzerdefinierten OLE-Wrapper gekapselt. Sie müssen diesen Wrapper decodieren, um in Visual Basic auf das Foto zuzugreifen.

Sie haben in einer Demonstration (evtl. von mir) gesehen, wie einfach das Abrufen von Grafiken aus einer Jet-Datenbank ist? Alles nur Fake. Die Grafiken wurden in eine Visual Basic-basierte Jet-Datenbank kopiert.

Jeder nachfolgende **GetChunk**-Aufruf führt zu einem Datenabruf ab der Position, an der der letzte **GetChunk**-Aufruf beendet wurde. Wenn Sie jedoch versuchen, Daten aus einem Feld abzurufen und anschließend den Wert eines weiteren Feldes in den aktuellen Datensatz schreiben oder einlesen, setzt ADO voraus, dass der Datenabruf aus dem ersten Feld beendet wurde. Wenn Sie erneut die **GetChunk**-Methode für das erste Feld aufrufen, interpretiert ADO diesen Aufruf als neue **GetChunk**-Operation und beginnt damit, die Daten wieder vom Anfang einzulesen. Das Zugreifen auf Felder in anderen **Recordset**-Objekten, bei denen es sich nicht um Klone des ersten **Recordset**-Objekts handelt, rufen keine Fehler in der **GetChunk**-Operation hervor.

Speichern von BLOBs mit Hilfe von »AppendChunk«

Genau wie bei **GetChunk** ist ADO leistungsstark genug, um die Mehrzahl der BLOB-Probleme allein zu lösen. Zum Speichern von BLOBs sollte **AppendChunk** nicht erforderlich sein, es sei denn, es tritt ein weiteres Problem auf – beispielsweise ein Speicherengpass.

ADO lässt **AppendChunk**-Operationen nur dann zu, wenn das **adFldLong**-Bit in der **Attributes**-Eigenschaft des **Field**-Objekts auf **True** gesetzt ist.

Bei der ersten Verwendung der **AppendChunk**-Methode für ein **Field**-Objekt weist ADO den Datenprovider an, Daten in das Feld zu schreiben und evtl. vorhandene Daten zu überschreiben. Nachfolgende **AppendChunk**-Aufrufe führen dazu, dass weitere Daten hinzugefügt (angehängt) werden. Wenn Sie jedoch Daten an ein Feld anhängen und anschließend den Wert eines weiteren Feldes in den aktuellen Datensatz schreiben oder einlesen, setzt ADO voraus, dass das Anhängen der Daten an das erste Feld abgeschlossen wurde. Wenn Sie erneut die **Ap-**

pendChunk-Methode für das erste Feld aufrufen, interpretiert ADO diesen Aufruf als neue **AppendChunk**-Operation und überschreibt vorhandene Daten. Das Zugreifen auf Felder in anderen **Recordset**-Objekten, bei denen es sich nicht um Klone des ersten **Recordset**-Objekts handelt, ruft keine Fehler in der **AppendChunk**-Operation hervor.

Das folgende Beispiel veranschaulicht die Verwendung von **AppendChunk** zum Übergeben von Datenblöcken an das IMAGE-Feld in der **Covers**-Tabelle. Ich war etwas faul und habe die spezielle Zeile in der zu ändernden **Covers**-Tabelle nicht abgerufen – dies wäre besser gewesen.

```
Private Sub cmdPutChunk_Click()
Dim strDataIn As String * 8192
Dim lngFPointer As Long
Dim strFileName As String
CommonDialog1.ShowOpen
strFileName = CommonDialog1.FileName
Open strFileName For Binary As #2
If rs.State = adStateOpen Then rs.Close
rs.Open "Covers", cn, adOpenStatic, adLockOptimistic, adCmdTable
Get #2, , strDataIn
rs.AddNew
rs.Fields(enCoverFld.FileName) = strFileName
rs.Fields(enCoverFld.BType) = "XXX"
rs.Fields(enCoverFld.Version) = "00000"
rs.Fields(enCoverFld.ISBN) = cmbISBNs.Text
Do
   lngFPointer = lngFPointer + intChunkSize
   rs.Fields(enCoverFld.Cover).AppendChunk (strDataIn)
   Get #2, lngFPointer, strDataIn
Loop Until lngFPointer >= FileLen(CommonDialog1.FileName)
rs.Update
quit:
rs.Close
Close #2
End Sub
```

7.7 Arbeiten mit gespeicherten Prozeduren

Ich habe bereits in den vorangegangenen Kapiteln einiges zur Handhabung von gespeicherten Prozeduren gesagt, daher sollten Sie nun bereits einiges über deren Ausführung wissen. In diesem Abschnitt werden diese Punkte noch einmal zusammengefasst und es werden weitere Aspekte beleuchtet, die bisher nicht zur Sprache gekommen sind.

Zunächst sollten Sie sich klar machen, dass ADO von Beginn an zur Ausführung gespeicherter Prozeduren konzipiert wurde – wenigstens zur Ausführung einfacher Prozeduren. Obwohl hie und da einige Mängel vorhanden sind, ist ADO zur Handhabung gespeicherter Prozeduren und der zurückgegebenen Werte – hierzu zählen Rückgabestatus, Ausgabeparameter und sowohl einfache als auch mehrere Resultsets mit den entsprechenden Rowsets – bestens geeignet.

Sie müssen nicht viel tun, um über ADO eine gespeicherte Prozedur auszulösen. Es ist keine Hartcodierung der Aufrufanweisung mehr erforderlich, wie dies in RDO der Fall war, und einfache gespeicherte Prozeduren können einfach wie Methoden des **Connection**-Objekts referenziert werden. Ich werde aufzeigen, wie eine Aufrufanweisung für Situationen erstellt wird, in denen Sie entweder wissen möchten, was hinter den Kulissen geschieht, oder in denen Sie einen genaueren Einblick in den inneren Ablauf von ADO erhalten möchten.

Wenn Sie mehr als nur die Rowsets einer gespeicherten Prozedur erfassen möchten, beispielsweise den Rückgabestatus oder die OUTPUT-Parameter, müssen Sie ein **Command**-Objekt für deren Verwaltung erstellen. Wir haben bereits besprochen, wie ein **Command**-Objekt erstellt wird, daher werde ich auf diesen Vorgang nicht näher eingehen. Beherzigen Sie lediglich die folgenden Tipps:

- Stellen Sie den **CommandText** auf den Namen (nur den Namen) der gespeicherten Prozedur ein. Ja, es gibt einige weitere Optionen, zu denen wir gleich noch kommen werden.
- Stellen Sie die **Name**-Eigenschaft auf den Namen der gespeicherten Prozedur ein (optional). **CommandText** und **Name**-Eigenschaften sollten übereinstimmen.
- Stellen Sie den **Command**-Typ auf **adCmdStoredProc** ein, um ADO darüber zu informieren, dass **CommandText** den Namen einer gespeicherten Prozedur enthält.
- Stellen Sie **ActiveConnection** auf den Zielserver ein, der die gespeicherte Prozedur ausführen kann.
- Füllen Sie die **Parameters**-Auflistung. Wie bereits in Kapitel 5 erwähnt, kann dies mit Hilfe der **Refresh**-Methode über ADO oder anhand der **Append**- und **CreateParameters**-Methoden per Hand geschehen.
- Stellen Sie für Nicht-Eingabeparameter die richtige Richtung ein, unabhängig davon, wie die **Parameters**-Auflistung gefüllt wird. Auf diese Weise wird sichergestellt, dass ADO weiß, wie und wann die Parameter behandelt werden müssen.

- Setzen Sie die **Value**-Eigenschaft, um eine Standardeinstellung für jeden Parameter bereitzustellen.

7.7.1 Ausführen von gespeicherten Prozeduren

Nachdem Sie ein **Command**-Objekt erstellt haben, umfasst das Ausführen einer gespeicherten Prozedur lediglich das Einstellen der Parameterwerte zur Ausführungszeit sowie das Ausführen des **Command**-Objekts. Einfach? Nun, tatsächlich gibt es eine weitere, sogar noch einfachere Methode zum Ausführen von gespeicherten Prozeduren – selbst für die Prozeduren, die Eingabeparameter erfordern. Sicher, Sie müssen ein **Command**-Objekt verwenden, wenn Sie den Rückgabestatus oder OUTPUT-Parameter erfassen möchten, wenn dies jedoch nicht zutrifft, gibt es eine sehr viel einfachere Lösung. In jedem Fall sollten Ihnen die Verfahren zum Ausführen eines **Command**-Objekts vertraut sein.

Hierbei sollten Sie vor allem die Auswirkungen der gewählten ADO-Syntax kennen. Wie gesagt, wurde ADO ursprünglich zur Ausführung von gespeicherten Prozeduren entwickelt. Deshalb und aufgrund der Tatsache, dass das ADO-Team den Legacycode aus RDO und ADO unterstützen wollte, funktionieren auch verschiedene antiquierte Verfahren.

Überlegungen zur Leistung

Bevor wir uns die Beispiele ansehen, sollten Sie beachten, dass die Ausführungszeiten bei sämtlichen Techniken nahezu identisch sind – nach der zweiten Ausführung. Das heißt, bei der ersten Ausführung dieser Befehle auf meinem Computer benötigte ADO etwa 0,5 Sekunden (also eine halbe Sekunde)[4]. Bei der zweiten Ausführung auf meinem Computer wurde etwa nur die Hälfte Zeit benötigt (0,28 Sekunden). Alle weiteren Ausführungen erforderten (grob) zwischen 0,038 und 0,007 Sekunden. Offensichtlich wird bei erneuter Ausführung einer Abfrage weniger Zeit für das Einrichten benötigt. Ich vermute, dass sich diese Differenz auf die Daten und Abfragepläne im Servercache sowie auf den Overhead durch das Verbindungspooling zurückführen lässt.

Nachdem sich das System eine Weile im Leerlauf befunden hat oder der Server neu gestartet wird, werden diese zwischengespeicherten Strukturen aus dem Cache entfernt, und die Zeitwerte kehren zum anfänglichen Status zurück. Weitere Verfahren (**Open**-Methode vs.gespeicherte Prozeduren als Methode) scheinen ebenfalls eine anfängliche Einrichtung zu erfordern, die Serverseite in der

---

4. Ich habe auch den Profiler ausgeführt, was sich auf die Leistung auswirkt. Siehe die Beispielanwendung in **\Sample Applications\Recordset Objects\Stored Procedures\Simple Example**.

Gleichung scheint jedoch Abfragen zu unterstützen, die identische gespeicherte Prozeduren ausführen.

Sehen wir uns Codebeispiele zu den ersten vier Verfahren an – gespeicherte Prozeduren als **Connection**-Methode, **Recordset Open**-Methode, **Connection Execute**-Methode und **Command Execute**-Methode. Ja, es gibt weitere Methoden, aber diese bringen Ihnen nicht viel ein – außer vielleicht den Ruf, dass Sie obskuren Code verwenden.

Verwenden gespeicherter Prozeduren als »Connection«-Methode

Das hier vorgestellte Verfahren scheint in den meisten Dokumentationen vergessen worden zu sein. Es handelt sich um das einfachste Vorgehen und ist eleganter und effizienter als viele (wenn nicht sogar alle) andere Methoden. Bei diesem Ansatz wird die Tatsache genutzt, dass ADO alle gespeicherten Prozeduren als Methoden des **Command**-Objekts offen legt. Dies bedeutet, dass Sie die gespeicherte Prozedur einfach wie im nachstehenden Beispiel codieren können, gefolgt von den Eingabeparametern (nein, Sie können Rückgabestatus und OUTPUT-Argumente nicht angeben), gefolgt vom vorinitialisiertem Recordset zum Empfang des ersten Rowsets. ADO erstellt kein **Command**-Objekt, aber setzt die **Source**-Eigenschaft auf die geeignete ODBC-**Call**-Anweisung, genau wie in RDO.

```
cn.Au42 1950, 1960, rs
```

Bei Ausführung dieses Codeabschnitts zeigt der SQL Server 7.0 Profiler einfach die ausgeführte gespeicherte Prozedur mit den zugehörigen Eingabeparametern an. Es sind keine vorbereitenden Schritte nötig, keine **sp_executesql**, nichts weiter – lediglich der Aufruf der gespeicherten Prozedur. Cool.

```
Profiler: Au42 1950, 1960
```

Verwenden der »Recordset Open«-Methode

Bei diesem Ansatz wird eine Zeichenfolge an die **Recordset Open**-Methode übergeben, die die gespeicherte Prozedur sowie die Parameter enthält.

```
strSource = "au42 " & txtParm1.Text & ", " & txtParm2.Text
```

In einigen Tests habe ich jedoch herausgefunden, dass ADO die Argumente (gelegentlich) als in Anführungszeichen eingeschlossene Zeichenfolgen an den Server übergibt. In einigen Fällen sendet ADO beispielsweise Folgendes zur Ausführung an den Server:

```
Profiler: Au42 '1950', '1960'
```

Das schien den Server nicht zu stören, sollte dies jedoch der Fall sein, können Sie mit Hilfe der **CInt**-Funktion eine Typumwandlung der **Text**-Eigenschaft in einen **Integer**-Wert vornehmen.

```
strSource = "au42 " & CInt(txtParm1.Text) & ", " & CInt(txtParm2.Text)
rs.Open strSource, cn, Options:=adCmdText
```

Dieser Ansatz ermöglicht Ihnen, im Vorfeld ein Recordset zu erstellen, daher können Sie Cursor- und Sperrentyp auswählen, zusammen mit anderen Recordseteigenschaften.

Verwenden der »Connection Execute«-Methode

Die **Connection Execute**-Methode wurde bereits in Kapitel 4 besprochen, daher sollte Ihnen deren Funktion bekannt sein. Denken Sie daran, dass Sie den **Record-Affected**-Wert von Aktionsabfragen zurückgeben können, nicht jedoch den einer SELECT-Abfrage. Sie müssen hierbei den standardmäßigen Firehosecursor (**RO/FO/CacheSize=1**) verwenden, da die **Execute**-Methode das Recordset für Sie erstellt.

Wir übergeben die gleiche Quellzeichenfolge wie im vorherigen Beispiel:

```
Set rs = cn.Execute(strSource, intRA)
```

Verwenden der »Command Execute«-Methode

In Kapitel 5 wurde unter anderem die Verwendung des **Command**-Objekts besprochen. Das Ausführen gespeicherter Prozeduren anhand des **Command**-Objekts unterscheidet sich im Hinblick darauf, was auf dem Server ausgeführt wird, nicht von den anderen Verfahren. Bei diesem Ansatz müssen Sie jedoch die Parameter durch das Verwenden eines **Variant**-Arrays mit den Parametern oder durch das Übergeben der Parameter mit Hilfe direkter Verweise an das **Command**-Objekt übergeben. Beide Techniken werden nachstehend veranschaulicht.

Bereitstellen der Parameter in einem **Variant**-Array:

```
Set rs = cmd.Execute(intRA, varParams)
```

Festlegen der einzelnen Parameter:

```
cmd.Parameters(1) = txtParm1.Text
cmd.Parameters(2) = txtParm2.Text
Set rs = cmd.Execute(intRA)
```

7.7.2 Handhabung der Resultsets von gespeicherten Prozeduren

Nach dem Ausführen einer gespeicherten Prozedur besteht der schwierige Teil darin, die zurückgegebenen Werte zu handhaben (so schwer ist es auch nicht). Wie Sie wissen, geben Datenprovider ein oder mehrere Resultsets zurück, unabhängig davon, ob Sie eine gespeicherte Prozedur ausführen oder nicht. Ein einzelnes Resultset enthält folgende Elemente:

- **Kein oder ein Rowset:** Gespeicherte Prozeduren geben Null bis **n** Rowsets zurück. Diese müssen mit Hilfe einer ADO-Syntax erfasst werden, die ein Recordset festlegt, es sei denn, Sie möchten die Ergebnisse verwerfen.
- **Anzahl der betroffenen Zeilen:** Wenn Sie eine Aktionsabfrage ausführen und nicht SET NOCOUNT ON verwenden, gibt der Provider die Anzahl der einzufügenden, gelöschten oder aktualisierten Zeilen zurück.
- **Zeilenzahl:** Nachdem der Provider die Abfrageverarbeitung abgeschlossen hat, wird die Anzahl der verarbeiteten Zeilen zurückgegeben. Falls der Cursor diese Funktion unterstützt, wird dieser Wert der **RecordCount**-Eigenschaft zugewiesen.
- **Eine Ganzzahl mit Rückgabestatus:** Sämtliche der gespeicherten Prozeduren geben einen Rückgabestatus zurück, wenn Sie oder ADO jedoch keine **Parameters**-Auflistung zur Erfassung dieses **Integer**-Wertes erstellt haben, fällt dieser Wert unbemerkt unter den Tisch.
- **OUTPUT-Parameter:** Gespeicherte Prozeduren können und sollten nach Möglichkeit OUTPUT-Parameter zurückgeben – besonders dann, wenn so Rowsets eingespart werden können.

Wenn Sie das Recordset untersuchen, das ADO nach Ausführung der gespeicherten Prozedur zurückgibt (aber bevor Sie sich wundern, wo die Zeilen sind), sollten Sie das Wesen einer gespeicherten Prozedur berücksichtigen. Gespeicherte Prozeduren sind **Programme**, ganz einfach. Diese Programme geben unter Umständen keine Rowsets zurück, vielleicht nicht einmal den Rückgabestatus oder Ausgabeparameter. Auf der anderen Seite können Sie eine beliebige Anzahl Rowsets, Werte zu den betroffenen Zeilen und Ausgabeparameter zurückgeben (innerhalb der Grenzen des Datenproviders). Und wie ich bereits sagte, werden die Rowsets, die Werte zu den betroffenen Zeilen sowie die Ausgabeparameter zusammen als Resultset bezeichnet. Daher ist es einfacher zu sagen, dass gespeicherte Prozeduren zwischen 1 und **n** Resultsets zurückgeben können.

Zur effizienten Verwendung gespeicherter Prozeduren müssen Sie deren Funktionsweise verstehen. Einige gespeicherte Prozeduren geben, basierend auf der Logik, unterschiedliche Kombinationen aus Rowsets und **RowsAffected**-Werten und damit unterschiedlich viele Resultsets zurück. Angenommen, Sie verfügen über eine Prozedur, die einmal monatlich ausgeführt wird, um die Gesamtverkäufe zu errechnen. Die Prozedur führt in »normalen« Monaten einen bestimmten Codeabschnitt aus, am Ende eines Quartals, nach einem halben Jahr und am Jahresende wird jedoch darüber hinaus zusätzlicher Code ausgeführt. Aufgrund dieser Tatsache muss Ihre Anwendung auf **n** Resultsets vorbereitet sein.

Anmerkung INSERT-, UPDATE- und DELETE-Anweisungen geben allesamt die Anzahl der betroffenen Zeilen zurück. ADO macht es Ihnen nicht leicht, diese abzurufen, wenn Sie nicht mit der **Execute**-Methode eine gespeicherte Prozedur ausführen, und dann nur, wenn eine Anweisung vorhanden ist. Die Stapelausführung wird nicht unterstützt.

Okay, Sie haben also die Abfrage ausgeführt und das Recordset untersucht. Sie haben festgestellt, dass der Wert für das **Recordset**-Objekt nicht **Nothing**[5] lautet (d.h. es ist instanziiert), aber es ist auch nicht geöffnet (**State = adStateClosed**). Wo liegt das Problem? Nun, es kann vorkommen, dass Ihr erstes Resultset kein Rowset enthält. Wenn beispielsweise die erste Anweisung in der gespeicherten Prozedur eine UPDATE-Anweisung ist (oder eine andere Aktionsoperation), wird ein Resultset generiert, und ADO wird darüber informiert, dass die ersten Daten verfügbar sind. ADO erstellt ein Recordset, um das Resultset zu speichern und stellt fest, dass kein Rowset vorhanden ist, daher kann das Recordset nicht geöffnet werden. Wenn über Ihre gespeicherte Prozedur jedoch eine SELECT-Anweisung ausgeführt wird, mit der keine Zeilen zurückgegeben werden, wird ein leeres Rowset erstellt, und ADO gibt das instanziierte Recordset mit **EOF = True** zurück.

Eine Möglichkeit zur Verringerung des Overheads in komplexen gespeicherten Prozeduren besteht darin, den Wert für die betroffenen Zeilen zu ignorieren. Das heißt, Sie können die TSQL-Anweisung SET NOCOUNT ON in der gespeicherten Prozedur einsetzen, um SQL Server mitzuteilen, dass nur für den Wert der betroffenen Zeilen keine Resultsets generiert werden müssen. Auf diese Weise sparen Sie Zeit und erhöhen die Ausführungsgeschwindigkeit für den Code – eine weitere empfohlene Vorgehensweise.

Zur Information: ADO 1.5 führte SET NOCOUNT ON automatisch aus. Dieses Verhalten wurde in ADO 2.0 geändert, d.h. wenn Sie eine Aktualisierung auf ADO 2.0 oder höher durchführen (absichtlich oder nicht), erhalten die Behandlungsroutinen für gespeicherte Prozeduren anschließend zusätzliche Resultsets für

5. Ich hasse die doppelte Verneinung, aber in ADO oder COM gibt es keine Notation für »Etwas« (Something). Wäre es nicht schön, wenn wir den Ausdruck »**If RS is Something Then ...**« verwenden könnten? Wäre das nicht *etwas*?

Aktionsabfragen – und werden so wahrscheinlich unbrauchbar. Dieses Problem kann beseitigt werden, indem Sie der betreffenden gespeicherten Prozedur den Befehl SET NOCOUNT ON hinzufügen.

Warnung Wenn Sie die TSQL-Anweisung SET NOCOUNT ON außerhalb des Bereichs einer gespeicherten Prozedur verwenden, wird die Einstellung der Verbindung gespeichert. Dies bedeutet, dass bei jeder weiteren Verwendung der Verbindung diese Option eingestellt ist, selbst dann, wenn andere Clients die Verbindung aus dem Verbindungspool erben. Stellen Sie sicher, dass Sie die Option nach deren Verwendung anhand von SET NOCOUNT OFF deaktivieren.

Zugreifen auf OUTPUT-Parameter

Eine der wichtigsten Komponenten eines Resultsets kann der Satz OUTPUT-Parameter darstellen, der von der gespeicherten Prozedur zurückgegeben wird. OUTPUT-Parameter können bei einelementigen Operationen (Operationen, die nur einen einzigen Wertesatz zurückgeben) anstelle von Rowsets eingesetzt werden. Noch wichtiger: OUTPUT-Parameter können von gespeicherten Prozeduren anstelle eines Rowsets zurückgegeben werden und so das Erstellen eines Recordsets vermeiden (was erhebliche Kosten verursachen kann). Der OUTPUT-Parameter kann zur Rückgabe eines beliebigen Providerdatentyps eingerichtet werden, von **integer**-Werten bis hin zu BLOBs. Sie können außerdem berechnete oder Aggregatinformationen in OUTPUT-Parametern zurückgeben, die aus komplexen Mehrfachtabellenabfragen resultieren. Obwohl über den Datenprovider die Anzahl der OUTPUT-Parameter beschränkt wird (SQL Server 7.0 schränkt die Parameter für gespeicherte Prozeduren auf 1.024 ein), können Sie dennoch eine große Anzahl Werte an den ADO-Client zurücksenden.

OUTPUT-Parameter sind in ADO leicht zu verwalten. Obwohl ADO beim Erstellen eines **Parameter**-Objekts zur Handhabung einzelner OUTPUT-Parameter ein wenig ins Schleudern gerät, kann diese Schwierigkeit doch leicht überwunden werden. Im Grunde liegt das Problem darin, dass die Datenprovider nicht zwischen OUTPUT- und INPUT/OUTPUT-Parametern unterscheiden, daher setzt ADO voraus, dass es sich bei allen OUTPUT-Parametern um INPUT/OUTPUT-Parameter handelt. Sie müssen lediglich die **Direction**-Eigenschaft in **adParamOutput** ändern, bevor Sie die Abfrage ausführen.

Anmerkung Wenn Sie ein Rowset **und** OUTPUT-Parameter oder einen Rückgabestatus-**Integer**-Wert zurückgeben, müssen Sie das Recordset schließen, damit diese angezeigt werden. Dieser Punkt wird später noch weiter erläutert.

Sehen wir uns ein Beispiel für eine Routine an, mit der eine gespeicherte Prozedur aufgerufen wird, die **nur** OUTPUT-Parameter (und den Rückgabestatus), jedoch kein Rowset zurückgibt. Dies bedeutet, dass kein Recordset benötigt wird und dass die OUTPUT-Parameter verfügbar sind, sobald die Abfrage ausgeführt wurde.

```
Create PROCEDURE OutputTitleByISBN
    (@ISBNWanted varchar(20) = '0-0233058-8-6',
    @Title VarChar(250) OUTPUT,
    @Author VarChar(50) output,
    @TypeDescription varchar(30) output,
    @Price money  output)
AS
Select @Title = Title,
    @Author = Author,
    @Price = Price,
    @TypeDescription = v.Description
from Titles t, Title_Author ta, Authors a, ValidTitleTypes v
Where t.ISBN = @ISBNWanted
and a.au_id = ta.au_id
and ta.isbn=ta.isbn
and v.type = t.type
```

Der Visual Basic-Code zum Ausführen der vorstehenden gespeicherten Prozedur ist recht kompakt, wie nachfolgend gezeigt wird. Die Routine zum Erstellen des **Command**-Objekts befindet sich im **Form_Load**-Ereignis, wo sie einmalig ausgeführt wird.

```
With cmd
   .CommandText = "OutputTitleByISBN"
   .Name = "GetTitle"
   .CommandType = adCmdStoredProc
   .Parameters.Append .CreateParameter("ReturnStatus", adInteger,
   adParamReturnValue)
   .Parameters.Append .CreateParameter("ISBNWanted", adVarChar, adParamInput, 20)
   .Parameters.Append .CreateParameter("Title", adVarChar, adParamOutput, 250)
   .Parameters.Append .CreateParameter("Author", adVarChar, adParamOutput, 50)
   .Parameters.Append .CreateParameter("Type", adVarChar, adParamOutput, 30)
   .Parameters.Append .CreateParameter("Price", adCurrency, adParamOutput, 200)
    .ActiveConnection = cn
End With
End Sub
```

Anhand der folgenden Routine werden die zurückgegebenen OUTPUT-Parameter analysiert und im Formular dargestellt. Beachten Sie, dass das **Command**-Objekt mit Hilfe der **adExecuteNoRecords**-Option ausgeführt wird, um die Erstellung eines Recordsets zu verhindern. Diese Vorgehensweise führt zu einer Leistungsverbesserung.

```
Private Sub cmbISBNs_Click()
Dim parP As Parameter
Dim intRa As Integer
If cmd.ActiveConnection Is Nothing Then Exit Sub
picPrint.Cls
With cmd
    .Parameters(1) = cmbISBNs.Text
    .Execute intRa, , adExecuteNoRecords
    picPrint.Print "Records affected:"; intRa
    For Each parP In cmd.Parameters
        picPrint.Print parP.Name, Tab(15), parP.Value
    Next
End With
End Sub
```

Verwalten mehrerer Resultsets

Eine Frage, die häufig gestellt wird (und die ich selbst aufgeworfen habe), lautet »**Wann** stehen die OUTPUT-Parameter dem Client zur Verfügung, wenn die OUTPUT-Parameter mit Rowsets kombiniert werden?«. Nun, das ist eine interessante Frage. Sie stellt sich nur dann, wenn die gespeicherte Prozedur **sowohl** Ausgabeparameter **als auch** ein Rowset zurückgibt, das in ein Recordset transformiert wird. Ein sehr interessantes Problem trat auf, als ich versuchte, diesen Ansatz mit einer auf zwei Zwecke ausgerichteten gespeicherten Prozedur zu verbinden – ich fand heraus, dass alle Werte verloren gehen, wenn Sie vor dem Schließen des Recordsets die **Parameters**-Auflistung anfassen. Das heißt, wenn die Abfrage ausgeführt wurde, müssen Sie noch vor dem Versuch, die **Parameters**-Auflistung auch nur anzuzeigen (beispielsweise im Lokalfenster) das Rowset aus dem Recordset abrufen. Wenn Sie das Recordset erst abrufen, nachdem Sie sich die Parameter angesehen haben, werden diese auf »leer« gesetzt. Ist dies nicht merkwürdig?

Im folgenden Beispiel werden das von einer dualen Abfrage (OUTPUT und Rowset) zurückgegebene Rowset und die OUTPUT-Parameter analysiert. Beachten Sie, dass das **Recordset**-Objekt geschlossen (aber nicht notwendigerweise auf **Nothing** gesetzt) werden muss, **bevor** der Versuch unternommen wird, auf die **Parameters**-Auflistung zuzugreifen. Die OUTPUT-Parameter werden im letzten Paket gesendet, das nach Abfrageausführung an den Client zurückgegeben wird.

```
Dim parP As Parameter
Dim intRa As Integer
If cmd.ActiveConnection Is Nothing Then Exit Sub
picPrint.Cls
Set rs = New Recordset
With cmd
   .Parameters(1) = cmbISBNs.Text
   Set rs = .Execute(intRa)
   Set MSHFlexGrid1.Recordset = rs
   rs.Close
   picPrint.Print "Records affected:"; intRa
   For Each parP In cmd.Parameters
      picPrint.Print parP.Name, Tab(15), parP.Value
   Next
End With
End Sub
```

Anmerkung Wenn Sie die Parameter für eine beliebige gespeicherte Prozedur beschreiben, müssen Sie daran denken, dass Visual Basic und ADO keine Ahnung haben, wie die Namen Ihrer Parameter mit den Parameternamen in der gespeicherten Prozedur zusammenhängen. ADO erwartet, dass diese nach Position definiert werden, beginnend (optional) mit dem **ReturnStatus**-Parameter, in der Reihenfolge, in der sie in der gespeicherten Prozedur definiert sind. Dies gilt bis zur Installation von ADO 2.6. Die neue Version unterstützt zum ersten Mal benannte Parameter.

Der folgende Code geht sämtliche der zurückgegebenen Recordsets durch. Hierbei wird die **NextRecord**-Methode zum Leeren des aktuellen Recordsets und zum Aktivieren des nächsten Recordsets verwendet. Dieser Vorgang wird wiederholt, bis das abgerufene Recordset auf **Nothing** gesetzt ist.

```
… Process first Recordset
Do
   Set rs = rs.NextRecordset
   … Process next Result set
Loop Until rs is Nothing
```

Mit der **NextRecordset**-Methode wird das vorhandene Recordset geschlossen und der Vorgang der Recordseterstellung wiederholt. An diesem Punkt ersetzt ADO entweder das vorhandene Recordset durch das nächste Resultset oder gibt ein Recordset mit dem Wert **Nothing** zurück. Denken Sie daran, dass nachfolgende **Recordset**-Objekte vielleicht (aber nur vielleicht) ein Rowset enthalten, daher sollten Sie sich auf instanziierte, aber **geschlossene Recordset**-Objekte gefasst machen, wenn kein Rowset vorhanden ist – so als ob sich eine Aktionsabfrage im Skript oder in der gespeicherten Prozedur befindet. Ein geschlossenes Recordset (Status **adStateClosed**) wird zurückgegeben, wenn kein weiteres Resultset vorhanden, jedoch kein Rowset enthalten ist – wie bei der Ausführung einer Aktionsabfrage.

Tipp Die **NextRecordset**-Methode funktioniert **nicht** richtig, wenn Sie das **Recordset**-Objekt mit Hilfe der Syntax **Dim xx As New Recordset** deklarieren.

Offensichtlich handhabt ADO mehrere Resultsets anders als die zuvor besprochenen Datenzugriffsschnittstellen. In der Vergangenheit verarbeitete der Server jedes nachfolgende Resultset erst, wenn der Client das vorangegangene Resultset verarbeitet hatte. Das heißt, wenn Sie die Abfrage oder die gesamte Operation abbrachen (beide Optionen stehen in der DB-Bibliothek und RDO zur Verfügung), setzte der Server die Verarbeitung der gespeicherten Prozedur nicht fort, nachdem der **Cancel**-Befehl empfangen wurde. Entgegen den Ausführungen in der MSDN-Dokumentation besagt die Spezifikation, dass der Provider die Möglichkeit besitzt, alle Resultsets in der gespeicherten Prozedur als Einheit zu verarbeiten und die einzelnen Resultsets nacheinander an den Client zurückzusenden. Genau dies scheint ADO zu tun. Aufgrund dieser Tatsache können Sie nicht erwarten, dass die **Cancel**-Methode große Auswirkung auf die Verarbeitung einer gespeicherten Prozedur hat – auch nicht auf eine gespeicherte Prozedur mit mehreren Resultsets.

Die **NextRecord**-Syntax im vorangegangenen Codebeispiel überlagert ein vorhandenes **Recordset**-Objekt mit dem nächsten Resultset. Obwohl Sie das folgende Recordset einer anderen Recordsetvariable zuordnen können, sind Sie nicht in der Lage, das vorherige Recordset nach Ausführung von **NextRecordset** zu referenzieren. Es hält Sie jedoch nichts davon ab, jedes Recordset nach dessen Empfang in einem **Stream**-Objekt zu speichern. Auf diese Weise können Sie die Recordsets nach Belieben bearbeiten.

Anmerkung Die **InfoMessage** des **Command**-Objekts löst die Meldung »Keine weiteren Ergebnisse« aus, wenn alle Recordsets verarbeitet wurden. Auf diese Weise kann ebenfalls ermittelt werden, dass alle Recordsets durchlaufen wurden.

Zur Veranschaulichung des Einsatzes gespeicherter Prozeduren mit mehreren Resultsets habe ich eine Beispielanwendung geschrieben (auf der Begleit-CD finden Sie das Progamm unter **\Sample Applications\Recordset Object\Stored Procedure\Multiple Result Sets**). Der Parser für die gespeicherten Prozeduren ist ein recht typisches Beispiel einer einfachen Behandlungsroutine für mehrere Resultsets, bevor ich Ihnen jedoch den Code zeige, sollten Sie sich kurz den Code ansehen, der zum Auffüllen der zwei Dropdownlistenfelder für die zulässigen Typen und ISBNs im Programm verwendet wird. Über diesen Code wird die gespeicherte Prozedur aufgerufen, die zwei separate Rowsets zurückgibt – eins für jedes Listenfeld. Der Parser durchläuft einfach die Zeilen und fügt die Listen aus den Rowsets ein. Die gespeicherte Prozedur sieht folgendermaßen aus:

```
CREATE Procedure GetValidTypesAndISBNs
   (@ISBNRange varchar(20) = 'H%' , @MaxRows integer = 50)
As
   Select Type, Description from ValidTitleTypes
Set Rowcount  @MaxRows
   Select  ISBN from Titles where Title like @ISBNRange
Set RowCount 0
   return @@Rowcount
```

Der Visual Basic-Code zum Ausführen und Analysieren dieser gespeicherten Prozedur ist ebenfalls recht einfach:

```
Set rs = New Recordset
cn.GetValidTypesAndISBNs "H%", 50, rs
Do Until rs.EOF
   cmbValidTypes.AddItem rs(0) & " : " & rs(1)
   rs.MoveNext
Loop
cmbValidTypes.ListIndex = 0
Set rs = rs.NextRecordset
Do Until rs.EOF
   cmbValidISBNs.AddItem rs(0)
   rs.MoveNext
Loop
cmbValidISBNs.ListIndex = 0
rs.Close
```

Die in der Ausführungsprozedur verwendete Routine ist etwas komplexer, deckt jedoch beinahe sämtliche Aspekte für den Zugriff auf gespeicherte Prozeduren mit mehreren Resultsets ab. In diesem Fall prüfen wir die **Recordset State**-Eigenschaft auf **adStateOpen**, um zu ermitteln, ob das Resultset ein Rowset aufweist,

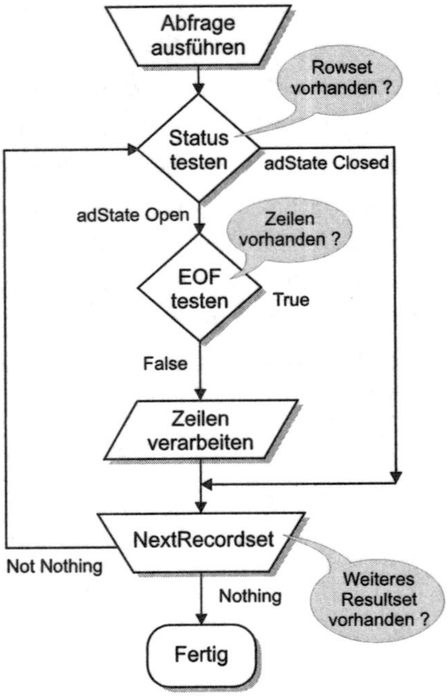

Abbildung 7.6 Handhabung mehrerer Resultsets, die von einer gespeicherten Prozedur zurückgegeben werden

und wir kontrollieren über die **EOF**-Eigenschaft, ob sich Zeilen im Rowset befinden. Sind Zeilen vorhanden, werden diese in der Tabelle angezeigt. Falls nicht, wechseln wir mit Hilfe der **NextRecordset**-Methode einfach zum nächsten Recordset, bis ein Recordset mit dem Wert **Nothing** zurückgegeben wird. Ich habe diese Logik zum besseren Verständnis in einem Flussdiagramm (erinnert mich an die IBM 360-Zeiten) dargestellt. Das Flussdiagramm wird in Abbildung 7.6 gezeigt, der Code sieht folgendermaßen aus:

```
Do
   If rs.State = adStateOpen Then
      If rs.EOF Then Else Set MSHFlexGrid1.Recordset = rs     ' Keine Zeilen?
   End If
   Set rs = rs.NextRecordset
   If rs Is Nothing Then
   Else
      i = MsgBox("Next recordset? Press Cancel to end.", _
      vbOKCancel + vbInformation)
      If i = vbCancel Then Exit Do
      MSHFlexGrid1.Clear
   End If
Loop Until rs Is Nothing
```

7.7.3 Handhabung komplexer Resultsets

Gespeicherte Prozeduren geben nicht nur Rowsets, Rückgabestatuswerte und OUTPUT-Parameter zurück, sondern können darüber hinaus auch folgende Elemente zurückgeben:

- Zusätzliche Resultsets, einschließlich Rowsets, die über COMPUTE-Anweisungen generiert werden.
- Zeichenfolgen, die aus TSQL PRINT-Anweisungen generiert werden.
- Werte und Fehlermeldungen, die über RAISERROR-Anweisungen zurückgegeben werden.

Denken Sie daran, dass die RAISERROR-Funktion in TSQL nicht notwendigerweise auf einen schwerwiegenden Fehler hinweist. Jahrelang wurde mit RAISERROR auf logische Bedingungen hingewiesen, die eine zusätzliche Handhabung durch den Client erforderten. Wenn beispielsweise über eine Anwendung ein Paar grüne, hochhackige Schuhe verkauft werden und eine gespeicherte Prozedur zur Aufzeichnung des Verkaufes aufgerufen wird, wird eine UPDATE-Anweisung ausgeführt, die sich auf den vorhandenen Lieferbestand für diesen Schuhtyp auswirkt. Die gespeicherte Prozedur kann darüber hinaus auch prüfen, ob der aktuelle Lieferbestand unter einem angegebenen Wert für das Veranlassen einer Neubestellung liegt. In diesem Fall könnte die gespeicherte Prozedur eine RAISERROR-Funktion verwenden, um darauf hinzuweisen, dass die Aktualisierung erfolgreich war, die Anzahl der grünen, hochhackigen Schuhe jedoch zu niedrig liegt. Es liegt in der Verantwortung der Anwendung, diese zusätzlichen Informationen an den Client oder die Komponente zurückzugeben.

Handhabung von COMPUTE-Anweisungen

Die TSQL-Anweisung COMPUTE generiert Gesamtsummen, die als zusätzliche zusammenfassende Spalten am Ende des Resultsets angezeigt werden. Bei Verwendung mit BY generiert die COMPUTE-Klausel Steuerungsunterbrechungen und Teilsummen für das Resultset. Sie können COMPUTE BY und COMPUTE gemeinsam in einer Abfrage verwenden. ADO gibt diese zusätzlichen Daten in zusätzlichen Recordsets zurück.

Idealerweise sollten COMPUTE-Anweisungen in hierarchischen Recordsetstrukturen eingesetzt werden. Obwohl dies im Beispiel nicht der Fall ist, kann eine Einrichtung mit Hilfe von ADO erfolgen. Die hierarchischen Verfahren werden in Kapitel 9 besprochen.

Die folgende gespeicherte Prozedur ist ein Beispiel für die TSQL-Anweisungen COMPUTE und COMPUTE BY. Diese Anweisungen stellen in Form von Gesamt- und Teilsummen für Aggregatberechnungen zusammenfassende Informationen zu gruppierten Rowsets bereit. Bei jeder Segmentierung einer Gruppe durch die gespeicherte Prozedur wird ein zusätzliches Rowset für die COMPUTE-Gesamtsummen generiert. Ich zeige Ihnen nachstehend, wie diese gespeicherte Prozedur verarbeitet wird. Sie finden den Code auch unter **\Sample Applications\Compute By** auf der Begleit-CD.

```
Create procedure ComputeAvgPriceByPublisherAndType
   (@statewanted varchar(2) = 'WA',
   @CompanyWanted varchar(20))
as
SELECT substring(Company_Name,1,20)Company, type, price
FROM titles t, publishers p
WHERE t.pubid = p.pubid
and state = 'wa'
and Company_Name like @CompanyWanted + '%'
and price > 0
order BY t.pubid,type

COMPUTE avg(price) BY t.pubid, type
COMPUTE avg(price) BY t.pubid
COMPUTE avg(price)
```

Beachten Sie, dass neben den detaillierten Zeilen drei Ebenen von COMPUTE BY-Resultsets in dieser Prozedur vorhanden sind – jeweils ein Satz für jeden Typ und Herausgeber:

- Durchschnittlicher Preis nach Herausgeber und Typ.
- Durchschnittlicher Preis nach Herausgeber für sämtliche Typen.
- Durchschnittlicher Preis für alle Herausgeber und Typen.

Der Code zur Ausführung und Verarbeitung der von der gespeicherten Prozedur zurückgegebenen Resultsets ist relativ einfach. Wir beginnen damit, ein Formular zum Erfassen des gewünschten Bundesstaates sowie Unternehmens zu erstellen. Über die **Form_Load**-Ereignisbehandlungsroutine wird ein **Command**-Objekt sowie die zugehörige **Parameters**-Auflistung zur Verwaltung der zwei Eingabeparameter erstellt.

```
Private Sub Form_Load()
Set cn = New Connection
Set cmd = New Command
```

```
cn.Open "dsn=localserver", "SA", ""

With cmd
  .CommandText = "ComputeAvgPriceByPublisherAndType"
  .Name = "ComputeTest"
  .CommandType = adCmdStoredProc
  .Parameters.Append .CreateParameter("StateWanted", adVarChar, adParamInput, 2,"ca")
  .Parameters.Append .CreateParameter("CompanyWanted", adVarChar, adParamInput, 20)
  .ActiveConnection = cn
End With
```

Das nachfolgend gezeigte **cmdRun_Click**-Schaltflächenereignis löst die Ausführung des **Command**-Objekts aus und übergibt die Argumente der **TextBox**-Steuerelemente. Das anfängliche Recordset enthält den ersten detaillierten Zeilensatz der Abfrage. Dieses Recordset wird zur Anzeige auf das **MSHFlexGrid**-Steuerelement angewendet.

```
Private Sub cmdRun_Click()
Set rs = New Recordset
cn.ComputeTest txtStateWanted.Text, txtCompany.Text, rs
Set MSHFlexGrid1.Recordset = rs
```

Zum Abrufen der nächsten Detailzeilen oder COMPUTE-Aggregate rufen wir einfach über die **NextRecordset**-Methode das nächste Recordset in dem vom Server zurückgegebenen Datenstream ab. Sind keine weiteren Resultsets verfügbar, gibt die **NextRecordset**-Methode den Wert **Nothing** zurück.

```
End Sub
Private Sub cmdNext_Click()
Set rs = rs.NextRecordset
If rs Is Nothing Then
   MsgBox "No more results..."
   Set MSHFlexGrid1.Recordset = Nothing
Else
   Set MSHFlexGrid1.Recordset = rs
End If
End Sub
```

Handhabung von PRINT- und RAISERROR-Anweisungen

Die TSQL-Anweisungen PRINT und RAISERROR werden von ADO in ähnlicher Weise gehandhabt. Beide lösen das **InfoMessage**-Ereignis aus, mit dem der in der TSQL-Anweisung angegebene Text angezeigt wird. Diese Textzeichenfolge wird in der **Description**-Eigenschaft des **ADODB.Error**-Objekts zurückgegeben:

```
Private Sub cnn_InfoMessage(ByVal pError As ADODB.Error, _
adStatus As ADODB.EventStatusEnum, ByVal pConnection As ADODB.Connection)
Debug.Print "A message arrived: ",  pError.Description, pError.NativeError,
pError.Number
End Sub
```

Es gibt jedoch einige Ausnahmen:

- RAISERROR-Anweisungen müssen in SQL Server einen Schweregrad von 11-18 aufweisen. Fehler geringeren Schweregrades werden ignoriert. Unglücklicherweise wird die Abfrageausführung schon durch eine einzelne RAISERROR-Meldung beendet, d.h. alle nachfolgenden Resultsets gehen verloren. (Seufz.)
- In SQL Server kann die ADO-**Errors**-Auflistung auch über PRINT-Anweisungen aufgefüllt werden. PRINT-Anweisungen besitzen jedoch den Schweregrad 0, daher ist in der gespeicherten Prozedur wenigstens eine RAISERROR-Anweisung mit Schweregrad 10 erforderlich, um in ADO über die **Errors**-Auflistung eine PRINT-Anweisung zu erhalten. (Nochmals Seufz.)
- RETURN-Statuswerte in einer gespeicherten Prozedur müssen mit mindestens einem Resultset verknüpft werden. (Und nochmals Seufz.)

All dies bedeutet, dass Sie zwar RAISERROR- und PRINT-Anweisungen verarbeiten können, dass (viele) dieser Anweisungen jedoch ignoriert werden, sofern Sie Ihre gespeicherten Prozeduren nicht entsprechend anpassen. Diese Implementierung ist im Vergleich zur DB-Bibliothek, die eine sehr viel umfangreichere RAISERROR-Funktionalität unterstützt, in ADO ein gewaltiger Rückschritt.

Wenn Sie nicht das **InfoMessage**-Ereignis des **Connection**-Objekts aktivieren, gehen die Fehlernummerwerte für PRINT- und RAISERROR-Meldungen verloren, und die Anwendungsausführung wird fortgesetzt, als sei nichts geschehen. ADO wird erst über einen schwerwiegenden Fehler bei Ausführung der gespeicherten Prozedur informiert, wenn der RAISERROR-Schweregrad hoch genug ist. Dieses Verhalten rührt daher, dass ADO nur die Schweregrade 11-18 als »informative« Ereignisse zurückgibt. PRINT-Anweisungen werden wie Fehler des Schweregrads 0 behandelt.

Anmerkung Wenn Sie in ADO einen RETURN-Wert mit einer gespeicherten Prozedur abrufen möchten, muss mindestens ein Resultset vorhanden sein. Zur Umgehung dieses Problems (kein Resultset vorhanden) führt die gespeicherte Prozedur (im ADO-Beispielcode) eine SELECT NULL-Anweisung aus, um ein Nullresultset an ADO zurückzugeben und so den RETURN-Wert einzufügen. Um die Problematik zu vermeiden, dass keine RAISERROR-Anweisungen, sondern eine Kombination von PRINT-Anweisungen angegeben wird, werden standardmäßige RAISERROR-Anweisungen generiert, um einen Kontext für die Rückgabe der PRINT-Anweisung über ADO bereitzustellen.

Das Dilemma von RAISERROR und anderen Meldungen

Ich habe des Weiteren herausgefunden, dass ein dramatischer Unterschied darin besteht, wie der OLE DB-Provider für ODBC und der systemeigene OLE DB-Provider für SQL Server RAISERROR- und PRINT-Anweisungen verwalten. Der ODBC-Provider scheint sämtliche der durch den Server generierten Meldungen zurückzugeben, einschließlich einfacher Informationsmeldungen. Es werden jedoch **keinerlei** RAISERROR-Meldungen zurückgegeben. Bei meinem Test wurde lediglich die Meldung »Keine weiteren Ergebnisse« ausgegeben, wenn ich nach der Ausführung einer gespeicherten Prozedur mit mehreren Resultsets das letzte Resultset passiert hatte. Im Gegensatz dazu werden über den systemeigenen OLE DB-Provider zwar nur sehr wenige Meldungen zurückgegeben, es **wird** jedoch die **erste** RAISERROR-Meldung angezeigt, auch wenn so die Abfrage beendet wird. Jegliche RAISERROR-Meldung mit einem Schweregrad unter 11 wird von beiden Providern schlichtweg ignoriert.

Ich habe hierzu den internen Support von SQL Server auf dem Microsoft-Campus befragt und eine detaillierte Erläuterung erhalten. Obwohl ich der Implementierung nicht ganz zustimmen kann, ist mir klar, wie es zur jetzigen Situation gekommen ist. Den Programmiergurus zufolge stellt die Behandlung der durch SQL Server erzeugten Fehler in OLE DB- und OBDB-basierten Umgebungen aufgrund zweier Faktoren schon immer ein Problem dar:

- die Art, mit der SQL Server Fehler und Meldungen auf TDS-Ebene (Tabular Data Stream) zurückgibt
- die Art, mit der OLE DB-Provider Meldungen und Fehler behandeln

Das erste dieser Probleme hängt mit der Rückgabe von Fehlern und Meldungen durch SQL Server zusammen. Da die DB-Bibliothek die erste Lowlevelschnittstelle von SQL Server darstellte, haben viele dieser Probleme mit der Zuordnungsfunktionalität zu tun, die seit der vollständigen Unterstützung der DB-Bibliothek zur Verfügung steht. Die DB-Bibliothek erwartet, dass Anwendungen separate Behandlungsroutinen für Fehler und Meldungen aufweisen, die jeweils in einer Rückruffunktion offen gelegt werden. Diese Funktion wurde in Visual Basic von Beginn an mit Hilfe spezieller API-Aufrufe implementiert. Durch diese Fehler- und Meldungsrückrufe wurden Ereignisse ausgelöst, die zur Fehler- und Meldungsverwaltung aufgefangen werden konnten (unabhängig vom Schweregrad).

Diese Architektur war für ODBC 1.0 geplant, wurde jedoch zugunsten eines allgemeineren ODBC-Mechanismus aufgegeben, bei dem die ODBC-Funktion Codes zurückgibt, mit der das Vorliegen von Fehlern oder Meldungen angezeigt wird. Diese Meldungen und Fehler konnten anschließend mit Hilfe von **SQLGetDiagRec** abgerufen werden, es stand jedoch keine Ereignisunterstützung bereit. Dies bedeutet, dass der Entwickler eine Routine zur Fehlerabfrage erstellen muss, mit der regelmäßig geprüft wird, ob Fehler (oder Meldungen) eingegangen sind.

Zur Arbeit mit diesem Ansatz wird durch den ODBC-Treiber für SQL Server bei Ermittlung von Elementen für **Message-**Behandlungsroutinen der DB-Bibliothek eine SQL_SUCCESS_WITH_INFO an den Funktionsaufruf zurückgegeben. Der ODBC-Treiber setzt nur SQL_ERROR, wenn ein Element an die **Error**-Behandlungsroutine der DB-Bibliothek weitergegeben werden soll. In diesem Fall führen Elemente wie beispielsweise die Ausgabe einer PRINT- oder RAISERROR-Anweisung mit niedrigem Schweregrad nur zu einer Rückgabe von SUCCESS_WITH_INFO. Wird die Rückgabe durch den Provider ignoriert, wird die Fehlermeldung ignoriert und geht verloren.

Von der OLE DB-Seite des Problems aus gesehen wird mit der Architektur versucht, eine größere Distanz zwischen Datenprovider (SQL Server) und Anwendung zu schaffen. Da die OLE DB-Spezifikation besagt, dass ein Provider nicht DB_S_ERRORSOCCURED zurückgeben kann, wenn es sich nicht um **Warnungen** handelt (beispielsweise ein RAISERROR-Aufruf mit niedrigem Schweregrad), legt SQLOLEDB (der systemeigene OLE DB-Provider für SQL Server) beim Erhalt von Meldungen (im Gegensatz zu Fehlern) diese als **Fehlerdatensätze** offen. Dennoch muss OLE DB weiterhin S_OK an den OLE DB-Konsumenten zurückgeben. SQLOLEDB-Konsumenten müssen so codiert werden, dass sie das Vorhandensein eines OLE DB-Fehlerdatensatzes prüfen, selbst nach dem Erhalt von S_OK. Da diese Codierung in ADO selbst erfolgt, haben Sie als ADO-Entwickler keine besonders umfangreichen Möglichkeiten, Meldungen und weniger schwerwiegende Fehler zu erfassen.

Zum besseren Verständnis hier noch ein paar Informationen:

- Der OLE DB-Provider für ODBC führt nicht immer eine Meldungsprüfung durch, wenn ein Treiber SQL_SUCCESS_WITH_INFO zurückgibt. Wenn ADO nicht immer Meldungen des SQLOLEDB-Providers zurückgibt, kann ADO nicht stets eine

Errors-Auflistung auffüllen, wenn ein Provider S_OK zurückgibt. Dies bedeutet, dass ADO-Anwendungen Schwierigkeiten beim Abrufen von PRINT-Anweisungen haben und keine RAISERROR-Meldungen mit niedrigem Schweregrad erfassen können, da viele OLE DB-Anwendungen, die den OLE DB-Provider für ODBC verwenden, über dem ODBC-Treiber für SQL Server gelagert sind.

Anmerkung Andere Anweisungen, beispielsweise DBCC-Anweisungen, SET SHOWPLAN und SET STATISTICS verwenden den gleichen Mechanismus wie PRINT- und weniger schwerwiegende RAISERROR-Anweisungen. Diese werden ebenfalls ignoriert.

- Die Tatsache, dass die ODBC-basierten SQL Server-Dienstprogramme, beispielsweise der Query Analyzer und OSQL, die Ausgabe dieser Anweisungen zurückgeben, zeigt, dass eine ordnungsgemäße Handhabung **sehr wohl möglich ist.**

Die Problemstellung wird für die SQL Server-Providerentwickler zunehmend komplexer, je mehr am Uhrwerk des Providers geschraubt wird. Wenn dieses Problem behoben wird, könnten viele Anwendungen zusammenbrechen, da in diesem Fall Fehler und Meldungen für Operationen empfangen würden, die in der Vergangenheit einfach ignoriert wurden. Die Microsoft-Entwickler sind auf der Suche nach einer besseren Lösung.

7.7.4 Handhabung der automatischen Parametereinfügung in Transaktionen

Ich habe etwas Interessantes zur Verwendung der **Refresh**-Methode der **Parameters**-Auflistung bei der Arbeit mit gespeicherten Prozeduren herausgefunden. Wenn **Refresh** aus einer Transaktion aufgerufen wird, sperrt der Datenprovider einige der Systemtabellen. Nach dem **Refresh**-Aufruf und innerhalb der Lebenszeit der betreffenden Transaktion führt das Aufrufen von **Refresh** aus einer anderen Anwendung zu einer Blockierung. Dies gilt auch für den SQL Enterprise Manager, wenn der Serverknoten erweitert wurde. Diese Blockierung kann bei den ADO 1.5-, den ADO 2.0- und den MSDASQL-Providern mit SQL 6.5 beobachtet werden. Auf die SQLOLEDB-Provider mit SQL Server 6.5/SQL Server 7.0 oder den MSDASQL-Provider mit SQL Server 7.0 scheint dies jedoch nicht zuzutreffen.

Der Grund für diese Blockierung ist die Rückgabe der mit der **Parameters**-Auflistung verknüpften Metadaten über die SQL Server-**TempDB**-Datenbank durch ODBC (wenn unter Verwendung des MSDASQL-Providers implementiert). Wird dieser Prozess in einer nicht übergebenen Transaktion gekapselt, wird jeder weitere Prozess, der versucht, eine Zeile in die **sysobjects**-Tabelle der **TempDB** einzufügen (z. B., um automatisch eine weitere **Parameters**-Auflistung aufzufüllen), blockiert, bis für die Transaktion ein Rollback oder Commit ausgeführt wird.

Berücksichtigen Sie, dass dies nur geschieht, wenn die **Parameters**-Auflistung automatisch **aus einer Transaktion heraus** aufgefüllt wird. Wird die **Parameters**-Auflistung manuell über die Clientanwendung aufgefüllt, wird kein zusätzlicher Serverabruf zum Erhalt der Parameterinformationen ausgeführt, und es werden keine Sperren in der **TempDB**-Datenbank erstellt. Eine weitere Umgehung dieses Problems stellt die Verwendung automatischer Auffüllvorgänge dar, verwenden Sie diese jedoch außerhalb des Transaktionsbereichs. In diesem Fall verursacht das Ausführen des **Command**-Objekts innerhalb der Transaktion keine übermäßige Blockierung in **TempDB**.

Ich bin ein großer Fan der Vermeidung von automatischen Auffüllvorgängen, da die Anwendung durch den zusätzlichen Serveraufruf zum Erhalt der Metadaten zur **Parameters**-Auflistung eine merkliche Leistungseinbuße erfährt.

7.7.5 Bereitstellen der Parameter für die gespeicherte Prozedur per Hand

Diejenigen unter Ihnen, die eine Migration von RDO vornehmen, sind vielleicht versucht, eigene **Call**-Anweisungen zu erstellen und die Parameter per Hand einzugeben. Ich weiß nicht, warum man noch den Wunsch verspüren sollte, derartig vorzugehen, aber für diejenigen, die einen besseren Weg zur Migration von RDO kennen lernen möchten, hier kommt er.

Anstatt den **CommandType** auf **adCmdStoredProc** zu setzen, können Sie es auch mit **adCmdText** versuchen. In diesem Fall müssen Sie entweder eine richtig formatierte **Call**-Anweisung oder den Namen der gespeicherten Prozedur mit verknüpften Parametern angeben. Dies erscheint mir relativ unsinnig, da dieses Vorgehen mehr Code und mehr Arbeit durch die Provider und Server erfordert (diese müssen entschlüsseln, was Sie ausführen möchten). Die **Call**-Anweisung wird auf die gleiche Weise formatiert wie in RDO.

Die Abfrageparameter können über verschiedene Verfahren bereitgestellt werden, von denen jede Vor- und Nachteile aufweist, beispielsweise die Fähigkeit, Prozeduren zu vereinfachen und Anwendungen zu skalieren. Obwohl die Verwendung des **Command**-Objekts die empfohlene Vorgehensweise darstellt, möchten Sie Ihre gespeicherten Prozeduren vielleicht mit Hilfe der **Call**-Anweisung oder durch das Erstellen von eigenem **CommandText** aufrufen. Sie können auf die folgende Weise Parameter an gespeicherte Prozeduren (oder gewöhnliche Ad-hoc-Abfragen) übergeben:

- **Als hartcodierte Argumente in einer SQL-Abfragezeichenfolge** In diesem Fall kann ADO die Parameterverwaltung nicht wirklich für Sie übernehmen – und andere Benutzer können darüber hinaus die Abfrage nicht verwenden, selbst dann nicht, wenn Sie den gleichen Suchlauf durchführen. Der eigentliche Nachteil besteht darin, dass zum Ändern der Parameter eine Neucodierung, Neukompilierung, ein erneutes Testen sowie eine erneute Bereitstellung der Anwendung durchgeführt werden muss.

```
MySPFindTitleByState 'CA'
```

- **Verwenden eines Fragezeichens (?) als Parameterplatzhalter in einer SQL-Anweisung** In diesem Fall beginnen Sie, die ADO-Fähigkeit zum Verwalten der Parameter zu aktivieren. Das einfache Einstellen der **CommandType**-Eigenschaft des **Command**-Objekts für die Abfragezeichenfolge leitet genügend Informationen an ADO und den Datenprovider weiter, um eine grobe **Parameters**-Auflistung zu erstellen. Ihr Code muss sich nicht mit eingebetteten oder zusätzlichen Anführungszeichen in den übergebenen Parametern befassen, da ADO und der Datenprovider dies für Sie übernehmen.

```
MySPFindTitlesByState  ?"
```

- **Verwenden von Fragezeichen (?) als Parameterplatzhalter in einem gespeicherten Prozeduraufruf, der Eingabe-, Ausgabe- oder Rückgabestatusargumente akzeptiert** Wir haben nun die nächste (aber noch nicht die höchste) Leistungsstufe beim Erstellen von Parameterabfragen erreicht. Bei der Ausführung einer gespeicherten Prozedur mit dieser **Call**-Syntax verwaltet ADO die Abfrage und die zugehörigen Parameter für Sie. Da ADO die Parameterhandhabung übernimmt, müssen Sie sich nicht um eingebettete oder zusätzliche Anführungszeichen kümmern. Die folgende in Anführungszeichen gesetzte Zeichenfolge wird der **CommandType**-Eigenschaft zugeordnet.

```
"{Call MySPFindTitlesByState (?)}"
```

- **Verwenden eines Fragezeichens (?) als Parameterplatzhalter in einem »DataEnvironment«-Objekt** Sie können auch mit Hilfe des Datenumgebungs-Designers Parameterabfragen erstellen. Durch diese Vorgehensweise können komplexe Aufgaben ausgeführt werden, die ansonsten den Codeumfang verdoppeln würden, und es können relativ komplexe SQL-Anweisungen für die Parameterabfragen erstellt werden, die gemeinsam genutzt werden können. Das heißt, wenn Sie ein **DataEnvironment**-Objekt erstellen, mit dem eine gespeicherte Prozedur (oder eine andere Abfrage) referenziert wird, können Sie diese mit anderen Entwicklern aus Ihrem Team gemeinsam nutzen. Dieser Ansatz setzt voraus, dass Sie Kapitel 11 zu den Visual Database Tools gelesen haben. In diesem Kapitel wird die Fülle von Problemen, Fehlern und Bugs beschrieben, die bei der Verwendung des Datenumgebungs-Designers auftreten.

Verwenden von Parametermarken

Jeder Abfrageparameter, der über ADO verwaltet werden soll, muss im Text der SQL-Anweisung durch ein Fragezeichen (?) markiert werden. Zum Ausführen einer Abfrage mit einem einzelnen Eingabeparameter würde die SQL-Anweisung in etwa so aussehen:

```
Select Publisher from Publishers Where State = ?
```

Falls erforderlich, können mehrere Parameter in die Abfrage eingebaut werden. Sie müssen hierbei jedoch einige Regeln einhalten, zu denen wir gleich kommen. Parameter können in einem Arbeitsschritt an verschiedene Abfragen übergeben werden, wenn Abfragen mit mehreren Resultsets erstellt werden. Sie können beispielsweise die folgende SQL-Anweisung zur Ausführung bereitstellen und hierbei erwarten, dass sämtliche der drei Parameter verwaltet werden.

```
Select Title from Titles
Where Description between ? and ?
Select Author from Authors where Author Like ?
```

Hier die versprochenen Richtlinien und Tipps für den Einsatz mehrerer Parameter:

- In Parameterabfragen können sowohl für Eingabe- als auch für Ausgabeparameter Fragezeichen als Platzhalter verwendet werden.
- Gespeicherte Prozeduraufrufe werden von Klammern umschlossen ({}), wie dargestellt im nachstehenden Codeabschnitt. Diese Zeichenfolge wird auf die **CommandType**-Eigenschaft angewendet. Fehler in der Aufrufsyntax führen nicht zwangsläufig dazu, dass die Prozedur nicht ausgeführt werden kann, ADO ist jedoch vielleicht nicht in der Lage, die Parameterpositionen oder -markierungen zu ermitteln.[6]

  ```
  { ? = Call MySP }
  ```

- Übergabe von Nullen: Viele gespeicherte Prozeduren erfordern oder ermöglichen die Übergabe von NULL als Eingabeparameter. Wenn Sie so vorgehen, kann die gespeicherte Prozedur den Standardwert ersetzen oder, anhand eines

6. Denken Sie daran, dass ADO die richtige Aufrufsyntax für Sie generieren kann.

unbekannten Übergabewertes eine geeignete Aktion durchführen. Es ist nichts Mysteriöses an der Übergabe von NULL – weisen Sie einfach der **Parameter Value**-Eigenschaft die Konstante **vbNull** zu.

ODBC-Aufrufsyntax

In Tabelle 7.1 wird die **Call**-Syntax von ADO[7] zusammengefasst, die in den Abfragen eingeschlossen werden muss, sofern nicht der Verbindungs-Designer verwendet wird, bei dem diese Aufrufsyntax für Sie erstellt wird. Sie benötigen, unabhängig von der Richtung, für jeden Parameter ein Fragezeichen (?).

Abfrageparameterkonfiguration	ODBC-Aufrufsyntax
Keine Parameter	`{Call My_sp}`
Alle Parameter markiert – Eingabe, Ausgabe, beides	`{Call My_sp (?, ?)}`
Einige Parameter markiert	`{Call My_sp (?, 'Y')}`
Abfrage gibt nur ein Rückgabestatusargument zurück	`{? = Call My_sp}`
Abfrage mit Prozeduraufruf	`{? = Call My_sp (?, ?, 'Y')}`

Tabelle 7.1 Handhabung von Parametern mit Hilfe der Aufrufsyntax

7.7.6 Verwendbare Parameter

Sie werden feststellen, dass die als Datentypen einsetzbaren Parameter sich nach dem verwendeten Provider richten. Sie können beispielsweise nicht immer den Datentyp TEXT oder IMAGE als Ausgabeparameter verwenden – obwohl die neuen Treiber in dieser Hinsicht sehr viel toleranter geworden sind. Falls Ihre Abfrage keine Parameter erfordert oder bei einem bestimmten Abfrageaufruf keine besonderen Parameter verwendet, können in der Abfrage keine Klammern verwendet werden. Wenn beispielsweise eine gespeicherte Prozedur keine Parameter erfordert, können Sie die folgende, in Anführungszeichen gesetzte Zeichenfolge an die **CommandType**-Eigenschaft übergeben:

```
"{ ? = Call MySP }"
```

Wenn Sie also eine gespeicherte Prozedur ohne Eingabeparameter ausführen, wird weiterhin eine **Parameters**-Auflistung erstellt, diese wird jedoch zum Erfassen der Rückgabewertparameter eingesetzt.

7. Diese »ADO«-Aufrufsyntax wurde ursprünglich für ODBC-Anwendungen entwickelt. Sie wird jetzt sowohl für ODBC- als auch für OLE DB-Schnittstellen eingesetzt.

Hier die zuvor erwähnten Regeln, die festlegen, womit, wann und wo Parameter verwendet werden können – dies jedoch nur, wenn Sie eigene **Call**-Anweisungen erstellen.

- Wenn Sie Abfragen übermitteln, die Ausgabeparameter zurückgeben, müssen diese Parameter am Ende der Liste der Abfrageparameter erscheinen.
- Obwohl es möglich ist, sowohl markierte als auch nicht markierte Parameter (Inlineparameter) bereitzustellen, müssen die Ausgabeparameter weiterhin **am Ende** der Parameterliste erscheinen. Dies bedeutet, dass die gespeicherte Prozedur so codiert werden muss, dass alle Ausgabeparameter am Ende der Parameterliste platziert werden.
- ADO 2.5 und frühere Versionen unterstützen für gespeicherte Prozeduren keine benannten Parameter. Sie können beim Aufrufen von gespeicherten Prozeduren mit Hilfe von **adCmdText** benannte Parameter verwenden, diese können jedoch über ADO nicht verwaltet werden. Diese Funktion wird erst von ADO 2.6 und höher unterstützt.
- Einige Provider (einschließlich des SQL Server-Providers) erfordern, dass alle Inlineparameter rechts neben markierten Parametern platziert werden müssen. Ist dies nicht der Fall, gibt ADO folgenden Fehler zurück: »Falsche Parameteranzahl.« Ein Inlineparameter ist ein Parameter, bei dem Sie anstelle der Verwendung einer Parametermarkierung ein Hartcodierung vornehmen oder den Parameter selbst bereitstellen.
- ADO unterstützt den BLOB-Datentyp als Parameter, und Sie können zur Übergabe der Datentypen TEXT oder IMAGE als Prozedurparameter die **AppendChunk**-Methode für das **Parameter**-Objekt einsetzen. Bei der Übergabe von BLOBs an Parameter muss der Datentyp auf **adLongVarChar** gesetzt werden.

Tipp Stellen Sie sicher, dass gespeicherte Prozeduren, die sich nicht in der aktuellen (Standard) Datenbank befinden, explizit angesprochen werden.

Anmerkung Alle gespeicherten Prozeduren geben einen Rückgabestatuswert zurück, ob Sie diesen anfordern oder nicht. Der Wert wird in der **Parameters**-Auflistung nur offen gelegt, wenn Sie dies anfordern, er wird jedoch in jedem Fall durch die gespeicherte Prozedur generiert. Ich gebe über dieses Prozedurargument einige nützliche Informationen zurück, beispielsweise **@@ROWCOUNT**.

7.8 Zugreifen auf veraltete Recordsets

Wenn Sie von einer früheren Version auf ADO 2.1 oder 2.5 aktualisieren, stellen Sie möglicherweise fest, dass Ihre alten Anwendungen nicht richtig zu funktionieren scheinen. In einigen Fällen erhalten Sie nicht lösbare Fehler, besonders bei der Arbeit mit dem Datenumgebungs-Designer, dem ActiveX-Datensteuerelement und dem Datenformular-Assistenten. Sämtliche dieser Visual Basic 6.0-Tools blieben nach der Änderung der Schnittstellen (der Struktur) im **Recordset**-Objekt durch das MDAC-Team zurück.

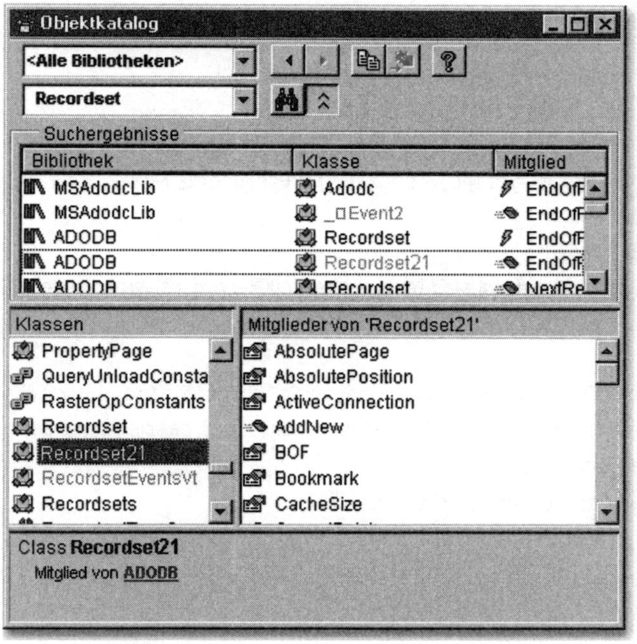

Abbildung 7.7 Klicken Sie mit der rechten Maustaste auf den Objektkatalog und wählen Sie »Ausgeblendete Mitglieder anzeigen«, um veraltete Objekte wie »Recordset21« anzuzeigen

Obwohl diese Probleme durch Visual Studio Service Pack 4 (SP4) beseitigt werden sollten, ist es in einigen Fällen erforderlich, diese Änderungen in Ihren Anwendungen über den Code zu umgehen. Nun, Sie haben Glück. Die ADO-Typbibliothek umfasst »veraltete« Schnittstellen für ältere Versionen des **Recordset**-Objekts. Diese können, zusammen mit anderen interessanten, hinter den Kulissen eingesetzten Schnittstellen angezeigt werden, wenn Sie den Objektkatalog von Visual Basic 6.0 so einstellen, dass »verborgene« Mitglieder angezeigt werden. Klicken Sie einfach mit der rechten Maustaste auf den Objektkatalog (Klicken Sie auf **Ansicht**, **Objektkatalog** oder drücken Sie F2), und klicken Sie dann auf **Ausgeblendete Mitglieder anzeigen**. Nach dieser Einstellung werden die **Recordset**-,

Recordset15-, **Recordset20**- und **Recordset21**-Schnittstellen angezeigt, wie dargestellt in Abbildung 7.7. Zur Verwendung dieser älteren (überholten) Schnittstellen deklarieren Sie Ihr **Recordset**-Objekt als eine dieser veralteten Schnittstellen.

Eine weitere Verwendungsmöglichkeit der veralteten Recordsets stellt deren Fähigkeit dar, ein Marshaling für ältere Clients durchzuführen. Wenn Sie beispielsweise über einen Client verfügen, auf dem ADO 2.0 ausgeführt wird, und auf Ihrem Server wird ADO 2.5 verwendet, können Sie dem Client ein **Recordset20**-Recordset senden. Nachfolgend eine Beispielroutine, mit der die ADO 1.5-Version eines Recordsets zurückgegeben wird.

```
Public Function ReturnRS(strConnect As String, _
                    strQuery As String) As ADODB.Recordset15
  ' Oder verwenden Sie diese Syntax für ADO 2.0 oder 2.5
  ' Public Function ReturnRS(strConnect As String, _
                    ' strQuery As String) As ADODB.[_Recordset15]
  Dim adoCon1 As New ADODB.Connection
  Dim adoRs1 As New ADODB.Recordset
  ' Setzen Sie die CursorLocation auf adUseClient, um ein ADORecordset zurückzugeben
  adoCon1.CursorLocation = adUseClient
  adoCon1.Open strConnect
  adoRs1.Open strQuery, adoCon1, adOpenStatic, adLockBatchOptimistic
  ' Das ADO-Recordset-Objekt kann hier nicht geschlossen, aber getrennt werden
  Set adoRs1.ActiveConnection = Nothing
  ' Zurückgeben des ADO-Recordset-Objekts an den Client
  Set ReturnRS = adoRs1
  adoCon1.Close
End Function
```

Anmerkung Der Code zum Implementieren des Recordsets ändert sich nicht, wenn Sie eine veraltete Schnittstelle verwenden. Bei dieser Vorgehensweise werden lediglich die Eigenschaften, Methoden und Ereignisse der gewählten Version offen gelegt, die vollständige Implementierung wird verborgen.

8 Übergeben von Resultsets zwischen Schichten

Nachdem Ihre Abfrage ausgeführt wurde, müssen noch mit Hilfe der im letzten Kapitel besprochenen Verfahren (beispielsweise ADO-**Command**-Objekte und die ODBC-API) die Abfrageergebnisse an die Routinen zurückgegeben werden, die die Abfrage initialisiert haben. Im vorliegenden Kapitel soll erläutert werden, wie die Rowsets zwischen den einzelnen Schichten weitergegeben werden.

Ich bin der Meinung, dass bei der Datenübergabe zwischen den Schichten weniger oft mehr ist. Da Sie erstens die Abfrage erstellt und zweitens auch die Datenbank und deren Tabellen definiert haben (oder zumindest deren Schema kennen), wissen Sie, wie die Daten zurückgegeben werden sollten. Ihnen muss in der Regel nicht erklärt werden, wie viele Spalten generiert wurden, welchen Datentyp die jeweiligen Spalten aufweisen, ob einzelne Spalten aktualisierbar sind oder nicht oder welche Tabellen zum Abrufen der Daten eingesetzt wurden. Obwohl all diese Informationen vielleicht für Kunden interessant sind, die nicht mit der Datenschicht vertraut sind, handelt es sich doch lediglich um Overhead, mit dem Schemainformationen beschrieben werden, die Sie genauestens kennen.

Der weitere Aspekt dieses DDL-Overkills (Data Description Language) ist, dass in einem typischen ADO-**Recordset**-Objekt nicht nur bei der ersten, sondern bei **jeder** Abfrageausführung dieselben DDL-Informationen wiederholt werden. Dies ist so, als würde man Kartoffelchips einzeln in kleine Tüten packen, auf denen Größe, Gewicht und Inhalt angegeben ist. Wäre es nicht toll, wenn man einfach nur die Daten abrufen könnte – und nicht die zusätzliche DDL? Vielleicht irgendwann einmal.

Auf der anderen Seite fordern einige Entwickler weitere Metadaten sowie die Fähigkeit, »spandex«[1]-Eigenschaften zu verwenden, komplexe Validierungsregeln zu binden usw. Wenn Sie Ihre Anwendung nur kompilieren und anschließend vergessen, sind weniger Metadaten gut für das Netzwerk. Für anpassbare Anwendungen ist DDL jedoch unverzichtbar. Selbstverständlich denkt die OLE DB-Schicht nicht einmal daran, die Übertragung und Zwischenspeicherung von Metadaten zu optimieren. Vielleicht irgendwann einmal ...

Ich komme gerade von der VBits 2000 (San Francisco), bei der erste Einblicke in Visual Basic/Visual Studio 7 gewährt wurden. Ich erwähne dies, weil Visual Basic 7.0 (wie SQL Server 2000) XML in die Arme schließt, als sei es die Antwort auf die alles entscheidende Frage »Was ist der Sinn des Lebens?«. Für diejenigen

1. Mit »spandex« meine ich die Fähigkeit, einem Feld zusätzliche Fähigkeiten zur Beschreibung, Klärung und Erweiterung der Metadaten hinzuzufügen.

unter Ihnen, die »42« nicht als Antwort akzeptieren, ist wahrscheinlich auch »XML« eine inakzeptable Antwort.

Dennoch, XML ist eine sehr leistungsstarke neue Technologie. Wird XML eines Tages ADO oder COM ersetzen oder Erdnussbutter und Marmeladenbrötchen? Obwohl sich XML vielleicht als ein Mittel zur übergreifenden Kommunikation zwischen Clients und Datenprovidern beweisen wird, bezweifle ich, dass es COM oder Erdnussbutter und Marmeladenbrötchen jemals ganz ersetzen wird. Erinnern Sie sich noch daran, dass wir alten Knacker HTML und ASP-basierte Visual Basic Script-Anwendungen zunächst auch etwas schief angesehen haben? Nun, XML hat das Potenzial, noch bedeutender zu werden. Bleiben Sie dran.

8.1 Pizzalieferung per LKW

Entwickler, die versuchen, Daten von einem Standort an einen anderen zu verschieben, sehen sich vielfältigen Auswahlmöglichkeiten gegenüber. Üblicherweise gehört zu diesen »Standorten« eine Komponente, die auf einem Server ausgeführt wird, und eine Remoteclientanwendung. So wie ich es sehe, gibt es bei der Datenübertragung verschiedene Schwierigkeiten, die der Entwickler zu bewältigen hat.

Die erste Schwierigkeit ist das zu verwendende Transportmittel. Häufig wird ein unverhältnismäßig großes Transportmittel für die jeweilige Situation gewählt – so als würde man mit einem riesigen LKW Pizza ausliefern. Es funktioniert zwar, könnte aber beängstigend auf den Kunden wirken, ganz zu schweigen von Nachbars Fiffi.

Das zweite Problem besteht darin, dass häufig viel mehr Daten an den Kunden ausgeliefert werden, als dieser verbrauchen kann, bevor sie (k)alt werden. Dies ist vergleichbar damit, dem Kunden schon mal die Pizzen zu liefern, die er nächste Woche bestellt.

Das dritte Problem hängt mit den anderen zusammen, ist jedoch komplexer. Entwickler und ausgewählte Schnittstellen haben damit begonnen, die Daten in Wrapper zu packen, mit denen die Informationen bis hin zum kleinsten Detail beschrieben werden. Dies ist so, als würden Sie eine Pizza erhalten, auf deren Packung der Pizzateig und jeder Pilz, jede Peperoni und jede Sardelle beschrieben und außerdem genauestens aufzeigt wird, wie diese gesammelt oder gefangen, verarbeitet und zubereitet wurden. Diese Technik ist geeignet, wenn Sie eine Pizza an Außerirdische ausliefern müssen, die vielleicht nicht wissen, was da auf sie zukommt und wie man eine Pizza isst.

Sehen wir uns deshalb diese Probleme und Auswahlmöglichkeiten genauer an. Zunächst muss der Typ der Daten betrachtet werden, die verschoben werden sollen. Wenn Sie lediglich einfache Daten an den Client zurückgeben möchten, ziehen Sie einen einfachen Ansatz in Betracht. Wenn Sie beispielsweise eine Zeichenfolge, ein »Ja« oder »Nein« oder eine Zahl zurückgeben möchten, benötigen Sie hierzu keine komplexen Datenstrukturen. Ja, komplexe Datenstrukturen sind nützlich, wenn der Client wissen muss, wie die Daten gehandhabt werden sollen, und nicht weiß, welche Daten er erwarten sollte. Sie sind auch praktisch, wenn vorgesehen ist, dass die Gegenstelle eine Datenaktualisierung durchführt. Wenn Ihre Kunden beispielsweise etwas heißes Italienisches bestellen, wäre es sinnvoll, eine Beschreibung, Anweisungen zum Aufwärmen sowie Hinweise zum Gewährleistungsausschluss beizufügen – es sei denn, Sie schicken einen verschwitzten Tenor.

Wenn Sie also ein ADO-**Recordset**-Objekt zum Definieren der übermittelten Daten benötigen, verwenden Sie ein Recordset. Es stehen jedoch Alternativen zur Verfügung, deren Erstellung, Übertragung und Analyse an der Gegenstelle möglicherweise einfacher ist. Visual Basic verfügt beispielsweise über verschiedene neue Erweiterungen, die Zeichenfolgen mit Trennzeichen handhaben können. Ein typisches Recordset kann zur Speicherung einiger Zeilen 100K belegen, wohingegen eine Zeichenfolge mit Trennzeichen sehr, sehr wenig Overhead aufweist – ein bis drei Extrazeichen pro Feld und zwei zusätzliche Zeichen pro Zeile.

Das Übertragen von Recordsets bedeutet, dass der Client über ADO in den Zeilen navigieren und nach dem Datenempfang eine Filterung und Sortierung sowie Suchläufe nach speziellen Zeilen durchführen kann. Diese Ansätze bringen uns jedoch gleich zum zweiten Problem. Warum Daten zurückgeben, die bereits (k)alt und abgestanden sind, wenn Sie den Kunden endlich erreichen? Bei der Arbeit mit statischen Daten (mit langen Lagerzeiten) kann das Senden zusätzlicher Daten sinnvoll erscheinen, wenn der Client diese Daten jedoch nie nutzt, haben Sie beim Sammeln, Packen und Übertragen der Daten Netzwerk-, Server- und Clientressourcen vergeudet. Viele erfolgreiche Anwendungen haben erkannt, dass das Übertragen von Zeilen genau zum richtigen Zeitpunkt (JIT, Just in Time) und nach Bedarf besser funktioniert als das simple Ablegen von 100 Pizzakartons an der Haustür.

Der folgende Text ist ein Beispiel für ein Resultset, das eine Zeichenfolge mit Trennzeichen enthält. Ich habe die Tabulatorzeichen aus Gründen der Übersichtlichkeit durch <tab> ersetzt. Wie Sie sehen können, erhalten wir ausschließlich Daten. Dieser Ansatz impliziert, dass Sie wissen, wie die angeforderten Daten aussehen werden.

```
3<tab>Boddie, John<tab>1947<tab>0-1355423-9-1<tab>1996<tab>0-1355423-9-
1<tab>Managing a Programming Project : People and Processes
244<tab>Vaughn, William<tab>1947<tab>1-5561590-6-4<tab>1995<tab>1-5561590-6-4
  <tab>Hitchhiker's Guide to Visual Basic & Sql Server
```

8.1.1 Wenn »Keine Sardellen, bitte« nicht ausreicht

Gelegentlich muss der Client in der Lage sein, eine Datenänderung vorzunehmen, und manchmal (aber nicht immer) ist ein aktualisierbarer Cursor erforderlich. In diesem Fall scheint das ADO-Recordset geeignet. Das ADO-**Recordset**-Objekt ist in vielerlei Hinsicht äußerst leistungsfähig. Es enthält eine Fülle von Informationen zu den Daten und deren Ursprung. Einige dieser Informationen können von Bedeutung sein, wenn die Daten an der ursprünglichen Quelle aktualisiert werden müssen. RDO (**rdoResultsets**) und ADO-**Recordset**-Objekte unterstützen außerdem das Konzept mehrerer Resultsets, d.h., Sie können eine komplexe gespeicherte Prozedur ausführen und ein, zwei oder zwanzig Resultsets zurückgeben und dabei ein automatisch angepasstes **Recordset**-Objekt zum Verweisen auf das erste und jedes folgende Resultset verwenden. Das ADO-**Recordset**-Objekt unterstützt außerdem eine Vielzahl von Eigenschaften zur Beschreibung unterschiedlicher Aspekte der Datenstruktur, wodurch es häufig möglich ist, die ursprüngliche Quelle der Daten zu ermitteln.

Einige Anwendungen benötigen noch allgemeinere Daten und weniger Binärdaten als ein ADO-Recordset, besonders, wenn die Aktualisierbarkeit nicht an erster Stelle steht. Dies ist der Punkt, an dem XML (Extensible Markup Language) ins Spiel kommt. XML wird als das neue Universalformat für Daten im Web gefeiert. XML ermöglicht Entwicklern das Beschreiben und Übermitteln komplexer, strukturierter Daten auf standardisierte, konsistente Weise, und dies von beliebigen Anwendungen aus. XML ist ein international anerkanntes Format für die Speicherung von Ergebnismengen bzw. Resultsets (Schema + Daten). XML definiert nicht nur die Daten und deren Struktur (selbst hierarchische Daten oder die Daten mehrerer Rowsets), sondern kann auch Datenänderungen speichern. Eine gut konzipierte XML kann durch eine beliebige Person in beliebiger Sprache an einem beliebigen Ort der Welt gelesen werden – vielleicht sogar in anderen Welten. Um es einfacher auszudrücken: XML ist eine weitere Form der Datenübertragung von A nach B, bei der Informationen zum Anzeigen, Ändern und Verwalten des Datensatzes angefügt werden. Zum Entschlüsseln einer XML-Datenstruktur ist nicht ADO, sondern lediglich ein XML-Parser erforderlich. Nein, eine XML-Datenstruktur enthält keine eingebaute Komponente, die Ihnen sagt, **woher** die Daten stammen, es wird lediglich mitgeteilt, wie die Daten aussehen, daher ist es schwierig, nur auf Grundlage eines XML-Datensatzes eine Aktualisierungsanweisung zu erstellen. Darüber hinaus werden Sie nicht darüber informiert, ob die Daten aus Tabelle X oder der gespeicherten Prozedur Y abgerufen wurden.

Bei der Arbeit mit ADO können Sie Recordsets in einem XML-Stream (in ADO 2.5) oder in einer Datei (in ADO 2.1 oder höher) speichern. Das **adPersistXML**-Format (alias **XMLData**) von ADO wird auch als kanonisches Format bezeichnet. Daher könnte die XML-Struktur wie die unten gezeigte Datenmenge oder eine beliebige andere gut strukturierte XML aussehen. ADO weiß jedoch, wie eine gut strukturierte XML gelesen werden muss – unabhängig von der Quelle.

XML-Datenstrukturen werden in Abschnitte unterteilt, mit der zunächst die Datenzeilen definiert werden – zumindest die Namen der Felder (Spalten) und deren Datentypen. Hierbei handelt es sich um den Abschnitt **</s:Section>**. Der folgende Abschnitt, **</rs:data>**, enthält die Daten. Jedes einzelne Field erhält Tags, daher werden in der Datenstruktur die Feldnamen immer und immer wiederholt – in jeder Zeile einmal[2].

```
<rs:data>
<z:row Au_ID="244" Author="Vaughn, William" Year_Born="1947" ISBN="1-
5561590-6-4" Year_Published="1995" Expr1="1-5561590-6-4" Title="Hitchhiker's
Guide to Visual Basic & Sql Server -- Fourth Edition (Book and Disk)" />
<z:row Au_ID="5386" Author="Viescas, John" Year_Born="1947" ISBN="1-5561519-
8-5" Year_Published="1989" Expr1="1-5561519-8-5" Title="Quick Reference
Guide to Sql" />
<z:row Au_ID="5386" Author="Viescas, John" Year_Born="1947" ISBN="1-5561523-
7-X" Year_Published="1990" Expr1="1-5561523-7-X" Title="dBASE IV (Program-
mer's Quick Reference Series)"
</rs:data>
```

So erhalten Sie eine gewisse Flexibilität, da sie einen XML-Datensatz theoretisch so definieren können, dass jede Zeile unterschiedliche Felder enthält. Mehrere Resultsets werden von Visual Basic oder ADO derzeit jedoch (noch) nicht unterstützt.

Es sollte erwähnt werden, dass ADO im Schemaabschnitt genügend Informationen speichert, um die richtigen UPDATE-Anweisungen für eine **UpdateBatch**-Operation zu erstellen – dies ermöglicht Ihnen das Bearbeiten des Recordsets und, falls nötig, das Zurücksenden an den Server, damit die Änderungen übergeben

2. Obwohl dies hinsichtlich des erzeugten Netzwerkverkehrs skandalös erscheinen mag, ist das Haupttransportprotokoll von XML HTTP, das seit Version 1.1 über eine systemeigenen Komprimierung verfügt, mit der derartiger Overhead erheblich reduziert wird.

werden (dies natürlich nach dem Rücksetzen von **ActiveConnection**). In Wirklichkeit handelt es sich bei einem im XML-Format gespeicherten Recordset immer noch um ein Recordset, nicht mehr und nicht weniger.

Mein Standpunkt ist, dass Entwickler Lösungen erstellen sollten, bei denen eine geeignete Packmethode verwendet, geeignete Inhalte und eine geeignete Menge nützlicher Informationen bereitgestellt werden. Senden Sie nicht mehr Daten als nötig – nicht mehr Felder oder DDLs oder Zeilen, als der Kunde in einer Sitzung verwenden kann. Dies bedeutet, dass Sie mit dem Fahrrad fahren sollten, wenn die Pizzeria in der Nähe liegt, und dass Sie auf die Sardellen verzichten sollten.

8.2 Grundlegendes zum Marshaling von Recordsets

Wenn Sie Daten von einer Schicht zu einer anderen transportieren möchten oder Sie das Ziel haben, dass ADO-Objekte von mehreren Threads gemeinsam genutzt werden, sollten Sie wissen, welche Aufgaben COM (Component Object Model) und ADO hinter den Kulissen ausführen. Durch dieses Verständnis erkennen Sie auch, welche Optionen verfügbar sind bzw. welche Beschränkungen bei der Verwendung von ADO in der mittleren Schicht gelten.

Das COM-Marshaling umfasst zwei Konzepte:

- Datenübergabe von einem Prozess oder Thread zu einem anderen
- Synchronisierung von Threads, die auf ein COM-Objekt zugreifen

Bei der Übergabe von Recordsets von einem Standort an einen anderen verhält sich ADO unter Umständen sehr unterschiedlich. Dies hängt davon ab, ob Daten zwischen Threads oder Bestandteilen Ihrer eigenen Anwendung (innerhalb eines einzelnen Prozesses) oder mit Hilfe einer COM-Verbindung (oder DCOM) zwischen zwei separaten Prozessen verschoben werden sollen. Untersuchen wir die verschiedenen Formen des ADO-Marshaling und das entsprechende Verhalten in diesen Umgebungen – innerhalb eines Prozesses und zwischen Prozessen.

8.2.1 Standardmäßiges ADO-Marshaling

ADO bietet standardmäßig das COM-Standardmarshaling. Dies bedeutet, dass ADO standardmäßige OLE-Automatisierungstypen für die zugehörigen Argumente verwendet, und Schnittstellenzeiger können prozessübergreifend übergeben werden, ohne dass ein besonderer Standardcode für das Marshaling erforderlich ist. Ein COM-Server kann beispielsweise ein **Connection**- oder **Recordset**-Objekt an einen Client zurückgeben, und der Schnittstellenzeiger des ADO-Objekts kann prozessübergreifend übergeben werden (mit anderen Worten, Sie können einen Verweis an das Objekt übergeben). Methodenaufrufe der Schnittstelle verursachen einen Aufruf vom Client an das vorhandene serverseitige ADO-Objekt.

Im prozessinternen Szenario spezialisiert ADO das Marshaling seiner Objekte durch Verwendung des COM-FTM (Free-Threaded Marshaler, Verwendung über **CoCreateFreeThreadedMarshaler**). Obwohl ADO also standardmäßig für das Threading nach dem Apartmentmodell aktiviert ist, umgeht ADO die Apartmentregeln mit dem Free-Threaded Marshaler und hat direkten Zugang auf beliebige ADO-Objektschnittstellen zwischen den verschiedenen Threads. Es findet keine COM-Synchronisierung statt, da ADO threadsicher ist und selbst für die nötige Synchronisierung sorgt. Daraus folgt, dass ADO für prozessinterne Szenarios kein COM-Marshaling durchführt.

8.2.2 Jenseits des Standardmarshaling

Das ADO-Standardmarshaling ist für viele, nicht jedoch für alle Szenarios ausreichend. Beim prozessübergreifenden Standardmarshaling kann die Leistung beeinträchtigt werden, da eine Anwendung für jeden Aufruf des ADO-Objekts einen prozessübergreifenden Aufruf startet. Im Sinne der Leistung wäre es günstiger, wenn alle Daten eines Recordsets an den Client zurückgegeben werden. Nachfolgende Aufrufe, beispielsweise ein Abruf, wird lokal auf dem Client statt auf dem COM-Server ausgeführt, auf dem das Recordset erstellt wurde.

ADO stellt solche Mechanismen für das **Recordset**-Objekt bereits zur Verfügung. Zur Rückgabe eines **Recordset**-Objekts von einem Server und dem Marshaling des Recordsets zum Client geben Sie für die **CursorLocation**-Eigenschaft des **Recordset**-Objekts den Wert **adUseClient** an. Über den **adUseClient**-Wert wird das **Recordset**-Objekt angewiesen, die Clientcursorengine zu verwenden, mit der alle Datensätze (Records) des Recordsets zwischengespeichert werden. Immer wenn ein Recordset mit gesetztem **adUseClient**-Wert über Prozessgrenzen hinaus weitergeleitet wird, wird im empfangenden Prozess ein **Recordset**-Objekt (das ebenfalls die Clientcursorengine verwendet) erstellt und mit den gesendeten Datensätzen aufgefüllt. Zu diesem Zeitpunkt wird das Recordset im Hinblick auf die Datenbankverbindung als »getrennt« oder »ohne Verknüpfung« bezeichnet. Die Datenbankverbindung wird bei Angabe von **adUseClient** nicht mit den Recordsetdaten übermittelt.

Wenn Sie also sicherstellen möchten, dass ADO Kenntnis von der geplanten Übergabe des Recordsets an eine andere Schicht hat, sollten Sie **ActiveConnection** auf **Nothing** setzen, wie in Kapitel 6 erläutert. Durch Einstellen der **ActiveConnection**-Eigenschaft auf **Nothing** wird ADO signalisiert, den Auffüllvorgang abzuschließen, damit sämtliche der betroffenen Zeilen zu Mitgliedern werden, bevor das Recordset an Sie freigegeben und an einen beliebigen Standort gesendet wird.

Mit **adUseClient** übergeben Sie immer die Daten des Recordsets, wenn Sie das Recordset prozessübergreifend senden. Dieser Vorgang wird üblicherweise als

»Übergabe als Wert« (passing by value) bezeichnet. Ohne **adUseClient** wird das Standardmarshaling verwendet, wobei nur ein Verweis auf das ADO-**Recordset**-Objekt prozessübergreifend übergeben wird – dieser Vorgang wird im Allgemeinen als »Übergabe als Verweis« (passing by reference) bezeichnet.

8.2.3 Beschränkungen der Recordsetübergabe als Wert

Werden ADO-**Recordset**-Objekte als Wert übergeben, führt die Clientcursorengine ein prozessübergreifendes Marshaling der Recordsetdaten durch. Das im empfangenden Prozess neu erstellte ADO-**Recordset**-Objekt »hängt« sich einfach an das im Cache der Clientcursorengine gespeicherte Recordset an.

Hierbei gibt es jedoch eine Reihe von Problemen. Da nicht für das ADO-Recordset, sondern für das zugrunde liegende OLE DB-**Rowset** (die Daten und Metadaten) ein Marshaling durchgeführt wird, werden die Eigenschaften des **Recordset**-Objekts **nicht** übertragen. Dies bedeutet, dass Eigenschaften wie **Filter**, **Sort** und **ActiveConnection** nicht von einem zum anderen Prozess übertragen werden. Daher ist eine üblicher Trugschluss, dass durch Setzen der **Filter**-Eigenschaft eines Recordsets nur die gefilterten Datensätze prozessübergreifend übergeben werden. Stattdessen werden alle ursprünglichen Datensätze der Abfrage übergeben. Darüber hinaus wird die Cursorposition beim Marshaling auf den Anfang des Recordsets gesetzt – im empfangenden Prozess wird ein neues ADO-**Recordset**-Objekt erstellt und an das übergebene Rowset gehängt, wodurch der Cursor am ersten Datensatz platziert wird. Der aktuelle Cursorzeiger geht verloren.

Daher sollten Sie als Faustregel nicht erwarten, dass für die Recordseteigenschaften ein prozessübergreifendes Marshaling durchgeführt wird. Der Vorteil ist, dass das Marshaling des ADO-**Recordset**-Objekts wenig Aufwand bedeutet, da nur die Metadaten (Tabellenname(n), Spaltenname, Datentypen sowie einige Flags) und Datensatzdaten übergeben werden.

8.2.4 Prozessexternes Marshaling

Wird über eine Schicht eine Änderung an einem **Recordset**-Objekt vorgenommen, ist es oft sinnvoll, nicht das ganze Rowset, sondern nur die Änderungen zu übertragen (per Marshaling). Des Weiteren ist es ein Unterschied, ob über Ihren Code ein prozessübergreifendes Marshaling durchgeführt wird oder nicht. Wie Sie wissen, wird beim Testen einer Komponente, die als Klasse innerhalb einer Visual Basic-Anwendung codiert ist, diese prozessintern ausgeführt. Läuft die Komponente in einem anderen ausführbaren Programm, findet eine prozessexterne Ausführung statt. Im vorliegenden Abschnitt soll die Übergabe eines Recordsets an eine andere Schicht untersucht werden – aus Ihrem Prozess heraus.

Wenn Sie ein ADO-**Recordset**-Objekt prozessintern übergeben, übergeben Sie einen Verweis auf ein Objekt im Speicher, unabhängig von der Einstellung der **CursorLocation**-Eigenschaft. Wenn Sie ein ADO-**Recordset**-Objekt prozessextern übergeben, werden die ADO-Bibliotheken in beiden Prozessen geladen[3]. Die ADO-Bibliotheken übergeben die im Recordset gespeicherten Informationen vom ersten Prozess an den zweiten Prozess. Im Prozess konvertiert ADO das Recordset in das ADTG-Format (Advanced Data Table Gram) und verringert so den Netzwerkoverhead. Jeder Prozess verfügt nun über eine eigene Kopie des **Recordset**-Objekts und nicht lediglich über einen Verweis auf das anfängliche Objekt. Dies bedeutet, dass durch die Datenkopien der Schichten die Änderungen an der jeweiligen Gegenstelle nicht widergespiegelt werden.

Sehen wir uns einige Beispiele an – zunächst die Datenübergabe von einem Server an einen Client. Diese Datenübergabe wird durch einen Clientaufruf an die MTS-Komponentenmethode erreicht, mit der ein Recordset zurückgegeben wird. Hierbei könnte es sich auch um eine Webseite handeln, die ein Recordset zurückgibt (oder eine XML-Zeichenfolge oder einen XML-Stream – darüber sprechen wir aber noch in Kapitel 9).

```
Public Function GetAuthorsByISBN(ISBN as String) as Recordset
Dim rs as ADODB.Recordset
' Führen Sie die erforderlichen Schritte zum Abrufen der Recordsetzeilen aus ...
Set GetAuthorsByISBN = Rs
End Function
```

Angenommen, Sie rufen diese Methode anhand des folgenden VB-Clientcodes **prozessextern** auf:

```
Dim rs as Recordset
Set rs = oServer.GetAuthorsByISBN(txtISBN.Text)
' Führen Sie die erforderlichen Schritte zum Anzeigen und Bearbeiten (hinzufü-
gen, ändern, löschen) von Recordsetzeilen aus ...
```

In diesem Fall wird das serverseitige Recordset nicht bearbeitet.

Jetzt sind wir bereit für Phase zwei. Wir müssen die Änderungen an den Server senden, damit dieser zur Übernahme der Änderungen das Recordset erneut mit der Datenquelle verbinden kann. Die Übernahme der Änderungen an der Datenquelle wird durch die Microsoft Transaction Server-Komponente (MTS) durchgeführt.

```
Public Sub SaveAuthor (ByVal Rs as Recordset)
On Error GoTo ErrorHandler
Dim Cn as ADODB.Connection
```

3. Stellen Sie sicher, dass auf beiden Übertragungspartnern (Client und Server) kompatible ADO-Versionen (2.0 mit 2.1 oder 2.1 mit 2.5) geladen sind.

```
Set Cn = New Connection
Cn.Open "provider=sqloledb;data source=(local);initial catalog=mydb",
"admin", "pw"'
Set Rs.ActiveConnection = Cn
' Und über UpdateBatch werden die Änderungen in der Datenbank übernommen --
oder es wird zumindest der Versuch unternommen…
Rs.UpdateBatch
Exit sub
ErrorHandler:
 ' Yada yada yada…
End Sub
```

Wenn Sie keinen »Yada«-Prozessor besitzen, müssen Sie hier robuste Fehlerbehandlungsroutinen für die Kollisionsverwaltung einfügen.

Was, wenn Sie fünfzig Zeilen senden und der Client nur eine ändert? Muss ADO dann den ganzen Plunder wieder zurücksenden? Nein – Sie können ADO anweisen, nur die Änderungen zurückzusenden, um diese auch an der Datenquelle vorzunehmen. Auf diese Weise wird Prozessorzeit und Netzwerkbandbreite eingespart. Und wie kann dies erreicht werden? Das ADO-**Recordset**-Objekt legt die **MarshalOption**-Eigenschaft offen. Wenn Sie **adMarshalModifiedOnly** verwenden, kopiert ADO nur die aktualisierten und neuen Datensätze. Wenn Sie **adMarshalAll** angeben, werden alle Daten kopiert. Das ist einfach.

Die Lesezeichen-, Filter- und Sortierungsinformationen bestimmen nicht, welche Datensätze prozessübergreifend übermittelt werden. Unabhängig von den aktuellen Einstellungen der **Filter**-Eigenschaft werden alle Zeilen des Recordsets übergeben. Im Ergebnisrecordset ist der erste Datensatz der aktuelle Datensatz, unabhängig davon, ob im anderen Prozess ein Lesezeichen gesetzt wurde. Der Wert der **Sort**-Eigenschaft des sendenden Prozesses wird nicht an das Ergebnisrecordset übertragen.

8.2.5 Leistung beim Marshaling

Das primäre Mittel zur Bewirkung einer Leistungsverbesserung beim Marshaling besteht darin, die Menge der in beide Richtung gesendeten Daten zu beschränken. Der Server sollte nur die unbedingt benötigten Zeilen und Spalten zurückgeben, wenn überhaupt Zeilen zurückgegeben werden müssen. Es gibt viele Situationen, in denen Zeilen nicht wirklich erforderlich sind und das Übergeben von Variablen vollständig ausreicht. Sendet der Client Daten für die Aktualisierung an den Server, ist es wichtig, dass nur die Änderungen gesendet werden. Andernfalls wäre es so, als ob Sie Ihre Ehefrau nach einer Telefonnummer fragen und diese Ihnen gleich das Telefonbuch an den Kopf wirft.

Sehen wir uns die verschiedenen Optionen beim Senden und Empfangen von Daten zwischen verschiedenen Schichten an. Im ersten Szenario wird vorausgesetzt, dass mehr als ein Wertesatz gesendet werden muss. In diesem Fall senden Sie üblicherweise ein Recordset, da dieses für die Handhabung mehrerer Zeilen (Sätze) mit zueinander in Beziehung stehenden Werten (Spalten) konzipiert ist. Im zweiten Szenario betrachten wird die Übertragung einzelner Sätze an Datenwerten, beispielsweise solche, die von den OUTPUT-Parametern einer gespeicherten Prozedur zurückgegeben werden.

Übergeben von Datensätzen

Das ADO-**Recordset**-Objekt bietet auf Clientseite umfangreiche Funktionalität, erfordert jedoch das Einspielen aller Metadaten (DDL) an den Client. Wenn Sie ein **Recordset**-Objekt an den Client übergeben, erhalten Sie automatisch Zugriff auf ein erweitertes Objektmodell, mit dem eine vielfältige Datenbearbeitung, beispielsweise Datenshaping, Offlinesortierung, Filterung und automatische Aktualisierungen des Backends vorgenommen werden können, sofern die Metadaten umfangreich genug sind. Zu den Metadaten gehören Spaltennamen und Aliasse, Datentypen, Genauigkeit oder Skalierung, Informationen zu primären und Fremdschlüsseln, Basistabelleninformationen, Aktualisierungsinformationen usw. Sehen wir uns einige der Richtlinien bezüglich der Marshalingleistung an. Sicher, einige dieser Punkte wurden bereits erwähnt, aber wie Sie sich denken können, sind all diese Faktoren bei der Erstellung einer Hochleistungsanwendung oder -komponente eng miteinander verflochten.

- Wenn Ihre Anwendung die durch ein Recordset bereitgestellte Flexibilität und Strukturtiefe bieten soll, muss unter allen Umständen ein Recordset übergeben werden. Wenn sich Ihre Anwendung beispielsweise an ändernde Datenstrukturen anpassen soll, werden die aktuellsten Struktur- und Schemaänderungen stets durch die Metadaten in einem Recordset reflektiert. Ihre Anwendung kann so codiert werden, dass eine automatische Anpassung an diese Änderungen erfolgt. Wenn Sie keine Änderungen erwarten oder einen schlankeren Ansatz wählen, der auf einem stabilen (nicht angreifbaren) Schema beruht, stellt das Übertragen der Metadaten einen unnötigen Luxus dar.
- Die beste Methode zum Übergeben effizienter Recordsets besteht in der Erstellung kleiner, zielgerichteter Recordsets. Seien Sie beim Schreiben der SELECT-Anweisung vorsichtig, um sicherzustellen, dass das Recordset nur die benötigten Zeilen und Spalten enthält. Wie bereits gesagt, sollte SELECT * auf jeden Fall vermieden werden. Wählen Sie nur die Spalten aus, die für die betreffende Abfrage von Bedeutung sind. Stellen Sie sicher, dass über die WHERE-Klausel der Abfrage nur die Zeilen angesprochen werden, die Sie **jetzt** benötigen, nicht

jedoch die, die Sie in 10 Minuten abrufen möchten. Die Zeilenanzahl sollte im Allgemeinen nicht mehr als ein paar Hundert betragen.

- Vergessen Sie nicht, die **MarshalOptions**-Eigenschaft zu setzen, damit gewährleistet ist, dass nur die bearbeiteten Zeilen vom Client zur Übernahme an den Server gesendet werden.
- Übergeben Sie keine BLOBs (Binary Large Objects) von einer Schicht zu einer anderen, sofern dies vermieden werden kann. In jedem Fall sollten Sie BLOBs nur für spezielle Grafiken oder Objekte übergeben – vermeiden Sie den Einschluss einer BLOB-Spalte in einem Recordset mit mehreren Zeilen. Ziehen Sie statt dessen den Einsatz alternativer Transportmittel wie beispielsweise Intranet oder Dateifreigaben in Betracht.
- Zur Vermeidung eines Metadatenoverheads für ein Recordset können Sie ein anderes Datenformat wählen, beispielsweise .csv, **Variant**-Arrays oder Arrays vom benutzerdefinierten Typ (UDT, User-Defined Data Types). Jedes dieser Formate weist unterschiedliche Pseudometadaten auf, die von Visual Basic gehandhabt werden können, jedoch nicht die Vielseitigkeit einer vom Recordset gespeicherten DDL besitzen. Sie können mit diesen Formaten beispielsweise eine Typdefinition aus einem **Variant** auslesen, es handelt sich jedoch nur um eine grobe Definition. In den meisten Fällen müssen Sie sich daher auf die Disziplin (sie haben von diesem Begriff gehört, oder?) innerhalb Ihrer Organisation verlassen – die Disziplin, die einen Entwickler daran hindert, eine Datenstruktur zu ändern, ohne die übrigen Mitglieder eines Teams über diesen Schritt zu informieren. Wenn Ihre Organisation häufig kunden- oder geschäftsbedingte Änderungen durchführen muss, ist dieser Ansatz möglicherweise problematisch. In den guten alten Zeiten war dies eine standardmäßige Vorgehensweise – keine Änderungen ohne Zustimmung des Vorgesetzten.

Wenn Sie ein Marshaling für eine CSV-Datei[4] oder ein sicheres Array (eine weitere Form eines multiplen Datensatzes) durchführen, werden die Metadaten des Recordsets vom Marshaling ausgenommen. Trotzdem können Sie eine Menge mit den Daten auf dem Client anfangen. Die Recordsetfeatures zum Anzeigen, Filtern, Sortieren oder Beschädigen der Daten sind nicht verfügbar. Dies ist jedoch in Ihrer Situation vielleicht gar nicht erforderlich. Bei großen Recordsets ist das Marshaling nicht sehr kostenintensiv, bei kleinen Recordsets dagegen kann der Anteil der Metadaten im Vergleich zu den Daten und CSVs/sicheren Arrays unproportional hoch liegen.

4. CSV (Comma Separated Values): Ein beliebtes Akronym für einen Datensatz, der als Trennzeichen Kommata enthält. Diese werden jedoch im Unicode-Format gespeichert, wodurch sich der im RAM (und auf der Festplatte) belegte Speicherplatz verdoppelt.

Wenn Sie zum Marshaling der Daten XML verwenden, richtet sich die Marshalingmethode auch hier danach, ob auf dem Client Metadaten benötigt werden oder nicht. Müssen alle Metadaten übertragen werden, wird bei Einsatz von XML mehr Speicherplatz belegt als bei Verwendung des binären Protokolls – es handelt sich hierbei jedoch lediglich um etwa 50 Prozent. Das Marshaling von Recordsets unter Verwendung des binären ADO-Formats und XML wurde getestet, da XML eine gute Komprimierung aufweist, ist der Unterschied hinsichtlich Größe oder Leistung nicht erheblich.

8.3 Übergeben nicht verbundener Recordsets

ADO vereinfacht durch Bereitstellen des **Recordset**-Objekts das Übergeben von Daten zwischen Schichten. Im Gegensatz zu RDO und DAO kann ADO ein völlig eigenständiges **Recordset**-Objekt erstellen. Nachdem das Recordset an eine andere Schicht übergeben wurde (auf der ebenfalls ADO ausgeführt wird), wird die Wiederherstellung des Recordsets automatisch durchgeführt.

Zum Erstellen eines eigenständigen (nicht verbundenen) Recordsets im Code gehen Sie folgendermaßen vor:

1. Erstellen Sie das **Recordset**-Objekt (wie gewohnt) mit der Bibliothek für Client/Stapelaktualisierungs-Cursor – setzen Sie die **CursorLocation**-Eigenschaft des **Connection**- oder **Recordset**-Objekts auf **adUseClient**, bevor diese geöffnet werden.
2. Setzen Sie die **LockType**-Eigenschaft auf **adLockBatchOptimistic**.
3. Führen Sie Ihre Abfrage aus, und setzen Sie nach dem Öffnen des Recordsets die **ActiveConnection**-Eigenschaft auf **Nothing**. Auf diese Weise wird ADO gezwungen, das Auffüllen des Recordsets abzuschließen und das Recordset von der Verbindung freizugeben. Weitere Operationen für das Recordset erfordern keinen Zugriff auf die Datenbank. Nein, Sie müssen die Verbindung nicht schließen, nachdem Sie das **Recordset**-Objekt übergeben haben.

Zu diesem Zeitpunkt können Sie das **Recordset**-Objekt von einer Schicht zu einer anderen übergeben, vorausgesetzt, die Zielschicht weist eine kompatible ADO-Version auf (z.B. 2.1 SP2 und 2.5). Da ADO mit Microsoft Office, dem Internet Explorer, Visual Studio und einer Menge anderer Anwendungen installiert wird, stehen die Chancen, dass ADO vorhanden ist, relativ gut. Der Zielcode kann auf übliche Weise Änderungen am Recordset vornehmen (vorausgesetzt, das Recordset ist aktualisierbar).

Tipp Wenn Sie sich nicht sicher sind, ob das Recordset aktualisierbar ist, kann dies (im Code) leicht über die **Support**-Methode geprüft werden.

```
If rs.Supports (adAddNew) Then ...
```

Anmerkung Wird über **Support** der Wert **True** zurückgegeben, handelt es sich um ein aktualisierbares Recordset. Ich erhielt immer wieder nur ein schreibgeschütztes Recordset, obwohl ich alle Eigenschaften richtig eingestellt hatte. Das dachte ich jedenfalls. Es stellte sich heraus, dass ich in der **Recordset.Open**-Methode ein Komma vergessen hatte. Nach dem Wechsel auf benannte Argumente wurde das richtige Argument an die **Open**-Methode übergeben, und das Recordset konnte aktualisiert werden.

Nachdem Sie das Recordset an die aufrufende Schicht zurückgegeben haben, kann der Code in dieser Schicht mit dem Recordset zusammenarbeiten, als sei das Recordset dort erstellt worden – wenigstens bis zu einem gewissen Grad. Alle Hinzufügeoperationen, Änderungen und Löschvorgänge werden im Recordset auf der Zielschicht gespeichert. Gehen Sie folgendermaßen vor, wenn Sie Änderungen an den zugrunde liegenden Datenbanktabellen zur Übernahme senden müssen.

1. Übergeben Sie das geänderte Recordset an eine Schicht zurück, die Zugriff auf die Datenbank hat.
2. Stellen Sie die Verbindung zur Datenquelle wieder her, indem Sie die **ActiveConnection**-Eigenschaft auf eine bereits geöffnete Verbindung einstellen.
3. Verwenden Sie die **UpdateBatch**-Methode.

Der Code für Server- und Clientseite folgt in den nächsten zwei Abschnitten.

8.3.1 Der Code für die Serverseite

Über diesen Code wird ein neues Recordset ohne Nutzung eines **Command**-Objekts erstellt. Die Abfrage wird durch Verkettung der einzelnen Eingabeparameter erstellt, abgeschlossen durch den **Like**-Ausdruck. Nach der Erstellung wird die **ActiveConnection**-Eigenschaft auf **Nothing** gesetzt, um das **Recordset**-Objekt von der Verbindung zu trennen. Nein, der **Set**-Operator wird nicht verwendet – dieser ist zu zeitaufwendig und nicht erforderlich. Weisen Sie lediglich der **ActiveConnection**-Eigenschaft den Wert **Nothing** zu.

```
Public Function GetRecs(Author As String) As Recordset
Dim rs As Recordset
OpenConnection
Set rs = New Recordset
With rs
    .CursorLocation = adUseClient
    .CursorType = adOpenStatic
```

```
    .LockType = adLockBatchOptimistic
    .Open "select Au_id, Author, Year_Born " _
& " from authors where author like '" & Author & "' ", _
       cn, Options:=adCmdText
    .ActiveConnection = Nothing
End With
cn.Close
Set GetRecs = rs
End Function

Private Function OpenConnection()
Set cn = New Connection
cn.Open "Provider=SQLOLEDB.1;Integrated Security=SSPI;" _
& "Initial Catalog=biblio;Data Source=betav2"
End Function
```

Über den folgenden einfachen Code werden die Änderungen auf das Recordset angewendet. Die durch den Client vorgenommenen Änderungen werden in das Recordset selbst eingebettet. In diesem Code fehlt eine Fehlerbehandlungsroutine zur Handhabung von Kollisionen. Dieses Thema wird in Kapitel 7 besprochen.

```
Private cn As Connection
Public Function PostChanges(rs As Recordset) As Integer
OpenConnection
Set rs.ActiveConnection = cn
rs.UpdateBatch
cn.Close
End Function
```

8.3.2 Der Code für die Clientseite

Der clientseitige Code sieht folgendermaßen aus. Die gesamte Anwendung, einschließlich client- und serverseitigem Code, steht im Verzeichnis **Passing Recordsets** auf der Begleit-CD zur Verfügung.

Ich verwende eine Reihe von Aufzählungen (**Enum**), um die einzelnen **Field**-Objekte des Recordsets sowie die **TextBox**-Steuerelementarrays zuzuordnen. Dies erhöht nicht nur die Lesbarkeit, sondern unterstützt auch die zuvor besprochene Leistung.

```
Dim rsLocal As Recordset
Enum fldRs
```

```
    AuID
    Author
    Year_Born
End Enum
Enum idxText
    Add
    Update
    Delete
End Enum
Enum idxTab
    Query
    Add
    Update
    Delete
End Enum
```

Die folgende Routine dient dem Abrufen des Recordsets von der Serverseite oder einer anderen Komponente. Da vor dem Ausführen der Abfrage geprüft werden muss, ob noch ausstehende Änderungen vorhanden sind (denn diese Änderungen würden verworfen), müssen verschiedene Schritte durchgeführt werden, mit denen ermittelt wird, ob das Recordset vorhanden und geöffnet ist und ob der Bearbeitungsmodus weiterhin unverändert vorliegt.

```
Private Sub cmdQuery_Click()
If rsLocal Is Nothing Then
    ElseIf rsLocal.State = adStateOpen Then
        If rsLocal.EditMode = adEditNone Then
        rc = MsgBox("If you requery now, changes will be lost. " _
& "Press OK to continue or Cancel to keep current records.", _ vbOKCancel +
vbCritical, "Request to requery")
        If rc = vbOK Then
        Else
            Exit Sub
        End If
    End If
End If
```

Wenn ermittelt wurde, dass keine noch ausstehenden Änderungen vorliegen (oder es uns nicht interessiert, ob diese durchgeführt werden oder nicht), führen wir die Abfrage aus und übergeben die Filterzeichenfolge, die in die Abfrage auf dem Server eingefügt wird:

```
Set rsLocal = GetRecs(txtFilter)
```

Nachdem das Recordset zurückgegeben wurde, kann dieses an **MSHFlexGrid** übergeben werden, da die Tabelle »weiß«, wie die Anzeige erfolgen muss. Die Spalten müssen ein wenig optimiert werden, da über die Tabelle die Breite nicht ganz richtig eingestellt wird. Dies fällt unter Verwendung der **TextWidth**-Funktion jedoch nicht schwer. Der folgende Code sorgt für die Ausführung dieser Aufgabe:

```
If rsLocal.EOF Then
   MsgBox "No rows returned"
   Set MSHFlexGrid1.Recordset = Nothing
Else
   Set MSHFlexGrid1.Recordset = rsLocal
   MSHFlexGrid1.Col = fldRs.AuID
   MSHFlexGrid1.ColWidth(fldRs.Author) = _
   TextWidth(String(Len(rsLocal(fldRs.Author)), "M"))
End If
```

Handelt es sich um ein aktualisierbares Recordset, aktivieren wir die Bestandteile des Registerkartensteuerelements, die Schaltflächen und Dialogfelder zur Änderungensteuerung für das Recordset enthalten:

```
If rsLocal.Supports(adAddNew) Then
   fraAdd.Enabled = True
...
```

Über die Änderungsroutinen wird sichergestellt, dass die ausgewählten Zeilen gelöscht oder aktualisiert werden oder eine neue Zeile hinzugefügt wird. Die Routinen sorgen auch für eine Farbänderung, um die vorgenommenen Änderungen optisch sichtbar zu machen. Auf diese Weise wird der Benutzer daran erinnert, dass es sich um temporäre Änderungen handelt – die nicht in der Datenbank gespeichert sind.

Die folgende Löschroutine bestätigt die Operation und wendet die **Delete**-Methode auf das Recordset an. Gelöschte Tabellenzeilen werden in Rot markiert, um anzuzeigen, dass sie nicht länger verfügbar sind.

```
Private Sub cmdDelete_Click()
rc = MsgBox("Press OK to confirm deletion of this record or Cancel to abort.",
vbOKCancel + vbCritical, "Request to delete record")
If rc = vbOK Then
   rsLocal.Delete
End If
Setcolor (255)
End Sub
```

Die nachfolgend gezeigte Routine zum Hinzufügen validiert die neuen Daten und initiiert anhand der **AddNew**-Methode eine **Add**-Operation. Die neuen Daten werden von den Textfeldern aus zur Übernahme weitergeleitet, und über die **Update**-Methode werden die neuen Zeilen im Speicher abgelegt. Die Änderungen werden erst auf die Datenbank angewendet, wenn das Recordset an den Server zurückgesendet wird, aber soweit sind wir noch nicht.

```
Private Sub cmdAdd_Click()
Dim rc As Integer
If ValidateAuthor(idxText.Add) Then
    fraAdd.Enabled = False
    rsLocal.AddNew
    rsLocal(fldRs.Author) = txtAuthor(idxText.Add)
    rsLocal(fldRs.Year_Born) = txtYear_Born(idxText.Add)
    rsLocal.Update
    txtAuthor(idxText.Add) = ""
    txtYear_Born(idxText.Add) = ""
    fraAdd.Enabled = True
End If
```

Im folgenden Codebeispiel wird der Tabelle eine neue Zeile hinzugefügt, die in der Farbe Grün angezeigt wird. Da wir den primären Schlüssel nicht kennen, wird dieser einfach als **»??«** angezeigt.

```
With MSHFlexGrid1
    .Rows = .Rows + 1
    .Row = .Rows - 1
    .Col = fldRs.AuID: .Text = "??"
    .Col = fldRs.Author: .Text = rsLocal(fldRs.Author)
    .Col = fldRs.Year_Born: .Text = rsLocal(fldRs.Year_Born)
    .Setcolor (&HFFFF00)
End With
End Sub
```

Denken Sie daran, dass diese einfache Anwendung aus einem Dialogfeldsteuerelement mit Registerkarten abgeleitet wird. Der nächste Codeabschnitt wird unterhalb der **Update**-Operation für dieses Steuerelement eingebettet. Wenn der Benutzer die Registerkarte **Update** auswählt, wird die ausgewählte Zeile in verschiedenen Textfeldern angezeigt. Änderungen, die an diesen Feldern vorgenommen werden, werden auf das lokale Recordset angewendet, wenn auf die **cmdUpdate**-Schaltfläche geklickt wird, jedoch nur dann, wenn die Inhalte der Textfelder validiert wurden.

```
Private Sub cmdUpdate_Click()
Dim rc As Integer
If ValidateAuthor(idxText.Update) Then
    fraUpdate.Enabled = False
    rsLocal(fldRs.Author) = txtAuthor(idxText.Update)
    rsLocal(fldRs.Year_Born) = txtYear_Born(idxText.Update)
    rsLocal.Update
    fraUpdate.Enabled = True
    '   Aussehen der Tabelle dem Recordset anpassen
```

Nachdem das Recordset geändert wurde, kopieren wir die Änderungen in die ausgewählte Tabellenzeile zurück, damit die Tabelle mit dem aktuellen (RAM-basierten) Recordset übereinstimmt, wie im nachstehenden Code gezeigt wird. Wir zeigen die Zeile in der Farbe Gelb an, um zu kennzeichnen, dass es sich um Zwischenwerte handelt, die noch nicht in der Datenbank gespeichert wurden.

```
    With MSHFlexGrid1
        .Col = fldRs.Author
        .Text = txtAuthor(idxText.Update)
        .Col = fldRs.Year_Born
        .Text = txtYear_Born(idxText.Update)
    End With
    Setcolor (&HFFFF&)
End If
End Sub
```

Übernehmen der Recordsetänderungen in der Datenbank

Wenn der Benutzer sich dazu entscheidet, die Änderungen in der Datenbank zu übernehmen, wird das Recordset über die folgenden Routinen zusammengefasst und an die zuvor besprochene serverseitige Komponente übergeben. Ja, auch hier wird Code zur Kollisionsermittlung benötigt. Dieses Thema wurde in Kapitel 7 besprochen, erinnern Sie sich noch?

```
End Sub
Private Sub cmdPostChanges_Click()
rc = PostChanges(rsLocal)
cmdQuery_Click      ' Zeilen für die Tabellensynchronisierung erneut abrufen
End Sub
```

8.4 Übergeben von Zeichenfolgen und Zeichenfolgenarrays

Eine gute Alternative zur Verwendung von Recordsets kann das einfache Zurückgeben von Zeichenfolgen durch den Server darstellen. Diese Vorgehensweise macht jedoch die Durchführung von Aktualisierungen für die zugrunde liegenden Daten schwieriger – schwieriger, aber nicht unmöglich. In Fällen, in denen die Aktualisierung nicht anhand von Cursorn vorgenommen wird, spielt dies keine Rolle. Wenn Sie beispielsweise über eine komplexe Abfrage verfügen – zu komplex für ADO, um die Aktualisierbarkeit zu handhaben –, müssen Sie auf eine »manuelle« Aktualisierungsstrategie zurückgreifen. Dies ist häufig der Fall, wenn das Resultset aus gespeicherten Prozeduren erzeugt wird, besonders aus denen mit komplexen oder mehreren Resultsets. Derartige Situationen werden häufig mit Hilfe von gespeicherten Prozeduren gehandhabt, die zur Verarbeitung von Aktualisierungen konzipiert wurden. Sie müssen die Parameter zur Übergabe des primären Schlüssels selbst erstellen, damit diese funktionieren – ADO kann diese Aufgabe nicht (wie bei der Arbeit mit Recordsets) übernehmen.

Anmerkung Denken Sie bei dieser Strategie daran, dass der Datenobjekt-Assistent den zur Ausführung der gespeicherten Prozeduren (gespeichert oder Ad-hoc) erforderlichen Code sowie den zum Erstellen von benutzerdefinierten Steuerelementen für die Anzeige und Erfassung von Benutzeränderungen benötigen Code generieren kann. Der Datenobjekt-Assistent kann die Implementierung dieses Entwurfs auf unkomplizierte Weise vornehmen.

Bei der Arbeit mit zeichenfolgenbasierten Resultsets müssen Sie außerdem berücksichtigen, dass sich Visual Basic (wie bereits besprochen) bei der Handhabung von Zeichenfolgen notorisch ungeschickt anstellt. Wenn Sie die Zeichenfolgen Feld für Feld von Visual Basic analysieren lassen müssen, weichen Sie auf einen Recordsetansatz aus, bei dem die Feldverwaltung für Sie durchgeführt wird. Sie werden nicht in der Lage sein, eine mehrzeilige Zeichenfolge in eine Tabelle einzufügen, solange sie diese zuvor nicht ordnungsgemäß formatiert haben.

8.4.1 Auffüllen einer Tabelle mit einer Zeichenfolge im Clip-Format

Zur Umgehung der Visual Basic-Beschränkungen hinsichtlich der Zeichenfolgenanalyse können Sie eine Zeichenfolge mit Trennzeichen im Clip-Format erstellen, die direkt an ein Steuerelement mit Unterstützung der **Clip**-Eigenschaft übergeben werden kann (beispielsweise **MSHFlexGrid**). Das Einrichten der Tabelle ist jedoch ein wenig ermüdend. Im folgenden Beispiel wird die Vorgehensweise bei dieser Aufgabe veranschaulicht, für diejenigen unter Ihnen, die es versuchen möchten. Ein weiterer Punkt hierbei ist dieser: Sie möchten als erste Zeile der Zeichenfolge mit Trennzeichen vielleicht die Spaltennamen einfügen, daher werden für das **Grid**-Steuerelement die Überschriften eingefügt. Dieser Code erwartet diese Vorgehensweise. Ich habe für dieses Beispiel die **FixedRows**-Eigenschaft auf 1 und die **Rows**-Eigenschaft auf 5 gesetzt.

```
Sub FillGrid(strParm As String)
With MSHFlexGrid1
    .Clear
    .Row = 0
    .ColSel = 1
    .RowSel = 4
    .Clip = strParm
    .Row = 1
    .ColWidth(0) = TextWidth(String(Len(.Text), "M"))
    .RowSel = 1
End With
End Sub
```

Wenn über ADO aus den Daten des Resultsets eine Zeichenfolge mit Trennzeichen erstellt werden soll, können Sie hierzu die **GetString**-Methode einsetzen – diese ähnelt der **GetClipString**-Methode in RDO. Die **GetString**-Methode ist flexibler als die Version von RDO, weist jedoch einen entscheidenden Nachteil auf – es ist nicht für die ordnungsgemäße Einbettung der Zeichenfolgen in Anführungszeichen gesorgt. Dies bedeutet, dass die Zeichenfolgenelemente von **GetString** nicht in Anführungszeichen eingeschlossen, sondern lediglich durch ein ausgewähltes Trennzeichen abgetrennt werden. Wenn Ihre Zeichenfolge demnach über eingebettete Trennzeichen verfügt (standardmäßig beispielsweise Tabulatoren), führt dies zu einer Verwirrung bei ADO, und das Resultset für die Zeichenfolge mit Trennzeichen wird nicht ordnungsgemäß erstellt. Abgesehen von dieser Einschränkung ist **GetString** (laut einiger durch das MDAC-Team durchgeführten Tests) im Vergleich zu einer manuellen Durchführung der gleichen Operationen im Code fünfmal schneller.

Sie werden außerdem feststellen, dass ADO nicht versucht, binäre Felder in Zeichenfolgen umzuwandeln. Wenn Sie eine Spalte mit einem Foto Ihres Kunden auswählen, gibt ADO bei dem Versuch, dieses in eine Zeichenfolge zu konvertieren, einfach eine Null zurück. Wenn Sie XML betrachten, werden Sie feststellen, dass ADO binäre Felder in das entsprechende Unicode-Äquivalent konvertiert.

Hier ist ein Beispiel zur Erstellung einer Clip-Zeichenfolge im Code. In diesem Fall führen wir eine Abfrage zur Rückgabe der Autoren zu einer ausgewählten ISBN aus.

```
Public Function GetAuthors(ISBN) As String
Const Headers As String = "Author" & vbTab & "Year Born" & vbCr
Dim strData As String
Dim i As Integer
OpenConnection
Set rs = New Recordset
rs.Open "SELECT Authors.Author, Authors.Year_Born " _
        & " FROM Authors INNER JOIN Title_Author _
        & ON Authors.Au_ID = Title_Author.Au_ID " _
        & " WHERE (Title_Author.ISBN = '" & ISBN & "' )", _
        cn, adOpenForwardOnly, adLockReadOnly, adCmdText
If rs.EOF Then
   GetAuthors = ""
   Exit Function
Else
   strData = rs.GetString(adClipString, -1, , , "<null>")
   GetAuthors = Headers & strData
End If
cn.Close
End Function
```

Beachten Sie, dass die Zeile **strData =** (ein paar Zeilen weiter oben) die **GetString**-Methode mit Hilfe der standardmäßigen (Tabulatoren) Trennzeichen für Felder und **vbCr** (0x0D) für Zeilen verwendet. Darüber hinaus übergeben wir immer dann die Zeichenfolge **<null>**, wenn kein Wert angegeben ist, wenn z.B. das Geburtsjahr nicht bekannt ist.

Meine Tests zeigen, dass etwa nach dem Empfang der ersten 12 Zeilen die Kosten der Zeichenfolgenübergabe erheblich ansteigen – im Hinblick auf die Beanspruchung von Zeit, Speicher, LAN und Geduld. Den größten Zeitaufwand scheint die Handhabung der Zeichenfolge mit Trennzeichen zu verursachen, wenn Sie die Zeichenfolge Element für Element verarbeiten müssen. Sie müssen sich außerdem mit den eingebetteten umgebenden Anführungszeichen und weiteren Details für Zeichenfolgentrennzeichen auseinandersetzen, beispielsweise wenn die Zeichenfolge die Zeichen enthält, die Sie als umgebende Anführungszeichen verwenden. Dies ist das typische »O'Malley«-Problem.

Denken Sie daran, dass Sie es bei der Arbeit mit dem Web und ASP (Visual Basic Script) nicht wirklich mit Zeichenfolgen zu tun haben – sie arbeiten mit **Variant**-Werten, die Zeichenfolgen enthalten. Diese können noch langsamer sein.

Letztlich werden Sie feststellen, dass es weitaus schneller ist, einzeilige Resultsets über eine einfache Zeichenfolge mit Trennzeichen zu übergeben als einzeilige Recordsets (oder Recordsets mit wenigen Zeilen) zu senden. Wenn Sie auf eine Abfrage lediglich ein einfaches »Ja« oder »Nein« zurückgeben müssen, wäre es unsinnig, ein vollständiges Recordset für die Datenübergabe einzusetzen.

8.5 Übergabe von Ausgabeparametern anstelle von Rowsets

Angenommen, es stände eine Technik zur Verfügung, die keine Erstellung eines Recordsets erfordert, aber dennoch das Zurückgeben von Argumenten ermöglicht, die von ADO verwaltet werden? Nun, wenn Sie eine Abfrage übermitteln, die anstelle von Rowsets OUTPUT-Parameter zurückgibt (wie durch SELECT-Anweisungen generiert), müssen Sie ADO nicht anweisen, überhaupt ein Recordset zu erstellen. Sie müssen jedoch eine gespeicherte Prozedur zum Erzeugen der OUTPUT-Parameter sowie ein ADO-**Command**-Objekt zur Verwaltung derselben schreiben.

Der Nachteil hierbei ist, dass dieser Ansatz nicht besonders geeignet ist, wenn mehr als eine Zeile vorhanden ist, auf die die angegebenen Kriterien zutreffen. Wenn also durch die Abfrage ein **Satz** Ergebnisse zurückgegeben wird, müssen Sie die Ergebnisse einem einzelnen Satz OUTPUT-Parameter in der gespeicherten Prozedur zuweisen (entweder dies, oder Sie greifen auf ein Rowset zurück), anschließend erstellen Sie zur Handhabung des Rowsets ein Recordset, ein benutzerdefiniertes oder ein **Variant**-Array.

Wenn Sie, wie z. B. bei einer Abfrage nach einem speziellen Schlüssel, mit einer einzelnen Zeile auskommen, lesen Sie weiter. Das Codebeispiel in den folgenden zwei Abschnitten zeigt, wie ein ADO-**Command**-Objekt erstellt wird, das sowohl Eingabe- als auch Ausgabeparameter akzeptiert und das, wie das Recordset im vorangegangenen Beispiel zur Übergabe von Zeichenfolgen und Zeichenfolgenarrays, gleichzeitig an eine andere Schicht übergeben werden kann.

8.5.1 Der Code für die Serverseite

Auf der serverseitigen Schicht werden zwei Routinen bereitgestellt, eine zum Ausfüllen der clientseitigen Auswahlliste der ISBNs, die andere zur Ausführung einer auf den ausgewählten ISBNs basierenden Abfrage.

Im ersten Fall erstellen wir ein cursorloses Resultset und geben dieses an den Client zurück, wo die Zeilen dazu eingesetzt werden, ein **ComboBox**-Steuerelement zu füllen:

```
Private cn As Connection
Dim rs As Recordset

Public Function GetISBNs() As Recordset
OpenConnection
Set rs = New Recordset
rs.CursorLocation = adUseClient
rs.Open "select top 50 ISBN from Titles", cn, adOpenStatic, _
adLockReadOnly, adCmdText
Set rs.ActiveConnection = Nothing
Set GetISBNs = rs
cn.Close
End Function
```

Über die zweite Routine wird ein ADO-**Command**-Objekt zur Ausführung einer gespeicherten Prozedur erstellt, bei der ein einzelner Eingabeparameter zur Rückgabe von zwei Ausgabeparametern führt. Die **Command.Parameters**-Auflistung wird (unter einigen Schwierigkeiten) manuell erstellt, um die Laufzeitleistung zu verbessern (in diesem Fall nicht die Entwicklerleistung). Dieser Code ist an die Stabilität der gespeicherten Prozedur gebunden – werden die Argumente der gespeicherten Prozedur geändert (Zahl, Position oder Datentyp), funktioniert der Code nicht mehr.

Nach Ausführung der Abfrage wird das **Command**-Objekt an die Clientschicht zurückgegeben. Edward (mein technischer Editor) bekam einen kleinen Wutanfall angesichts der von mir verwendeten Methode, und prinzipiell muss ich ihm zustimmen. Das Übergeben von **Command**-Objekten zwischen zwei Schichten ist eine hässliche Sache. Ja, es geht – es ist nur nicht besonders effizient, und Edward wird Ihnen nicht helfen, wenn Sie den Entwicklersupport anrufen. Beachten Sie, dass im folgenden Code **adExecuteNoRecords** verwendet wird, um die Erstellung eines **Recordset**-Objekts zu verhindern. Nach der Übergabe wird das lokale **Command**-Objekt verworfen – es muss jedes Mal erstellt werden, es sei denn, Sie können den Status auf dem Server aufrechterhalten (was unwahrscheinlich ist, wenn eine Skalierung der Komponente vorgesehen ist).

```
Public Function GetRecs(ISBN As String) As Command
Dim cmd As Command
Dim RecordsAffected As Integer
OpenConnection        ' Unsere eigene Routine zum Öffnen der Verbindung
```

```
Set cmd = New Command
With cmd
  .CommandText = "FetchTitleByISBN"
  .CommandType = adCmdStoredProc
  .Parameters.Append .CreateParameter("ISBNWanted", adVarChar, adParamInput, 20)
  .Parameters.Append .CreateParameter("Title", adVarChar, adParamOutput, 255)
  .Parameters.Append .CreateParameter("Year_Published", adSmallInt, adParamOutput, 2)
  .ActiveConnection = cn
  .Execute RecordsAffected, ISBN, adExecuteNoRecords
End With
cn.Close
Set GetRecs = cmd
End Function
```

Eine zweite Variante des vorstehenden Ansatzes stellt das Zurückgeben eines benutzerdefinierten Typs dar, mit dem zwei Variablen zur Rückgabe von Titel und Erscheinungsjahr definiert werden. Die folgende Version weist erheblich weniger Overhead als das Zurücksenden des gesamten **Command**-Objekts auf.

```
Public Function GetRecs(ISBN As String) As udtParms
Dim cmd As Command
Dim RecordsAffected As Integer
Dim outParms As udtParms
OpenConnection
Set cmd = New Command
With cmd
  .CommandText = "FetchTitleByISBN"
  .CommandType = adCmdStoredProc
  .Parameters.Append .CreateParameter("ISBNWanted", adVarChar, adParamInput, 20)
  .Parameters.Append .CreateParameter("Title", adVarChar, adParamOutput, 255)
  .Parameters.Append .CreateParameter("Year_Published", adSmallInt, adParamOutput, 2)
  .ActiveConnection = cn
  .Execute RecordsAffected, ISBN, adExecuteNoRecords
cn.Close
outParms.Title = .Parameters(1)        ' Titel
outParms.YearPublished = .Parameters(2)         ' Erscheinungsjahr
End With
GetRecs = outParms
End Function
```

8.5.2 Der Code für die Clientseite

Auf dem Client werden zwei sehr einfache Routinen verwendet. Mit der ersten Routine wird die Auswahlliste der **ComboBox** gefüllt. So werden Fehler vermieden, die durch die Eingabe falscher ISBN-Nummern durch den Benutzer entstehen. In diesem Fall rufen wir **GetISBNs** auf, eine serverseitige Komponente, die einen Firehosecursor (**FO/RO CacheSize = 1**) mit ISBNs der ersten 50 Zeilen der Titeltabelle zurückgibt. Diese wird zur Auswahl gültiger ISBNs aus der Titeltabelle eingesetzt.

```
Private Sub cmbISBNs_GotFocus()
Dim rsLocal As Recordset
If cmbISBNs.ListCount = 0 Then
    Set rsLocal = GetISBNs
    Do Until rsLocal.EOF
        cmbISBNs.AddItem rsLocal(0)     ' ISBN
        rsLocal.MoveNext
    Loop
    cmbISBNs.ListIndex = 0
End If
End Sub
```

Die zweite Routine ruft die serverseitige Komponente **GetRecs** auf und übergibt die ausgewählte ISBN. Im nachstehenden Beispiel wird das gesamte **Command**-Objekt zurückgesendet, anschließend picken wir die zwei Ausgabeparameter aus dem Clientcode heraus. Warum übergeben wir nicht einfach beide Argumente? Das wäre in diesem Fall sinnvoller…

```
Private Sub cmbISBNs_Click()
Dim cmdLocal As Command
Set cmdLocal = GetRecs(cmbISBNs.Text)
txtTitle = cmdLocal.Parameters(0)         ' Titel
txtYearPublished = cmdLocal.Parameters(1)    ' Erscheinungsjahr
End Sub
```

Es kommt mir so vor, als sei der vorstehende Ansatz auch weniger effizient als das einfache Zurücksenden der zwei Werte als benutzerdefinierter Typ. Die folgende Variante zeigt, wie das Ziel unter Verwendung einer allgemein definierten Typstruktur (**udtParms**) erreicht wird.

```
Private Sub cmbISBNs_Click()
Dim inParms As udtParms
inParms = GetRecs(cmbISBNs.Text)
txtTitle = inParms.Title
txtYearPublished = inParms.YearPublished
End Sub
```

8.6 Übergabe von »Variant«-Arrays

Da ADO auch weiß, wie aus Recordsets **Variant**-Arrays generiert werden, genau so, wie Zeichenfolgen mit Trennzeichen generiert werden können, **könnte** es sinnvoll sein, ein Array mit den abzurufenden Zeilen zu erstellen. Das Ergebnis meiner (und Edwards) Tests war jedoch sehr enttäuschend. Berücksichtigen Sie die folgenden Fakten:

- **Variant**-Arrays geben Unicode-Zeichenfolgen zurück. Dies bedeutet, dass jede Zeichenfolge auf dem Server in ein 16-Bit-pro-Zeichen-Format konvertiert wird, bevor eine Übermittlung an den Client erfolgen kann.
- Viele der an den Benutzer zurückgegebenen Pakete werden aus nicht näher bezeichneten Gründen mit dem Text »User« versehen.
- Die Anzahl der zurückgegebenen Pakete ist beinahe dreimal so hoch wie bei einem unverbundenen Recordset mit den gleichen Daten. Zum Teil beruht diese Differenz auf den **VarChar**-Feldern des Recordsets, die als 8-Bit-Zeichen übergeben werden, nicht als 16-Bit-Zeichen.

Die Zahlen für diesen Test bringen Klarheit: Für das **Variant**-Array wurden 87 Rahmen und 94.388 Byte benötigt, während für das Recordset 34 Rahmen und 23.406 Byte erforderlich waren.

Wenn Sie entscheiden, trotz unserer Testergebnisse ein **Variant**-Array zurückzugeben, werde ich Sie nicht daran hindern – im Gegenteil, ich zeige Ihnen, wie Sie vorgehen müssen. Die **GetRows**-Methode für das Recordset wird dazu verwendet, aus den Datenzeilen ein **Variant**-Array zu erstellen. Wie bei einer Zeichenfolge mit Trennzeichen erhalten Sie jedoch die Feldnamen erst, wenn Sie diese an das Array hängen oder separat übergeben. Sie erzielen eine bessere Elementhandhabung, da die einzelnen Arrayelemente (die Recordsetfelder) mit einigen DDL-Informationen versehen werden, die Visual Basic dabei unterstützen, den Inhalt der einzelnen Elemente zu verstehen. Sie können auch durch Verwenden der Funktionen **UBound** oder **LBound** für das Array herausfinden, wie viele Zeilen und Felder sich im Array befinden – falls Sie dies nicht genau wissen.

Obwohl **Variant**-Arrays zunächst weniger Overhead erzeugen als ein Recordset, verbrauchen sie mehr Ressourcen als Zeichenfolgen oder Zeichenfolgenarrays. **Variant**-Arrays legen jedoch Zeichenfolgenfelder, numerische und binäre Felder offen. Dies kann hilfreich sein, wenn Sie ermitteln möchten, wie ein binärer Wert in einem Arrayelement gehandhabt werden soll. Sie könnten beispielsweise versuchen, ein Bild in ein **Variant**-Arrayelement zurückzugeben. Was würden Sie jedoch mit der Grafik tun, nachdem dieses in Ihrem Visual Basic-Programm angekommen ist? Die Steuerelemente **Image** und **Picture** können ausschließlich dateibasierte Bilder (oder **PropertyBag**-Elemente) darstellen. Sie müssen herausfinden, wie binäre Bits in eine Datei (und zurück) gespeichert werden. Wenn Sie jedoch clever sind, könnten Sie herausfinden, wie ein Datenquellensteuerelement (beispielsweise das ADO-Datensteuerelement) zur Lösung dieses Problems beiträgt. Mir erscheint es einfacher, die Bilder von vornherein in einer Datei zu speichern.

Ein weiterer Punkt – als ich die Tests durchführte, um zu ermitteln, wie viele Pakete durch die verschiedenen Datenzugriffsmethoden erzeugt werden (Recordsets im Vergleich zu **Variant**-Arrays im Vergleich zu Zeichenfolgen mit Trennzeichen im Vergleich zu benutzerdefinierten Typen im Vergleich zu **PropertyBags**), fand ich heraus, dass **Variant**-Arrays fast dreimal so viel Netzwerkressourcen wie Recordsets belegen. Eine wichtige Entscheidung hinsichtlich der Architektur sollte immer unter Berücksichtigung der Netzwerklast getroffen werden.

8.6.1 Der Code für die Serverseite

Über den folgenden Code wird das durch eine SELECT-Abfrage generierte Recordset verarbeitet. Es wird zunächst geprüft, ob Zeilen zurückgegeben wurden, da **GetRows** nur dann eingesetzt werden kann, wenn Zeilen vorhanden sind. Die Routine gibt das **Variant**-Array an die Clientschicht zurück. Werden keine Zeilen zurückgegeben, wird das **Variant**-Array auf **Empty** gesetzt.

```
If rs.EOF Then
   vData = Empty
Else
   vData = rs.GetRows(-1)
End If
GetAuthors = strData
```

8.6.2 Der Code für die Clientseite

Dieser clientseitige Code extrahiert Zeilen aus dem **Variant**-Array und wendet diese auf eine Tabelle an. Beachten Sie, dass wir die **UBound**-Funktion zum Ermitteln der Anzahl zurückgegebener Zeilen und Spalten verwenden. Denken Sie daran, dass die **Variant**-Arrayelemente umgekehrt referenziert werden. Das heißt, das Array wird folgendermaßen indiziert: **MyVariantArray(Spalte, Zeile)**. Durch dieses Codebeispiel werden außerdem die Spaltenüberschriften manuell eingefügt.

```
Sub FillGrid(varParm As Variant)
Dim i As Integer, j As Integer
With MSHFlexGrid1
    .Clear
   .Cols = UBound(varParm, 1)
    .Rows = 5
    .Row = 0
    .Col = 0
    .Text = "Author"
    .Col = 1
    .Text = "Year Born"
      For i = 1 To UBound(varParm, 2) ' Schleife durch das zurückgegebene Resultset
          .Row = i
          For j = 0 To UBound(varParm, 1) - 1
              .Col = j
              .Text = "" & varParm(j, i)
          Next j
       Next i
       .Row = 1
       .Col = 0
       .ColWidth(0) = TextWidth(String(Len(.Text), "M"))
    End With
End Sub
```

8.7 Übergabe benutzerdefinierter Strukturen

Das Erstellen und Übergeben einer benutzerdefinierten Struktur ist eine weitere Technik, die zur Rückübermittlung von Informationen von der mittleren Schicht oder zwischen den Modulen in Ihrer Anwendung eingesetzt werden kann. Benutzerdefinierte Strukturen verwenden den **Type**-Operator zur Beschreibung der übergebenen Variablen. Auf dem Client wird eine identische **Type**-Deklaration zur Spiegelung der Struktur eingesetzt. Tatsächlich sollten die **Type**-Deklarationen als öffentlich (**Public**) in einer öffentlichen Klasse deklariert werden. Auf diese Weise wird die Definition sowohl vom Client als auch von der Anwendung erkannt, die **Type** verwendet. Der Vorteil bei der Verwendung benutzerdefinierter Strukturen liegt darin, dass **nur** die Struktur übermittelt werden kann – im Gegensatz zu einem Recordset oder XML oder (in gewissem Umfang) einem **Variant**-Array wird keine zusätzliche DDL übermittelt.

Wie bei ähnlichen Ansätzen (beispielsweise bei der Verwendung von Zeichenfolgen mit Trennzeichen) müssen Sie auch hier eigene Aktualisierungsoperationen erstellen. Dies bedeutet, dass Sie wissen müssen, wie eine WHERE-Klausel erstellt wird, die auf die zu aktualisierenden Zeilen verweist, oder wie Sie eine geeignete gespeicherte Prozedur ausführen, die diese Aufgabe für Sie erledigt.

Ein weiteres Problem bei der Verwendung benutzerdefinierter Strukturen liegt in der Handhabung von mehreren Zeilen. Individuelle Strukturelemente speichern die Daten einer einzelnen Zeile, beispielsweise einzelne Kunden oder Teile. Zur Speicherung mehrerer Zeilen müssen Sie ein Array der in der **Type**-Deklaration beschriebenen Vorlagenstruktur deklarieren. Nach dem Datenempfang muss die Struktur entschlüsselt werden, Zeile für Zeile, indem die richtigen Elemente in den passenden Spalten einer Tabelle oder eines anderen Steuerelements platziert werden.

Eine typische **Type**-Anweisung sieht folgendermaßen aus:

```
Type objCustomer
   ID as Long
   Name as String
   Address as String
   Phone as String
   Photo as Variant
End Type
```

Das Einstellen der Werte für individuelle Kundenobjekte wird in zwei Schritten vorgenommen. Zunächst müssen Sie mit Hilfe des **Type**-deklarierten Datentyps das **Customer**-Objekt deklarieren.

```
Dim MyCust as objCustomer
Dim MyCustArray() as objCustomer
```

Wenn Sie aus der Struktur ein Array erstellen, bilden Sie einfach eine Arraydeklaration, bei der auf den über **Type** deklarierten Datentyp verwiesen wird. Die Dimension (Größe) des Arrays – die Anzahl der Zeilen – wird üblicherweise an anderer Stelle festgelegt. Die Komponente, die das Array mit Daten füllt, passt die Arraygröße üblicherweise der Anzahl abgerufener Zeilen an. Aufgrund dieser Tatsache deklarieren Sie die Clientseite des Arrays, ohne dessen Grenzen festzulegen. Der zweite Schritt besteht darin, die Werte im Objekt festzulegen.

```
With MyCust
.ID = 22
```

```
.Name ="Fred"
   .Address="123 Silly Street"
   .Phone="Unlisted"
End With
```

Wenn die Daten auf der Clientseite abgerufen werden können, kann die aufrufende Funktion entweder eine Einzelstruktur oder ein Array der **Type**-Struktur zurückgeben.

```
MyCust = GetOneCustomer( )
MyCustArray = GetSetOfCustomers( )
```

Nachdem die Daten empfangen wurden, erscheinen diese in einem eindimensionalen Array. Sie können mit Hilfe der **UBound**-Funktion die Anzahl der verfügbaren Zeilen festlegen. Über **UBound** wird die obere Grenze des Arrays angegeben. Wenn Sie beispielsweise für die **GetSetOfCustomers**-Funktion festlegen, dass fünfzig Zeilen zurückgegeben werden, wird durch den folgenden Code, **RowsFound**, der Wert 50 zurückgegeben (oder 49, wenn die Indizierung des Arrays bei 0 beginnt).

```
RowsFound = UBound(MyCustArray, 1)
```

8.7.1 Der serverseitige UDT-Code

Auf dem Server setzen Sie die gleiche übliche **Type**-Deklaration zur Beschreibung der Daten ein, in diesem Fall muss jedoch bei der Dimensionierung des Arrays (sofern Sie eines verwenden) eine feste Größe angegeben werden, bevor auf das Array verwiesen werden kann. Wenn das Array jedoch größer ist als erforderlich oder nicht groß genug, können Sie die **ReDim**-Funktion (**Preserve**) zum Zurücksetzen der Größe des typisierten Arrays verwenden. Sehen wir uns zum besseren Verständnis eine Beispielanwendung an, bei der benutzerdefinierte Strukturen zur Datenübergabe von einer Schicht zur anderen eingesetzt wird.

Die Anwendung heißt **User Defined Types** und befindet sich auf der Begleit-CD. Die Anwendung ist in einen clientseitigen und einen serverseitigen Abschnitt unterteilt. Der serverseitige Code ist für das Ausführen der verschiedenen Abfragen verantwortlich – jede der Abfragen veranschaulicht die Verwendung benutzerdefinierter Strukturen zur Rückgabe an den Client. Die Clientanwendung verwaltet die Eingabeparameter und schreibt die zurückgegebenen Daten in Listenfelder und eine Reihe von Tabellensteuerelementen. Wir kommen in ein paar Seiten zu der Clientanwendung, aber sehen wir uns zunächst den Code auf der Serverseite an.

Die erste Deklaration des folgenden Codeabschnitts beschreibt die Struktur **objAuthor**. Sie wird zur Beschreibung einer einzelnen Zeile Informationen verwendet, die über einen ausgewählten Autor zusammengetragen wurden. In diesem Fall verwenden wir die Struktur zur Definition einer einzelnen Zeile eines Arrays mit zutreffenden Autoren – aber ich greife mir wieder selbst vor.

```
Option Explicit
Public Type objAuthor
    Author As String
    Year_Born As Variant
End Type
```

Im nächsten Abschnitt wird eine weitere Struktur beschrieben. Es handelt sich um die Struktur **Title**, die der Beschreibung eines über ISBN abgerufenen Einzeltitels dient. Beachten Sie, dass die Struktur eine Mischung aus Zeichenfolgen fester und variabler Länge darstellt. Sie könnte auch eine Kombination weiterer Visual Basic-Datentypen enthalten – selbst Typenarrays.

```
Public Type tTitle
    Publisher As String
    City As String
    ISBN As String * 20
    Year_Published As String
    Title As String
    Cover As String
End Type
```

Um beim Abruf von **Parameter**- und **Field**-Objektelementen wörtliche Zeichenfolgenverweise zu vermeiden, erstelle ich im folgenden Codeabschnitt Aufzählungen, bei denen Element für Element durchgegangen wird. Auf diese Weise kann sich die Leistung drastisch verbessern. Dieses Thema wurde in diesem Kapitel bereits besprochen.

```
Private Enum enuRSAuthor
    Author
    Year_Born
End Enum
Public Enum enuParms
    ReturnStatus
    ISBN
    Publisher
    City
    Year_Published
```

```
    Title
    Cover
End Enum
```

Okay, nun sind wir bereit für den Code – es werden vier Funktionen verwendet. Eine zum Öffnen der Verbindung (für alle weiteren Funktionen) und drei weitere, mit denen spezielle UDTs für den Client abgerufen werden – Autoren nach ISBN, Titel nach ISBN und eine Liste geeigneter ISBNs (mit Einband, **Cover**).

Wir beginnen im folgenden Codeabschnitt mit der Erstellung eines ADO-**Command**-Objekts. In diesem Fall haben wir keine Wahl – wir führen eine gespeicherte Prozedur aus, die OUTPUT-Parameter zurückgibt. Okay, ich kombiniere zwei Beispiele in einem Modell – verklagen Sie mich. Der Hauptzweck des **Command**-Objekts liegt in der Verwaltung der **Parameters**-Auflistung der Abfrage.

```
Private cn As Connection
Private cmd As Command
Private rs As Recordset
Private i As Integer

Public Function GetTitle(ISBNWanted As String) As tTitle
Dim objRetTitle As tTitle
Set cmd = New Command
OpenConnection
With cmd
    .Name = "TitleByISBN"
    .CommandText = "TitleByISBN"
    .CommandType = adCmdStoredProc
    Set .ActiveConnection = cn
```

Sie werden feststellen, dass ADO eine gewisse Herausforderung darstellt, wenn es um die Zuordnung der Parameter in der gespeicherten Zielprozedur geht. Wie bereits besprochen, stehen hier verschiedene Möglichkeiten zur Auswahl: Entweder erstellen Sie die **Parameters**-Auflistung Parameter für Parameter (die schnellere Methode, es wird jedoch mehr Code benötigt), oder Sie setzen die **Refresh**-Methode ein (diese Methode ist langsamer, aber zuverlässiger). In jedem Fall erwarten ADO und die Schichten bei Erstellung der **Parameters**-Auflistung, dass diese exakt mit der von der gespeicherten Prozedur offen gelegten Parameterzuordnung übereinstimmt. Meldungen zu fehlenden Parametern können dadurch entstehen, dass zu wenige Parameter vorliegen, dass Ausgabeparameter ohne anfänglichen Wert übergeben werden (ein Bug), oder dadurch, dass andere Gründe zur Verwirrung auf Ihrer (oder ADOs) Seite vorliegen.

Die bereitgestellten Parameternamen sind bedeutungslos. ADO unterstützt ausschließlich die sequenzielle Parameterübergabe an den Datenprovider. Das heißt, der erste Parameter muss erstellt und als erster übergeben werden, der zweite Parameter wird als zweiter erstellt, gefolgt von allen weiteren Parametern in der Reihenfolge, in der diese in der gespeicherten Prozedur definiert wurden. ADO unterstützt keine benannten Parameter. In ISQL oder im Query Analyzer können Sie die Argumente der gespeicherten Prozedur nach Name in beliebiger Reihenfolge angeben. Diese Funktion wird von ADO nicht unterstützt – bis zur Herausgabe von ADO 2.6[5]. Während der Server die Parameter nach Name identifiziert und in den Fehlermeldungen ebenfalls die Namen der fehlerhaften Parameter angegeben werden, referenziert ADO Parameter nach Position. Sobald die Reihenfolge nicht eingehalten wird oder die Definition Fehler enthält, sind Sie erledigt. Die ADO-**Parameter**-Objektnamen haben keinen Einfluss auf die von der gespeicherten Prozedur verwendeten Namen, solange Sie nicht die **Refresh**-Methode verwenden. In diesem Fall stimmen die Parameternamen überein, da diese generiert und zusammen mit den verbleibenden Parametereigenschaften vom Server zurückgegeben werden.

```
    .Parameters.Append _
       .CreateParameter("ReturnStatus", adInteger, adParamReturnValue)
    .Parameters.Append _
       .CreateParameter("ISBNWanted", adVarChar, adParamInput,  _
        20, ISBNWanted)
    .Parameters.Append _
       .CreateParameter("Publisher", adVarChar, adParamOutput, 20)
    .Parameters.Append _
       .CreateParameter("City", adVarChar, adParamOutput, 50)
    .Parameters.Append _
       .CreateParameter("Year_Published", adSmallInt, adParamOutput)
    .Parameters.Append _
       .CreateParameter("Title", adVarChar, adParamOutput, 255)
    .Parameters.Append _
       .CreateParameter("Cover", adVarChar, adParamOutput, 255)
End With
```

Nachdem das **Command**-Objekt erstellt und die zugehörigen Parameter gesetzt wurden (wir haben die Werte für die Eingabeparameter gesetzt, als wir das **Parameter**-Objekt erstellt haben), kann die Abfrage ausgeführt werden.

```
cmd.Execute Options:=adExecNoRecords
```

5. ADO 2.6 gehört zum Lieferumfang von SQL Server 2000, das im Juli 2000 auf den Markt kommen soll. Wenig später soll ebenfalls eine Webedition zur Verfügung stehen.

Sehen Sie kein Recordset? Das ist richtig, denn es ist kein Recordset vorhanden. Hier liegt der Vorteil der Verwendung eines OUTPUT-Parameters im Vergleich zu einem Rowset. Im vorliegenden Fall wissen wir, dass bei einer Abfrage der Tabelle **Title** nach einer spezifischen (eindeutigen) ISBN nur eine Zeile zurückgegeben wird (werden sollte).

Über den folgenden Code wird das einzeilige **objRetTitle**-Objekt referenziert, und die einzelnen Elemente werden aufgefüllt. Wir verwenden die Aufzählungen, um den Code lesbarer zu machen und eine schnellere Referenzierung der Elemente zu ermöglichen. Nachdem die Struktur über die Datenzeile gefüllt wurde, geben wir diese einfach an den Client zurück. Sicher, wir schließen die Verbindung, aber diese wird sowieso geschlossen, wenn sich das Modul außerhalb des Bereichs befindet.

```
With objRetTitle
    .ISBN = ISBNWanted
    .Publisher = "" & cmd.Parameters(enuParms.Publisher)
    .City = "" & cmd.Parameters(enuParms.City)
    .Year_Published = "" & cmd.Parameters(enuParms.Year_Published)
    .Title = "" & cmd.Parameters(enuParms.Title)
    .Cover = "" & cmd.Parameters(enuParms.Cover)
End With
cn.Close
GetTitle = objRetTitle
End Function
```

Die nächste Funktion gibt einen Satz Autoren zurück, die ein spezielles Buch geschrieben haben (basierend auf der ISBN). Im Gegensatz zu **GetTitles** wird über diese Funktion ein Array der **objAuthor**-Strukturen zurückgegeben.

```
Public Function GetAuthors(ISBNWanted As String) As objAuthor()
Dim objRetAuthors() As objAuthor
OpenConnection
Set rs = New Recordset
rs.Open "Exec AuthorsByISBN '" & ISBNWanted & "'", cn, , , adCmdText
```

Wir können die vorstehende Funktion leicht variieren – wir erstellen kein **Command**-Objekt. In der mittleren Schicht stellen diese so oder so eine Zeitverschwendung dar, wenn Sie keine Rückgabeparameter handhaben müssen. Stattdessen erstellen wir eine verkettete Abfrage, mit der die gespeicherte Prozedur aufgerufen wird. Da wir wissen, dass die Parameterzeichenfolge keine einfachen Anführungszeichen enthält (erinnern Sie sich an die O'Malley-Bedingung?), kann die Abfragezeichenfolge unbesorgt erstellt werden. Ja, obwohl es sich um eine gespeicherte Prozedur handelt, können wir diese trotzdem **adCmdText** nennen. Wenn wir sie als gespeicherte Prozedur bezeichnen würden (**adCmdStoredProc**), würde ADO versuchen, die Parameter selbst zu verwalten.

Wird das Recordset ohne Zeilen zurückgegeben, müssen wir die Struktur mit geeigneten Informationen füllen wie im folgenden Code. Darum habe ich das **Year_Born**-Element der Struktur als **Variant** definiert – so kann ich dieses auf eine Zeichenfolge einstellen, wenn kein gültiges Jahr vorhanden ist.

```
If rs.State = adStateClosed Or rs.EOF Then
   ' Kein Autor für diese ISBN
   ReDim objRetAuthors(1)
   objRetAuthors(1).Author = "Not on file"
   objRetAuthors(1).Year_Born = "Unknown"
```

Okay, wir haben einige Zeilen erhalten. Im folgenden Codeabschnitt beginnen wir mit der Neudimensionierung des **objRetAuthors**-Arrays, um die erforderliche Zeilenanzahl speichern zu können. Es enthält nun **n** durch **objAuthors** definierte Strukturen. Wir wissen aus Erfahrung, dass Bücher von einem bis zu vier Autoren geschrieben werden, daher sollte der Wert 10 für das Array ausreichen. Wir gehen das Recordset Zeile für Zeile durch und verschieben Daten von den **Field**-Objekten (referenziert durch die Aufzählungen) in das Array benutzerdefinierter **objAuthors** (erneut durch Aufzählungen referenziert). Wenn wir feststellen, dass die Felder **Year_Born** auf Null gesetzt sind, geben wir eine Zeichenfolge an den Benutzer zurück, damit dieser nicht denkt, dass der Autor vor 2000 Jahren geboren wurde. Da die Datenbank keine Titel von St. Paul enthält (der vor dem Jahr 0 geboren wurde), sollte dies kein Problem sein.

```
Else
If Not (rs.EOF and rs.BOF) Then
   ReDim objRetAuthors(1 To rs.RecordCount    i = 1
   Do Until rs.EOF
      With objRetAuthors(i)
         .Author = "" & rs(enuRSAuthor.Author)              ' Autor
         If IsNull(rs(enuRSAuthor.Year_Born)) Then
            .Year_Born = "No year on file"
         Else
            .Year_Born = rs(enuRSAuthor.Year_Born)          ' Geburtsjahr
         End If
      End With
      i = i + 1
      rs.MoveNext
   Loop
```

```
ReDim Preserve objRetAuthors(1 To i - 1)
End If
```

Nachdem wir das Rowset verarbeitet haben, können wir das Array von **objAuthors** bereinigen und an den Client zurückgeben, wie nachfolgend gezeigt wird.

```
rs.Close
cn.Close
Set rs = Nothing
Set cn = Nothing
GetAuthors = objRetAuthors
End Function
```

Die nächste Funktion ruft einen Satz ISBNs ab, zu denen Bilder und Autoren vorhanden sind. Wir müssen uns nur um die ersten fünfzig dieser Einträge kümmern, da die Abfrage dahingehend eingeschränkt wurde.

```
Public Function GetISBNs() As Variant
OpenConnection
Set rs = New Recordset
rs.Open "select top 50 isbn from covers where isbn in (select isbn from
title_author)", cn, , , adCmdText
GetISBNs = rs.GetRows
End Function
```

In diesem Fall geben wir die Zeilen als **Variant**-Array zurück. Dieser Ansatz ist in dieser Situation am sinnvollsten.

Die letzte Funktion öffnet lediglich die Datenbankverbindung für alle weiteren Funktionen.

```
Private Function OpenConnection() as Connection
Set cn = New Connection
cn.Open "Provider=SQLOLEDB.1;Initial Catalog=biblio;Data Source=betav8",
"Fred", ""
Set OpenConnection = cn
End Function
```

8.7.2 Der Code für die Clientseite

Als Nächstes müssen die benutzerdefinierten Strukturen nach dem Rücksenden an den Client analysiert werden. Ein Großteil dieses Codeabschnitts befasst sich mit dem Erstellen von **Clip**-Zeichenfolgen für das **Grid**-Steuerelement. Wir hätten die Daten auch auf andere Weise darstellen können, beispielsweise unter Verwendung von Textfeldern oder anhand einer Webseite. Die Clientanwendung sieht bei Ausführung wie in Abbildung 8.1 dargestellt aus.

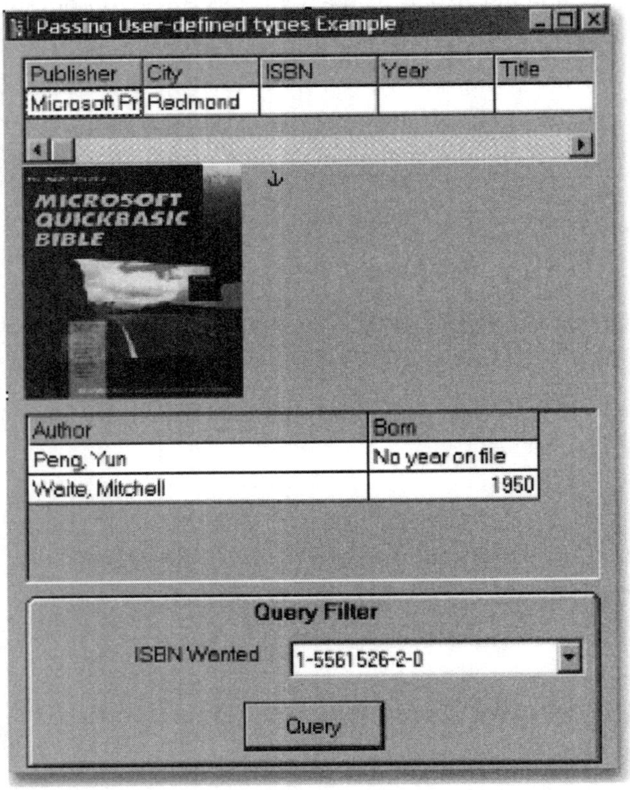

Abbildung 8.1 Darstellung der Zeilen auf dem Client

Über die Anwendung wird anfänglich im Kombinationsfeld (**ComboBox**) im unteren Bereich des Formulars eine Liste gültiger ISBNs angezeigt. Sobald der Benutzer eine ISBN auswählt, wird die **cmdQuery**-Schaltfläche ausgelöst, und es werden Informationen zur ausgewählten ISBN angefordert. Die Ergebniszeile wird in das oben angezeigte Tabellensteuerelement eingefügt. Anschließend wird eine zweite Abfrage durchgeführt, um die Tabelle mit den Autoren für das ausgewählte Buch zu füllen. Ja, einige Bücher haben mehrere Autoren – das vorliegende allerdings nicht.

Der Code sieht folgendermaßen aus:

```
Private Sub cmdQuery_Click()
Dim objLocalTitle As tTitle
Dim objLocalAuthors() As objAuthor
```

```
Dim strGrid As String
objLocalTitle = GetTitle(ISBNList.Text)
```

An diesem Punkt haben wir die ausgewählte ISBN aus der Liste des Kombinationsfeldes erfasst und an die (zuvor beschriebene) **GetTitle**-Funktion übergeben. Wir kommen zur benutzerdefinierten Struktur zurück, wie im allgemeinen Modul deklariert.

Die erste Aufgabe besteht darin, den Dateinamen des Bildes an das **Image**-Steuerelement zu übergeben. Die Datenbank enthält das Bild (**Image**), aber wir haben den Dateinamen abgerufen und diesen zum Anfordern der Daten aus einer der unter diesem Pfad auf der Festplatte gespeicherten Dateien eingesetzt.

```
Image1.Picture = LoadPicture(objLocalTitle.Cover)
With objLocalTitle
strGrid = .Publisher & vbTab & .City & vbTab & .ISBN & vbTab & .Year_Published _
      & vbTab & .Title & vbTab & .Cover
End With

With MSHFlexGrid1
    .RowSel = 1
    .ColSel = .Cols - 1
    .Clip = strGrid
    .ColSel = 0
End With
```

Als Nächstes durchlaufen wir die benutzerdefinierte Struktur und erstellen hierbei eine Zeichenfolge mit Tabulatoren als Trennzeichen (wie im nachstehenden Code gezeigt). Diese Zeichenfolge wird mit Hilfe der **Clip**-Eigenschaft an das Tabellensteuerelement (**Grid**) übergeben. Bei diesem Ansatz ist es nicht erforderlich, die Tabelle Zeile für Zeile und Spalte für Spalte zu durchlaufen und hierbei jede Zelle zu referenzieren – diese Vorgehensweise sollte vermieden werden.

```
objLocalAuthors = GetAuthors(ISBNList.Text)
MSHFlexGrid2.Rows = UBound(objLocalAuthors, 1) + 1
strGrid = ""
For i = 1 To MSHFlexGrid2.Rows - 1
   With objLocalAuthors(i)
      strGrid = strGrid & .Author & vbTab & .Year_Born & vbCr
   End With
Next i
With MSHFlexGrid2
```

```
    .Row = 1
    .Col = 0
    .RowSel = .Rows - 1
    .ColSel = .Cols - 1
    .Clip = strGrid
    .ColSel = 0
    .RowSel = 0
End With
End Sub
```

In einem früheren Stadium der Anwendung haben wir, wie im nachfolgenden Code, mit Hilfe des **Form_Activate**-Ereignisses das Kombinationsfeld mit den gültigen ISBNs gefüllt und die **Grid**-Steuerelemente eingerichtet. Wir führen diesen Schritt nicht bei **Form_Load** aus, da der Benutzer sonst während der anfänglichen Einrichtung warten müsste. Auf diese Weise wird das Formular sofort gezeichnet, und noch bevor der Benutzer sich auf das Formular konzentrieren kann (es sei denn, er/sie hat schon sehr viel Kaffee getrunken), wird das Kombinationsfeld mit Daten gefüllt, und der Benutzer kann das Formular verwenden. Da sich die Liste der gültigen ISBNs (theoretisch) gelegentlich ändern kann, wird dieser Vorgang bei jeder Aktivierung des Formulars wiederholt. Sie sollten es vielleicht in Betracht ziehen, umfangreiche Codeabschnitte und komplexe Abfragen in ein weniger häufig ausgeführtes Ereignis zu verschieben.

```
Private Sub Form_Activate()
Dim varISBNs As Variant
Me.MousePointer = vbHourglass
varISBNs = GetISBNs
ISBNList.Enabled = False
For i = 0 To UBound(varISBNs, 2) - 1
    ISBNList.AddItem varISBNs(0, i)
Next i
ISBNList.Enabled = True
ISBNList.ListIndex = 0
Me.MousePointer = vbDefault
```

Im **Form_Initialize**-Ereignis geben wir ein **Variant**-Array zurück, das über die Abfrage zum Abrufen eines Satzes gültiger ISBNs erstellt wurde. Es ist einfach, eine Schleifenabfrage für dieses **Variant**-Array durchzuführen und das Kombinationsfeld (**ComboBox**) zu füllen. Schade nur, dass das Kombinationsfeld nicht die **Clip**-Eigenschaft unterstützt. Wenn dies der Fall wäre, hätten wir eine Zeichenfolge mit Trennzeichen zurückgeben und diese zum Auffüllen der Liste direkt auf die **Clip**-Eigenschaft anwenden können, so wie bei den Überschriften in der **Titles**-Tabelle.

```
With MSHFlexGrid1
    .Rows = 2
    .Cols = 7
    .FixedRows = 1
    .Row = 0
    .Col = 0
    .RowSel = 0
    .ColSel = 6
    .Clip = "Publisher" & vbTab & "City" & vbTab & "ISBN" _
      & vbTab & "Year" & vbTab & "Title" & vbTab _
      & "Cover"
    .Row = 1
    .RowSel = 1
End With

With MSHFlexGrid2
    .Row = 0
    .Col = 0: .Text = "Author" .ColWidth(0) = TextWidth(String(20, "M"))
    .Col = 1: .Text = "Born": .ColWidth(1) = TextWidth(String(10, "M"))
    .Row = 1
    .Col = 0
End With
End Sub
```

Das ist alles. Wie Sie sehen können, weisen die benutzerdefinierten Datentypen einige Herausforderungen auf, sind im Grunde jedoch einfach zu verstehen. Im Netz sind diese Datentypen außerdem schnell und einfach einzusetzen, da nur wenige DDL-Informationen übermittelt werden. Wie jedoch erkennbar ist, ist ein umfassendes Verständnis der erstellten, gesendeten und empfangenen Elemente für diese Vorgehensweise erforderlich. Ohne die **Type**-Deklaration wäre es schwierig, die Struktur am Zielstandort zu decodieren. Diese **Type**-Deklarationen müssen darüber hinaus fest definiert werden, bevor sie in Ihrer Organisation weitergeleitet werden. Ändern sich die Deklarationen nach der Anwendungserstellung, sitzen Sie in der Tinte. In einigen Fällen (bestimmt jedoch nicht in allen) können Sie »einfach« eine Neukompilierung und -bereitstellung vornehmen, vorausgesetzt, die hartcodierten Voraussetzungen für die Datenstrukturen ändern sich nicht.

8.8 Übergeben von Eigenschaftensammlungen

Ich habe auf der VBits im Herbst '99 einen Vortrag von Francesco Balena (fbalena@softdes.it) gehört. Dieser war sehr aufschlussreich, da verschiedene Möglichkeiten zur Verbesserung der Leistung von Visual Basic-Anwendungen diskutiert wurden. Viele dieser Vorschläge wurden in diesem und anderen Kapiteln bereits eingearbeitet. Nach seinem Vortrag fing ich Francesco Balena ab, um ihn zu fragen, was seiner Meinung nach die schnellste Methode zur Datenübertragung zwischen den einzelnen Schichten darstellt. Ich schlug benutzerdefinierte Typen und Zeichenfolgen mit Trennzeichen vor. Er hörte mir geduldig zu, wie einer dieser Mönche, die in den Bergen leben. Dann fing er an, eine (mir) ziemlich merkwürdig erscheinende Technik zu beschreiben – **PropertyBag**-Objekte. Obwohl ich wusste, dass es sich hierbei nicht um Säcke handelt, die im hinteren Bühnenraum eines Possentheaters aufbewahrt werden, hatte ich diese jedoch bis dato nie (bewusst) eingesetzt. Er erzählte mir, dass **PropertyBag**-Objekte zum ersten Mal in Visual Basic 5.0 implementiert und in Visual Basic 6.0 dahingehend verbessert wurden, dass sie nun durch Offenlegung des Klassenattributs **Persistable** speicherbare Objekte unterstützen.

Grundsätzlich ist eine Eigenschaftensammlung (**PropertyBag**) ein Objekt, das als Speicherort für einen beliebigen (einfachen) Datentyp verwendet werden kann, u.a. auch für alle öffentlichen numerischen und Zeichenfolgendaten. Dies schließt jedoch Arrays und Auflistungen **nicht** ein. Dies bedeutet, dass Sie Arrayelemente einzeln speichern müssen. Es bedeutet auch, dass Sie diesen Ansatz zum Übergeben einzeiliger Werte verwenden können, beispielsweise der Ausgabeparameter, die von einer gespeicherten Prozedur abgerufen wurden.

Über die **PropertyBag** werden nur zwei Methoden und eine Eigenschaft offen gelegt:

- Die **WriteProperty**-Methode speichert ein Element im **PropertyBag**-Objekt. Für die **WriteProperty**-Methode gelten drei Argumente. Das erste ist der Name der zu speichernden Eigenschaft, das zweite der zu speichernde Datenwert, das dritte Argument ist optional und bezeichnet den Standardwert für die Eigenschaft. Diese Methode speichert Ihre Datenwerte und die bereitgestellten verknüpften Namen, es sei denn, der Datenwert stimmt mit dem Standardwert überein. Wenn Sie einen Datenwert angegeben haben, der mit dem Standardwert übereinstimmt, wird kein Wert gespeichert. Wenn Sie jedoch mit Hilfe der **ReadProperty** in der Eigenschaftensammlung nach diesem Eintrag suchen, wird der Standardwert an die **ReadProperty** zurückgegeben. Wenn Sie im Aufruf an **WriteProperty** keinen Standardwert angeben, wird der Datenwert immer gespeichert. Seien Sie jedoch vorsichtig – das zweimalige Aufrufen von **WritePro-**

perty erzeugt eine weitere Kopie der Daten, der vorherige Wert wird nicht überschrieben. Es gibt also keinen Weg, einen in einer Eigenschaftensammlung (**PropertyBag**) gespeicherten Wert wieder zu entfernen.

- Die **ReadProperty**-Methode ruft Elemente der Eigenschaftensammlung nach Name ab. Kann Visual Basic diesen nicht finden, wird der Standardwert zurückgegeben. Ist mehr als ein Wert dieses Namens vorhanden, wird der nächste in der Reihenfolge zurückgegeben.
- Die **Contents**-Eigenschaft bestimmt den internen Status der Eigenschaftensammlung. Dieser wird als **Byte**-Array offen gelegt, mit dem die aktuellen Inhalte der Eigenschaftensammlung serialisiert werden. Was nicht in der Dokumentation steht, ist, dass Sie sowohl Lese- als auch **Schreibvorgänge** für diese Eigenschaft durchführen können, aber dazu später mehr.

Jedes Datenelement in der Eigenschaftensammlung (**PropertyBag**) ist für die spätere Referenzierung beim Lesen oder Schreiben benannt. Beide Methoden akzeptieren ein optionales Argument, mit dem ein Standardwert für das Element definiert wird.

Ursprünglich wurde das **PropertyBag**-Objekt als ein Mechanismus konzipiert, über den eine beliebige, innerhalb der Visual Basic-IDE (Integrated Development Environment) gesetzte Steuerelementeigenschaft gespeichert werden konnte. Das heißt, wenn Sie eine Visual Basic-Formulardatei in einem Texteditor (beispielsweise Editor) öffnen, sehen Sie Text, der im Codefenster Ihrer Anwendung normalerweise nicht angezeigt wird. Mit diesem Text werden das Formular, die Steuerelemente und deren Einstellungen beschrieben. An diesem Standort speichert das **PropertyBag**-Objekt die Eigenschafteneinstellungen Ihrer Steuerelemente zusammen mit binären Informationen, die in der äquivalenten FRX-Datei gespeichert werden.

Wenn Sie den Visual Basic 6.0 ActiveX-Schnittstellen-Assistenten ausführen (Visual Basic-Addin), wird **PropertyBag**-Code für jede in einem benutzerdefinierten Steuerelement definierte Eigenschaft erzeugt. Weitere Informationen zu diesem Thema finden Sie in der MSDN-Dokumentation. Der Themenbereich »Speichern, Datenwerte in **PropertyBag**« stellt eine gute Informationsquelle dar.

Sie können Ihre Eigenschaften auch durch Auffangen des Visual Basic-Ereignisses **WriteProperties** speichern. Dieses Ereignis tritt weniger häufig auf, üblicherweise beim Entladen des Clientformulars oder nach dem Ändern einer Eigenschaft in der IDE. Eigenschaftenänderungen zur Laufzeit können auf diese Weise nicht gespeichert werden. Im Allgemeinen ist dies jedoch auch nicht erwünscht.

8.8.1 Verwenden des »PropertyBag«-Objekts zur Datenübertragung

Okay, wie können Sie also mit Hilfe des **PropertyBag**-Objekts Daten aus einer anderen Schicht zurückgegeben? Bis zu diesem Zeitpunkt sieht es so aus, als ob mit dem **PropertyBag** lediglich formularbasierte Visual Basic-Steuerelemente verwaltet werden können. Nun, berücksichtigen Sie, dass in der Dokumentation nicht gesagt wird, dass Sie in die **Contents**-Eigenschaft **schreiben** können. Wie wäre es also, wenn Sie eine Eigenschaftensammlung auf dem Server erstellen, diese mit verschiedenen benannten Eigenschaftenargumenten füllen (selbst in einer Hierarchie) und die **Contents**-Eigenschaft als **Byte**-Array an den Client zurückgeben? Cool? Genau, und schnell. Dieser Ansatz ist jedoch nicht schneller als das einfache Zurückgeben der Variablen. Auf der Clientseite wird das **Byte**-Array lediglich auf die **Contents**-Eigenschaft des lokal instanziierten **PropertyBag**-Objekts angewendet – einfach. Natürlich werden diejenigen unter Ihnen, die ASP-Code verwenden, nicht in der Lage sein, **Byte**-Arrays zu verwalten...

8.8.2 »PropertyBag«-Servercode

Hier ist der Code für die Serverseite. Er ähnelt dem aus dem vorherigen Beispiel, unterscheidet sich jedoch darin, dass ein **Byte**-Array übergeben und ein **PropertyBag**-Objekt zur Zeilenverwaltung erstellt wird.

```
Public Function GetTitle(ISBNWanted As String) As Byte()
Dim pbRetTitle As PropertyBag
Set pbRetTitle = New PropertyBag
Set cmd = New Command
OpenConnection
With cmd
    .Name = "TitleByISBN"
    .CommandText = "TitleByISBN"
    .CommandType = adCmdStoredProc
    .Parameters.Append _
       .CreateParameter("ReturnStatus", adInteger, adParamReturnValue)
    .Parameters.Append _
       .CreateParameter("ISBNWanted", adVarChar, adParamInput, _
       20, ISBNWanted)
    .Parameters.Append _
       .CreateParameter("Publisher", adVarChar, adParamOutput, 20)
    .Parameters.Append _
       .CreateParameter("City", adVarChar, adParamOutput, 50)
    .Parameters.Append _
```

```
        .CreateParameter("Year_Published", adSmallInt, adParamOutput)
    .Parameters.Append _
        .CreateParameter("Title", adVarChar, adParamOutput, 255)
    .Parameters.Append _
        .CreateParameter("Cover", adVarChar, adParamOutput, 255)
    Set .ActiveConnection = cn
    cmd.Execute
End With
```

Wie gesagt, ähnelt diese Methode weitestgehend den anderen Ansätzen. Jetzt kommt der Zaubertrick. Der folgende Codeabschnitt schreibt jeden **Field**-Wert des Recordsets in ein benanntes **PropertyBag**-Element. Bei Rückgabe der Eigenschaftensammlung (**PropertyBag**) wird einfach das **Byte**-Array von **Contents** zurückgegeben.

```
With pbRetTitle
    .WriteProperty "ISBN", ISBNWanted
    .WriteProperty "Publisher", "" & cmd.Parameters(enuParms.Publisher)
    .WriteProperty "City", "" & cmd.Parameters(enuParms.City)
    .WriteProperty "Year_Published", "" & cmd.Parameters(enuParms.Year_Published)
    .WriteProperty "Title", "" & cmd.Parameters(enuParms.Title)
    .WriteProperty "Cover", "" & cmd.Parameters(enuParms.Cover)
End With
cn.Close
GetTitle = pbRetTitle.Contents
End Function
```

8.8.3 »PropertyBag«-Clientcode

Jetzt fehlt noch der Clientcode, der die Datenzeilen vom Server akzeptiert. Es ist kein Problem, **Byte**-Arrays über eine Verbindung zu senden (im Gegensatz zu einigen fortschrittlicheren Schnittstellen). Dennoch ist diese Vorgehensweise komplizierter, da es schwierig ist, die gesendeten **Byte**-Arrays zu verwalten, zu codieren und zu unterstützen. Darüber hinaus können Sie diesen Ansatz bei Skriptclients nicht nutzen. In gewisser Weise ähnelt eine **PropertyBag** vom Konzept her der Übergabe von XML-Zeichenfolgen – beide sind erweiterte Eigenschaftenspeicherorte, die sowohl komplexe als auch einfache Strukturen unterstützen, den Mehraufwand bei der Handhabung jedoch Ihnen aufbürden. Der einzige Unterschied besteht im Format des Speicherpuffers.

```
Private Sub cmdQuery_Click()
Dim pbLocalTitle As New PropertyBag
Dim objLocalAuthors() As objAuthor
```

```
Dim strGrid As String
Set pbLocalTitle = New PropertyBag
pbLocalTitle.Contents = GetTitle(ISBNList.Text)
Image1.Picture = LoadPicture(pbLocalTitle.ReadProperty("Cover"))
With pbLocalTitle
strGrid = .ReadProperty("Publisher") & vbTab & _
          .ReadProperty("City") & vbTab & _
          .ReadProperty("ISBN") & vbTab & _
          .ReadProperty("Year_Published") & vbTab & _
          .ReadProperty("Title") & vbTab & _
          .ReadProperty("Cover")
End With

With MSHFlexGrid1
    .RowSel = 1
    .ColSel = .Cols - 1
    .Clip = strGrid
    .ColSel = 0
End With
```

Nachdem das vom Server gesendete **Byte**-Array empfangen wurde, kann durch das Anwenden des Arrays auf ein neues **PropertyBag**-Objekt über den jeweiligen Namen auf die enthaltenen Eigenschaften zugegriffen werden. Es könnte nicht einfacher sein.

8.9 Übergabe von XML

Von allen neuen Technologien wurde über XML am meisten geschrieben, geschwärmt und diskutiert. ADO hat die Fähigkeit zur Speicherung und Erstellung von Recordsets in XML ab Version 2.1 implementiert. Dieses weit reichende Thema kann hier nicht behandelt werden, dies soll mich jedoch nicht davon abhalten, mit ein oder zwei Sätzen meine Meinung zu diesem Thema kundzutun. Ich bin davon überzeugt, dass XML äußert wichtig ist – für bestimmte Sonderfälle. Meiner Meinung nach sollte XML nicht als **universelles** Medium für die Datenübertragung eingesetzt werden. Die Anzahl der interessanten (und nützlichen) Einsatzmöglichkeiten von XML steigt jedoch an.

Sofern Sie Ihr bisheriges Leben nicht in einer Höhle in Niederbayern zugebracht haben, wurden auch Sie mit Hunderten von Artikeln überschüttet, in denen aufgezeigt wird, dass XML alle Probleme lösen kann, die uns auf dieser Welt plagen. Nicht alles davon ist Schwindel. Ja, XML ist ein weiterer OSFA-Ansatz[6]. Der Einsatz von XML ist äußerst sinnvoll, wenn Sie Informationen von einer Anwendung zu einer anderen übertragen möchten, und die Anwendungen keine Informationen übereinander besitzen (so, als würde man mit einem Außerirdischen sprechen). XML wird browserübergreifend (und betriebssystemübergreifend) unterstützt und kann daher ein wichtiges Tool zum Verschieben von Informationen von einer Schicht zu einer anderen darstellen.

XML ist darüber hinaus eine sehr flexibles Verfahren zur Darstellung von Datenstrukturen in universell einsetzbaren Mustern für Anwendungen, die die **gleiche** Sprache sprechen. HTML bietet Möglichkeiten zur Datenanzeige, dies jedoch ohne Kontext oder dynamisches Verhalten. Im Gegensatz dazu legt XML Dateninhalte und Strukturen offen – selbst hierarchische Strukturen. XML-Recordsets können außerdem direkt oder (über Prozeduren) indirekt aktualisiert werden, da sie (in einigen Fällen) genügend DDL-Quelltabelleninformationen zur Erstellung einer WHERE-Klausel mit UPDATE-Anweisung bereitstellen. Das Erstellen eines **aktualisierbaren**, XML-basierten Recordset wird an späterer Stelle erläutert.

Anmerkung Vom Konzept her ähnelt die Arbeit mit dem Web auf befremdliche Weise der Arbeit mit den IBM 3270-Terminals aus den 70ern. Damals wurden über das zentrale System Codeanweisungen zum Darstellen von Text und simplen Grafiken auf dem Zielterminal generiert. Das Terminal verfügte über genügend Rechenleistung, um die Anweisungen zu decodieren und die Felder und Textbereiche an den angegebenen Koordinaten auf dem Bildschirm darzustellen. Der Benutzer konnte den Text anzeigen, den Cursor mit Hilfe der Tabulatortasten oder anderen Funktionstasten positionieren und Daten ändern oder eingeben. Das zentrale System (das Element, das wir heute als CPU bezeichnen) stellte sich als der eigentliche Engpass heraus. Je mehr Benutzer hinzugefügt wurden, desto langsamer bauten sich die Bildschirme auf. Die Benutzer waren zu diesen Zeiten jedoch an Verzögerungszeiten zwischen 10 und 60 Sekunden gewöhnt, die durch die meisten Systeme unterstützt wurden. HTML hat uns in diese Welt der Ausführung von einfachen Anzeigesprachen auf »dummen« Browsern zurückgebracht. Und wir warten wieder zwischen 10 und 60 (oder mehr) Sekunden darauf, dass die Daten empfangen und dargestellt werden.

6. OSFA: One Size Fits All. Ähnlich wie Socken und Flugzeugsitze sind ODBC und OLE DB OSFA-Datenschnittstellen. Ein Universalmittel, das für jedermann (aber für niemanden im Besonderen) geeignet ist.

Verwenden von XML zur Datenübergabe mit ASP (Active Server Pages)

In diesem Abschnitt wird erläutert, wie Sie XML zur Datenübergabe von einer IIS-ASP (Active Server Page) auf eine generierte HTML-Seite einsetzen können. In Kapitel 9 wird ausgeführt, wie aktualisierbare XML-Recordsets erstellt werden.

In einem normalen Visual Basic-Programm oder in einem Visual Basic-Skript, das in einer ASP-Seite ausgeführt wird, können Sie mit Hilfe der **Recordset.Save**-Methode ein Recordset auf einfache Weise in einer XML-**Datei** speichern:

```
rs.Save filename, adPersistXML
```

Die Fähigkeit der **Save**-Methode, eine Speicherung in einer XML-Datei vorzunehmen, wird seit ADO 2.1 unterstützt. Dieses Verfahren kann zum Übertragen von Recordsetdaten eingesetzt werden, aber Sie müssen hierzu die gesamte Datei von einer Schicht an eine andere senden, was in vielen Anwendungen nicht praktikabel ist.

In ADO 2.5 jedoch (zum ersten Mal in Windows 2000 implementiert und nun für den Download verfügbar) können Sie einen ADO-**Stream** erstellen, der ein XML-Recordset enthält – selbst in einer hierarchischen Version. Bei einem **Stream**-Objekt handelt es sich einfach um eine speicherinterne Datei, oder wenigstens erscheint es so im Code.

```
Dim stmMyStream as ADODB.Stream
Set stmMyStream as New ADODB.Stream
rs.Save stmMyStream, adPersistXML
```

Die zweite ADO 2.5-Funktion, die dieses Verfahren erleichtert, ist die Fähigkeit von ADO, gespeicherte Recordsets über HTTP zu öffnen. Zusätzlich bietet die **ReadText**-Methode des **Stream**-Objekts ein einfaches Verfahren zum Extrahieren der Streaminhalte. Außerdem besteht – in Kombination mit **Response.Write** – die Möglichkeit, über ASP-Code ein XML-codiertes Recordset zurückzugeben, ohne dass Daten in einer Datei gespeichert werden müssen. Bei der empfangenden Stelle dieser XML kann es sich um eine weitere Webseite handeln, der bekannt ist, wie XML dargestellt wird, oder es handelt sich um Ihre eigene Visual Basic-Anwendung, mit der XML in einem Recordset wiederhergestellt werden kann.

Wir werden in Kapitel 9 (»Webbasierte Lösungen«) die Speicherung in Streams noch ausführlich besprechen, da es (gelegentlich) sinnvoll ist, den Stream zwischen Webseiten (ASP zu HTM), zwischen Webseiten und Visual Basic-Programmen (Visual Basic zu ASP) oder sogar zwischen den Schichten der genannten Komponenten zu übermitteln.

9 Webbasierte Lösungen

Für viele von Ihnen ist die Webentwicklung möglicherweise etwas völlig Neues oder eine Fertigkeit, die Sie noch erlernen möchten. Im Gegensatz zu Al Gore, der das Internet wohl vor einiger Zeit erfunden hat und alles darüber weiß, gehöre ich zu der Gruppe von Leuten, die den Umgang mit dem Web auf die harte Tour erlernen mussten – über das Trial-and-Error-Prinzip und eine Menge einschlägiger Literatur. Dieses Kapitel setzt kaum Vorkenntnisse voraus. Es beginnt mit der grundlegenden Webentwicklungsarchitektur und erläutert die zugehörige Terminologie sowie die andersartige Funktionsweise von ADO in einer ASP (ActiveX Server Page).

Microsoft gibt für neue Webentwicklungstools eine Menge Geld aus – fast so viel wie in letzter Zeit für Rechtsanwälte. Wir werden Visual Studio 7.0 noch bestaunen (irgendwann) und wie es Code der mittleren Schicht nutzt, der in einer Visual Basic-ähnlichen Sprache geschrieben ist[1], die HTML-, XML- und XSL-Skripts wiederverwertet. Nach der Lektüre dieses Kapitels werden Sie idealerweise wissen, wie ADO und diese neuen, aus dem Boden sprießenden Tools optimal genutzt werden können – zumindest stehen Sie den innovativen Möglichkeiten nicht mehr mit Scheuklappen gegenüber.

9.1 Webentwicklung 101

Diejenigen unter Ihnen, die mit dem Web bereits gearbeitet haben und mit den Grundlagen vertraut sind, können mit dem nächsten Abschnitt fortfahren. Ich werde versuchen, die Webentwicklung denjenigen zu erklären, die sich gerade erst langsam an dieses neue Prinzip gewöhnen.

Im Grunde vollzieht sich die Webentwicklung in zwei Formen. Erstens beschäftigen sich Programme wie Front Page und andere mit der **Darstellung** von Informationen. Mit diesen werden Hintergrund, Schaltflächen und alle übrigen visuellen Aspekte der Webseite erstellt. Diese Art der Codierung wird in Form von HTM- und anderen Dateien auf einem Webserver gespeichert, der in der Regel über Internet Information Server (IIS) verwaltet wird. Auch wenn es für ein »normales« Visual Basic-Win32-Programm Möglichkeiten für den Zugriff auf IIS-basierte Anwendungen gibt, beschränken wir uns (zumindest vorläufig) auf VBScript-Anwendungen (Visual Basic Script). Active Server Pages und andere HTML-Seiten, die Sie erstellen, können in Kombination von HTML mit einer der Skriptsprachen codiert

1. Nein, die Visual Studio-Version von Visual Basic wird nicht mehr diejenige sein, in der Sie heute Ihren Code verfassen. Ähnlich zwar, jedoch unterschiedlich genug, um einen Moment innezuhalten.

werden. Ich persönlich bin ein Verfechter von VBScript, die Browsergemeinschaft unterstützt es jedoch nicht generell. Unter IIS wird es jedoch immer unterstützt, daher wird mein webbasierter Code unter IIS ausgeführt.

Die zweite Form der Entwicklung, die auf den meisten Hochleistungssystemen anzutreffen ist, führt Code auf dem zentralen Server aus – Internet Information Server (IIS). Interessanterweise handelt es sich nicht unbedingt um binär kompilierten Code (obwohl über Webklassen die Möglichkeit besteht), sondern um interpretierte Visual Basic- oder Java-**Skripts**. Dies ist nicht einmal »kompilierter« Visual Basic-"P«-Code, sondern unverarbeiteter Quellcode, der in ASPs (ActiveX Server Pages) gespeichert, zur Laufzeit geladen, interpretiert und ausgeführt wird.

VBScript ist eher mit MBASIC 80 als mit Visual Basic vergleichbar – es ist erheblich weniger kompliziert. Mit Hilfe von VBScript können Sie beispielsweise keine ADO- oder andere COM-Objekte im Voraus erstellen, wie dies in »regulärem« Visual Basic-Code möglich ist. Auch wenn eine ASP-Seite auf COM-Objekte, sogar auf ADO-COM-Objekte, verweisen kann, müssen diese in Visual Basic oder einer anderen Sprache erstellt werden, die einen binären Compiler unterstützt (sodass DLLs erzeugt werden können). Um von einem VBScript-Programm auf ADO oder ein anderes COM-Objekt zugreifen zu können, müssen Sie die **CreateObject**-Methode verwenden, um diese Objekte während der Laufzeit zu erstellen. Außerdem arbeitet VBScript ausschließlich mit **Variant**-Variablen (die wiederum Zeichenfolgen, Zahlen, Arrays, Objekte usw. enthalten können). Das bedeutet, dass sämtliche VBScript-COM-Verweise »spät« gebunden werden.

Zudem gibt es eine neue Reihe von Einschränkungen, und viele dieser Einschränkungen bringen eine Vielzahl unserer Bemühungen zur Leistungsoptimierung zum Erliegen:

- Visual InterDev hilft beim Ausfüllen der VBScript-Methodenargumente, jedoch nur bei den vollständig aufgelisteten (und das sind beileibe nicht alle). Das bedeutet, dass Sie eine Datei mit sämtlichen Visual Basic-ADO-Konstanten angeben müssen. Nein, bitte kommen Sie nicht auf die Verwendung von Werten anstelle der Konstanten zurück. Sie können auch einen Verweis auf ADO in der Datei **Global.ASA** ablegen. Auf diese Weise kann Visual InterDev die ADO-Anweisungen während der Eingabe automatisch vervollständigen. ADO wird mit einer Datei geliefert, die in die ASP-Seite einbezogen werden kann: **\Program Files\Common Files\System\Ado\Adovbs.inc**
- VBScript unterstützt ausschließlich den Datentyp **Variant** – die AS-Klausel in der **Dim**-Anweisung erzeugt einen Syntaxfehler. Mit Hilfe von **Dim** können Sie daher Variablen und Arrays, nicht jedoch deren Datentyp deklarieren. Wenn

Sie nach guter Programmiermanier vorgehen, enthält Ihre Seite eine **Option Explicit**-Anweisung, die Sie zum Deklarieren aller Variablen zwingt und mit deren Hilfe Sie nicht deklarierte Variablen auffinden können.

- VBScript unterstützt nicht alle Funktionen der **Dim**-, **Public**- und **Private**-Anweisungen, die zum Deklarieren von Variablen verwendet werden. Sie können weiterhin Variablen anderer Datentypen einsetzen – Sie haben nach wie vor die Möglichkeit, **Date**-Werte, **String**-Werte und **Double**-Werte zu erstellen, diese müssen jedoch nach den für den **Variant**-Datentyp gültigen Regeln erstellt werden.
- Datentypen sind nicht das Einzige, was fehlt. VBScript lässt außerdem mehrere Anweisungen vermissen. Beispielsweise fehlen alle Anweisungen im Zusammenhang mit Datei-E/A, wie **Open**, **Close**, **Read** und **Input**. Das **Scripting.FileSystemObject**-Modell ersetzt diese grundlegenden E/A-Funktionen.
- Andere Anweisungen, die nicht verfügbar sind, sind **Write**, **GoSub**, **On GoSub**, **On GoTo**, **On Error** (und alle **Resume**-Operatoren) sowie **DoEvents**. Das bedeutet, dass Sie Ihren Ansatz zur Fehlerbehandlung neu überdenken müssen.[2]

9.1.1 Fehlerbehandlung in VBScript

Eine der größten Einschränkungen des VBScript-Codes ist die Fehlerbehandlungsroutine. Es gibt nämlich keine. Sie können zwar die Fehlerbehandlung aktivieren, jedoch nur, um Fehler verursachenden Code zu überspringen und den Fehler zu ignorieren – **On Error Resume Next**. Die meisten Webseiten, die ich gesehen habe, setzen diese Technik ein. Das bedeutet, dass Sie Code zur Verarbeitung der Fehler hinzufügen müssen, und zwar nach **jeder** Zeile des VBScript-Codes, die möglicherweise einen Fehler verursachen könnte.

IIS5 (unter Windows 2000) implementiert jedoch eine neue Technologie, die dieses Problem abschwächt, indem sie Ihnen die Konfiguration einer ASP-Ausnahmeseite ermöglicht. Diese Seite wird jedes Mal aufgerufen, wenn das Skript auf einen nicht verarbeiteten Fehler trifft. Sie können also basierend auf diesem Code eine »zentrale Fehlerbehandlungsroutine« implementieren.

Die standardmäßige Ausnahmeseite, die von IIS angegeben wird (**%WinDir%\Help\IisHelp\Common\500-100.asp**), kann an die besonderen Fehlerbedingungen Ihrer Site angepasst werden. Wenn Sie eine bessere Benutzeroberfläche, eine bessere Protokollierung oder einfach eine bessere Fehlerverwaltung benötigen, können Sie IIS konfigurieren und festlegen, zu welcher Seite in einer Website, einem Verzeichnis oder einem Seitenbereich gewechselt werden soll.

2. Weitere Informationen zu den Besonderheiten der Codierung in der Visual Basic Scripting Edition finden Sie unter http://msdn.microsoft.com/isapi/msdnlib.idc?theURL=/library/partbook/egvb6/programmingwithvbscript.htm.

Diese Seite besitzt Zugriff auf das **ASPError**-Objekt, dessen Eigenschaften Ihnen alle erforderlichen Informationen über den Fehler mitteilen. Handelt es sich beispielsweise um einen Skriptsyntaxfehler oder um einen Laufzeitfehler? Welche Seite hat den Fehler verursacht, und welche Zeile und welche Beschreibung wurde angegeben?

Die Verwendung dieser Ausnahmeseiten kann auch Probleme im Zusammenhang mit unzulänglicher Fehlerbehandlung und mangelhaften Debugginginformationen abschwächen, wie im weiteren Verlauf des Kapitels beschrieben wird. Die Standardfehlerseite zeigt zwar (aus irgendeinem obskuren Grund) keine Fehlerbeschreibung an, Sie können sie jedoch bearbeiten und in Zeile 65 Folgendes einfügen:

```
<h3><%= objASPError.Description %></h3>
```

Durch diese Änderung wird die Beschreibung des Fehlers oberhalb der übrigen Informationen bereitgestellt.

Sie werden außerdem feststellen, dass es nicht einfach ist, Fehlermeldungen zurückzusenden, wenn in den ASP-Seiten irgendetwas schief läuft. Sie möchten nicht, dass IIS oder VBScript eine Fehlerseite anzeigt, sondern Sie möchten die Fehler abfangen und sie verarbeiten. Wenn Sie jedoch eine XML-Antwort zurücksenden möchten, können Sie darin keine **Response.Write**-Nachrichten zu Informationszwecken einbetten. Wenn die ASP also XML-formatierte Daten zurücksenden soll und ein Fehler auftritt, müssen Sie diese Fehler selbst lösen (auf der ASP) oder eine Reihe anderer Techniken anwenden, die im weiteren Verlauf beschrieben werden.

ASP-Code ist eine merkwürdige Mischung aus ausführbarem Skriptquellcode (Visual Basic oder Java) und HTML-Befehlen (Hypertext Markup Language). Darauf bin ich zunächst hereingefallen, weil ich das Konzept der Umschaltzeichen (Shift) nicht begriffen hatte, die den Compiler anweisen, etwas Text zu kompilieren und den Rest an den Browser weiterzuleiten, um irgendeine Funktion zu erfüllen. Daher werden Sie manchmal von Skriptcode durchsetztes HTML mit speziellen Tags vorfinden, die die Umschaltung zum kompilierten Code kennzeichnen. Die meisten meiner ASP-Seiten, die XML zurückgeben, versuchen jedoch nicht, HTML zum Browser zurückzusenden, das nicht dem XML-Format entspricht – sofern kein Problem vorliegt.

Tipp Die zum Umschalten in den VBScript-Code und wieder zurück verwendeten Tags auf einer ASP-Seite lauten **<% und %>**. Alles innerhalb dieser Anfangs- und Endetags wird als Skriptcode betrachtet, der kompiliert und beim Laden der Seite ausgeführt wird. Sie können beliebig oft in den Code und wieder zurück wechseln. Alles **außerhalb** der Codeklammern wird als unformatierter Text oder als HTML-Befehle an den Browser gesendet.

9.1.2 Der HTML-Interpreter des Browsers

Der Browser verfügt über einen eigenen Interpreter, der HTML-Befehle z.B. zum Erstellen von Tabellen, zum Zeichnen von Linien oder Rahmen oder einfach zum Verschieben des Textcursors in die nächste Zeile erkennt – genau wie die 3270[3]-Systeme. Naja, fast. Die heutigen Browser unterstützen auch 3D und Vektorrendering, Drag&Drop und ein Ereignissystem, das das 3270-System nie hatte. Ja, es ist möglich, den Browser zum Interpretieren und Ausführen von Skriptcode zu veranlassen, beachten Sie jedoch, dass nur der Internet Explorer (IE) VBScript unterstützt. Alle Browser unterstützen JavaScript, daher finden Sie eine Menge Codegeneratoren für diese neue Einheitssprache.

Da alle Browser HTML unterstützen, bietet dies eine universelle Möglichkeit der Kommunikation mit dem Browser von einer ASP-Seite aus, die VBScript auf dem Server ausführt. Spätestens im Frühjahr 2001 werden wir bewundern dürfen, wie Visual Basic 7.0 eine Möglichkeit zum Erstellen von **binären** Visual Basic-Programmdateien und zum Extrahieren von HTML (und XML) bietet, um Inhalte an den Client zurückzugeben.

Der Browser erwartet, dass Sie so genannte **Tags** angeben, die bestimmte Bereiche der Webseite beschreiben. Diese Tags werden von spitzen Klammern (< und >) umschlossen. Ein Tag zum Erfassen einer Benutzereingabe in einem Textfeld sieht beispielsweise folgendermaßen aus:

```
Geben Sie den gesuchten Namen ein: <INPUT TYPE= "TEXT" NAME="txtName" VALUE=
"Default" >
```

Dieses Tag beginnt mit dem **<**-Zeichen, gefolgt vom Tagnamen INPUT. Das Tag endet mit dem **>**-Zeichen. Innerhalb der spitzen Klammern befinden sich **Attribute**, das Pendant zu Eigenschaften. In diesem Fall werden die Attribute TYPE, NAME und VALUE angegeben, um dem Browser mitzuteilen, wie dieser INPUT-Bereich zu verarbeiten ist und wie von einer anderen Stelle auf dieser Seite oder auf an-

3. 3270: Als ich in den Siebzigern anfing, mit Mainframes zu arbeiten, wurde das 3270-System als »intelligentes« Terminal zur Anzeige von Daten verwendet, die von einem Mainframe ausgegeben wurden. Es verfügte über eine rudimentäre Datenanzeige und eine Bearbeitungssprache, die Ähnlichkeit mit wirklich elementarem HTML besaß.

deren geladenen Seiten darauf verwiesen werden kann. Die Zeichenfolge »Geben Sie den gesuchten Namen ein:« wird auf der Webseite vor dem INPUT-Textfeld angezeigt. Alles außerhalb der HTML-Tags wird auf der Seite als Text angezeigt.

9.1.3 Ausführen von ActiveX Server Pages

Es gibt viele Möglichkeiten, den Code auf der ASP-Seite auszuführen. Eine häufig eingesetzte Methode besteht darin, von einer normalen Webseite darauf zu verweisen. Dies könnte über ein URL-Tag verwirklicht werden, das auf die ASP-Datei auf dem Server zeigt. Zu demselben Zweck können Sie auch das FORM-Tag und das **action**-Attribut einsetzen (wie im folgenden Codebeispiel dargestellt). Das FORM-Tag benennt eine bestimmte ASP-Datei auf dem Webserver, so, als würden Sie auf eine Remotedatei verweisen. In diesem Fall habe ich die **Post**-Technik eingesetzt, um ein Argument (den gesuchten Namen) an die ASP weiterzuleiten. Diese Technik verhindert, dass an die ASP gesendete Parameter in der URL-Adresse angezeigt werden, die die ASP aufruft.

Der hier gezeigte Code ist eine einfache (sehr einfache) Webseite, die zum Abfragen einiger Parameter von einem Browser und zum Starten einer ASP verwendet wird. Den gesamten Quellcode finden Sie in **PostExample1.HTML** im Beispielweb (ADOBP) auf der Begleit-CD.

```
<html>
    <meta NAME="GENERATOR" Content="Microsoft Visual Studio 6.0">
    <FONT SIZE="4" FACE="ARIAL, HELVETICA">
    <B>ADO Examples and Best Practices Example 1</B></FONT><BR>
     Passing arguments between an HTML form and an ASP<BR>
     using the Post method<BR>
    <body>
```

Diese nächste Zeile ist das FORM-Tag, das auf die Seite **SimpleASP.ASP** in einem bestimmten Verzeichnis auf dem Webserver verweist. Die Funktionsweise dieses Tags wird im weiteren Verlauf dieses Kapitels beschrieben.

```
    <FORM action=..\asp\SimpleASP.asp method=post>
```

Die nächsten Zeilen zeigen zwei INPUT-Felder zum Erfassen von Tastatureingaben des Benutzers an. (Im Grunde genommen handelt es sich um browserbasierte **TextBox**-Steuerelemente.) Das NAME-Attribut für jedes Steuerelement wird verwendet, um die Steuerelemente für die ASP zu identifizieren. Beachten Sie, dass das VALUE-Attribut einen Anfangswert (Standardwert) enthält, der gesendet wird, wenn der Benutzer keine Eingabe im Steuerelement vornimmt. Die Attribute dieser Steuerelemente werden als Mitglieder der FORM-Eigenschaft des **Request**-Objekts angegeben, sodass sie über ihren Namen auf der ASP referenziert werden können.

```
   Name: <INPUT NAME="txtName" VALUE="Vau%" > <BR><BR>
   Max Rows:<INPUT  NAME="txtMaxRows" VALUE=50
      style="HEIGHT: 25px; WIDTH: 31px" maxlength=2
      dataformatas=Numeric><BR><BR>
   <INPUT type="submit" value="Submit Query">
</FORM>
</body>
</html>
```

Etwas später in diesem Kapitel wird der serverseitige ASP-Code erläutert. In dem Code werden die Argumente extrahiert, die vom oben gezeigten Webseitencode abgefragt wurden, indem die FORM-Eigenschaft des **Request**-Objekts untersucht wird. Der serverseitige Code wird in Kürze behandelt.

Die Webseite, die durch den oben beschriebenen HTML-Code erstellt wird, sehen Sie in Abbildung 9.1.

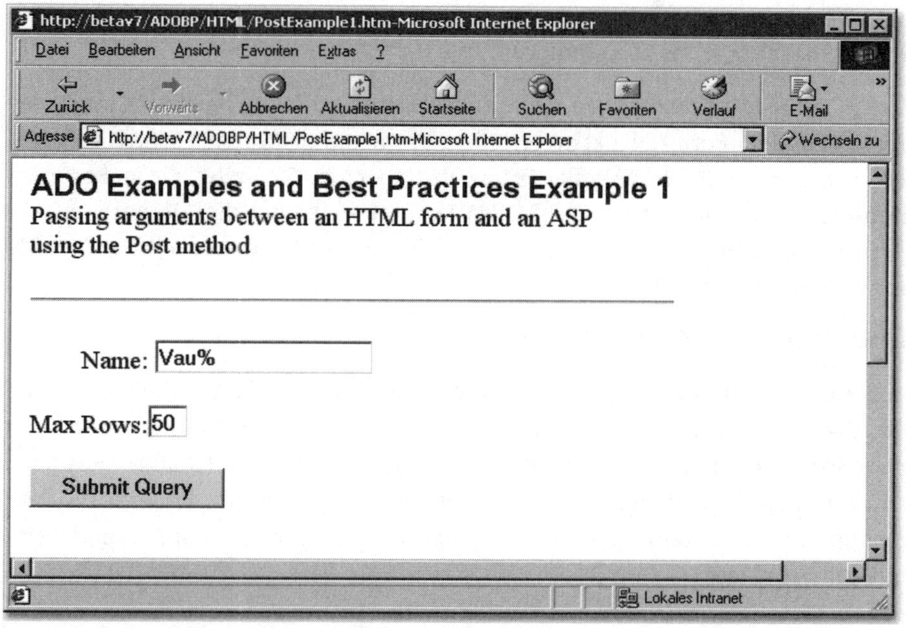

Abbildung 9.1 Abfragen von Parametern von einer Webseite und Aufrufen einer ASP

9.1.4 Angeben von Parametern

Da die auf der ASP ausgeführten Abfragen normalerweise Parameter benötigen, müssen Sie über INPUT-Tags (oder ein anderes HTML-Tag) Parameter abrufen oder die Parameter mit der URL-Adresse verketten, die zum Starten der Webseite verwendet wird. Wenn Sie beispielsweise eine Reihe von Autoren aus der **Biblio**-Testdatenbank auswählen möchten, deren Nachnamen mit einer bestimmten Zeichenfolge beginnen, könnten Sie den Benutzer über den vorgenannten Code zur Eingabe auffordern. Beachten Sie das INPUT-Tag, dessen Typ auf **submit** gesetzt ist (siehe unten). Hierdurch wird die Befehlsschaltfläche erstellt, die die ASP startet, wenn der Benutzer darauf klickt.

```
<INPUT type="submit" value="Submit Query" >
```

Zu diesem Zeitpunkt wird die aktuelle Seite wieder an die ursprüngliche Stelle im Stapel nach unten verschoben. Der Benutzer kann dorthin zurückwechseln, in der Regel generiert die ASP jedoch die nächste Seite, die dem Benutzer angezeigt wird. Wenn der ASP-Code allerdings zuviel Zeit in Anspruch nimmt, wird der Benutzer wahrscheinlich eine andere Adresse aufsuchen (aufgeben) oder erneut auf die **Submit**-Schaltfläche klicken. Durch erneutes Klicken startet IIS eine weitere Kopie der ASP und startet den Prozess erneut, wodurch die Situation sich nur noch verschlimmert. Anders als unter Visual Basic gibt es in diesem Fall eigentlich keine Möglichkeit, das zu verhindern.

Das FORM-Tag im vorherigen Code (unten noch einmal aufgeführt) weist den Browser an, ein **Form**-Objekt zu erstellen. Wenn auf die **Submit**-Schaltfläche geklickt wird, leitet der Browser das **Form**-Objekt an die ASP weiter, die im **Form Action**-Attribut genannt wird. Das FORM-Tag gibt außerdem die Methode an, die zum Weiterleiten eines beliebigen abgerufenen INPUT-Wertes an die Zielseite verwendet werden soll.

```
<FORM action=..\asp\SimpleASP.asp method=post>
```

In diesem Fall haben wir festgelegt, dass der Browser die **Post**-Technik zum Weitergeben der Argumente in der Hintergrundstruktur an die ASP einsetzen soll. Auf diese Weise werden die Argumente nicht in der URL-Adresse (Uniform Resource Locator) aufgeführt. Somit kann niemand die URL-Adresse im Browser bearbeiten, um die Parameter zu ändern (was möglich wäre, wenn Sie das **Method**-Attribut auf **Get** setzen).

Anmerkung Eine URL-Adresse zeigt einfach auf den »virtuellen« Dateinamen auf dem Remote-IIS-Server. Hierbei kann es sich um eine HTM-, ASP- oder eine andere vom Browser erkannte Seite handeln.

Wenn Sie das **Method**-Attribut des **Form**-Objekts auf **Get** (und nicht auf **Post**) einstellen, um Parameter von der Webseite an die ASP zu senden, fügt der Browser die Argumente, durch Fragezeichen (?) getrennt, an das Ende der URL-Adresse an. Das Ende jedes Parameters ist, wie nachfolgend dargestellt, durch ein Prozentzeichen (%) gekennzeichnet (allerdings wird es nicht immer verwendet).

```
http://www.betav.testsite.getdata.asp/?txtName=Vau%
```

Wenn Sie das **Method**-Attribut des **Form**-Objekts auf **Get** einstellen, kann die ASP über die **QueryString**-Auflistung auf einzelne Argumente verweisen:

```
Dim txtName
txtName = Form.QueryString("txtName")
```

9.1.5 Visual Basic im Vergleich zur VBScript-Entwicklung

Das ASP- oder Internetmuster verdeutlicht einen grundlegenden Unterschied zwischen dem Schreiben interaktiver Client/Server-Anwendungen in Visual Basic und dem Schreiben webbasierter Anwendungen. In Visual Basic haben wir Darstellungssteuerelemente erstellt, die im Prinzip statisch sind. Das heißt, sie werden durch Code gefüllt, der auf dem Client ausgeführt wird. Im VBScript-ASP-Programmiermodell führt der Client eine Datenanforderung aus und trägt den Inhalt des Resultsets anschließend in diese statischen Anzeigesteuerelemente ein. Im Allgemeinen erstellen Visual Basic-Client/Server-Entwickler nicht für jede Abfrage ein neues Formular mit aus Daten generierten Steuerelementen (was durchaus möglich wäre).

Bei der webbasierten Entwicklung mit ASP-Seiten hat es den Anschein, dass die neuen Seiten (oder zumindest Bereiche der Seiten) bei jeder Abfrage ganz neu aufgebaut werden. Wie jedoch im weiteren Verlauf dieses Kapitels erläutert wird, kann man denselben IIS-basierten serverseitigen ASP-Code von herkömmlichen Visual Basic-Programmen aus aufrufen – sogar auf ziemlich einfache Weise.

9.2 Verwenden von XML zum Zurückgeben von Daten aus Webseiten

In diesem Abschnitt untersuchen wir Schritt für Schritt ein Beispiel-Webprojekt, das mit einer einfachen Webseite beginnt, die zum Abrufen der erforderlichen Abfrageparameter eingesetzt wird. Dazu verwenden wir die soeben besprochene Webseite und gehen eine ASP-Seite durch, die die Daten, basierend auf den angegebenen Parametern, in XML zurückgibt. Die zweite Anwendung (die im Abschnitt »Verwalten von Recordsets mit Hilfe von XML-**Stream**-Objekten« des Kapitels besprochen wird) verwendet eine mit Visual Basic-Client/Server vergleichbare Anwendung zum Starten von ASP-Seiten, zum Aktualisieren von Zeilen und zum Verarbeiten der Fehler.

Im vorgenannten Beispiel wurde ausgeführt, wie über die **Submit**-Schaltfläche eine ASP-Seite gestartet wird, die basierend auf den Eingabeparametern eine Abfrage ausführt. Dieser ASP-Code gibt ein XML-Recordset zurück, das formatiert und über eine XSL-Vorlage in HTML konvertiert wird. Auf diese Weise wird eine Tabelle erstellt und mit den Recordsetdaten auf dem Browser des Benutzers gefüllt. In diesem Fall handelt es sich bei der generierten »Tabelle« um eine Reihe von Rahmen, Überschriften und Inhalten, nicht um eine Datenbanktabelle.

9.2.1 Die serverseitige Active Server Page

Der ASP-Code übernimmt in Ihrer Anwendung den größten Teil der Arbeit. Er öffnet eine SQL Server-Verbindung, führt eine Abfrage aus, gibt ein Recordset zurück und erstellt das XML, das an den Browser zurückgesendet werden soll. Er formatiert das XML außerdem mit Hilfe eines XLS-Skripts in Form einer HTML-Tabelle. Die XSL-Formatvorlage ist so aufgebaut, dass sie sich an jede XML-Struktur anpasst, sodass sie sich zur Verwendung für andere »generische« XML-Anwendungen anbietet.

Der ASP-Code selbst wird als Datei mit eingerichteten Berechtigungen und Eigenschaften auf dem IIS-Server gespeichert, sodass IIS ihn als ausführbare Seite erkennt. Ohne diese Einstellungen kann IIS nicht viel mit der Seite anfangen, sondern beschwert sich vielmehr, dass Sie nicht über die zum Ausführen der ASP erforderlichen Berechtigungen verfügen. Eine schnelle Möglichkeit, die richtigen Einstellungen vorzunehmen, besteht darin, die ASP-Seiten in einem Verzeichnis mit anderen ASP-Seiten abzulegen, die über Ihr Visual InterDev-System erstellt wurden. Jawohl, ich habe zum Entwickeln dieser Beispiele Visual InterDev eingesetzt – und ich stehe dazu!

Tipp Bei der Arbeit mit Visual InterDev werden Sie feststellen, dass viele Methodenargumente automatisch während der Eingabe eingefügt werden. Das ist superpraktisch. Wenn Sie jedoch nicht aufgelistete Optionen einbringen möchten, müssen Sie sicherstellen, dass die Anwendung die ADO-Konstanten erkennen kann, indem Sie im oberen Bereich der ASP folgende Zeile hinzufügen:

```
<!-- #INCLUDE FILE="../include/ADOVBS.INC" -->
```

Anmerkung Ohne diese Zeile habe ich ständig einen ADO-Fehler (0x800A0BB9) ohne weitere Erläuterung erhalten. Ich vermute, dass die Optionseinstellung **adCmdText** der **Open**-Methode den Interpreter abgewürgt hat. Sobald ich dann **Option Explicit** in den ASP-Code eingefügt habe, teilte mir der Interpreter mit, dass er **adCmdText** nicht verstehe. Stellen Sie daher sicher, dass die **Include**-Datei im Projekt enthalten ist.

Sehen wir uns den serverseitigen ASP-Code genauer an. Der erste Abschnitt richtet die Variablen ein, die im ASP-Code verwendet werden. Beachten Sie, dass wir in diesem Fall nicht die Möglichkeit besitzen, die Datentypen zu deklarieren – alle Variablen entsprechen dem Typ **Variant**. Durch die Anweisung **On Error Resume Next** wird vermieden, dass der VBScript-Interpreter einfach eine Fehlerseite an den Client (Browser) zurückgibt; ich kennzeichne diese Anweisung jedoch während der Entwicklungsphase als Kommentar, damit ich auf Syntaxfehler aufmerksam gemacht werde. Sobald Sie **On Error Resume Next** aktivieren, werden alle Fehler »ignoriert«, und Sie müssen nach jeder Operation, die möglicherweise einen Fehler verursachen könnte, Code für die Fehlerprüfung einfügen. Danach sollte der Code Ihnen sehr bekannt vorkommen. Wir erstellen eine ganz normale Verbindungszeichenfolge (**ConnectionString**), die später in der ASP an die **Recordset Open**-Methode weitergeleitet wird.

Beachten Sie, dass **ConnectionString** (sConn) den Benutzernamen, das Kennwort, den Servernamen und die Datenbank in der ASP hardcodiert. Natürlich hätten wir diese auch von der HTM-Seite, die die ASP startet, einlesen und mit Hilfe der Technik **Request.Form(»variable name«)** in den Visual Basic-Code einfügen können, jedoch wird auf diese Weise das Verbindungspooling deaktiviert, sofern nicht jeder haargenau dasselbe eingibt. Sie müssen sich jedoch über die Hartcodierung dieser Werte keine Gedanken machen, da man sie später sehr einfach wieder ändern kann. Sobald die Seite geändert und neu gespeichert wurde, verwenden alle nachfolgenden Verweise sofort die neuen Einstellungen.

In sicheren Produktionssystemen sollten Sie den Benutzernamen und das Kennwort allerdings nicht mehr hartcodiert belassen, vor allem deshalb, weil wahrscheinlich noch viele andere an der Seite arbeiten und jeder von ihnen das Kennwort einsehen kann. Eine durchführbare Lösung hierfür ist, wie bereits erwähnt, die Verwendung einer UDL-Datei, die die Verbindungszeichenfolge enthält. Für die UDL können Sie Lese-/Schreibzugriff an die Administratoren und nur Lesezugriff an Benutzer erteilen, in deren Kontext die Datei verwendet wird (normalerweise die lokalen Benutzer **System** sowie **IUSR_machinename** und **IWAM_machinename** von IIS).

Sehen wir uns den ASP-Code genauer an. Beachten Sie, dass wir IIS als Erstes mitteilen, dass die Seite VBScript als Skriptsprache einsetzt. Nach diesem Hinweis sieht der ASP-Code eigentlich jeder anderen Visual Basic-Anwendung ziemlich ähnlich.

```
<%@ Language=VBScript%>
<%
Option Explicit
Dim sConn, sSql, rs, Query, MaxRows, stm
On error resume next
sConn = "Provider=SQLOLEDB.1;Password=xyzzy;User ID=ADOASP;" _
   & "Initial Catalog=biblio;Data Source=(local)"
```

Der folgende Code extrahiert die Parameter nach Namen aus der **Request.Form**-Eigenschaftenauflistung. Diese benannten Eigenschaften entsprechen den benannten INPUT-Steuerelementen, die auf der aufrufenden clientseitigen Webseite durch Tags gekennzeichnet werden. Jedes Eingabeargument wird ausgewertet und auf einen Standardwert gesetzt, wenn es als ungültig befunden wird. Die Eingabeüberprüfung könnte auch auf dem Client durchgeführt werden, wenn sich jedoch die Geschäftsregeln ändern, müssten Sie auch den clientseitigen Code synchronisieren. Das ist jedoch nicht annähernd so schwierig wie bei der Arbeit mit Win32-Client/Server-Anwendungen. Sie müssen dazu lediglich das Webseiten-HTML so ändern, dass die INPUT-Werte im Voraus überprüft werden.

```
MaxRows=Request.Form("txtMaxRows")
if MaxRows > "99" or MaxRows < "1" then MaxRows = "50"
Query = Request.Form("txtName")
if Query ="" then Query = "A%"
```

Der folgende Code erstellt eine SELECT-Anweisung zum Zurückgeben des gewünschten Rowsets. Nein, ich empfehle keinesfalls die Verkettung mit **&** zum Zusammensetzen der Zeichenfolge, wir müssen sie jedoch an dieser Stelle verwenden, damit meine Editoren die Zeichenfolge nicht zerhacken (sie würde sich über die gedruckte Seite hinaus erstrecken). Als Nächstes erstellen wir ein ADODB-**Recordset**-Objekt auf die harte Tour – durch Verwendung der **CreateObject**-Methode. Das Recordset öffnen wir über die SQL-Zeichenfolge und die Verbindungszeichenfolge (**ConnectionString**), die wir vorher erstellt haben. Beachten Sie, dass wir in diesem Fall kein separates **Connection**-Objekt erstellen – ADO hingegen hinter den Kulissen schon.

Tipp Die ASP-Methode **Connection.Open** wird viele Male in schneller Folge ausgeführt – einmal von jedem Client, der auf die ASP verweist. Daher ist es wichtig, dass das Verbindungspooling funktioniert. (Dies wurde im Kapitel über Verbindungen erläutert).

Um die Verwaltung von Verbindungsfehlern zu vereinfachen, könnten Sie die Erstellung eines separaten **Connection**-Objekts in Betracht ziehen, das Sie anschließend zum Öffnen der Datenbankverbindung verwenden. Auf diese Weise können Sie Fehler unabhängig vom Öffnen des Recordsets auffangen. Sobald die Verbindung geöffnet ist, können Sie das geöffnete **Connection**-Objekt an die **Recordset Open**-Methode weiterleiten.

```
sSQL="Select Top " & MaxRows & " Author, Year_Born " _
   & " from authors where author like '" & query & "' "
set rs = CreateObject("ADODB.Recordset")
rs.Open sSQL, sConn,,,adCmdText
```

IMHO In vielen (na gut, in fast allen) Codebeispielen, die ich gefunden habe, wurde die **CommandType**-Option bei Verwendung der **Open**-Methode nicht eingestellt. Dies ist schlicht auf Faulheit zurückzuführen – für die Ausführgeschwindigkeit einer Abfrage kann diese Einstellung jedoch von entscheidender Bedeutung sein.

In der nächsten Zeile wird getestet, ob die **Open**-Methode funktioniert hat, indem das Visual Basic-**Err**-Objekt auf 0 geprüft wird. Liegen Fehler vor, wird einfach über die **Response.Write**-Methode eine Nachricht an den Browser zurückgegeben. Durch diese Logik wird auch jeder Versuch zum Zurückgeben des XML vermieden.

```
if err then
   Response.Write "Error occurred:" & err.description & "<BR>"
   Err.Clear
else
   if rs.EOF then
      Response.Write "No authors found using " & Query & " filter.<BR>"
  Else
```

Tipp Stellen Sie beim Zurücksenden von Nachrichten an den Browser sicher, dass am Ende jeder Zeile das
-Tag hinzugefügt wurde. Im Gegensatz zur **Print**-Funktion von Visual Basic wird am Ende der Zeichenfolge nicht automatisch eine CRLF-Sequenz hinzugefügt.

Jetzt ist es an der Zeit, das XML zu erstellen, das an den Client zurückgesendet wird. In diesem Beispiel speichern wir das Recordset in einer im Arbeitsspeicher befindlichen Struktur, die erstmals in ADO 2.5 implementiert wurde – im »Stream«-Objekt. In diesem Fall wird der Stream als auf dem Recordset basierende XML-Struktur gespeichert. Anschließend »schreiben« wir den Stream (mit dem Recordset in XML) als Antwort auf den Clientbrowser. Dieser wird gefolgt von einer XSL-Formatvorlagenseite. Sowohl der Stream als auch die XSL-Datei werden über die **Response.Write**-Technik zurückgesendet, beachten Sie jedoch, dass wir **Response.ContentType** auf **text/XML** setzen, sodass der Browser weiß, wie die von der ASP zurückgegebenen Daten zu verarbeiten sind. Das **ContentType**-Attribut wird als **type/subtype** formatiert, wobei **type** die allgemeine Inhaltskategorie und **subtype** den bestimmten Inhaltstyp bezeichnet. Beispielsweise sind **text/HTML**, **image/GIF**, **image/JPEG**, **text/plain** und (wie in unserem Beispiel) **text/XML** typische **ContentType**-Einstellungen. Sehen wir uns den Code an, der all diese Wunder vollbringen soll.

Warnung Wenn Sie **ContentType** auf **text/XML** einstellen und sich später entschließen, einfachen Text (oder HTML) zu schreiben, zeigt der Browser diesen nicht an.

```
Set stm = Server.CreateObject("ADODB.Stream")
   rs.Save stm,adPersistXML
   Response.ContentType = "text/xml"
   Response.Write "<?xml:stylesheet type=""text/xsl""
href=""recordsetxml.xsl""?>" & vbCrLf
   Response.Write stm.ReadText
   stm.close
   Set stm = Nothing
   end if
end if
%>
```

Anmerkung Der etzte Schritt (wie oben gezeigt) knüpft eine kleine XML-Vorlagendatei (XSL) zum Formatieren der XML-Daten an. Sie ist auf der CD enthalten, sodass Sie sie sich bei Gelegenheit einmal ansehen können. Dieser weitere Einheitsansatz (OSFA-Ansatz, One Size Fits All) wurde von Andrew Brust entwickelt[4]. Das heißt, dieses Vorlagenskript kann XML zerlegen und aus der Struktur eine browserbasierte Tabelle erstellen, solange sie nicht hierarchisch aufgebaut ist.

Die Nicht-XML-**Response.Write**-Meldungen werden nur dann zurückgesendet, wenn während des **Open**-Vorgangs (**Connection** oder **Recordset**) etwas schief läuft, und wir wechseln **nicht** zum Inhaltstyp **XML**. Wenn Sie im Klartext lesbare Meldungen in ein XML-Dokument einstreuen, erhalten Sie seltsame Meldungen über ungültige Header. Tatsächlich beschädigen die zusätzlichen **Response.Write**-Zeichenfolgen das sorgfältig formatierte XML, das im nächsten Schritt generiert wird.

IMHO[5] Meiner Ansicht nach sollte die Fehlerbehandlung die höchste Priorität bei der Webseitenentwicklung erhalten. Wir sind alle schon auf »professionelle« Sites gestoßen, die nichts sagende Meldungen ausspucken, wenn etwas danebengeht. Mit der Anzahl der Aufgaben, die Ihre Anwendung erfüllt, wächst die Wahrscheinlichkeit, dass eine ASP-Seite fehlschlägt. Wenn der Server keine Verbindungen mehr unterstützen kann, der Arbeitsspeicher ausgelastet ist oder das System von anderen Vorgängen blockiert wird, müssen Sie schon mehr als die dämliche (Standard-) Meldung bieten, die vom oben gezeigten Code generiert würde.

Die nächsten Codezeilen schließen das VBScript-Tag und weisen den VBScript-Interpreter an, die Datei ADOVBS.INC einzubeziehen. Ich nehme an, dass die Leistung gesteigert werden könnte, wenn nur die spezifischen Konstanten, die in dieser (ziemlich großen) Datei enthalten sind, berücksichtigt werden könnten – vor allem, wenn Sie bedenken, dass die ASP bei jeder Ausführung aus dem Quellcode **interpretiert** wird. Je mehr Zeilen zu kompilieren sind, desto mehr verschlechtert sich die Leistung.

4. Ich habe einiges an Referenzmaterial durchgesehen, um Beispiele für die ASP-Codierung zu finden. Dazu gehörten unter anderem das Buch *Professional Active Server Pages*, herausgegeben von Wrox Press (Homer, Enfield u.a.), und verschiedene Artikel, die im *Visual Basic Programmer Journal* veröffentlicht wurden, einschließlich eines großartigen Artikels namens »ADO Enhances the Web« von Andrew Brust und William Wen (Progressive Consulting). Ich habe außerdem sehr viel Unterstützung von meinen Freunden und Kollegen bei Microsoft erhalten, beispielsweise John Thorson, Carmen Sarro (und viele andere), und von meinem technischen Editor Eduardo.
5. In My Humble Opinion (Meiner bescheidenen Meinung nach)

```
<!-- #INCLUDE FILE="../include/ADOVBS.INC" -->
```

IMHO Ich habe Visual InterDev zum Schreiben und Testen dieser Beispiele eingesetzt. Im Vergleich mit Visual Basic und seinen interaktiven Debuggingmöglichkeiten, der sequenziellen Ausführung einzelner Anweisungen und den Supportfenstern (z.B. Lokalfenster) schneidet Visual InterDev ziemlich dürftig ab. Ich fand es sehr schwierig herauszufinden, was mit meinem Code passierte und warum er funktionierte – oder auch nicht. Die von ADO und IIS zurückgegebenen Fehlermeldungen waren allenfalls kryptisch.

9.3 Verwalten von Recordsets mit Hilfe von XML-»Stream«-Objekten

Nach Abschluss des vorhergehenden XML-Beispiels habe ich begonnen, mir einige Fragen zu stellen, und fand ein paar Antworten, die mir ein ganz neues Bild von der Verwendung von XML eröffnet haben. Auch wenn Sie XML mittlerweile vielleicht schon satt haben – der Zeitaufwand, der für die Untersuchung des nächsten Beispiels nötig ist, lohnt sich bestimmt.

Im vorherigen Beispiel wurde eine ASP verwendet, die ein parametergesteuertes Recordset generiert hat, das als formatierte XML-HTML-Tabelle zurückgegeben wurde. Die ASP-Seite setzte als Client eine browserbasierte Webseite voraus, die den **Name**-Parameter und die maximale Anzahl weiterzuleitender Zeilen abrief. Im Gegensatz dazu zeigt Ihnen das nächste Beispiel, wie Visual Basic als Frontend zum Ausführen des ASP-Codes verwendet wird (kein besonders bahnbrechendes Konzept) – in diesem Fall werden wir jedoch ein aktualisierbares Recordset erstellen, Änderungen daran vornehmen und das nicht verbundene Recordset an die ASP zurücksenden, um es über die **UpdateBatch**-Methode in der Datenbank abzulegen. Das Knifflige daran (falls Ihnen der Schwierigkeitsgrad noch zu niedrig erscheint) liegt in der Fehlerverwaltung. Diese Fehler werden (zumindest theoretisch) in jeder Phase generiert: beim Öffnen einer Verbindung, beim Ausführen der ursprünglichen Abfrage, beim Erstellen von XML, beim Senden und Empfangen von XML, beim Zurücksenden der Änderungen an IIS und beim Abrufen der Ergebnisse von **UpdateBatch**. Die Architektur dieses neuen Beispiels wird in Abbildung 9.2 dargestellt.

Dieser Ansatz ähnelt in vielerlei Hinsicht anderen Architekturen, die bereits erörtert wurden. Er verwertet Code, der auf einer anderen Plattform ausgeführt wird – in diesem Fall IIS. Im Gegensatz zu kompilierten gespeicherten Prozeduren unter SQL Server, die (nur) in TSQL geschrieben werden, wird dieser Code jedoch zur Laufzeit interpretiert, was die Ausführung im Vergleich zu kompilierten gespeicherten Prozeduren erheblich verlangsamt.

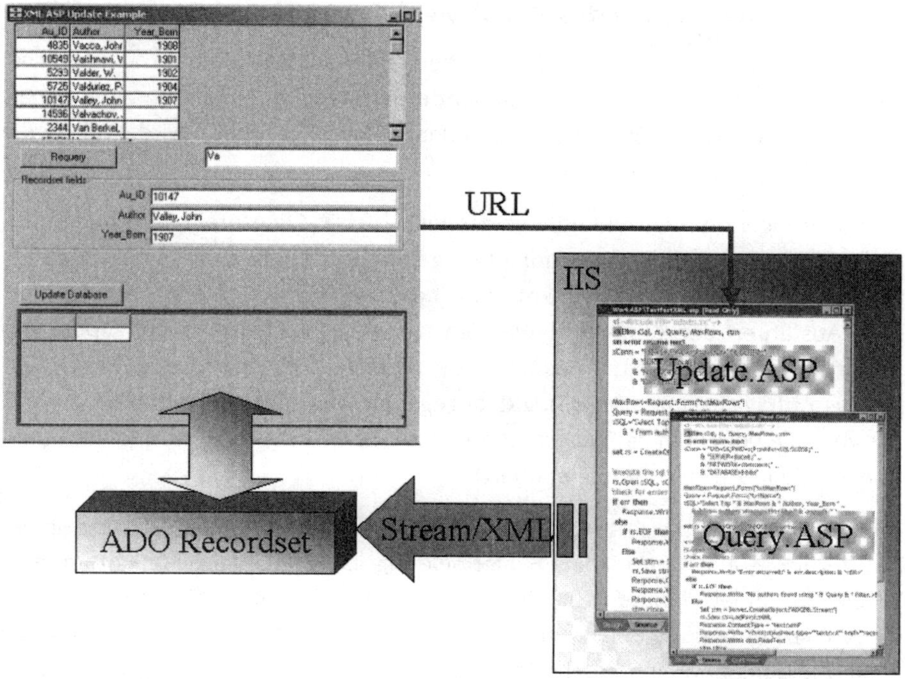

Abbildung 9.2 Zurückgeben von XML aus einer ASP über einen URL-Verweis zum Weiterleiten eines Recordsets

Auf der anderen Seite ist VBScript viel flexibler als TSQL, sodass Vorteile entstehen, die den Mangel an Geschwindigkeit eventuell (nur eventuell) wieder gutmachen. Einer dieser Unterschiede ist die Möglichkeit des ASP-Codes, binären Code auszuführen, der in Visual Basic, C oder einer beliebigen anderen Sprache entwickelt wurde. Dieser binäre Code kann außerdem dieselben gespeicherten Prozeduren ausführen, die Sie die ganze Zeit verwenden – genau wie der ASP-VBScript-Code.

Es gibt jedoch noch einen weiteren Aspekt. Während gespeicherte Prozeduren mit dem Client (oder der Komponente) über das RPC-Protokoll (Remote Procedure Call) über TDS (Tabular Data Stream) kommunizieren, sendet der IIS-ASP-Code Strukturen im HTTP-Format (und erwartet diese auch zu empfangen). Das hat zur Folge, dass viel mehr Pakete übertragen werden. Dieser Vergleich hinkt jedoch ein wenig, wie Edward (mein technischer Editor) mir aufgezeigt hat. Die Quintessenz ist, dass dieses neu entstehende Konzept völlig anders, jedoch in vielerlei Hinsicht viel flexibler ist als diejenigen, die wir bisher über Jahrzehnte eingesetzt haben und einsetzen mussten.

9.3.1 Untersuchen des Codebeispiels von Visual Basic zu ASP

Sehen wir uns die drei Codemodule nacheinander an. Wir untersuchen zunächst die Visual Basic-Clientanwendung, in der der Abfragefilter abgerufen wird, der als Parameter an diejenige WHERE-Klausel der ASP weitergegeben wird, welche die Abfrage für uns ausführen soll.

Im Grunde genommen funktioniert das Visual Basic-Clientprogramm folgendermaßen. Wir starten die Anwendung und geben unter Verwendung des aktuellen Wertes im Textfeld für Abfragekriterien (**txtQueryParm**) eine erste Abfrage aus. Zum Ausführen der Abfrage verwenden wir einfach die **Recordset Open**-Methode zum Ansprechen und Ausführen der Abfrage-ASP (**recordsetxml.asp**), wobei das Abfrageargument in der URL angegeben wird. Die ASP gibt XML zurück, das von ADO direkt in ein Recordset auf dem Client konvertiert wird (diese Funktion wurde in ADO 2.1 implementiert).

An dieser Stelle wird es erstmals knifflig. ADO erwartet ein Recordset, das von der ASP zurückgegeben wird, keine Fehlermeldung. Da es sich jedoch nicht um eine Webseite handelt, können wir nicht einfach einen **Response.Write**-Vorgang für die ASP ausführen, um dem Benutzer zu melden, wo der Fehler liegt. Um also die Fehlermeldung und eine Beschreibung zurückzugeben, erstellt die ASP ein neues Recordset und fügt ihm eine Zeile mit dem Fehler und entsprechenden Details hinzu. Cool? Wenn die Anwendung ein Klickereignis auf dem **MSHFlexGrid**-Steuerelement feststellt, wird eine Reihe von **TextBox**-Steuerelementen gefüllt, die zur Überprüfung eventueller Änderungen verwendet werden.

Sobald der Benutzer auf die Befehlsschaltfläche **Update** klickt, verwenden wir eine andere Technik, um das Recordset an die ASP zurückzusenden, die den **UpdateBatch**-Vorgang durchführt. Dieser Code verwendet das **MSXML**-Objekt zum Senden und Empfangen von XML von der ASP – eine neue Funktion von ADO 2.5. Dieses Objekt bietet nicht nur eine Möglichkeit zum Weiterleiten unseres Recordsets (das in einem Stream mit dem XML-Äquivalent des Recordsets gespeichert ist), sondern auch ein Verfahren zum Abrufen der Antwort von der ASP. Das kam mir sehr gelegen, als ich Fehlerinformationen in Form von in XML eingebetteten Kommentaren zurückgeben musste, da das **MSXML**-Objekt sowohl **ResponseText** als auch **ResponseXML** offen legt.

Wenn Fehler auftreten (und das ist tatsächlich gelegentlich der Fall), wird dem Benutzer die Option bereitgestellt, den Vorgang zu wiederholen oder seine Änderungen einfach durchzusetzen. Im Quellcode finden Sie ein Grundgerüst von Vorgehensweisen für die Fehler, die eintreten können. Wir stellen die **Update Criteria**-Eigenschaft so ein, dass die vorgenommenen Änderungen durchgesetzt werden oder die Abfrage einfach erneut gesendet wird.

Da der Quellcode für dieses Programm übrigens auf der CD enthalten ist, werde ich Sie an dieser Stelle nicht mit öden Details langweilen – ich zeige Ihnen nur die Highlights, die an diesem Ansatz einzigartig sind. Sie werden viele Auflistungen und andere geläufige Techniken aus vorherigen Passagen wiedererkennen, daher wäre es müßig, sie noch einmal durchzugehen.

Tipp Ich fand es einfacher, den Muster-ASP-Code in der Visual Basic 6.0-IDE zu entwickeln. Sobald er in Visual Basic funktionierte, war die Übertragung des Codes auf die ASP ein Kinderspiel.

9.3.2 Der clientseitige Visual Basic-Code

Zunächst erstellen wir eine Konstante, die auf den IIS-Server und den Webstamm zeigt. Sehen Sie erst gar nicht nach, dieser Server ist nicht im WWW. Das Textfeld **txtField** wird gefüllt, wenn wir ein Klickereignis auf dem **MSHFlexGrid**-Steuerelement erhalten.

```
Const WebHost As String = "http://betav7/testxml/myhtml/"
```

Der folgende Code wird ausgeführt, wenn der Benutzer die Kriterien ändert und auf die Befehlsschaltfläche **Requery** klickt. Außerdem wird er beim ersten Anwendungsstart ausgeführt. Er ruft die ASP auf und leitet die aktuellen Kriterien mit der URL-Adresse weiter. Der **Recordset Open**-Methode wird entweder ein Rowset aus der ASP oder ein neues Recordset mit dem Fehlertyp (Verbindung oder Abfrage), der Fehlernummer und einer Beschreibung angegeben. Lautet das erste Feld **EType**, wissen wir, dass sich im XML-Stream ein Fehler eingeschlichen hat. Liegt jedoch kein Fehler vor, so gibt es ein Rowset. In diesem Fall füllen wir die Tabelle einfach mit den Recordsetdaten.

```
Private Sub cmdRequery_Click()
On Error GoTo cmdEH
If rs.State = adStateOpen Then rs.Close
rs.Open WebHost & "recordsetxml.asp?Query=" & txtQueryParm
If InStr(rs.Fields(0).Name, "EType") Then
    ' Die Verbindung oder Abfrage hat nicht funktioniert.
    Die XML enthält die Fehlermeldungen... nicht die Zeilen
    Select Case rs.Fields("EType")          ' Fehlertyp
        Case enuError.Connection
            MsgBox "The active server page could not connect to the server. " _
            & vbCrLf & rs.Fields("Description"), _
            vbCritical, "Error Connecting"    ' Beschreibungsfeld
       Case enuError.OpenRecordset
            MsgBox "The active server page could not execute the query. " _
```

```
            & vbCrLf & rs.Fields("Description"), vbCritical, _
            "Error Opening"    ' Beschreibungsfeld
        Case Else
            'Bitte?
            MsgBox "Unrecognized error type. Programming error", vbCritical
    End Select
 Else
Set MSHFlexGrid1.Recordset = rs
End If
Quit:
    Exit Sub
```

Der nächste Codeabschnitt wird ausgeführt, wenn der Benutzer auf die Befehlsschaltfläche **Update** klickt. Wir erstellen ein **MSXML**-Objekt, das ein **Stream**-Objekt mit dem Recordset (in XML) an die ASP weiterleitet, auf der die **UpdateBatch**-Methode angewendet wird.

```
Private Sub cmdUpdate_Click()
Dim strMsg As String
Dim stm As ADODB.Stream
' Microsoft XML Version 2.0
Dim xml As MSXML.XMLHTTPRequest
Dim rsLocal As Recordset
Dim fld As Field
Dim stmXML As Stream

On Error GoTo cmdUpdateEH

Set xml = New MSXML.XMLHTTPRequest
Set rsLocal = New Recordset
rsLocal.CursorLocation = adUseClient
rsLocal.Properties("Update Criteria") = adCriteriaAllCols
RetryUpdate:
Set stm = New ADODB.Stream
rs.Save stm, adPersistXML          ' Globalen RS in Stream speichern
'
' Zugreifen auf die Seite, die eine UpdateBatch-Operation ausführen kann
'
xml.Open "POST", WebHost & "UpdateXMLRS.ASP", False
xml.send stm.ReadText
```

Die ASP versucht, die Datenbank zu aktualisieren, jedoch können Sie laut Murphy einen XML-Stream mit dem »aktualisierten« Recordset (mit ausstehenden Zeilen) zurückerwarten, anhand dessen Sie feststellen können, welche Zeilen nicht aktualisiert wurden.

Sobald das Recordset eintrifft (denken Sie daran, dass es nur zurückkommt, wenn Konflikte aufgetreten sind), können wir die **Filter**-Eigenschaft zum Aufheben der Auswahl nicht betroffener Zeilen verwenden. Beachten Sie, dass im Recordset noch immer alle Zeilen enthalten sind; wenn Sie also dieses gefilterte Recordset an die Tabelle weitergeben, werden alle Zeilen angezeigt. Aus diesem Grund habe ich eine andere Routine gewählt, um die Tabelle manuell zu füllen. Achten Sie darauf, dass die Werte für Fehlernummer und Beschreibung von der Aktualisierungs-ASP über das Kommentartag in XML zurückgegeben werden. Anhand des Aktualisierungs-ASP-Codes können wir feststellen, wie dies geschieht.

```
If xml.responseText <> "" Then              ' Testen auf Fehlertext oder Rowset
   rsLocal.Open xml.responseXML             ' Rowset öffnen
   rsLocal.Filter = adFilterPendingRecords
   If rsLocal.RecordCount > 0 Then
      DumpRsToGrid rsLocal
   If InStr(xml.responseText, "RSUpdate error") Then    ' Fehler beheben...
```

9.3.3 Der serverseitige ASP-Abfragecode

Anhand dieses Codes werden einige neue Techniken vorgestellt. Natürlich habe ich den Code aus dem ersten XML-Beispiel in diesem Kapitel wiederverwertet, aber in diesem Fall können wir keine Fehlerinformationen über HTML zurücksenden – wir können nur in Form eines Recordsets antworten. Der Grund hierfür liegt darin, dass wir die ADO-**Recordset Open**-Methode zum Abrufen der Zeilen verwenden. Wenn bei der Verbindung oder der Abfrage etwas schief läuft, müssen wir dies dem Client mitteilen. Wir könnten zwar auch einfach gar nichts an den Client zurückgeben und ihn die ADO-Funktion **RatMalWoran'sLiegt** ausführen lassen, diese hat jedoch auf meinem System nicht mehr funktioniert, seit ich Age of Empires installiert habe. Kurzum, den Teil des Codes, den wir bereits besprochen haben, lasse ich diesmal aus.

Genau wie bei früheren ASP-Seiten, erstellen wir die ADO-Objekte durch Ausführen von **Server.CreateObject**. Um die Verarbeitung von Verbindungsfehlern zu vereinfachen, verwenden wir ein separates **Connection**-Objekt. Außerdem erstellen wir ein **Recordset**- und ein **Stream**-Objekt, um die Daten von einer Schicht an die nächste weiterzugeben.

```
' Objekte initialisieren:
On error resume next
set cn = server.CreateObject ("ADODB.Connection")
Set rs = Server.CreateObject("ADODB.Recordset")
Set stm = Server.CreateObject("ADODB.Stream")
```

Durch den nächsten Code wird eine Verbindungszeichenfolge (**ConnectionString**) erstellt und, wenn die Verbindung geöffnet ist, ein Recordset geöffnet, das auf den Parametern basiert, die am Ende der URL-Adresse verkettet sind. Wir haben keine Möglichkeit, ein HTML-**Form**-Objekt in Visual Basic zu erstellen, daher müssen wir das **Form Method**-Attribut auf **Get** setzen. Außerdem stellen wir sicher, dass das Recordset mit optimistischen Stapelsperren erstellt wird, damit ADO es im Schreib-/Lesemodus an den Client zurückgeben kann. Denken Sie daran, dass der Standardmodus RO (schreibgeschützt) lautet.

```
cn.ConnectionString =  "file name=c:\biblio.udl"
cn.CursorLocation  = aduseclient
cn.Open
if err then
   BuildErrorRecord 0, err, err.Description
else
   Parm = Request.QueryString("Query")
   rs.Open "select Au_ID, Author, Year_Born " _
   & " from authors where author like '" & Parm & "%'"  Order By Author", _
      cn, adOpenKeyset, adLockBatchOptimistic, adCmdText
   if err then
      BuildErrorRecord 1, err, err.Description    'type 1 = OpenRecordset
   end if
End if
```

Na also, das Recordset kann jetzt zurückgesendet werden. Der nächste Codeabschnitt speichert das Recordset im XML-Format im lokalen **Stream**-Objekt. Anschließend werden die Informationen zum Unicodeformat an die sendende »Seite« (unsere Visual Basic-Anwendung) zurückgeschrieben. Stimmt, das sind eine ganze Menge Bits. Beachten Sie, dass wir die **Recordset ActiveConnection**-Eigenschaft diesmal nicht auf **Nothing** gesetzt haben, wie beim Zurücksenden von **Recordset**-Objekten in anderen Entwürfen für die mittlere Schicht. Warum? Fragen Sie nicht, aber es funktioniert.

```
rs.Save stm, adPersistXML
Response.ContentType = "text/xml"
Response.Write stm.ReadText
```

Wenn beim Öffnen der Verbindung oder beim Ausführen der Abfrage ein Fehler auftritt, erstellen wir ein neues Recordset, um die Fehlerinformationen zu speichern. Die folgende Routine wird ausgeführt, wenn Fehler vorliegen, die an die Visual Basic-Schicht zurückgemeldet werden müssen. Wir erstellen ein unformatiertes **Recordset**-Objekt mit drei Feldern für den Fehlertyp (Verbindung oder Abfrage), die Fehlernummer und die Fehlerbeschreibung. Denken Sie beim Erstellen von ADO-**Recordset Field**-Objekten daran, dass ADO den gesamten Wert ignoriert, wenn das Feld nicht groß genug ist, um den angegebenen Wert aufzunehmen. Wenn Sie beispielsweise ein Zeichenfolgenfeld für 100 Byte erstellen und dessen **Value**-Eigenschaft auf eine 101-Byte-Zeichenfolge einzustellen versuchen, ignoriert ADO den gesamten Vorgang, ohne auch nur einen Ton von sich zu geben. Ich hätte eigentlich erwartet, dass es die Zeichenfolge nach 100 Byte abschneidet, aber nein, es ignoriert einfach die gesamte Zeichenfolge. Fies!

```
Sub BuildErrorRecord (intType, intErr, strDescription)
    set rs = server.CreateObject ("adodb.Recordset")
    With rs
        .Fields.Append "EType", adInteger
        .Fields.Append "Error", adInteger
        .Fields.Append "Description",adVarChar,255
        .open           ' Erstellen eines neuen Recordsets nur für Fehler
        .addnew              ' Hinzufügen einer neuen Zeile
        .fields("EType") = intType
        .fields("Error") = intErr
        .fields("Description") = strDescription
        .UpdateBatch
    End With
End Sub
```

9.3.4 Der serverseitige ASP-Aktualisierungscode

Die letzte unserer drei Routinen ist für eine Aufgabe zuständig – für das Ablegen der am Client vorgenommenen Änderungen in der Datenbank. Wie bei den vorherigen ASP-Seiten verwenden wir **On Error Resume Next**, um die VBScript-Fehlerbehandlungsroutinen zu deaktivieren.

IMHO Leider fehlt ADO ein wichtiges Element. Ich wollte zu oft Fehler- oder benutzerdefinierte Statusinformationen mit dem Recordset zurückgeben. Es sollte eigentlich eine einfachere Möglichkeit geben, zusätzliche Eigenschaften für das Recordset zu definieren, die zusammen mit dem Rowset durch Marshaling übertragen werden.

```
<!--#include File="adovbs.inc"-->
<%
Dim rs, stm, srtoption, ErrorMessage
on error resume next

Set rs = Server.CreateObject ("ADODB.Recordset")
Set stm = Server.CreateObject("ADODB.Stream")
```

Diese ASP-Seite ist ziemlich einfach. Wir brauchen lediglich ein **Recordset**-Objekt und einen Stream. Das **Recordset**-Objekt wird aus dem Stream neu erstellt, der an die ASP weitergegeben wird. Beachten Sie, dass die **Open**-Methode das **Request**-Objekt als **Source**-Argument nutzt. Anschließend verknüpfen wir die Verbindungszeichenfolge erneut und weisen ADO an, die Änderungen in der Datenbank abzulegen.

```
with rs
    .CursorLocation = adUseClient
    .Open Request
    .ActiveConnection = "dsn=LocalServer;uid=TestASP;pwd=Secret"
    .UpdateBatch
end with
```

Wenn alles gut geht, wird die ASP beendet und die Steuerung an die Visual Basic-Anwendung zurückgegeben, die die ASP aufgerufen hat – nichts wird zurückgesendet. Ich denke, wir könnten einige XML-Kommentare mit den betroffenen Datensätzen oder ähnlichem Feedback ausgeben.

Wenn jedoch ein Fehler auftritt, müssen wir eine XML-Zeichenfolge erstellen, die die Fehlerinformationen und das Recordset enthält – dieses umfasst nun neue Statusinformationen für diejenigen Zeilen, die aus irgendeinem Grunde nicht aktualisiert wurden. Praktisch wird hierzu einfach ein Kommentar in den XML-Stream eingefügt, der über die **MSXML ResponseText**-Eigenschaft zurückgegeben wird.

```
if err then
        ErrorMessage =  "RSUpdate error: " & err.Description _
        & "[" & err.Number & "]"
        rs.Save stm,adPersistXML  ' Siehe unten stehenden Tipp
    ' Einstellen des Inhaltstyps auf xml, Angeben der XSL für die Formatierung,
    ' Weiterleiten des XML-Streamtexts an die aufrufende Komponente:
        Response.ContentType = "text/xml"
        ' Wird als Kommentar behandelt
        Response.Write "<!-- " & ErrorMessage &  " -->"
        Response.Write stm.ReadText
end if
```

Tipp In Windows 2000 (also in ADO 2.5 und höher) können Sie direkt in ein **Response**-Objekt speichern, anstatt zunächst in einen Stream speichern zu müssen. Daher:

```
rs.Save Response, adPersistXML
```

Wie dieses Beispiel zeigt, gibt es viele innovative Techniken zum Weiterreichen von Daten von einer Schicht zur nächsten – zwischen Client und Server, zwischen Webclient und IIS und zwischen Komponenten der mittleren Schicht und den übrigen Schichten.

Ich schätze, dass einige dieser Techniken an Stabilität und Benutzerfreundlichkeit gewinnen werden, während Visual Basic 7.0 immer näher rückt – und dann dürfen wir alle noch einmal von vorne anfangen.

10 Die Daten in Form bringen

Nein, dieses Kapitel beschäftigt sich nicht damit, wie Sie die fülligen Zeilen aus Ihren Cursorn schlanker machen – was vielleicht keine schlechte Idee wäre. Es soll die Verwendung der ADO-**Shape**-Syntax zur Verwaltung hierarchischer Daten besprochen werden. Aber was sind eigentlich »hierarchische« Daten? Die meisten von uns arbeiten sehr häufig mit hierarchischen Daten, ohne es zu wissen. Wenn Sie beispielsweise mit einer Kundentabelle arbeiten, die mit einer Rechnungstabelle verknüpft ist, die wiederum eine verknüpfte Artikeltabelle aufweist, handelt es sich um eine Hierarchie. Der Unterschied zwischen einer normalen Abfrage und einer hierarchischen Abfrage besteht darin, dass die Beziehungen in einer Hierarchie verankert sind. Das heißt, das Schema der Beziehungen ist Bestandteil der hierarchischen Struktur. Daher »weiß« das Tool zur Datenreferenzierung, dass 0 bis **n** Aufträge für jeden Kunden vorliegen können, und dass die Kunden-ID in der Auftragstabelle auf eine gültige Zeile in der Kundentabelle verweisen sollte.

Seit einiger Zeit haben die FoxPro- und ADO-Teams an einem Mechanismus gearbeitet, der für die Erstellung und Verwaltung von Datenhierarchien eingesetzt werden kann. Das Ziel war, die Verwaltung der zugrunde liegenden hierarchischen Tabellen zu erleichtern. Mit anderen Worten: Die neue ADO-Technologie, die hier beschrieben werden soll, wird sowohl dazu verwendet, Daten abzurufen als auch Zeilen hinzuzufügen, zu ändern und zu löschen, ohne dass man hierzu durch brennende Reifen springen müsste. Das Ergebnis dieser Arbeit ist ein neuer OLE DB-Provider, der in ADO integriert ist und dazu konzipiert wurde, insbesondere diese häufig eingesetzten Datenstrukturen zu handhaben. Der neue OLE DB-Provider – der Shapeprovider – scheint die Handhabung verschiedener üblicher Datenzugriffsprobleme zu erleichtern. Wie wir jedoch sehen werden, wurde der Provider für eine bestimmte Zielgruppe entwickelt, zu der Sie möglicherweise nicht gehören.

10.1 Der Shapeprovider

Wie bereits erläutert wurde, besteht das OLE DB-Konzept in der Handhabung beliebiger Daten – von flachen, nicht strukturierten Daten über relationale Daten bis hin zu komplexen objektorientierten Datenquellen und allem, was dazwischen liegt. Der Shapeprovider ist eines der neuen Features von ADO 2.1, mit dem die OLE DB-Funktionalität erweitert wird. Wie wir später sehen werden, wird der Shapeprovider ähnlich verwendet wie eine Cursorbibliothek oder andere OLE DB-Provider. Wie bei einem Cursorprovider benötigen Sie weiterhin einen Datenprovider zum Abrufen der Zeilen – d. h., der Shapeprovider kann praktisch mit einer beliebigen Datenquelle eingesetzt werden. Grundsätzlich verwaltet der

Shapeprovider hierarchische Daten für Datenquellen, die hierzu nicht in der Lage sind, bzw. für Entwickler, die nicht wissen, wie mit Hilfe von Datenprovidern hierarchische Daten zurückgegeben werden. Zeilen werden für den Client abgerufen, in bezogenen Gruppen angeordnet und für Anzeigesteuerelemente (beispielsweise **MSHFlexGrid**) oder Berichtsengines (z. B. Data Report von Visual Basic 6) offen gelegt. Der Shapeprovider unterstützt, wie ein Cursorprovider, nach Möglichkeit die Aktualisierbarkeit. Darüber hinaus werden verschiedene Aggregatfunktionen zum Zusammenfassen der Daten oder zum einfachen Bereitstellen von berechneten Spalten unterstützt.

Wer verwendet hier bei Microsoft den Shapeprovider? Nun, der Shapeprovider wird von einer Reihe interner Anwendungen verwendet. Wie später noch erläutert werden soll, verwenden diese Anwendungen relativ kleine Datenbanken (Datenbanken, die auf einer Diskette gespeichert werden können), und viele verwenden den Shapeprovider zusammen mit Webanwendungen. Einige Entwickler betrachten den Shapeprovider als nützlich, wenn der Benutzer über Daten mit hierarchischen Beziehungen verfügt und der systemeigene Datenspeicher keine Hierarchien unterstützt. Dies trifft auf die meisten relationalen Datenspeicher zu.

Hierarchien sind auch dort hilfreich, wo Verknüpfungen (Joins) verwendet werden. Während durch diese Verknüpfungen die zueinander in Beziehung stehenden Zeilen zurückgegeben werden, wird diese Beziehung nicht in die zurückgegebene Struktur integriert. Die Entwickler haben schon länger nach einer Möglichkeit zur Programmierung hierarchischer Objektmodelle zum Offenlegen der Verknüpfungsbeziehungen gesucht, damit es nicht mehr erforderlich ist, flachgeklopfte, denormalisierte Sätze verknüpfter Datensätze aufzubröseln. Der Shapeprovider stellt diese Funktion bereit, indem die normalisierten Daten auf dem Client beibehalten werden. Darüber hinaus bietet der Shapeprovider ein konsistentes Programmmodell für beliebige Backends. Die Rowsetfähigkeiten in der **Shape**-Syntax stellen des Weiteren ein leistungsfähiges Tool zum Erstellen temporärer Tabellen und Hierarchien bereit, bei denen kein Verweis auf einen dauerhaften Datenspeicher erforderlich ist. Wenn Sie wissen möchten, wo **Shape** überall eingesetzt werden kann, sprechen Sie mit den Access- und Data Page-Leuten von Office 2000 – sie haben von **Shape** umfangreichen Gebrauch gemacht.

Anmerkung Als ich mit der Untersuchung des Shapeproviders begann, stellte ich fest, dass es zwar viele Artikel zu diesem Thema gab, keiner jedoch die Aspekte zu behandeln schien, die mich interessierten. In den meisten Beispielen werden ungebundene Abfragen für winzige Datenbanken ausgeführt, beispielsweise SELECT * FROM Authors in der Beispieldatenbank **Pubs**. Ich habe einen interessanten Artikel auf der MSDN-CD gefunden (»Shape Up Your Data Using ADO 2.0 Hierarchical Recordsets in ASP«), bei dem Parameterabfragen erstellt wurden, aber in diesem Artikel wird über eine webbasierte Anwendung gesprochen, und ich befasse mich üblicherweise hauptsächlich mit Client/Server-Visual Basic-Anwendungen.

In diesem Kapitel sollen vor allem das Client/Server-Modell und die Entwickler umfangreicher Datenbanken Berücksichtigung finden. Bei näherer Betrachtung der **Shape**-Funktionalität wurde mir klar, dass der Provider für kleine, tabellenbasierte Datenbanken gedacht ist – besonders dann, wenn Sie das Standardverhalten verwenden. Zu viele der funktionellen Voraussetzungen (und Standardeinstellungen) des Shapeproviders machen diesen für größenveränderliche Datenbanken oder Datenbanken, die eigenständig komplexe hierarchische Resultsets erstellen, unbrauchbar. SQL Server beispielsweise kann ohne weiteres anhand eines einzigen Serveraufrufs ein Recordset erstellen, dass auf einer einzelnen oder mehreren übergeordneten Zeilen und sämtlichen verknüpften untergeordneten Zeilen basiert – und dies bis zur gewünschten Verschachtelungstiefe. Es sind jedoch nicht alle OLE DB- oder ODBC-Provider in der Lage, derartig umfassende Funktionalität bereitzustellen, und einfachere Provider bieten keine Funktionen zur Rückgabe dieser Hierarchien. Dennoch ist der Shapeprovider mehr als nur eine Möglichkeit zur Rückgabe von Überordnungs/Unterordnungs-Hierarchien. Der Shapeprovider kann zum Erstellen, Berechnen und Verwalten komplexer Aggregatfunktionen eingesetzt werden, wie sie bei der Berichtserstellung benötigt werden.

Bei der Arbeit mit dem Visual Studio-Marketing-Team von Microsoft habe ich den Shapeprovider verschiedene Male vorgestellt. Nach etwa einer Minute des Klickens und Ziehens konnte ich eine drei Tabellen umfassende Hierarchie aufweisen, die der in Abbildung 10.1 ähnelte. Dies ist relativ einfach. Ziehen Sie einfach die drei Tabellen aus dem Datenansichtfenster über das Fenster des Datenumgebungs-Designers, und setzen Sie die Datenverknüpfungseigenschaften (auf der Eigenschaftenseite), um einen Querverweis auf die Felder **au_id** und **title_id** zu erstellen. Ich zog das übergeordnete Objekt (in diesem Fall der **authors**-Befehl) über ein Formular und wählte zum Anzeigen der Zeilen das **MSHFlexGrid**-Steuerelement aus. Nein, ich werde Sie nicht dazu nötigen, dieses Verfahren auch anzuwenden. Ich werde Ihnen statt dessen eine einfachere Methode zeigen, die einige

Codezeilen erfordert, mit der Sie jedoch weitaus bessere Leistungsergebnisse erzielen und Ihre Ergebnisse besser steuern können. Wenn Sie das Demo auch sehen möchten, dann fangen Sie mich auf der nächsten VBits ab.

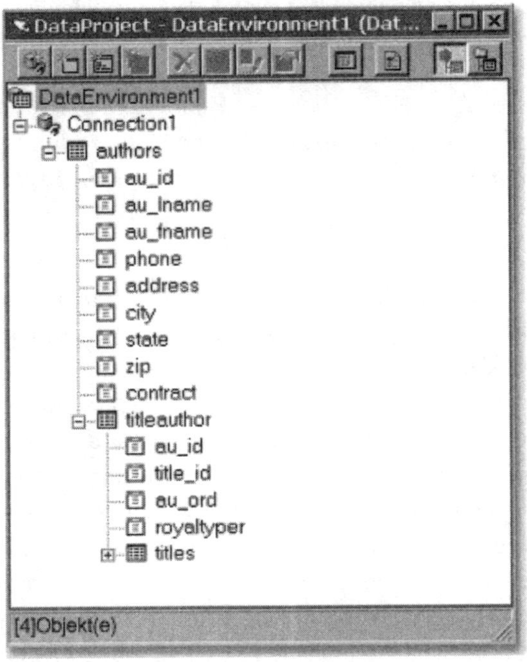

Abbildung 10.1 Durch den Datenumgebungs-Designer erstellte Hierarchie

10.2 Erstellen einer einfachen »Shape«-Anweisung

Beginnen wir mit den Grundlagen, indem wir eine Visual Basic-Anwendung erstellen, die den Shapeprovider für eine einfache Aufgabe einsetzt. Wir verwenden für diese Übung die Visual Basic 6.0 Enterprise Edition – ich kann nicht garantieren, dass diese Übung auch problemlos mit der Professional Edition durchgeführt werden kann. Ich habe des Weiteren das SP3 und die neue ADO 2.5-Bibliothek (MDAC) installiert. Ich referenziere jedoch weiterhin die 2.0-Bibliothek – auf diese Weise werden einige Probleme mit dem Datenumgebungs-Designer vermieden, die durch die neuere ADO-Version verursacht werden. Ich habe zum Testen meinen lokalen SQL Server 7.0 und die Datenbank **Pubs** eingesetzt. Darüber bin ich froh, denn die Ausführung einiger der Beispielanwendungen hätte den ganzen Nachmittag gedauert, wenn ich viele Daten abgefragt hätte (mehr als 20 Zeilen). Beginnen Sie zunächst mit einem kleinen Tabellensatz – wenn Sie sich etwas eingearbeitet haben, können Sie nach und nach größere Datenspeicher verwenden.

Anmerkung Denken Sie daran, dass das Standardverhalten des Shapeproviders die Verwendung von zwei (oder mehr) SELECT *-Abfragen (ohne WHERE-Klausel) vorsieht, genau wie die meisten Beispiele in der MSDN-Dokumentation. Das heißt, die Visual Basic-Tools generieren eine Abfrage ohne festes Ende als »übergeordneten« Befehl und eine zusätzliche Abfrage ohne festes Ende für jeden »untergeordneten« Befehl. Diese werden in einem einzigen Stapel an SQL Server übermittelt. Wenn Sie also keine andere Codierung vornehmen, gibt der Shapeprovider den **gesamten Inhalt** von **n** Tabellen an den Client (oder den Server der mittleren Schicht) zurück – oder er versucht es wenigstens.

Wie erstellen Sie also eine einfache **Shape**-Anweisung? Nun, Sie können hierzu den Datenumgebungs-Designer einsetzen oder eine Anweisung aus meinem unten gezeigten Code kopieren. Ich werde auch nicht auf die Syntax der **Shape**-Anweisung eingehen – hierzu gibt es ein halbes Dutzend MSDN-Artikel. Siehe hierzu die allgemeinen **Shape**-Befehle in der MSDN-Dokumentation für Anfänger. Offen gesagt, dort wird mehr gesagt, als Sie zum Ausführen der hier gezeigten Beispiele wissen müssen.

Richten Sie zunächst einige allgemeine Deklarationsvariablen ein:

```
Dim cnn As ADODB.Connection
Dim rst As ADODB.Recordset
Dim rstTitleAuthor As ADODB.Recordset
```

Als Nächstes öffnen Sie eine Verbindung zu Ihrem bevorzugten SQL Server – einem, auf dem die **Pubs**-Datenbank geladen ist. Beachten Sie, dass Sie ein ADO-**Connection**-Objekt erstellen und die zugehörige **Provider**-Eigenschaft vor dem Öffnen auf **MSDataShape** setzen müssen. Sie können entweder den standardmäßigen OLE DB-Datenprovider für ODBC oder einen OLE DB-Provider für SQL Server verwenden. Dies bedeutet, dass Ihre Verbindungszeichenfolge aussehen sollte wie immer. Meine Verbindungszeichenfolge verweist auf einen DSN, Sie können aber auch eine DNS-lose Verbindung verwenden.

```
Set cn = New Connection
cn.Provider = "MSDataShape"
cn.Open "Data Provider=sqloledb;data source=(local);initial catalog=pubs;",
"admin", "pw"
```

Nachdem die Verbindung hergestellt wurde, können Sie ein neues Recordset erstellen und die **StayInSync**-Eigenschaft auf **False** setzen, um das Generieren zusätzlicher Abfragen zu verhindern. Hierzu komme ich später noch.

```
Set rs = New Recordset
rs.StayInSync = False
```

Im nächsten Schritt müssen Sie den Shapeprovider unter Verwendung der **Shape**-Syntax mit einer ordnungsgemäß erstellten Abfrage versehen. Wir übergeben diese Abfrage mit Hilfe der **Recordset Source**-Eigenschaft an den Provider, genau wie bei jeder anderen Abfrage. Berücksichtigen Sie jedoch, dass der Shapeprovider nicht viel mit einem Abfrageprozessor gemeinsam hat, halten Sie sich also etwas zurück. Dies heißt nicht, dass Sie keine komplexen Abfragen übermitteln können; diese werden vom Shapeprovider zur Verarbeitung einfach an das Backend weitergeleitet. Es bedeutet, dass einige der Tricks, die im Kapitel zu den Recordsets besprochen wurden, hier nicht anwendbar sind.

```
rs.Source = "SHAPE {select au_id,au_lname, au_fname, _
            Address, city, state, zip from authors} " _
            & " APPEND ({select * from titleauthor}" _
            & " RELATE au_id TO au_id) AS chapTitleAuthor"
rs.Open , cn, Options:=adCmdText
```

Im ersten in Klammern ({}) eingeschlossenen Ausdruck nach der **Shape**-Anweisung müssen Sie eine SQL SELECT-Anweisung (oder eine gespeicherte Prozedur) verwenden, über die das übergeordnete Resultset (Rowset) zurückgegeben wird. In unserem Beispiel fordern wir sämtliche Zeilen der **authors**-Tabelle an.

Anmerkung Natürlich ist das Auswählen der gesamten **authors**-Tabelle nicht besonders clever. Niemand, der einigermaßen bei Trost ist, würde sämtliche Spalten und alle Zeilen einer Produktionstabelle anfordern – es sei denn, die Tabelle weist so wenige Zeilen wie die Beispieldatenbank **Pubs** auf. Wir werden dieses Problem später lösen.

Nach Erstellung des übergeordneten Resultsets gibt der Shapeprovider dieses wie ein normales Recordset an die Anwendung zurück. Der Shapeprovider hängt jedoch ein zusätzliches **Field**-Objekt an das Ende des Recordsets. Wenn also Ihre Tabelle über acht Spalten verfügt, werden für jede Zeile neun **Field**-Objekte zurückgegeben. Dieser zusätzliche (letzte) **Field.Value** enthält ein weiteres **Recordset** – mit den Zeilen der untergeordneten Zeilen, die mit der übergeordneten Zeile verknüpft sind. Auf diese Weise enthält jede übergeordnete Zeile nicht nur die eigenen Daten, sondern auch sämtliche Daten der untergeordneten Elemente, die diesen Elementen untergeordneten Elemente, usw. Abbildung 10.2 zeigt, dass jede von der **authors**-Tabelle zurückgegebene Zeile ein zusätzliches Feld enthält, mit dem auf die Zeile(n) in der **titleauthor**-Tabelle verwiesen wird, die dem jeweiligen Autor zugeordnet sind.

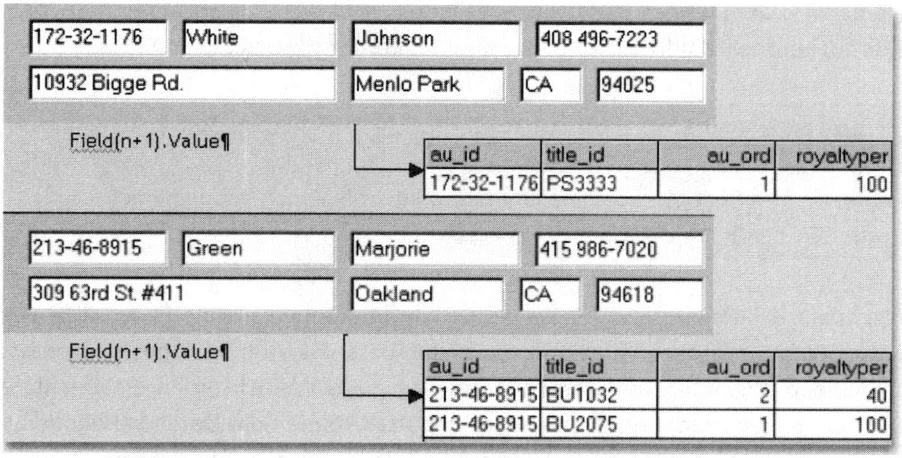

Abbildung 10.2 Übergeordnete Zeilen in der »author«-Tabelle mit den verknüpften untergeordneten Zeilen in der »titleauthor«-Tabelle

Die nächste Zeile in der SQL-Abfrage, die an den Shapeprovider übergeben wird, sollte eine APPEND-Anweisung enthalten, mit der dem Shapeprovider mitgeteilt wird, welche Zeilen der untergeordneten Tabelle (im Beispiel die **titleauthor**-Tabelle) für jede übergeordnete Zeile der Autorentabelle (**authors**) abgerufen werden sollten. Hierzu fügen wir die **APPEND ({select * from titleauthor}** in die Abfrage ein. Ja, Sie können mehrere APPEND-Anweisungen in die **Shape**-Abfrage einbauen, aber begnügen wir uns fürs Erste mit einer Unterordnungsbeziehung. Hier die gleiche SQL-Anweisung **Shape** mit markierter APPEND-Klausel.

```
rs.Source = "SHAPE {select au_id,au_lname, au_fname, _
Address, city, state, zip from authors} " _
            & " APPEND ({select * from titleauthor}" _
            & " RELATE au_id TO au_id) AS chapTitleAuthor"
```

Die letzte Zeile in der SQL-Abfrage ist eine RELATE-Anweisung, mit der dem Shapeprovider mitgeteilt wird, wie die zwei Rowsets verknüpft werden müssen.

Anmerkung In Abbildung 10.2 wird veranschaulicht, wie die Beziehungen zwischen primären und Fremdschlüsseln in der **authors**- und **titleauthors**-Tabelle mit der Spalte **au_id** verknüpft sind.

Im vorliegenden Fall muss das Feld **au_id** (Autoren-ID) der zwei Tabellen übereinstimmen. Dies bedeutet, dass der Shapeprovider für jede Zeile in der Autorentabelle sämtliche Zeilen der **titleauthor**-Tabelle abruft, die den gleichen **au_id**-Wert aufweisen, und aus diesen Zeilen ein untergeordnetes Recordset erstellt. Wir benennen diese Beziehung mit der AS-Klausel in der **Shape**-Anweisung. Dieser

Name wird dem letzten (zusätzlichen) **Field**-Objekt des übergeordneten Recordsets zugeordnet, damit dieses nach Name referenziert werden kann.

Tipp Ja, es ist der Shapeprovider, der für den Abgleich dieser Zeilen sorgt – nicht SQL Server, Jet oder ein anderes der Backends, die Sie üblicherweise einsetzen. Dies bedeutet, dass der Shapeprovider die Zeilen in den Speicher laden muss (in den RAM des Clientsystems).

Nachdem das Recordset zurückgegeben wurde, können Sie die Datensätze wie gewohnt durchlaufen. Vergessen Sie nicht, dass das Auffüllen des Recordsets umgehend abgeschlossen werden muss. Auf diese Weise werden eingerichtete Sperren aufgehoben, und auch andere Benutzer können die Daten verwenden – besonders, da eine Abfrage ohne festes Ende zum Erstellen des übergeordneten Resultsets eingesetzt wurde.

Im Rahmen des Beispiels habe ich ein **TextBox**-Steuerelementarray mit den Werten des übergeordneten Recordsets gefüllt, indem ich die **TextBox**-Steuerelemente an ein ADO-Datensteuerelement (ADC) gebunden habe, mit dem Aktualisierbarkeit bereitgestellt und die Navigation im übergeordneten Recordset ermöglicht wird. Die **TextBox**-Steuerelemente und ADC wurden zur Entwurfszeit nicht initialisiert – die erforderlichen Eigenschaften werden allesamt im Code festgelegt.

```
    '  Binden des Stammrecordsets an die Textfelder
For i = 0 To rst.Fields.Count - 2
      txtFields(i).DataField = rst.Fields(i).Name
Next I
```

Wir stellen die ADC-**Recordset**-Eigenschaft auf das durch den Shapeprovider zurückgegebene übergeordnete Recordset ein. Auf diese Weise werden die **TextBox**-Steuerelemente gefüllt, und es ist möglich, im SELECT * FROM Authors-Rowset einen Bildlauf nach oben und unten durchzuführen.

```
Set Adodc1.Recordset = rst
```

Wir referenzieren in jeder Zeile das untergeordnete Rowset, indem wird das Recordset aus dem zusätzlichen **Field**-Objekt extrahieren, das sich am Ende der Felder befindet, die für jede übergeordnete Zeile zurückgegeben werden. Beachten Sie, dass dieses **Field**-Objekt in der RELATE-Klausel der **Shape**-Anweisung benannt wird.

```
Set rstTitleAuthor = rst.Fields("chapTitleAuthor").Value
```

Anmerkung Das Referenzieren eines **Field**-Objekts nach Name stellt die langsamste Methode dar. Diese Technik kann bis zu sechsmal langsamer sein als das Referenzieren des **Field**-Objekts nach Nummer. In einer Hochleistungsanwendung sollte eine Referenzierung nach Ordnungszahl erfolgen, beispielsweise `rst.Fields(rst.Fields.Count-1).Value`. Diese kleine Änderung bewirkt, unter Berücksichtigung der Anzahl der **Field**-Objekte, einen erheblichen Unterschied in der Gesamtleistung.

Für das vorliegende Beispiel fügte ich dem Formular zur Anzeige der untergeordneten Zeilen ein Microsoft Hierarchical FlexGrid-Steuerelement (**MSHFlexGrid**) hinzu. Dies ist einfach – Sie müssen das untergeordnete Recordset lediglich der **DataSource**-Eigenschaft zuordnen. Nach der Zuordnung wird die Tabelle mit dem aktuellen Satz untergeordneter Zeilen gefüllt.

```
Set MSHFlexGrid1.DataSource = rstTitleAuthor
```

Könnten wir nicht mit Hilfe des **MSHFlexGrid**-Steuerelements sowohl die übergeordneten als auch die untergeordneten Zeilen anzeigen? Sicher. Diese Technik werde ich später erläutern. Aber eines nach dem anderen.

Bei Verwendung von ADC zum Wechseln von einer Zeile zur anderen müssen wir das **MSHFlexGrid**-Steuerelement über das anzuzeigende Recordset informieren. Dies wird über das **MoveComplete**-Ereignis erreicht, wie nachfolgend gezeigt wird.

```
Private Sub Adodc1_MoveComplete(ByVal adReason As ADODB.EventReasonEnum, ByVal
pError As ADODB.Error, adStatus As ADODB.EventStatusEnum, ByVal pRecordset As
ADODB.Recordset20)        ' Beachten Sie, dass wir statt einem Recordset ein
Recordset20 übergeben.
' Verwenden Sie hier die schnellere Technik.
      Set rsTitleAuthor = rs(rs.Fields.Count - 1).Value
      Set MSHFlexGrid1.DataSource = rsTitleAuthor
End Sub
```

Wir erhalten ein Formular (wie dargestellt in Abbildung 10.3), das im oberen Bereich in verschiedenen gebundenen **TextBox**-Steuerelementen eine einzelne übergeordnete Zeile darstellt, deren untergeordnete Zeilen in einem **MSHFlexGrid**-Steuerelement im unteren Bereich angezeigt werden.

Anmerkung Nachdem Sie der ADODC-Ereignisbehandlungsroutine diesen Code hinzugefügt haben, kann Ihre Anwendung nicht mehr kompiliert werden. Visual Basic erzeugt den Fehler »Prozedurdeklaration stimmt nicht mit Prozedur oder Ereignis gleichen Namens überein.« Dies ist ein Bug, aber zu erwarten, da wir den ADO 2.5- (oder 2.1-) MDAC-Stack verwenden. Denken Sie daran, dass das **Recordset**-Objekt von Version 2.0 auf 2.1 geändert wurde, daher tritt dieses Problem bei neueren Versionen immer auf. Wir müssen zur Umgehung dieses Problems die ADODC-Ereignisbehandlungsroutine dazu zwingen, die ADO 2.0-Version des **Recordset**-Objekts zu akzeptieren. Beachten Sie, wie dies durch das Umcodieren der **MoveComplete**-Ereignisbehandlungsroutine erreicht wird, die nun **Recordset20** anstelle von **Recordset** erwartet. Falls dieser Bug mit Visual Basic 6.0 SP4 behoben wird, sollte dies nicht länger ein Problem darstellen.

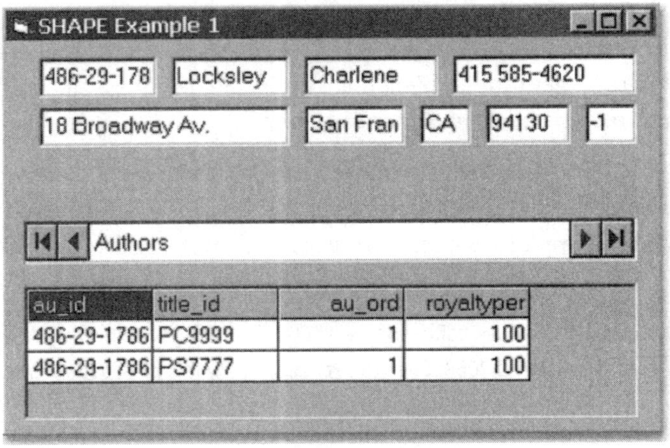

Abbildung 10.3 Verwenden gebundener »TextBox«-Steuerelemente mit »MSHFlexGrid«

10.3 Warum nicht den Datenumgebungs-Designer verwenden?

Wir hätten mit dem **MSHFlexGrid**-Steuerelement auch die übergeordneten **und** alle untergeordneten Zeilen anzeigen können. Ich habe diesen Ansatz aus mehreren Gründen nicht gewählt.

- Die Tabelle ist im Hinblick auf deren Einrichtung im Code ein PIA[1], und da ich den Datenumgebungs-Designer nicht zum Erstellen der Überordnungs/Unterordnungs-Beziehungen verwendet habe (was ich hätte tun können), müsste ich die Tabelleneigenschaften überarbeiten, um eine ordnungsgemäße Einrichtung

1. PIA = Pain in the Ass, technischer Fachausdruck.

zu gewährleisten. Die Tabelleneigenschaften können zur Laufzeit sowieso kaum geändert werden. Es gibt beispielsweise keine (offensichtliche) Möglichkeit zum Ändern der Zellenbreite (Tabellenspalten in einer Zeile) zur Laufzeit (oder Entwurfszeit).

- Die Hilfethemen für die Tabelle implizieren die Verwendung des Datenumgebungs-Designers und zeigen nicht wirklich auf, wie eine interaktive Einrichtung über die Eigenschaftenseiten der Tabelle vorgenommen wird.

Anmerkung Ich habe mit Fokus auf dem **MSHFlexGrid**-Steuerelement F1 gedrückt – in der Hoffnung, dass Hilfethemen zu diesem Steuerelement angezeigt werden. Dies war nicht der Fall. MSDN beschwerte sich folgendermaßen: »Die kompilierte Hilfedatei (.chm) enthält keine Kontext-IDs.« Ich wette, dies liegt daran, dass ich die aktuellste Version (Juli 1999) von MSDN verwende. Seufz. Es gibt eine Fülle von Hilfethemen zu **MSHFlexGrid** – führen Sie einfach unter diesem Stichwort einen Suchlauf in der MSDN-Dokumentation durch. Ich habe 166 Einträge gefunden, in denen **MSHFlexGrid** vorkam.

- Falls Sie diesen nicht anders instruieren, verwendet der Datenumgebungs-Designer nicht die richtigen (standardmäßigen) Eigenschaften für die ADO-Objekte **Connection** oder **Recordset**. Dies bedeutet, dass Sie den Designer daran erinnern müssen, den Benutzer während des Öffnens nicht zur Eingabe von Benutzer-ID und Kennwort aufzufordern.
- Falls nicht anders codiert, startet der Datenumgebungs-Designer sich selbst vor Ausführung von **Form_Load**. Dies bedeutet, dass bei Auftreten eines Fehlers keine entsprechende Behandlungsroutine vorhanden ist. Das Deaktivieren des Datenumgebungs-Designers ist keine einfache Aufgabe, wenn die gebundenen Steuerelemente zur Entwurfszeit automatisch synchronisiert werden sollen.
- Der Datenumgebungs-Designer wartet nicht auf die Übergabe von Parametern an die auszuführende Abfrage. Da (fast) ausschließlich parameterbasierte Abfragen ausgeführt werden sollen, funktioniert dies schlichtweg nicht.
- Selbst wenn wir das **WillExecute**-Ereignis auffangen und die Parameter für die erste Ausführung übergeben, müssen sämtliche gebundene Steuerelemente (wie z. B. **TextBox**-Steuerelemente) manuell erneut an das neu erstellte Recordset des Datenumgebungs-Designers gebunden werden (im Code). Obwohl dies mit dem Steuerelement **MSHFlexGrid** problemlos umsetzbar ist (es handelt sich um ein komplexes gebundenes Steuerelement), wirft dies doch bei vielen meiner Entwürfe Probleme auf.

Der Datenumgebungs-Designer-Ansatz wirkt verlockend. Mit diesem können aufsehenerregende Demos erstellt werden, und Sie erhalten eine Komponente, die sämtliche der übergeordneten Zeilen und jeweils direkt darunter die untergeordneten Zeilen anzeigt und ohne Code auskommt. Abbildung 10.4 zeigt, wie das **MSHFlexGrid**-Steuerelement nach dem Auffüllen über eine Datenumgebungs-Designer-basierte Abfrage aussieht. Beachten Sie, dass die einzelnen Zeilen bereits erweitert dargestellt werden. Mit Hilfe der **CollapseAll**-Methode können die untergeordneten Zeilen ausgeblendet werden. Durch Klicken auf das Pluszeichen (+) werden die untergeordneten Zeilen erweitert.

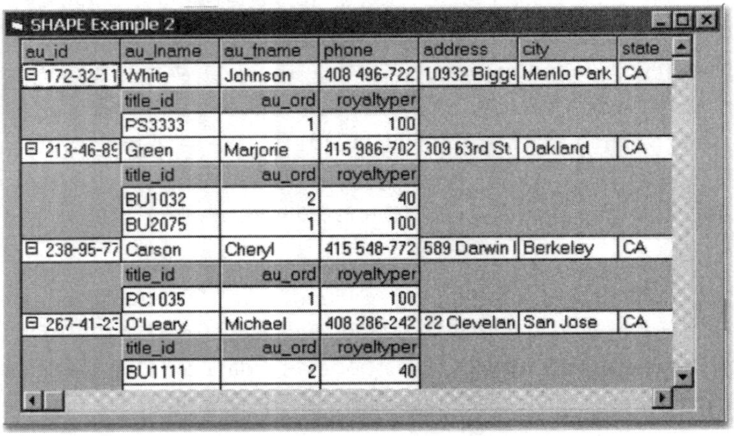

Abbildung 10.4 Ein »MSHFlexGrid«-Steuerelement, das über eine Datenumgebungs-Designer-basierte Abfrage aufgefüllt wurde

Zugegeben, dies ist ziemlich cool. Und die Einrichtung per Drag&Drop-Technik dauert auch nicht besonders lange. Die Auswirkungen auf Ihr System sind jedoch grundlegend. Um die Flexibilität, Leistung und Skalierbarkeit zu erzielen, die Sie sicherlich erwarten, benötigen Sie einen codebasierten Entwurf.

Tipp Wenn Sie darauf bestehen, den Datenumgebungs-Designer zum Erstellen der Beziehungen sowie zum Binden des **MSHFlexGrid**-Steuerelements einzusetzen, sollten Sie sicherstellen, dass die Eigenschaften des Datenumgebungs-Designer-**Connection**-Objekts mit Hilfe der zugehörigen Visual Basic-basierten Eigenschaftenseite zurückgesetzt werden, wie dargestellt in Abbildung 10.5. Setzen Sie **RunPromptBehavior** und **DesingPromptBehavior** auf den Wert **4 – adPromptNever**. Dies ermöglicht Ihrem Code die Erfassung von Fehlern zur Anmelde-ID, anstatt über ODBC (oder OLE DB) Dialogfelder zur Anmelde-ID anzuzeigen. Diese Dialogfelder geben dem Benutzer die Möglichkeit, Anmelde-ID und Kennwort solange zu raten, bis sie richtig liegen – etwas, dass ich nach Möglichkeit vermeide.

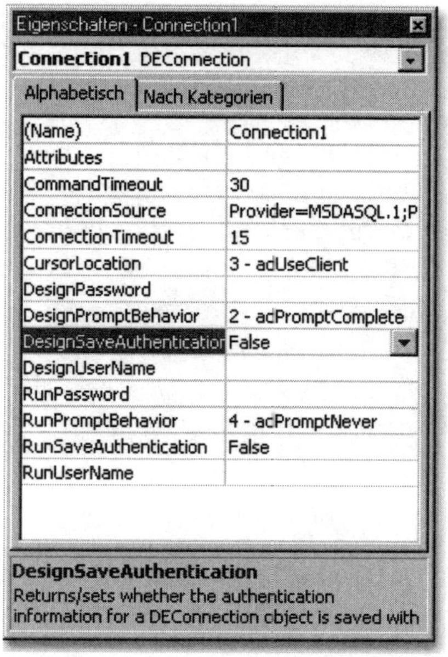

Abbildung 10.5 Die (Visual Basic-) Eigenschaftenseite des »Connection«-Objekts für den Datenumgebungs-Designer

10.4 Analysieren der Auswirkungen

Okay, halten wir uns nicht länger mit dem Datenumgebungs-Designer und **MSH-FlexGrid** auf. Die Stärken und Schwächen des Datenumgebungs-Designers werden in Kapitel 12 im Rahmen der Visual Database Tools noch genauer erläutert.

Bevor wir fortfahren, sollten wir prüfen, welche Auswirkungen das Standardprogramm (das Demo) auf den Server ausübt. Anschließend vergleichen wir diese Auswirkungen mit den Beulen, die das erste Beispiel hinterlassen hat. Dann untersuchen wir, was wir zum Verarzten dieser Beulen tun können.

Denken Sie daran, dass der Datenumgebungs-Designer in der anfänglichen Abfrage nicht eingesetzt wurde – es wurde die gleiche Abfrage ohne festes Ende zum Zurückgeben der Zeilen eingesetzt: zwei SELECT * FROM <table>-Abfragen, wie sie durch den Datenumgebungs-Designer generiert werden. Mit Hilfe des SQL Server 7.0 Profilers können wir ermitteln, welche Auswirkungen diese Abfragen auf SQL Server haben. Der Profiler zeigt die unverarbeiteten Transact SQL-Abfragen (TSQL) und weitere Operationen (beispielsweise das Öffnen von Verbindungen) an, aber dies wissen Sie ja bereits.

Anmerkung Ich habe bei der Entwicklung der datenquellenbasierten Beispiele (unter Verwendung von ADC und dem Datenumgebungs-Designer) festgestellt, dass der Server gelegentlich anfing, ohne ersichtlichen Grund Verbindungsfehler zurückzugeben. Der Profiler teilte mir mit, dass ADO, ADC oder Visual Basic es beim Drücken der **Stopp**-Schaltfläche in der Visual Basic-IDE oder selbst nach dem normalen Beenden des Codes nicht für nötig befunden hatten, die Verbindung zu schließen und wieder freizugeben. Ich versuchte vergeblich, Code zum expliziten Schließen des **Recordset**- und **Connection**-Objekts hinzuzufügen. Ich musste Visual Basic vollständig beenden, um die **Connection**-Objekte zu schließen. Leute, dies ist das gleiche Problem, über das ich in meinem ersten Buch über VBSQL berichtet habe – vor sieben Jahren.

Sehen wir uns die Profiler-Ausgabe für (Teile) des ausgeführten Beispiels an.

```
sp_prepare @P1 output, NULL, N'select * from titleauthor', 1 select @P1
select au_id,au_lname, au_fname, Address, city, state, zip from
authors;select * from titleauthor
```

Der Profiler informiert uns darüber, dass ADO SQL Server angewiesen hat, einen Abfrageplan für die **titleauthor**-Abfrage »vorzubereiten« und anschließend die zwei SELECT-Abfragen ohne festes Ende für **authors** und **titleauthors** auszuführen. Das ist alles. Der Shapeprovider akzeptiert sämtliche Zeilen beider SELECT-Abfragen und gibt die Daten zur Verarbeitung an die Anwendung zurück. ADO führt keine weiteren Serveranfragen aus. Dies bedeutet, dass der Shapeprovider diese Daten als **statisch** ansieht – es wird beim Durchlaufen der Zeilen nicht der Versuch unternommen, aktualisierte Daten zu erhalten.

Anmerkung Die mit Hilfe des Drag&Drop-Verfahrens über den Datenumgebungs-Designer generierten Abfragen sind mit denen identisch, die über den Code für das hartcodierte Beispiel 1 (siehe oben) generiert werden.

Da beide Tabellen recht klein sind (die Autorentabelle enthält etwa 22 Zeilen, die Tabelle mit den Autorentiteln weist ca. 25 Zeilen auf), werden lediglich um die 50 Zeilen abgerufen – keine große Sache. Was geschieht jedoch, wenn 16.000 Autoren und 50.000 Zeilen mit Autorentiteln vorhanden wären? Aus ersichtlichen Gründen würde der Ansatz nicht funktionieren, oder zumindest wäre er nicht besonders schnell. Da es sich um Abfragen ohne festes Ende handelt, würde sich des Weiteren die Beeinträchtigung in der Skalierbarkeit deutlich niederschlagen. Zusätzlich muss berücksichtigt werden, das es sich um die einfachste Form der Strukturierung handelt – es sind lediglich zwei Elemente vorhanden, ein übergeordnetes und ein untergeordnetes Objekt. Was geschieht jedoch, wenn zwei oder mehr untergeordnete Objekte vorhanden sind? Die Anzahl der über das Netzwerk an den Client zurückgesendeten Zeilen würde innerhalb kürzester Zeit erschreckend ansteigen.

10.5 Auf der Suche nach einer besseren Lösung

Mit dieser Vorstellung im Hinterkopf machte ich mich auf die Suche nach einer akzeptableren Lösung, bei der nur die tatsächlich benötigten Zeilen abgerufen werden. Gleichzeitig sollte der Shapeprovider weiterhin seine Arbeit tun können – er sollte weiterhin die 1:n-Beziehungsverwaltung im Speicher übernehmen und Aktualisierbarkeit in den (wenigen) Fällen bieten, in denen eine Aktualisierung per Cursor erfolgen sollte.

Klar ist, dass die Anzahl der abgerufenen Zeilen durch die anfängliche »übergeordnete« Abfrage eingeschränkt werden muss. Nachdem dies erledigt ist, kann damit begonnen werden, die untergeordneten Zeilen »nach Bedarf« abzurufen – oder können wir das nicht? Nun, es ist möglich, aber Sie müssen eine andere Funktion des Shapeproviders nutzen, die als nächste erläutert werden soll – das Verwenden eines Indexes zum Herstellen einer Querverbindung zwischen über- und untergeordnetem Element.

Das Beschränken der anfänglichen Abfrage erscheint recht einfach – fügen Sie einfach eine WHERE-Klausel ein. Wir möchten (in den meisten Fällen) jedoch keine Hartcodierung der WHERE-Klausel vornehmen, deshalb habe ich versucht, ein ADO-**Command**-Objekt zum Generieren der **Shape**-Recordsets zu erstellen. Vergessen Sie es, geht nicht. Die gute alte Technik der »Verkettung im Vorübergehen« funktionierte jedoch. Durch das Beschränken der Autorenabfrage auf die Rückgabe eines einzelnen Autors zwang ich ADO dazu, immer dann einen neuen Abruf auszuführen, wenn ein anderer Autor angezeigt werden sollte. Sie könnten auch eine Abfrage einrichten, mit der nur ausgewählte Gruppen übergeordneter Zeilen zurückgegeben werden – beispielsweise nur die kalifornischen Autoren. Wir werden noch über die Verwendung gespeicherter Prozeduren zur Handhabung dieses Problems sprechen.

Selbst wenn jedoch nur eine einzelne übergeordnete Zeile zurückgegeben wird, werden über die untergeordnete Abfrage weiterhin alle Zeilen der **titleauthors**-Tabelle zurückgegeben, nicht lediglich die Übereinstimmungen mit der übergeordneten Tabelle. Ich dachte mir, dass der Shapeprovider über eine Möglichkeit zum Abfragen der untergeordneten Zeilen nach Bedarf verfügen **muss**, und das stimmt. Wenn Sie die **Shape**-Anweisung so umformulieren, dass ein Parameter der übergeordneten Abfrage an die untergeordnete Abfrage übergeben wird, ändern ADO und der Shapeprovider ihre Strategie und rufen die untergeordneten Zeilen nach Bedarf ab. So sieht die parameterbasierte Syntax aus:

```
rst.Source = "Shape  {select au_id, au_lname, au_fname, city, state, zip" _
             & " From authors where state ='" & txtStateWanted & "'} " _
               & " APPEND ({select * from titleauthor where au_id = ?}" _
               & " RELATE au_id TO Parameter 0) AS chapTitleAuthor"
```

Anmerkung Der Ansatz, bei dem alle Zeilen auf einmal abgerufen werden, kann in Situationen erforderlich sein, in denen Sie sich nicht auf die Dauerhaftigkeit der Verbindung verlassen können, beispielsweise bei Webseiten oder Komponenten der mittleren Schicht. Dies bedeutet nicht, dass Sie auf Abfragen ohne festgelegtes Ende zurückgreifen müssen. Es gibt weitere Möglichkeiten zum Schreiben von Abfragen, mit denen Daten nach Bedarf abgerufen werden.

Ich erfasse den gewünschten Bundesstaat in einem **TextBox**-Steuerelement (siehe Beispiel 3[2]) und füge diesen in die Abfrage ein, sobald der Benutzer auf die Schaltfläche zum Suchen klickt. Beachten Sie, dass durch den Code die **au_id** in der übergeordneten Abfrage mit einem **?** in der untergeordneten Abfrage in der RELATE-Klausel verknüpft wird.

Können Sie anstelle der SELECT-Anweisung(en) in den über- und untergeordneten Abfragen einfach eine gespeicherte Prozedur ausführen? Sicher. In Beispiel 4 finden Sie ein funktionierende Umsetzung dieses Ansatzes.

```
rst.Source = "Shape {execute GetAuthorsByState '" & txtStateWanted & "'} " _
             & " APPEND ({select * from titleauthor where au_id = ?}" _
             & " RELATE au_id TO Parameter 0) AS chapTitleAuthor"
```

10.6 Die Auswirkungen des Bedarfsansatzes

Sehen wir uns erneut an, was der Profiler zu den parameterbasierten Abfragen zu melden hat. Ich habe hier etwas Interessantes entdeckt, das Sie wahrscheinlich genauso überraschen wird wie mich.

Die gesendeten TSQL-Anweisungen scheinen sehr sinnvoll zu sein – zumindest auf den ersten Blick.

Als Erstes fordert ADO SQL Server zur Rückgabe von Metadaten zur **titleauthor**-Abfrage auf.

---

2. Sämtliche der genannten Beispiele befinden sich auf der Begleit-CD. Die Beispiele aus Kapitel 10 befinden sich unter **..\Sample Applications\Hierarchy and Shape\Shape**.

```
SET FMTONLY ON
select * from titleauthor
SET FMTONLY OFF
```

Als Nächstes führt ADO mit Hilfe der im Code (über das **TextBox**-Steuerelement auf dem Formular) bereitgestellten verketteten Parameter die neue parameterbasierte Abfrage aus. Auf diese Weise wird ein anfängliches Rowset zurückgegeben, das lediglich die kalifornischen Autoren enthält.

```
select au_id,au_lname, au_fname, phone, Address, city,
state, zip from authors where state ='CA'
```

Jetzt führt ADO eine Serveranfrage aus, um die Metadaten für die schlüsselbasierte Abfrage der **titleauthor**-Tabelle zu ermitteln. Bis jetzt sind es also drei zusätzliche Serveranfragen.

```
SET FMTONLY ON
select  au_id from titleauthor
SET FMTONLY OFF
```

An diesem Punkt erstellt ADO eine temporär gespeicherte Prozedur, die dem Zeilenabruf aus der **titleauthor**-Tabelle dient. Diese Abfrage wird ausgelöst, wenn eine spezielle Zeile der **authors**-Tabelle ausgewählt wird. Da eine ganze Reihe von Autorenzeilen ausgewählt wurde, können wir damit rechnen, dass diese Abfrage des öfteren ausgeführt wird – ein Mal für jede Zeile im übergeordneten Recordset. Beachten Sie, dass die abschließende SELECT-Anweisung in diesem Stapel lediglich den Parameter **@P1** der Anweisung **sp_prepare** zurückgibt.

```
sp_prepare @P1 output, N'@P1 varchar(11)', N'
select * from titleauthor where au_id = @P1', 1
select @P1
```

Der letzte durch den Profiler zurückgegebene TSQL-Code ist (endlich!) der Abruf für unsere erste übergeordnete Zeile. Das heißt, der Shapeprovider weiß, dass die **au_id** für die erste Zeile **172-32-1176** lautet, daher wird der Server nach Titeln abgefragt, die mit dieser Autoren-ID übereinstimmen.

```
sp_execute 1, '172-32-1176'     17:02:13.987
```

Nun, wir sind noch nicht fertig. An diesem Punkt haben wir lediglich zur ersten Zeile des übergeordneten Recordsets gewechselt und den ersten Satz untergeordneter Zeilen (mit Autorentiteln) abgerufen. Beim Abrufen zusätzlicher Zeilen würden wir erwarten, dass ADO und der Shapeprovider die temporär gespeicherte Prozedur #1 (wie oben erstellt) zum Abrufen zusätzlicher Zeilen aus der **titleauthor**-Tabelle wieder verwenden. Traurigerweise ist dies nicht der Fall. Wie aus der Profiler-Ausgabe ersichtlich wird, weist der Shapeprovider SQL Server an, die zuvor verwendete temporär gespeicherte Prozedur zu löschen (**unprepare**) und eine identische Prozedur zu erstellen. Seufz. Anschließend wird die neue temporär gespeicherte Prozedur zum Zurückgeben des nächsten Satzes untergeordneter Zeilen verwendet.

```
sp_unprepare 1
sp_prepare @P1 output, N'@P1 varchar(11)', N'
select * from titleauthor where au_id = @P1', 1
select @P1    17:21:01.367
sp_execute 2, '213-46-8915'
```

Dies war eine Überraschung für mich. Ich hatte erwartet, dass der Shapeprovider in der Lage ist, wenigstens die Arbeit zu nutzen, die bereits in das Erstellen der Abfragen für untergeordnete Zeilen gesteckt wurde. Wie Sie sehen, weist der Bedarfsansatz eigene Probleme auf. Es werden mehr zusätzliche Serveranfragen pro Zeile durchgeführt als beim Ansatz, der alle Zeilen abruft und der jetzt offen gesagt wieder etwas mehr an Attraktivität gewinnt. Der Ansatz »nach Bedarf« ruft zwar die aktuellen Daten für jede untergeordnete Zeile ab, hängt jedoch von einem statischen Satz übergeordneter Zeilen zum Ausführen der sekundären Abfrage ab.

Wie Sie sehen, kann das Hinzufügen zusätzlicher untergeordneter Elemente zu einer Hierarchie recht interessant sein.

Abfragen der Form Kunden-Aufträge-Artikel wären etwa ein übliches Beispiel.

Des Weiteren wird ersichtlich, dass eine zusätzliche Komplexität in der Hierarchie zu einem exponentiellen Overheadanstieg führt.

11 Tipps und Vorgehensweisen für den Datenzugriff

In den letzten Jahren habe ich eine Menge Vorschläge, Tipps, Überarbeitungen und Beschwerden zu meinen Äußerungen über Cleveland zusammengetragen. Einiges hiervon stammte aus den Beispielen, die ich geschrieben habe, anderes aus meinen Unterrichtsstunden und einiges aus den Bergen von E-Mails, die ich täglich erhalte. Obwohl ich bereits viele dieser Ideen in die vorangegangenen Kapitel eingearbeitet habe, ist das bei den hier aufgeführten Anregungen nicht der Fall. Da ich diese Ideen und Vorschläge nicht unter den Tisch fallen lassen möchte, habe ich sie in einem eigenen Kapitel zusammengefasst – hier sind sie also.

11.1 Referenzieren von Daten auf anderen Servern

Wenn Sie es mit einer Abfrage zu tun haben, bei der Daten anderer Server eingeschlossen werden müssen, kann in der SELECT-Anweisung ein Verweis auf den Server eingefügt werden. Solange der Server bereits registriert ist, übernimmt SQL Server (7.0) die Details. Das Registrieren eines Remoteservers ist einfach. Starten Sie den SQL Server Enterprise Manager, klicken Sie auf **Sicherheit** und anschließend auf **Remoteserver**. Sie erhalten ein Dialogfeld, das dem in Abbildung 11.1 gezeigten ähnelt.

Verweisen Sie mit Hilfe des Dialogfeldes auf den Remoteserver. Ja, dies kann auch anhand von gespeicherten Systemprozeduren erreicht werden, aber die hier gezeigte Methode ist sehr viel einfacher. Als Nächstes müssen Sie den Remoteserver neu konfigurieren, damit dieser Remoteprozeduraufrufe von anderen Servern akzeptiert. Führen Sie zu diesem Zweck die gespeicherte Systemprozedur **sp_serveroption** aus, wie nachstehend gezeigt. Dieser Vorgang muss nur einmal ausgeführt werden, es sind jedoch Systemadministratorberechtigungen erforderlich.

```
EXEC sp_serveroption 'BETAV2', 'data access', 'true'
```

Okay, jetzt kann eine Mehrfachsystemverknüpfung in Angriff genommen werden. Zur Verknüpfung einer Tabelle auf einem BetaV2 (einem Server, der auf dem Server, der die Verknüpfung erstellt, als **remote** gekennzeichnet ist) mit Tabellen zu verknüpfen, die sich auf dem Server befinden, der die Verknüpfung erstellt, codieren Sie die folgende SQL-Anweisung:

```
rs.Source = "SELECT Author, Year_Born " _
   & " FROM BETAV2.Biblio.dbo.Authors A, Title_Author TA, Titles T" _
   & " Where TA.au_id = A.au_id and ta.isbn = t.isbn and t.Title like 'Hi%' "
rs.Open , cn, Options:=adCmdText
```

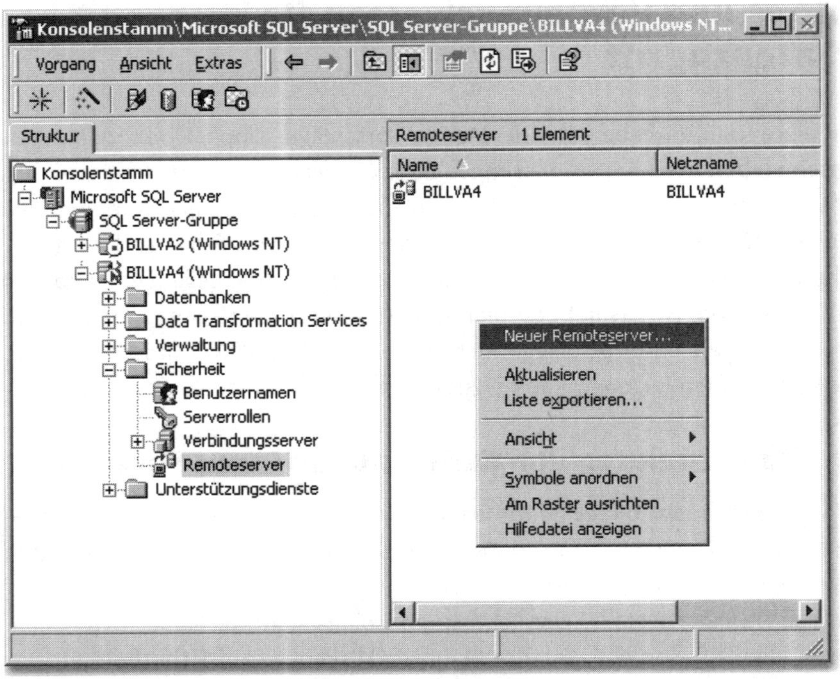

Abbildung 11.1 Verwenden des SQL Enterprise Managers zum Hinzufügen eines neuen Remoteservers

Beachten Sie, wie der Tabellenname mit dem Servernamen, dem Datenbanknamen und dem Besitzernamen versehen wird, wie in **server.datenbank.besitzer.tabelle**. Dieser Vorgang wird in der Onlinedokumentation von SQL Server beschrieben. Sie können natürlich auch einfach andere Datenbanken auf demselben Server referenzieren, indem Sie **datenbank.besitzer.tabelle** verwenden – aber das wussten Sie ja bereits.

11.2 TSQL-Tipps

SQL Server 7.0 wartet mit einer Reihe neuer Operationen und Funktionen für den Transact SQL-Dialekt auf, um die Datenrückgabe zu vereinfachen und der SQL Server-Engine eine bessere Vorstellung davon zu geben, welches Ziel der Benutzer hat. Hier einige Tipps, mit denen Sie Transact SQL-Abfragen etwas eleganter ausführen – und schneller! Denken Sie daran, dass die neuen SQL Server 7.0-Features nicht aktiviert werden, bevor Sie Abfragen für eine SQL Server 7.0-Datenbank ausführen **und** sich nicht im Kompatibilitätsmodus mit Version 6.5 befinden. Wenn Sie Ihre SQL Server 6.5-Datenbank in SQL Server 7.0 importieren, startet der Server automatisch im Kompatibilitätsmodus, daher muss dieser manuell deaktiviert werden, bevor die neue Syntax aktiviert wird.

11.2.1 Verwenden der TOP-Klausel

Die TOP-Klausel ist eine dieser neuen SQL Server 7.0-Funktionen und dient dazu, die zurückgegebenen Zeilen Ihrer Abfrage auf die ersten **n** oder **n Prozent** zutreffender Zeilen zu beschränken. Das Zurückgeben der ersten 120 Zeilen der **Titles**-Tabelle geschieht beispielsweise folgendermaßen:

```
SELECT TOP 120 Title From Titles
```

Die ersten 15 Prozent der **Authors**-Tabelle geben Sie folgendermaßen zurück:

```
SELECT TOP 15 PERCENT Author From Authors
```

Wird eine SELECT-Anweisung mit TOP darüber hinaus mit einer ORDER BY-Klausel versehen, werden die zurückzugebenden Zeilen aus dem geordneten Resultset zurückgegeben. Das gesamte Resultset wird in der angegebenen Reihenfolge erstellt, und die ersten **n** Zeilen des geordneten Resultsets werden zurückgegeben. Mit Hilfe dieser Technik können Sie die ersten **n** Zeilen der **Sales**-Tabelle zurückgeben, um die Person mit den meisten Verkäufen anzuzeigen. Wenn Sie einfach folgende Syntax ausführen, erhalten Sie die 10 **niedrigsten** Verkäufe, da die Standardreihenfolge eine absteigende Sortierung vorsieht.

```
SELECT TOP 10 Sale, SalesPerson from Sales Order by Sale
```

Zum Erhalt der besten Verkäufe müssen Sie eine kleine Veränderung vornehmen:

```
SELECT TOP 10 Sale, SalesPerson from Sales Order by Sale DESC
```

Eine weitere Methode zur Beschränkung der Resultsetgröße besteht in der Ausführung einer SET ROWCOUNT n-Anweisung vor dem Ausführen einer Anweisung. SET ROWCOUNt unterscheidet sich von TOP auf die folgende Weise:

- Die Einschränkung SET ROWCOUNT wird beim Erstellen der Zeilen im Resultset angewendet, bevor ORDER BY ausgewertet wird. Selbst wenn ORDER BY angegeben wurde, wird die SELECT-Anweisung beendet, wenn **n** Zeilen ausgewählt wurden. Die **n** Zeilen werden ausgewählt, sortiert und an den Client zurückgegeben. Wenn dies nicht in einer gespeicherten Prozedur geschieht, wird diese Einstellung für die Verbindung gespeichert und bleibt in Kraft, bis die Verbindung geschlossen wird – nicht nur bis zur Freigabe der Verbindung für den Verbindungspool. Dies bedeutet, dass andere Anwendungen oder Komponenten, die diese Verbindung aus dem Pool nutzen (selbst Sie), die Einstellung SET ROWCOUNT (oder einen anderen SET-Wert) weiter verwenden. Versuchen Sie mal, hierfür ein Debugging vorzunehmen!
- Die TOP-Klausel wird auf die einzelne SELECT-Anweisung angewendet, in der Sie angegeben wird. SET ROWCOUNT bleibt in Kraft, bis eine weiter SET ROWCOUNT-Anweisung ausgeführt wird, beispielsweise SET ROWCOUNT 0, um die Option zu deaktivieren.

11.2.2 Verwenden von SELECT INTO anstelle roher Gewalt

Wenn Sie größere Zeilenmengen von einem Server zu einem anderen verschieben möchten, kann es effizienter sein, SQL Server (oder einen der vielen anderen Datenprovider) zu verwenden, als INSERT-Anweisungen zu erstellen und diese nacheinander zu übermitteln. Dies setzt natürlich voraus, dass sich die Daten bereits auf dem Server befinden. Wenn die Daten sich derzeit an einem anderen Standort befinden und Ihr einziger Zugang zu den Daten Ihre Anwendung ist, sollten Sie unter allen Umständen die folgenden Optionen in Betracht ziehen:

- Das SQL Server-Programm für das Massenkopieren (BCP, Bulk Copy Program) ist exzellent für das Verschieben von Daten geeignet – selbst für Dateidaten festgelegter Länge.
- Mit den SQL Server Data Transformation Services (DTS) kann SQL Server so eingerichtet werden, dass mit einem ODBC-Treiber oder einem OLE DB-Provider auf beliebige Elemente oder andere Server zugegriffen werden kann, die die standardmäßigen DTS-Dienste unterstützen – was meistens der Fall ist.
- Wenn alle Methoden versagen, erstellen Sie mehrere INSERT-Anweisungen in einem Stapel und übertragen alle Anweisungen in einem Arbeitsschritt. Dieses Vorgehen wird in Kapitel 8 beschrieben.

Wenn Sie dagegen Daten von einer Tabelle in eine andere verschieben möchten, verwenden Sie SELECT INTO. Diese Operation wird nicht protokolliert (d.h., nicht in einer Transaktion ausgeführt), daher führt dies nicht nur zu einer Zeitersparnis, sondern auch zu einer einfachen Codierung.

```
Select Author, Year_Born into NewAuthorsTable from Authors
```

SQL Server lässt Sie diese Operation jedoch erst ausführen, wenn sich alle Schäfchen im Stall (in der Zeile) befinden.

- Sie müssen diese Option vor dem Start aktivieren. Bringen Sie den Systemadministrator dazu, über **sp_configure** oder Auswahl von **Auswahl / Massenkopieren** auf der Eigenschaftenseite der Datenbank die Option **Auswahl / Massenkopieren** zu aktivieren.
- Die oben gezeigte Anweisung erstellt eine Tabelle neuer Autoren (**NewAuthors Table**), daher kann die Tabelle nicht vor dem Ausführen der Abfrage vorliegen.
- Da die Tabelle nicht vorhanden ist, brauchen Sie sich um die Indizierung keine Sorgen zu machen – diese kann **nach** SELECT INTO erstellt werden.
- Nach Ausführung von SELECT INTO funktioniert die **Dump**-Transaktionsoperation nur, wenn Sie SQL Server anweisen, ein Dump der Datenbank zu erstellen. Sie wissen nicht wie? Fragen Sie den Systemadministrator.

11.2.3 Verwenden von UNION zum Kombinieren identischer Recordsets

Wenn mehrere Abfragen über identische Spaltenergebnisse verfügen und diese als ein Recordset verarbeitet werden sollen, können Sie die Verwendung einer UNION-Anweisung in Betracht ziehen. Diese eignet sich nicht für alle Situationen, ist gelegentlich jedoch sehr nützlich.

```
select X "FeedDesc" from mytable1
UNION
select Y "FeedDesc" from mytable2
UNION
select Z "FeedDesc" from mytable3
```

11.2.4 Zuweisen von und Prüfen auf NULL

Wie Sie wissen, wird in ANSI SQL (und in TSQL) für die **Zuweisung** einer NULL zu einer Variablen folgender Code verwendet:

```
SELECT @Variable = NULL
```

Wenn Sie jedoch auf NULL prüfen, müssen Sie die IS NULL-Syntax verwenden:

```
WHERE YearDied IS NULL
```

Die Visual Database Tools von Visual Basic 6.0 haben diese Nuance bisher noch nicht aufgegriffen, daher müssen Sie bei der Erstellung von Abfragen mit den GUI-Tools (Graphical User Interface) vorsichtig sein.

11.3 Leistungsoptimierung für gespeicherte Prozeduren

Ein Kunde schrieb mir, dass er beim Ausführen einer gespeicherten Prozedur mit Leistungsproblemen zu kämpfen hatte. Es war eine Tabelle mit Seriennummern (etwa 500.000 Datensätze) vorhanden. Bei Ausführung der folgenden Abfrage trat eine Zeitüberschreitung auf:

```
SELECT Title, Type FROM Titles where serialno like '%a0332%' and type = 1
```

Das Problem liegt im Platzhalterzeichen vor der Seriennummer. Der Kunde erkannte mit Hilfestellung durch uns, dass dieser Ansatz SQL Server dazu veranlasst, eine Tabellenprüfung durchzuführen, bei der sämtliche 500.000 Zeilen durchgegangen werden. Durch das Setzen des Platzhalterzeichens % an das Ende des Ausdrucks erhöht sich die Leistung erheblich.

Tabellenprüfungen erfordern sehr viel Zeit. Wenn Sie denken, dass eine solche Prüfung notwendig ist, prüfen Sie, ob ein spezieller Abschnitt der Seriennummer vorhanden ist, den die Benutzer durchsuchen möchten – beispielsweise die zweite bis sechste Stelle im Schlüssel. Wenn häufig Suchläufe durchgeführt werden müssen, ist es sinnvoll, diesen Teil der Seriennnummer in einem separat indizierten Feld zu platzieren. Stellt diese Vorgehensweise keine Option dar, können Sie versuchen, ausgewählte Zeilen in eine temporäre Tabelle zu kopieren und hierbei nur die Kriterien zu verwenden, die dem Optimierer das Verwenden eines Indexes ermöglichen. Anschließend können Sie die temporäre Tabelle mit Hilfe einer Platzhaltersuche durchsuchen. Dies sollte die Anzahl der zu prüfenden Zeilen erheblich verringern.

Denken Sie daran, dass temporäre Tabellen und SELECT...INTO üblicherweise als Vorgehensweise nicht gern gesehen werden, da mit ihnen die Tabellen **sysobjects**, **syscolumns** und **sysindexes** in **TempDB** mit exklusiven Sperren belegt werden, was Kollisionen mit anderen Prozessen auslösen kann, die zur gleichen Zeit ausgeführt werden. Dies kann eine schwerwiegende Beeinträchtigung der Gesamtleistung des Servers nach sich ziehen, daher sollte diese Lösung immer als letzter Ausweg betrachtet werden. Nachdem ich dies gesagt habe, kann ich Ihnen verraten, dass ich schon öfter auf diesen letzten Ausweg zurückgreifen musste, und dass sich hierbei (bisher) keine schwerwiegenden Auswirkungen ergaben. Sie müssen bei dieser Methode bedenken, wie häufig die SELECT INTO #temp ausgeführt wird, wie viele parallel arbeitende Benutzer diese Anweisung ausführen und wie lange für die eigentliche SELECT...INTO #temp-Ausführung benötigt wird. Berücksichtigen Sie diese Faktoren, wenn Sie sich für oder gegen diesen Ansatz entscheiden.

11.4 Verwenden von SET NOCOUNT über den OLE DB-Provider

SET NOCOUNT wird dazu verwendet, den Wert für die SQL Server-**Connection**-Option zu ändern, der bestimmt, ob bei Ausführung einer Aktionsabfrage ein Resultset erstellt wird, beispielsweise INSERT, UPDATE oder DELETE. Dieses Resultset enthält den Wert der betroffenen Zeilen. Sie können die Leistung verbessern, indem Sie nicht benötigte Resultsets ausschließen, und dies kann über SET NOCOUNT erreicht werden. Der SQL Server-ODBC-Treiber bietet keine Informationen zu den Ergebnissen einzelner SQL-Anweisungen innerhalb einer gespeicherten Prozedur. Das einzige Ergebnis bei Ausführung einer gespeicherten Prozedur sind die Ergebnisse der SELECT-Anweisung (falls vorhanden).

SQLOLEDB hat ein neues Verhalten, über das der aufrufenden Komponente genauere Informationen zur Prozedur bereitgestellt werden. Jede SQL-Anweisung innerhalb einer gespeicherten Prozedur gibt ein Resultset zurück, ob es sich dabei um den Wert der betroffenen Zeilen oder um ein Resultset handelt. In ADO können Sie diese Resultsets mit Hilfe der **NextRecordset**-Methode für das **Recordset**-Objekt durchlaufen. Um für SQLOLEDB das gleiche Verhalten zu erreichen wie für den SQL-ODBC-Treiber, können Sie zu Beginn der gespeicherten Prozedur SET NOCOUNT ON verwenden.

11.5 Gewähren von Berechtigungen

Eine der respektiertesten und talentiertesten Trainerinnen, mit denen ich je zusammengearbeitet habe (und für die Microsoft University angeheuert habe) ist Kimberly Tripp Simonnet. Nach einigem Bitten und Betteln meinerseits war sie so freundlich, mir einen Codeabschnitt zu übersenden, mit dem das Problem gelöst wird, dass nach dem Erstellen neuer Konten in SQL Server nicht auf die Datenbanken zugegriffen werden kann, da die entsprechenden Berechtigungen nicht vorhanden sind. Die folgende gespeicherte Prozedur gewährt in nur einem Schritt ausgewählte Berechtigungen für ganze Datenbanken. Sie konnten dies mit Hilfe der Benutzerschnittstelle in SQL Server 6.5 erreichen, mit der neuen MCP-Version des SQL Enterprise Managers ist dies jedoch nicht möglich. Diese Prozedur ist besonders wichtig, da Sie das Systemadministratorkonto nicht als Benutzer-ID einsetzen möchten – oder? Wenn Sie zum Testen eine neue Benutzer-ID erstellen, beginnen Sie üblicherweise mit allen Berechtigungen (ALL) und schränken diese anschließend entsprechend ein.

Dieser SQL-Code erstellt die gespeicherte Prozedur **sp_GrantPermissions** in der Masterdatenbank. Dieser Code befindet sich als **sp_GrantPermissions.SQL** ebenfalls auf der Begleit-CD. Es wird hierbei erwartet, dass Sie **UserName**, **ObjectType** und **Permission** übergeben. Der **ObjectType** kann entweder **U** für benutzerdefinierte Tabellen (User-defined), **P** für gespeicherte Prozedur oder **V** für Sichten (Views) lauten. Das **Permission**-Argument ermöglicht Ihnen die Auswahl des zu gewährenden Berechtigungstyps. Wählen Sie für Tabellen und Sichten SELECT, INSERT, UPDATE, DELETE oder ALL und EXEC für gespeicherte Prozeduren.

Anmerkung Der folgende Code hängt von den SQL Server-Systemtabellen ab. Obwohl sich die äußerliche Manifestierung dieser Systemtabellen längere Zeit nicht geändert hat, wurden doch interne Änderungen vorgenommen. Aus diesem Grund sollte dieser Ansatz mit Bedacht eingesetzt werden, wenn neue Versionen von SQL Server auf den Markt kommen.

```
USE master
go
IF OBJECTPROPERTY(object_id('sp_GrantPermissions'), 'IsProcedure') = 1
   DROP PROCEDURE sp_GrantPermissions
go
CREATE  PROCEDURE sp_GrantPermissions
   @UserName    sysname = NULL,
   @ObjectType    nvarchar(2) = NULL,
   @Permission    nvarchar(6) = NULL
AS
SET NOCOUNT ON
IF @UserName = ''
   SET @UserName = NULL
IF @ObjectType = ''
   SET @ObjectType = NULL
IF @Permission = ''
   SET @Permission = NULL
IF (@UserName IS NULL) AND (@ObjectType IS NULL)
   BEGIN
   RAISERROR('You must supply at least @UserName and @ObjectType.', 16, -1)
   RETURN
   END
IF (@ObjectType IS NULL)
   BEGIN
   RAISERROR ('You must supply an @ObjectType. Use ''U'' for User-defined
tables, ''P'' for Stored Procedures or ''V'' for Views.', 16, -1)
   RETURN
   END
IF (UPPER(@ObjectType) NOT IN ('P', 'U', 'V'))
   BEGIN
   RAISERROR ('The object type supplied:%s is not valid. The @ObjectType
parameter must be either ''P'', ''U'' or ''V''. Use ''P'' for Stored
Procedures, ''U'' for User-defined tables or ''V'' for Views.', 16, -1,
@ObjectType)
   RETURN
   END
IF (UPPER(@ObjectType) IN ('U', 'V') AND UPPER(@Permission) = 'EXEC') OR
(UPPER(@ObjectType) = 'P' AND UPPER(@Permission) IN ('SELECT', 'INSERT',
'UPDATE', 'DELETE'))
   BEGIN
   RAISERROR ('@Permission defaults to SELECT for Tables and Views and EXEC
```

```
for Stored Procedures. Possible values for @Permission are ''SELECT'',
''INSERT'', ''UPDATE'', ''DELETE'' or ''ALL'' for Tables and Views or ''EXEC''
for stored procedures.', 16, -1)
   RETURN
   END
IF (@ObjectType IN ('U', 'V') AND @Permission IS NULL)
   SET @Permission = 'SELECT'
IF (@ObjectType = 'P' AND @Permission IS NULL)
   SET @Permission = 'EXEC'
DECLARE @ObjName    sysname,
   @ObjNameStr    nvarchar(100)
BEGIN
      DECLARE ObjNamesCursor CURSOR FOR
      SELECT name FROM sysobjects
      where type = @ObjectType AND status >= 0
      ORDER BY name
      OPEN ObjNamesCursor
      FETCH NEXT FROM ObjNamesCursor INTO @ObjName
      WHILE (@@fetch_status <> -1)
      BEGIN
      IF (@@fetch_status <> -2)
      BEGIN
      SELECT @ObjNameStr = 'Granting ' + @Permission + ' for object:' +
RTRIM(UPPER(@ObjName)) + ' to ' + @UserName + '.'
      PRINT @ObjNameStr
      EXEC ('GRANT ' + @Permission + ' ON ' + @ObjName + ' TO ' + @UserName)
      END
   PRINT ' '
   FETCH NEXT FROM ObjNamesCursor INTO @ObjName
      END
   END
PRINT ' '

DEALLOCATE ObjNamesCursor
go
```

11.6 Weitere Geheimnisse über Recordsets

Es ist möglich, die Inhalte verschiedener Recordsets an einen Client der mittleren Schicht zu übergeben. Wenn Sie beispielsweise eine Reihe von Tabellenabfragen in einer Mehrfach-Ad-hoc-SELECT-Anweisung kombinieren oder eine gespeicherte Prozedur ausführen, die mehrere Resultsets zurückgibt, können Sie die Recordsets in einem einzelnen **Variant**-Array zusammenfassen und dieses an den Client übermitteln:

```
EXE COM Server (running over DCOM):
Function GetData() As Variant
Dim rs(1 To 5) As ADODB.Recordset
Dim v As Variant
Dim i As Long, j As Long
   For i = 1 To 5
      Set rs(i) = New ADODB.Recordset
      rs(i).CursorLocation = adUseClient
      rs(i).Fields.Append "Now", adVarChar, 255
      rs(i).Open
      For j = 1 To 1000
         rs(i).AddNew "Now", GetTickCount()
      Next j
      Debug.Print rs(i).RecordCount
   Next i
   v = Array(rs(1), rs(2), rs(3), rs(4), rs(5))
   GetData = v
End Function
```

Der clientseitige Code sieht folgendermaßen aus:

```
Sub SimpleTest()
Dim objGet As GetMultiRS
Dim v As Variant
Dim i As Long
Dim rs As ADODB.Recordset
Set objGet = New GetMultiRS
   v = objGet.GetData
   Set objGet = Nothing    ' Auf diese Weise wird der COM EXE-Server freigegeben
   For i = 0 To 4
      Set rs = v(i)
      While Not rs.EOF
         Debug.Print rs.Fields(0).Value
         rs.MoveNext
      Wend
   Next i
End Sub
```

11.6.1 Erhöhen der Recordsetleistung

Sie können die Einfügeleistung von ADO erheblich steigern, indem Sie Einfügungen mit Hilfe von **Variant**-Arrays durchführen, anstatt Feld für Feld auf die **Field Value**-Eigenschaft zuzugreifen. Mit Hilfe dieser Technik können Leistungssteigerungen von beispielsweise 400 Prozent erreicht werden. Nachfolgend ein Codeabschnitt zur Demonstration der Leistung:

```
Public Sub ADOFastInsert()
Dim rs As ADODB.recordset
Dim sngStartTimer As Single
Dim i As Long, j As Long
Dim arrRecords() As Variant
Dim arrFieldList() As Variant
Const RECORD_COUNT = 1000
Const FIELD_COUNT = 20
    ' Erstellen des Recordsets
    Set rs = New ADODB.recordset
    ReDim arrFieldList(0 To FIELD_COUNT - 1)
    For i = 1 To FIELD_COUNT
        rs.fields.Append "f" & i, adChar, 10
        arrFieldList(i - 1) = "f" & i
    Next i
    rs.Open
    ' Regulärer Einfügetest
    sngStartTimer = GetTickcount()
    With rs
        For i = 1 To RECORD_COUNT
            .AddNew
            For j = 0 To FIELD_COUNT - 1
                .fields(j).Value = "xxxxxxxxxx"
            Next j
            .Update
        Next i
        Debug.Print "Elapsed time for regular insert is " & _
GetTickCount - sngStartTimer & " seconds."
    End With

    ' Array-Einfügetest
    sngStartTimer = GetTickCount
    With rs
        For i = 1 To RECORD_COUNT
```

```
        ReDim arrRecords(0 To FIELD_COUNT - 1)
        For j = 0 To FIELD_COUNT - 1
            arrRecords(j) = "xxxxxxxxxx"
        Next j
        .AddNew arrFieldList, arrRecords
    Next i
    Debug.Print "Elapsed time for array insert is " & GetTickCount - sng-
StartTimer & " seconds."
  End With
End Sub
```

11.6.2 Optimieren der Filterkriterien

Ein Benutzer schrieb mir ein (recht typisches) Problem. Bei Verwendung der **Filter**-Eigenschaft verursachen bestimmte Einstellungen einen ADO-3001-Fehler. Dies funktioniert nicht:

```
rsSchemaClone.Filter = "TABLE_NAME=" & Chr(34) & "'Hello & World'$" & Chr(34)
```

Dies dagegen schon:

```
rsSchemaClone.Filter = "TABLE_NAME=" & Chr(34) & "'Hello&World'$" & Chr(34)
```

Es stellt sich heraus, dass der Syntaxparser für die ADO-Eigenschaft **Filter** in Verwirrung gerät, wenn vereinzelte einfache Anführungszeichen vorhanden sind. Zur Umgehung dieses Problems sollten Sie die gesamte Zeichenfolge in Rautenzeichen (#) einschließen.

```
rsSchemaClone.Filter = "TABLE_NAME=#'Hello & World'$#"
```

11.6.3 Fehlerbehandlung von der richtigen Quelle

Bei Auftreten eines Fehlers erhalten Sie möglicherweise einen auffangbaren Fehler von Visual Basic, ADO oder von beiden. Bei der Arbeit mit ASP gibt es keine Möglichkeit, Fehler aufzufangen – zumindest nicht vor Windows 2000 und ASP 3.0 –, daher müssen Sie nach jeder fehleranfälligen Operation selbst nach Fehlern suchen. Ich habe bereits Fälle erlebt, in denen ASP einen ADO-Fehler erhält, die VB-Beschreibung jedoch leer ist. Der folgende Code prüft auf auffangbare, von Visual Basic generierte Fehler sowie auf von ADO erzeugte Fehler, die im **Error**-Objekt referenziert werden, das mit dem ADO-**Connection**-Objekt verknüpft ist.

```
StrTmp = StrTmp & vbCrLf & "VB Error # " & Str(Err.Number)
     StrTmp = StrTmp & vbCrLf & "   Generated by " & Err.Source
     StrTmp = StrTmp & vbCrLf & "   Description  " & Err.Description
     ' Aufzählen der Errors-Auflistung und Anzeigen der Eigenschaften
```

```
    ' für jedes Error-Objekt
Set Errs1 = Conn1.Errors
    For Each errLoop In Errs1
     With errLoop
        StrTmp = StrTmp & vbCrLf & "Error #" & i & ":"
        StrTmp = StrTmp & vbCrLf & "  ADO Error  #" & .Number
        StrTmp = StrTmp & vbCrLf & "  Description  " & .Description
        StrTmp = StrTmp & vbCrLf & "  Source       " & .Source
        i = i + 1
     End With
Next
```

11.6.4 Arbeiten mit dem »Schema«-Objekt

ADO 2.0 legt das **Schema**-Objekt offen, um das Anzeigen und Bearbeiten von Datenbankschemata zu vereinfachen. Die **OpenSchema**-Methode gibt selbsterklärende Informationen zur Datenquelle zurück, beispielsweise Informationen dazu, welche Tabellen sich in der Datenquelle befinden, die Spalten in der Tabelle sowie die unterstützten Datentypen. Es ist bei der Arbeit mit SQL Server häufig jedoch sinnvoller, zum Erhalt dieser Informationen die **sysobjects**-Tabelle abzufragen. Schemaänderungen können in SQL Server mit Hilfe von TSQL-Befehlen leicht durchgeführt werden. Auf der anderen Seite sind viele Provider nicht so flexibel und leistungsstark wie SQL Server. An dieser Stelle kommt das **Schema**-Objekt ins Spiel.

Das folgende Beispiel verwendet die **OpenSchema**-Methode zum Anzeigen von Name und Typ jeder Tabelle in der **Pubs**-Datenbank.

```
Public Sub OpenSchemaX()
  Dim cnn1 As ADODB.Connection
  Dim rstSchema As ADODB.Recordset
  Dim strCnn As String
  Set cnn1 = New ADODB.Connection
    strCnn = "Provider=sqloledb;Data Source=srv;Initial Catalog=Pubs; "
  cnn1.Open strCnn ,"admin", "pw"
  Set rstSchema = cnn1.OpenSchema(adSchemaTables)
  Do Until rstSchema.EOF
    Debug.Print "Table name: " & _
      rstSchema!TABLE_NAME & vbCr & _
      "Table type: " & rstSchema!TABLE_TYPE & vbCr
    rstSchema.MoveNext
  Loop
```

```
  rstSchema.Close
  cnn1.Close
End Sub
```

Im nächsten Beispiel wird eine TABLE_TYPE-Abfrageeinschränkung im **Criteria**-Argument der **OpenSchema**-Methode angegeben. Als Ergebnis werden nur Schemainformationen für die Sichten zurückgegeben, die in der **Pubs**-Datenbank angegeben sind. Anschließend werden Name und Typ jeder Tabelle angezeigt.

```
Public Sub OpenSchemaX2()
  Dim cnn2 As ADODB.Connection
  Dim rstSchema As ADODB.Recordset
  Dim strCnn As String
  Set cnn2 = New ADODB.Connection
    strCnn = "Provider=sqloledb;Data Source=srv;Initial Catalog=Pubs;"
  cnn2.Open strCnn, "Admin", "pw"
  Set rstSchema = cnn2.OpenSchema_
(adSchemaTables, Array(Empty, Empty, Empty, "VIEW"))
    Do Until rstSchema.EOF
      Debug.Print "Table name: " & _
        rstSchema!TABLE_NAME & vbCr & _
        "Table type: " & rstSchema!TABLE_TYPE & vbCr
      rstSchema.MoveNext
    Loop
  rstSchema.Close
  cnn2.Close
End Sub
```

11.7 Arbeiten mit dem »Grid«-Steuerelement

In den meisten Beispielen der vorangegangenen Kapitel habe ich als bevorzugtes Ziel **MSHFlexGrid** eingesetzt. Ich habe diese Auswahl getroffen, da dieses Steuerelement eine **Recordset**-Eigenschaft offen legt, die den standardmäßigen Firehosecursor akzeptieren kann. Sie können jedoch auch das **DataGrid**-Steuerelement von Visual Basic zur Zeilenanzeige verwenden. Tatsächlich scheint dieses Überschriften besser zu handhaben als das Steuerelement **MSHFlexGrid**, daher kann es die bessere Wahl darstellen, wenn ein lesezeichenfähiges (ADO-Begriff) Recordset verwendet wird. Das heißt, wenn die **Supports**-Methode des **Recordset**-Objekts angibt, dass Lesezeichen unterstützt werden (**adBookmark**), können Sie dieses Recordset direkt an die **DataSource**-Eigenschaft des **DataGrid**-Steuerelements übergeben. Hier ein Beispiel:

```
Set rs = New Recordset
rs.CursorLocation = adUseClient
cn.au42 1900, 1950, rs
Set DataGrid1.DataSource = rs
```

Tipp Stellen Sie sicher, dass Sie die **DefColWidth**-Eigenschaft auf 0 setzen, damit sich **DataGrid** an die Eigenschaften für Feldname oder Datenlänge anpasst.

11.8 Arbeiten mit Zeichenfolgen

Wir haben bereits darüber gesprochen, wie Ihre Anwendungen (besonders Webseiten) durch das Verwenden des Verkettungsoperators (&) effizienter gestaltet werden können. Die folgenden zwei Tipps befassen sich mit einer Reihe weiterer zeichenfolgenbezogener Operationen, mit denen CPU-Zyklen eingespart werden können – besonders dann, wenn Ihre Anwendung diese mit Age of Empires-Code oder anderen wichtigen Anwendungen teilen muss.

11.8.1 Verwenden der Visual Basic-Operatoren für die Zeichenfolgenbearbeitung

Es gibt zwei Arten von Zeichenfolgenoperationen in der Laufzeitbibliothek von Visual Basic – mit der einen werden Zeichenfolgen gehandhabt, mit der anderen **Variant**-Werte. Die Operatoren **Left$**, **Mid$** und **Right$** können beispielsweise (nur) Zeichenfolgen handhaben, die Funktionen **Left**, **Mid** und **Right** arbeiten mit **Variant**-Werten, bei denen es sich um Zeichenfolgen handeln kann. Wenn Sie wissen, dass der Zieloperand eine Zeichenfolge ist, verwenden Sie die zeichenfolgenspezifischen Funktionen.

11.8.2 Verschlüsseln von Zeichenfolgen

Wenn Sie vertraulichen Text in einer Datenbank, leicht zugänglichen Dokumenten oder Textdateien speichern müssen, ziehen Sie vielleicht eine Verschlüsselung der Daten in Betracht. Obwohl das FBI diese Verschlüsselung leicht knacken könnte, kann man dies von Ihrem Cousin aus Cleveland nicht sagen. Der Trick besteht darin, in Visual Basic den XOR-Operator zu verwenden, der zur Bearbeitung der übergebenen Datenwerte auf Bitebene arbeitet.

Das folgende Beispiel veranschaulicht die Verwendung des XOR-Operators zur Konvertierung einzelner Bytes einer Zeichenfolge, um diese unlesbar zu machen, sofern kein separater Textschlüssel vorhanden ist. Der Zaubertrick ist hierbei die Art und Weise, mit der ein Schlüsselbyte über XOR mit einzelnen Zeichen verglichen wird. Auf diese Weise wird es für Ihren Cousin sogar noch schwieriger, den

Code zu knacken, da nicht einfach FFFF (Hexadezimal) verwendet werden kann, wie man zunächst vielleicht annehmen könnte.

Ich gebe nicht vor zu wissen, wie diese kleine Formel ((i Mod l) – l * ((i Mod l) = 0)) funktioniert, aber sie funktioniert. Ich habe die MSDN-Artikel zu diesem Thema durchgesehen, aber dort wird die Funktionsweise der Formel auch nicht erklärt. Ich vermute, dass Ihnen ermöglicht wird, einem der Zeichen im Kennwort einen Codierungsschlüssel unterschiedlicher Länge zuzuordnen. Wenn Sie also ein Kennwort mit 10 Zeichen besitzen und einen Verschlüsselungsschlüssel, der 3 Zeichen umfasst, wählt die Formel eines der Zeichen im Kennwort aus und führt einen XOR-Vergleich mit einem ausgewählten Byte des Verschlüsselungsschlüssels durch. Ergibt das Sinn? Vergessen Sie bloß Ihren Verschlüsselungsschlüssel nicht, sonst muss Ihnen das FBI beim Ermitteln Ihres Kennwortes helfen.

Im Beispiel wird ein Wert aus einem **TextBox**-Steuerelement verwendet. Dieser wird verschlüsselt und in ein zweites Textfeld geschrieben. Dies ist der Wert, der in der Datenbank, der Registrierung oder in einer lesbaren Datei gespeichert werden sollte. Zum Abrufen des ursprünglichen Wertes übergeben Sie einfach den verschlüsselten Text und denselben Kennwortschlüssel. Der Prozess wird von derselben Verschlüsselungsroutine durchgeführt, nur findet dieses Mal eine Entschlüsselung statt, deren Ergebnis der ursprüngliche Wert ist. Wenn Sie mit NT arbeiten, stellt das Einrichten der NT-Sicherheit für die entsprechende Datei oder den Registrierungsschlüssel **die** Methode dar, einen Zugriff auf die Daten zu verhindern – die Verschlüsselung kann dazu eingesetzt werden, unbefugte Benutzer davon abzuhalten, eine Datei anzuzeigen.

```
Dim Char As Integer
Dim strPasswordIn As String
Dim strPasswordOut As String

Private Sub cmdDecrypt_Click()
    strPasswordIn = txtDataOut.Text
   txtDecrypted.Text = Encrypt(strPasswordOut, txtPasswordKey)       ' Ver-
   schlüsseln der Zeichenfolge
    Debug.Print "in:{" & strPasswordOut, "} out:{" & txtDecrypted.Text & "}"
End Sub

Private Sub cmdEncrypt_Click()
    strPasswordIn = txtDataIn.Text
    strPasswordOut = Encrypt(strPasswordIn, txtPasswordKey)   ' Verschlüsseln
    der Zeichenfolge
    Debug.Print "in:{" & strPasswordIn & "} out:{" & strPasswordOut & "}"
```

```
    txtDataOut.Text = strPasswordOut
  End Sub

Function Encrypt(secret As String, PassWord As String) As String
Dim strDataOut As String
   ' secret$ = die zu verschlüsselnde oder zu entschlüsselnde Zeichenfolge
   ' PassWord$ = das Kennwort zum Verschlüsseln der Zeichenfolge
   l = Len(PassWord$)
   strDataOut = String(Len(secret), " ")
   For i = 1 To Len(secret$)
      Char = Asc(Mid$(PassWord$, (i Mod l) - l * ((i Mod l) = 0), 1))
      Mid$(strDataOut, i, 1) = Chr$(Asc(Mid$(secret$, i, 1)) Xor Char)
   Next
Encrypt = strDataOut
End Function
```

11.9 Arbeiten mit Grafiken

Wenn Sie eigene Programm- oder Schaltflächensymbole entwerfen möchten, denken Sie daran, dass ein ICON (Symbol) ein einfaches Bitmap darstellt. Diese weisen entweder 16 x 16 oder 32 x 32 Bits auf. Erstellen Sie die Symbole mit Microsoft Paint oder einem anderen Grafikprogramm, und speichern Sie die BMP-Formatdatei mit ICO-Erweiterung.

11.10 Probleme beim MDAC/ADO-Setup

Wir erhielten häufig Fragen wie diese: »Mein Kunde entwickelt eine eigenständige Anwendung, die ADO verwendet. Die Anwendung soll für den Download zur Verfügung stehen, daher sollte die Anwendung so klein wie möglich gehalten werden. Ich mache mir Gedanken über den 6.5 MB großen MDAC 2.1 SP2-Download (ADO 2.5 MDAC_TYP.EXE umfasst 7.7 MB). Mein Rat (der des Consulting-Mitarbeiters) war, MDAC 2.1 SP2 in die Installation zu integrieren.« Des Weiteren wurde mitgeteilt, dass der Kunde ein Programm erstellen wollte, das mit einer beliebigen ADO-Version ab Version 1.5 zusammenarbeiten können sollte. Interessantes Problem.

Ein Mitglied der MDAC-Crew ließ mir diese inoffizielle Liste von FAQs (Frequently Asked Questions) zu MDAC-Bereitstellung und Setup zukommen:

- Wenn Sie benutzerdefinierte Installationen vornehmen möchten, ist das MDAC-Setup nicht für Sie geeignet.
- Wenn Sie eine Integration in WMI vornehmen möchten, ist das MDAC-Setup nicht für Sie geeignet.

- Wenn Sie schlanke, im Web herunterladbare Installationen oder teilweise Installationen nur einiger Treiber benötigen, ist das MDAC-Setup nicht für Sie geeignet.
- Wenn eine SMS-Integration oder Pushinstallationen benötigen, ist das MDAC-Setup nicht für Sie geeignet.
- Wenn Sie ein Microsoft-Datenbank-API mit einem Microsoft-Entwicklerprodukt mit Microsoft Installer-Technologie zur Erzeugung eines verkaufsfertigen Produkts mit Setupprogramm verwenden möchten, ist das MDAC-Setup nicht für Sie geeignet.
- MDAC ist ein Vorreiter der Windows 2000-"Pack es überall drauf, ob sie es brauchen oder nicht«-Philosophie, die in einer Welt der riesigen Bandbreiten und riesigen Festplatten die Zukunft darstellt.
- Wenn MDAC bereits installiert ist, haben Sie ein wenig Sicherheit, dass die richtigen ADO-Bits bereits vorhanden sind.

Stellen Sie sich das MDAC-Setup als Service Pack-Setup vor. Wie bei einem SP-Setup kann dieses nicht einfach in jede Komponente integriert werden. Mussten Sie bei der Installation von Visual Studio 6 nicht dreimal einen Neustart durchführen? Dies ist die Art von Installation, die Sie bei Verwendung von MDAC erwarten sollten.

Wie ein Service Pack muss MDAC durch einen erfahrenen Benutzer auf jedem Rechner manuell installiert werden (der durchschnittliche Endbenutzer weiß beispielsweise nicht, dass er verschiedene NT-Dienste schließen muss, um MDAC zu installieren).

Daher lautet mein Rat, ein Setup zu schreiben, das prüft, ob MDAC bereits installiert ist. Ist dies nicht der Fall, wird eine Warnung ausgegeben, in der der Benutzer angewiesen wird, MDAC zu installieren. Dieses Szenario ähnelt dem, dass eine Visual Studio 6-Installation erst nach dem Installieren des NT 4 SP3 erfolgen kann. Wenn Sie eine Webinstallation durchführen, können Sie den Benutzer auf die MDAC-Installation auf der Microsoft-Website verweisen.

11.11 Gemeinsame Anzeige von Visual Basic- und ADO-Hilfe

Bei der Installation von ADO 2.x können die verknüpften Hilfedateien von Visual Basic 6.0 erst ermittelt werden, wenn Sie diese im Verzeichnis **Windows\Help** platzieren.

12 ADO und die Visual Database Tools

Ich schreibe jetzt schon seit mehreren Jahren über die Visual Database Tools. Mit Visual Basic 5.0 wurde das erste der Tools eingeführt – der Verbindungs-Designer. Dieser wurde ursprünglich dazu entwickelt, das Erstellen einer RDO-Anwendung zu vereinfachen, und dies war auch der Fall. Durch den Einsatz des Designers konnten etwas mehr als vierzig Codezeilen auf vier Zeilen reduziert werden. Der Designer besaß die Fähigkeit, die Mehrzahl der grundlegenden Probleme zu lösen, die bei der Ausführung von gespeicherten SQL Server- und Oracle-Prozeduren entstanden. Dennoch weist der Verbindungs-Designer viele der Funktionen nicht auf, die mit dem Visual Basic 6.0 Datenansichtfenster, dem Datenumgebungs-Designer oder den neuen Assistenten bereitgestellt werden. In meinem Buch **Hitchhiker's Guide to Visual Basic and SQL Server**[1] werden diese Tools in Bezug auf den SQL Server-Zugriff von Visual Basic aus umfassend erläutert. Die Visual Database Tools von Visual Basic 6.0 bieten mehr als nur den Zugriff auf SQL Server. Da mit Ihnen die aktuellsten OLE DB- und ADO-Provider genutzt werden, können die Visual Database Tools für den Zugriff auf Jet- (3.5 und 4.0), Oracle-, DB2- und viele weitere Datenquellen eingesetzt werden. Obwohl die Providerfunktionalität sich von Provider zu Provider stark unterscheidet, unterstützen doch die meisten die grundlegenden Funktionen der Visual Database Tools.

Die Visual Database Tools erfuhren eine Neuauflage in Visual Studio 6.0. Anstelle einer separaten Installation und Ausführung werden die Tools nun als Datenansichtfenster, Datenumgebungs-Designer und Visual Abfrage-Designer vollständig in die Oberfläche von Visual Basic integriert – diese Tools stehen sowohl in der Professional als auch in der Enterprise Edition von Visual Basic zur Verfügung. Die Professional-Version weist nicht viele der wichtigeren Funktionen auf, daher werden Sie ohne die Enterprise Edition wahrscheinlich nicht glücklich. Die Visual Database Tools sind (in unterschiedlichem Maße) ebenfalls in SQL Server 7.0, Visual InterDev und in den meisten der Sprachen von Visual Studio verfügbar. In diesem Kapitel sollen das Datenansichtfenster, der Datenumgebungs-Designer sowie der Datenobjekt-Assistent besprochen werden.

Die Visual Database Tools von Visual Basic 6.0 waren als Revolution im Hinblick auf die Entwicklerarbeit mit Datenbanktabellen und gespeicherten Prozeduren geplant. Sie sollten sowohl den Entwicklern als auch den Anwendungen zu mehr Produktivität und Leistung verhelfen. Ob dieses Ziel erreicht werden konnte oder nicht, bleibt eine unbeantwortete Frage. Obwohl es seit Einführung der Visual Database Tools nicht mehr erforderlich ist, Abfragen über Microsoft Access

1. Jetzt in der 6. Auflage erhältlich, Microsoft Press. ISBN: 1-57231-848-1.

zu erstellen, und darüber hinaus viele nützliche Funktionen bereitstehen, lassen einige der Implementierungsdetails doch zu wünschen übrig. Meiner Meinung nach scheinen die Tools ein wenig unausgereift. Die eigene Arbeit mit den Tools und das Feedback von Kunden, die ebenfalls mit den Tools gearbeitet haben, brachte viele Mitglieder der Entwicklergemeinde und mich zu dem Schluss, dass die Tools zu viele unvollständige Funktionen, Inkompatibilitäten, problematische Schnittstellen und Bugs aufweisen. Da viele der Visual Database Tools in ihrer »1.0«-Version veröffentlicht wurden, haben wir (traurigerweise) eine beschränkte Funktionalität erwarten können.

Dieses Kapitel soll keine Geißelung der Visual Database Tools werden. Im Gegenteil, dieses Kapitel soll Entwicklern und deren Kunden dabei helfen, das beste aus dem zu machen, was vorhanden ist – es sollen Informationen dazu bereitgestellt werden, welche Funktionen einsetzbar sind und wie man sich eine Arbeitserleichterung verschaffen kann.

12.1 Verwenden des Datenansichtfensters

Das Datenansichtfenster wird geöffnet, indem Sie auf der Symbolleiste auf das gelbe Festplattensymbol oder im Menü **Ansicht** auf die Option **Datenansichtfenster** klicken. Durch das Öffnen des Datenansichtfensters tauchen Sie direkt in die Welt der Visual Database Tools ein.

Das Datenansichtfenster wurde für die Erstellung und Verwaltung Ihrer Datenquellen entwickelt. Sie erstellen zunächst einen so genannten Datenlink. Hierbei handelt es sich um eine erfasste ADO-Verbindungszeichenfolge, die in der Registrierung gespeichert wird. Ein Datenlink weist Gemeinsamkeiten mit der UDL-Technologie (Universal Data Link) auf, bei der Verbindungszeichenfolgen in einer Datei gespeichert wurden. Sie können UDT jedoch nicht dazu verwenden, einen Datenlink im Datenansichtfenster zu erstellen, selbst dann nicht, wenn beide die gleichen ADO-Dialogfelder zum Erstellen der Verbindungen zur Datenquelle verwenden. Beim Öffnen des Datenansichtfensters werden in der Liste der bekannten Datenlinks außerdem keine UDLs angezeigt.

12.1.1 Erstellen von Datenlinks

Das Erstellen eines Datenlinks ist einfach. Beim Start von Visual Basic sind keine Datenlinks vorhanden – Sie müssen diese selbst erstellen, auch dann, wenn Sie ODBC-DSNs registriert oder OLE DB-UDL-Dateien erstellt haben. Klicken Sie hierzu im Datenansichtfenster auf das dritte Symbol von links – Hinzufügen eines neuen Datenlinks –, oder klicken Sie mit der rechten Maustaste auf den Ordner mit den Datenverknüpfungen, und wählen Sie die Option **Datenverknüpfung hinzufügen** aus. Auf diese Weise wird die Seite **Datenlinkeigenschaften** geöffnet.

Auf dieser Seite geben Sie den OLE DB-Provider sowie sämtliche weitere Parameter an, die zur Identifizierung von Server, Datenbank und Ihnen selbst gegenüber SQL Server erforderlich sind. Beim Start von Visual Basic 6.0 sollten alle in der Vergangenheit erstellten Datenlinks angezeigt werden. Wenn Visual Basic nach dem Erstellen eines Datenlinks abstürzt (oder Sie einen Absturz verursachen), kann der Datenlink von Visual Basic nicht gespeichert werden.

Nach dem Erstellen eines Datenlinks kann mit diesem untersucht werden, welche Funktionalität der gewählte Datenprovider bereitstellt. Nicht alle Datenprovider werden auf die gleiche Weise erstellt – einige bieten in Verbindung mit dem Datenansichtfenster nur sehr beschränkte Funktionalität. Berücksichtigen Sie, dass ADOX – das zur Unterstützung von DDL-Operationen (Data Description Language) entworfen wurde – erst nach dem Erscheinen von Visual Basic 6.0 und der Entwicklung dieser Tools herausgegeben wurde. Der Provider selbst und dessen Funktionalität sind für die Handhabung von Anforderungen zur Offenlegung der zugrunde liegenden Datenbankfunktionalität verantwortlich.

12.1.2 Arbeiten mit dem Datenbankschema

Sowohl SQL Server- als auch Oracle-Provider können Datenbankdiagramme offen legen, in Visual Basic 6.0 ist diese Funktion jedoch neu. Die Datenbankdiagramme ermöglichen Ihnen die Zuordnung von Datenbankschema und Beziehungen von primären und Fremdschlüsseln. Tatsache ist, dass bei vorhandener Datenbank mit ausschließlicher Hilfe des Datenansichtfenster Tabellen und Beziehungen erstellt werden können. Das Dialogfeld für den Tabellenentwurf unterstützt eine umfassende Sammlung von Tabellenzeilenkriterien, einschließlich ID-Spalten, Datentyp, Länge, Genauigkeit, Skalierung, Identitätsursprung, GUID-Zuweisung und Unterstützung von Nullwerten. Darüber hinaus wird die etwas beunruhigende Fähigkeit zum **Einfügen** von Spalten zwischen anderen Spalten unterstützt. Dies kann bei vorhandenen Anwendungen mit hartcodierten Programmen problematisch sein, die auf SELECT *-Abfragen basieren, da diese erwarten, dass spezielle Spalten in einer festgelegten Reihenfolge zurückgegeben werden. Ein fehlgeleiteter Systemadministrator kann einem das Leben durch das Einfügen von Spalten in vorhandene Spalten äußerst schwer machen.

Das Hinzufügen einer neuen Tabelle oder Datenbank ist relativ einfach – vorausgesetzt, Ihre Benutzer-ID weist entsprechende Berechtigungen auf. Ich fügte einer meiner Beispieldatenbanken eine Tabelle namens **Test** hinzu, indem ich das Datenansichtfenster füllte. Über das Dialogfeld für den Tabellenentwurf wurde das folgende Skript erstellt, das nach Bedarf ausgeführt werden kann. Das heißt, es wurden erst Änderungen vorgenommen, nachdem das Datenbankdiagramm gespeichert wurde. Beachten Sie, wie die gesamte Operation mit Hilfe von Transaktionen verwaltet wird.

```
BEGIN TRANSACTION
SET QUOTED_IDENTIFIER ON
GO
SET TRANSACTION ISOLATION LEVEL SERIALIZABLE
GO
COMMIT
BEGIN TRANSACTION
CREATE TABLE dbo.TEst
    (
    Au_ID int NOT NULL,
    YearMarried varchar(50) NULL,
    Photo image NULL,
    Bibliography text NULL
    ) ON [PRIMARY]
     TEXTIMAGE_ON [PRIMARY]
GO
ALTER TABLE dbo.TEst ADD CONSTRAINT
    PK_TEst PRIMARY KEY NONCLUSTERED
    (
    Au_ID
    ) ON [PRIMARY]
GO
COMMIT
BEGIN TRANSACTION
ALTER TABLE dbo.Title_Author ADD CONSTRAINT
    FK_Title_Author_TEst FOREIGN KEY
    (
    Au_ID
    ) REFERENCES dbo.TEst
    (
    Au_ID
    )
GO
COMMIT
```

Das Schemadiagramm kann als Hilfe in der Dokumentation notiert werden. Das Diagramm bietet eine gute Visualisierung der gesamten Datenbank oder ausgewählter Tabellensätze und deren Beziehungen auf einen Blick. Zur Einrichtung oder Bearbeitung von Beziehungen primärer Schlüssel/Fremdschlüsseln ziehen Sie einfach von der Tabellenspalte der primären Schlüssel auf die Spalte der

Fremdschlüssel einer anderen Tabelle. Das Datenansichtfenster übernimmt den Rest. Zur Bestätigung der Beziehung wird ein Dialogfeld eingeblendet, in dem außerdem verschiedene Aktualisierungsoptionen aktiviert werden können.

Das Fenster mit dem Datenbankdiagramm gibt diese Beziehungen automatisch an, indem die DDL-Informationen der Datenbank vom Provider zurückgegeben werden. Beachten Sie das Schlüsselsymbol am einen Ende der Beziehungslinie und das Unendlichkeitszeichen auf der mehrelementigen Seite der Beziehung. Beachten Sie beispielsweise, dass die Spalte **Authors Au_ID**-Spalte eine 1:n-Beziehung mit der Spalte **Title_Author.Au_ID**-Spalte aufweist. Dies bedeutet, dass für einen speziellen Autor verschiedene Titel vorhanden sein können. Das Diagramm zeigt außerdem, dass die Spalte **Title_Author.ISBN** als eine 1:n-Beziehung mit der ISBN-Spalte der **Titles**-Tabelle aufweist – es können mehrere Autoren für eine einzelne ISBN (ein Buch) vorhanden sein.

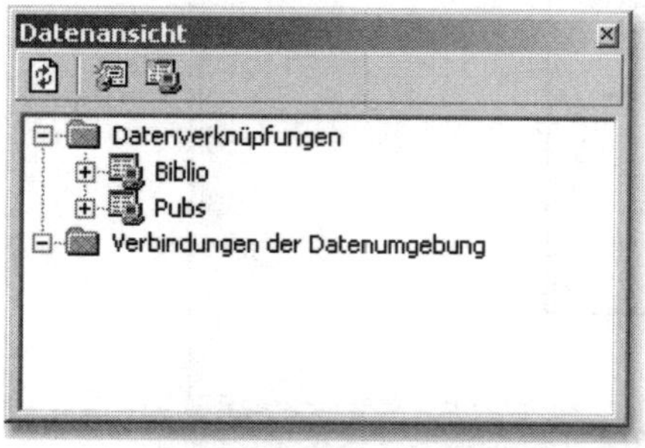

Abbildung 12.1 Das Datenansichtfenster von Visual Basic 6.0 – Hinzufügen einer neuen Datenverknüpfung

12.1.3 Untersuchen von Tabellen, Sichten und gespeicherten Prozeduren

Einer der Vorteile des Datenansichtfensters liegt darin, dass die Datenschnittstellen von SQL Server offen gelegt werden. Nachdem Sie auf das Pluszeichen (+) neben einem Datenlink geklickt haben, öffnet Visual Basic (und ADO) eine Verbindung und fragt die Datenbank nach allen vorhandenen DDL-Strukturen ab. Auf diese Weise werden sämtliche der Datenbankentwürfe, Tabellen, Sichten und gespeicherten Prozeduren angezeigt, die mit Ihrer ID verfügbar sind. Ja, die von Ihnen und den anderen Mitgliedern des Teams erstellten Datenbankschemata werden in der Datenbank gespeichert, wo jedermann sie sehen kann. Wie bereits gesagt, werden in der Liste keine Datenbankbereiche angezeigt, für die Sie keine Berechtigungen besitzen – Sie erhalten nicht einmal eine Verbindung, wenn Sie über keine Berechtigung zur Anmeldung verfügen. Mit Hilfe der entsprechenden Ordnersymbole können Sie die Listen Schritt für Schritt durchgehen. Ich habe hierbei auf den Ordner **Pubs** geklickt. Wenn Sie dies auch tun, sollten Sie eine ähnliche Ansicht wie in Abbildung 11.2 erhalten. Beachten Sie, dass ich auch auf die Tabelle **authors** geklickt und mir die Spaltennamen angesehen habe.

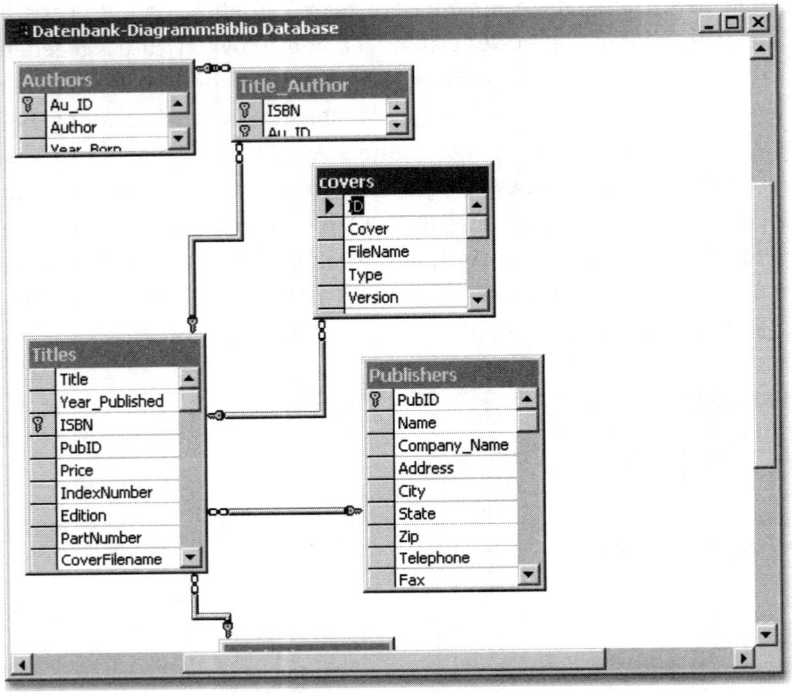

Abbildung 12.2 Datenansichtfenster von Visual Basic 6.0 – Ein typisches Datenbankdiagramm

Sie können sich die Spalten aller Tabellen ansehen, und wenn Sie mit der rechten Maustaste auf eine einzelne Spalte klicken, können Sie die Spalteneigenschaften (einschließlich ADO-Datentyp) anzeigen. Wenn Sie mit der rechten Maustaste auf einen Tabellennamen klicken, können Sie in den Entwurfsmodus wechseln oder zur Tabellenbearbeitung ein Dump der Tabelle in einer weiteren Tabelle anlegen.

Falls Ihr Provider dies unterstützt, steht auch der Sichtenordner zur Verfügung. Mit diesem werden Sichten der Datenbank bereitgestellt. Sie können mit Hilfe eines separaten Dialogfeldes auch eigene Sichten erstellen.

Sowohl SQL Server als auch Oracle machen starken Gebrauch von gespeicherten Prozeduren, daher bietet das Datenansichtfenster grundlegende Unterstützung für die Anzeige, Erstellung und Bearbeitung von gespeicherten Prozeduren. Obwohl die Debugfunktion ziemlich eingeschränkt ist, besitzen Sie die Fähigkeit, sowohl die Rückgabe- als auch die Eingabeparameter einer gespeicherten Prozedur zu untersuchen.

12.1.4 Was fehlt

In den Dialogfeldern des Datenansichtfensters fehlen verschiedene Dinge, was das Erstellen und Verwalten einer Produktionsdatenbank erschweren kann. Sie werden feststellen, dass folgende Elemente nicht erstellt werden können:

- Eine neue Datenbank. Obwohl über den Datenlink die Verbindung mit einem Datenprovider und die Auswahl eines anfänglichen Katalogs (Standarddatenbank) möglich ist, steht keine Funktion zum tatsächlichen Erstellen der Datenbank zur Verfügung. Sie müssen zu diesem Zweck auf die zu der Datenbank gehörenden Tools zurückgreifen – vorausgesetzt, es sind derartige Tools verfügbar[2].
- Ein sekundärer Index. Sie können einen primären Schlüssel angeben – sogar einen Schlüssel mit mehreren Spalten für eine neue oder eine vorhandene Tabelle, und über diese Operation wird ein Basisabfrageindex erstellt. Es steht jedoch keine Methode zum Erstellen gruppierter oder weiterer sekundärer Indizes zum Auffinden oder Verknüpfen von Zeilen einer Abfrage zur Verfügung.
- Berechtigungen. Das Datenansichtfenster setzt voraus, dass Sie die erforderlichen Berechtigungen zum Vornehmen der gewünschten Änderungen besitzen und dass Sie über Tools für die Berechtigungszuweisung an die Benutzer verfügen.
- Benutzer-IDs oder Kennwörter. Ihre Fähigkeiten im Hinblick auf den Datenzugriff können über die Berechtigungsebene Ihrer Benutzer-ID eingeschränkt sein, und Sie sollten keine Entwicklung mit dem Systemadministratorkonto durchführen.
- Regeln, Standardeinstellungen. Obwohl die von Ihnen geschriebenen Abfragen sich gemäß dieser Einschränkungen verhalten, steht kein Mechanismus für deren Anzeige oder Bearbeitung zur Verfügung.
- Trigger. Obwohl gespeicherte Prozeduren erstellt werden können, besteht keine Möglichkeit, den gespeicherten Prozeduren Trigger für die Ausführung zuzuordnen.

Sie müssen andere Datenbanktools verwenden, um diese grundlegenden Datenbankfunktionen auszuführen. Um Sie ein wenig zu unterstützen, habe ich eine Beispielanwendung auf die CD gepackt, mit der Sie SQL Server-Datenbanken erstellen können. Zur Erstellung von Nicht-Microsoft-Datenbanken müssen Sie sich selbst etwas einfallen lassen. Ja, es handelt sich im Wesentlichen um die gleiche Anwendung, die ich vor einiger Zeit in meine Website (*www.betav.com*) gestellt habe. Ich habe den Code für die CD noch etwas herausgeputzt.

2. Die Visual Database Tools gehören nicht zum Lieferumfang von MSDE. Ohne das Schreiben von TSQL-Abfragen oder den Einsatz anderer Tools können keine Datenbanken erstellt oder Funktionen zur Datenbankverwaltung ausgeführt werden.

Es gibt einige Probleme, die das Datenansichtfenster (in Visual Basic) etwas unfertig erscheinen lassen.

- Sie können den Abfrage-Designer nicht zum Erstellen von Code für gespeicherte Prozeduren einsetzen. Obwohl diese Unterstützung in der Visual InterDev-Version des Tools zur Verfügung steht, ist dies in Visual Basic nicht der Fall. Sicher, Sie können den Code per Hand eingeben, aber Sie sind bei der Codierung der Verknüpfungen (Joins) auf sich selbst gestellt.
- Das Editor-Fenster für die Bearbeitung von Code für gespeicherte Prozeduren weist verschiedene, sagen wir »interessante« Probleme auf. Es treten beispielsweise schon bei der Ausführung einfacher Bearbeitungsvorgänge, beim Bildlauf oder bei der bloßen Eingabe Probleme auf.
- Obwohl Sie über das Datenansichtfenster neue DSNs erstellen können, können vorhandene DSNs nicht bearbeitet werden. Hierzu muss das ODBC-Applet von Windows gestartet werden.
- Vom Datenansichtfenster aus gibt es keine andere Möglichkeit zur Steuerung des ODBC-Verhaltens. Sie können beispielsweise das Verbindungspooling nicht wie über die ODBC-Applet-Dialogfelder deaktivieren oder optimieren.

Warnung Wenn Sie eine Tabelle im Datenbankdiagramm oder dem Datenansichtfenster auswählen und die ENTF-Taste drücken, löscht das Datenansichtfenster die Tabelle sang- und klanglos aus der Datenbank.

12.2 Verwenden des Datenumgebungs-Designers

Der Datenumgebungs-Designer (dargestellt in Abbildung 11.3) scheint viele Funktionen zu besitzen – auf den ersten Blick. Bei näherem Hinsehen werden jedoch die Unzulänglichkeiten des Datenumgebungs-Designers sichtbar. Ich erwartete, dass der Datenumgebungs-Designer die Funktionen und Features des Verbindungs-Designers ersetzen und erweitern würde. Sehen wir uns die Funktionenliste des Datenumgebungs-Designers an:

- Bietet eine Möglichkeit zum Erfassen einer oder mehrerer OLE DB-Verbindungszeichenfolgen und das automatische Einrichten geeigneter Verbindungen zur Entwurfs- und Laufzeit
- Bietet unter Einsatz einer intuitiven Oberfläche eine einfache Möglichkeit zum Erstellen von Abfragen beliebigen Typs zur Entwurfszeit
- Speichert diese Abfragen in einem Formular, das vom gesamten Entwicklungsteam gemeinsam genutzt werden kann

- Bietet eine Schnittstelle zu ADO, mit der die zugrunde liegenden **Connection**-, **Command**- und **Recordset**-Objekte von ADO sowie deren Eigenschaften offen gelegt werden
- Legt eine Ereignisschnittstelle zum Zuordnen der zugrunde liegenden ADO-Ereignisse offen und unterstützt sowohl die Verwaltung synchroner als auch asynchroner Operationen
- Verwaltet Eingabe-, Ausgabe-, Eingabe/Ausgabe- und Rückgabestatusargumente, die an gespeicherte sowie Ad-hoc-Prozeduren übergeben werden
- Verwaltet die Erstellung von ADO-**Shape**-Anweisungen und die Anzeige hierarchischer Datenstrukturen
- Fungiert als Datenquellensteuerelement, damit gebundene Steuerelemente auf die von den Abfragen zurückgegebenen Daten zugreifen können, ohne dass Code geschrieben werden muss
- Unterstützt intuitive Drag&Drop-Funktionalität, um das Einrichten von Formularen mit gebundenen Steuerelementen und das Erstellen von Berichten zu vereinfachen, die auf dem Datenquellenobjekt **DataEnvironment** basieren

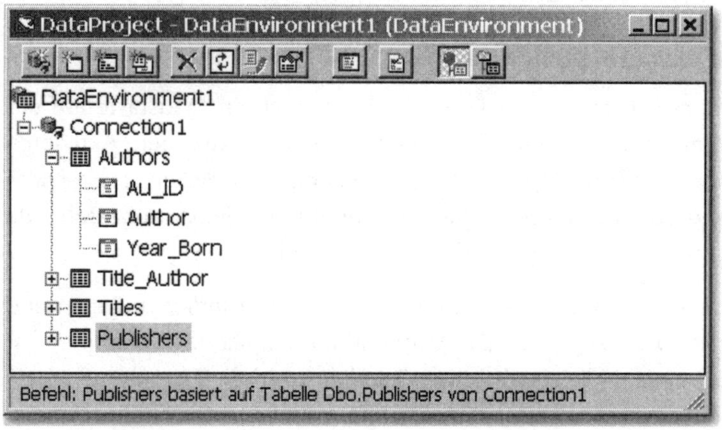

Abbildung 12.3 Der Datenumgebungs-Designer von Visual Basic 6.0 mit vier Befehlen

Sehen wird uns den Datenumgebungs-Designer und dessen Funktionsweise zur Ausführung all dieser Aufgaben an (zumindest dem Versuch, all diese Aufgaben durchzuführen).

12.2.1 Datenumgebungs-Designer – grundlegende Funktionen

Es gibt bei der Verwendung des Datenumgebungs-Designers verschiedene Möglichkeiten. Viele Entwickler haben mir gesagt, dass die grundlegenden Funktionen des Datenumgebungs-Designers annehmbar sind, dass sie sich jedoch von den übrigen Funktionen fernhalten. Andere sagen, dass die Verwaltung von Shapes (Formen) und hierarchischen Resultsets durch den Datenumgebungs-Designer die Entwicklung von Berichten und komplexen **Shape**-Operationen stark vereinfacht. Ich lasse Sie selbst entscheiden. Der Datenumgebungs-Designer ist darüber hinaus eine obligatorische Komponente des Datenobjekt-Assistenten, mit dem prozedurbasierte Anwendungen und benutzerdefinierte datengebundene Komponenten erstellt werden, die auf den Befehlen des Datenumgebungs-Designers basieren.

Sie können den Datenumgebungs-Designer zum einfachen Erstellen eines gespeicherten **Connection**-Objekts einsetzen – ziehen Sie einfach eine Tabelle, Sicht oder gespeicherte Prozedur von einem vorhandenen Datenlink (erstellt mit dem Datenansichtfenster) über das Fenster des Datenumgebungs-Designers. Bei dieser Operation wird darüber hinaus ein **DataEnvironment-Command**-Objekt erstellt, mit dem das Resultset aus der Tabelle, Sicht oder gespeicherten Prozedur zurückgegeben wird. Wir möchten jedoch keine Tabelle auf den Datenumgebungs-Designers ziehen – nicht, ohne etwas über die Abfrage zu wissen, denn über die **DataEnvironment**-Laufzeitumgebung wird eine ADO-**Command**-Objekt erstellt, das alle Zeilen und Spalten der Zieltabelle zurückgibt.

Verwenden des Abfrage-Designers

Zur Berichtigung dieses Problems klicken Sie mit der rechten Maustaste auf das neu erstellte **Command**-Objekt, um dessen Eigenschaften anzuzeigen. Aktivieren Sie im Bereich **Datenquelle** die Option **SQL-Anweisung**, und klicken Sie anschließend auf **SQL-Generator**. Auf diese Weise wird der aus vier Fenstern bestehende Abfrage-Editor gestartet, wie dargestellt in Abbildung 11.4.

Es ist wichtig, dass Sie die Abfrage kürzen, um nur die erforderlichen Zeilen und Spalten der Tabelle zurückzugeben. Die Verwendung des Abfrage-Designers ist einfach – ziehen Sie einfach die gewünschten Tabellen aus dem Datenumgebungs-Designer oder dem Datenansichtfenster. Die SQL wird im dritten Fensterausschnitt für Sie erstellt, und im zweiten Fenster können Sie die erforderlichen Spalten auswählen. Der obere Fensterausschnitt zeigt eine grafische Darstellung der Verknüpfungsbeziehungen. Wenn Sie mit der rechten Maustaste auf den ersten Fensterausschnitt klicken und **Ausführen** auswählen, führt der Datenumgebungs-Designer die Abfrage aus und füllt den vierten Fensterausschnitt mit dem zurückgegebenen Recordset. Wenn Sie Änderungen in einem der Fensterausschnitte vornehmen, werden diese automatisch in den weiteren Fensterausschnitten reflektiert. Sehr cool.

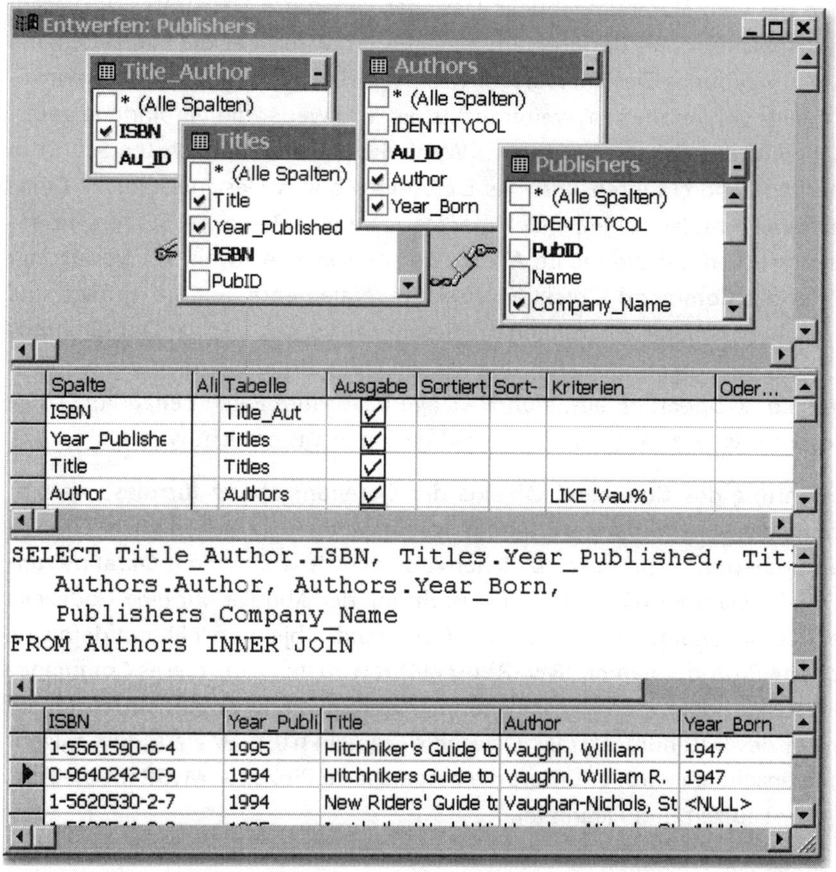

Abbildung 12.4 Der Abfrage-Editor des Datenumgebungs-Designers

Beim Speichern der Anwendung oder der durch den Datenumgebungs-Designer erstellten DSR-Datei speichert der Designer sämtliche Parameter, Eigenschaften und weiteren Einstellungen, die beim Drag&Drop-Vorgang sowie bei der Festlegung der Werte für die Eigenschaftenseite bereitgestellt wurden. Sämtliche dieser Werte werden in der binären (proprietären) DSR-Datei gespeichert und werden zu einem Bestandteil Ihres Projekts. Die DSR-Datei wird von der Laufzeitengine des Datenumgebungs-Designer zur Laufzeit erneut verarbeitet. Hierbei wird das zur Entwurfszeit angegebene **DataEnvironment**-Objekt erneut erstellt. Die DSR-Datei kann mit anderen Mitgliedern des Entwicklungsteams gemeinsam genutzt werden. Hierzu muss die DSR-Datei lediglich dem jeweiligen Projekt hinzugefügt werden, und es muss auf die Datenumgebungsobjekte **Connection** und **Command** verwiesen werden, als seien diese vom jeweiligen Entwickler erstellt worden.

Wenn Sie die vom Datenumgebungs-Designer generierte DSR-Datei zu diesem Zeitpunkt speichern und das Programm ausführen, wird über die Laufzeitengine des Datenumgebungs-Designer lediglich eine Instanziierung des **DataEnvironment**-Objekts vorgenommen, weiter nichts. Es wird weder die Verbindung geöffnet, noch wird die Abfrage ausgeführt. Wenn Sie jedoch den nächsten Schritt in der Oberfläche durchführen und das Datenumgebungs-Designer-Objekt **Command** auf ein Formular ziehen, erstellt der Designer eine Reihe von Steuerelementen (durch Klicken auf die rechte Maustaste steht eine Auswahl zur Verfügung) und bindet das **Command**-Objekt an diese Steuerelemente. Für die Abfrage sind keine Eingabeparameter vorgesehen. In diesem Fall verhält sich das **DataEnvironment**-Objekt bei Programmausführung wie ein **Data**-Steuerelement und wird vor der **Form_Load**-Operation ausgeführt – lange bevor Ihre Fehlerbehandlungsroutinen gestartet werden können (als ob mit diesen etwas erreicht würde).

Zur Ausführung des **Command**-Objekts der Datenumgebung für diese Verbindung, ohne das eine Bindung stattfindet, ist ein wenig Code erforderlich. Zur einfacheren Codierung entferne ich üblicherweise den Verweis auf das **DataEnvironment**-Objekt. Darüber hinaus ist zur Ausführung der Abfrage nur eine Codezeile erforderlich. Angenommen, ich habe ein **Command**-Objekt erstellt, mit dem eine gespeicherte Prozedur namens **MySP** ausgeführt wird. Ich habe dieses **Command**-Objekt erstellt, indem ich die gespeicherte Prozedur vom Datenansichtfenster auf das Fenster des Datenumgebungs-Designers gezogen habe. Wie aus dem folgenden Code ersichtlich wird, erfordert die gespeicherte Prozedur **MySP** für die Ausführung zur Laufzeit drei Parameter.

```
Dim DE as DataEnvironment1
Set DE = New DataEnvironment1

DE.MySP "cat", 5, 32.5
```

Das ADO-Recordset, dass sich aus dieser Abfrage ergibt, wird in einem Objekt zurückgegeben, das unabhängig vom **DataEnvironment**-Objekt offen gelegt wird und nach der Abfrage benannt ist. In diesem Fall wird das Recordset in einem Objekt namens **rsMySP** zurückgegeben. Um zu vermeiden, dass das Objekt bei der Referenzierung des Recordsets verloren geht, muss eine separate Recordsetvariable zur Objektverwaltung erstellt werden.

```
Dim rs as Recordset
Set rs = DE.rsMySP
```

Schließen Sie zur erneuten Ausführung der Abfrage das Recordset, und verwenden Sie einfach erneut den oben gezeigten Code (**DE.MySP**...), dieses Mal mit neuen Parametern. Nein, es ist keine **Refresh**-Methode verfügbar.

```
DE.rsMySP.Close
DE.MySP "dog", 8, 45
```

12.2.2 Fehlerbehandlung für Verbindungen im Datenumgebungs-Designer

Beachten Sie, dass über diesen Code nicht explizit die Verbindung geöffnet wurde. Dies wurde hinter den Kulissen über die Laufzeit des **DataEnvironment**-Objekts geregelt, als zum ersten Mal das **Command**-Objekt der Laufzeit referenziert wurde. Was, wenn die Verbindung nicht hergestellt werden kann? Nun, genau wie bei ADO müssen Sie eine eigene Fehlerbehandlung einrichten, um diese nicht sehr unwahrscheinlichen Fehler aufzufangen. Wenn die Datenumgebung bei der Verbindungsherstellung auf Probleme stößt, stellt eine der bevorzugten Strategien die Verwendung eines Dialogfeldes dar, in dem der Benutzer zur erneuten Eingabe von Benutzer-ID und Kennwort aufgefordert wird, zusammen mit der Option, auf eine andere Datenbank auszuweichen. Unglücklicherweise wird bei dieser Eingabeaufforderung keinerlei Rücksicht auf Ihre Visual Basic-Fehlerbehandlungsroutine genommen. Dies bedeutet, dass der Benutzer das Kennwort (falls dieses das Problem darstellt) raten kann, bis ihm langweilig wird, oder er das richtige Kennwort erwischt. Und das Problem kann darüber hinaus ganz woanders liegen. Ich habe einfach den Server angehalten und dieses Fehlerszenario ausgelöst.

Aus diesem Grund ist es wichtig, dass Sie dem Datenumgebungs-Designer mitteilen, dass Sie die Fehler in Ihrem Code behandeln. Es ist nicht ganz einfach, herauszufinden, wie dieses Verhalten erreicht werden kann, aber es ist möglich:

1. Öffnen Sie das Fenster des Datenumgebungs-Designers.
2. Klicken Sie auf das Verbindungssymbol im Datenumgebungs-Designer-Fenster. Sie müssen diesen Vorgang für jede Verbindung im Designer wiederholen.
3. Klicken Sie **nicht** mit der rechten Maustaste auf die Verbindung, um deren Eigenschaften anzuzeigen – dies ist etwas, das viele Entwickler versuchen, jedoch nicht funktioniert.
4. Drücken Sie F4, um die Eigenschaftenseite der VB-IDE zu öffnen – es sollte die Eigenschaftenseite des **Connection**-Objekts der Datenumgebung angezeigt werden (siehe Abbildung 11.5).
5. Ändern Sie **DesingPromptBehavior** und **RunPromptBehavior** in **adPromptNever**. Ja, Sie werden bei der Änderung dieser Eigenschaft möglicherweise häufiger zu einer Änderungsbestätigung aufgefordert. Und nein, Sie können die Eigenschaft zur Laufzeit nicht ändern – dann ist es zu spät, und die Eigenschaft wird sowieso nicht offen gelegt.

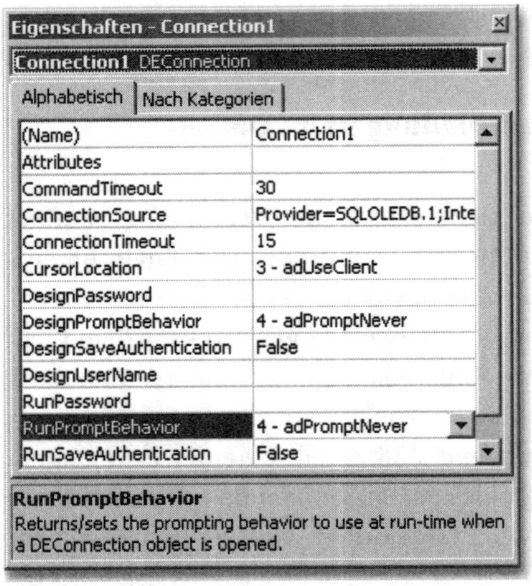

Abbildung 12.5 Die Eigenschaftenseite des Datenumgebungs-Designers, in der Sie das Eingabeaufforderungsverhalten festlegen können

12.2.3 Was im Datenumgebungs-Designer fehlt

Obwohl der Datenumgebungs-Designer eine lange Entwicklung zur Beseitigung von Entwicklungsproblemen durchlaufen hat, scheinen doch Absicht und tatsächliche Umsetzung eher auseinander zu klaffen. Wenn Sie sich nicht eine Menge Ärger einhandeln wollen, sollten Sie zum Ursprungscode zurückkehren. Sehen wir uns die fehlenden bzw. die nicht funktionsfähigen Features an.

- Es gibt keine Möglichkeit zur »Bindung« der Parameter – seien es Eingabe- oder Ausgabeparameter. Wenn Sie das **DataEnvironment-Command**-Objekt auf ein Formular ziehen, instanziiert der Datenumgebungs-Designer eine Tabelle oder einen Satz **Label**- und **TextBox**-Steuerelemente für jedes Recordsetfeld, das von der Abfrage zurückgegeben wird. Es stehen jedoch keine Steuerelemente zur Handhabung der Eingabeparameter der Prozedur zur Verfügung, ganz zu schweigen von Ausgabeparametern oder Rückgabestatus.
- Der Zugriff auf die **Parameters**-Auflistung des **Command**-Objekts ist einfach, wenn Sie den Befehl als Methode des **DataEnvironment**-Objekts ausführen. Das Vorstoßen bis zu einer speziellen **Parameters**-Auflistung des **Command**-Objekts (irgendwo in der **DataEnvironment-Commands**-Auflistung) erfordert jedoch weitaus mehr Code als die Verwaltung von **Command**-Objekten in ADO-Code.
- Es steht für das **DataEnvironment**-Objekt oder die verknüpften **Command**-Objekte keine **Refresh**-Methode zur Verfügung. Dies bedeutet, dass Sie nach Ausführung des **Command**-Objekts der Datenumgebung mit einem Parameter-

satz (den Sie manuell bereitstellen) die Parameter nicht einfach ändern und anschließend das **Command**-Objekt erneut ausführen können – zumindest dann nicht, wenn Sie durch die gebundenen Steuerelemente das neue Recordset reflektiert werden soll.

- Bei Verwendung einfacher gebundener Steuerelemente (beispielsweise **TextBox**-Steuerelemente) müssen diese ebenfalls manuell erneut an jede Abfrage gebunden werden. Wenn Sie beispielsweise versuchen, eine Parameterabfrage auszuführen, müssen Sie das **Command**-Objekt der Datenumgebung schließen und für jeden Durchlauf erneut ausführen. Obwohl die Abfrage erneut ausgeführt werden kann, gehen hierbei die Datenbindungen zwischen **Recordset**-Objekten und Formularsteuerelementen verloren, sobald Sie das **Recordset**-Objekt der Datenumgebung schließen (was jedoch zur erneuten Abfrageausführung erforderlich ist). Dies bedeutet, dass die codierte Verbindung zwischen den im **Recordset**-Objekt der Datenumgebung zurückgegebenen Spalten (Feldern) und die gebundenen Steuerelemente auf Ihrem Formular verloren gehen und für eine funktionierende Bindung erneut eingerichtet werden müssen. Die erneute Bindung erfordert, dass Sie jedes gebundene Steuerelement überarbeiten und die Eigenschaften **DataSource** und **DataMember** im Code manuell wieder einstellen.
- Wird das **Recordset**-Objekt von der **DataEnvironment** zurückgegeben, wird ein eindeutiges »touch-me-once«-Objekt zurückgegeben. Das heißt, nach einmaliger Referenzierung kann keine erneute Referenzierung mehr erfolgen. Das Rowset wird durch die **DataEnvironment**-Laufzeit gelöscht, um Instanzspeicherlecks zu verhindern. Dies bedeutet, dass Sie das über das **DataEnvironment**-Objekt zurückgegebene Recordset in einer separaten Speichervariable erfassen müssen, um dessen Verlust nach der ersten Referenzierung zu verhindern.
- Der Datenumgebungs-Designer wurde mit und für ADO 2.0 entworfen. Sofern dieses Problem nicht über Visual Studio 6.0 SP4 gelöst wird, führen die **DataEnvironment**-Ereignisbehandlungsroutinen keine Kompilierung mehr durch, wenn die Verweise auf ADO 2.1 oder höher geändert werden. Dieser Fehler kann durch eine Änderung der Ereignisse auf **Recordset20** beseitigt werden, anschließend sind Sie jedoch nicht mehr in der Lage, auf eine der neuen Eigenschaften, Methoden oder Ereignisse des **Recordset**-Objekts zuzugreifen, die von ADO 2.1 oder höher bereitgestellt werden.
- Der Shapegenerator erstellt ressourcenintensive SELECT *-Abfragen (ohne WHERE-Klauseln). Obwohl dies bei kleinen Datenbanken durchaus praktikabel ist, stellt es doch für Datenbanken mit mehr als ein paar Hundert Zeilen ein Problem dar. Zur Umgehung dieses Problems müssen die zu **Shape**-Operationen führenden Abfragen sorgfältig konzipiert werden, außerdem müssen im Code manuelle Querverweise auf die Abfragen eingefügt werden.

- Der Datenumgebungs-Designer reagiert besonders empfindlich auf Änderungen an gespeicherten Prozeduren oder am Datenbankschema. Wurden Ihre gespeicherten Prozeduren nicht eingefroren, ist der Zugriff über das **DataEnvironment**-Objekt problematisch.
- Das Standardverhalten des Datenumgebungs-Designer sieht vor, einen ressourcenintensiven, aktualisierbaren, rollbaren Schlüsselgruppencursor zu erstellen. Im Gegensatz dazu erstellt ADO standardmäßig ein effizientes, cursorloses FO/RO-Recordset.
- Das Standardverhalten des Datenumgebungs-Designers in Bezug auf Tabellenabfragen bringt unerfahrene Entwickler in ressourcenintensive Sperrsituationen. Das Ziehen einer Tabelle vom Datenansichtfenster in den Datenumgebungs-Designer generiert eine SELECT * FROM <table>-Abfrage.
- Dieses Standardverhalten stellt das exakte Gegenteil des Eingabeaufforderungsverhaltens von ADO dar. Das heißt, über den Datenumgebungs-Designer wird der Benutzer ständig und unaufhörlich nach der gleichen Kombination aus Benutzer-ID und Kennwort gefragt, unabhängig davon, wie oft bereits eine Eingabe erfolgte.
- Der Versuch, dieses Verhalten des Datenumgebungs-Designers abzustellen, ist fast genauso schwierig, wie HAL dazu zu bringen, die Raumschiffschleuse zu öffnen[3]. Es steht zur Entwurfszeit in den Dialogfeldern für die Verbindung keine Möglichkeit zur Erfassung eines geeigneten Eingabeaufforderungsverhaltens zur Verfügung, daher muss dieser Vorgang für jedes **Connection**-Objekt in einem separaten Eigenschaftenfenster wiederholt werden. Wir haben bereits besprochen, wie dieses Verhalten zurückgesetzt werden kann, beachten Sie jedoch, dass eine Rücksetzung im Code nicht erfolgen kann – diese Aufgabe muss zur Entwurfszeit erledigt werden.
- Dieser Standardansatz für die Verbindungsherstellung führt des Weiteren dazu, dass die Laufzeitdatenumgebung die **On Error**-Behandlung von Visual Basic ignoriert. Dies bedeutet, dass der Benutzer sich möglicherweise Dialogfeldern zur Dateneingabe des Datenproviders gegenübersieht, obwohl eigentlich ein Verbindungsproblem vorliegt. Daher müssen Sie einfach das Verhalten für die Eingabeaufforderung zurücksetzen, bevor Sie das **DataEnvironment**-Objekt einsetzen.
- Obwohl der Datenumgebungs-Designer eine Eigenschaftenseite zur Bearbeitung verschiedener wichtiger Aspekte zu **Connection**- und **Command**-Objekt offen legt, stehen diese dem Entwickler zur Laufzeit nicht zur Verfügung. Daraus folgt, dass Sie das Eingabeaufforderungsverhalten, Benutzer-ID, Kennwort oder weitere Merkmale des **DataEnvironment**-Objekts zur Laufzeit nicht bearbeiten können.

---

3. Anm. d. Übers.: Anspielung auf den Film *2001: Odyssee im Weltraum* von Stanley Kubrick.

12.3 Verwenden von ADO ohne Datenumgebungs-Designer

ADO ist äußerst flexibel. Es gibt Dutzende von Möglichkeiten zur Ausführung von Abfragen mit nur wenig Code. Zum Öffnen einer Verbindung und dem Ausführen einer parameterbasierten gespeicherten Prozedur reicht beispielsweise folgender Codeabschnitt aus:

```
Set cn = New Connection
Set rs = New Recordset

cn.Open "dsn=localserver", "admin", "pw"
cn.AuthorsByYearBorn 1947, 1948, rs
```

Wenn Sie direkt mit ADO codieren, können Sie steuern, wie und wann die Verbindung geöffnet oder geschlossen bzw. das Objekt freigegeben wird. Da das Eingabeaufforderungsverhalten bereits richtig eingestellt ist, müssen Sie sich keine Sorgen darum machen, dass der Provider plötzlich aus dem Nichts zusätzliche Daten anfordert. Sie können auch Laufzeitwerte für Benutzer-ID und Kennwort angeben, statt die zur Entwurfszeit an das **DataEnvironment**-Objekt übergebenen Werte zu verwenden.

Die Datenbindung mit ADO ist ebenfalls nicht so problematisch, wie Sie vielleicht annehmen. Was dem ADO-Datensteuerelement jedoch fehlt, ist die Fähigkeit zur Definition eines Recordsets und eine automatische Erstellung von **Label**- und **TextBox**-Steuerelementen (oder anderen geeigneten Steuerelementen), die den Feldern im Recordset zugeordnet werden. Sie können jedoch zur Erstellung dieser Abfrage den Datenumgebungs-Designer einsetzen und ADODC manuell als **DataSource** für alle gebundenen Steuerelemente einsetzen, vorausgesetzt, Sie löschen zunächst die **DataMember**-Eigenschaft für jedes gebundene Steuerelement.

Es steht jedoch eine weitere Option für die Erstellung gebundener Steuerelemente zur Verfügung, bei der nicht nur Daten über eine uneingeschränkte SELECT *-Abfrage extrahiert werden, beispielsweise parametergesteuerte gespeicherte Prozeduren. Sie können den Datenobjekt-Assistenten nutzen.

12.4 Verwenden des Datenobjekt-Assistenten

Der Datenobjekt-Assistent wurde erstellt, um viele der komplexen Probleme bei Datenabfrage und Benutzerschnittstellenentwurf zu beseitigen. Entwickler wiesen Microsoft darauf hin, dass es relativ unsinnig ist, eine Bindung an Basistabellen vorzunehmen. In den Anwendungen des richtigen Lebens ist eine Bindung leistungsfähigerer, parameterbasierter Abfragen erforderlich – besonders die Bindung an gespeicherte Prozeduren. Dies ist deshalb notwendig, da die über Abfragen generierten Ergebnisse in den seltensten Fällen aus nur einer Tabelle abgeleitet werden. Die Resultsets werden aus zwei oder mehr Tabellenverknüpfungen generiert, basierend auf den an die Abfrage übergebenen Parametern.

Hier kommt der Datenobjekt-Assistent ins Spiel. Im Vergleich zum Datenumgebungs-Designer oder einem traditionellen Datenquellensteuerelement wurde bei seiner Entwicklung das Problem von einer völlig anderen Seite angegangen. Da es sich um einen »Assistenten« handelt, wird über den Entwurfszeitcode Visual Basic-**Quellcode** erzeugt, den der Entwickler optimieren oder wie generiert verwenden kann. Da der Assistent leicht verständlichen (wenn auch aufgeblähten) Quellcode erzeugt, besitzt der Entwickler die Flexibilität, in einer beliebigen Phase der Datenabfrageoperation eine eigene Logik hinzuzufügen. Da über den Prozess ein Benutzersteuerelement erstellt wird, dass in ein binäres Format kompiliert werden kann, können andere Entwickler durch Zugriff auf den Steuerelement- oder Quellcode das Steuerelement ebenfalls nutzen.

12.4.1 Phase 1 – Vorbereitung

Die erste Phase der Frontendentwicklung mit dem Datenobjekt-Assistent erfordert keinen Einsatz des Datenobjekt-Assistenten. In dieser Phase planen Sie, wie auf die gewünschten Daten zugegriffen wird, und Sie schreiben die hierzu erforderlichen Prozeduren. In vielen Fällen können diese Prozeduren bereits vorhanden sein. Zur Aktualisierung der **Publishers**-Tabelle in der Beispieldatenbank **Biblio** erstellen wir beispielsweise verschiedene Abfragen.

- Eine parameterbasierte Abfrage zum Abruf der zu verwaltenden Herausgeber[4]. In diesem Fall erstellte ich eine gespeicherte Prozedur, mit der Herausgeber eines bestimmten Bundesstaates abgerufen werden. Dieses Rowset wird in diesem Beispiel zum Auffüllen eines **Grid**-Steuerelements eingesetzt, aber diese Abfrage könnte eine einzelne zu aktualisierende Zeile zurückgeben.
- Eine parameterbasierte Abfrage zur Aktualisierung eines ausgewählten Herausgebers nach dem zugehörigen eindeutigen **PubID**-Wert. Diese Routine wird auch als gespeicherte Prozedur implementiert, die die neuen Spaltenwerte und eine **PubID** zum Auffinden der zu aktualisierenden Zeile akzeptiert. Die Prozedur kann Kollisionen oder weitere Eventualitäten selbst handhaben oder diese Aufgaben durch ADO übernehmen lassen. Sie können außerdem angeben, dass Aktualisierungen einfache Löschvorgänge darstellen, denen Einfügeoperationen folgen.

4. Die **Biblio**-Datenbank finden Sie auf der Begleit-CD. Die Datenbank enthält vier (hier beschriebene) gespeicherte Prozeduren zur Verwaltung der **Publishers**-Tabelle. Diese sind für den Einsatz mit dem Datenobjekt-Assistent konzipiert.

- Eine parameterbasierte Abfrage zum Einfügen eines neuen Herausgebers. Diese Routine wird auch als gespeicherte Prozedur implementiert, die die neuen Spaltenwerte und eine neue, eindeutige **PubID** erwartet. Sie können darüber hinaus angeben, dass die eingefügte Zeile eine **Identity**-Spalte zum automatischen Bereitstellen des eindeutigen Indexwertes aufweist. Die Prozedur kann Kollisionen oder andere Eventualitäten selbst handhaben oder diese Aufgaben durch ADO übernehmen lassen.
- Eine parameterbasierte Abfrage zum Löschen eines vorhandenen Herausgebers. Diese Routine wird auch als gespeicherte Prozedur implementiert, die eine eindeutige zu löschende **PubID** erwartet.
- Eine Abfrage zur Auswahl aller Zeilen aus der **ValidStates**-Nachschlagetabelle. Hierbei handelt es sich um eine einfache, tabellenbasierte Abfrage.

Nach dem Erstellen der Abfragen müssen diese über den Datenumgebungs-Designer für den Datenobjekt-Assistenten sichtbar gemacht werden. Ja, der Datenobjekt-Assistent hängt beim Öffnen von Verbindungen, Ausführen von Abfragen und bei der Verwaltung des zurückgegebenen Recordsets stark vom Datenumgebungs-Designer ab.

12.4.2 Phase 2 – Erstellen der »Recordset«- und »DataSource«-Klassen

Nach der Definition der Abfragen ist es Zeit für die erste Ausführung des Datenobjekt-Assistenten. Während dieser Phase verweisen Sie den Datenobjekt-Assistenten einfach auf die bereits definierten Prozeduren. Sie geben außerdem den primären Schlüssel zur eindeutigen Identifizierung der einzufügenden, zu aktualisierenden oder zu löschenden Zeile an. Sie können auch Zeiger für die »Nachschlageprozeduren« bereitstellen, mit denen der Benutzer bei der Auswahl von codierten Feldern, z. B. dem Feld zur Angabe des Bundesstaates, unterstützt wird. Nach Beendigung dieser Phase hat der Datenobjekt-Assistent in Ihrem Projekt zwei neue Dateien für die Speicherung der neuen Klassen erstellt.

12.4.3 Phase 3 – Erstellen eines benutzerdefinierten Benutzersteuerelements

Nachdem die **DataSource**-Klasse erstellt wurde, muss erneut der Datenobjekt-Assistent ausgeführt werden. Bei dieser Ausführung beschreiben Sie, wie dem Benutzer die Datenklasse angezeigt werden soll. Sie können zwischen der Darstellung einer Tabelle, Textfeldern oder einer Kombination aus beidem wählen. Nach Abschluss dieser Phase ist Ihr Projekt fast bereit zur Ausführung. Zu diesem Zeitpunkt können Sie Code zum Bereitstellen des anfänglichen Parameters für die Abrufabfrage hinzufügen. Alternativ können Sie den Parameter einfach in den Eigenschaftendialogfeldern bereitstellen.

Wenn Ihnen der vom Datenobjekt-Assistent generierte Code nicht gefällt, können Sie diesen ändern.

Das Entfernen des **DataEnvironment**-Objekts kann einen unerwünschten Mehraufwand bedeuten, ist aber eine Überlegung wert, wenn Sie bedenken, welche zusätzlichen Steuerungsmöglichkeiten Sie so erhalten.

13 SQL Server 2000 und ADO 2.6

Microsoft war wieder einmal geschäftig. Als ich Kapitel 12 beendete, das eigentlich das letzte Kapitel dieses Buches werden sollte, brachte das SQL Server-Team von Microsoft die zweite Betaversion der neuen SQL Server- und ADO-Versionen heraus. Obwohl ich nicht in der Lage sein werde, genaue Beispiele zu geben, die garantiert mit den neuen Versionen funktionieren, ist es meiner Meinung nach wichtig, darüber zu sprechen, welche Richtung die Datenbanktechnologie von Microsoft einschlägt. Dieses Buch befasst sich eigentlich mit ADO, dennoch können wir nicht die Neuheiten ignorieren, die von den Microsoft-Entwicklungsteams für die Datenzugriffstechnologien auf den Markt gebracht werden. Eine der wichtigsten Änderungen ist die sich abzeichnende Entwicklung von ADO und Datenzugriffsschnittstellen wie ADO. Was ich damit sagen will ist Folgendes: Nachdem die Tools zur Unterstützung der neuen Technologien vorhanden sind, denken Sie vielleicht darüber nach, anstelle von ADO neuere Schnittstellen für den Datenzugriff zu verwenden, besonders dann, wenn Sie Ihre Verbindungen über das Web herstellen. Von diesem Blickwinkel aus betrachtet sind Sie als Entwickler sicherlich daran interessiert, wie sich diese Änderungen auf Sie auswirken. Und genau darum geht es in diesem Kapitel.

SQL Server 2000 ist anders. Die Änderungen sind beinahe genauso einschneidend wie bei der Aktualisierung von SQL Server 6.5 auf SQL Server 7.0. SQL Server 2000 (SS2K) ist das Ergebnis umfangreicher Bemühungen zur Verbesserung der Skalierbarkeit. Die Briefings, denen ich beigewohnt habe, machten deutlich, dass Microsoft es ernst damit meint, die Führung auf dem NT- und SQL Server-Markt zu übernehmen, auf dem Millionen von Operationen pro Sekunde eine Geschäftsanforderung und nicht lediglich eine Marketingstrategie darstellen. Die Enterprise Edition von SQL Server 2000 bietet unter Nutzung von bis zu 64 GB RAM und 32 Prozessoren sowie einer Unterstützung des vierknotigen Failoverclusterings mit Windows 2000 Data Center Skalierbarkeit und Verfügbarkeit auf höchstem Niveau. Die neuen TPC-C[1]- und SAP-Benchmarktests zeigen deutlich, dass SQL Server gleich in zwei Punkten die Führung übernommen hat – im Hinblick auf Leistung und Kosten pro TCP. Dies bedeutet, dass SQL Server schneller (sehr viel schneller) ist als der in der Bewertung folgende Konkurrent (über 250.000 TPS) und sehr viel kostengünstiger zu implementieren ist (etwa 19US$/TPS).

1. TPC-C ist ein unabhängig entwickelter und zertifizierter Satz (strenger) Benchmarktests, mit denen konkurrierende Datenbankengines auf objektiver Basis besser miteinander verglichen werden können. Bei diesen Tests wird die Leistung in Transaktionen pro Sekunde (TPS) gemessen.

Ein Hauptschwerpunkt bei den SS2K-Erweiterungen scheint auf eCommerce und Web zu liegen, die traditionellen Client/Server-Implementierungen profitieren jedoch ebenfalls von den Neuerungen. Aus diesen ergeben sich weitere Möglichkeiten zur Implementierung von Client/Server-, webbasierten und Middletieranwendungen. Darüber hinaus wurde Transact SQL (TSQL) mit verschiedenen neuen XML- und Programmierfeatures ausgestattet, durch die sich die Ansätze für Datenzugriffslösungen radikal ändern. Wir werden uns diese Features kurz ansehen, aber bis zum Erscheinen der endgültigen Versionen können wir nur auf die Beispiele zurückgreifen, die mit den Betaversionen erstellt werden können. In diesem Kapitel sollen Sie darauf vorbereitet werden, wie Sie unter Berücksichtigung dieser Features Ihre SQL Server 7.0-Entwürfe gestalten.

13.1 SQL Server 2000 und der Anwendungsentwickler

Es ist noch zu früh, eine Liste der Änderungen, Verbesserungen oder Nachteile bei der Installation von SS2K (und damit ADO 2.6) zu erstellen, es ist jedoch nicht zur früh, eine Liste der coolen Features zu erstellen, die in vorhandene Entwürfe eingearbeitet werden können. Sie sind vielleicht gerade dabei, die gleiche Technologie zu erfinden, die in den neuesten Versionen von ADO oder SQL Server implementiert wurde. Die folgende Liste enthält **nicht** sämtliche der neuen Features. Es werden jedoch die Features aufgeführt, die sich direkt auf vorhandene und zukünftige Entwicklungsprojekte auswirken.

13.1.1 Skalierbarkeit und Leistung

Wenn die SQL Server-Gruppe der Welt ankündigt, dass das neueste Mitglied in ihrer Programmfamilie schnellere Ausführungszeiten und viele coole Features aufzuweisen hat, bin ich wahrscheinlich nicht so aufgeregt, wie sie es sind. Es ist so, als würde Ford ankündigen, dass mit dem neuen Explorer größere Mengen Kies oder Alligatoren transportiert werden können und gleichzeitig weniger Kraftstoff verbraucht wird. Obwohl ich mir hin und wieder einen neuen Geländewagen kaufe, hänge ich doch immer an dem, den ich besitze. Wenn ich jedoch das neue Modell erwerbe, sind diese neuen Leistungsmerkmale vorhanden, ob ich nun Kies (oder Alligatoren) transportieren muss oder nicht. Was mich interessiert, sind die Eigenschaften, die bei der täglichen Arbeit zum Einsatz kommen. Ich begrüße einen niedrigeren Kraftstoffverbrauch, aber muss ich meine Kassettensammlung verkaufen, weil das Tapedeck zugunsten eines CD-Spielers weichen musste? Muss ich erneut lernen, wie die Sitze oder das Radio oder die Türschlösser programmiert werden? Mit anderen Worten: Obwohl diese neuen Features cool sind und mir nützlich sein sollen, kann es mich doch (sofern die Schnittstellen nicht in etwa gleich sind) Stunden kosten, herauszufinden, wie die Scheinwerfer ausgeschaltet werden.

Ja, SS2K ist schneller, und daran ist nichts auszusetzen. Alles was dazu führt, dass ich und meine Kunden weniger Zeit damit verbringen, auf einen Sanduhrzeiger zu starren, ist gut. Eine schnellere Engine kann jedoch nur so viele Verbesserungen hinsichtlich der Entwicklungszeiten bieten, wie schnelle und **funktionelle** (bugfreie) Datenzugriffsschnittstellen dies zulassen. Wenn ADO so konzipiert wurde, dass die Vorteile dieser Features genutzt werden, ist es o.k. Wenn jedoch die Tools von Visual Studio nicht besser (und sehr viel schneller) werden, wird es nicht lange möglich sein, auf diese neuen Features zuzugreifen oder diese vollständig zu nutzen – das Problem löst sich vielleicht nach meinem Geburtstag im Jahre 2001, wenn Visual Studio 7.0 auf den Markt kommt.

13.1.2 MSDE-Änderungen

SS2K umfasst (in sämtlichen SKUs) eine MSDE-Version, die zur Ausführung unter NT Workstation (oder Professional) sowie für ausgewählte Windows 9.x-Systeme entwickelt wurde. Denken Sie daran, die Microsoft Desktop Database Engine (MSDE) **ist** SQL Server. Ich stellte zu meiner Überraschung fest, dass SS2K, im Gegensatz zu seinem Vorgänger SQL Server 7.0, keine weitere Unterstützung von MSDE unter Windows 95 bietet. Obwohl dies zum Teil verständlich ist, denke ich doch, dass einige von Ihnen sich nun den Wechsel auf MSDE noch einmal überlegen werden. Auf der anderen Seite sind die Alternativen (Jet und was weiß ich noch alles) nicht annähernd so attraktiv wie das Portieren der Clients auf Windows 98.

MSDE profitiert von der Mehrzahl der SS2K-Leistungsverbesserungen. Es bleibt jedoch weiterhin auf fünf gleichzeitige Operationen beschränkt. Unabhängig davon, wie viele Verbindungen Sie öffnen, sobald MSDE fünf Operationen ausführt, verlangsamt SQL Server **sämtliche** Verbindungen derartig, dass Sie vom Einsatz von MSDE als Universalserver wahrscheinlich schnell wieder absehen.

MSDE kann mehrfach installiert werden – genau wie Jet. Was dies für Auswirkungen hat, erfahren Sie, wenn Sie weiterlesen. Das Datenbankformat hat sich geändert. Wenn Sie beispielsweise **sp_detach_db** und **sp_attach_db** zum Installieren der Kundendatenbank verwenden, werden Sie feststellen, dass SQL Server 2000 bei der Verbindungsherstellung zur aktuellsten Version eine (automatische) Neuformatierung der Datenbank vornimmt. Nach der Verbindungstrennung von SS2K können die Dateien nicht mehr mit einer SQL Server 7.0-Datenbankengine verbunden werden.

Anmerkung Obwohl dies aus den Marketingbroschüren nicht hervorgeht, wurden erneut die Datenbankstrukturen geändert. Dieses Thema wurde in keiner einzigen der SQL Server 2000-Konferenzen diskutiert, an denen ich teilgenommen habe, dennoch kann dieser Punkt für diejenigen wichtig sein, die zur Bereitstellung ihrer Datenbanken **sp_detach_db** einsetzen.

13.1.3 Mehrfachinstanziierung

Eine der schwerwiegenderen Einschränkungen von SQL Server war dessen Unfähigkeit, gleichzeitig mehrere Versionen auszuführen. Hier könnten verschiedene Szenarien aus dem täglichen Leben angeführt werden. Wenn Sie beispielsweise MSDE als Clientdatenbank einsetzen (wie empfohlen) und die Anwendung auf einem System installieren, das bereits über eine andere MSDE-Anwendung oder einfach nur über ein System mit SQL Server verfügt, kann die Anwendung nicht installiert werden. Da für die Anwendung häufig das MSDE-**SA**-Kennwort eingestellt wird, kann darüber hinaus nicht auf die vorhandene MSDE-Version (oder andere Versionen von SQL Server) zugegriffen werden.

Dies ändert sich mit SS2K, da nun beliebig viele Kopien von SQL Server installiert werden können. Jede dieser Kopien wird in einem separaten Prozess geladen und kann individuell benannt werden, damit eine unabhängige Ausführung möglich ist. Dies bedeutet, dass Sie mehrere Kopien von MSDE installieren oder MSDE neben SQL Server 7.0 oder SQL Server 2000 ausführen können.

13.1.4 TSQL-Erweiterungen

Nochmal, dieses Buch beschäftigt sich nicht mit SQL Server, aber bei der Arbeit mit ADO und SQL Server stehen jetzt verschiedene Techniken zur Verfügung, bei denen anstelle von ADO nun der Backendserver eingesetzt wird – zumindest, wenn Sie SQL Server verwenden. SS2K bietet Unterstützung für neue TSQL-Elemente und andere Verbesserungen.

- Tabellenvariablen: Diese ermöglichen Ihnen das Erstellen speicherinterner Variablen, die wie beliebige andere Tabellen behandelt werden können. Darüber hinaus ist das Übergeben speicherinterner Tabellen von und zu benutzerdefinierten Funktionen oder von und zu gespeicherten Prozeduren möglich. Typischerweise werden diese anstelle von TEMPDB-basierten **#Temp**-Tabellen verwendet.
- Benutzerdefinierte Funktionen: Für den Anschluss an die Access-SQL-Erweiterungen und im Rahmen eines erleichterten Übergangs von Access unterstützt SQL Server 2000 nun benutzerdefinierte Funktionen.

- Erweiterung zur Sichtenpartitionierung: Die Anzeigefunktionalität wurde zur Unterstützung der Sichtenpartitionierung erweitert. Diese kann dazu eingesetzt werden, partitionierte Daten über mehrere Tabellen auf demselben oder unterschiedlichen Servern verteilt zu implementieren. Der SQL Server 2000-Abfrageprozessor verhindert überflüssige Mitgliedertabellen für eine vorgegebene Abfrage oder Aktualisierung.
- INSTEAD OF-Trigger: Diese Trigger können so eingerichtet werden, dass sie **vor** gewöhnlichen Aktualisierungs-, Einfüge- und Löschtriggern und den neuen AFTER-Triggern von SQL Server 7.0 ausgelöst werden. Trigger können außerdem für eine Sicht oder Tabelle erstellt werden. Sie können jetzt die Ausführungsreihenfolge der Trigger festlegen.
- Neue Datentypen:
  - **sql_variant** kann einen beliebigen der SQL Server-Typen speichern (mit Ausnahme von BLOB-Typen). Dies ist nützlich für Sparcetabellen oder Objektanmerkungen.
  - **bigint** ist ein 8-Byte umfassender **integer**-Wert zum Speichern sehr viel größerer **integer**-Werte. Dieser Datentyp wird durch eine COUNT_BIG( )-Funktion unterstützt, die zum Zurückgeben der **bigint**-Zeilenanzahl verwendet wird. In einer ID-Spalte eingesetzt, können Sie sogar mit noch größeren Tabellen arbeiten.
- Sortierung auf Datenbank- oder Spaltenebene: In SQL Server 7.0 verfügte der gesamte Server über eine einzige Sortiersequenz: Codeseite und Sortierreihenfolge. In SQL Server 2000 kann jede Datenbank über eine eigene standardmäßige Sortierung verfügen. Zusätzlich kann für jede Spalte einer Tabelle eine eigene Sortierung festgelegt werden. Die SQL Server 2000-Sortierung umfasst Codeseiten und Sortierreihenfolge. Dies bedeutet, dass SQL Server 2000 sowohl über eine standardmäßige Sortiersequenz als auch über unterschiedliche operationale Sequenzen verfügen kann, die auf der Codierung der Abfrage beruhen.
- Verschiedenes: SQL Server 2000 umfasst eine Reihe neuer Funktionen zur Unterstützung häufig eingesetzter Operationen. Hierzu zählen folgende:
  - GetUTCDate(): Aktuelle UTC-Zeit (Universal Time Coordinates). Auf diese Weise können Sie nicht nur für die Lokalzeit, sondern auch für Zulu- oder GMT (Greenwich Mean Time) programmieren.
  - SCOPE_IDENTITY(): Letzter Identitätswert im aktuellen Bereich (keine Trigger). Es handelt sich um eine sehr coole neue Funktion, anhand derer – basierend auf der letzten Einfügung – der durch den Server generierte neue Identitätswert ermittelt werden kann. Der zurückgegebene Identitätswert wird nicht durch Trigger geändert, die nach dem lokalen Einfügevorgang ausgelöst werden.

- IDENT_CURRENT('tblname'): Letzter für die Tabelle generierter ID-Wert. Eine weitere Möglichkeit zur Identitätsermittlung – auch sehr cool.
- CONTEXT_INFO(): Ein Wert auf Sitzungsbasis, der mit SET CONTEXT_INFO verwendet werden kann. Dies ist für webbasierte Entwürfe interessant, bei denen sitzungsbasierte Kontextinformationen erfasst werden sollen.

13.1.5 XML-Integration

Wir haben im Verlaufe dieses Buches verschiedene Male über XML gesprochen. Ausgehend von der Vielzahl an Artikeln, Büchern und Konferenzen (ganz zu schweigen vom internen Microsoft-Hype), ist XML der neue Liebling von Microsoft. In Kombination mit HTML fand eine Wiedergeburt als Simple Object Access Protocol (SOAP) statt. Einfach gesagt, SOAP soll DCOM und CORBA als neuen Standard für die Systemkommunikation ablösen. Dieses Thema allein reicht bereits für ein weiteres Buch. Berücksichtigen Sie jedoch, dass Microsoft eine enge Integration von XML in SQL Server 2000 vornimmt, um Entwicklern das Erstellen moderner Web- und Unternehmensanwendungen zu erleichtern. Die entsprechende Website (**http://msdn.microsoft.com/workshop/xml/articles/xmlsql/sqlxml_prev.asp**)[2] bietet eine Möglichkeit, diese Neuheit mit SQL Server 7.0 auszuprobieren. Diese neue Technologie bietet mehr oder weniger direkten URL-Zugang auf SQL Server. Das heißt, Sie können Abfragen erstellen, die **direkt** per URL an SQL Server 7.0 gesendet werden. Die Ergebnisse werden dann als XML-formatierte Dokumente zurückgegeben. SQL Server 2000 ist vollständig XML-fähig und umfasst u.a. die Features, die in der SQL Server 7.0-Technologievorschau verfügbar sind.

Diese Technologie wird als IIS-ISAPI-Erweiterung implementiert, die HTTP-Zugriff auf SQL Server- und XML-Fähigkeiten für Formatierung und Aktualisierung bietet. Bei geeigneter Konfiguration ermöglicht SS2K (und die Technologievorschau) folgende URL-Abfragen:

```
http://IISServer/
biblio?sql=SELECT+Author,Au_Lname+FROM+Authors+FOR+XML+AUTO
```

In diesem Fall zeigt der Browser (nicht ADO) auf eine Datenbank (**Biblio**) auf unserem SQL Server/IIS Server und weist SQL Server zur Ausführung der Abfrage sowie zur Rückgabe von XML-Daten an. Das Layout der zurückgegebenen XML-Daten kann auf verschiedene Weise festgelegt werden (einschließlich eines nützlichen automatischen Modus), und es besteht die Möglichkeit, Schemainformationen entweder im DTD- (Data Type Definition) oder XML-Datenformat bereitzustellen.

2. Die diesjährige Märzausgabe des MSDN-Magazins enthält eine umfassenden Erläuterung von SQL Server 2000, SOAP und deren Zusammenspiel.

Dies bedeutet, dass Sie zusammen mit der SQL-Abfrage eine XSL-Formatvorlage angeben können, um sicherzustellen, dass die XML-Daten für den Client geeignet formatiert zurückgegeben werden. Eine besonderer Hinweis noch: Der ausgewählte virtuelle Stammname (beispielsweise **Biblio**) kann nur für den Zugriff auf die SQL-Daten verwendet werden. Alle weiteren Webdateien (beispielsweise Dateien mit der Erweiterung .htm oder .asp) sind über diesen virtuellen Stamm nicht zugänglich. Dieser Bereich ist reserviert für die so genannten Templatedateien (Vorlagendateien), die vorgefertigte Abfragen enthalten.

Dies bedeutet, dass es nicht erforderlich ist, eine einzelne Zeile ADO-, ODBC- oder OLE DB-Code in die Anwendung zu schreiben. Dies **ist** eine wichtige Änderung.

13.2 ADO 2.6

ADO 2.6 hat zur besseren Unterstützung von XML seine Funktionalität erweitert. Die meisten Änderungen wurden am **Command**-Objekt vorgenommen, um eine bessere Unterstützung der SQL Server-Fähigkeit zur Rückgabe von XML-formatierten Resultsets zu bieten. Nachstehend eine Zusammenfassung der erwarteten Vorteile dieser Änderungen:

- **Befehlsstream**. Mit ADO 2.6 und der SQL Server 2000-Version des SQL Server-OLE DB-Providers kann der Benutzer die Ergebnisse eines Befehls als XML-Stream abrufen oder einen XML- oder Xpath-Befehl ausführen. Auf diese Weise erfolgt eine verbesserte Integration mit Abfragen, die anstelle »gewöhnlicher« Recordsets XML-Recordsets zurückgeben.
- **Unterstützung der Einzelauswahl**. Das **Record**-Objekt kann nun zum Abrufen der Ergebnisse einer Einzel-SELECT-Operation verwendet werden (einer SELECT-Anweisung, bei der eine einzelne Zeile zurückgegeben wird). Diese Technik soll bei der Übergabe von Einzel-SELECT-Anweisungen an ein **Recordset**-Objekt zu einer Leistungsverbesserung von bis zu 15 Prozent führen.
- **Unterstützung für benannte Parameter**. Dies bedeutet, dass beim Schreiben von Prozeduraufrufen die Parameter in vielen Fallen nach Name festgelegt werden müssen. Dies heißt auch, dass es bei der Ausführung von gespeicherten Prozeduren nicht länger erforderlich ist, die Parameter nach Position anzugeben, da jetzt eine Festlegung nach Name möglich ist.
- **Fehlerstatus**. Sie können die ADO 2.6-**Field.Status**-Eigenschaft zum Abrufen weiterer Informationen zu einem Fehler verwenden. Zusätzlich wurde die gesamte Fehlerbehandlung von ADO 2.6 erweitert, es wurden beispielsweise zahlreiche Informationen zu Fehlern hinzugefügt.

- **Eigenschaften von Benutzern und Gruppen**. Bei Einsatz von ADOX 2.6 kann der Benutzer auf Eigenschaften des **User**- und **Group**-Objekts zugreifen. Bei Verwendung des Jet-OLE DB-Providers ist der Benutzer jetzt in der Lage, die PIN-Nummer für einen Benutzer oder eine Gruppe über die Jet-Eigenschaft **OLEDB:Trustee PIN** einzustellen.
- **Neue Serverfeatures**. ADO 2.6 unterstützt die SQL Server-Mehrfachinstanziierung, die Datentypen **bigInt** und **sql_variant**, benutzerdefinierte Funktionen (User Defined Functions, UDF), Verschlüsselung und Sortierung auf Spaltenebene.
- **Leistungsverbesserungen**. ADO 2.6 unterstützt neue Escapesequenzen für Remoteprozeduraufrufe mit Hilfe der neuen ODBC-Escapesequenz, einer schnellen Alternative zur CALL-Escapesequenz. ADO 2.6 ermöglicht darüber hinaus die interne gespeicherte Prozedur **sp_prepexec** für ODBC und OLE DB. Diese gespeicherte Systemprozedur verringert die Menge der vom Server an den Client gesendeten Metadaten, was zu einer Verringerung der zusätzlichen Serveranfragen (für **prepare** und **unprepare**) führt.

13.2.1 SQL-XML

Verschiedene ADO 2.6-Neuerungen sollen die Fähigkeit von SQL Server 2000 zur Rückgabe von XML unterstützen. Zu diesen Änderungen gehören:

- **Unterstützung für die neue FOR XML.TSQL-Klausel**. FOR XML ist eine Erweiterung der TSQL SELECT-Anweisung von SQL Server. Mit dieser Klausel wird SQL Server angewiesen, die Abfrageergebnisse als XML-Dokument zurückzugeben. Zur XML-Formatierung werden drei Modi verwendet – **Raw**, **Auto** und **Explicit**.
- **URL-Zugriff auf SQL Server**. Mit Hilfe eines durch IIS gehosteten ISAPI-Filters bietet ADO 2.6 über das einfache Verweisen auf einen virtuellen Stamm (Root) Zugriff auf SQL Server 2000-Daten. Dies wurde im Abschnitt zur XML-Integration bereits erwähnt. Dieser neue ISAPI-Filter unterstützt die direkte Ausführung einer SQL-Anweisung, die in der URL anhand einer XML-Vorlage (der so genannten Xpath-Vorlage) übergeben wird.
- **Schemaüberblick**. Wenn Sie einen Blick auf Ihr Datenbankschema werfen möchten, bietet ADO 2.6 eine XML-Ansicht Ihrer relationalen Datenbank. Ein gemäß der XML-DATA Reduced-Spezifikation erstelltes Schema wird zusammen mit den Elementzuordnungen und den innerhalb des Schemas und den in der Datenbank deklarierten Tabellen- oder Sichtenspalten erfasst (es werden zusätzliche Elemente und Attribute hinzugefügt).

- **OpenXML**. Eine neue Erweiterung der SQL-Sprachsyntax, mit der eine Rowsetschnittstelle zu den XML-Daten bereitgestellt wird. Diese kann innerhalb von gespeicherten TSQL-Prozeduren zum Erstellen von XML-Dokumenten aus den abgefragten Datenbankdaten eingesetzt werden.

13.2.2 ODBC-Entwicklung

Die ODBC-Entwicklung ist zum Stillstand gekommen – die ODBC- und Jet-Provider wurden in den QFE-Modus (Quick Fix Engineering) versetzt. Dies bedeutet, dass keine weiteren Änderungen an dieser Technologie vorgenommen und nur schwerwiegende Bugs beseitigt werden.

A Anhang

CursorLocation: serverseitige Cursor

Cursor	LockType	Rs.Cursor-Location	Rs.Lock-Type	Rs.Cursor-Type	Update	AddNew	AbsPos	BookMk	Delete	Hold	MovePr	Resync	BatchUp	Seek
FwdOnly	**MSDASQL**													
	ReadOnly	SVR	ReadOnly	FwdOnly	Nein	Nein	Nein	Nein	Nein	Nein	Nein	Nein	Nein	Nein
	Pessmstc	Server	Pessmstc	FwdOnly	Ja	Ja	Nein	Nein	Ja	Nein	Nein	Nein	Ja	Nein
	Opt.	Server	Opt.	FwdOnly	Ja	Ja	Nein	Nein	Ja	Nein	Nein	Nein	Ja	Nein
	BatchO	Server	BatchO	FwdOnly	Ja	Ja	Nein	Nein	Ja	Nein	Nein	Nein	Ja	Nein
Keyset	**MSDASQL**													
	ReadOnly	Server	ReadOnly	Keyset	Nein	Nein	Nein	Ja	Nein	Ja	Ja	Ja	Nein	Nein
	Pessmstc	Server	Pessmstc	Keyset	Ja	Ja	Nein	Ja	Ja	Ja	Ja	Ja	Ja	Nein
	Opt.	Server	Opt.	Keyset	Ja	Ja	Nein	Ja	Ja	Ja	Ja	Ja	Ja	Nein
	BatchO	Server	BatchO	Keyset	Ja	Ja	Nein	Ja	Ja	Ja	Ja	Ja	Ja	Nein
Dynamic	**MSDASQL**													
	ReadOnly	Server	ReadOnly	Keyset	Nein	Nein	Nein	Ja	Nein	Ja	Ja	Ja	Nein	Nein
	Pessmstc	Server	Pessmstc	Keyset	Ja	Ja	Nein	Ja	Ja	Ja	Ja	Ja	Ja	Nein
	Opt.	Server	Opt.	Keyset	Ja	Ja	Nein	Ja	Ja	Ja	Ja	Ja	Ja	Nein
	BatchO	Server	BatchO	Keyset	Ja	Ja	Nein	Ja	Ja	Ja	Ja	Ja	Ja	Nein
Static	**MSDASQL**													
	ReadOnly	Server	ReadOnly	Keyset	Nein	Nein	Nein	Ja	Nein	Ja	Ja	Ja	Nein	Nein
	Pessmstc	Server	Pessmstc	Keyset	Ja	Ja	Nein	Ja	Ja	Ja	Ja	Ja	Ja	Nein
	Opt.	Server	Opt.	Keyset	Ja	Ja	Nein	Ja	Ja	Ja	Ja	Ja	Ja	Nein
	BatchO	Server	BatchO	Keyset	Ja	Ja	Nein	Ja	Ja	Ja	Ja	Ja	Ja	Nein
FwdOnly	**SQLOLEDB**													
	ReadOnly	Server	ReadOnly	FwdOnly	Nein	Nein	Nein	Nein	Nein	Nein	Nein	Nein	Nein	Nein
	Pessmstc	Server	Pessmstc	FwdOnly	Ja	Ja	Nein	Nein	Ja	Nein	Nein	Nein	Ja	Nein
	Opt.	Server	Opt.	FwdOnly	Ja	Ja	Nein	Nein	Ja	Nein	Nein	Nein	Ja	Nein
	BatchO	Server	BatchO	FwdOnly	Ja	Ja	Nein	Nein	Ja	Nein	Nein	Nein	Ja	Nein
Keyset	**SQLOLEDB**													
	ReadOnly	Server	ReadOnly	Keyset	Nein	Nein	Ja	Ja	Nein	Ja	Ja	Ja	Nein	Nein
	Pessmstc	Server	Pessmstc	Keyset	Ja	Ja	Ja	Ja	Ja	Ja	Ja	Ja	Ja	Nein
	Opt.	Server	Opt.	Keyset	Ja	Ja	Ja	Ja	Ja	Ja	Ja	Ja	Ja	Nein
	BatchO	Server	BatchO	Keyset	Ja	Ja	Ja	Ja	Ja	Ja	Ja	Ja	Ja	Nein

Cursor	LockType	Rs.Cursor-Location	Rs.Lock-Type	Rs.Cursor-Type	Update	AddNew	AbsPos	BookMk	Delete	Hold	MovePr	Resync	BatchUp	Seek
Dynamic	**SQLOLEDB**													
	ReadOnly	Server	ReadOnly	Keyset	Nein	Nein	Ja	Ja	Nein	Ja	Ja	Ja	Nein	Nein
	Pessmstc	Server	Pessmstc	Keyset	Ja	Ja	Ja	Ja	Ja	Ja	Ja	Ja	Ja	Nein
	Opt.	Server	Opt.	Keyset	Ja	Ja	Ja	Ja	Ja	Ja	Ja	Ja	Ja	Nein
	BatchO	Server	BatchO	Keyset	Ja	Ja	Ja	Ja	Ja	Ja	Ja	Ja	Ja	Nein
Static	**SQLOLEDB**													
	ReadOnly	Server	ReadOnly	Keyset	Nein	Nein	Ja	Ja	Nein	Ja	Ja	Ja	Nein	Nein
	Pessmstc	Server	Pessmstc	Keyset	Ja	Ja	Ja	Ja	Ja	Ja	Ja	Ja	Ja	Nein
	Opt.	Server	Opt.	Keyset	Ja	Ja	Ja	Ja	Ja	Ja	Ja	Ja	Ja	Nein
	BatchO	Server	BatchO	Keyset	Ja	Ja	Ja	Ja	Ja	Ja	Ja	Ja	Ja	Nein
FwdOnly	**Jet 4.0**													
	ReadOnly	Server	ReadOnly	FwdOnly	Nein	Nein	Nein	Nein	Nein	Nein	Nein	Nein	Nein	Nein
	Pessmstc	Server	Pessmstc	Keyset	Ja	Ja	Nein	Nein	Ja	Ja	Ja	Nein	Ja	Nein
	Opt.	Server	Opt.	Keyset	Ja	Ja	Nein	Nein	Ja	Ja	Ja	Nein	Ja	Nein
	BatchO	Server	BatchO	Keyset	Ja	Ja	Nein	Nein	Ja	Ja	Ja	Nein	Ja	Nein
Keyset	**Jet 4.0**													
	ReadOnly	Server	ReadOnly	Keyset	Nein	Nein	Nein	Ja	Nein	Ja	Ja	Nein	Nein	Nein
	Pessmstc	Server	Pessmstc	Keyset	Ja	Ja	Nein	Ja	Ja	Ja	Ja	Nein	Ja	Nein
	Opt.	Server	Opt.	Keyset	Ja	Ja	Nein	Ja	Ja	Ja	Ja	Nein	Ja	Nein
	BatchO	Server	BatchO	Keyset	Ja	Ja	Nein	Ja	Ja	Ja	Ja	Nein	Ja	Nein
Dynamic	**Jet 4.0**													
	ReadOnly	Server	ReadOnly	Keyset	Nein	Nein	Nein	Ja	Nein	Ja	Ja	Nein	Nein	Nein
	Pessmstc	Server	Pessmstc	Keyset	Ja	Ja	Nein	Ja	Ja	Ja	Ja	Nein	Ja	Nein
	Opt.	Server	Opt.	Keyset	Ja	Ja	Nein	Ja	Ja	Ja	Ja	Nein	Ja	Nein
	BatchO	Server	BatchO	Keyset	Ja	Ja	Nein	Ja	Ja	Ja	Ja	Nein	Ja	Nein
Static	**Jet 4.0**													
	ReadOnly	Server	ReadOnly	Keyset	Nein	Nein	Nein	Ja	Nein	Ja	Ja	Nein	Nein	Nein
	Pessmstc	Server	Pessmstc	Keyset	Ja	Ja	Nein	Ja	Ja	Ja	Ja	Nein	Ja	Nein
	Opt.	Server	Opt.	Keyset	Ja	Ja	Nein	Ja	Ja	Ja	Ja	Nein	Ja	Nein
	BatchO	Server	BatchO	Keyset	Ja	Ja	Nein	Ja	Ja	Ja	Ja	Nein	Ja	Nein

Cursor	LockType	Rs.Cursor-Location	Rs.Lock-Type	Rs.Cursor-Type	Update	AddNew	AbsPos	BookMk	Delete	Hold	MovePr	Resync	BatchUp	Seek
FwdOnly	**MSDASQL**													
	ReadOnly	:Clnt.	ReadOnly	Static	Nein	Nein	Ja	Ja	Nein	Ja	Ja	Ja	Nein	Nein
	Pessmstc	:Clnt.	BatchO	Static	Ja	Ja	Ja	Ja	Ja	Ja	Ja	Ja	Ja	Nein
	Opt.	:Clnt.	Opt.	Static	Ja	Ja	Ja	Ja	Ja	Ja	Ja	Ja	Ja	Nein
	BatchO	:Clnt.	BatchO	Static	Ja	Ja	Ja	Ja	Ja	Ja	Ja	Ja	Ja	Nein
Keyset	**MSDASQL**													
	ReadOnly	:Clnt.	ReadOnly	Static	Nein	Nein	Ja	Ja	Nein	Ja	Ja	Ja	Nein	Nein
	Pessmstc	:Clnt.	BatchO	Static	Ja	Ja	Ja	Ja	Ja	Ja	Ja	Ja	Ja	Nein
	Opt.	:Clnt.	Opt.	Static	Ja	Ja	Ja	Ja	Ja	Ja	Ja	Ja	Ja	Nein
	BatchO	:Clnt.	BatchO	Static	Ja	Ja	Ja	Ja	Ja	Ja	Ja	Ja	Ja	Nein
Dynamic	**MSDASQL**													
	ReadOnly	:Clnt.	ReadOnly	Static	Nein	Nein	Ja	Ja	Nein	Ja	Ja	Ja	Nein	Nein
	Pessmstc	:Clnt.	BatchO	Static	Ja	Ja	Ja	Ja	Ja	Ja	Ja	Ja	Ja	Nein
	Opt.	:Clnt.	Opt.	Static	Ja	Ja	Ja	Ja	Ja	Ja	Ja	Ja	Ja	Nein
	BatchO	:Clnt.	BatchO	Static	Ja	Ja	Ja	Ja	Ja	Ja	Ja	Ja	Ja	Nein
Static	**MSDASQL**													
	ReadOnly	:Clnt.	ReadOnly	Static	Nein	Nein	Ja	Ja	Nein	Ja	Ja	Ja	Nein	Nein
	Pessmstc	:Clnt.	BatchO	Static	Ja	Ja	Ja	Ja	Ja	Ja	Ja	Ja	Ja	Nein
	Opt.	:Clnt.	Opt.	Static	Ja	Ja	Ja	Ja	Ja	Ja	Ja	Ja	Ja	Nein
	BatchO	:Clnt.	BatchO	Static	Ja	Ja	Ja	Ja	Ja	Ja	Ja	Ja	Ja	Nein
FwdOnly	**SQLOLEDB**													
	ReadOnly	:Clnt.	ReadOnly	Static	Nein	Nein	Ja	Ja	Nein	Ja	Ja	Ja	Nein	Nein
	Pessmstc	:Clnt.	BatchO	Static	Ja	Ja	Ja	Ja	Ja	Ja	Ja	Ja	Ja	Nein
	Opt.	:Clnt.	Opt.	Static	Ja	Ja	Ja	Ja	Ja	Ja	Ja	Ja	Ja	Nein
	BatchO	:Clnt.	BatchO	Static	Ja	Ja	Ja	Ja	Ja	Ja	Ja	Ja	Ja	Nein
Keyset	**SQLOLEDB**													
	ReadOnly	:Clnt.	ReadOnly	Static	Nein	Nein	Ja	Ja	Nein	Ja	Ja	Ja	Nein	Nein
	Pessmstc	:Clnt.	BatchO	Static	Ja	Ja	Ja	Ja	Ja	Ja	Ja	Ja	Ja	Nein
	Opt.	:Clnt.	Opt.	Static	Ja	Ja	Ja	Ja	Ja	Ja	Ja	Ja	Ja	Nein
	BatchO	:Clnt.	BatchO	Static	Ja	Ja	Ja	Ja	Ja	Ja	Ja	Ja	Ja	Nein

Cursor	LockType	Rs.Cursor-Location	Rs.Lock-Type	Rs.Cursor-Type	Update	AddNew	AbsPos	BookMk	Delete	Hold	MovePr	Resync	BatchUp	Seek
Dynamic	**SQLOLEDB**													
	ReadOnly	:Clnt.	ReadOnly	Static	Nein	Nein	Ja	Ja	Nein	Ja	Ja	Ja	Nein	Nein
	Pessmstc	:Clnt.	BatchO	Static	Ja	Ja	Ja	Ja	Ja	Ja	Ja	Ja	Ja	Nein
	Opt.	:Clnt.	Opt.	Static	Ja	Ja	Ja	Ja	Ja	Ja	Ja	Ja	Ja	Nein
	BatchO	:Clnt.	BatchO	Static	Ja	Ja	Ja	Ja	Ja	Ja	Ja	Ja	Ja	Nein
Static	**SQLOLEDB**													
	ReadOnly	:Clnt.	ReadOnly	Static	Nein	Nein	Ja	Ja	Nein	Ja	Ja	Ja	Nein	Nein
	Pessmstc	:Clnt.	BatchO	Static	Ja	Ja	Ja	Ja	Ja	Ja	Ja	Ja	Ja	Nein
	Opt.	:Clnt.	Opt.	Static	Ja	Ja	Ja	Ja	Ja	Ja	Ja	Ja	Ja	Nein
	BatchO	:Clnt.	BatchO	Static	Ja	Ja	Ja	Ja	Ja	Ja	Ja	Ja	Ja	Nein
FwdOnly	**Jet 4.0**													
	ReadOnly	:Clnt.	ReadOnly	Static	Nein	Nein	Ja	Ja	Nein	Ja	Ja	Ja	Nein	Nein
	Pessmstc	:Clnt.	BatchO	Static	Ja	Ja	Ja	Ja	Ja	Ja	Ja	Ja	Ja	Nein
	Opt.	:Clnt.	Opt.	Static	Ja	Ja	Ja	Ja	Ja	Ja	Ja	Ja	Ja	Nein
	BatchO	:Clnt.	BatchO	Static	Ja	Ja	Ja	Ja	Ja	Ja	Ja	Ja	Ja	Nein
Keyset	**Jet 4.0**													
	ReadOnly	:Clnt.	ReadOnly	Static	Nein	Nein	Ja	Ja	Nein	Ja	Ja	Ja	Nein	Nein
	Pessmstc	:Clnt.	BatchO	Static	Ja	Ja	Ja	Ja	Ja	Ja	Ja	Ja	Ja	Nein
	Opt.	:Clnt.	Opt.	Static	Ja	Ja	Ja	Ja	Ja	Ja	Ja	Ja	Ja	Nein
	BatchO	:Clnt.	BatchO	Static	Ja	Ja	Ja	Ja	Ja	Ja	Ja	Ja	Ja	Nein
Dynamic	**Jet 4.0**													
	ReadOnly	:Clnt.	ReadOnly	Static	Nein	Nein	Ja	Ja	Nein	Ja	Ja	Ja	Nein	Nein
	Pessmstc	:Clnt.	BatchO	Static	Ja	Ja	Ja	Ja	Ja	Ja	Ja	Ja	Ja	Nein
	Opt.	:Clnt.	Opt.	Static	Ja	Ja	Ja	Ja	Ja	Ja	Ja	Ja	Ja	Nein
	BatchO	:Clnt.	BatchO	Static	Ja	Ja	Ja	Ja	Ja	Ja	Ja	Ja	Ja	Nein
Static	**Jet 4.0**													
	ReadOnly	:Clnt.	ReadOnly	Static	Nein	Nein	Ja	Ja	Nein	Ja	Ja	Ja	Nein	Nein
	Pessmstc	:Clnt.	BatchO	Static	Ja	Ja	Ja	Ja	Ja	Ja	Ja	Ja	Ja	Nein
	Opt.	:Clnt.	Opt.	Static	Ja	Ja	Ja	Ja	Ja	Ja	Ja	Ja	Ja	Nein
	BatchO	:Clnt.	BatchO	Static	Ja	Ja	Ja	Ja	Ja	Ja	Ja	Ja	Ja	Nein

Index

B

C

D

P

R

S

T

U

V

W

X

Z